Rolf H. Hasse, Josef Molsberger, Christian Watrin

Ordnung in Freiheit

Schriften zur Wirtschaftspolitik

Neue Folge · Band 5

Herausgegeben von

Juergen B. Donges
Christian Watrin

SEMPER BONIS ARTIBUS

Gustav Fischer Verlag
Stuttgart · Jena · New York · 1994

Ordnung in Freiheit

Festgabe für
Hans Willgerodt zum 70. Geburtstag

Herausgegeben von

Rolf H. Hasse
Josef Molsberger
Christian Watrin

SEMPER BONIS ARTIBUS

Gustav Fischer Verlag
Stuttgart · Jena · New York · 1994

Anschriften der Herausgeber:

Prof. Dr. Rolf H. Hasse,
Universität der Bundeswehr Hamburg,
Institut für Wirtschaftspolitik,
Holstenhofweg 85, D-22039 Hamburg

Prof. Dr. Josef Molsberger,
Eberhard-Karls-Universität Tübingen,
Wirtschaftswissenschaftliche Fakultät,
Nauklerstraße 47, D-72074 Tübingen

Prof. Dr. Christian Watrin,
Universität zu Köln,
Wirtschaftspolitisches Seminar,
Albertus-Magnus-Platz, D-50923 Köln (Lindenthal)

Der Druck ist finanziell unterstützt worden von der Dresdner Bank AG, Frankfurt/Main und von der Oldenburgischen Landesbank, AG, Oldenburg.

Die Deutsche Bibliothek – CIP-Einheitsaufnahme

Ordnung in Freiheit: Festgabe für Hans Willgerodt zum 70. Geburtstag / Rolf H. Hasse ... – Stuttgart ; Jena ; New York : G. Fischer, 1994
(Schriften zur Wirtschaftspolitik ; 5)
ISBN 3-437-50367-7
NE: Hasse, Rolf [Hrsg.]; Willgerodt, Hans: Festschrift; GT

Wollgrasweg 49, D-70599 Stuttgart

Für USA und Kanada:
VCH Publishers, Inc., 303 N. W. 12th Avenue, Deerfield Beach, Florida 33442-1705, U. S. A.

Satz und Druck: Laupp & Göbel, Nehren/Tübingen
Einband: Buchbinderei Nädele, Nehren/Tübingen
Printed in Germany

Inhaltsverzeichnis

III. Neuordnung Europas als Aufgabe

IV. Gestaltung und Erhaltung der Weltwirtschaft

Ordnungspolitik als Beruf

Hans Willgerodt zum 70. Geburtstag

Rolf H. Hasse, Josef Molsberger

I.

Eine Würdigung mit einem Überblick über das wissenschaftliche Werk von *Hans Willgerodt* zu geben, ist wie ein Streifzug durch die Hauptgebiete unserer Wissenschaft. Die wissenschaftliche Ausbildung des Jubilars fällt in die Schlußphase der Entwicklung, als die Volkswirtschaftslehre noch als Einheit begriffen, gelehrt und als Forschungsobjekt betrachtet wurde. Von dem wissenschaftlichen Nachwuchs wurde verlangt, bis zur Habilitation in der Forschung durch Veröffentlichungen den Nachweis zu erbringen, daß die venia legendi für die »gesamten Staatswissenschaften« inhaltlich auch verdient war.

Bemerkenswert ist, daß *Hans Willgerodt* diese Breite in der Forschung nach der Habilitation kaum eingeschränkt hat. Der ORDO-Gedanke mit dem sozialökonomischen Ansatz, die Wirtschaft und Gesellschaft als Einheit zu sehen und deshalb nach einheitlichen Gestaltungsprinzipien zu suchen, haben wohl ständig die wissenschaftliche Neugier, die Themenvielfalt und die hohe Leistungsbereitschaft angeregt. Ein Ergebnis dieses Denkansatzes ist, daß *Hans Willgerodt* häufig sehr früh und fast allein auf die Entwicklung von Konflikten aufmerksam machte: in der Sozial- und Vermögenspolitik, in der Tarif- und Arbeitsmarktpolitik, in der Handelspolitik, in der Währungspolitik. Dieser Drang, die Grundsätze aufzuspüren und sie dann sprachgewaltig mit aktuellen Fakten zu verbinden, bewirkte oft einen qualitativen Sprung. Die Enge der Aktualität wurde gesprengt, und die Interdependenz der Beziehungen sichtbar gemacht, um den Problemen ihr eigentliches Gewicht korrekt zuzuordnen. Die Einfachheit und Prägnanz der so gefundenen Aussagen verblüfft, weil die dahinter stehende Arbeit nicht sichtbar ist. Die Qualität dieser Arbeit ist erkennbar, wenn man sie mit zeitgleichen und zu zeitgebundenen anderen Analysen vergleicht. Sie ist häufig aber auch an den Reaktionen der betroffenen Politiker und Interessenten zu erkennen gewesen, wenn sie ihren Unmut über die Thesen von *Hans Willgerodt* äußerten. Ihnen hatte er ähnlich wie das Kind im Märchen »Des Königs neue Kleider« quasi zugerufen: »Seht, so sehen ihre wahren Interessen aus, wenn die Verhüllungen entfernt werden.« So entstanden Titel wie »Das Sparen auf der Anklagebank der Sozialreformer« (1957); »Warum Staatsplanung in der Marktwirtschaft?« (1966); »Flucht vor der Verantwortung und Elitenverschleiß als mögliche Gefahren für die Soziale Marktwirtschaft« (1966); »Der Kapitalmarkt als Prüfstein europäischer Währungspläne« (1972); »Marxisten und ihre verkappten Freunde von Rechts« (1973); »Die gesellschaftliche Aneignung privater Leistungserfolge als Grundelement der wettbewerblichen Marktwirtschaft« (1975); »Die motivierte Zahlungsbilanztheorie – vom »schicksalhaften Zahlungsbilanzdefizit« und der Unsterblichkeit falscher Inflationslehren« (1978); »Organisierter Reservenverzehr im modernen Verteilungsstaat« (1979); »Der Kampf gegen den Fleiß – Das wirtschaftspolitische Denksystem wieder auf die Füße stellen« (1984); »Ansichten über Wertewandel: Falsche Ökonomie und falsche Moral« (1985); »Armut als Integrationshemmnis? Zum Konflikt zwischen Vertiefung und Erweiterung der Europäischen Gemeinschaften« (1992); »Enteignung als ordnungspolitisches Problem« (1993).

Die ersten Publikationen von *Hans Willgerodt* sind Fragen der Lohnpolitik und der Sozialpolitik gewidmet. Die Reihe dieser Arbeiten beginnt 1954 mit der bei *Fritz W. Meyer* in Bonn geschriebenen Dissertation über das ungewöhnliche Thema »Gleitlöhne«. Der Untertitel der Dissertation – »Soziale Sicherheit, stabiler Reallohn und Vollbeschäftigung« – umschreibt den thematischen Rahmen der folgenden Aufsätze, die meist im Jahrbuch *Ordo* veröffentlicht wurden. In dem grundsätzlichen Beitrag »Die Krisis der sozialen Sicherheit und das Lohnproblem« (*Ordo* 7, 1955) schlägt der Verfasser Themen an, die ihn später immer wieder beschäftigen werden: Das Anwachsen des Wohlfahrtsstaats hat – über zunehmende Sozialversicherungsbeiträge – zu einer zunehmenden Sozialisierung des Arbeitseinkommens geführt. Der daraus resultierende Verteilungskampf erhöht die Gefahr der Inflation und weiterer Interventionen. Vor diesem Hintergrund plädiert *Willgerodt* für eine Flexibilisierung der Arbeitsmärkte, eine Umgestaltung des Systems der sozialen Sicherheit und eine Vermögensbildung der Arbeitnehmer. Er schlägt vor, es »sollten alle Formen erzwungener sozialer Sicherheit einschließlich der Sozialversicherung eine Ergänzungsfunktion übernehmen, während das Hauptgewicht auf die private Vermögensbildung der Arbeitnehmer zu legen ist« (ebenda, S. 185). Damals war *Willgerodt* mit seinen Vorschlägen ein nahezu einsamer Rufer in der Wüste. Heute – fast vierzig Jahre später – werden sie allgemein diskutiert. *Willgerodt* war auch einer der ersten, die ordnungspolitische Kritik am Umlageverfahren für die Sozialversicherung äußerten (»Das Sparen auf der Anklagebank der Sozialreformer«, *Ordo* 9, 1957). Auch in diesem Punkt erwies die Zeit, daß er mit seinen damaligen Warnungen recht hatte.

Willgerodt hat mit seinen sozialpolitischen Beiträgen häufig nicht den Beifall der professionellen Sozialpolitiker gefunden. Er ist auch nie ein Sozialpolitiker im engeren Sinne gewesen oder geworden, schon gar nicht ein Techniker des Füllens

und Leerens »sozialer Töpfe«. Er behält immer die Interdependenz der Ordnungen im Blick. Sozialpolitik soll die marktwirtschaftliche Ordnung ergänzen und sichern, aber sie nicht überwuchern und behindern.
Erst nach einer zeitlichen Unterbrechung von etwa zehn Jahren nimmt *Willgerodt* die Beschäftigung mit – im weiteren Sinne – sozialpolitischen Fragen wieder auf. Ende der sechziger Jahre wird er in die von der Bundesregierung eingesetzte »Sachverständigenkommission zur Auswertung der bisherigen Erfahrungen bei der Mitbestimmung« berufen, die im Jahre 1970 ihr Gutachten vorlegt. Die Frucht seiner intensiven Beschäftigung mit den Fakten der Mitbestimmung in Deutschland, zahlloser Gespräche mit Praktikern der Arbeitgeber- und Arbeitnehmerseite und der Diskussion zwischen Juristen, Betriebswirten und Volkswirten in dieser Kommission findet sich in nuce in dem Aufsatz »Der liberale Standpunkt und die Mitbestimmungsfrage« (*Ordo 21*, 1970) – eine differenzierte Auseinandersetzung mit dem Problem und das eindrucksvolle Plädoyer eines Liberalen für eine sinnvoll gestaltete Mitbestimmung der Arbeitnehmer.
Unmittelbar im Anschluß daran wendet sich *Willgerodt* einem Thema zu, das die Sozialpolitik zur Gesellschaftspolitik weitet: der Vermögensbildung – nicht nur der Arbeitnehmer, sondern ganz allgemein breiter Schichten – und der staatlichen Vermögenspolitik. Schon in den fünfziger Jahren hatte er dieses Thema berührt. In der *Meyer*-Festschrift (1967) hatte er den Zusammenhang von »Vermögen und Arbeitsangebot« theoretisch analysiert. In den siebziger Jahren stehen die wirtschaftspolitischen Probleme der Vermögensstreuung im Vordergrund seines Interesses. Auf dem Höhepunkt der Diskussion um die Vermögensbildung in Deutschland erscheint 1971 das von *Hans Willgerodt* zusammen mit *Karl Bartel* und *Ulrich Schillert* verfaßte Buch »Vermögen für alle«. Es hat diese vermögenspolitische Debatte entscheidend beeinflußt und wurde schnell zum Standardwerk, das nicht nur Zustimmung, sondern auch Widerspruch fand – aber immer beachtet wurde. In vielen Aufsätzen, die zu Anfang der siebziger Jahre veröffentlicht wurden, setzt *Willgerodt* die Diskussion um Vermögensbildung und Vermögensverteilung fort, unter anderem in der Auseinandersetzung mit der Kritik von links. Auch bei diesem Problem behält *Willgerodt* ständig die Interdependenz der Ordnungen im Blick. Er warnt vor kollektivistischen Modellen der Vermögensverteilung an Arbeitnehmer, die vor allem die Macht der Funktionäre stärken, aber die marktwirtschaftliche Steuerung lähmen würden; dagegen setzt er sich für freiheitliche Lösungen der stärkeren Vermögensstreuung und für eine Politik der Geldwertstabilität zur Erhaltung auch der Geldvermögen ein. Der Titel eines seiner Aufsätze gibt die damalige Diskussion in geraffter Form wieder: »Vermögenspolitik zwischen Freiheit und Kollektivismus» (*Ordo 23*, 1973). Einige Beiträge der achtziger Jahre verbinden die Frage der Vermögensbildung und -verteilung mit dem Problem der Eigenkapitalbildung und -erhaltung der Unternehmen und mit

unternehmensrechtlichen Fragen (unter anderem das 1985 zusammen mit *Paul Pütz* verfaßte Buch »Gleiches Recht für Beteiligungskapital«).

Einen gewichtigen Schwerpunkt im Werk *Hans Willgerodts* stellt die Außenwirtschaft dar. Auch hier ist wieder bemerkenswert, daß er weder ein Spezialist nur der Handelstheorie oder der Handelspolitik noch ein Spezialist nur der Zahlungsbilanztheorie oder der Währungspolitik geworden ist. Er hat vielmehr auch auf dem Gebiet der Außenwirtschaft stets Theorie und Politik im Zusammenhang gesehen: sein wirtschaftspolitischer Standpunkt ist theoretisch fundiert, und seine theoretischen Abhandlungen knüpfen immer an praktischen außenwirtschaftspolitischen Problemen an. Und er isoliert nicht handelspolitische von währungspolitischen Fragen, sondern betont ihre Interdependenz. Diese Vorgehensweise läßt schon der Titel seiner Habilitationsschrift erkennen: »Handelsschranken im Dienste der Währungspolitik« (1962). Es ist eine stringente theoretische – wenn auch nicht mathematisierte – Analyse verbreiteter wirtschaftspolitischer Maßnahmen, durch die die liberale Trennung von staatlicher Außenhandels- und Devisenpolitik aufgehoben wird. *Willgerodts* theoretische Analyse bleibt hart an der wirtschaftspolitischen Praxis. Seine Methode läßt die Schulung an *Euckens* und *Fritz W. Meyers* theoretischem Vorgehen erkennen.

Diese Arbeit geriet unverdientermaßen ins Abseits, weil die weltweite Liberalisierung der Märkte (*Dillon*-Runde, *Kennedy*-Runde, EWG, EFTA) die Analyse von Handelsschranken und darüber hinaus noch im Zusammenhang mit währungspolitischen Aspekten entbehrlich zu machen schien. Die Praxis der Handels- und der Währungspolitik (Kapitalverkehrskontrollen) entwickelte sich anders und führte erst später zu einer Wiederaufnahme dieser Themenbereiche in der wissenschaftlichen Diskussion. Was dabei heute an »neuen« Wegen und Ergebnissen der makroökonomischen Wirkungen des Protektionismus präsentiert wird, ist zwar formal beeindruckend und englisch geschrieben; allerdings ist nur weniges neu und originell, wenn man es mit der verbalen Mathematik ökonomischer Logik und den Marktprozeßanalysen in dem Buch von *Hans Willgerodt* vergleicht.

Dem Thema der Habilitationsschrift benachbart sind Aufsätze zur Zahlungsbilanztheorie, unter anderem der grundlegende Beitrag zur *Müller-Armack*-Festschrift (1961): »Kapitalbilanz und Devisenströme«. *Willgerodts* Interesse wendet sich dann aber verstärkt währungspolitischen Problemen der europäischen Integration und den immer stärker zutagetretenden Mängeln des internationalen Währungssystems von Bretton Woods zu. Gleichsam ein Vorspiel zur späteren Beschäftigung mit Fragen der EG stellt die literarische Debatte mit *Herbert Giersch* über »Umsatzsteuern und Handelsoptimum im Gemeinsamen Markt« dar (*Ordo 10*, 1958; *Ordo 11*, 1959). *Willgerodts* damaliges frühes Plädoyer für das Ursprungslandprinzip fand ebenfalls vierzig Jahre später im Binnenmarktprogramm der EG-Kommission ein Echo.

Eine Pionierarbeit zur Währungspolitik in der EG ist der Aufsatz »Wirtschaftsraum und Währungsraum«, der als Beitrag zur Travemünder Tagung des Vereins für Socialpolitik 1964 verfaßt wurde. Auch hier wird ein wirtschaftspolitisches Problem theoretisch analysiert, unter Einbeziehung der kurz vorher vorgetragenen Theorien des optimalen Währungsraumes von *Mundell* und *McKinnon*. Die Analyse war damals innovativ, und sie ist heute noch – oder wieder – aktuell. Die wichtigste Folgerung lautete damals: »Ein Währungsgleichschritt in der EWG ohne Sicherung gegen ständige Geldentwertung oder Konjunktureinbrüche ist abzulehnen.« Auch diesem frühen Urteil *Willgerodts* haben sich später viele angeschlossen. Parallel zu dieser Arbeit veröffentlichte *Willgerodt* (im selben Jahr 1964) die Untersuchung »Die importierte Inflation und das Beispiel der Schweiz«. Sie markiert den Beginn seiner kritischen Diskussion der Funktionsmängel des Systems von Bretton Woods. In diesem Beitrag wie auch in weiteren Aufsätzen kritisiert er die Versuche, feste Wechselkurse durch Devisenbewirtschaftung aufrechtzuerhalten und – im Beispiel der Schweiz – sogar »stabiles Geld durch Zwangswirtschaft« erreichen zu wollen. Er setzt dieser zwangswirtschaftlichen Politik als Alternative die Einführung flexibler Wechselkurse entgegen – auch in diesem Fall zu einem frühen Zeitpunkt, als dieser Weg vielen Praktikern und Theoretikern noch kaum gangbar erschien.

Beide Themen, die in den genannten Arbeiten angeschlagen wurden, haben *Willgerodt* in den siebziger Jahren intensiv beschäftigt. Neben der Anregung wegweisender Dissertationen konzentrierte er sich auf das Problem der Kapitalverkehrskontrollen, den international verbreiteten Fehlversuch eines administrativen Zahlungsbilanzausgleichs. In dem Buch »Außenwirtschaftliche Absicherung zwischen Markt und Interventionismus. Erfahrungen mit Kapitalverkehrskontrollen« (zusammen mit *Rolf Hasse* und *Horst Werner*, 1975) wird dieses Instrumentarium theoretisch und empirisch durch Länderanalysen überprüft. Das Ergebnis ist niederschmetternd und trostspendend. Die politische Deformation der Finanzmärkte erzeugte zwar hohe Kosten, der Grundsatz von *E. v. Böhm-Bawerk* bestätigte sich jedoch auch diesmal: das ökonomische Gesetz erwies sich stärker als die politische Macht der Regulierung.

Die siebziger Jahre sind in der EWG gekennzeichnet gewesen durch den ersten großen Anlauf, eine Wirtschafts- und Währungsunion zu schaffen. An dieser Diskussion hat sich *Willgerodt* intensiv beteiligt, und seine Stellungnahmen haben Einfluß ausgeübt. Dem 1972 erschienenen Buch »Wege und Irrwege zur europäischen Währungsunion« (zusammen mit *A. Domsch, R. Hasse, V. Merx*) liegt das Gutachten »Konzept einer europäischen Konjunktur- und Währungspolitik« zugrunde. Es wurde im Institut für Wirtschaftspolitik an der Universität zu Köln im August 1970 für das BMWi fertiggestellt und diente zur wissenschaftlichen Stützung der deutschen Verhandlungsposition innerhalb der *Werner-Kommission*.

Innerhalb dieses Teams wurden alle Mitautoren mit dem Arbeitsstil von *Willgerodt* unmittelbar konfrontiert. In Tag- und Nacht-Arbeit wurde das Gutachten erstellt, Kompromisse in den Ausarbeitungen wurden nicht geduldet. Am Schluß waren alle Autoren urlaubsreif, auf diesen hatten alle aber zugunsten des Projektes verzichtet.

Die damals abgeleiteten Grundsätze für eine erfolgreiche Währungsunion haben bis heute Bestand gehabt. Alle auf diese Grundlagen gestützten Prognosen trafen zu. *Willgerodt* hat diese Kernprobleme in den Aufsätzen »14 Thesen zur europäischen Währungsintegration« (*Zeitschrift für das gesamte Kreditwesen*, 1970), »Voraussetzungen einer europäischen Währungsunion« (*Ordo 23*, 1972) sowie »Der Kapitalmarkt als Prüfstein europäischer Währungspläne« (*Wirtschaftspolitische Chronik*, 1972) prägnant zusammengefaßt. Sie wirken wie ein ordnungspolitischer Kompaß für die währungspolitische Diskussion. Jenseits aller europäischer Euphorie wird im besten Sinne der politischen Ökonomie dargelegt, welche konstitutiven Elemente beachtet bzw. erfüllt sein müssen: Die Währungsunion kann nur als Stabilitätsgemeinschaft Bestand haben; eine Pseudo-Integration über frühzeitige Fixierung der Wechselkurse erzeugt zu hohe ökonomische und politische Kosten; die funktionelle und institutionelle Integration müssen mindestens parallel erfolgen; die Währungsunion ist ein politisches Ziel, das letztlich eine politische Union erfordert; eine Währungsunion muß mit der Herstellung der Konvertibilität beginnen, der Kapitalmarkt ist der Prüfstein solider Integrationskonzeptionen.

Nach vielen Irrwegen hat der neue Integrationsversuch auf der Grundlage des Delors-Berichts gerade diese letzten Bedingungen akzeptiert und umgesetzt. Der Vertrag von Maastricht enthält aber andere Problembereiche, die *Willgerodt* aus diesem Forschungsfeld nicht entlassen werden.

Willgerodts Schriftenverzeichnis belegt eindrucksvoll, daß die Währungspolitik die anderen Forschungsgebiete nur temporär verdrängte. Die Grundsatzfragen einer marktwirtschaftlichen Ordnungspolitik hat er aus sehr verschiedenen Blickwinkeln untersucht. So u. a. in dem Grundsatzreferat auf der Tagung des Vereins für Socialpolitik 1974 »Stabilitätsförderung durch marktwirtschaftliche Ordnungspolitik – Notwendigkeit und Grenzen« oder in den Beiträgen »Diskretion als wirtschaftspolitisches Problem« (*Hamburger Jahrbuch für Wirtschafts- und Gesellschaftspolitik 20*, 1975); »Das Leistungsprinzip – Kriterium der Gerechtigkeit und Bedingung des Fortschritts?« (1973); »Wirtschaftsordnung und Staatsverwaltung« (*Ordo 30*, 1979); »Wertvorstellungen und theoretische Grundlagen des Konzepts der Sozialen Marktwirtschaft«, dem Einleitungsreferat auf der Tagung des Vereins für Socialpolitik 1989.

Auf einen anderen Zweig des Schaffens von *Willgerodt* sei am Rande hingewiesen, obwohl er dieses Gebiet wie eine Art Hobby zu betrachten schien: die Landwirtschaft und die Agrarpolitik. Das Ergebnis dieser Beschäftigung waren Veröffentlichungen von eindrucksvoller Sachkenntnis und Klarheit, weil er auch hier die sektorale in die allgemeine Wirtschaftspolitik zurückholte. So entstand u. a. 1974 die längere Abhandlung »Der «Gemeinsame Agrarmarkt der EWG», Kritische Betrachtungen zu einer wirtschaftspolitischen Fehlkonstruktion«.

Mit dem (erwarteten) Scheitern des ersten Anlaufs zur Währungsunion konzentrierte sich *Willgerodt* auf die zweite Säule der außenwirtschaftlichen Entwicklung: auf die Handelspolitik, die immer stärker durch den neuen Protektionismus und die Forderungen nach einer neuen Weltwirtschaftsordnung geprägt wurde. Aus den Beiträgen seien herausgehoben »Der Streit um den freien Welthandel« (*Wirtschaftspolitische Chronik* 29, 1980); »Grenzen der wirtschaftlichen Souveränität: Zur Mechanik von Protektion und Freihandel« (1980) und »Free World Trade under Attack« (1982).

1989 wurde *Willgerodt* emeritiert. Sein sogenannter Ruhestand wurde der erwartete »Unruhestand«, weil just am Ende desselben Jahres die deutsche Wiedervereinigung begann. Wer das Schriftenverzeichnis studiert, merkt sofort, mit welcher Intensität und Leidenschaft der Jubilar sich dieser Herausforderung an die Ökonomen gestellt hat. 1990 schrieb er für das Bundeskanzleramt das Gutachten »Vorteile der wirtschaftlichen Einheit Deutschlands«. Er wird selber nicht behaupten, alles richtig gesehen zu haben, aber in zentralen Punkten sind seine Analysen und Vorschläge richtig gewesen. Probleme, die heute die Wiedervereinigung wirtschaftlich belasten, sind überwiegend in Abweichungen von Vorschlägen zu sehen, die aus klarer ordnungspolitischer Analyse abgeleitet worden sind. Eindringlich hat er davor gewarnt, die Lohnsätze und die Sozialpolitik in Ostdeutschland sofort dem westdeutschen Niveau und Regelwerk anzugleichen. Ebenso hat er als Konsequenz der Wiedervereinigung angeregt: »Der Staatsanteil am Sozialprodukt und an den Finanzierungsströmen ist radikal auf ein niedrigeres Niveau zurückzuführen«. Auch heute noch erwägenswert ist seine Begründung für eine neue Art Lohnpolitik: Einmal geht er davon aus, daß die DDR durchaus konkurrenzfähig sein kann beim Übergang zur DM, »wenn die Lohnzahlungen und anderen Einkommensansprüche im Rahmen der Produktivitätsentwicklung gehalten werden. Eine strategische Funktion wird der Lohnpolitik in der DDR zukommen. Wird sie nicht in der Weise gehandhabt, daß die Lohnsteigerungen den Produktivitätssteigerungen folgen, statt ihnen voranzueilen, dann muß es zu Arbeitslosigkeit kommen.« (S. 97f.)

Als sich die Eigentumsfrage als Hemmschuh vieler Investitionen erwies, widmete *Willgerodt* sich ausführlich diesem ordnungspolitisch zentralen Problem. Zwei Beispiele seiner Art, das Dickicht der wuchernden Sonderregelungen zu ordnen, sind seine Abhandlungen »Enteignung als ordnungspolitisches Problem« (*Zeitschrift für Wirtschaftspolitik* 42, 1993) und »Ökonomische und soziale Folgen der Beschränkung privater Eigentumsrechte« (1993).

Die Probleme nehmen nicht ab, so daß weitere Beiträge von *Hans Willgerodt* benötigt werden. Auch scheint es so, daß der »time-lag« zwischen seinen wegweisenden Vorschlägen und der politischen Realisierung kürzer geworden ist.

II.

Eine Würdigung *Hans Willgerodts* ist unvollständig, wenn man sie auf das beeindruckende wissenschaftliche Oeuvre beschränkt. *Hans Willgerodt* ist nicht nur Professor im Sinne des Forschers nach neuen Erkenntnissen und Lehrer gewesen. Er ist darüber hinaus im Sinne des Wortursprungs Bekenner und Streiter für die Universität gewesen, als diese drohte, durch ideologisierte und desinteressierte Studenten, durch ideologisierte und populistische Politiker sowie durch Opportunismus und mangelnde Zivilcourage von Assistenten und Hochschullehrern statt reformiert, ruiniert zu werden.
Als Hochschullehrer und als politischer Bürger fühlte sich *Hans Willgerodt* der Universität als Institution für Forschung und Lehre, für Studenten, Assistenten und Professoren insgesamt verpflichtet. Er nahm die Arbeit und das Ungemach auf sich, gerade in diesen turbulenten Zeiten Verantwortung zu übernehmen und unbequeme Wahrheiten in Vorlesungen vorzutragen, Professorenkollegen ihre Indifferenz vorzuhalten und in Aufsätzen für die Idee der Universität zu streiten. Mit voller Absicht nahm er auch die Arbeit auf sich, eine Vorlesung »Liberalismus und Demokratie« vorzubereiten und trotz der Störungen zu halten. Dies brachte ihm den Respekt seiner studentischen Widersacher ein, die zwar seine hochschulpolitische Position massiv ablehnten, aber die Integrität der Person anerkannten. Sehr viele meldeten sich deshalb freiwillig zur mündlichen Prüfung bei *Hans Willgerodt* – eine rationale und richtige Entscheidung. Die Kollegen akzeptierten und nutzten seine Überzeugungskraft und seine Konfliktbereitschaft und übertrugen ihm Führungsaufgaben in Satzungsfragen.
Es ist sicherlich keine Übertreibung, wenn man feststellt, daß die Universität zu Köln die Zeit der Hochschulexperimente ohne wesentliche Schädigungen von innen und außen überstanden hat, weil sie einige Professoren wie *Hans Willgerodt* besaß.
Bereits 1968 griff er in dem Aufsatz »Betrachtungen zur deutschen Unruhe« (*Wirtschaftspolitische Chronik*, Heft 1/2) das Problem auf, als der Druck auf die Universitäten größer und die politische Unterstützung immer schwächer wurde. Aus Anlaß der Feier 600 Jahre Kölner Universität 1388/1988 hielt er die Festrede »Die Universität als Ordnungsproblem« (*Zeitschrift für Wirtschaftspolitik* 37, 1988) in der er die Erfahrungen zusammenfaßte. In seiner gewohnt unmißverständlichen

Form umriß er die Probleme, die sich aus den nicht kompatiblen inneren und äußeren Ordnungen, aus dem Spannungsverhältnis zwischen Verwaltung/Politik und wissenschaftlicher Freiheit ergeben. Er schließt seine Ausführungen (S. 313) mit einem Zitat seines Kölner Kollegen *Christian Watrin*:

»Es geht darum, die Universität als Ort der Konkurrenz von Ideen zu schützen, d. h. sie als eine rechtlich besonders abgesicherte Stätte zu entwickeln, die die Forschungs-, Lehr- und Lernfreiheit jedes einzelnen schützt, ihm Entfaltungsmöglichkeiten bietet, ihn aber gleichzeitig auch gegenüber denjenigen, die ihm diese Wissenschaftsfreiheit verbürgen, verantwortlich macht. Die Universität ist daher nicht als »politische« Einrichtung zu verfassen, die einen kollektiven Willen bildet. Das Gegenteil ist richtig. Die Universität ist nur dann ein Ort der geistigen Freiheit und des Ideenwettbewerbs, wenn sie in politischen Dingen ebensowenig einen kollektiven Willen hat wie in wissenschaftlichen Angelegenheiten eine einzige Meinung.«

I. Grundlagen der Wirtschaftspolitik

Freiheitliche Wirtschaftspolitik und Verfassung[1]

Erich Hoppmann

I.

Mit dem Ruf nach Freiheit haben sich Millionen von Menschen vom sozialistischen Zwang befreit. Sie blicken nach Westen. Hier bietet man ihnen Demokratie an. Das Wort Demokratie scheint als ein Zauberwort unwiderstehlich geworden zu sein. Kaum eine Rundfunksendung vergeht, in der nicht irgendein Sachverhalt dadurch als Übel gekennzeichnet wird, daß er eben undemokratisch sei. Demokratisch ist gut, undemokratisch verabscheuungswürdig. Es genügt vielen, wenn sie das, was sie verabscheuen, undemokratisch nennen.

Je mehr dieses Zauberwort angewendet wird, umso mehr erleben wir einen sich unbestreitbar rasch ausbreitenden Verlust des Glaubens an die Demokratie. Was demokratisch gewählte Politiker reden, wird zunehmend nicht ernst genommen. Zu oft hat man von ihnen gehört, daß heute nicht mehr gelten soll, was sie gestern noch gesagt haben. Was sie reden, sei Politikergeschwätz. Sie seien korrupt, verlogen und unaufrichtig. Sogenannte Skandale reißen nicht ab. Fraktionsdisziplin geht vor Gewissen. Es entscheide gar nicht der Wille der Mehrheit über das, was im Staate getan werde, sondern dies sei das Ergebnis eines Schacherns zwischen Gruppen organisierter Sonderinteressen. Der demokratische Staat »verludert«, heißt es.

Das allgemeine Bekenntnis zur Demokratie wird also von einer immer weitergreifenden Desillusionierung ihrer Ergebnisse begleitet. Man spricht vom Versagen der Demokratie. Ist das ein Preis für die Freiheit, oder gibt es vielleicht einen Konstruktionsfehler, den man beheben kann? Diese Frage soll uns heute am Beispiel »freiheitlicher Wirtschaftspolitik« beschäftigen.

---

1 Vortrag gehalten an der Wirtschaftswissenschaftlichen Fakultät der Universität Jena am 30. Juni 1992.

II.

Zu Beginn möchte ich zunächst die Rolle der Freiheit erörtern.

1. Wir haben es hier mit einer Freiheit zu tun, die ausschließlich die Beziehungen zwischen Menschen betrifft. Man bezeichnet sie als persönliche Freiheit. In diesem Sinn ist ein Mensch frei, wenn ihn andere Menschen nicht willkürlich und mit Zwangsgewalt an seinem Handeln hindern oder ein bestimmtes Handeln nicht erzwingen können. Ein »freier« Mensch kann in den Umständen, in denen er sich befindet, seine eigenen Ziele verfolgen mit den Mitteln, die ihm sein eigenes Wissen anzeigen.

Zur Verwirklichung eines individuellen Zieles sind aber Handlungen anderer Menschen nötig, die genau dazu passen. Wenn ich etwa eine Zeitung kaufen will, muß jemand vorhanden sein, der sie mir verkauft. Wie ist das aber möglich, wenn freie Menschen unabhängig voneinander ihre eigenen, unbekannten und verschiedenen Ziele verfolgen? Niemand stimmt ihr Handeln aufeinander ab.

Zur Beantwortung möchte ich mit einem Beispiel beginnen: Ein Student hat Appetit auf einige Äpfel, er will sie haben, das ist sein Ziel. Auf dieses ist sein persönlicher Wille gerichtet. Der Wille dauert solange an, bis das Ziel erreicht ist, dann bricht er zusammen. Es gibt aber verschiedene Methoden, dieses Ziel zu erreichen: Er könnte die Äpfel kaufen, er könnte sie statt dessen auch in Nachbars Garten stehlen, er könnte die Marktfrau berauben, er könnte sie als Geschenk erbitten und anderes. Welche Methode wählt er aus? Das hängt ganz offensichtlich von seinen Überzeugungen darüber ab, was er nicht tun sollte. Einige Methoden lehnt er ab aus moralischen, rechtlichen, religiösen oder aus was immer für Gründen. Unser Student folgt seinen Überzeugungen oder Meinungen zugunsten bestimmter Verhaltensarten. Derartige Meinungen oder Überzeugungen beruhen auf »Werten«. Wir unterscheiden deshalb zwei Aspekte individuellen Verhaltens: Einen zielgebundenen Aspekt, der auf vorübergehendem Willen beruht, und einen wertgebundenen Aspekt, der andauernde Überzeugungen zur Grundlage hat.

Persönliche Freiheit ist für die Menschen kein konkretes Ziel, das verschwindet, wenn es erreicht ist. Sie beruht vielmehr auf einer andauernden Meinung oder Überzeugung der Menschen, sie ist deshalb ein Wert und gehört zu den Wertgrundlagen menschlichen Handelns. Es entsteht eine Sprachverwirrung, wenn man Werte als »Ziele« bezeichnet, und die Verwirrung wird nur wenig gemindert, wenn man sie »allgemeine Ziele« nennt. Ziele und Werte sind deshalb immer zu unterscheiden.

Wie entsteht aber Gesellschaft, in der persönliche Freiheit eine Wertgrundlage menschlichen Handelns ist?

In einer Gesellschaft freier Menschen muß jeder einen klar umrissenen Bereich haben, in dem es ihm unbenommen ist, von seinem Wissen und Können voll

Gebrauch zu machen. Niemand kann und darf willkürlich Zwang ausüben, um in diesen Bereich einzubrechen, der deshalb erkennbar abgegrenzt und gesichert sein muß.

Dies geschieht nicht durch behördliche Zuweisung, sondern wenn alle Individuen allgemeine Grundsätze anerkennen, die ihnen Zwang und Nötigung verbieten. Sie müssen Verhaltensregeln anerkennen, die den Charakter von allgemeinen Verboten haben, wie etwa die Zehn Gebote vom Berge Sinai: Du sollst nicht töten, Du sollst nicht lügen, Du sollst nicht stehlen usw. Wir nennen sie freiheitssichernde Verhaltensregeln, sie haben negativen Inhalt, denn sie verbieten gewisse Verhaltensarten für alle. Wenn beispielsweise alle Menschen die Verhaltensregel »Du sollst nicht töten« anerkennen, dann kann jeder sicher sein, daß er nicht von irgendjemandem nach Belieben getötet wird. Wenn niemand stehlen darf, dann wird dadurch das persönliche Eigentum gegen Diebstahl geschützt. Wenn niemand Verträge brechen darf, dann wird durch dieses Verbot die Respektierung von Verträgen bewirkt. So wird der Bereich, in dem den Menschen selbst die Entscheidung überlassen ist, durch die freiheitssichernden Verhaltensregeln abgegrenzt und geschützt. Persönliche Freiheit ist deshalb »regelgebundene« Freiheit. Auch der Arme ist durch derartige Verhaltensregeln geschützt, auch der Reiche ist in der Auswahl seiner Verhaltensarten durch sie begrenzt.

Derartige negative, freiheitssichernde Verhaltensregeln sind durch besondere Eigenschaften gekennzeichnet. Zunächst müssen sie auf alle Menschen »allgemein« anwendbar sein, sie dürfen also nicht einzelne Personen privilegieren oder diskriminieren. Ferner müssen sie »gewiß« sein, daß damit Anwendung und Folgen von allen Beteiligten vorhergesehen werden können. Letztlich müssen sie »abstrakt« sein, indem sie keine speziellen Ziele und Motive anführen, denn für einen Ermordeten oder Bestohlenen wäre es unbeachtlich, ob der Mörder oder Dieb glaubt, er habe aus »edlen«, »ehrenvollen« oder »politisch guten« Motiven gehandelt. Da sie für alle Menschen ausnahmslos, d.h. universell anwendbar sind, nennen wir sie auch »Regeln der Gerechtigkeit«.

Wenn nun in einer Gruppe von Menschen derartige gemeinsame Wertüberzeugungen existieren, dann entsteht bei allen Beteiligten die berechtigte Erwartung, daß auch ihre Mitmenschen derartige Verhaltensarten nicht anwenden. Dadurch werden alle darüber informiert, was jeder in bestimmten Umständen von seinen Mitmenschen zu erwarten oder auch nicht zu erwarten hat. Sie haben insofern eine Informationsfunktion. So ergibt sich eine Ordnung in den wechselseitigen Handlungen, d.h. eine sog. Handelnsordnung. Da sie sich ununterbrochen ohne planende Instanz herstellt, wird sie »spontane« Handelnsordnung genannt. Sie ermöglicht es den Menschen, zielorientiert zu handeln, obwohl die individuellen Ziele sehr unterschiedlich, auch kontrovers, in sich widersprüchlich oder auch völlig absurd sein können. Die Ordnung setzt keine gemeinsamen Ziele voraus, sondern nur die

Einhaltung von gemeinsamen, allgemeinen freiheitssichernden Verhaltensregeln. Wir nennen sie eine Ordnung freier Menschen.

2. Nach dieser Beschreibung einer freiheitlichen Ordnung wenden wir uns dem Aspekt ihrer Wirtschaft zu. Ausgangspunkt der Erklärung sind die agierenden und reagierenden Elemente, Einzelwirtschaften genannt, zu denen nicht nur die Individuen, sondern auch Organisationen, insbesondere Unternehmungen gehören. Von ihnen nehmen wir an, daß sie persönliche Handlungsfreiheit im Sinne »regelgebundener« Freiheit genießen. So können sie ihre eigenen Zwecke und Mittel nach ihrem eigenen Wissen frei bestimmen, autonom Erwartungen bilden und darauf Pläne aufbauen. Dabei können sie feststellen, daß ein Güteraustausch mit anderen Einzelwirtschaften möglich ist, wenn sie das im Tausch erlangte Gut, das auch Geld sein kann, höher einschätzen als das hergegebene. Beide Tauschpartner, Käufer wie Verkäufer, erlangen aus ihrer Sicht jeweils einen persönlichen Vorteil. Tauschhandlungen sind deshalb für beide ökonomisch vorteilhaft. So erwachsen zur Planverwirklichung aus der persönlichen Freiheit Markthandlungen. Sie bringen negative Enttäuschungen oder positive Überraschungen hervor und führen so zur Entdeckung von Irrtümern. Damit lernen die Einzelwirtschaften aus ihren Markterfahrungen, sie revidieren ihre Pläne und ihr Markthandeln. Daraus erwachsen laufend konkrete Marktprozesse. Dabei sind alle Einzelmärkte wechselseitig miteinander verknüpft, was als »Interdependenz der Preise« bezeichnet wird. Sie besagt, daß das Ganze als ein Gesamtmarkt funktioniert. Den einzelnen Marktteilnehmern ist dieses jedoch meistens weder bewußt noch bekannt.

Bereits vor über 200 Jahren hat *Adam Smith* deshalb darauf hingewiesen, daß das Bestehen eines Marktsystems keineswegs »Teil der Absicht« der Einzelwirtschaften ist oder ihrer Motivation entspringt. Die Ziele, die die Marktteilnehmer zum Handeln treiben, sind etwas, was nur sie selbst berührt. Das Marktsystem als Gesamtordnung entsteht aber dadurch, daß die Marktteilnehmer in ihrem Handeln durch Regeln in Schranken gehalten werden. So heißt es in der klassischen Bemerkung von *Adam Smith*: Der Mensch wird »wie von einer unsichtbaren Hand geleitet, einen Zweck zu fördern, den er in keiner Weise beabsichtigt hatte«.

Die Beschränkungen, die dem Handeln der Menschen durch die Einhaltung der freiheitssichernden Regeln auferlegt werden, führen also das vom Eigeninteresse geleitete Handeln der Einzelwirtschaften dazu, den anderen Marktteilnehmern dienlich zu sein. So muß der Bäcker, der persönlich nach Gewinn strebt, den Wünschen der anderen folgen und möglichst gute Brötchen liefern und zwar zur rechten Zeit und am rechten Ort. Wenn die Marktteilnehmer ihr Eigeninteresse verwirklichen wollen, müssen sie aber nicht nur anderen Marktteilnehmern Leistungen bieten, die jene wünschen, sondern sie bringen unbeabsichtigt zugleich eine Gesamtordnung hervor. Man hat deshalb unsere Wissenschaft – nicht ganz zu Unrecht – die Wissenschaft von den unbeabsichtigten Folgen wirtschaftlichen Handelns genannt.

Wirtschaftliche Handlungsfreiheit bewirkt darüber hinaus noch mehr. Es müssen wegen der laufend vom Markt entdeckten Irrtümer immer wieder neue Erwartungen gebildet werden. Dabei tritt ein Element menschlichen Handelns auf, das wir das »unternehmerische Element« nennen. Das ist nicht nur sog. Unternehmern, sondern jedem Menschen eigen. Beispielsweise betätigt auch ein Konsument, der verschiedene Schuhgeschäfte aufsucht, um eine möglichst günstige Bezugsquelle zu finden, ein unternehmerisches Element. Er tastet seine Umwelt ab, sucht neue Möglichkeiten und ist findig bei ihrer Entdeckung. Genauso tasten Unternehmer ihr Umfeld ab, entfalten Suchaktivitäten, um neue ungelöste Probleme zu finden, und entwickeln Lösungen dafür. Sie sind aber nie sicher, ob tatsächliche oder mögliche Wettbewerber nicht ebenfalls bisher unbekannte Probleme finden und bessere Lösungen für sie hervorbringen. Deshalb können sie auf Dauer nur weiterexistieren, wenn sie fortwährend versuchen, anderen unbekannten Wettbewerbern zuvorzukommen. Das Marktsystem ist also notwendigerweise ein wettbewerbliches System.

So führt das unternehmerische Element zu dauernden wettbewerblichen Prozessen. Es entdeckt neue Probleme, für die es eine Lösung entwickelt. Durch Einführung in den Markt werden sie empirisch getestet, bei mangelndem Erfolg selektiert, bei positivem Erfolg von anderen nachgeahmt. Um nicht überholt zu werden, sind dauernd neue Suchaktivitäten nötig. Kurz gesagt: Es vollziehen sich ständig wettbewerbliche Marktprozesse der selektiven Evolution. Das Marktsystem als Ganzes entfaltet sich evolutorisch durch die Zeit, paßt sich damit an die noch unbekannte Zukunft an und beeinflußt sie zugleich.

Eine Wirtschaftsordnung freier Menschen läßt sich nun beschreiben. Wir nennen sie »Marktwirtschaft«. Sie umfaßt zweierlei: Erstens die freiheitssichernden Verhaltensregeln und zweitens die aus diesen herauswachsenden konkreten Marktprozesse, die ein selbstregulierendes, evolutorisches System bilden. Freiheit und Marktwirtschaft sind insofern miteinander verknüpft, es gibt keine Marktwirtschaft ohne persönliche Freiheit und keine persönliche Freiheit ohne Marktwirtschaft. Dabei ist zu beachten, daß der Markt nur soweit reicht, wie die freiheitssichernden Regeln gelten, die auch das Eigentum definieren. Soweit – etwa bei Umweltgütern – (noch) keine Eigentumsrechte durch adäquate Verhaltensregeln definiert sind, kann Marktwirtschaft ihre segensreiche Wirkung nicht entfalten.

Wie vollzieht sich Wirtschaftspolitik in einer freiheitlichen Ordnung?

III.

1. Wirtschaftspolitische Maßnahmen werden von hoheitlichen Instanzen ergriffen, wenn die wirtschaftlichen Abläufe nicht den hoheitlichen Wünschen entsprechen. Verhaltensregeln müssen dann hoheitlich verändert werden. Sie können solche der Moral, der Religion, der bloßen Tradition, des Rechts oder andere sein. Aber nur Regeln des Rechts können, zumindest teilweise, bewußt gestaltet werden. Alle wirtschaftspolitischen Maßnahmen erfolgen deshalb mit Mitteln des Rechts.

Eine Marktwirtschaft ist keine »sich selbst überlassene« Wirtschaft, sie fußt also nicht auf einem »laissez faire«. Sie schließt alle Regelungen und Einrichtungen der Wirtschaftstätigkeit ein, die in der Form allgemeiner Regeln niedergelegt werden können. Das Marktsystem ist ohne eine große Zahl derartiger Regeln nicht arbeitsfähig. Sie spannen gewissermaßen einen Rahmen, innerhalb dessen sich die konkreten Marktprozesse vollziehen, man spricht deshalb auch von »Rahmenordnung«. Der Rahmen kann Regeln enthalten, die als »unzweckmäßig« angesehen werden, entweder generell oder unter dem Gesichtspunkt, daß die »Kosten« den »Ertrag« übersteigen.

Wirtschaftspolitik kann nicht »beliebig« erfolgen, aber es können die marktwirtschaftlichen Regeln verändert werden, ohne persönliche Freiheit zu beseitigen. Freiheitssichernde Verhaltensregeln sind lediglich durch gewisse Eigenschaften gekennzeichnet, die dafür sorgen, daß das System freiheitlich bleibt, sie bestimmen jedoch nicht dessen konkrete Ausprägung. Welche konkrete Ausprägung solche Verhaltensregeln haben sollen, kann nicht unter Berufung auf ein allgemein gültiges Prinzip endgültig entschieden werden. Freiheitliche Wirtschaftspolitik verlangt nur, daß die konkreten Regeln – welche Ausprägung sie auch immer haben – die genannten allgemeinen Eigenschaften freiheitssichernder Regeln aufweisen. Die Rahmenordnung nennt man dann »freiheitlich«. Wirtschaftspolitische Maßnahmen, die sich derartiger Regeln bedienen, nennen wir – in bezug auf freiheitliche Ordnung – »systemkonform«.

Durch Wirtschaftspolitik werden immer nur einige Verhaltensregeln verändert. Verhaltensregeln lassen sich aber nicht isoliert beurteilen. Sie entwickeln sich als Ganzheiten und wirken als Ganzheiten, sie bilden ein System. Eine bestimmte Regel individuellen Verhaltens kann sich in einer Situation als vorteilhaft, in einer anderen als schädlich erweisen. Die Veränderung einer Regel kann andere Regeln, die vorher vorteilhaft waren, schädlich machen, oder andere, die vorher schädlich waren, vorteilhaft. Es stellt sich deshalb die Frage, wie die Änderung einzelner Verhaltensregeln das Gesamtsystem der Verhaltensregeln und die daraus resultierenden konkreten Marktprozesse verändert.

Dies kann jedoch von keiner individuellen Vernunft geleistet werden. Menschliche

Vernunft ist nämlich unabänderlich durch eine »konstitutionelle Unwissenheit« gekennzeichnet. Sie umfaßt unter anderem eine Unkenntnis über das Gesamtsystem der Verhaltensregeln, etwa ob es konsistent oder ob eine bestimmte Verhaltensregel mit dem Gesamtsystem kompatibel ist. Ferner umfaßt sie eine Unkenntnis über die tatsächlichen Marktprozesse, die sich aufgrund des System der Verhaltensregeln aus den Interaktionen der Menschen ergeben. So kann der Rahmen zu weit gespannt sein, wodurch freiheitsschädliche Verhaltensweisen Privater möglich sind, er kann auch zu eng gezurrt sein. Letztlich besitzen die Menschen auch von der Außenwelt, an die die Struktur als Ganzes angepaßt werden muß, keine zureichende Kenntnis. Wegen dieser konstitutionellen Unwissenheit kann ein konsistentes System von Verhaltensregeln von Menschen nicht zielgerecht geplant werden.

Bei diesem schwierigen Problem bietet freiheitliche Wirtschaftspolitik eine Lösung. Sie ermöglicht es den Menschen, aus Erfahrungen zu lernen. Hoheitliche Maßnahmen, die in dieser Situation »rational« sein wollen, können nur versuchsweise ergriffen werden. Wie *Sokrates* weiß der Wirtschaftspolitiker einer freiheitlichen Wirtschaftspolitik, wie wenig er weiß. Daher wird er nur Schritt für Schritt vorgehen und die erwarteten Resultate sorgfältig mit den tatsächlichen vergleichen. Dabei ist er immer auf der Hut vor den bei jeder Reform unweigerlich auftretenden unerwünschten Nebenwirkungen. Er wird sich davor hüten, Reformen von solcher Komplexität und Tragweite zu unternehmen, die es ihm unmöglich machen, Ursachen und Wirkungen zu entwirren und zu wissen, was er eigentlich tut. So können die hoheitlichen Instanzen Schritt für Schritt einzelne Verhaltensregeln ändern, die Wirkungen auf die Marktprozesse studieren und die vorgenommenen Reformen im Lichte der gemachten Erfahrungen revidieren oder verbessern. Eine solche Wirtschaftspolitik nennt man Politik der »schrittweisen Reformen« oder mit dem etwas unglücklichen, von *Karl Popper* geprägten Ausdruck »Stückwerk-Politik«.

Freiheitliche Wirtschaftspolitik steht jedoch nicht isoliert. Es gibt keine gesonderten wirtschaftlichen, politischen, wissenschaftlichen, rechtlichen und andere Freiheiten. Freiheitliche Wirtschaftspolitik ist immer nur ein Aspekt einer insgesamt freiheitlichen Politik generell. Sie besagt zweierlei. Erstens soll sie sich nur freiheitlicher Maßnahmen bedienen, die systemkonform sind. Zweitens soll sie nur im Wege schrittweiser Reformen durchgeführt und bei Bedarf revidiert oder verbessert werden.

Haben die politischen Instanzen jedoch das Wissen darüber, was eigentlich zu ändern ist, und sind sie motiviert, dies dann auch zu tun? *Johann Wolfgang von Goethe* hat die negativen Folgen unterlassener Reformen bereits gekannt und durch seinen *Mephisto* in der Studierstube des *Faust* unnachahmlich beschrieben:

> Es erben sich Gesetz und Rechte
> Wie eine ew'ge Krankheit fort;

Sie schleppen von Geschlecht sich zu Geschlechte
und rücken sanft von Ort zu Ort.
Vernunft wird Unsinn, Wohltat Plage;
Weh dir, daß Du ein Enkel bist!

Die freiheitssichernden Verhaltensregeln müssen also in richtiger Weise geändert werden und die hoheitlichen Instanzen müssen dazu nicht nur Signale erhalten, die in die richtige Richtung weisen, sondern auch motiviert werden, ihnen zu folgen. Zur Lösung dieser beiden Probleme hat sich historisch die Demokratie entwickelt. Ihr wenden wir uns deshalb jetzt zu.

2. Demokratie bezieht sich nicht auf den Inhalt, sondern auf den Ursprung bzw. die Quelle der Staatsgewalt. Staatsgewalt und ihre Ausübung sollen nicht dem Willen eines autoritären Herrschers entspringen, sondern dem Willen der Mehrheit der Staatsbürger. Vollzieht sich Demokratie in einer Gesellschaft freier Menschen, dann sprechen wir von »freiheitlicher Demokratie«. Sie setzt unter anderem die Beteiligung der Bürger an der Wahl der Regierung, an der Gesetzgebung und an der Verwaltung voraus. Die Mehrheit der Bürger soll jeweils bestimmen, was allgemein gelten soll. Die Staatsgewalt soll demokratisch legitimiert sein. Welche Folgen hat freiheitliche Demokratie für das System freiheitssichernder Verhaltensregeln?

Freiheitssichernde Verhaltensregeln können materiell sehr verschieden und mehr oder weniger »zweckmäßig« bzw. »adäquat« sein. Deshalb ist es durchaus ein Unterschied, ob sie von einer Mehrheit der Staatsbürger in einer freiheitlichen Demokratie oder ob sie von einem Monarchen oder von einer herrschenden Gruppe erlassen werden. Unzweckmäßige Verhaltensregeln werden nämlich immer zunächst von unbekannten Individuen festgestellt. Auch die Ideen für verbesserte Zweckmäßigkeit von Verhaltensregeln gehen immer von einzelnen aus. Diese Ideen gilt es zu nutzen. Das besorgt in einer freiheitlichen Demokratie der sogenannte Prozeß der freien Meinungsbildung. Durch ihn werden geeignete Ideen entdeckt. Minderheitsmeinungen können zu Mehrheitsmeinungen werden, denn geeignete Ideen finden Nachahmer. Er liefert also adäquate Informationen. Zugleich arbeitet der Prozeß eines freien politischen Wettbewerbs. Parteien bieten verschiedene Problemlösungen an. Regierungen werden auf Zeit gewählt. Jede hat immer nur experimentellen Charakter zur Einführung geeigneter Verhaltensregeln. Der Wunsch, regieren zu dürfen, liefert dazu die Motivation.

Freier Meinungswettbewerb und freier politischer Wettbewerb sind durch freiheitliche Demokratie wechselseitig miteinander verknüpft. Sie sind also ein Mittel, unzweckmäßige Verhaltensregeln zu entdecken, Signale für zweckmäßige Verhaltensregeln zu liefern und die Staatsgewalt zu entsprechenden Reformen zu motivieren. Sie erzeugt Informationen durch adäquate Signale und verbindet sie zugleich mit den notwendigen Motivationen. Freiheitlich-rechtsstaatliche Demokratie ist insofern ein Verfahren zur Entdeckung und Einführung adäquater Verhaltensregeln.

Die bloße Tatsache mehrheitlicher, demokratischer Entscheidungen garantiert aber noch nicht ihren freiheitlichen Charakter. Die Notwendigkeit, die Staatsgewalt in der erläuterten Weise zu beschränken, entfällt nicht dadurch, daß sie demokratisch legitimiert ist. Demokratie als Macht der Mehrheit ist mit persönlicher Freiheit nicht notwendig vereinbar. Auch die Mehrheit muß darin beschränkt sein, willkürlich gezielte Zwangsmaßnahmen vorzunehmen oder willkürlich Regeln mit diskriminierendem oder privilegierendem Zwang zu erlassen.

»Freiheitliche« Demokratie ist deshalb immer »beschränkte« Demokratie. In ihr ist die Macht der Mehrheit darauf beschränkt, ausschließlich mit Hilfe freiheitssichernder Regeln zu regieren.

Weit verbreitet ist jedoch der Glaube, daß dann, wenn die Mehrheit entscheidet und den gesamten Staatsapparat beaufsichtigt, alle Beschränkungen der Staatsgewalt überflüssig, ja sogar schädlich seien. Es entstand die Idee, das souveräne Parlament könne anordnen, was immer die Vertreter der Mehrheit für notwendig erachten.

Die Vorstellung, daß die Macht der Mehrheit unbegrenzt sein müsse, fußt jedoch auf einem Denkfehler. Die staatlichen Instanzen, insbesondere die Regierung, sind Organisationen, die im Rahmen der gesellschaftlichen Arbeitsteilung spezifische Funktionen erfüllen. Jedes Mitglied hoheitlicher Instanzen hat zwar im Rahmen der gesellschaftlichen Arbeitsteilung eine hoheitliche Funktion, es hat aber auch ein persönliches, privates Motiv, und die Menschen werden in erster Linie tätig, um ihre persönlichen, privaten Zwecke zu fördern. Der Staatsapparat ist eine von Menschen gestaltete und geführte Einrichtung. Deshalb ist die Annahme falsch, daß die mit hoheitlichen Funktionen betrauten Personen einzig und allein an den öffentlichen Interessen orientiert seien.

Das persönliche Interesse der mit hoheitlichen Funktionen betrauten Personen besteht unter anderem darin, an die hoheitliche Macht zu kommen und diese zu behalten. Ist die Macht der Mehrheit unbeschränkt, dann werden organisierte Interessengruppen von der Mehrheit verlangen, daß die Mehrheit ihre Macht gezielt zu ihren Gunsten privilegierend einsetzt. Will die Mehrheit ihre Mehrheit behalten, dann wird sie einer solchen Erpressung nachgeben und sich korrumpieren lassen. Diejenigen Politiker sind dann besonders erfolgreich, welche die Kunst, sich korrumpieren zu lassen, besonders gut beherrschen. So wird die Korrumpierbarkeit auch zum Selektionskriterium, durch das erfolgreiche Politiker ausgewählt werden. Man nennt das dann irreführend »Kompromißfähigkeit«. Die Mehrheit kann also von einzelnen Gruppen erfolgreich erpreßt werden, wenn sie als Mehrheit bestehen will. So entsteht das »Demokratieversagen«, etwa durch die sogenannte »Gefälligkeitsdemokratie« oder das Auftreten totalitärer Elemente. Unbeschränkte Macht der Mehrheit wird angewendet und mißbraucht werden müssen. Sie tendiert des-

halb dahin, freiheitsbeschränkend zu werden. Man nennt diese Form der Demokratie die »unbeschränkte Demokratie«. Sie hat im Gegensatz zu einer freiheitlich-beschränkten Demokratie ein Demokratieversagen im Gefolge. Sie wurde – nicht ganz zu Unrecht – institutionalisierte Korruption genannt.
Der Begriff Demokratie ist also nicht eindeutig. Es muß in bezug auf das Problem der Freiheitssicherung unbeschränkte Demokratie und freiheitlich-beschränkte Demokratie unterschieden werden. Dies wird meist verkannt. Die Macht der Mehrheit muß so beschränkt werden, daß sie keine gezielten, freiheitsbeschränkenden Zwangsmaßnahmen ergreifen und Verhaltensregeln nur mit freiheitsverbürgendem Charakter erlassen kann. Nur dann bleibt die persönliche Freiheit auch gegen willkürliche Partizipationsanteile anderer geschützt. Den Vorschlag einer Lösung dieses Problems verdanken wir *F. A. von Hayek*. Die Kerngedanken möchte ich nun vorstellen.

IV.

1. Zu Beginn müssen wir uns noch einmal vor Augen halten, welcher Art die zur Sicherung persönlicher Freiheit notwendigen Beschränkungen der Staatsgewalt sind.
Der Staatsapparat, der von der Mehrheit und ihrer Regierung gesteuert wird, hat in einer Gesellschaft freier Menschen zwei verschiedene Aufgaben:
Erstens: Der Staat hat die Einhaltung, Abänderung und Weiterentwicklung der freiheitssichernden Verhaltensregeln zu sichern. Dies tut er mit sog. »Rechtsgesetzen«. Hierzu hat man ihm das Monopol der Zwangsgewalt übertragen und sie zugleich auf solche Fälle beschränkt, in denen sie erforderlich ist, um Zwangsausübung durch Private zu verhindern. Mehr Zwangsgewalt steht ihm nicht zu. Soweit jedoch die staatliche Zwangsgewalt reicht, hat sie keinen Spielraum für Ermessensentscheidungen. Jeder erhält insofern auch einklagbare Rechte gegenüber staatlichen Instanzen. Hier von »Staatszielen« zu sprechen, ist jedoch irreführend. Es geht um die Sicherung der Wertgrundlagen, nicht um konkrete Ziele.
X Zweitens: Es gibt Leistungen, die aus verschiedenen Gründen von den Marktkräften entweder gar nicht oder nur recht unvollkommen bereitgestellt werden. Es müssen der Regierung hierzu Mittel übertragen werden, mit deren Hilfe sie derartige Leistungen für die Gesamtheit der Bürger erstellen kann. Beispielsweise kann sie Straßen bauen, Kanalisation anlegen usw. Dies erfolgt durch sog. »Maßnahmegesetze«. Hier verfügen die Mehrheit und die von ihr gestützte Regierung über einen breiten Ermessensspielraum. Sie haben dabei jedoch weder Durchsetzungsgewalt noch Monopol. Deshalb kann es hier keine einklagbaren Rechte der Individuen

gegenüber hoheitlichen Instanzen geben. Sogenannte »Staatsziele«, die mit Zwangsgewalt durchgesetzt werden, sind freiheitswidrig. Ein einklagbares, subjektives »Recht auf Arbeit«, »Recht auf Wohnung« usw. im Sinne konkreter Ziele würde aber staatliche Zwangsgewalt voraussetzen.

Wo dem Staatsapparat also Zwangsgewalt zusteht, erläßt er Rechtsgesetze, hat kein Ermessen und kann nicht willkürlich handeln; er muß freiheitssichernde Verhaltensregeln sichern und ist an sie gebunden. Wo der Staatsapparat aber Ermessen ausüben kann, hat er keine Zwangsgewalt und kein Monopol. Dem Staat steht also nicht jede Art von Gewalt zu. Oft wird die Frage gestellt, wo diejenige Gewalt bleibt, die dem Staate in einer freiheitlichen Demokratie nicht zusteht. Das ist leicht beantwortet: Sie steht niemandem zu. Wie wird aber in einer Demokratie staatliche Zwangsgewalt eingeschränkt?

2. In den meisten demokratischen Staaten wird der Umfang der Staatsgewalt in einer sog. Verfassung festgelegt, in der Bundesrepublik Deutschland Grundgesetz genannt. Demokratische Staatsgewalt könnte also durch Verfassung freiheitlich beschränkt werden.

Ausgangspunkt der Überlegungen ist die Erkenntnis, daß die traditionelle Form der Gewaltenteilung zwischen Gesetzgebung, Regierung und Rechtsprechung nicht das gehalten hat, was man von ihr erhoffte. *F. A. von Hayek* sah in den meisten Ländern das Hauptübel darin, daß das übliche Parlament mehrere Funktionen zugleich ausübt, die nicht miteinander vereinbar sind. Das Parlament hat sich nämlich mehr und mehr zu einer Versammlung entwickelt, in denen solche Maßnahmen beschlossen werden, die nicht ihm, sondern der Regierung zustehen. Die ursprüngliche Beschränkung des Parlamentes auf den Erlaß allgemeiner Rechtsgesetze wurde von ihm nicht beibehalten. Die Parlamentsmitglieder werden nämlich im politischen Wettbewerb der Parteien gewählt, um gruppenspezifische Interessen zu vertreten. Deshalb werden sie zu privilegierenden oder diskriminierenden Zwangsmaßnahmen veranlaßt. Diese Macht haben die herkömmlichen Parlamente okkupiert. Sie beschließen deshalb auch sog. »Maßnahmegesetze«, d.h. Gesetze, die diskriminierendes Regierungsermessen mit Zwangsgewalt ausstatten und deshalb freiheitsbeschränkend sind.

Freiheitliche Wirtschaftspolitik kann deshalb nur gesichert werden, wenn den herkömmlichen Parlamenten die Macht genommen wird, mehrere Funktionen, die nicht miteinander vereinbar sind, zugleich auszuüben. Das könnte wohl nur durch Verfassung erfolgen. Eine ideale Verfassung muß daher eine grundlegende Klausel enthalten, durch die definiert wird, was Recht im Sinne der freiheitssichernden Regeln sein kann. Diese Definition betrifft lediglich die Eigenschaften, die Verhaltensregeln aufweisen müssen, damit sie freiheitssichernd sind. Sie muß zum Ausdruck bringen, daß hoheitlich erlassene Verhaltensregeln dazu bestimmt sind, die individuelle Sphäre jedes einzelnen zu definieren und zu schützen und daß Menschen von niemandem, auch nicht von hoheitlichen Instanzen gezwungen werden können, bestimmte Dinge zu tun oder nicht zu tun, ausgenommen, es geschähe im Rahmen dieser Regeln. Die grundlegende Klausel dient also nicht dazu, die Verhaltensregeln materiell festzulegen. Sie dient auch nicht dazu, die Funktionen von Parlament und Regierung zu definieren, sondern sie definiert nur die Grenzen ihrer Zwangsgewalt, denn alle Gewalt – auch die von Parlament und Regierung – ist an diese Regeln gebunden.

Als oberste Körperschaft wäre eine legislative Versammlung einzurichten. Diese hat die Aufgabe, die freiheitssichernden Verhaltensregeln inhaltlich zu formulieren. Sie hat also festzulegen, was erzwingbares Recht im Sinne von freiheitssichernden Verhaltensregeln sein soll. Ferner hat sie dieses Recht weiterzuentwickeln. Die Gewalt in dieser legislativen Versammlung wird lediglich durch die Bestimmung der Verfassung begrenzt, die die allgemeinen Merkmale definiert, die solche Regeln besitzen müssen. Sie müssen nämlich allgemein, gewiß, abstrakt und somit universal anwendbar sein.

Als weitere nachgelagerte Stufe der Autoritätsstruktur sei eine gesonderte Regierungsversammlung zu schaffen, deren Exekutivorgan die sog. Regierung ist. Beide, Regierungsversammlung und Regierung, können ihr politisches Ermessen anwenden. Sie sind dabei jedoch sowohl durch die Regeln der Verfassung als auch durch die von der legislativen Versammlung festgelegten Verhaltensregeln beschränkt. Das bedeutet, daß die Regierungsversammlung zwar Gesetze beschließen und die Regierung sie ausführen kann, daß aber beide unter dem Recht stehen.

Die Aufteilung der Funktionen auf zwei verschiedene Parlamente, nämlich die gesetzgebende und die nachgelagerte Regierungsversammlung, verlangt jedoch, daß deren Mitglieder auf verschiedene Weise gewählt werden.

Die gesetzgebende Versammlung hat nur den Inhalt der freiheitssichernden Regeln festzulegen, sie hat keine Regierungsbefugnis. Ihre Mitglieder dürfen deshalb nicht im politischen Wettbewerb der Parteien gewählt werden. *F. A. von Hayek* denkt hierbei an eine Wahl und Zusammensetzung der Mitglieder nach Jahrgängen und an gewisse Altersgrenzen.

Bei der Regierungsversammlung dagegen werden die Mitglieder auf herkömmliche Weise gewählt. Dort können sich gruppenspezifische Interessen artikulieren und sich mehr oder weniger bei einem Interessen-Clearing durchsetzen. Sie sind aber daran gehindert, die mit Zwangsgewalt in freiheitsbeschränkender, d.h. diskriminierender oder privilegierender Weise zu tun.

Durch dieses Muster einer idealen Verfassung werden alle staatlichen Gewalten in eine Struktur aufeinanderfolgender Autorität aufgeteilt und an freiheitssichernde Verhaltensregeln gebunden. Die Regierungspersonen, die im Rahmen solcher Verhaltensregeln handeln müssen, werden, indem sie ihr eigenes Interesse verfolgen, zugleich daran gehindert, willkürlich hoheitlich Zwangsgewalt für irgendwelche partikulären Interessen einzusetzen. Sie können sich nur dann profilieren, wenn sie – auch ohne es zu wollen – dem allgemeinen Wohl dienen. Dies zu tun, liegt in ihrem eigenen Interesse.

Der Selektionsprozeß, nach dem erfolgreiche Politiker ausgewählt werden, würde dann nach anderen Kriterien operieren als in einer unbeschränkten Demokratie. Es würden andere Personen politisch erfolgreich sein. Zwar leitet das eigene Interesse auch in einer freiheitlich–beschränkten Demokratie die Personen, die hoheitliche Aufgaben ausüben. Die Beschränkung ihrer Macht, dies nur im Rahmen freiheitssichernder Verhaltensregeln tun zu können, führt sie aber »wie von einer unsichtbaren Hand geleitet« dazu, einen Zweck zu fördern, den sie in keiner Weise beabsichtigt haben mußten. So würde das Prinzip der »unsichtbaren Hand«, das im Marktgeschehen aufgrund der freiheitssichernden Verhaltensregeln wirksam ist, in gleicher Weise in der hoheitlichen Wirtschaftspolitik wirksam. Freiheitliche Wirtschaftspolitik zielt also darauf ab, dem Prinzip der unsichtbaren Hand auch beim hoheitlichen Handeln Geltung zu verschaffen.

Wenn wir uns unter diesem Gesichtspunkt das Grundgesetz der Bundesrepublik Deutschland ansehen, so finden wir das Prinzip der unsichtbaren Hand nur unvollkommen institutionalisiert. Das Grundgesetz ist ein Gemisch aus beiden Formen der freiheitlich-rechtsstaatlich beschränkten und der unbeschränkten Demokratie. Wenn das Grundgesetz geändert werden soll, wird es also wichtig sein, in welche **Richtung** es weiterentwickelt wird.

Die geschilderte »ideale« Verfassung ist hierbei nur ein Muster, das der Illustration dient. Es verdeutlicht, daß bei freiheitlicher Politik die verschiedenen Funktionen staatlicher Tätigkeiten in ganz bestimmter Weise auf verschiedene Instanzen und Institutionen aufgeteilt werden müssen. Beispielsweise ist überlegt worden, ob und wieweit etwa ein Verfassungsgericht die Funktionen einer legislativen Versammlung übernehmen könnte. Wir halten fest: Die funktionellen Unterschiede staatlicher Tätigkeiten müssen bei freiheitlicher Politik einer adäquaten institutionellen Gliederung entsprechen.

V.

So kommen wir zum Abschluß. Indem wir auf unsere Analyse zurückblicken, können wir auf den zu Beginn dargelegten empirischen Befund zurückkommen. Dem Unbehagen an der Demokratie und an der Politik liegt in der Tat ein Konstruktionsfehler zugrunde. Er ist jedoch nicht im demokratischen Verfahren lokalisiert, sondern bei den unzureichenden Beschränkungen der Mehrheitsmacht. Eine Verfassung, die wirklich freiheitlich ist, müßte der Mehrheit die Macht nehmen,

Zwangsgewalt einzusetzen, um diskriminierende und privilegierende Verhaltensregeln zu erlassen und durchzusetzen, um auch in der Politik das Prinzip der »unsichtbaren Hand« wirksam werden zu lassen. Eine solche Verfassung würde wesentliche Punkte des heutigen Mißbehagens über Demokratie und Politik beseitigen.

Weitverbreitet wird behauptet, dies sei »politisch nicht möglich«. Es trifft zu, Politik ist die Kunst des Möglichen. Wissenschaft ist jedoch nicht Politik, sondern hat die Aufgabe, das, was heute als unmöglich angesehen wird, politisch möglich zu machen. Die Meinung der Staatsbürger wird bestimmen, ob einer freiheitlichrechtsstaatlichen Weiterentwicklung der Vorzug gegeben wird. Deren Meinung hängt davon ab, ob sie in einem Prozeß freier Meinungsbildung über das Problem zureichend informiert werden. Meine Ausführungen sollten ein Beitrag in diesem Prozeß sein.

Natürliche Bestimmungsfaktoren von Wirtschaftssystemen

Egon Tuchtfeldt

I. Über die »ordnungspolitische Gesamtentscheidung« und den »gegebenen Datenkranz«

Der Zusammenbruch des »realen Sozialismus« im Ostblock und sein Rückzug aus den Staaten der Dritten Welt haben vielfach zu der Vermutung Anlaß gegeben, die »ordnungspolitische Gesamtentscheidung« (*Eucken*, 1952, S. 250) ließe sich allein durch einen politischen Willensakt bestimmen. *Euckens* pointierte Gegenüberstellung des Denkens in Ordnungen und in historischen Zwangsläufigkeiten scheint diese Auffassung zu bestätigen (wobei aber meist vergessen wird, daß diese Gegenüberstellung rein dogmengeschichtlich aus der Auseinandersetzung mit dem Historismus entstanden ist (vgl. hierzu vor allem *Eucken*, 1940). Mit dem folgenden Siegeszug der Neoklassik trat dann die historische Komponente immer mehr in den Hintergrund. Wer die Lehrbücher der letzten Jahrzehnte zur Hand nimmt, findet darin das Wirtschaftssystem als Organisationsaufgabe des Staates dargestellt. Bestenfalls wird noch auf die »Interdependenz der Ordnungen« verwiesen, ohne daraus allerdings die gebotenen Konsequenzen zu ziehen. Nicht nur die zentralgeplante grandiose Fehlallokation der Ressourcen, wie sie den früheren Zentralverwaltungswirtschaften stalinistischen Typs systemimmanent gewesen ist, hat den »Wettlauf der Systeme« entschieden, sondern ebenso die fehlende demokratische Legitimation durch allgemeine, freie, gleiche und geheime Wahlen. Nirgendwo ist ein marxistisch-leninistisches System auf demokratischem Wege an die Macht gekommen. Immer war es mehr oder weniger offene Gewalt. Daß ein permanentes Demokratiedefizit ebensowenig funktionieren kann wie eine Zentralverwaltungswirtschaft, bringt für die heutige Transformationsdiskussion ganz erhebliche Probleme mit sich, vor allem wenn die alte »Nomenklatura« im wesentlichen weiterbesteht. Die Interdependenz von Wirtschafts-, Gesellschafts-, Staats- und Rechtsordnung, des Diesseits und des Jenseits von Angebot und Nachfrage, bilden ein Geflecht von Beziehungen, die als institutionelle Formen und ökonomischer Inhalt eine Einheit bilden, deren Zusammenwirken daher nicht der Beliebigkeit anheimgestellt ist.

Als *Eucken* 1940 seine »Grundlagen der Nationalökonomie« veröffentlichte, war der Zusammenhang zwischen Datenkranz und Wirtschaftsprozeß noch durchaus eine Selbstverständlichkeit. Unter Datenkranz verstand man so wichtige Dinge wie die Bevölkerung, die Natur, das technische Wissen usw., ohne deren Vorhandensein Volkswirtschaft überhaupt nicht möglich ist. *Amonn* sprach diesbezüglich 1926 von den »äußeren Wohlfahrtsbedingungen« (S. 4). Im ökonomischen Studium gab es entsprechende Lehrveranstaltungen über »Wirtschaft und Bevölkerung«, »Wirtschaft und Natur«, »Wirtschaft und Technik« usw. Alle diese Dinge werden heute in der Wirtschaftstheorie als »gegeben« unterstellt (man denke etwa an die makroökonomische Produktionsfunktion). In der wissenschaftlichen Wirtschaftspolitik tauchen sie erst seit einigen Jahren unter anderen Bezeichnungen wieder auf, die zugleich ihre Verselbständigung dokumentieren (Demographie, Umwelt- und Ressourcenökonomie, Humankapital usw.). Bestenfalls sind es vorgegebene Größen, die als exogene Variablen in Modelle eingehen. Gerade sie sind aber die Ansatzpunkte, die für eine langfristige, konzeptionell orientierte Wirtschaftspolitik und damit auch und gerade für die ordnungspolitische Gesamtentscheidung von ausschlaggebender Bedeutung sind.[1] Wie viele Fehler und Mißerfolge der Entwicklungspolitik in den fünfziger bis siebziger Jahren sind auf die Nichtbeachtung der Unterschiede zwischen Datenkranz und Wirtschaftsprozeß zurückzuführen (man denke beispielsweise an die makroökonomische Entwicklungsplanung im Gegensatz zur früheren mikroökonomisch orientierten Tätigkeit der christlichen Missionsstationen, die einfache Handwerkstechniken an der Basis verbreitet haben; vgl. hierzu *Harbrecht*, 1992).

Die neuen ordnungspolitischen Gesamtentscheidungen nach dem Zerfall des Ostblocks und der mehr oder weniger aufrichtigen Kehrtwende zur Marktwirtschaft werden in vielen Fällen mit großer Wahrscheinlichkeit die erwähnten Mißerfolge der Entwicklungspolitik teilen, wenn sie den Datenkranz vernachlässigen.

Aus dem Datenkranz soll im folgenden die *Natur* ausgewählt werden. Sind doch die natürlichen Bestimmungsfaktoren von Wirtschaftssystemen besonders schwierig anzugehen und setzen politischen Entscheidungen mancherlei Widerstand entgegen (zu den geistigen Bestimmungsfaktoren vgl. *Tuchtfeldt*, 1979).

Worum handelt es sich hierbei im einzelnen? Folgende fünf sollen in diesem Zusammenhang behandelt werden:

---

1 *Eucken* war dieser Unterschied bzw. Zusammenhang durchaus klar, wenn er schrieb: »Die theoretisch-nationalökonomische Forschung *muß* mit einer Datengrenze arbeiten, wenn sie überhaupt Erfolg haben will. .....Diese gesamtwirtschaftlichen Daten, die der Theoretiker als solche hinzunehmen hat, braucht der *Wirtschaftspolitiker* nicht als gegeben hinzunehmen. Für ihn sind sie vielmehr die bestgeeigneten Ansatzpunkte für seine Maßnahmen. Wirtschaftspolitik im engeren und im weiteren Sinne wirkt gerade durch Veränderung der Daten« (*Eucken*, 1952, S. 378, im Original ebenfalls kursiv).

1. Oberflächengestaltung,
2. Lage zu schiffbaren Flüssen und Meeren,
3. Bodenschätze,
4. Klima,
5. Bevölkerungsdichte.

Diese Aufzählung verbindet scheinbar die Daten Natur und Bevölkerung miteinander, doch ist die Bevölkerungsdichte wesentlich von den genannten natürlichen Bedingungen abhängig. Die Rolle dieser Daten läßt sich sowohl am Industrialisierungsprozeß der alten Industriestaaten wie der Entwicklungsländer aufzeigen. Vor allem aber läßt sie den Spielraum »ordnungspolitischer Gesamtentscheidungen« erkennen, wenn diese auf mehr oder weniger günstige natürliche Gegebenheiten treffen. In verschiedenen früheren Veröffentlichungen sind einzelne der damit verbundenen Folgen schon angedeutet worden (vgl. *Ghaussy/Tuchtfeldt*, 1968; *Tuchtfeldt*, 1970).

II. Oberflächengestaltung

Die topographische Struktur eines Landes kann für die wirtschaftliche Entwicklung mehr oder weniger günstig sein und damit für die ordnungspolitische Gesamtentscheidung vorteilhaft oder widrig. So war und ist gerade das industrielle Kerngebiet Europas in dieser Hinsicht außerordentlich bevorzugt. Die Oberflächengestaltung bietet hinsichtlich der Höhenunterschiede nördlich und westlich des Alpenmassivs keine nennenswerten Schwierigkeiten für den Straßen-, Bahn- und Kanalbau, wie er im 18. und 19. Jahrhundert erfolgt ist und damit die infrastrukturellen Voraussetzungen für den Industrialisierungsprozeß geschaffen hat.
In Südamerika hat dagegen die Andenkette (Länge rund 9000 km, Breite unterschiedlich 150–160 km) bisher jeden West-Ost-Verkehr größeren Umfangs verhindert. Schon aus Kostengründen dürfte sich hieran in absehbarer Zeit nur wenig ändern. In Zentralasien macht das Himalaya-Massiv, dessen Ausläufer von Vorderasien bis nach China reichen, jede leistungsfähige Nord-Süd-Verbindung unmöglich. Große Wüsten in Afrika, im arabischen Raum, in Indien und in China sind ebenfalls verkehrsfeindlich, da sie zur Versandung von Straßen und Bahnen führen. Ähnliches gilt für weite Teile Innerafrikas mit seinen Gebirgen, Urwäldern und Steppen. Auf den großen Flüssen in Asien, Afrika und Lateinamerika konnte sich nur dort eine wirtschaftlich ins Gewicht fallende Binnenschiffahrt entwickeln, wo die Höhenunterschiede nicht zur Bildung von Katarakten geführt haben. Vor allem in Afrika weisen die meisten großen Flüsse zahlreiche Wasserfälle und Stromschnel-

len auf, teilweise schon nahe der Mündung. Auf alle diese Bestimmungsfaktoren hat die Entwicklungsplanung kaum Rücksicht genommen. Ihr fehlte eben die grundlegende Einsicht in die Zusammenhänge zwischen »ordnungspolitischer Gesamtentscheidung« und »gegebenem Datenkranz« (vgl. *Tuchtfeldt*, 1975).

Wie *Eucken* (1952, S. 378) klar erkannt hat, können die gegebenen Daten aber durchaus wirtschaftspolitisch beeinflußt werden. Eines der besten Beispiele hierfür liefert die Schweiz. Das Alpenmassiv mit seinen verschiedenen Ketten hat sich bis zum Ende des 19. Jahrhunderts in starkem Maße verkehrsfeindlich ausgewirkt und den Nord-Süd-Verkehr behindert (man denke nur an *Goethes* Reisen nach Italien). Erst durch riesige Investitionen auf dem Gebiet des Tunnelbaues konnte diese Ungunst der Natur einigermaßen überwunden werden. Den Anfang machte 1882 der Eisenbahntunnel durch den Gotthard (15 km), dem bis heute zahlreiche weitere Bahntunnel gefolgt sind.[2]

Das Autobahnnetz in der Schweiz wurde erst seit den sechziger Jahren errichtet. Interessant ist dabei, daß die Autobahnen nicht aus Steuermitteln, sondern aus einem Zuschlag zum Benzinzoll finanziert worden sind. Auch hier wurden mit großem Aufwand zahlreiche Tunnelbauten errichtet.[3] Abgesehen von der Binnenschiffahrt sind das schweizerische und das bundesdeutsche Verkehrssystem heute ungefähr gleichwertig – ein Beispiel dafür, wie durch langfristig konzipierte Gesamtentscheidungen die »Datengrenze« hinausgeschoben bzw. überwunden werden kann.

Die Oberflächengestaltung eines Landes wirkt sich notwendigerweise auf die Flächennutzung aus. Gebirge, Urwälder, Steppen und Wüsten sowie große Binnengewässer verringern die land- und forstwirtschaftliche Nutzfläche, wie sich im internationalen Vergleich deutlich zeigen ließe. Hier ist das Hinausschieben der »Datengrenze« schon wesentlich schwieriger und kostspieliger; dazu kann es zu erheblichen Fehlallokationen führen, wenn keine Kostendeckung erreicht wird.

---

2 So 1906 der Simplon-Tunnel (19,8 km) und 1913 der Lötschberg-Tunnel (14,6 km), um hier nur die wichtigsten zu nennen. Zur Verbesserung des Bahnnetzes sind seither zahlreiche Tunnelbauten errichtet worden, so noch 1975 der Heitersberg-Tunnel (4,9 km) zur Verkürzung der Strecke Bern–Zürich und Anfang der achtziger Jahre der Furka-Tunnel, durch den eine wintersichere Alpenquerverbindung geschaffen wurde. Weitere Projekte befinden sich im Planungsstadium.

3 Als längste Tunnel seien hier erwähnt der Gotthard-Straßentunnel (16,9 km) und der San Bernadino-Straßentunnel (6,6 km). Aber auch die zahlreichen kleinen und kleinsten Tunnel haben außerordentlich hohe Investitionen erforderlich gemacht. Zu den Problemen der schweizerischen Verkehrspolitik vgl. *H.-R. Meyer* (1976).

III. Lage zu schiffbaren Flüssen und Meeren

In gewissem Zusammenhang zur Oberflächengestaltung eines Wirtschaftsraumes steht seine Lage zu den natürlichen Verkehrswegen, d.h. zu schiffbaren Flüssen und Meeresküsten. Auch in dieser Hinsicht sind die europäischen Industrieländer begünstigt. Sie verfügen mehrheitlich über lange, durch Halbinseln gegliederte Küsten an Mittelmeer, Atlantik, Nord- und Ostsee und weisen das dichteste Binnenwasserstraßennetz der Welt auf, da die Flüsse seit dem Merkantilismus durch ein immer weiter ausgebautes Kanalsystem miteinander verbunden wurden. Demgegenüber ist in Afrika und Lateinamerika der Anteil der Küstengebiete an der gesamten Landfläche im Vergleich zu Europa und Nordamerika sehr gering. Nach *Lütgens* (1950, S. 74) entfallen auf Küstengebiete und Inseln Europas 35% der Gesamtfläche und in Nordamerika 25%, in Afrika dagegen nur 2% und in Lateinamerika sogar nur 1%. Die mangelnde Gliederung der Küsten (nicht selten in Verbindung mit ausgedehnten Sumpfgebieten und Flachstränden) hat in Afrika und Lateinamerika, im Gegensatz zu den reich gegliederten Küsten Asiens, den Bau großer Seehäfen mit einem verkehrsmäßig gut erschlossenen Hinterland nur an relativ wenigen Stellen gestattet. Da die See- und Flußschiffahrt das ursprüngliche Verkehrsmittel für Gütertransporte darstellt, ist es kein Wunder, daß gerade jene Entwicklungsländer zu den ärmsten gehören, die keinen Zugang zu diesen natürlichen Verkehrswegen besitzen. Dies gilt in Asien beispielsweise für Afghanistan, Nepal, Bhutan und Sikkim, in Afrika für einige mittelafrikanische Staaten, in Lateinamerika für Bolivien und Paraguay (wenngleich dabei auch noch andere Momente mitwirken).[4]
Ein reines Binnenland (land-locked-country) benötigt keine Hafeninfrastruktur mit entsprechenden Behörden, kein Schiffahrts- und Seerecht, kein Schiffsregister, keine Regulierungen für den Betrieb der Schiffe usw. Ähnliches gilt für Staaten ohne Eisenbahnen (sei es wegen der Oberflächengestaltung oder zu geringer Bevölkerungsdichte). Hier braucht man kein Eisenbahnrecht und keine Normen darüber, ob die Bahnen privat, gemischtwirtschaftlich oder staatlich betrieben werden sollen. Regulierungen (wie Fahrplanpflicht, Genehmigungen von Tarifänderungen, Umstellungen von Bahn- auf Busverkehr und dgl.) entfallen. Die Zusammenhänge zwischen dem Datenkranz und der ordnungspolitischen Gesamtentscheidung sind evident.
Im übrigen sind auch die Frühformen der Zentralverwaltungswirtschaft eng mit der Wasserwirtschaft verknüpft. Im alten Ägypten ist bereits um 3000 v. Chr. ein zentralistischer Staatsaufbau nachweisbar, der sehr eng mit der wasserwirtschaftli-

4 Zu dem besonders instruktiven Beispiel Afghanistan, das auch politisch-militärisch von erheblicher Relevanz ist vgl. *Eberhard Rhein* und *A. Ghanie Ghaussy* (1966), Die wirtschaftliche Entwicklung Afghanistans 1880–1965, und *A. Ghanie Ghaussy* (1972), Das Verkehrssystem Afghanistans.

chen Regulierung des Nils zusammenhing. Für das alte Babylonien gilt dieselbe Feststellung für die Wasserwirtschaft von Euphrat und Tigris, für Altchina diejenige von Yangtse und Huangho. Aus China ist sogar bekannt, daß man bis in den Himalaya Beobachtungsstationen vorgeschoben hatte, die Änderungen im Wasserstand (z.B. bei der Schneeschmelze) meldeten, damit das intensiv ausgebaute Kanal- und Schleusensystem rechtzeitig aktiviert werden konnte. Die dafür zuständigen Beamten, später Mandarine genannt, bildeten eine eigene hochangesehene Kaste. Ohne eine geregelte Wasserwirtschaft wäre bei diesen drei antiken Beispielen eine Staatenbildung wahrscheinlich sehr erschwert worden. Der Marxist *Wittfogel* (1957) hat diese Frühformen der Zentralverwaltungswirtschaft als »hydraulische Gesellschaften« bezeichnet und aufgezeigt, daß auch unter Abweichungen von der marxistischen Theorie der Systementwicklung allein durch natürliche Faktoren bürokratische Zentralverwaltungswirtschaften entstehen können. Um sich vom »Feudalismus« marxistischer Provenienz abzugrenzen, spricht er von »orientalischer Despotie«. Für kleinräumigere Gebiete ist diese wirtschaftsgeographische Determiniertheit der ordnungspolitischen Gesamtentscheidung nicht unbedingt zwingend; sie kann dort auch auf genossenschaftlicher Basis erfolgen (z.B. Deichbaugenossenschaften an der Nordsee).[5]

IV. Bodenschätze

Ein weiterer natürlicher Bestimmungsfaktor sind Bodenschätze. Ein Land ohne nennenswerte Bodenschätze benötigt kein besonderes Bergrecht – weder hinsichtlich des formellen Eigentums am Boden bzw. an den Bodenschätzen noch hinsichtlich der materiellen Verfügungsmacht, also den Nutzungsmöglichkeiten. Auch Bergbaubehörden sind überflüssig.[6]

5 Im Gegensatz zur Frühform der Zentralverwaltungswirtschaft im Inkastaat in Peru und im Jesuitenstaat in Paraguay, die in der Lehrbuchliteratur häufiger genannt werden, finden sich zu den wasserwirtschaftlich determinierten Formen kaum Beispiele. Eine Ausnahme bildet *Wagener* (1979), der dazu schreibt: »Für die hydraulischen Gesellschaften (Ägypten, Mesopotanien, Indien, Turkestan, China) ist kennzeichnend, daß sie nur durch gewaltige Infrastrukturinvestitionen in Bewässerungsanlagen oder in den Überschwemmungsschutz ihre gesellschaftliche Produktion sicherstellen konnten..... Die Großräumigkeit der diesen Infrastrukturanlagen zugrundeliegenden natürlichen Wassersysteme macht es notwendig, die Aktivitäten über weite Landstriche zu koordinieren. Die Investitionsanstrengungen erfordern somit eine gemeinschaftliche Planung, die Mobilisierung großer Arbeitermassen und eine zentrale Überwachung und Kontrolle der einmal erstellten Anlagen« (*Wagener*, 1979, S.242).

6 Das römische Recht kannte keine Sondervorschriften für den Bergbau. Es galt das römisch-

In Volkswirtschaften mit abbauwürdigen Bodenschätzen gibt es schon beim formellen Eigentum alle möglichen Formen vom reinen Privateigentum (alle Bodenschätze gehören dem Eigentümer der Oberfläche) über die Festlegung bestimmter Tiefen (dem Eigentümer der Oberfläche gehören die Bodenschätze nur bis zu einer gesetzlich festgelegten Tiefe) bis zu öffentlichem Eigentum. Die materielle Verfügungsmacht kann in mannigfacher Weise eingeschränkt werden. So kann die Explorationstätigkeit genehmigungspflichtig sein. Die Fördermengen können pro Einheit besonderen Abgaben unterworfen werden. Bergschäden (z.B. Risse in Häusern, unter denen sich Bergwerke befinden) sind entschädigungspflichtig. Bei Tagebau sind nach Abbau der Bodenschätze die Löcher wieder einzuebnen und eventuell mit Bäumen zu bepflanzen – ein Problem, das sich seit der Wiedervereinigung Deutschlands 1990 im Braunkohlenbergbau der ehemaligen DDR mit besonderer Dringlichkeit stellt. Bergrecht, Bergbaubehörden mit entsprechenden Bürokraten und ein Netz von Regulierungen bilden hier also ein Datum für die ordnungspolitische Gesamtentscheidung. Staaten ohne Bodenschätze haben daher einen viel größeren Freiheitsgrad.

Eine jüngste Form, die hier erwähnenswert ist, stellt das Verbot dar, archäologische Funde zu exportieren. Schon die Grabungen müssen behördlich überwacht werden, erst recht dann die Ausfuhr, die verständlicherweise anders deklariert wird. Ein neuer Ansatz für eine vielfältige Regulierungspraxis scheint sich hier anzudeuten.

V. Klima

Zu den natürlichen Bestimmungsfaktoren von Wirtschaftssystemen gehört weiter das Klima. Nicht umsonst hat sich der Industrialisierungsprozeß in den gemäßigten Breiten vollzogen und nicht in tropischen und arktischen Gebieten. Das Klima beeinflußt unmittelbar die Arbeitsintensität des Menschen. Nach dem Stand der arbeitsmedizinischen Erkenntnis sinkt die Leistungsfähigkeit des Menschen schon bei 27 Grad Celsius um etwa 25 Prozent, bei 30 Grad Celsius um etwa 50 Prozent. Das optimale Klima wurde bei 22 Grad Celsius ermittelt.[7]

---

rechtliche Eigentumsprinzip der völligen Freiheit. Bergrecht entstammt dem germanischen Rechtskreis und läßt sich erst sei dem 12. Jahrhundert nachweisen (vgl. *Boldt*, 1957, Sp. 1068ff.).

7 Schon bei *Alfred Marshall* finden sich dazu folgende Bemerkungen: »Ein warmes Klima schwächt die geistige Energie. Es ist hoher verstandesmäßiger und künstlerischer Arbeit nicht absolut feindlich, aber es verhindert die Menschen, sehr große Anstrengung irgendwelcher Art lange Zeit auszuhalten. In der kühleren Hälfte der gemäßigten Zone kann harte Arbeit andauernder als irgendwo anders geleistet werden, und am meisten in Ländern

Darüber hinaus wirkt das Klima sich auch auf die Schaffung eines leistungsfähigen Verkehrssystems aus. In den tropischen Regengebieten erfordern Bau und Erhaltung von Straßen und Bahnen ungewöhnlich hohe Aufwendungen. Temperatur und extrem hohe Luftfeuchtigkeit stellen bereits an die Arbeitskräfte enorme Anforderungen. So wird beispielsweise von einer Anfang dieses Jahrhunderts durch den Amazonas-Urwald gebauten Bahn berichtet, daß jede Schwelle ein Menschenleben gekostet habe. Die wuchernde Vegetation macht es in den Tropen erforderlich, zu beiden Seiten der Straßen und Bahndämme breite Streifen zu roden und weiterhin freizuhalten. *Fromont* (1957, S. 54) erwähnt in diesem Zusammenhang, daß ein Kilometer Straße oder Bahndamm einen Kahlschlag von 10 Hektar erfordert. Durch die Feuchtigkeit sind Holzschwellen relativ schnell dem Verfaulen, Eisenschwellen dem Verrosten ausgesetzt. Viele Straßen, besonders in Afrika, sind in der Regenzeit unpassierbar. Über die diesbezüglichen Verhältnisse in Westafrika gibt folgende Tabelle aus dem Jahre 1956 Aufschluß (die Verhältnisse dürften sich seither kaum verändert haben): siehe Tabelle 1.

Tabelle 1: Anteil der Trockenwetter-Straßen am Straßennetz im Westafrika 1965

Land	Gesamtlänge	Davon Trockenwetter-Straßen in km	in %
Kamerun (1957)	10000	1200	12,0
Dahomey	5200	1200	23,1
Guinea	7800	2500	32,1
Elfenbeinküste	16800	8000	47,6
Niger	8500	5000	58,8
Senegal	11700	3000	25,6
Togo (1957)	4476	3300	73,7
Obervolta	16500	8100	49,1
Insgesamt	80976	32300	39,9

Quelle: *United Nations/ECA*, Transport Problems in Relation to Economic Development in Westafrica, Addis Abeba 1962, S. 67.

Klimatisch bedingt ist ebenfalls die stark schwankende Wasserführung der Flüsse. Auf dem Oberlauf des Benue in Nigeria ist ein regelmäßiger Schiffsverkehr nur an

wie England und seinem Gegenstück Neuseeland, wo die Seewinde die Temperatur fast immer auf gleicher Höhe halten« (*Alfred Marshall*, 1905, S. 231). Daselbst finden sich noch eine ganze Reihe interessanter Ausführungen über die Wirkungen des Klimas auf frühe Heiraten, hohe Geburtenziffern, große Kindersterblichkeit, geringe Wertschätzung des einzelnen Menschenlebens usw., auf die hier nur hingewiesen werden kann.

80 Tagen im Jahr möglich. Bei Flüssen mit stark schwankendem Wasserstand benötigt man für Flußübergänge Fähren, weil feste Brücken in der Regenzeit leicht zerstört werden. Auch derartige klimabedingte Schwierigkeiten für den Ausbau des Verkehrssystems gibt es in den alten Industrieländern nicht. So ist wahrscheinlich *Euckens* Bemerkung zu verstehen: »Selbst das Klima eines Landes kann durch menschliches Eingreifen verändert werden« (*Eucken*, 1952, S. 378).

VI. Bevölkerungsdichte

Neben der Wirtschafts- gehört auch die Siedlungsgeographie zu den natürlichen Bestimmungsfaktoren eines Wirtschaftssystems. Eine extrem niedrige Bevölkerungsdichte (vor allem wenn sie eng mit Oberflächengestaltung und Klima zusammenhängt), wirkt sich hemmend auf den Entwicklungsgrad aus. Die große Publizität der »Bevölkerungsexplosion« in einigen (vorwiegend asiatischen und lateinamerikanischen Staaten) läßt allzu leicht übersehen, daß viele Entwicklungsländer nur sehr dünn besiedelt sind, andere wiederum (wie beispielsweise Indien) zwar großstädtische Ballungsgebiete aufweisen, aber daneben auch weitgehend leere Räume. Je geringer die Besiedlung eines Gebietes, um so niedriger ist die Auslastungsmöglichkeit der Verkehrsanlagen, so daß schon aus Rentabilitätsgründen die Verkehrserschließung auf ein Minimum reduziert werden muß. Für große Räume mit extrem niedriger Bevölkerungsdichte wird das Flugzeug (neben der Küstenschiffahrt) zum bevorzugten und auch wirtschaftlich vertretbaren Transportmittel.
Fromm (1965, S. 2) unterschied in diesem Zusammenhang vier geographisch-demographische Regionen:

1. tropische Länder mit hoher Bevölkerungsdichte,
2. tropische Länder mit geringer Bevölkerungsdichte,
3. gebirgige Länder in der gemäßigten Zone mit hoher Bevölkerungsdichte auf einer Hochebene oder in einem Küstenflachland und ansonsten niedriger Bevölkerungsdichte,
4. Wüstenländer mit insgesamt niedriger Bevölkerungsdichte, aber Bevölkerungskonzentrationen entlang der Flüsse und Küsten.

Diese Überlegungen lassen sich unmittelbar auf die Beziehungen zwischen Marktgröße und Arbeitsteilung zurückführen, die schon *Adam Smith* 1776 entwickelt hat, um regionale Wohlstandsunterschiede zu erklären. Neuerdings haben sie in den Untersuchungen zur optimalen Größe eines integrierten Wirtschaftsraumes große aktuelle Relevanz bekommen (vgl. *Straubhaar*, 1993 und die dortigen Literaturangaben). Würde man die neueren Ergebnisse der Bevölkerungslehre hier noch einbeziehen, ergäben sich außerordentlich interessante Perspektiven (vgl. hierzu *Röpke* 1979 und *Tuchtfeldt* 1990).

VII. Schlußbetrachtung

In den vorangegangenen Ausführungen wurde darzulegen versucht, daß die »ordnungspolitische Gesamtentscheidung« (*Eucken* 1952) nicht nur durch die jeweils herrschenden Ideensysteme (Liberalismus, Konservativismus, Sozialismus und ihre späteren Varianten) geprägt wird, sondern auch durch eine Reihe natürlicher Bestimmungsfaktoren (oder Daten, wie man früher sagte). Die Beschränkung der Wirtschaftstheorie auf den innerhalb des Datenkranzes ablaufenden Wirtschaftsprozeß ist legitim (und notwendig zugleich, um klare Ergebnisse zu erhalten). Für die Wirtschaftspolitik, insbesondere für die Ordnungspolitik, sind aber gerade diese Daten der entscheidende Ansatzpunkt. »Mit der Datengestaltung ..... richtig umzugehen, ist die wichtigste Kunst der Wirtschaftspolitik«, heißt es daher bei *Eucken* (1952, S. 378). Bei dem Datum »Natur« wurde an fünf Komponenten gezeigt, wie groß hierbei jeweils die Möglichkeiten gestaltender Einflußnahme sind und welche Probleme sich dabei von der Sache her ergeben.

Literaturverzeichnis

Amonn, Alfred, *Grundzüge der Volkswohlstandslehre*, Erster Teil, Jena 1926.

Boldt, Gerhard, Bergrecht, in: *Staatslexikon*, 6. Aufl., Bd. 1, 1957, Spalte 1068–1073.

Eucken, Walter, *Die Grundlagen der Nationalökonomie*, Jena 1940.

Eucken, Walter, *Grundsätze der Wirtschaftspolitik*, Bern und Tübingen 1952, 6. Aufl., Tübingen 1990.

Fromont, Paul, *Les transports dans les économies sous-développés*, Paris 1957.

Ghaussy, A. Ghanie und Tuchtfeldt, Egon, »Bemerkungen zur Verkehrspolitik in Entwicklungsländern«, *Schweizerische Zeitschrift für Volkswirtschaft und Statistik*, Bd. 104 (1968), S. 89 ff.

Ghaussy, A. Ghanie, Das Verkehrssystem Afghanistans, in: Hossein Attar, A. Ghanie Ghaussy und Egon Tuchtfeldt, *Verkehrsprobleme in Entwicklungsländern*, Bern–Stuttgart 1972, S. 71–112.

Harbrecht, Wolfgang, »Die Entwicklungsarbeit der Kirchen aus ökonomischer Sicht – eine kritische Würdigung«, in: Egon Görgens und E. Tuchtfeldt (Hrsg.), *Die Zukunft der wirtschaftlichen Entwicklung – Perspektiven und Probleme. Festschrift für Ernst Dürr zum 65. Geburtstag*, Bern–Stuttgart–Wien 1992, S. 277–298.

Lütgens, Rudolf, *Die geographischen Grundlagen und Probleme des Wirtschaftslebens*, Stuttgart 1950.

Marshall, Alfred, *Handbuch der Volkswirtschaftslehre*, Erster Band, Stuttgart–Berlin 1905.

Meyer, Hans-Reinhard, *Verkehrswirtschaft und Verkehrspolitik*, Bern–Stuttgart 1976.

Rhein, Eberhard und Ghaussy, A. Ghanie, *Die wirtschaftliche Entwicklung Afghanistans 1880–1965*, Opladen 1966.

Röpke, Wilhelm, *Die Lehre von der Wirtschaft*, 12. Aufl., Bern–Stuttgart 1979.

Straubhaar, Thomas, *Zur optimalen Größe eines integrierten Wirtschaftsraumes. Das Konzept des funktionalen Föderalismus*, Diskussionsbeiträge zur Wirtschaftspolitik des Instituts für Wirtschaftspolitik der Universität der Bundeswehr Hamburg, Nr. 23, Hamburg 1993.

Tuchtfeldt, Egon, Infrastrukturinvestitionen als Mittel der Strukturpolitik, in: Reimut Jochimsen und Udo Ernst Simonis (Hrsg.), *Theorie und Praxis der Infrastrukturpolitik* (Schriften des Vereins für Socialpolitik, N.F., Bd. 54), Berlin 1970, S. 125–151.

Tuchtfeldt, Egon, »Alternative Strategien der Entwicklungspolitik«, in: Sigurd Klatt und Manfred Willms (Hrsg.), *Strukturwandel und makroökonomische Steuerung, Festschrift für Fritz Voigt zum 65. Geburtstag*, Berlin 1975, S. 205–224.

Tuchtfeldt, Egon, »Ideensysteme als Bezugsrahmen der Politik«, *Ordo*, Bd. 30 (1979), S. 79–94.

Tuchtfeldt, Egon, Die Familie aus ökonomischer Sicht, in: Max Vollkommer (Hrsg.), *Die Familie in Wirtschaft, Recht und Gesellschaft*, Erlangen 1990, S. 7–27.

United Nations/ECA, *Transport Problems in Relation to Economic Development in West Africa*, Addis Abeba 1962.

Wagener, Hans-Jürgen, *Zur Analyse von Wirtschaftssystemen*, Berlin–Heidelberg–New York 1979.

Wittfogel, Karl A., *Oriental Despotism. A Comparative Study of Total Power*, New Haven 1957.

Erhaltung industrieller Kerne in Ostdeutschland und das Problem der Ordnungskonformität von Wirtschaftspolitik

Gernot Gutmann

I.

1. In jüngster Zeit wird angesichts der beträchtlichen Verwerfungen im Anpassungsprozeß der ostdeutschen Wirtschaft an weltwirtschaftliche Produktions- und Absatzstrukturen und der damit verbundenen hohen Arbeitslosigkeit das Thema von der »Erhaltung industrieller Kerne« sowohl in der Wissenschaft als auch in der Politik äußerst kontrovers diskutiert. Mißlich ist dabei schon der Umstand, daß kaum je präzise und konkret ausgesagt wird, was denn ein »industrieller Kern« eigentlich ist, was man mit dessen »Erhaltung« meint und welche wirtschaftspolitischen Instrumente hierfür eingesetzt werden könnten und sollten. Allenfalls recht vage Umschreibungen lassen sich finden, wie die: »Industrieller Kern ist eine Metapher für den Versuch, die zukunftsträchtigen Potentiale in den Unternehmen herauszufinden, ihnen eine faire Entwicklungschance zu geben und letztlich aus diesem Kern heraus wieder Wachstum und Regeneration zu ermöglichen« (*Breuel*, 1993, S. 60). Mißverständnisse und daraus erwachsende Auseinandersetzungen sind also programmiert. Die entgegengesetzten Standpunkte zu diesem Thema lassen sich beispielhaft illustrieren, wenn man die Auffassungen von *Juergen B. Donges* und *Lothar Späth* einander kurz gegenüberstellt.

Donges warnt voll verständlicher Sorge vor dem Versuch, industrielle Kerne durch eine strukturkonservierende Industriepolitik erhalten zu wollen. Sie sei letztlich unwirksam, kontraproduktiv und zudem teuer. Es bestehe die Gefahr, daß der Staat mit dem Mittel der Subventionierung Strukturerhaltungspolitik betreibt, die Altes perpetuiert und Neues nicht entstehen läßt. Was als zeitlich befristete Anpassungssubvention beginnt, werde leicht zur Dauersubvention. Die in der wirtschaftspolitischen Diskussion verbreitete Neigung, in verkürzten Kausalketten zu argumentieren und allenfalls die **Primär**wirkungen staatlichen Handelns zu bedenken, jedoch nicht die **Sekundär**wirkungen, mahne zur Vorsicht. Die Erfahrungen, die in Westdeutschland – so im Saarland, im Ruhrgebiet und in Schleswig-Holstein – mit staatlicher Industriepolitik gemacht wurden, seien alles andere als ermutigend. Die

Arbeitsplätze in den von der Politik und von den Gewerkschaften für erhaltenswürdig erachteten Unternehmungen im Steinkohlebergbau, in der Stahlindustrie und im Schiffsbau seien durch solche Politik keineswegs sicherer geworden. Außergewöhnliche Umstände rechtfertigten zwar außergewöhnliche Maßnahmen, sie legitimierten jedoch nicht dazu, durch Wirtschaftspolitik grundlegende Prinzipien der marktwirtschaftlichen Ordnung außer Kraft zu setzen. Ordnungspolitik sei zwar nicht alles, aber ohne Ordnungspolitik sei alles nichts. Ohne die Beachtung ordnungspolitischer Grundsätze entstünden in Ostdeutschland letztlich keine industriellen Standorte mit Wachstumspotential, sondern industrielle Sanatorien mit wenig Hoffnung auf Genesung (vgl. *Donges*, 1993, S. 68 ff.).

2. Demgegenüber ist *Lothar Späth* der Ansicht, es führe völlig an der Sache vorbei, wenn im Zusammenhang mit dem Erhalt »industrieller Kerne« die Verletzung marktwirtschaftlicher Ordnungsprinzipien bejammert werde. Diese Prinzipien seien im vorliegenden Falle nämlich deshalb gar nicht anwendbar, weil die Voraussetzungen hierfür fehlten. Infolge der Einführung der DM und der Übertragung des westdeutschen Tarif- und Sozialsystems sei die ostdeutsche Wirtschaft einem schweren Schock ausgesetzt worden, der eine organische Entwicklung wie im westlichen Nachkriegsdeutschland völlig unmöglich mache. Es könne daher überhaupt nicht um die Frage gehen, **ob** in Ostdeutschland Industriepolitik und Strukturpolitik betrieben werden solle oder nicht, sondern lediglich darum, wie die hierfür erforderlichen Mittel möglichst sinnvoll eingesetzt werden können. Der Erhalt industrieller Kerne könne freilich kein Endziel sein, sondern allenfalls eine zeitlich eng befristete Übergangsmaßnahme, wobei der Schwerpunkt der Strategie auf einer von Bund und Ländern finanziell geförderten »zukunftsorientierten regionalen Strukturpolitik« zum Zweck der Schaffung alternativer Beschäftigungsmöglichkeiten liegen müsse. Es gehe also letztlich nicht um einzelne Unternehmen oder Branchen, sondern um die Entwicklung zukunftsfähiger Wirtschafts**standorte** (vgl. *Späth*, 1993, S. 66).

3. Hinter diesen völlig entgegengesetzten Ansichten über die richtige Wirtschaftspolitik zur Genesung der ostdeutschen Wirtschaft verbirgt sich eine grundsätzliche Fragestellung, die in der theoretischen Wirtschaftspolitik bereits seit den zwanziger Jahren dieses Jahrhunderts immer wieder behandelt wurde, nämlich die von der Einheitlichkeit und inneren Widerspruchslosigkeit wirtschaftpolitischen Handelns des Staates (vgl. *Tuchtfeldt*, 1960, S. 203 f.), meist unter Verwendung der Begriffe von den »konformen« oder »inkonformen« Maßnahmen der Politik thematisiert. Wenngleich der Problemkern, um den es bei dieser Frage geht, relativ einfach zu erfassen ist, so sind die relevanten Zusammenhänge doch so komplex, daß man bis heute noch nicht behaupten kann, die Wissenschaft habe eine allseits akzeptierte und befriedigende Antwort auf diese vertrackte Frage gefunden. Vielleicht wird eine endgültige und einfache Antwort als erfahrungswissenschaftliche Aussage über-

haupt nicht möglich sein. Die Schwierigkeiten, mit denen die Wirtschaft in Ostdeutschland zu kämpfen hat und das aktuelle Ringen um die geeignete Politik zur Förderung des Aufbauprozesses legitimieren sicherlich dazu, dieses grundsätzliche Problem noch einmal aufzunehmen und erneut auf einige ungelöste Fragen hinzuweisen (vgl. *Gutmann*, 1980/1986).

4. Diskutiert man die »Konformität« oder »Inkonformität« von Wirtschaftspolitik, losgelöst vom eben erwähnten aktuellen Anlaß, dann sind zunächst zwei verschiedene Verständnisse von Konformität streng voneinander zu unterscheiden, nämlich zum einen die **Ziel**konformität und zum anderen die **Ordnungs-** oder **System**konformität von Politik, auf deren Problematik sich die folgenden Überlegungen beschränken. Beide Aspekte klingen in den eben kurz referierten gegensätzlichen Positionen an, bilden jedoch einen je eigenen Problembereich.

Zielkonform sind wirtschaftspolitische Maßnahmen dann, wenn sie zur Erreichung politisch gesetzter Zwecke gewissermaßen »technisch« gesehen geeignet sind (vgl. *Seraphim*, 1955, S. 316f.). **Ordnungs-** oder **system**konform hingegen sind Eingriffe des Wirtschaftspolitikers nur dann, wenn sie der Wirtschaftsordnung gemäß sind, in deren Rahmen sie erfolgen, wenn sie also nicht Wirkungen auslösen, welche die **gewollte** Ordnung partiell oder vollständig außer Kraft setzen. Geradezu klassisch wird dies von Walter Eucken beschrieben, wenn er sagt: »Die Wirkung jedes wirtschaftspolitischen Aktes – mag es sich um den Erlaß eines Kartellgesetzes oder um eine Veränderung des geltenden Notenbankgesetzes oder um eine Verordnung über Arbeitsvermittlung oder um irgendeine andere Frage handeln – hängt, wie man festhalten muß, von der Wirtschaftsordnung ab, in der er erfolgt. Jede wirtschaftspolitische Maßnahme erhält nur im Rahmen des allgemeinen Bauplans der Wirtschaftsordnung ihren Sinn ... Jeder einzelne wirtschaftspolitische Akt sollte also in Ansehung der Wirtschaftsordnung stattfinden, die gewollt ist.« (*Eucken*, 1968, S. 250).

5. Gemäß theoretischer Überlegung und praktischer Erfahrung muß man davon ausgehen, daß oft nur eine **Teilmenge** der jeweils als zielkonform erkannten Eingriffe der Wirtschaftspolitik auch gleichzeitig ordnungskonform ist. So mag ein allgemeiner Preisstopp in einer Marktwirtschaft – wenn überhaupt – vielleicht vorübergehend dazu geeignet sein, das Ziel erreichen zu helfen, die Akzeleration einer offenen Preisinflation zu verhindern, und sich damit als ein kurzfristig zielkonformer Eingriff erweisen. Ordnungskonform jedoch ist er in diesem Typus einer Wirtschaftsordnung zweifellos nicht, weil durch ihn das systemtypische und unverzichtbare Instrument der Informationsgewinnung und Informationsvermittlung sowie der Entscheidungskoordination völlig außer Kraft gesetzt wird.

II.

1. Es ist nun zu fragen: Welche Kriterien lassen sich finden, die es erlauben, in einem konkreten Anwendungsfall die beabsichtigte Wirtschaftspolitik auf deren Ordnungskonformität hin zu überprüfen? Zuvor sei aber noch auf einige Fakten hingewiesen, die in der Konformitätsdebatte meines Erachtens nicht immer genügend beachtet werden und die die Suche nach einer Antwort auf die gestellte Frage ganz erheblich erschweren.

a. Wirtschaftspolitische Eingriffe können schon deshalb auf die Wirtschaftsordnung schädliche Auswirkungen haben, weil das gesteckte **Ziel** selbst, das durch sie erreicht werden soll, mit der Ordnung nicht vereinbar ist. Würde man in einer wettbewerblichen Marktwirtschaft etwa das Ziel »Mittelstandsförderung« als einen zu erreichenden Zustand definieren, in dem alle Betriebe einer bestimmten Größenklasse – auch wenn es sich dabei um sogenannte »industrielle Kerne« handeln sollte – unter allen Umständen davor geschützt werden, aus dem Markt als Anbieter je wieder ausscheiden zu müssen, dann wäre diese Zielsetzung, durch die die wettbewerbliche Dynamik außer Kraft gesetzt würde, mit marktwirtschaftlicher Ordnung wohl ebenso wenig vereinbar wie die Definition des Zieles »soziale Sicherheit« als einen Zustand, in dem alle Personen eine einmal erreichte absolute und relative Einkommensposition nicht mehr aufzugeben brauchen. Es geht also nicht nur um die Ordnungskonformität der **Instrumente**, sondern auch um die der **Ziele**.

b. Der Begriff Wirtschaftsordnung kann in einem doppelten Sinn gebraucht werden: Entweder man bezeichnet damit etwas **faktisch Bestehendes**, also die in einer bestimmten Wirtschaftsgesellschaft während eines bestimmten Zeitintervalls tatsächlich vorzufindende Ordnung, oder man meint ein **Leitbild**, das unter Wertgesichtspunkten als erstrebenswert gilt, also jene Ordnung, von der man annimmt, daß sie dem Wesen des Menschen und der Sache entspricht (vgl. *Eucken*, 1968, S. 372 f.).

Geht man der Forderung *Euckens* folgend nicht von der faktisch gegebenen Ordnung aus, sondern von der **gewollten**, also von einem **Leitbild**, dann sind alle Maßnahmen grundsätzlich inkonform, welche die tatsächlich bestehende Ordnung vom Leitbild abrücken, konform aber jene, welche die bestehende Ordnung zumindest unverändert lassen oder sie an das Leitbild näher heranbringen. Nun gibt es aber kein allgemein akzeptiertes, präzises Leitbild einer marktwirtschaftlichen Ordnung. Man muß sich daher entscheiden, welches man der Konformitätsprüfung zugrunde legen will. Kontroversen sind schon von daher unvermeidbar.

Sieht man das Leitbild einer marktwirtschaftlichen Ordnung in **solchen** Regeln des Rechts und der Konvention und in **jenen** Ausprägungen der verschiedenen Ordnungsformelemente, die verwirklicht sein müssen, damit die Menschen bei ihrem Entscheiden und Handeln nur ihre je **eigenen** Ziele zu verfolgen brauchen, also nicht dazu gezwungen werden, auch sogenannte »übergeordnete«, »gesamtwirtschaftliche« Zwecke erfüllen zu müssen, die ihnen von einem politischen Organisator vorgegeben werden, dann sind prinzipiell alle wirtschaftspolitischen Ziele und Mittel ordnungsinkonform, welche die Menschen in ihrem Tun zur Verwirklichung solcher bewußt gesetzter »übergeordneter« Zwecke zwingen – es sei denn, es handele sich um Ziele, die nur den Zweck verfolgen, die gewollte Ordnung selbst zu konstituieren, in ihrer Funktionsfähigkeit zu fördern und ihren Bestand zu sichern. Freilich ist hier zu berücksichtigen, daß unser ordnungstheoretisches Wissen immer nur unvollständig ist und sich im Zeitablauf verändert. Auch wenn man der Konformitätsprüfung das Ordnungs**leitbild** zugrundelegt, kann sich deswegen mit der Zeit der Bezugspunkt der Beurteilung verschieben. Viele Aussagen können daher immer nur vorläufiger Art sein.

c. Legt man der Konformitätsprüfung das **Leitbild** eines Ordnungstyps zugrunde, dann besteht die Gefahr, daß man sich an einer **modellhaft** gewonnenen, überhaupt nicht realisierbaren Leitvorstellung orientiert. Das ist sicherlich dann der Fall, wenn man von dem gedanklichen Konstrukt des vollkommenen Konkurrenzgleichgewichts ausgeht, dem sehr restriktive Prämissen zugrunde liegen, meist auch die, daß lediglich **private** Güter Gegenstand von Entscheidungen der Produktionsplanung sind, so daß im Gesamtbereich der Wirtschaft nur die unmittelbar mit dem Marktgeschehen verbundenen Elemente des volkswirtschaftlichen Entscheidungsprozesses eine Rolle spielen. Die Notwendigkeit auch der Produktion von **öffentlichen** Gütern, für die das **Ausschlußprinzip** nicht gilt und daher Marktgeschehen nicht möglich ist, wird im Modell nicht behandelt. Will man aber realistisch bleiben, dann sind öffentliche Güter und Marktunvollkommenheiten infolge von Präferenzen, mangelnder Markttransparenz und unvollständiger oder asymmetrischer Information in die Leitbildvorstellung einer marktwirtschaftlichen Ordnung mit einzubeziehen.

2. Wie läßt sich nun unter Beachtung dieser Umstände über die Ordnungskonformität oder -inkonformität wirtschaftspolitischer Ziele und Instrumente ein Urteil finden? Sichtet man die einschlägige Literatur, so stellt man fest, daß lange Zeit der Vorschlag diskutiert wurde, die sogenannte **Markt**konformität einer Maßnahme als Kriterium zu benutzen. Dies geht wohl auf eine Unterscheidung in »konforme« und »inkonforme« Mittel der Wirtschaftspolitik zurück, die Wilhelm Röpke vorgenommen hat. »Konform sind solche Interventionen«, so legt er dar, »die die Preismechanik und die dadurch bewirkte Selbststeuerung des Marktes nicht aufheben, sondern sich ihr als neue Daten einordnen und von ihr assimiliert werden, nichtkonform solche, die die Preismechanik lahmlegen und daher durch planwirtschaftliche (kollektivistische) Ordnung ersetzen müssen ... Der nichtkonforme Charakter einer

Intervention zeigt sich ... darin, daß sie durch Lahmlegung der Preismechanik eine Situation herbeiführt, die sofort einen neuen und tieferen Eingriff ruft, der die bisher vom Markte besorgte Regulierungsfunktion nunmehr auf die Behörde überträgt. Führt die Regierung Höchstmieten ein, so beginnen Angebot und Nachfrage auf dem Wohnungsmarkt auseinanderzuklaffen ... So sieht sich der Staat zu dem weiteren Schritt der Wohnungsrationierung gezwungen und, da gleichzeitig die Bautätigkeit unter diesen Verhältnissen zum Erliegen kommt, schließlich zur Übernahme der Wohnungsproduktion in eigene Regie ... Man kann daraus die Lehre entnehmen, daß der Mechanismus der Preisbildung ein wesentliches Stück des Gesamtmechanismus unseres Wirtschaftssystems ist und daß man es nicht herausbrechen kann, ohne schließlich auf eine Bahn gedrängt zu werden, die im reinen Kollektivismus endet.« (*Röpke*, 1979, S. 259 ff.).

Die im Zitat wiedergegebene Kennzeichnung von Ordnungskonformität als Marktkonformität von Wirtschaftspolitik stellt letztlich eine Verbindung **zweier** Überlegungen dar:

Die **erste** lautet: Es gibt wirtschaftspolitische Eingriffe, die der marktwirtschaftlichen Ordnung nicht gemäß sind und deren Wirkungsweise verfälschen, weil sie den Marktprozeß blockieren, wie er sich ohne den Eingriff vollzogen hätte. Man kann hier von einer **Inkonformitätsthese** im engeren Sinne sprechen. Die **zweite** Überlegung ist die: Eingriffe dieser Art setzen eine Automatik von **Folge**interventionen in Gang, die zwangsläufig die Staatstätigkeit ausweiten und letztlich zu einer kollektivistischen Wirtschaft führen müssen. Das ist eine **Transformationsthese.**

Die Auffassung, daß Staatsinterventionen in den Wirtschaftsablauf mit Marktwirtschaft grundsätzlich unvereinbar seien, weil sie eine Art Kettenreaktion auslösen, die zur Zwangswirtschaft führt, wurde bekanntlich schon von Ludwig *von Mises* am Beispiel der Preistaxen vertreten. »Wer ... die einzelnen Maßnahmen der Kriegswirtschaftspolitik verfolgt, der kann deutlich feststellen: zuerst Preistaxen, dann Verkaufszwang, dann Rationierung, dann Vorschriften über die Einrichtung der Produktion und der Verteilung, schließlich Versuche zur Übernahme der planmäßigen Leitung der gesamten Produktion und Verteilung.« (*von Mises*, 1923, S. 1059).

3. In ihrer Verknüpfung mit der Transformationsthese birgt jedoch die auf dem Begriff der Marktkonformität basierende Inkonformitätsthese erhebliche Probleme:

a. Es gibt in der Realität schon lange eine Fülle wirtschaftspolitischer Eingriffe, die eindeutig marktinkonform im obigen Sinne sind, weil sie auf einzelnen Märkten oder auf Märkten für ganze Produktgruppen – man denke etwa an den Agrarbereich – die »Preismechanik lahmlegen«. Jedoch kann man deswegen nicht behaupten, das habe notwendig und quasi mechanisch zur Transformation der gesamten Wirtschaftsordnung in den Kollektivismus geführt. Die Transformationsthese ist als **generelle** Aussage durch die Empirie widerlegt, wenngleich es für viele Fälle zutrifft, daß wirtschaftspolitische Eingriffe Folgeinterventionen nach sich ziehen. Es ist eben in der Wirklichkeit das **statische** Modell der vollkommenen Konkurrenz gar nicht realisiert, welches der Transformationsthese wohl letztlich zugrunde liegt.

b. Marktinkonforme Eingriffe lösen auch nicht notwendig eine Transformation zum **Kollektivismus** aus, sondern sie können auch einen Zustand hervorbringen, der durch eine weitestgehende **Funktionsunfähigkeit** des ganzen Wirtschaftssystems, durch ein Chaos in dessen Elementen gekennzeichnet ist.

4. Es ist daher zu fragen, ob man größere Sicherheit im Urteil dann gewinnt, wenn man die beiden Thesen voneinander trennt. Löst man die Inkonformitätsthese von der Transformationsthese ab, gibt man also die Vorstellung auf, **jeder** marktinkonforme Eingriff ziehe zwangsläufig den Kollektivismus nach sich, dann wird sie zwar **realitätsnäher**. Gleichwohl haften der vom Gedanken der Marktkonformität hergeleiteten Inkonformitätsthese auch dann noch Mängel an, die es unmöglich machen, sie in jedem Fall zu einem ausreichend griffigen Kriterium für die Beurteilung der Ordnungskonformität von Wirtschaftspolitik werden zu lassen. Folgendes ist nämlich zu beachten:

a. Bestimmte Maßnahmen, die sich, wie Zölle, Steuern, Subventionen oder Währungsabwertungen, der Preismechanik grundsätzlich als neue Daten einordnen und von ihr assimiliert werden, also im obigen Verständnis marktkonform sein dürften, stören die Informationsfunktion der Knappheitsanzeige durch die Preise ganz erheblich und legen somit in der Realität die Preismechanik dann de facto lahm, wenn die Eingriffs**quantität** sehr groß ist, wenn also die Steuersätze, Subventionssätze, Zollsätze oder Abwertungssätze prohibitiv sind und damit erhebliche Informationsverzerrungen bewirken. Die genannten Maßnahmen sind dann letztlich doch ordnungsinkonform.

b. Der Prüfbereich, auf den man die Marktkonformität anwenden kann, erstreckt sich unmittelbar nur auf jenen Teil der Wirtschaft, in dem der Preismechanismus Angebot und Nachfrage von Produkten und den Einsatz von Produktionsfaktoren tatsächlich lenkt. Legt man den Begriff der Marktkonformität streng aus, dann ist er nicht brauchbar bei der Beurteilung von wirtschaftspolitischen Maßnahmen, mit denen auf jene Formelemente politisch eingewirkt wird, die zusammengenommen die Wirtschaftsordnung ausmachen. Ob die Verstaatlichung oder die Reprivatisierung eines Unternehmens oder die Einführung von Mitbestimmungsrechten für Belegschaftsangehörige ordnungskonform sind oder nicht, bleibt nach dem Kriterium der Marktkonformität zunächst ebenso offen wie die Frage, ob die Müllabfuhr durch kommunale oder nur die durch private Betriebe der gewollten Ordnung gemäß ist. Das Kriterium der Marktkonformität bedarf daher der **Erweiterung**. *Watrin* schlägt vor, sich hierbei des Herzstücks einer marktwirtschaftlichen Konzeption zu erinnern, nämlich des dynamischen Wettbewerbs (vgl. *Watrin*, 1957, S. 60).

III.

1. Will man aber das von der Transformationsthese gelöste Kriterium der Marktkonformität durch Einbeziehung des Wettbewerbs unter der Vorstellung erweitern, daß der Wettbewerb letztlich konstitutives Formelement der gewollten Wirtschaftsordnung ist, dann entsteht folgendes Problem: So wie das Thema der Ordnungskonformität von Wirtschaftspolitik sinnvoll nur von einem bestimmten Verständnis von Wirtschaftsordnung und deren Leitbild her behandelt werden kann, so läßt sich die Erweiterung des Kriteriums der Marktkonformität zur **Wettbewerbskonformität** nur von der Grundlage eines bestimmten Wettbewerbsverständnisses her durchführen. Und davon gibt es bekanntlich nicht nur eines.

Hier wird von jener Vorstellung über Wettbewerb ausgegangen, die *von Hayek* entwickelt hat, der unter Wettbewerb ein Verfahren zur Entdeckung von Tatsachen und Problemlösungen versteht, die ohne sein Bestehen entweder unbekannt bleiben oder doch nicht genutzt werden würden (vgl. *von Hayek*, 1969, S. 249 f.). Die Leistungsfähigkeit dieses so verstandenen Wettbewerbs hängt aber vom Umfang jenes **Wissens** ab, das die Entscheidungsträger ihren Dispositionen zugrundelegen können sowie vom Grad ihrer **Motivation**, dies auch zu tun. Da jedoch die Kenntnis all jener Umstände, die für die Wirksamkeit des Entdeckungsverfahrens Wettbewerb bedeutsam sind, nur **allen** Wirtschaftssubjekten in ihrer **Gesamtheit** verfügbar ist und weitestgehend nicht auf Träger von Wirtschaftspolitik zentralisiert werden kann (vgl. *von Hayek*, 1952, S. 103 f.), läßt sich die volle Informationsbreite nur dann nutzen, wenn alle wirtschaftenden Menschen Handlungs- und Entscheidungsfreiheit besitzen und dazu motiviert sind, ihr Wissen einzusetzen. Wettbewerb setzt also außer der Motivation die **Freiheit** der Wettbewerber zum Entscheiden und Handeln voraus. Solche Freiheit kann aber für den einzelnen nur dann bestehen, wenn er nicht dem **willkürlichen Zwang** durch andere oder durch den Staat ausgesetzt ist, sondern wenn solche Ermessenswillkür durch allgemeine, abstrakte und unparteiische Normen unterbunden wird, wenn also die »Herrschaft des Gesetzes« gilt (*von Hayek*).

2. Wettbewerbskonform und damit ordnungskonform sind wirtschaftspolitische Eingriffe demnach nur dann, wenn sie mit Wettbewerbsfreiheit vereinbar sind; man könnte sie daher auch als **freiheitskonform** kennzeichnen. Wettbewerbsinkonform und daher mit Marktwirtschaft grundsätzlich unvereinbar dagegen sind solche Eingriffe, die sich nicht auf die bloße Durchsetzung allgemeiner gesetzlicher Regeln gründen, sondern die notwendig mit **willkürlicher** Unterscheidung von Personen verbunden sind. Wettbewerbsinkonform sind solche Maßnahmen jedoch nicht deshalb, weil sie in jedem Falle unweigerlich eine Transformation zum Kollektivismus oder zur Funktionsunfähigkeit des Gesamtsystems auslösen, sondern deswe-

gen, weil sie mit willkürlicher Selektion verbunden sind und daher den wettbewerblichen Prozeß der Informationsgewinnung und des motivierten Handeln beengen, also das Entdeckungsverfahren Wettbewerb schwächen.
Wettbewerbskonforme wie -inkonforme Eingriffe des Wirtschaftspolitikers werden sicherlich nicht alle in gleichem Maße dem Problemlösungsverfahren Wettbewerb und damit der Wettbewerbsfreiheit **gemäß** sein oder aber ihr **entgegenstehen.** Es gibt **abgestufte** Grade der Konformität und der Inkonformität (vgl. *Thalheim*, 1955, S. 577 f.).

IV.

1. Die bisherigen Überlegungen zielten darauf ab, ein Kriterium zur Beurteilung der Ordnungskonformität von Wirtschaftspolitik vom Kern marktwirtschaftlichen Geschehens, nämlich vom dynamischen Wettbewerbsprozeß und damit von der ökonomischen Leistungsfähigkeit des Gesamtsystems her abzuleiten. Dies auf konkrete Fälle anzuwenden, wird häufig schon recht schwierig sein. Für die Zielsetzung des Erhalts »industrieller Kerne« in Ostdeutschland und das hierzu verwendete Instrumentarium ist aber womöglich die Wettbewerbskonformität als Meßverfahren für die Ordnungskonformität von Politik noch kein ausreichendes Kriterium, weil die Wirtschaftsordnung der Bundesrepublik Deutschland – wenn auch in recht unvollkommener Weise – dem Leitbild einer »Sozialen Marktwirtschaft« entsprechend gestaltet wurde, einer Ordnung, die ein offenes System darstellt, ein politisches Programm, das »... ständig im Lichte neuer Ideen und Erkenntnisse überprüft und verbessert werden kann und muß« (*Watrin*, 1972, S. 18). Der Sinn dieses Ordnungsprogramms wird von *Müller-Armack* darin gesehen, »... das Prinzip der Freiheit auf dem Markte mit dem des sozialen Ausgleichs zu verbinden« (*Müller-Armack*, 1976, S. 243), weil seiner Auffassung nach bloße Freiheit zum »leeren Begriff« werde, wenn sie sich nicht mit »sozialer Gerechtigkeit« als einer verpflichtenden Aufgabe verbindet (*Müller-Armack*, 1974, S. 90 f.). Die große Schwierigkeit besteht nun freilich darin, daß erfahrungswissenschaftlich kaum auszumachen ist, worin »soziale Gerechtigkeit« besteht.
2. Jedoch läßt sich generell sagen: Im Wirtschaftsprozeß, so leistungsfähig er auch immer sein mag, arbeiten Menschen mitunter unter Bedingungen, die nicht in jedem Fall und von vornherein als **human** bezeichnet werden können und die daher gezielt politischer Gestaltung bedürfen. Auch bringt der Wettbewerb **Einkommen**, aber auch Beschäftigungsrisiken hervor, deren marktbedingte Verteilung im Lichte ethischer Maximen nicht notwendig als befriedigend oder als **gerecht** verstanden werden muß. Die marktbedingt entstandene Verteilung ist daher zu korrigieren. Die auf

Humanität der Arbeitsabläufe gerichteten Regelungen und die Art der Einkommensumverteilung – also der Bereich des Sozialen – wirken dann ihrerseits auf das Wirtschaften selbst zurück. Wir haben es – so betrachtet – mit einer **Interdependenz** von Wirtschaft und deren Leistungsfähigkeit einerseits und dem Sozialbereich andererseits zu tun, und zwar nicht nur deswegen, weil Einkommen nicht lediglich Kosten der Betriebe sind, sondern auch als Kaufkraft Grundlage für Nachfrage und Beschäftigung. Ein wesentlicher Grund für die Rückwirkung des Sozialbereichs auf die Leistungsfähigkeit des Gesamtsystems ist wohl der, daß viele wirtschaftende Menschen **unmittelbar** weniger von der Frage umgetrieben werden, wie leistungsfähig das gesamte Wirtschaftssystem ist, obwohl ihr Schicksal hiervon weitgehend abhängt. Eine **andere** Frage liegt ihnen oft näher, nämlich die: Weshalb geht es mir eigentlich schlechter als meinem Nachbarn? Das **Verteilungsproblem** und das mit ihm verbundene Problem der Beschäftigung ist also für viele das die Motivation beeinflussende **primäre** Problem, die Leistungskraft und Funktionsfähigkeit der Wirtschaft wird demgegenüber nur als **sekundäre** Problematik begriffen (vgl. *Eucken*, 1968, S. 11 ff.). Weil aber das Verteilungsproblem vielfach als das primäre und zentrale empfunden wird, hängt die **Akzeptanz** eines bestimmten Wirtschafts**ablaufs** und damit die **Akzeptanz** der ihn tragenden Wirtschafts**ordnung** und damit die Leistungsfähigkeit des gesamten Wirtschaftssystems nicht nur von der im Wettbewerbsprozeß gewählten Freiheit zur Wissensnutzung, sondern in hohem Maße auch davon ab, daß die Art und Weise, in der das Verteilungsproblem tatsächlich gelöst wird, die Erwartungen nicht zu sehr enttäuscht und damit die Leistungsmotivation nicht schwächt. Wegen dieser Interdependenz der Teilordnungen kann die Ordnungskonformität von Wirtschaftspolitik möglicherweise vom Leitbild der Wirtschafts**ordnung** im engeren Sinne her alleine gar nicht ausreichend beurteilt werden. Die Wettbewerbskonformität entpuppt sich womöglich als ein zwar plausibles und vielleicht sogar **notwendiges**, aber noch nicht als **hinreichendes** Kriterium der Konformitätsprüfung. Über diese Zusammenhänge gibt es aber in unserer Wissenschaft noch keine gesicherten Erkenntnisse.

V.

Kehrt man zum Ausgangspunkt der Überlegungen zurück, dann läßt sich feststellen, daß es kein **Patentrezept** zur Beantwortung der Frage gibt, ob das Ziel des »Erhalts industrieller Kerne« selbst und ob die Instrumente, die man zu dessen Realisierung einsetzen könnte, wirklich ordnungskonform sind, selbst dann nicht, wenn über die Zielkonformität der Maßnahmen Einigkeit bestünde. Eine Antwort hierauf bedarf des Abwägens und letztlich auch der Bewertung durch den Politiker selbst. Vertragstheoretisch gesprochen geht es um den Versuch, unter dem Druck der Nöte und der Knappheit der Mittel möglichst Lösungen zu finden, denen alle Betroffenen zustimmen können. Dies ist freilich eine äußerst komplizierte und kaum vollständig lösbare Aufgabe. Die Wissenschaft kann zwar mancherlei Hilfestellung im einzelnen bieten, sie kann aber bislang keine fertigen und ein für allemal gültigen Anleitungen liefern.

Allerdings darf man hieraus nicht den **Fehlschluß** ziehen, die Frage der von der Leistungsfähigkeit des Gesamtsystems her beurteilten Ordnungskonformität spiele nur eine Rolle für **Dogmatiker**, über deren Argumente man sich leicht pragmatisch hinwegsetzen kann. Die längerfristigen Konsequenzen solchermaßen ordnungsinkonformer Politik wären zum Schaden aller fatal. Es gilt die Mahnung Walter Euckens zu beachten: »So falsch es wäre, den historischen Moment mit seinen besonderen Machtkonstellationen und Imponderabilien zu vernachlässigen, so gefährlich wäre es, auf grundsätzliche Überlegungen zu verzichten und in den verhängnisvollen Fehler der Vergangenheit mit ihrer punktuell ungrundsätzlichen Wirtschaftspolitik zurückzufallen. Wer da meint, man könne Handelspolitik, Preispolitik, Patentpolitik, Agrarpolitik und überhaupt Wirtschaftspolitik punktuell und unter den Eindrücken des Tages treiben, irrt ... völlig ... Die Wirtschaftspolitik hat die Neigung, entweder in einen unrealistischen **Doktrinarismus** zu verfallen, welcher die jeweilige historische Situation nicht berücksichtigt, oder in einen ungrundsätzlichen **Punktualismus**, welcher die Wirtschaftspolitik zu einem Chaos unzusammenhängender oder widerspruchsvoller Maßnahmen macht.« (*Eucken*, 1968, S. 251). Beide Fehler völlig zu vermeiden, wird in der Praxis der Wirtschaftspolitik kaum immer möglich sein. Es wäre schon viel erreicht, wenn man sich der Fehler zumindest bewußt bliebe.

Literaturverzeichnis

Breuel, Birgit, »Überlebensfähigen Unternehmen die Regeneration ermöglichen«, *Wirtschaftsdienst*, 1993/II, S. 59–61.

Donges, Juergen, »Konservierende Industriepolitik: Unwirksam, kontraproduktiv, teuer«, *Wirtschaftsdienst*, 1993/II, S. 67–70.

Eucken, Walter, *Grundsätze der Wirtschaftspolitik*, 4. Aufl., Tübingen/Zürich 1968, S. 11 f., 250 f., 372 f.

Gutmann, Gernot, »Zum Problem der Ordnungskonformität wirtschaftspolitischen Handelns«, *Das Wirtschaftsstudium*, 9. Jg., Düsseldorf 1980, Heft 3, S. 33–38 und Heft 4, S. 48–51.

Gutmann, Gernot, »Ordnungskonformität von Wirtschaftspolitik in Marktwirtschaften und Zentralverwaltungswirtschaften«, *Hamburger Jahrbuch für Wirtschafts- und Gesellschaftspolitik*, 31. Jahr, Tübingen 1986, S. 49–62.

Hayek, Friedrich A. von, »Die Verwertung des Wissens in der Gesellschaft«, in: ders., *Individualismus und wirtschaftliche Ordnung*, Erlenbach/Zürich 1952, S. 103–121.

Hayek, Friedrich A. von, »Der Wettbewerb als Entdeckungsverfahren«, in: ders., *Freiburger Studien, gesammelte Aufsätze*, Tübingen 1969, S. 249–265.

Mises, Ludwig von, »Preistaxen (Theorie)«, *Handwörterbuch der Staatswissenschaften*, 4. Aufl., Band VI, Jena 1923.

Müller-Armack, Alfred, »Vorschläge zur Verwirklichung der Sozialen Marktwirtschaft«, in: ders., *Genealogie der Sozialen Marktwirtschaft, Frühschriften und weiterführende Konzepte*, Bern/Stuttgart 1974, S. 90–107.

Müller-Armack, Alfred, »Soziale Marktwirtschaft«, *Handwörterbuch der Sozialwissenschaften*, Band 9, Stuttgart u.a. 1956, abgedruckt in: ders., *Wirtschaftsordnung und Wirtschaftspolitik*, 2. Aufl., Bern/Stuttgart 1976, S. 243–249.

Röpke, Wilhelm, Die Gesellschaftskrisis der Gegenwart, 6. Auflage, Bern und Stuttgart 1979.

Seraphim, Hans-Jürgen, *Theorie der allgemeinen Volkswirtschaftspolitik*, Göttingen 1955, S. 316 f.

Späth, Lothar, »Eine Chance für zukunftsweisende Neuansätze«, *Wirtschaftsdienst* 1993/II, S. 64–67.

Thalheim, Karl C., »Zum Problem der Einheitlichkeit der Wirtschaftspolitik«, in: Karl Muhs (Hrsg.), *Festgabe für Georg Jahn*, Berlin 1955, S. 577–587.

Tuchtfeldt, Egon, »Fragen der Systemkonformität wirtschaftspolitischer Maßnahmen«, in: Hans-Jürgen Seraphim (Hrsg.), »Grundlegung wirtschaftspolitischer Konzeptionen«, *Schriften des Vereins für Socialpolitik*, N.F., Bd. 18, Berlin 1960, S. 203–238.

Watrin, Christian, »Zur Diskussion um das Problem der Marktkonformität«, *Wirtschaftspolitische Chronik*, Heft 1/1957, S. 60.

Watrin, Christian, »Thesen zum Programm der Sozialen Marktwirtschaft«, in: Dieter Cassel, H.-Jörg Thieme, Gernot Gutmann (Hrsg.), *25 Jahre Marktwirtschaft in der Bundesrepublik Deutschland*, Stuttgart 1972, S. 18–25.

Die Geldordnung in einer freiheitlichen Gesellschaft

Ralph G. Anderegg

I. Probleme und Ziele

Die Geldordnung ist ein elementarer Teil der Wirtschaftsordnung. Sie regelt die institutionellen Grundlagen für die Schaffung, Verteilung und Vernichtung von Geld (*Recktenwald*, 1983, S. 211). Die Suche nach einer geeigneten Geldordnung bzw. Währungsverfassung ist mit der zentralen Frage einer optimalen Balance zwischen Freiheit und Ordnung verhaftet. So durchziehen die geldordnungspolitischen Grundüberlegungen das Werk von *Walter Eucken* wie ein roter Faden (vgl. 1923). Er betont die Interdependenzen zwischen der Geldordnung und der Wirtschaftsordnung. Das Grundprinzip eines funktionsfähigen Preissystems und eine stabile Währung zählen zu den konstituierenden Prinzipien einer Marktwirtschaft (»Primat der Währungspolitik«; vgl. *Eucken*, 1990, S. 14 und S. 254–289). Er möchte die Geldordnung möglichst stark ins Gleichgewicht mit dem Wirtschaftsprozeß bringen und die Manipulierbarkeit des Geldes so weit als möglich unterbinden.

II. Die Suche nach der »invisible hand« der Geldordnung: Neutrales Geld als theoretisch ideale Geldordnung

Im Rahmen seiner Geld-, Kapital-, Gleichgewichts- und Konjunkturtheorie entwikkelt der »junge« *Friedrich August von Hayek* das für die Geldwirtschaft wichtige Konzept des intertemporalen Gleichgewichts. Ein zentrales, ideales, statisches und rein theoretisches Modell ist die »Naturalwirtschaft« (*von Hayek*, 1928, S. 62, und 1929, S. 118). In einem solchen System ist das Geld neutral und hat keinen Einfluß auf die Preisbildung, womit »... der Ablauf in einer Geldwirtschaft, und insbesondere die relativen Preise, von keinen anderen als den – von der unter der Annahme des Naturaltausches entwickelten Gleichgewichtstheorie berücksichtigten – ›realen‹

Bestimmungsgründen beeinflußt wird« (*von Hayek*, 1933, S. 659). Die »fiktiven« Ergebnisse eines solchen Modells sind durch die Abwesenheit monetärer Störungen und Einflüsse auf die relativen Preise und die Produktion gekennzeichnet. Vorausgesetzt werden die Existenz des Gleichgewichts, Stabilität, hinreichend schnelle Konvergenz (womit Anpassungsprozesse vernachlässigt werden können) und eine Wirtschaft, die Tauschmittel haben kann, aber ohne Geld für die Transaktionen auskommt (*von Hayek*, 1929, S. 14 und 35). In diesem Fall ist das Geld neutral und es wird gewährleistet, daß »... der Ablauf in einer Geldwirtschaft, und insbesondere die relativen Preise, von keinen anderen als den von der unter der Annahme des Naturaltausches entwickelten Gleichgewichtstheorie berücksichtigten ›realen‹ Bestimmungsgründe beeinflußt wird« (*von Hayek*, 1933, S. 659).

Die Anwendung von Gleichgewichtsbegriffen auf die Geldordnung ist von zentraler Bedeutung. Das intertemporale Gleichgewicht erfordert die Übereinstimmung zwischen dem sich auf dem Geldmarkt bildenden Geldzins und dem »natürlichen Zins« auf dem Kapitalmarkt. Unter diesen Bedingungen ist das Geld neutral (vgl. *Wicksell*, 1898, S. 93 ff. und 1922, S. 220). Beim natürlichen Zins handelt es sich um einen realen Zins, den Güterzins. *Von Hayek* spricht vom natürlichen Zins als einem »Gleichgewichtszins«, wie er sich fiktiverweise beim Angebot und der Nachfrage nach Ersparnissen bilden würde (1929, S. 118 ff.). Dieser Zins koordiniert die intertemporalen Pläne der Verbraucher und Produzenten. Das intertemporale Gleichgewicht erstreckt sich über mehrere Perioden. In diesem Zeitraum können sich die ökonomischen Daten ändern und sich reale Konjunkturzyklen mit unterschiedlich großen Produktionsumwegen ergeben (von *Böhm-Bawerk*, 1921; *von Hayek*, 1928, S. 48).

Das intertemporale Gleichgewicht erfordert ein »intertemporales Preissystem«, bei welchem die Pläne der Wirtschaftssubjekte vereinbar sind und sich deren Erwartungen erfüllen. Für die Anpassung an das Gleichgewicht ist eine vollkommene Voraussicht besonders hinsichtlich der Änderung von Daten und Gleichgewichtspreisen erforderlich (vgl. *von Hayek*, 1928, S. 36 f.). Nur bei vollkommener Voraussicht entfällt die Notwendigkeit einer Modifizierung der Pläne im zeitlichen Ablauf. Im sog. *walras*ianischen Erwartungsgleichgewicht stimmen auf allen Märkten die erwarteten und tatsächlichen Preise überein. Es besteht keine Kraft und keine Ursache, die Erwartungen zu ändern. Die Wirtschaftssubjekte besitzen alle Informationen über exogene Veränderungen sowie die Modellstruktur und haben diese in ihren Erwartungen berücksichtigt. Eine exogene Störung führt zu neuen Informationen und nach einer Phase der Anpassung der Marktaktivitäten zu einem neuen Gleichgewicht.

Die Geldwirtschaft hat auf Änderungen von Daten, welche die Lage des intertemporalen Gleichgewichtes verschieben, mit unmittelbarer Anpassung zu reagieren. Bei einem neutralen Geld (und vollkommener Voraussicht) werden die Produktions-

und Konsumpläne über den Zins so koordiniert, daß Schwankungen des Sparens, Investierens, der Zeitpräferenz oder der Produktivität des Kapitals immer wieder zu einem neuen intertemporalen Gleichgewicht führen. Vollkommene Voraussicht bewirkt zudem eine Synchronisation der Konsumnachfrage und der Produktion von Konsumgütern (*von Hayek*, 1931, S. 52 und 85).

III. Die »visible hand« der staatlichen Geldpolitik: Die Nicht-Neutralität des Geldes

Die »ideale Geldordnung« fehlt bisher. Die Integration von Werttheorie und Geldtheorie ist noch nicht gelungen. In einer Geldwirtschaft mit sich ändernden Präferenzen der Nichtbanken und Banken zur Geldhaltung und Kreditvergabe kommt es zur Schöpfung und Vernichtung von Geld und Kredit. Geld ermöglicht die Entstehung sowie Vernichtung von Kaufkraft und verursacht Einflüsse auf den Kapitalmarkt. Hinzu kommen die Schwankungen der Geldnachfrage, z. B. durch Änderungen der Umlaufsgeschwindigkeit. Dies löst reale Effekte aus. Der Geldzins weicht vom Gleichgewichtszins ab und läßt ein temporales Ungleichgewicht entstehen (*von Hayek*, 1929, S. 35). Dieses bildet den Ansatzpunkt zur Erklärung von monetär verursachten Konjunkturen und Krisen. Es kommt zu einem »falschen Preis«, wodurch die Pläne der Konsumenten und Produzenten nicht mehr aufeinander abgestimmt werden. Der »falsche« Zins produziert auch Erwartungsfehler hinsichtlich der künftigen Zinsen und des künftigen Kapitalangebotes und damit falsche Pläne der Wirtschaftssubjekte (*von Hayek*, 1928, S. 50 und 62). In einer Naturaltauschwirtschaft sind Angebot und Nachfrage identisch, nicht dagegen in einer Geldwirtschaft (*von Hayek*, 1929, S. 46 ff.). Die Geldwirtschaft ist eine zentrale Quelle für die Abweichung des Geldzinses von seinem Gleichgewichtswert und damit auch des Kreditangebotes von den Ersparnissen. Das Sparkapital wird nicht unmittelbar investiert, sondern über die Kreditvergabe in Geldkapital (bzw. Eigenkapital) verwandelt. Die Abstimmung des Angebotes und der Nachfrage nach Spargeldern erfolgt mittelbar über die Geldwirtschaft (vor allem über die Banken). Die Kreditvergabe bedeutet ein Einfallstor für die Störungen der Geldwirtschaft. Die falschen Preissignale führen zu inkonsistenten intertemporalen Aktionen (*von Hayek*, 1928, S. 52 ff. und 1929, S. 58 ff.). Die Bewegungen der relativen Preise (z. B. Güterpreise, Faktorpreise, Zinsen und Wechselkurse) entsprechen nicht jenen einer Naturalwirtschaft. Der konjunkturlose Zustand des neutralen Geldes läßt sich deshalb in einer Wirtschaft mit Geld wohl nie erreichen.

IV. Die geldpolitischen Konzepte

Hinsichtlich der mangelnden Neutralität des Geldes und der monetären Störungen sind »... keinerlei praktisch in Frage kommende geldpolitische Maßnahmen denkbar ..., die diese Schwankungen gänzlich unterdrücken würden« (*von Hayek*, 1929, S. 110 ff.). Bei einzelnen Geldkonzepten ist deshalb nach dem Grad der jeweiligen Abweichung zu fragen. In Tabelle 1 sind solche Beispiele dargestellt. Berücksichtigung finden die Currency Theorie, die Banking-Theorie, die keynesianischen Geldkonzepte sowie das Konzept der Währungskonkurrenz.

1. Die Warenwährung (Goldstandard)

Nach der offenen Inflation von 1914 und 1923 fordern *Walter Eucken* und *Friedrich A. Lutz* die Wiedereinführung der Goldwährung als eine der Marktwirtschaft entsprechenden Währungsordnung (*Lutz*, 1962, S. 22). Ziel ist eine wertstabile Währung. Der vorhandene, kurzfristig begrenzte Goldvorrat bildet die monetäre Basis. Die Geld– und Kreditschöpfung der Banken wird durch die Goldliquidität und die Golddeckungsvorschriften bei der Kreditschöpfung begrenzt. Die großen Unterhaltskosten des Goldes führen zu Goldsubstituten, welche jederzeit in Geld umgetauscht werden können.

Kritisch zu beurteilen sind Goldzuflüsse vom Ausland, welche zur Inflation führen und Goldabflüsse an das Ausland, welche binnenwirtschaftliche Liquiditätskrisen und Deflation mit sich bringen. Eine Goldwährung ist unter solchen Umständen nicht geldwertstabil. Die mangelnde Voraussehbarkeit des Wertes des Goldes führt zur Nicht-Neutralität der Goldwährung. Dies kann bei unterschiedlichen Preiserwartungen und langsam reagierenden Gleichgewichtsmechanismen zu erwartungsbedingten realen Effekten und wirtschaftlichen Instabilitäten, auch im Wachstumsprozeß, führen. Die Vorteile einer Goldwährung liegen vielmehr im Zustandekommen einer internationalen Währungsordnung. Das Gold bildet einen stabilen Anker und integriert die nationalen Währungsordnungen.

2. Die wertstabile Währung

Eine gute Annäherung an neutrales Geld ist in der Realität bei einer wertstabil konzipierten Währung zu erwarten. Bei Null-Inflation kommt es nur zu den technisch nicht vermeidbaren geringfügigen Abweichungen von stabilen Werterwartungen. Die relativen Preise zeigen echte Knappheiten. Die Preise der Zukunftsgüter

Tabelle 1: **Beispiele für Geldkonzepte**

Grundkonzept	Geldbasis	Geldpol. Ziele	Neutralität des Geldes	Konjunktureller Gleichgewichts-mechanismus	Währungs-wettbewerb
Currency Theory					
– Warenwährung (Goldstandard)	Gold	Preisstabilität	Begrenzt	Zyklizität groß (Goldbewegungen ins/vom Ausland	Nein
– Wertstabile Währung	Zentralbank	Preisstabilität	Annähernd	In Ansätzen	Nein
– 100 Prozent Reserven (Chicago-Plan)	Zentralbank	Preisstabilität	Nein	Nein	Nein
– Steuerung von M3 (oder Mx)	Zentralbank	Preisstabilität	Nein	Nein	Nein
Banking Theorie					
– Steuerung der monetären Basis	Zentralbank	Elast. Geld-versorgung	Fraglich	Fraglich	Nein
Keynesianische Geldpolitik					
– Keynesianische Zinssteuerung	Zentralbank	Exogene Zins-steuerung	Nein	Nein	Nein
– Steuerung der Bankenliquidität	Zentralbank	dto.	Nein	Nein	Nein
– Postkeynesianische Geld-mengenregel	Zentralbank	Exogene Konjunk-tursteuerung	Nein	Nein	Nein
Währungskonkurrenz (F.A. von Hayek)	Private Wirt-schaftssubjekte	Idee: Preis-stabilität	Idee: Mögliche Annäherung	Nein	Ja

weisen keine inflationären Verzerrungen auf. Die Dynamik der Wirtschaft folgt unverzerrten Entwicklungen und Erwartungen. Geldpolitische Transmissionseffekte unterbleiben. Die Kapitalmarktzinsen erfüllen ihre intertemporale Allokationsfunktion. Die übereinstimmenden Inflationserwartungen der Anbieter und Nachfrager auf dem Arbeitsmarkt verhindern erwartungsbedingte Fehlreaktionen.
Die Geldpolitik ist antizipativ so zu gestalten, daß kein Spielraum für eine Inflation besteht. Schwierig ist die Geldmengensteuerung. Es ist sinnvoll, die monetäre Basis vorerst stabil zu halten und nur dann in kleinsten Schritten zu erhöhen, wenn das Preisniveau gegen den Zielwert tendiert. *Friedrich August von Hayek* befürwortete im Jahre 1928 – ähnlich diesem Konzept – sogar eine unveränderliche Geldmenge. Dies bedeutet im Rahmen einer wachsenden Wirtschaft ein sinkendes Preisniveau, was *von Hayek* in Kauf nimmt (1928, S. 52 ff. und 1929, S. 58 ff.). Der Nachteil einer wertstabilen Währung besteht im Fehlen der »invisible hand«, einem marktlichen Automatismus, welcher immer wieder zum geldwirtschaftlichen Gleichgewicht und Währungsstabilität führt. Die »invisible hand« muß durch künstliche Mechanismen im politisch-administrativen Bereich ersetzt werden.
In der BR Deutschland ist eine wertstabile Geldordnung vorgesehen, jedoch wurde der Pfad einer wertstabilen Geldordnung immer mehr verlassen. Eine inflationsfreie Geldordnung erfordert eine große institutionelle Widerstandskraft gegen die »Lobby des leichten Geldes«. Auch der Staat bedient sich gerne der Inflation für Mehreinnahmen. Hinzu kommen die geldwertzerstörenden Einflüsse der EG. Die Rückkehr zu einer wertstabilen Geldordnung – auch im Rahmen der Währungsintegration der EG – ist äußerst wünschenswert.

3. Der Chicago-Plan

Für die ordoliberale Schule wie für die Currency Theorie ist die Stabilität des Geldwertes eine primäre wirtschaftspolitische Voraussetzung und erfordert eine strenge Regulierung der Geldmengen in Relation zum verfügbaren Güterangebot (*Röpke*, 1968, S. 139). Die Sicherung des Geldwertes ruht auf der Unabhängigkeit der auf die Geldstabilität verpflichteten Notenbank (*Röpke*, 1952, S. 4). Zu den Hauptursachen der monetären Instabilität zählt die fortschreitende Geldschöpfung der Banken (*Eucken*, 1990, S. 258). Die Kontrolle der Geldmengenentwicklung setzt eine möglichst ausgeprägte Trennung der staatlich kontrollierten Geldschöpfung und einer wettbewerblich organisierten Kreditgewährung voraus, um die Möglichkeit der Geschäftsbanken zur Geldschöpfung zu nehmen und das Kreditgeschäft von der Geldschaffung zu trennen (vgl. *Eucken*, 1990, S. 260 und *Lutz*, 1962, S. 99 ff.). Dabei sah bereits der *Fisher*-Plan von 1936 eine 100-prozentige Mindestreserve auf alle Sichtguthaben der Geschäftsbanken vor (*Fisher*, 1936). *Friedrich A.*

Lutz befürwortet noch 1935 die Goldwährung, 1936 bereits die 100-prozentige Mindestdeckung (1962, S. 22, 27, 95). *Milton Friedman* wiederholt diesen Vorschlag im sog. *Chicago-Plan* (1960).
Als beste Synthese wird eine stete monetäre Expansion durch die Zentralbank betrachtet, welche sich am langfristigen Wachstumspfad der Wirtschaft orientiert (vgl. *Meltzer*, 1974, S. 390). Die Festschreibung eines Geldmengenziels führt zu einer Anlehnung an die Theorie der rationalen Erwartungen (sofern diese Festschreibung auch in der Praxis konsequent erfolgt). Die Ausweichreaktionen bzw. Abwanderung der Kreditschöpfung vom Bankensystem in den Nichtbankenbereich erfordern nach der strengen Auffassung der Currency-Theorie spezielle Mindestreserven von den Geldsubstituten, um die Umgehung der Geldmengensteuerung zu verhindern.
Zudem ist das immer stärkere Vordringen bargeldloser Zahlungsverfahren und des elektronischen Geldes (»cashless society«) zu beachten. Das Geldsystem wird immer unabhängiger von der Notenbank, welche mehr und mehr vom lender-of-last-resort zum »clearer of the last ressort« wird (*Godschalk*, 1983, S. 160 und 176). Die in universellen Clearing-Systemen verbundenen Geldsysteme können fast beliebige Mengen von Transaktionsmitteln schaffen, was der *Wicksellschen* Idealbank sehr nahe kommt. Grenzen ergeben sich durch den Abfluß von Mindestreserven bei der Kreditgewährung durch die Banken, wodurch letztlich die Schöpfung von Geld in Form von Sicht-, Termin- und Spareinlagen (»temporary abode of purchasing power«) begrenzt wird (*Friedman* und *Schwartz*, 1970, S. 106).
Beim 100-Prozent-Mindestreserven-Plan fehlt neutrales Geld ebenso wie die »invisible hand« der Geldordnung. An deren Stelle tritt die »visible hand« einer möglichst starken Notenbank. Die Monopolstellung des Staates ist ausgeprägt. Da jede geldpolitische Maßnahme monetäre Störungen hervorrufen kann, lehnt *von Hayek* den 100-Prozent-Mindestreserven-Plan ab (1929, S. 111 f.). Ähnliche Überlegungen gelten für die Steuerung der Geldmenge M3 (oder M4) mit geringeren Mindestreserven als 100 Prozent.

4. Die Banking Theorie

Die Banking Theorie geht von einer großen Elastizität des Geldsystems aus. Das benötigte Buchgeld ergibt sich aus »spontanen Transaktionen der Zahlungs- und Kreditsphäre«. Die Sichtguthaben entstehen und verschwinden nach Bedarf ohne einen diesbezüglichen Einfluß der Zentralbank (*Schmölders*, 1962, S. 82). Geldnachfrage und Geldangebot sind bei Übereinstimmung von Grenznutzen und Grenzkosten (z.B. Transaktionskosten) im Gleichgewicht. Die Zinsbildung ergibt sich im freien Markt von Geldangebot und Geldnachfrage.

Die Zentralbank steuert die monetäre Basis. Die Geld- bzw. Kreditschöpfung durch die Banken erfordert eine bestimmte Menge Zentralbankgeld, um Verbindlichkeiten mit gesetzlichen Zahlungsmitteln nachkommen zu können. Diese läßt sich als »cash ratio« ausdrücken (*Dürr*, 1966, S. 25). Ein Selbstregulierungsmechanismus besteht in der Schöpfung und dem Rückfluß von Zentralbankaktiva bzw. Sichtguthaben. Es handelt sich um das *Fullarton*'sche Rückflußpinzip (»principle of reflux«; vgl. *Fullarton*, 1845, S. 68). Nach der »reserve causation Hypothese« der Banking-Theorie (vgl. *Mill*, Bd. 2, S. 338 ff.) paßt sich die Geldmenge passiv den konjunkturellen Entwicklungen der Wirtschaft an. Während eines Aufschwungs kommt es zu einem zunehmenden Kredit (wofür eine Zunahme der monetären Basis erforderlich ist), bei einem Abschwung zu einem Rückgang der Kredite und damit des von den Banken geschaffenen Geldes (vgl. *Mill*, 1885/1968, S. 338).
Die historischen Erfahrungen mit dem Banking-Konzept sind nicht sehr ermutigend. Dies ist möglicherweise weniger auf das Konzept als auf die in den historisch entscheidenden Phasen meist zu großzügige Geldbasis und finanzinnovatorische Sprünge zurückzuführen. Oft kam es zu spekulativen Blasen. Die Kreditfinanzierung hochspekulativer Transaktionen brachte eine Aufblähung der Geldmenge, welcher kein entsprechendes Güterangebot gegenüberstand. Die Gefahren der Banking-Theorie liegen auch in der Rückzahlung von Krediten gegen neue Kredite (z. B. bei einer Überemission von uneinlösbarem Staatspapiergeld). In diesen Fällen fehlt die Rückflußmöglichkeit (*Tooke* et al., 1858, S. 636 und 639).
Erforderlich ist eine stabile oder äußerst langsam wachsende monetäre Basis. In Phasen ausgesprochener Finanzinnovationen kann sich sogar eine sukzessive Verkleinerung der monetären Basis aufdrängen. Positiv zu beurteilen sind die marktliche Geldschöpfung und -vernichtung. Allerdings sind stabile monetäre Reaktionen im Sinne einer Annäherung an einen gleichgewichtigen Wachstumspfad fraglich, denn die Kreditschöpfung und -vernichtung im Auf- und Abschwung zeigt stets Überreaktionen und führt weg vom neutralen Geld.

5. Die keynesianische Geldpolitik

Die Grundidee der keynesianischen Zinssteuerung besteht in einer Steuerung der Zinsen als Mittel der diskretionären Geldpolitik. Dies bewirkt monetär induzierte reale Zyklen durch eine bewußte Abweichung vom Konzept des neutralen Geldes. In der Rezession sollen die Zinsen unter den Gleichgewichtszinsen liegen, in der Hochkonjunktur darüber. Dies führt zur Fristentransformation und Verzerrung der Kapitalmarktzinsen. Eine Annäherung an den Pfad des gleichgewichtigen Wachstums ist nicht zu erwarten. Es kommt zur Übersteuerung der konjunkturellen Zyklen. Eine ähnliche Verzerrung findet auch im außenwirtschaftlichen Bereich statt. Die Monopolstellung des Staates bei der Fixierung der Geldmarktzinsen setzt wesentliche Gleichgewichtsmechanismen außer Kraft. Freiheit und Ordnung werden eingeschränkt und die Gefahr des Staatsversagens vergrößert. Ähnliche Wirkung hat die Steuerung der Bankenliquidität. Haben die Geschäftsbanken Zugriff auf die Zentralbankliquidität, besteht die Gefahr einer nicht kontrollierbaren Aufblähung der Geldmenge und einer Verzerrung der Geldmärkte, welche sich auch auf die Kapitalmärkte überträgt. Die der Wirtschaft innewohnenden Gleichgewichtsmechanismen werden zerstört. Die Erfahrungen der 60er und 70er Jahre zeigen die Gefahr einer sich selbst nährenden Inflation. Auch die Steuerung der Bankenliquidität führt zur Nicht–Neutralität des Geldes. Ähnliches gilt für die antizyklische, diskretionäre Steuerung der Geldmenge.

6. Währungskonkurrenz

Als besondere Schwachstelle des Ordoliberalismus wird das staatliche Währungsmonopol bei strikter Forderung nach einer wettbewerblichen Wirtschaftsordnung betrachtet. Die mangelnde Automatik zur Ausweitung und Vernichtung von Geld bzw. der Steuerung der Geldversorgung nach den Bedürfnissen der Wirtschaft läuft nach Auffassung von *Walter Eucken* dem Prinzip einer stabilen Währung zuwider und bedeutet eine Störung der Ordnung (*Eucken*, 1990, S. 28; vgl. *Böhm*, 1980, S. 23–31). Er möchte die Geldprozeßpolitik am liebsten durch einen automatischen Stabilisator gesichert sehen. Auch *Franz Böhm* fordert eine der wettbewerblichen Wirtschaftsordnung entsprechende Geldordnung (*Böhm*, 1937, S. 137f.). *Friedrich August von Hayek* entwirft mit der Grundidee der Währungskonkurrenz (1977) eine solche Geldordnung. Der politische Mechanismus der Geldemission wird durch die »invisible hand« der Konsumentensouveränität ersetzt, wobei der monetäre Bereich analog zum Wettbewerb im realen Bereich über die Präferenzen der Wirtschaftssubjekte gesteuert wird (vgl. *Claassen*, 1980, S. 267 und 277). Dieses System unterscheidet sich vom free-banking des 19. Jahrhunderts (Freibankensystem, Zettelbanken) durch das Fehlen einer gemeinsamen Währung innerhalb eines Währungsgebietes (*von Hayek*, 1977, S. 80).
Von einer Währungskonkurrenz verspricht sich *Friedrich August von Hayek* Preisniveaustabilität (1976, S. 58 ff.). Das auf Eigeninteresse beruhende Gewinnstreben der Emissionsbanken führt nach Auffassung *von Hayek's* zu stabilerem Geld als das in Abhängigkeit vom Wohlwollen der Regierung geschaffene (1977, S. 35 und 128). Am Marktwert einer Währung zeigt sich das Vertrauen des Publikums in die Stabilität eines bestimmten Geldes. Das »gute« (wertstabile) Geld verdrängt das »schlechte« (Anti-*Gresham*'sches Gesetz). Die Anbieter einzelner Währungen stehen unter starkem Wettbewerb, Währungen nach den Präferenzen der Wirtschafts-

subjekte bereitzustellen (*Derix*, 1985, S. 95). Den Vorzug werden risikogeschützte, kaufkraftstabile, verzinsliche und mit geringen Transaktionskosten verwendbare Währungen genießen.
Währungswettbewerb ruft nach einer starken Wettbewerbsintensität, um die Gefahr eines natürlichen Monopols (*Engels*, 1981, S. 127; *Vaubel*, 1976, S. 427) zu vermeiden. Der große Informationsbedarf des Publikums über die einzelnen Geldarten und die erhöhten Transaktionskosten bei verschiedenen Währungen können nur durch eine breite Information mit der Hilfe der Massenmedien reduziert werden. Notwendig sind zudem Kassa- und Terminmärkte für die einzelnen Währungen, welche Informationen über die Austauschrelationen der einzelnen Geldarten geben (*von Hayek*, 1977, S. 37).
Bei einem schwachen Wettbewerb sind wettbewerbsverfälschende Strategien marktmächtiger oder oligopolistischer Währungsanbieter möglich, was zur Geldwertverschlechterung und nicht-neutralem Geld führt. Wird die Bereitstellung von Währungen mit der Gewährung von Krediten im Sinne von Universalbanken gekoppelt, besteht die Gefahr einer prozyklischen, wirtschaftspsychologisch verstärkten Geldschöpfung und -vernichtung in Boom- und Rezessionsphasen. Dies kann zu unerwünschten monetären Instabilitäten führen. Eine Trennung zwischen Währungsemissions- und Kreditbanken löst dieses geldordnungspolitische Grundproblem (vgl. *Lutz*, 1962, S. 28 ff.). Erforderlich sind auch Regulierungen zur Sicherung der Liquidität, Eigenkapitalausstattung und Risiken der Währungsemissionsbanken. Denkbar ist zudem eine Parallelstrategie, bei welcher private Währungen zugelassen werden und beobachtet wird, ob sich diese auf spontanem Wege im Wettbewerb gegen die staatlichen Währungen durchsetzen.
Im Außenhandel werden sich einige wenige internationale Währungen mit Transaktionsvorteilen durchsetzen. Faktisch zeigt die Entwicklung der Internationalisierung und Globalisierung der Geld- und Kapitalmärkte bereits heute eine Tendenz zu starker Konkurrenz der einzelnen staatlichen Währungen. Den Anlegern und Schuldnern stehen im internationalen Bereich verschiedene Währungen zur Auswahl. Ein privater Währungswettbewerb verstärkt diesen Wettbewerb nach den Präferenzen der Benutzer.

V. Zusammenfassung

Das Grundproblem der Geldordnung, auch für die EG, ist vorerst noch ungelöst. Die Geldordnung ist noch kein vollständig integrierter Teil einer freiheitlichen Wirtschaftsordnung. Der geldpolitische Stein der Weisen, welcher zu einer »perpetual ease and undisturbed steadiness in commercial affairs« führt, wurde noch nicht gefunden (*Overstone*, 1857, S. 132). Besondere Vorzüge hinsichtlich der Neutralität des Geldes erfüllt eine wertstabile Währung. Unter dem Aspekte der Konsumentensouveränität und des Wettbewerbs erscheint die Währungskonkurrenz wünschenswert. Dazwischen liegt das Banking-Konzept, welches bei einer äußerst restriktiven monetären Basis zu einer wettbewerblichen Geld- und Kapitalmarktordnung führt. Präsent bleibt die Warnung *Walter Euckens*: »Nie eine Maßnahme – ohne in Übereinstimmung mit dem Ganzen der gewollten Ordnung zu bleiben« (1990, S. 345).

Literaturverzeichnis

Böhm, Franz, *Die Ordnung der Wirtschaft als geschichtliche Aufgabe und rechtsschöpferische Leistung*, Heft 1, Stuttgart/Berlin 1937.

Ders., *Freiheit und Ordnung in der Marktwirtschaft*, Baden-Baden 1980.

von Böhm-Bawerk, Eugen, *Kapital und Kapitalzins*, Zweite Abteilung. Positive Theorie des Kapitals, 4. Auflage, Jena 1921.

Bombach, Gottfried, »Von der Neoklassik zur modernen Wachstums- und Verteilungstheorie«, *Schweizerische Zeitschrift für Volkswirtschaft und Statistik*, Bern 1964, S. 399–427.

Claassen, Emil-Maria, *Grundlagen der Geldtheorie*, Berlin/Heidelberg/New York 1980.

Derix, Hans-Heribert, *Säkulare Inflation, kompetitive Geldordnung und »unbeschränkte Demokratie« – Bedeutung und Problematik der politischen Theorie der Inflation von F. A. von Hayek*, Stuttgart/New York 1985.

Dürr, Ernst, *Wirkungsanalyse der monetären Konjunkturpolitik*, Frankfurt/M., 1966.

Engels, Wolfram, *The Optimal Monetary Unit – Real-asset Currency, State Monetary Sovereignity, and the Private Issue of Bank Notes*, Frankfurt 1981.

Eucken, Walter, *Kritische Betrachtungen zum deutschen Geldproblem*, Jena 1923.

Ders., *Die Grundlagen der Nationalökonomie*, 9. Aufl., Berlin/Heidelberg/New York 1989.

Ders., *Grundsätze der Wirtschaftspolitik*, 6. Auflage, Tübingen 1990.

Fisher, Irving, *100% Money*, New York 1936.

Friedman, Milton, *A Program for Monetary Stability*, New York 1960.

Ders., *The Counter-Revolution in Monetary Theory – First Wincott Memorial Lecture*, London 1970.

Ders. mit Schwarz, Anna J., *Monetary Statstics of the United States*, New York, London 1970.

Fullarton, John, *On the Regulation of Currencies*, 2. Auflage; London 1845. Neudruck New York 1969.

Godschalk, Hugo T.C., *Computergeld – Entwicklungen und ordnungspolitische Probleme des elektronischen Zahlungsverkehrssystems*, Frankfurt 1983.

von Hayek, Friedrich August, »Das intertemporale Gleichgewichtssystem der Preise und die Bewegungen des Geldwertes«, *Weltwirtschaftliches Archiv*, 1928, Heft 1, S. 125–169.

Ders., *Geldtheorie und Konjunkturtheorie*, Wien 1929 (Nachdruck Salzburg 1976).

Ders., »Money and Capital: A Reply to Mr. Sraffa«, *The Economic Journal*, 1932, Band 42, S. 237–249.

Ders. »Das Schicksal der Goldwährung«, *Der Deutsche Volkswirt*, 6. Jg., 1932, Heft 20, S. 642–645 und 677–681.
Ders., »Über 'neutrales Geld'«, *Zeitschrift für Nationalökonomie*, 1933, Band 4, Heft 5, S. 659–661.
Ders., »Preiserwartungen, monetäre Störungen und Fehlinvestitionen«, *Nationalökonomisk Tidsskrift*, 1935, Band 73, S. 135–156.
Ders., »A Commodity Reserve Currency«, *Economic Journal*, 1943, Bd. 53, S. 176–184.
Ders., *Preise und Produktion*, Wien 1931. Nachdruck Wien und New York 1976.
Ders., *Denationalisation of Money*, London 1976 (Deutsch: *Denationalisierung des Geldes – Eine Analyse der Theorie und Praxis konkurrierender Umlaufsmittel*, Tübingen 1977).
Krelle, Wilhelm, *Theorie des wirtschaftlichen Wachstums – Unter Berücksichtigung von erschöpfbaren Ressourcen, Geld und Außenhandel*, Berlin/Heidelberg/New York/Tokyo 1985.
Lutz, Friedrich A., *Geld und Währung – Gesammelte Abhandlungen*, Tübingen 1962.
Meltzer, Allan H., »Kontrolle der Geldmenge«, in: Brunner, K., Monissen H. G., Neumann M. (Hrsg)., *Geldtheorie*, Köln 1974, S. 378–391.
Mill, John St., *Principles of Political Economy*, Bd. II, 1871/7. Auflage (Neudruck) London 1904, in der deutschen Übersetzung, Jena 1921.
Mill, John Stuart, Gesammelte Werke, Bd. 6 (Neudruck von Bd. 2, *Grundsätze der politischen Ökonomie*), übersetzt von Adolf Soutbeer, Leipzig 1885), Aalen 1968.
Morgan, E. Victor, »Money in Theory«, in: Seldon A. (Hrsg.), *Not Unanimous*, London 1960, S. 15–35.
Overstone, Samuel J.L., *Tracts and other Publications on Metalic and Paper Currency*, London 1857. Neudruck Clifton/New Jersey 1972.
Recktenwald, Horst Claus, »Geldordnung«, in: *Lexikon der Staats- und Geldwirtschaft – Ein Lehr- und Nachschlagswerk*, Hrsg. von H. C. Recktenwald, München 1983.
Röpke, Wilhelm, »Wirtschaftspolitik – Zu Walter Euckens Opus Postumum«, *NZZ*, Nr. 95, 5.4.1952, Bl. 4f.
Ders., *Die Lehre von der Wirtschaft*, 11. Auflage, Zürich/Stuttgart 1968.
Schmölders, Günter, *Geldpolitik*, 2. Auflage, Tübingen 1962.
Sraffa, Piero, »Dr. Hayek on Money and Capital«, *Economic Journal*, 1932, Band 42, S. 42–53.
Tooke, Thomas; Newmarch, William, *Die Geschichte und Bestimmung der Preise während der Jahre 1793–1857*, Erster Band, in der Übersetzung von C. W. Asher, Dresden 1858.
Vaubel, Roland, »Freier Wettbewerb zwischen Währungen?«, *Wirtschaftsdienst*, 56. Jhrg., Nr. 8, August 1976, S. 422–428.
Wicksell, Knut, *Geldzins und Güterpreise*, Jena 1898, Nachdruck Aalen 1968.
Ders., *Vorlesungen über Nationalökonomie*, Bd. 2. Geld und Kredit, Jena 1922 (Nachdruck Aalen 1984).

Märkte oder Bürokratien als Steuerungsmechanismen des Technologietransfers?

Ronald Clapham

Seit Anfang der 70er Jahre und verstärkt in den 80er Jahren sind in der Bundesrepublik Deutschland viele Technologietransfer-Einrichtungen mit der Zielsetzung gegründet worden, eine schnelle Umsetzung von neuem technischen Wissen in marktfähige Produkte und wirtschaftlich effiziente Produktionsverfahren zu erreichen. Adressaten waren in erster Linie kleine und mittlere Industrieunternehmen. So wurden an den westdeutschen Großforschungseinrichtungen und fast an jeder Universität eigene Technologietransfer-Stellen eingerichtet; in der Industrie gab es 1983 für einzelne Branchen und Erzeugnisbereiche bereits 110 Verbandseinrichtungen für Transfermaßnahmen und Dienstleistungsangebote (Bundesverband der deutschen Industrie, 1983). Zusätzlich sind in vielen Kommunen Innovationsberatungsstellen und Technologiezentren geschaffen worden. Im Jahr 1986 war die Struktur der in einer Studie der Prognos AG erfaßten 214 Transfereinrichtungen gekennzeichnet durch Hochschuleinrichtungen (40,6%), Einrichtungen von Verbänden und Organisationen (23,4%), Technologiezentren (18,2%), Innovationsberatungsstellen (11,2%) und Büros der Großforschungseinrichtungen (6,5%) (errechnet nach Angaben bei *Sättler* u.a. 1987, S. 109–122).

Derartige Institutionen – insbesondere als öffentliche Einrichtungen – existierten nur in begrenzter Zahl in früheren Perioden eines ebenfalls schnellen technologischen Wandels, so in den ersten Jahrzehnten dieses Jahrhunderts und in den Jahren 1948 bis 1960.[1] Dies veranlaßt zu der Frage, was sich hinsichtlich der Erkenntnisse über die zu transferierende Technologie selbst und über die transferbestimmenden Faktoren so verändert hat, daß man seit einiger Zeit offensichtlich weniger auf die Steuerung des Transfers durch die Märkte, sondern mehr auf die Steuerung durch überwiegend staatliche Institutionen und Bürokratien vertraut. Unter Technologie-

1 Bereits seit Beginn der Industrialisierung hat es in Deutschland einige Institutionen zur Verbreitung neuen technologischen Wissens gegeben, z.B. die Akademien und Gesellschaften der Wissenschaften und technische Beratungsstellen, aber auch die Technischen Hochschulen (vgl. *Kroker*, 1971; *König*, 1990, S. 31 ff.). Sie sind aber in ihrer eher theoretischen Wissensvermittlung und ihrem Aktivitätsumfang nicht mit den heutigen Technologietransfer-Einrichtungen vergleichbar.

transfer-Einrichtungen des bürokratischen Typs sollen Institutionen verstanden werden, die nicht primär aufgrund von Marktanreizen, d.h. marktorientiert, sondern vielmehr technologieorientiert handeln; es sind öffentliche und zum Teil gemischte öffentlich-private Institutionen, die nicht den Anreiz- und Sanktionswirkungen des Marktes unterliegen.
Es soll erstens nach den Begründungen für den empirisch feststellbaren Wandel des Steuerungsmechanismus des Technologietransfers gefragt werden (Teil I). Zweitens ist zu prüfen, ob diese Begründungen hinreichend für die Präferierung von Technologietransfer-Einrichtungen des bürokratischen Typs sind (Teil II).

I. Zu den technologischen und ökonomischen Begründungen des veränderten Steuerungsmechanismus des Technologietransfers

Technologietransfer ist ein Untersuchungsgegenstand der Innovationstheorie und gehört hier zu jenem Theorieteil, der sich mit der erstmaligen Vermarktung eines neuen Produktes oder der ersten kommerziellen Nutzung eines neuen Produktionsverfahrens, d.h. den Innovationen, und mit deren Diffusion in der Volkswirtschaft befaßt. In einer ersten groben Abgrenzung bezeichnet Technologietransfer heute ganz allgemein die Übertragung von immateriellen und materiellen Ergebnissen technischen Wissens zwischen Personen und Organisationen (vgl. *Corsten*, 1982, S. 7ff.). Es stehen also – was eine problematische Verengung ist – technologische Ziele im Mittelpunkt. Der Transferprozeß hat neben der zeitlichen eine räumliche Dimension, von der im folgenden nur der nationale Technologietransfer behandelt wird.
Dieser Transfer wurde früher nicht als gravierendes wachstums- oder strukturpolitisches Problem gewertet: Man ging davon aus, daß entweder die auf den Ergebnissen der Grundlagenforschung basierenden möglichen neuen Technologien sich wegen ihrer Wirtschaftlichkeit in Märkten durchsetzen (Technologiestoß-Hypothese) oder die aktuelle (und latente) Marktnachfrage nach neuen Produkten und Verfahren die entsprechende Forschung und Entwicklung induzieren würde (Nachfragesog-Hypothese). Spätere Erklärungen kombinierten die beiden Hypothesen. In jedem Fall schienen die Marktfaktoren, wie Nachfrage und Angebot, die dadurch entstehenden Preise, Mengen, Gewinne und Verluste sowie der nationale wie internationale Wettbewerb, auszureichen, um Technologietransfer anzuregen und zu steuern. Man vertraute auf die Marktkenntnisse gewinnorientierter, risikobereiter und rational handelnder Unternehmer sowie auf Institutionen, welche die Transaktionskosten beim unternehmensexternen Technologietransfer reduzierten. Transferunterstützende Institutionen in diesem Sinne waren insbesondere der Kapitalmarkt (zur Finanzierung von risikoreichen, aber sehr rentabel eingeschätzten Inno-

vationsprojekten), der Arbeitsmarkt (für den Transfer personengebundenen Wissens), aber auch Patent- und Lizenzrecht, Publikationen, Fachtagungen und Ausstellungen. Man ging außerdem von einem relativ effizienten »Markt für wissenschaftlich-technische Problemlösungen« aus (in Anlehnung an *Bredemeier/Vattes*, 1982, S. 359), auf dem partielle Problemlösungen, die häufig in Konkurrenz zueinander stehen, gehandelt werden. Insgesamt kam es also zu einer marktlichen Identifikation der zu suchenden und anzuwendenden Technologien.
Forscht man nach Erklärungen für die geänderte Konzeption des nationalen Technologietransfers, dann geht es weniger um Behauptungen über Marktversagen wegen der Existenz von Externalitäten, Unsicherheit und Unteilbarkeiten, sondern es werden meistens verbesserte Erkenntnisse über die Komplexität des Transfers und neue bzw. stark veränderte Umweltbedingungen angeführt. Dies habe insgesamt zu einer Erhöhung der Transaktionskosten geführt, die den Technologietransfer behindert. Auf die wichtigsten Argumente wird im folgenden eingegangen. Die neuen bzw. veränderten Bedingungen scheinen sachlich zwingend die Schaffung von vielen Technologietransfer-Einrichtungen des bürokratischen Typs zu erfordern.

1. Komplexität des Technologietransfers

Die theoretische und empirische Innovationsforschung hat ergeben, daß das heutige Verständnis von Technologie sich sehr unterscheidet von dem ursprünglichen Konzept, Technologie als Information zu interpretieren, die allgemein anwendbar, leicht zu reproduzieren und wiederholt nutzbar sei. Nach dieser Vorstellung könnten die Unternehmen »... produce and use innovations by dipping freely into a general ›stock‹ or ›pool‹ of technological knowledge« (*Dosi*, 1988, S. 1130). Nach heutiger Auffassung von Technologie geht es den Unternehmen darum, im Rahmen eines technologischen Paradigmas – das Grundmuster der Lösung eines techno-ökonomischen Problems – streng selektiv und auf ziemlich genaue Richtungen festgelegt neues technologisches Wissen zu suchen und zu erhalten. Wegen des spezifischen, kumulativen und nicht artikulierten (»tacit«) Charakters eines Teils des technologischen Wissens ist dessen Auswertung und Nutzung abhängig von lokalem, unternehmensspezifischem Know-how (vgl. *Dosi*, 1988, S. 1137).
Der Gegenstand des Technologietransfers ist ein sehr heterogenes Objekt. Nach ökonomischen und technischen Kriterien unterscheidet man vier Qualitäten der zu übertragenden Technologie:
»– ökonomisch relevante und in der Anwendung befindliche Technologien,
– ökonomisch relevante und noch nicht zur Anwendung gelangte Technologien, die technisch realsierbar sind,

- ökonomisch noch nicht relevante, aber technisch realisierbare und
- ökonomisch noch nicht relevante und technisch noch nicht ausgereifte Technologien« (*Corsten*, 1982, S. 6–7).

Nach dieser Interpretation ist Inhalt des Technologietransfers auch die Diffusion von Innovationen.

Neues Wissen als Ergebnis der Forschung führt aber erst über mehrere technische Entwicklungsschritte zu einem erstmals marktfähigen Produkt bzw. wirtschaftlichen Produktionsverfahren. In der arbeitsteiligen Wirtschaft ist diese Entwicklung des wissenschaftlich-technischen Wissens bis hin zur Innovation – und gleiches gilt für die Diffusion – mit interpersonalen und interorganisatorischen Transfers verbunden. Diese Tatbestände schaffen »Schnittstellen« für den Wissenstransfer und verursachen verschiedene Transformationsprobleme.

Der vertikale Transfer als Nutzung von Grundlagenwissen in der technologischen Anwendung in verschiedenen Industriezweigen (z.B. Lasertechnologie) hat heute für die Entwicklung und Diffusion von Neuerungen die größte Bedeutung. Dieser intersektorale Transfer zur Vernetzung von Technologiefeldern, der multidisziplinäre Bemühungen erfordert, ist eine Erscheinungsform der größeren Komplexität innovativer Technologien.

In der Praxis erfolgt der Technologietransfer fast immer unter der Beteiligung Dritter, die zwischen dem Produzenten des neuen Wissens und dem technologischen Anwender dieses Wissens stehen (vgl. *Habicht/Kück*, 1981, S. 19 ff.). Direkter Transfer liegt vor, wenn der beteiligte Dritte dem Wissensproduzenten zugeordnet ist (z.B. Transferstelle einer Forschungseinrichtung), indirekter Transfer besteht, wenn eine institutionell selbständige Einrichtung eingeschaltet ist.

Zu unterscheiden ist ferner die Transferebene. Geht es lediglich um die Übertragung technologisch auswertbaren Wissens, dann handelt es sich um Technologietransfer im engeren Sinne («Vermittlungsebene«). Es werden Maßnahmen angewendet, die wissenschaftliche und technische Informationen zu geringen Kosten oder kostenlos verfügbar machen oder die Zugangshindernisse beseitigen. Allerdings sind die Art und Qualität der angebotenen wissenschaftlichen und technologischen Informationen die kritischen Faktoren, welche die Wettbewerbsfähigkeit gerade der Klein- und Mittelunternehmen determinieren. Sie sind infolge ihrer Ressourcenrestriktionen in besonderer Weise auf externe Informationsquellen (Universitäten, staatliche Forschungsinstitute, Institutionen der Industrieforschung, Zuliefererfirmen und Abnehmer) angewiesen (*OECD*, 1993).

Werden dagegen beim Technologietransfer auch die Randbedingungen berücksichtigt, um die Neuerung wirtschaftlich erfolgreich für das Unternehmen zu machen, besteht Transfer im weiteren Sinne («Vermittlungs- und Beratungsebene«). Man verbindet den aktiven Informationstransfer mit subventionierten Dienstleistungen für einzelne Unternehmensfunktionen, z.B. Management und Qualitätskontrolle u.a. Es werden z.T. zinsgünstige Innovationskredite und zum technologischen Wissen komplementäre Faktoren (z.B. Personal) zur Verfügung gestellt. Je nach finanziellem Ausmaß und Stärke der Einflußnahme wird die marktliche Technologiesteuerung modifiziert oder überlagert.

2. Veränderungen ökonomischer und technologischer Bedingungen

Die Schnelligkeit der Anwendung neuer Technologien in den Unternehmen wird vor allem durch die Gewinnaussichten und die Höhe sowie Komplexität der erforderlichen Investitionen bestimmt. Als Begründungen für die Veränderung des Transferkonzeptes werden neue Kosten- und Zeitbedingungen im Forschungs- und Entwicklungsprozeß angeführt, die insbesondere für kleine und mittlere Unternehmen zu Wettbewerbsnachteilen führen würden.
Die empirischen Erfahrungen zeigen, daß die **Kosten** der Neuerungstätigkeiten in der Entwicklungsphase des Innovationsprozesses gegenüber denen in der Forschungsphase stark ansteigen, allerdings nimmt zugleich der Grad der Unsicherheit im Verlauf des Innovationsprozesses ab. Da Klein- und Mittelunternehmen, wenn sie überhaupt eigene technologische Entwicklungen vornehmen, fast ausschließlich in den Phasen experimentelle und konstruktive Entwicklung tätig sind, stellen die relativ hohen Kosten (zum Teil von irreversibler Art) in diesen Innovationsphasen eine gewisse Markteintrittsbarriere dar. Eine Untersuchung aus dem Jahr 1989 zu den Innovationsaktivitäten der innovativen Branchen Automobile, Büro- und EDV-Anlagen, Chemie, Elektronik, Maschinen und Metall ergab folgende Verteilung der Innovationskosten: Forschung und Entwicklung 35 %, Versuchsproduktion 15 %, Werkzeuge und maschinelle Ausrüstung 21 %, Produktionsaufnahme 12 % sowie Marktforschung und Markteinführung 18 % (*Albach* u.a., 1991, S. 313).
Empirische Studien haben außerdem ergeben, daß der Technologietransfer zwischen rechtlich und wirtschaftlich unabhängigen Unternehmen – im Vergleich zu Transfers innerhalb multinationaler Unternehmen – einen erheblich höheren Ressourcenaufwand erfordert. Eine Studie über 48 Produktinnovationen in der Chemie-, Pharmazeutik-, Maschinenbau- und Elektronikindustrie in den USA ergab ferner, daß im Durchschnitt die Imitationskosten bei etwa 65 % der Innovationskosten lagen (*Mansfield* u.a., 1981, S. 907 und 909).
Das neue **Zeitproblem** besteht darin, daß sich die Forschungs- und Entwicklungs-Phasen verlängert haben, während der Produktzyklus kürzer geworden ist (*IWD*, 1989, S. 4). Mitte der 80er Jahre betrug die Entstehungsphase eines neuen Produktes im Durchschnitt rund zweieinhalb Jahre und der Lebenszyklus des Produktes war etwa doppelt so lang. Es zeichnet sich inzwischen ab, daß die Lebenszeit eines

Produktes künftig weiter zurückgeht, gleichzeitig die Entwicklung neuer Produkte teurer wird. Es erhöht sich das wirtschaftliche Risiko eines innovierenden Unternehmens, da in einer kürzeren Produktlebenszeit die Aneignung der Erträge der erhöhten Innovationsausgaben erfolgen muß.

Zu berücksichtigen ist, daß es im internationalen Vergleich erhebliche Unterschiede in den Innovationszeiten, d.h. von der Entwicklung eines neuen Produktes bis zur Markteinführung, gibt. Die deutschen Innovationszeiten sind fast in allen untersuchten Branchen wesentlich länger als die japanischen, jedoch fast gleich lang wie die amerikanischen. Die Innovationszeiten für alle Unternehmen im Verhältnis Deutschland/Japan sind 1:1,14 und im Verhältnis Deutschland/USA 1:1,01. Besonders markant sind die Unterschiede zu Japan in der Chemieindustrie (1,26) und in der Elektroindustrie (1,21) (*Albach* u.a., 1991, S. 314).

3. Technologiepolitik als Mittelstandspolitik

Komplexität der Technologie und gestiegene Forschungs- und Entwicklungskosten sind neue Umweltbedingungen für mehr oder weniger alle Unternehmen in der offenen deutschen Volkswirtschaft. Seit 1982 wurde durch politische Entscheidung ein besonderer Schwerpunkt bei der Förderung kleiner und mittlerer Unternehmen gesetzt, der in der Technologiepolitik – nach der Phase der Förderung der Großtechnologien – mit der Konzentration auf »moderne Schlüsseltechnologien« verbunden wurde.

Die allgemeine Begründung für die besondere Förderung der Klein- und Mittelunternehmen erfolgt analog zu der wohlfahrtsökonomischen Rechtfertigung der gesamten Forschungsförderung in der Marktwirtschaft (*Klodt*, 1987, S. 4 ff.). Der gesamtwirtschaftliche Nutzen einer schnellen und verbreiteten Anwendung neuer Technologien wird erheblich höher eingeschätzt als der einzelwirtschaftliche Ertrag für das innovierende Unternehmen. Aus der Sicht der sozial optimalen Ressourcenallokation würden von den kleinen und mittleren Unternehmen zu wenig Ressourcen für den Erwerb und die Anwendung neuer Technologien aufgewendet.

Um wettbewerbsfähig zu sein, müssen diese Unternehmen hinlänglich innovativ sein, was erstens Zugang zu extern verfügbarem Wissen erfordert, und zweitens müssen sie die Fähigkeit erhalten, zumindest auf einem mittleren Niveau technologische Entwicklungen auszuführen. Dabei entstehen Schwierigkeiten, da das Informationsangebot von den Klein- und Mittelunternehmen wegen personeller Engpässe, Mangel an erforderlichem Risikokapital, fehlendem Know-How und häufig unsystematischer Suche nicht genutzt wird. Diese Unternehmen verfügen kaum über die Fähigkeiten, neue und für ihre Branche relevante Technologien zu erkennen und sie für ihre Produktion und den Absatzmarkt aufzubereiten (*Staudt*, 1980,

S. 22). Erschwerend kommt hinzu, daß das externe technologische Wissen nicht auf das Informationsverhalten dieser Unternehmen zugeschnitten ist (*Habicht/Kück*, 1981, S. 46).
Die Mittelstandsförderung konnte sich auch auf Erkenntnisse der Industrieökonomik zur Entwicklung in den USA Anfang der 80er Jahre stützen, nach denen gerade kleine Unternehmen in der innovativen Wirtschaft eine wichtige Doppelrolle spielen: »Sie tragen nicht nur zum Prozeß des technischen Fortschritts bei, sondern auch zu dem Prozeß, mit dem der Markt auf diesen Fortschritt reagiert« (*Acs/Audretsch*, 1992, S. 20).

4. Zwischenbilanz

Wenn sich auch einige der für den Technologietransfer relevanten Bedingungen seit den 70er Jahren verändert haben, so ist das noch keine hinreichende Begründung für die Errichtung vieler Transferinstitutionen des bürokratischen Typs. Unstrittig ist, daß Änderungen der Umwelt Anpassungsprozesse erfordern, auch – im Sinne *von Hayeks* – bei Verhaltensregeln und Institutionen. Das charakteristische Merkmal **evolutionärer Marktprozesse** ist, daß bei veränderten Umweltbedingungen von den Wirtschaftssubjekten in der Wettbewerbswirtschaft permanent Neuerungen »entdeckt« werden, auch solche institutioneller Art. Es kommt zur Entwicklung und Prüfung verschiedener risikomindernder und berechenbarer Institutionen. Bezogen auf den Technologietransfer heißt das, daß sehr unterschiedliche Verfahren und Institutionen zur Lösung der Aufgaben vorgeschlagen werden, d.h., es ist von einer Offenheit für alternative Lösungen auszugehen.
Diese Neuerungen sind nach Art und Inhalt nicht antizipierbar. Ihre Quelle sind die kreativen Wahrnehmungen der Individuen und ihr personen- und situationsbezogenes Wissen (vgl. *Kerber*, 1991, S. 14; *Streit*, 1992, S. 10). Dies führt zu pluralistischem Charakter und Diversifizierung der Neuerungsaktivitäten.
Wenn man angesichts veränderter Umweltbedingungen von evolutionsökonomischen Überlegungen ausgeht, dann stellt sich die Frage, was in der Bundesrepublik die Entwicklung und Anwendung einer Fülle institutioneller Lösungen zur Unterstützung des Technologietransfers behindert hat. War der Handlungsrahmen der Wirtschaftssubjekte zu eng oder ist er etwa sogar eingeschränkt worden? Welches System zur Anregung der Wissensbeschaffung seitens der Individuen und zur kontrollierten Verwertung des Wissens bestand (*Streit*, 1992, S. 10)? Es ist nicht zu verkennen, daß die Förderung des staatlich organisierten Technologietransfers auf die Ziele, Prinzipien und Methoden der marktwirtschaftlichen Technologiesteuerung einwirkt.

Für die Anpassung der Wirtschaftssubjekte an veränderte Umweltbedingungen für den Technologietransfer hätten sich eine ganze Reihe von Möglichkeiten angeboten, die z.T. schon seit längerem vorgeschlagen werden, u.a.:

- Förderung der Eigenkapitalausstattung der Unternehmen, denn die restriktiven Bedingungen bei der Beschaffung von Fremdkapital behindern die Innovationsbereitschaft; insgesamt diskriminieren Kredite systematisch die produktiven, aber riskanten Investitionen;
- Verringerung der Unternehmensteuer–Belastung, um den Unternehmen die Übernahme von Investitions- und Innovationsrisiken zu erleichtern;
- Schaffung von venture capital;
- strategische Partnerschaften, d.h. Zusammenarbeit zwischen Produzenten neuer Technologien und Nutzern dieser Technologien im Rahmen von privatwirtschaftlicher Gemeinschafts- und Verbundforschung;
- kooperative Forschungs- und Entwicklungsabkommen für spezifische, auch kurzfristige Projekte zwischen Universitäten sowie anderen staatlichen Forschungseinrichtungen und privaten Unternehmen; das Konzept kooperativer Problemlösungen beinhaltet – im evolutorischen Sinn – höchst individuelle Suchprozesse auf beiden Seiten;
- temporärer Personalaustausch zwischen staatlichen Forschungseinrichtungen und Industrieunternehmen (vgl. hierzu und zum folgenden *Meusel*, 1990, S. 366f.);
- technologieorientierte Unternehmensgründungen mit mehrjähriger Rückkehrgarantie für Wissenschaftler in die staatlichen Großforschungseinrichtungen;
- Maßnahmen der Wissenschaftseinrichtungen, zum Beispiel Tagungen, Einrichtungen von Datenbanken, Technologieservice durch Bereitstellung von Großgeräten u.a.

Diese Möglichkeiten des Technologietransfers, für die nur wenige Veränderungen der »äußeren Ordnung«, d.h. ordnungspolitischer Rahmenbedingungen, erforderlich gewesen wären, würden die Steuerungsmechanismen der Kapital- und Arbeitsmärkte und der Güter- und Dienstleistungsmärkte nutzen. Unterstützend gibt es seitens der Transfereinrichtungen der privaten Wirtschaft eine Fülle von Transfermaßnahmen und Dienstleistungsangeboten, insbesondere Gemeinschaftsforschung, Veröffentlichungen, Recherchen und Dokumentationen, Praxisreporte, Transferveranstaltungen, Technologie- und Innovationsberatung sowie Förderungsberatung (*Bundesverband der Deutschen Industrie*, 1983, S. 37 ff.).

II. Zur politischen Begründung der Technologietransfer-Institution bürokratischen Typs

Was erklärt die Präferenz der deutschen Technologiepolitik für Technologietransfer-Einrichtungen des bürokratischen Typs? Als Erklärungsversuche werden im folgenden eine wissenschaftspolitische und eine politisch-ökonomische These diskutiert.

1. Technologiepolitik als Ausdruck des konstruktivistischen Rationalismus

Die besondere Förderung des bürokratischen Typs von Transferinstitutionen ist Ausdruck einer konstruktivistischen Auffassung in der Technologiepolitik. Ende der 60er Jahre hatte das angestiegene Vertrauen in die theoriegeleitete Möglichkeit der Rationalisierung der Wirtschaftspolitik zu dem »Stabilitätsgesetz« geführt als eine Grundlage für die Globalsteuerung in der »aufgeklärten« Marktwirtschaft (*Tuchtfeldt*, 1973, S. 165 ff.). Während in der Stabilitätspolitik die Grenzen der Steuerung in einer offenen Marktwirtschaft relativ schnell sichtbar wurden und man die Vorstellung einer wirtschaftspolitischen Manipulierbarkeit der Konjunktur aufgeben mußte, hat sich in der Technologiepolitik die Vorstellung einer rationalen Steuerung der ökonomischen Prozesse ausgebreitet. Daß diese Auffassung weiterhin besteht, zeigt die aktuelle Diskussion über die Industriepolitik.
Die konstruktivistische Auffassung ist das Ergebnis des neoklassischen Denkens in der Wirtschaftswissenschaft, das auch in der Ökonomie des technischen Fortschritts dominiert. Dabei werden komplexe Innovationsprozesse auf einfache Modelle reduziert, die man auch für Voraussagen über konkrete Einzelergebnisse des unternehmerischen Innovationsverhaltens verwendet hat. Die traditionelle Mikroökonomie unterstellt, daß das Unternehmen auf der Grundlage einer bestimmten technologischen und ökonomischen Informationsbasis rationale Entscheidungen fällt. Innovationstätigkeiten, d.h. Invention und deren kommerzielle Nutzung, werden mit den analytischen Instrumenten der Produktions- und Allokationstheorie untersucht und am Modell der optimalen Ressourcenallokation gemessen. So kann man für eine Volkswirtschaft, für eine Branche oder für ein Unternehmen das Optimum der Innovationstätigkeit bestimmen.
In diesem Zusammenhang entsteht die Vorstellung eines optimalen Pfades der technologischen Entwicklung und deren Nutzung. Um die Informationsdefizite der potentiellen Technologienutzer zu reduzieren, erscheinen spezialisierte Transfereinrichtungen als sinnvoll, die über die »richtigen« Informationen verfügen. Aus ökonomischer Sicht interpretiert sollen sie die Transaktionskosten für unternehmensextern erworbenes Wissen senken und Anreize geben, durch neues Wissen entstehende Gewinnpotentiale abzuschöpfen. Man unterstellt hier, es gäbe in den

Universitäten und anderen staatlichen Forschungseinrichtungen einen ständig wachsenden Bestand an Wissen und Technologien, eine Art »Technologiehalde«, aus der man die Klein- und Mittelunternehmen nur versorgen müsse.[2]

Gegen die Auffassung vom konstruktivistischen Rationalismus in der Technologiepolitik sind theoretisch-konzeptionelle und empirische Einwände zu machen. Aus Sicht des **evolutionsökonomischen Ansatzes** ergibt sich ein anderes Bild der Innovationsproblematik (vgl. hierzu *Kerber*, 1991, S. 10 ff.) und der Rolle des Technologietransfers.

Als Folge des unvollkommenen Wissens und der dauernden technologischen Neuerungen ist die optimale Höhe von Investitionen für Forschung und Entwicklung unbekannt. Daher läßt sich auch das genaue Maß der unterbliebenen Investitionen nicht angeben, weder für die Volkswirtschaft insgesamt noch für die Gruppe der Klein- und Mittelunternehmen. Für die Unternehmen ist eine optimale Neuerungstätigkeit nicht möglich, da aufgrund ihrer unvollkommenen Kapazität, Informationen zu erwerben und zu verarbeiten, ihre Suche nach neuen technischen Möglichkeiten begrenzt ist (vgl. *Nelson/Winter*, 1982, S. 255 und insbesondere *Witt*, 1992). Die Mehrzahl der Unternehmen bevorzugt daher eine inkrementale und routinemäßige Innovationstätigkeit. Es besteht kein optimaler Pfad der technologischen Entwicklung, und er kann auch nicht bestimmt werden (*Nelson/Winter* 1982, S. 382 f.). Dies gilt, je mehr die Neuerungstätigkeit von der bisherigen Routine abweicht.

Kritik an der konstruktivistisch angelegten Technologiepolitik muß auch aufgrund neuerer Erkenntnisse der empirischen Innovationsforschung geübt werden. Es ist nämlich keineswegs so, daß Technologietransfer für die Unternehmen aller Branchen von gleicher Relevanz ist. Erstens hängen die Innovationsaktivitäten von den technologischen Möglichkeiten ab, die je nach Branche und nach Entwicklung und Merkmalen der verschiedenen technologischen Paradigmen variieren (vgl. *Dosi*, 1988, S. 1137). Es gibt einige Sektoren der Industrie, in denen Innovationen nur von relativ geringer Bedeutung sind. In Deutschland sind Innovationsaufwendungen direkter und indirekter (d.h. über Vorleistungen aus anderen Industriesektoren bezogen) Art relativ gering, zum Beispiel in der Leder-, Bekleidungs- und Nahrungs- und Genußmittelindustrie (vgl. *Scholz*, 1991, S. 62 ff.).

Für die Klärung, für welche Branchen Technologietransfer eigentlich bedeutsam ist, läßt sich ein Strukturvorschlag von *Pavitt* (1984, S. 353 ff.) verwenden, der auf der

---

2 Die jüngste Kritik an der Effizienz der deutschen Großforschungseinrichtungen verweist auf deren starre bürokratische Strukturen und mangelnde Flexibilität bei der Themenfindung, und stellt fest: »Industrielle Schlüsseltechnologien wie die Informations- und Kommunikationstechnik, die Bio- und Gentechnologie sowie neue Werkstofftechnologien, die für die Industrie von zentraler Bedeutung sind, werden von den GFE nicht hinreichend abgedeckt.« Frankfurter Allgemeine Zeitung vom 08.05.1993, zitiert aus einem internen Positionspapier des Bundesverband der Deutschen Industrie.

Grundlage umfangreicher empirischer Studien eine Taxonomie vorgelegt hat, die drei Kategorien von Technologieabhängigkeiten unterscheidet:

- anbieterdominierte Branchen, in denen die Unternehmen selbst kaum Produkt- oder Verfahrensinnovationen entwickeln, sondern die externen Quellen der Neuerungen sind spezialisierte Anbieter von Ausrüstungen und Materialien; zu diesen Branchen gehören unter anderem traditionelle Industrien wie Leder, Textilien, Holz und Papier, ferner Wohnungsbau, Agrarwirtschaft;
- skalenintensive Massenproduktionsindustrien, in denen Arbeitsteilung und Rationalisierung zu laufenden technologischen Verbesserungen führen, die überwiegend aus eigener bzw. kooperativer Forschung und Entwicklung stammen; Beispiele sind die Produktionsbereiche Stahl, Glas, Automobile, dauerhafte Konsumgüter und der Maschinenbau;
- wissenschaftsabhängige Branchen (zum Beispiel Chemie, Elektronik), in denen die wichtigste Technologiequelle die unternehmensinterne Forschung und Entwicklung ist, gestützt auf die Grundlagenforschung von Universitäten und anderen Forschungseinrichtungen.

Zweitens sind die Bedingungen für die private Aneignung der Erträge einer Neuerung (appropriability conditions) zu berücksichtigen. Diese Bedingungen sind unterschiedlich zwischen Industriezweigen und Technologien (vgl. *Dosi*, 1988, S. 1139 f.). Sie werden verursacht von Patenten, Geheimhaltung, Zeitvorsprung, Kosten und Zeitaufwand für Imitation, Lernkurven-Effekten, überlegenen Verkaufs- und Serviceleistungen sowie Skalenerträgen. Es hängt davon ab, welche Bedingungen einzeln oder kombiniert vorliegen, ob ein Unternehmen seine Produkt- und Prozeßinnovationen gegen die Imitation durch die Konkurrenten schützen kann. Somit sind die privaten Aneignungsbedingungen eine entscheidende Determinante für den Anreiz zu technologischen Neuerungen.

Drittens hat die evolutorische Innovationsforschung, u.a. von *Nelson/Winter*, gezeigt, daß sich das Unternehmerverhalten differenzieren läßt zwischen Routine und Innovation. Als Routine werden diejenigen Verhaltensweisen bezeichnet, welche die Unternehmensaktivitäten in geregelten Bahnen verlaufen lassen. Routine wird interpretiert als notwendige Voraussetzung für ein möglichst wenig störanfälliges Verhalten der Unternehmen im Wettbewerbsprozeß. Daraus folgt für den Technologietransfer: Die Unternehmen können nicht alle Innovationsmöglichkeiten identifizieren und evaluieren, da sie durch die existierende Breite ihres Wissens und durch ihre Fähigkeiten auf nur eng begrenzten Feldern Restriktionen unterliegen (*Pavitt*, 1984, S. 353). Die Übernahme neuer Technologien ist daher für sie ein inkrementaler, kumulativer Prozeß, spezifisch für jedes Unternehmen.

Das Gewicht des Routineverhaltens zeigt sich auch darin, daß die meisten Produktinnovationen nur sehr bescheidene Verbesserungen existierender Produkte sind.

Eine Klassifikation von 4.398 Innovationen in den USA (1982) ergab folgende Ergebnisse (*Acs/Audretsch*, 1992, S. 27 und die dort angegebenen Primärquellen):

- Innovation schafft eine völlig neue Produktgruppe (kein Fall);
- Innovation ist die erste ihrer Art in einer bereits existierenden Produktgruppe (80 Fälle, davon von Kleinunternehmen mit weniger als 500 Beschäftigten 37,5%);
- bedeutende Verbesserung einer bereits existierenden Technologie (576 Fälle, davon auch hier von Kleinunternehmen 37,5%);
- geringfügige Produktverbesserung, um ein bereits vorliegendes Produkt auf den neuesten Stand zu bringen (4.282 Fälle, davon von Kleinunternehmen 43,4%).

Der hohe Anteil der kleinen Unternehmen (bis 500 Beschäftigte) an der Kategorie der einfachsten Innovationen im Vergleich zu den anderen Kategorien weist auf deren inkrementale Wissensvermehrung hin.

2. Technologietransfer-Institutionen zur Rechtfertigung staatlicher Technologiepolitik

Die Veränderung der Transferkonzeption ist außerdem die Folge politisch-ökonomischer Prozesse. Zu berücksichtigen ist nämlich, daß seit den 70er Jahren die deutsche Technologiepolitik mit einem umfangreichen Instrumentarium sowohl unmittelbar wie mittelbar die Forschungs- und Entwicklungsarbeiten beeinflußt. Das hatte Konsequenzen für den Technologietransfer.
Die in der Bundesrepublik noch bis Mitte der 80er Jahre dominierende direkte Projektförderung beinhaltete eine Abstimmung der zu fördernden Projekte zwischen Unternehmen bzw. Forschungseinrichtungen und dem Staat. Dies führte, so *Klodt*, zwar zu technischen Erfolgen, sichtbar an der Entwicklung patentierbaren Wissens, aber nicht zu einer entsprechenden kommerziellen Verwertung. »Der starke Einfluß der Ministerialbürokratie auf die Gestaltung der Forschungsprogramme fördert offenbar eher den technischen als den kommerziellen Erfolg« (*Klodt*, 1987, S. 36). Außerdem entsteht bei der staatlichen Technologieförderung durch den Rückgriff auf Expertenwissen das Problem der »alten Experten« (*Kerber*, 1991, S. 42): Ideen mit einem sehr großen Neuigkeitsgrad, die das alte Wissen radikal in Zweifel ziehen, werden bei der Mehrheit der Experten in den Beratungsgremien der Förderinstitutionen auf Skepsis und Ablehnung stoßen. Die Folgen solcher weitgehend zentraler und nach denselben Kriterien durchgeführten Entscheidungen – letztlich die Beschränkung des Wettbewerbs um besseres Wissen – sind dann sehr ähnliche Leitbilder zukünftiger technologischer Entwicklungslinien und sogenannter Schlüsseltechnologien. »Es besteht dann allerdings eine Identität zwischen den Projektionen von MITI, BMFT, EG, den USA und zahlreichen Groß-

unternehmen. Ihr Technologie-Portfolio ist ziemlich phantasielos und eng begrenzt. Die Ausrichtung der Unternehmenspolitik an derartigen Entwicklungslinien lockt ganze Branchen im Gleichtakt mit Japan und den USA etc. wie Lemminge auf überbesetzte Marktfelder und regt neue Überkapazitäten des Typs Butter, Werften, Stahl oder Personalcomputer an« (*Staudt*, 1990, S. 200).

Durch die Ausweitung der staatlichen Technologiepolitik entstand zugleich der politische Rechtfertigungsdruck, den gesellschaftlichen Nutzen dieser Staatsaktivität nachzuweisen. Sowohl die Forschungsaktivitäten des Staates (Großforschungseinrichtungen, Hochschulforschung) als auch die Finanzhilfen und Steuervergünstigungen für Forschung in der Privatwirtschaft sollen letztlich zu gesamtwirtschaftlichen Wohlfahrtsgewinnen führen, die u.a. in neuen Beschäftigungsmöglichkeiten und steigenden Einkommen bestehen (*Klodt* 1987, S. 7 u. 17 f.). Dies gelingt um so besser, je früher und umfassender das neue technologische Wissen kommerziell verwertet wird. Damit geht es beim bürokratisch organisierten Technologietransfer eigentlich darum, den ökonomischen Erfolg der staatlichen Technologieförderung erst herbeizuführen. Technologietransfer wird bürokratisch organisiert, um politisch die staatliche Forschungs- und Technologieförderung mit – scheinbaren – Wohlfahrtsgewinnen rechtfertigen zu können.

Die staatliche Förderung der Grundlagenforschung ist in der Marktwirtschaft wegen von hier ausgehender positiver externer Effekte sinnvoll. Daher ist es auch zweckmäßig, den Transfer des Grundlagenwissens in anwendungsnähere Bereiche öffentlich zu unterstützen. Die technologische Konkretisierung aber müßte in Abhängigkeit von den Anreiz- und Sanktionswirkungen des Marktes erfolgen, allokative Verzerrungen durch bürokratische Steuerung würden so vermieden.

Andere Zusammenhänge bestehen, wenn die staatliche Förderung für die angewandte Forschung oder sogar für die experimentelle Entwicklung erfolgt. Die Subventionierung in diesen marktnäheren Bereichen verändert die relativen Preise und hat daher Auswirkungen auf die Allokation von Forschungs- und Entwicklungsressourcen in den staatlichen und privaten Forschungseinrichtungen. Deren Allokation wird von jener abweichen, die aufgrund von Marktfaktoren entstanden wäre. Die Ergebnisse dieser Faktoreinsätze, d.h. das technologieorientierte Wissen dann noch durch bürokratisch organisierten Transfer zu verbreiten, bedeutet jedoch, **verzerrte Allokationsstrukturen** zu verbreiten. Gerade durch diesen organisierten Technologietransfer wird nämlich verhindert bzw. erschwert, daß es durch Marktkräfte zu einer Korrektur der durch die Forschungs- und Technologiepolitik geförderten Allokationsstrukturen kommt. Konkret heißt das: Wenn durch Technologietransfer-Einrichtungen bürokratischen Typs eine bestimmte technologische Entwicklung zu subventionierten Preisen angeboten wird, dann wird die Technologiesuche der privaten Wirtschaft beeinflußt und indirekt gesteuert; man behindert so den Wettbewerb um technologische Entdeckungen.

III. Zusammenfassung

Die Ausbreitung von Technologietransfer-Einrichtungen des bürokratischen Typs kann nicht hinreichend begründet werden mit den Argumenten der gestiegenen Komplexität des Technologietransfers, den veränderten Kosten- und Zeitbedingungen im Forschungs- und Entwicklungsprozeß und dem intensiveren Wettbewerb für Klein- und Mittelunternehmen. Als Reaktion auf die zweifellos veränderten Bedingungen hätte es eine Fülle von anderen, bereits vorgeschlagenen Institutionen und Verfahren gegeben, den Technologietransfer marktkonform zu fördern. Man hätte zudem davon ausgehen können, daß in evolutorischen Marktprozessen von den Wirtschaftssubjekten permanent auch Neuerungen institutioneller Art zur Erleichterung des Technologietransfers entdeckt werden, die mit den Steuerungsmechanismen der Kapital- und Arbeitsmärkte und der Güter- und Dienstleistungsmärkte kompatibel sind.
Der bürokratisch organisierte Technologietransfer läßt sich auch nicht mit einer Technologiepolitik begründen, die der Auffassung des konstruktivistischen Rationalismus folgt. Das Konzept ist aus theoretischer und empirischer Sicht obsolet. Wenn die Transferinstitutionen bürokratischen Typs mit dem Argument vertreten werden, die Ergebnisse staatlicher Forschungs- und Technologieförderung letztlich ökonomisch umzusetzen, dann ist in jedem Fall zu prüfen, ob hier nicht durch Subventionen verzerrte Allokationsstrukturen verbreitet werden. Die Gefahr besteht, daß der so organisierte Technologietransfer den von Anreiz- und Sanktionswirkungen des Marktes gesteuerten Wettbewerb um technologische Entdeckungen behindert.

Literaturverzeichnis

Acs, Z./Audretsch, D. B., *Innovation durch kleine Unternehmen*, Berlin 1992.

Albach, H./de Pay, D./Rojas, R., «Quellen, Zeiten und Kosten von Innovationen«, *Zeitschrift für Betriebswirtschaft*, 61. Jg. (1991), S. 309–324.

Bredemeier, W./Vattes, H.J., »Probleme des Technologietransfers in der Bundesrepublik Deutschland«, *Die Betriebswirtschaft*, 42 (1982), S. 355–370.

Bundesverband der Deutschen Industrie (Hrsg.), *Technologietransfer. Durch Information zur Innovation*, Köln 1983.

Corsten, H., *Der nationale Technologietransfer. Formen – Elemente – Gestaltungsmöglichkeiten – Probleme*, Berlin 1982.

Dosi, G., »Sources, Procedures, and Microeconomic Effects of Innovation«, *Journal of Economic Literature*, Vol. 26 (1988), S. 1120–1171.

Habicht, G./Kück, H., *Bedeutung und Arbeitsweisen von Technologie-Transfer-Einrichtungen in der Bundesrepublik Deutschland*, Göttingen 1981.

Institut der deutschen Wirtschaft (Hrsg.), iwd, 15. Jg. (1989), Nr. 24, S. 4–5.

Kerber, W., »Zur Entstehung von Wissen: Grundsätzliche Bemerkungen zu Möglichkeiten und Grenzen staatlicher Förderung der Wisensproduktion aus der Sicht der Theorie evolutionärer Marktprozesse«, in: Oberender, P./Streit, M. E. (Hrsg.), *Marktwirtschaft und Innovation*, Baden-Baden 1991, S. 9–52.

Klodt, H., »Wettlauf um die Zukunft. Technologiepolitik im internationalen Vergleich«, *Kieler Studien*, 206, Tübingen 1987.

König, W., »Technische Hochschule und Industrie – Ein Überblick zur Geschichte des Technologietransfers«, in: Schuster, H.J. (Hrsg.), *Handbuch des Wissenschaftstransfers*, Berlin u.a. 1990, S. 29–41.

Kroker, W., *Wege zur Verbreitung technologischer Kenntnisse zwischen England und Deutschland in der zweiten Hälfte des 18. Jahrhunderts*, Berlin 1971.

Mansfield, E./Schwartz, M./Wagner, S., »Imitation Costs and Patents: An Empirical Study«, *Economic Journal*, Vol. 91 (1981), S. 907–918.

Meusel, E.-J., »Einrichtungen der Großforschung und Wissenstransfer«, in: Schuster, H. J. (Hrsg.), *Handbuch des Wissenschaftstransfers*, Berlin u.a. 1990, S. 359–371.

Nelson, R. R./Winter, S. G., *An Evolutionary Theory of Economic Change*, Cambridge, Mass. 1982.

OECD (Hrsg.), *Small and Medium-sized Enterprises. Technology and Competitiveness*, Paris 1993.

Pavitt, K., »Sectoral Patterns of Technical Change: Towards a Taxonomy and a Theory«, *Research Policy*, Vol. 13 (1984), S. 343–373.

Sättler, M./Röder, R./Pfister, D., »Effizienz des Technologietransfers. Eine Zwischenbilanz«, in: Späth, L. u.a., *Technologietransfer in Konzeption und Praxis: Erfahrungen im Ländervergleich und Vorschläge zur Effizienzsteigerung, (Veröffentlichungen des International Hightech-Forum*, No. 3, Basel) Stuttgart 1987.

Scholz, L., »Einige Lehren aus dem Ifo-Innovationstest«, in: Oppenländer, K. H./Popp, W. (Hrsg.), *Innovationsprozesse im europäischen Raum. Rahmenbedingungen, Perspektiven und Risiken*, München 1991, S. 55–65.

Staudt, E. u.a., »Der Betrieb als Objekt der Technologiepolitik«, in: Staudt, E. (Hrsg.), *Innovationsförderung und Technologietransfer. Einsatz und Bewältigung technologiepolitischer Instrumente in der betrieblichen Praxis*, Berlin 1980, S. 11–31.

Staudt, E., »Die betriebswirtschaftliche Bedeutung von Innovation«, in: Schuster, H. J. (Hrsg.), *Handbuch des Wissenschaftstransfers*, Berlin u.a. 1990, S. 197–213.

Streit, M.E., »Wissen, Wettbewerb und Wirtschaftsordnung – Zum Gedenken an Friedrich August von Hayek«, *ORDO, Jahrbuch für die Ordnung von Wirtschaft und Gesellschaft*, Bd. 43 (1992), S. 1–30.

Täger, C. U./Uhlmann, L., »Der Technologietransfer in der Bundesrepublik Deutschland. Grundstrategien auf dem Technologiemarkt«, *Schriftenreihe des Ifo-Instituts für Wirtschaftsforschung*, Nr. 115, Berlin/München 1983.

Tuchtfeldt, E., »Soziale Marktwirtschaft und Globalsteuerung«, in: Derselbe (Hrsg.), *Soziale Marktwirtschaft im Wandel*, 1. Aufl., Freiburg 1973, S. 159–188.

Witt, U., »Evolutionary Economics – an Interpretative Survey«, *Papers on Economics and Evolution*, No. 9104, edited by the European Study Group for Evolutionary Economics, Freiburg 1992.

Die Berechtigung von Interessenvertretung

Gerhard Winterberger

I. Das Problem

Interessenvertretung scheint heute weitherum zunehmend anstössig geworden zu sein. Man spricht von **Filz zwischen Wirtschaft und Politik**, von einer das Gemeinwohl und das Staatswohl gefährdenden Verflechtung von Politik und Wirtschaft. Verwaltungs- und Aufsichtsräte werden verdächtigt – besonders politische Mandatsträger –, die Interessen »ihrer« Firma oder Branche auch politisch in unsauberer Weise bei den Behörden aller drei Stufen durchzusetzen.
Dabei wird der Fall von Frau Bundesrätin *Kopp* nicht etwa nur von Systemveränderern und von sog. Linken, sondern auch von bürgerlichen und marktwirtschaftlich orientierten Leuten als Schulbeispiel von Verfilzung herangezogen; in gleicher Weise wird die Freisinnig-Demokratische Partei (FDP), werden insbesondere die Zürcher Freisinnigen als besonders anfällig für diesen Filz bezeichnet oder sogar direkt dafür verantwortlich gemacht.
Hier handelt es sich um eine Verzerrung der Realitäten. So haben im Fall Kopp die politischen Mechanismen rasch und zuverlässig gespielt. Weit besser wäre es aber gewesen, wenn der Fall Kopp nicht entstanden wäre, bzw. wenn Frau Kopp nicht Bundesrätin geworden wäre. Auf das Umfeld einer Magistratsperson ist inskünftig sorgfältiger zu achten. Im weiteren ist die FDP eine Volkspartei und nicht eine elitäre Gruppe, welche die Einfluss- und Gewinnmaximierung zuoberst auf die Fahne geschrieben hat. Dabei gibt es wesentliche Unterschiede zwischen dem Zürcher, dem Solothurner, dem St. Galler, dem Berner, dem Waadtländer und dem Neuenburger Freisinn. Der Souverän hat es auch in der Hand, bei Wahlen Mehrheitsverhältnisse zu ändern und der einen oder anderen Partei oder gewissen Kandidaten das Vertrauen zu entziehen.
In der Schweiz entscheidet der Wähler im großen und ganzen über Kandidaten und nicht in erster Linie über die »Herrschafts- und Marktanteile der einzelnen Parteien«. Schließlich sind die Möglichkeiten von Politikern sehr begrenzt, ja meistens kaum vorhanden, eigentliche Firmenziele **auf eidgenössischem Boden** durchzusetzen – unsaubere und undurchsichtige überhaupt nicht.

Man übersieht auch den Umstand, daß Bundesrat und Verwaltung eine starke Stellung innehaben und sich im allgemeinen durch ein hohes Maß an Unabhängigkeit und Integrität auszeichnen. Darauf wird noch zurückzukommen sein. Anders können die Verhältnisse da und dort auf kommunaler und kantonaler Ebene liegen, wo berufliche Tätigkeit und Politik nahe beieinander liegen oder ineinander übergreifen und beispielsweise bei Arbeitsvergebungen oder im Falle von Ämterpatronage zum Spielen kommen. Je nach Art, Region und Machtstellung können davon alle in der Exekutive vertretenen Parteien betroffen sein. Fälle von Ämterpatronage kann es auch beim Bund geben, so im Falle der PTT, wo weniger qualifizierte Anwärter in höchste Positionen durch den Bundesrat gewählt wurden und ein bestens ausgewiesener Kandidat mit ausgesprochenen Führungsqualitäten entgegen der Auffassung des PTT-Verwaltungsrates auf der Strecke blieb.
Nicht völlig zu unrecht hat *Hans Herbert von Arnim* – bundesdeutsche Verhältnisse vor Augen – dargelegt, daß die größten Gefahren durch parteipolitische Ämterpatronage sich in der Änderung der Denkweisen bemerkbar mache. Die Marktorientierung der Parteien stehe im Gegensatz zum rein sachorientierten Denkstil, der das Gemeinsame für so verschiedene Einrichtungen wie die öffentliche Verwaltung, die Gerichtsbarkeit, die Medien und auch die Wissenschaft sei oder doch sein sollte.

II. Ganzheitliche Betrachtungsweise

Es dürfte nicht bestritten werden, daß entsprechend persönlichem, politischem und wirtschaftlichem Standort, kulturellem und regionalem Umfeld die Akzente in der schweizerischen Staats- und Wirtschaftspolitik unterschiedlich beurteilt und gesetzt werden, je nachdem, ob einer Unternehmer, Angestellter, Gewerkschafter ist, ob er einer sog. bürgerlichen Partei, einer Angestelltenorganisation oder einer Linksgruppierung angehört. Das war seit jeher die Regel. Früher lagen die Standpunkte auch unter den Unternehmern weiter auseinander, indem Gewerbetreibende, Industrielle, Leiter von Handels- und Dienstleistungsbetrieben, je nach Herkommen, Standort, Betriebsgröße, Branche und Absatzgebieten sehr unterschiedliche Gesichtspunkte ins Spiel brachten.
Seit anfangs der 70er Jahre ist man auf der Ebene der Spitzenverbände der Wirtschaft immer mehr zur ganzheitlichen Betrachtungsweise geschritten. Man hat eingesehen, daß es der Wirtschaft insgesamt am besten geht, **wenn allgemeine Grundsätze in der Wirtschaftspolitik zum Tragen kommen und wenn dem Erfordernis günstiger wirtschaftlicher und politischer Rahmenbedingungen Rechnung getragen wird.** Die Wissenschaft ist in bezug auf diese ganzheitliche Betrachtungsweise vorangegangen. Praktisch aber hat dazu entscheidend beigetragen der Über-

gang von der bilateralen Handels- zur multilateralen Außenwirtschaftspolitik bzw. die **Liberalisierung der Außenwirtschaftspolitik** sowie die seit dem Übergang zum Floating im Jahre 1973 verstärkte Position einer unabhängigen Nationalbank.
Damit wurde der Spielraum für punktuelle Maßnahmen zugunsten einzelner Branchen oder Betriebe – abgesehen vom Sonderfall der Landwirtschaft – ganz massiv eingeengt oder sogar verunmöglicht. Ein Fall Saurer, Arbon, mit der Aufrechterhaltung der Lastwagenkontingentierung bis ins Jahre 1964, wo bestehende Strukturen lange Zeit zementiert wurden mit der Folge einer krassen Beeinträchtigung der internationalen Konkurrenzfähigkeit, wäre heute nicht mehr möglich. Unter den gegebenen Umständen könnte auch ein politischer Mandatsträger als Verwaltungsrat einiger Firmen in Bern oder beim Vorort des Schweizerischen Handels- und Industrie-Vereins kaum einen Vorteil herausholen, womit der Vorwurf der Verfilzung stark relativiert wird oder in sich zusammenfällt. Im Falle der Landwirtschaft, die man einem interventionistischen System unterstellt hat, spielt die Durchsetzung von Sonderinteressen durch die nach wie vor starke Bauernlobby eine große Rolle. Es sei in diesem Zusammenhang aber nicht verschwiegen, daß die politische Durchsetzung dieser ganzheitlichen Betrachtungsweise und die Ablehnung punktueller Maßnahmen immer wieder auf Widerstand seitens Unternehmungen oder allenfalls auch von Fachverbänden stoßen. So ist es auch schon zu einer gemeinsamen Lobby zwischen einer Branche, der Gewerkschaft und dem Kanton gegenüber der Stellungnahme des Vororts, der Spitzenorganisation der Wirtschaft gekommen.
Durchsetzung und Ablehnung hängen ab von der Standfestigkeit der Spitzenverbände gegenüber Gruppeninteressen ihrer Mitglieder, insbesondere des Vororts des Schweizerischen Handels- und Industrie-Vereins, aber auch des Zentralverbandes Schweizerischer Arbeitgeber-Organisationen und des Schweizerischen Gewerbeverbandes, vor allem aber auch von der Führungskraft des Bundesrats, der Sachkenntnis der Verwaltung und der Einsicht des Parlaments der Parteien und des Souveräns bzw. der Einigung auf einen breiten wirtschafts- und staatspolitischen Konsens.
Ein – wachsendes – Unbehagen ist in der Bevölkerung, quer durch die Parteien in allen Schichten bis in die hohen Kader aller Berufe allerdings feststellbar; es betrifft die Übernahme von allzu zahlreichen Verwaltungsratsmandaten durch Politiker und verschiedene Wirtschaftsführer. Man ist recht mißtrauisch gegenüber sonst verdienten Leuten, die allzu unverblümt ans »große Geld« wollen. Nichts gegen die Übernahme von einwandfreien und angesehenen Verwaltungsratsmandaten; aber alles hat sein Maß und seinen Preis im allenfalls verminderten Ansehen und Vertrauen. Auch hier sollte der Grundsatz gelten: »in der Beschränkung zeigt sich erst der Meister«, ganz abgesehen davon, daß Mandate, die in seriöser Weise nicht zu bewältigen sind, den betreffenden Firmen wenig Nutzen einbringen. Ich habe aber den Eindruck, daß für Verwaltungs- und Aufsichtsräte, die vor allem repräsentie-

ren, härtere Zeiten kommen. In Zukunft werden angesehene und dynamische Unternehmungen kritischer sein und die Zuwahl von rein repräsentativ tätigen Personen deutlich einschränken, was dem Prestige der Privatwirtschaft nur förderlich sein kann.
Daß einzelne Unternehmungszusammenschlüsse nach undurchsichtigen Übernahmen von Firmen den Bürger verunsichern und verärgern und Zweifel am System erwecken, sei nicht verschwiegen.

III. Produzent und Konsument

In den politischen Auseinandersetzungen erfolgt immer wieder eine scharfe Trennung zwischen Produzent und Konsument, die ihren Niederschlag zunehmend auch in den Medien findet. Dabei werden einzelne Konsumentenvertreter als uneigennützige Lichtgestalten emporstilisiert. Tatsache aber ist, daß diese auch Interessen vertreten, namentlich diejenigen ihrer Organisation, von Angestellten oder Gewerkschaften. Manchmal vertreten sie auch ihre persönlichen als Politiker oder diejenigen der eigenen Karriere. Dasselbe gilt für Medienvertreter aller Schattierungen. All dies ist legitim. Wir leben schließlich in einer pluralistischen Gesellschaft, welche die Marktwirtschaft zur Voraussetzung hat. Interessen – solche der Produzenten und der Konsumenten – sollen in einer Gesellschaft im Rahmen der Marktwirtschaft und der rechtsstaatlichen Demokratie ausgetragen werden können.
Es ist aber festzuhalten, daß der Arbeiter bzw. der Angestellte in der Maschinen- oder in der Lebensmittelindustrie in seiner Arbeit produktiv tätig ist: sie leisten einen aktiven Beitrag ans Sozialprodukt. Im privaten Haushalt wird jedoch ein Teil des Lohnes für den Lebensunterhalt »konsumiert«. Eine Industrieunternehmung und ihre Mitarbeiter und auch ein gewerblicher Betrieb sind in der Produktion tätig; in der Beschaffung der Rohstoffe, der Ausgangsmaterialien, der Halbfabrikate, in der Versorgung mit Wasser und Energie sind diese Betriebe alle Konsumenten.
Auch der Handel, die Banken, die Versicherungsgesellschaften, die Treuhänder sind produktiv tätig, wenn auch nicht in bezug auf die Herstellung von Waren; sie beschaffen Waren, leiten diese sinnvoll in die verschiedenen Kanäle (Handel) oder bringen Dienstleistungen hervor, die ihrerseits der Produktion zugute kommen. Andererseits sind sie aber auch wieder Konsumenten von Produktionsmitteln, von Waren und Dienstleistungen oder Mieter von Wohnungen.
Einfach ausgedrückt kann man sagen, daß der Ingenieur, der Techniker und der Angestellte in der Fabrik »Produzenten« sind; in ihrem privaten Haushalt sind sie jedoch Konsumenten. Für den Bauern gilt das gleiche wie für den Gewerbler – mit einem gewichtigen Unterschied: In bezug auf seine Produkte genießt er eine staatli-

che Preis- und Absatzgarantie, indem man die Landwirtschaft aus dem Konnex der Marktwirtschaft genommen hat; in bezug auf die Beschaffung der Arbeitskräfte, der Maschinen, der Chemikalien, des Kredites usw. bleibt der Bauer aber als Konsument in die Marktwirtschaft eingeflochten.
Die Vertretung von sogenannten Konsumenteninteressen ist berechtigt und erwünscht. Eine Überspitzung im Sinne einer unsachlichen Diskussion kann jedoch einen grotesken Eindruck hinterlassen; denn das wirtschaftliche Wohlergehen zahlreicher Mitglieder von Konsumentenorganisationen und Gewerkschaften hängt von den Ergebnissen der Produktionsfront bzw. von der internationalen Konkurrenzfähigkeit der Wirtschaft ab.

IV. Parteien und Wirtschaftsverbände in der Konkordanzdemokratie

Politik wird nicht im luftleeren Raum betrieben. Sie ist ständige Auseinandersetzung um politische Ziele, deren Erreichung und Absicherung; **Parteien und Gruppierungen streben nach Einfluß und Macht im Staat und in der Gesellschaft.** Grenzen werden ihnen gesetzt durch die gegenseitige Konkurrenz, den Föderalismus, das System der checks and balances, den Rechtsstaat und die direkte Demokratie, die Wachsamkeit und das Mißtrauen des Bürgers. Im Gegensatz zu anderen Ländern hat bei uns das Volk, wie übrigens auch dasjenige der Vereinigten Staaten, die Möglichkeit, an direkten Sachentscheiden mitzuwirken. Durch Initiative und Referendum sind schon manche Entscheide des Parlaments und des Bundesrates korrigiert bzw. abgelehnt worden.
Parteien vertreten nicht nur politische und ideologische Interessen, sondern zum Teil auch wirtschaftliche und wirtschaftspolitische Interessen, sicher keine uneigennützigen – auch nicht die linken und grünen Gruppierungen, die von »bürgerlichem Machtkartell« und »Filz« sprechen. Es ist richtig, wenn unter den Parteien wie übrigens auch in der Wirtschaft ein Wettbewerb der Ideen und Interessen stattfindet. Jahrzehntelang haben die Parteien gegenüber den Wirtschaftsverbänden – namentlich den Spitzenverbänden in wirtschaftspolitischen Sachfragen (in Zeiten, wo Sachpolitik Trumpf war!) – an Gewicht eingebüßt. In den letzten Jahren hat sich die eine und andere Partei durch Arbeitsgruppen und interne Kommissionen einen guten Sachverstand in der Wirtschaftspolitik zugelegt und ihn auch in der praktischen Politik und im Parlament umzusetzen gewußt – trotz gewisser zentrifugaler Kräfte innerhalb ihrer Reihen. Hier wäre eine Steigerung der Effizienz durch Inanspruchnahme bester Köpfe aus Wirtschaft, Verwaltung und Universitäten durchaus möglich.

Nach wie vor sind die **Mittlerfunktion und die Führungsaufgabe der Parteien** in den Parlamenten der drei Stufen Bund, Kantone und Gemeinden sowie als Träger des politischen Wettbewerbs und der Selektion der Kader in den Volksentscheidungen bei Wahlen und Abstimmungen vor allem in einer direkten Demokratie, unentbehrlich und durch keine anderen Organisationen und Institutionen wie Verbände, Kirchen, Wählerversammlungen und Massenmedien zu ersetzen. In den letzten Jahren haben sich die Bindungen der Bürger an die historischen Parteien gelockert. *Richard Reich* hat in diesem Zusammenhang von einem Schrumpfen der sog. »Stammkundschaften« der Parteien gesprochen. Die sog. zentrifugalen Kräfte sind stärker geworden und damit die Erosion an den Rändern mit einer deutlichen Zunahme der »Wechselwähler«. Hand in Hand damit – aber auch als Folge davon – ging eine Verstärkung des Einflusses der Medien auf die öffentliche Meinung und die Haltung der Politiker einher, die ihrerseits vermehrt die politische PR-Beratung in Anspruch nehmen.
Es fehlt hier die Zeit, um den Ursachen dieser Entwicklung nachzugehen. Lediglich sei darauf hingewiesen, daß der Wettbewerb der Parteien (um Wählerstimmen und in der Behandlung von Sachfragen) – wie *Peter Graf Kielmansegg* eingehend nachgewiesen hat – nicht primär auf Problembewältigung, sondern auf den Erwerb und die Behauptung von Regierungsmacht ausgerichtet ist. Man habe es mit der Vorherrschaft der Gegenwart zu tun. Politik, die unter den Imperativen des Wettbewerbs um Zustimmung stehe, tue sich überaus schwer, der Gegenwart Lasten im Interesse der Zukunft aufzuladen, während sie überaus bereit sei, der Zukunft Lasten im Interesse der Gegenwart aufzubürden.
Die Aufgabe der Parteien, aber auch der Spitzenverbände ist durch die **wachsende Belastung der Konkordanzdemokratie** nicht leichter geworden. Unter Konkordanzdemokratie ist Regierung durch Absprache mehrerer ideologisch und weltanschaulich getrennter Gruppen oder Parteien zu verstehen, die sich auf gewisse Staatsziele einigermaßen zu einigen vermögen.
Die Konkordanzdemokratie hat angesichts der zentrifugalen Kräfte und des Meinungspluralismus öfters Mühe, zu einem nationalen Konsens zu finden. Auch sind Absprachen, die mit Filz nichts zu tun haben, Teilen des Volkes, welche durch die Parteien vertreten sind, nicht mehr durchsichtig. Dabei hat die Konkordanz mit der sog. Zauberformel (2 + 2 + 2 + 1) für den Bundesrat schon früher den Spielraum für grundsätzliche Auseinandersetzungen eingeschränkt. Sie führte zu einer **Verwischung zwischen Verantwortung und Opposition an der Spitze**. Insbesondere die Sozialdemokraten – nicht ihre Bundesräte –, aber von Fall zu Fall auch andere Parteien und Gruppierungen, stehen gegenwärtig mit dem einen Fuß in der Regierungsverantwortung, mit dem anderen jedoch in der Opposition. Diese Haltung hat sich im Zusammenhang mit der Initiative »Schweiz ohne Armee« und der sog. Fichenaffäre noch verstärkt. Je mehr der gewerkschaftliche Einfluß innerhalb der

Sozialdemokratie zurückgeht, umso stärker wird der oppositionelle Pfeiler und damit umso schwächer das Kollegialsystem in den Regierungen aller drei Stufen. Es dürfte dies den Konkordanzgedanken zusätzlich belasten und könnte schließlich dessen Bruch nach sich ziehen. Der »Vorrat an Gemeinsamkeiten« (*Gottlieb F. Höpli*) der gegenwärtigen Regierungsparteien dürfte dann zu Ende gehen. Die proportionale Zusammensetzung des Bundesrates hatte aber ihre Auswirkungen auf die Verwaltung, womit zusehends Sachgeschäfte in das Kraftfeld der Politik geraten sind und unter dem Konkordanzgedanken beurteilt werden.

Auch die **Wirtschaftsverbände** streben nach Einfluß. Sie vertreten ökonomische Interessen: die **Branchenorganisationen** im Rahmen der Spitzenverbände, aber auch gegenüber der Öffentlichkeit diejenigen ihrer Mitglieder, die **regionalen Organisationen**, wie Handels- und Industriekammern, diejenigen der Wirtschaft ihrer Kantone und Regionen. Daß Branchenorganisationen die Interessen ihrer Firmen oft direkt gezielt und pointiert vertreten, die Handelskammern diejenigen ihrer Kantone und Regierungen in den Vordergrund schieben, liegt in deren Genesis und Zweckbestimmung. Der Ausgleich hat dann über die Spitzenorganisationen zu erfolgen. Die **Spitzenverbände**, wie der Vorort oder Zentralverband, haben das Gesamtinteresse der ihnen angeschlossenen Kreise zu vertreten. Sie müssen immer, wenn sie ihrer Aufgabe gerecht werden wollen, auch staatspolitische Überlegungen in ihre Entscheide einbeziehen.

Besonders intensiv war die Mitwirkung des Vororts des Schweizerischen Handels- und Industrievereins stets bei der Gestaltung der Außenwirtschaftspolitik, die ohne ständige Kontakte des Bundes mit der Wirtschaft und ihren Organisationen bei der Vielfalt der Fragen kaum erfolgreich wäre. **Die besondere Stärke war auch immer das vorparlamentarische Verfahren** und die Mitwirkung in nichtparlamentarischen Expertenkommissionen. Die Dichte der Beziehungen zwischen Bund und Wirtschaft bzw. zwischen der Verwaltung und den Spitzenverbänden dürfte während Jahrzehnten zuweilen enger gewesen sein als zwischen Bund und Parlament. Dies hat mit unlauterer Interessenvertretung oder Filz nichts zu tun.

Durch diese Kontakte können sich manche Abteilungen der Bundesverwaltung ein sachkundiges Urteil über die Probleme der Privatwirtschaft bilden; andererseits identifizieren sich Vertreter der Wirtschaft öfters auch mit Fragen der Bundespolitik und behandeln die Probleme aus gesamtschweizerischer Optik nicht nur ökonomisch und rechtspolitisch, sondern auch staatspolitisch als Bürger dieses Landes. Dies hat diesen Exponenten ab und zu den Vorwurf einer allzu starken Regierungstreue eingetragen. Daß Grundsätze der Ethik und Moral beachtet werden, sollte selbstverständlich sein, auch wenn sie nicht ständig im Mund geführt werden.

Schließlich ist zu beachten, daß die politische Stellung der Spitzenverbände – heute namentlich des Schweizerischen Gewerbeverbandes mit seinen zahlreichen mittelständischen Betrieben auch auf ihrer referendumspolitischen Bedeutung beruht, wobei es ihnen zuweilen möglich ist, ihren Einfluß auf die öffentliche Meinung, die Parteien und das Parlament zu aktivieren. Die gleiche Funktion kann ebenfalls der Schweizerische Gewerkschaftsbund als Dachorganisation der Gewerkschaften ausüben. Seine Position im Kraftfeld der Politik und Wirtschaftspolitik ist in den zahlreichen guten Jahren schwächer geworden, wie eindeutig auch dasjenige mancher Branchenverbände. Auch die Wirtschaftsverbände laufen deutlich Gefahr, daß die Verteidigung des Status quo, der Besitzstände, zur Hauptaufgabe wird; es gilt dies vor allem für die Branchenverbände, teilweise auch für die Handelskammern, weniger für die Spitzenorganisationen, wo Gegenbeispiele, aber auch solche dafür ins Feld geführt werden können.

Die Leitung eines Spitzenverbandes muß immer wieder von neuem versuchen, **Anspruch, Geltung und Wirklichkeit miteinander ins Lot zu bringen.** Entscheidend sind die an der Spitze stehenden Persönlichkeiten, die Glaubwürdigkeit, Integrität, politisches Geschick, ordnungspolitische Standfestigkeit, hervorragende Sachkenntnis und ständige Präsenz erbringen sollten. Anderenfalls entsteht ein Abbröckelungsprozeß nach innen und außen. Die Wirtschaft würde mit mehreren Stimmen sprechen und sich in wichtigen Fragen kaum mehr richtig engagieren. Auf die Spitzenverbände wäre dann staatspolitisch weniger Verlass und sie würden rasch an Ansehen und Einfluß verlieren. Branchenverbände könnten nicht in die Lücke springen; sie wären ein armseliger Ersatz für die Spitzenorganisationen.

»Auf dem Weg zur medienplebiszitären Demokratie« (*Kurt Eichenberger*) müssen sich die Spitzenorganisationen, aber auch die Handelskammern und größeren Branchenverbände, möglichst rasch auf den **wachsenden Einfluß der Medien** einstellen, um ihre Stellung in Zukunft sichern zu können. Die Medien sind zu einer stark direkt mitentscheidenden Kraft in der Gesellschaft und im Staat geworden.

Dabei ist es mit der notwendigen oder wünschbaren Anstellung von Informationsbeauftragten und der Zusammenarbeit mit Werbe- oder »Imageberatern« oder gar mit der Inanspruchnahme von Ghostwritern allein nicht getan. Es geht im übrigen nichts über die seit vielen Jahrzehnten bewährte Regel, daß verantwortliche Exponenten und Experten von Spitzenverbänden ihre Reden und Aufsätze selber schreiben sollten. Damit bleibt man erstens glaubwürdig, stellt sich dar, wie man wirklich ist und nicht als Produkt eines PR- oder Werbeberaters, und zweitens ist man an vorderster Front selber aktiv und gestaltend dabei und verstärkt darüber hinaus die Motivation der Mitarbeiter. Ohne rasch und schnell redigieren und formulieren zu können und in volkswirtschaftlichen und rechtlichen Kategorien zu denken, hat man in vorparlamentarischen Kommissionen und in Expertengesprächen nichts zu bestellen. Man bleibt ein armer Tropf ohne Einfluß und Ansehen.

In die Organe (Vorstände) einer Spitzenorganisation gehören erstklassige Persönlichkeiten der Unternehmerschaft und nicht solche der zweiten und dritten Garnitur. Ähnliches gilt für Fachverbände und Handelskammern. Hier gilt die alte

Erfahrung: Je tiefer das Niveau, desto niedriger die Kompetenz – umso höher die Anmassung! Immerhin darf ich die Feststellung machen, daß man in der langen Geschichte der schweizerischen Spitzenverbände mit der Auswahl der Unternehmerpersönlichkeiten – von Ausnahmen abgesehen – bisher im allgemeinen Glück gehabt hat.

In der heutigen schnellebigen Zeit droht der Wirtschaft ein **Theoriedefizit** mit der Folge eines Fehlens fester Standpunkte und Grundsätze. Neben der unerlässlichen täglichen praktischen Arbeit an konkreten Problemen sollte deshalb besonderes Gewicht auf die Grundlagenarbeit gelegt werden. Die sich **akzentuierende Personalisierung der Politik** durch die Medien wird die Arbeit nicht erleichtern; denn sachliche Lösungen reifen in stiller, unentwegter Arbeit und weniger im Brennpunkt der Öffentlichkeit und unter dem Gesichtspunkt der »Medienwirksamkeit«. Offensichtlich werden sich immer mehr Politiker aller Stufen, eventuell auch einige Manager, auf die Medien ausrichten, mit dem Ziel, von ihnen getragen zu werden. Die seriöse Basisinformation seitens der Wirtschaft muß in den Medien zweifellos auch über die Unternehmungen und Wirtschaftsverbände verstärkt werden, und eine Kampforganisation der Wirtschaft (u. a. auch für die Öffentlichkeitsarbeit) hat stets wirkungsvoll präsent zu sein. Besonders wichtig scheint, daß geistige Strömungen und politische Ideen rechtzeitig analysiert, in ihrem positiven und negativen Gehalt erfaßt und, wenn nötig, kanalisiert und allenfalls erfolgreich gefördert oder widerlegt werden. Es ist dies nicht nur eine Aufgabe der Spitzenverbände der Wirtschaft; gut organisierte Dachorganisationen der Gewerkschaften im Ausland befassen sich ebenfalls damit.

Wirtschafts- und staatspolitische Fragestellungen werden in der Öffentlichkeit – abgesehen von der »Neuen Zürcher Zeitung«, den »Schweizer Monatsheften« und einigen renomierten Regionalblättern – weniger sorgfältig als früher behandelt. Man hat sich mehr den Personen und in manchmal aufgebauschter Weise den Firmenereignissen zugewandt. Hinzu kommt die Entwicklung der modernen Wirtschaftswissenschaften, deren Sprache von den Politikern kaum verstanden wird und die zur Lösung praktischer wirtschaftspolitischer Probleme unmittelbar weniger beitragen als früher. Dabei ist der Beizug des wissenschaftlichen Sachverstandes durch die politischen Behörden, die Verwaltung, die Notenbank und die Spitzenverbände eine dringende Notwendigkeit.

All dies erschwert die Aufgabe der Parteien, aber auch der Spitzenverbände, und beeinträchtigt neben anderen Faktoren (zum Beispiel ungenügende finanzielle Dotierung der Parteisekretariate) die Gewinnung hochbegabter und engagierter Mitarbeiter für die interne und externe Arbeit. Die Möglichkeit bzw. Nichtmöglichkeit der Anstellung befähigter und engagierter Leute dürfte auch für die Wirtschaftsverbände (inklusive der Spitzenorganisationen) zur entscheidenen Frage im Kampf um Einfluß in der Wirtschafts- und Staatspolitik werden.

V. Die Stellung des Bundesrates und der Verwaltung

Beide Instanzen verfügen über eine starke Position. Natürlich haben sie politischen Strömungen und der Auffassung des Parlaments Rechnung zu tragen. Während meiner aktiven Tätigkeit im Vorort von 1961 bis 1987 habe ich zahlreiche und unterschiedliche Bundesräte im Amte erlebt. Manche waren in wirtschaftspolitischen Fragen stark engagiert und standen den langfristigen Interessen und Anliegen der Wirtschaft positiv gegenüber. Es ist ein Irrtum zu glauben, daß sie am Gängelband der Wirtschaft gingen. Von einer Verfilzung konnte und kann keine Rede sein, wohl aber von notwendigen Kontakten zwischen Partnern. Bundesräte sind dem Land und dem Bundesstaat verpflichtet. Auch diejenigen, die aus der Wirtschaft kamen, wie *Walther Stampfli, Nello Celio* und *Fritz Honegger*, waren dem Gesamtwohl verantwortlich und nicht der Wirtschaft und ihren Repräsentanten. Dabei hatten diese Bundesräte stets das Gedeihen und die Konkurrenzfähigkeit der Gesamtwirtschaft – so wie sie es sahen, eingebettet in die bundesstaatlichen Ziele – vor Augen. Ob ihre Beurteilung in allen Teilen richtig war, sei in diesem Zusammenhang dahingestellt. Es bedarf keiner näheren Erläuterung, daß die Auffassungen des Bundesrates und diejenigen der Spitzenverbände in Sachfragen nicht immer übereinstimmten. Zweifellos hat auch die Verwaltung in den letzten 30 Jahren nicht nur an Umfang, sondern auch an Gewicht und Einfluß gewonnen.
Manchem Staatsbürger bereiten die gegenwärtigen intolerant geführten innenpolitischen Auseinandersetzungen einige Sorgen, desgleichen der Umstand, daß der politisch profil- oder gesichtslose Unternehmer oder Manager im Vormarsch ist. Der Zusammenhalt der Eidgenossenschaft als Willensnation hat sich sukzessive abgeschwächt. Stark beschäftigen tun mich auch Fragen des Machtzerfalls von Regierungen, Parteien und Institutionen. Man muß sich vergegenwärtigen – aber dies tun nur wenige, besonders nicht die Involvierten –, daß das Schwinden des Einflusses, ein Machtzerfall, auch in einem liberalen Staatswesen unter marktwirtschaftlichen Bedingungen binnen weniger Monate vor sich gehen kann und daß verlorene Positionen nur mit größten Anstrengungen und mit durchweg besten und angesehenen Leuten erst nach Jahren zurückzuholen sind.
Unser Land bedarf eines **starken Staates** und eines politischen Apparats (Regierung und Parlament) von gestaltender und nicht nur verwaltender Kraft, welcher allgemeine und stetige Rahmenbedingungen für Wirtschaft und Gesellschaft setzen kann. »Je schwächer der Staat, desto höhere Forderungen werden an ihn gestellt«, sagt zutreffend *Felix Somary*. Notwendig ist ein **partnerschaftliches Verhältnis zwischen Staat und Wirtschaft** und nicht ein Hin- und Herschwanken im Meinungsspektrum zwischen Staatsvergötterung und Staatsverketzerung.

Christentum ist kein Sozialprogramm! Oder doch?

Heinrich Höfer

I. Ist Christentum ein Wirtschafts- und Gesellschaftskonzept?

»Christen für den Sozialismus!« Diese Parole in der heißen Auseinandersetzung des Kalten Krieges konnte auf einen christlichen und liberalen Nationalökonomen[1] je nach Temperament blutdruckerhöhend und alarmierend, schockierend oder deprimierend wirken. Für *Hans Willgerodt* war sie Herausforderung zu sachlicher Auseinandersetzung: Haben die Moraltheologen den wirtschaftlichen Sachverhalt, die ökonomischen Zusammenhänge ausreichend zur Kenntnis genommen? Was haben sozialistische Wirtschaftssysteme genützt – materiell und moralisch? Was vermag der Staat wirklich, um zu sozial besseren Ergebnissen der Wirtschaft zu kommen, als es die Bürger allein mit Wirtschaftsfreiheit können? Erwägungen darüber ziehen sich durch eine Reihe seiner Beiträge[2], begleitet von warnenden Hinweisen, daß die Nationalökonomie ihrerseits nicht in der Lage ist, jede die Menschheit bewegende Frage zu klären. Mit *Boulding* spricht *Willgerodt* von wissenschaftlichem Imperialismus, wollte man alles und jedes als Tauschvorgang auffassen (*Willgerodt*, 1982, S. 6).

Inzwischen hat die Geschichte[3] in der Auseinandersetzung zwischen Wirtschafts-

1 Von (sich als) einem »christlichen Nationalökonomen« spricht *Willgerodt* (1982, S. 17), wenn er zum Sachkundeproblem anmerkt: »Der Theologe muß ... davon absehen, christliche Nationalökonomen in galiläische Situationen zu bringen, indem er zu früh urteilt und verurteilt«.

2 Vgl. z.B. *Willgerodt*, 1968, 1973 und 1982.

3 Um keine Mißverständnisse aufkommen zu lassen: Der Terminus »Geschichte« wird hier als Redefigur benutzt. Er faßt alle Kräfte zusammen, die im geschichtlichen Ablauf wirken. Die »Geschichte« wird nicht personifiziert etwa als der Hegelsche Weltgeist verstanden, der den Christen ohnehin eher an den »Gott dieser Welt« erinnert, also den Gegenspieler des Schöpfergottes und Vaters Jesu Christi. Vgl. Die Bibel nach der Übersetzung Martin Luthers, Bibeltext in der revidierten Fassung von 1984, 2. Kor 4,4. Die Fundstellen von Bibelzitaten werden hier wie im folgenden mit Hilfe der in der Luther-Bibel gebrauchten Abkürzungen der Bücher der Bibel gegeben, gefolgt von der Ziffer, die das betreffende Kapitel bezeichnet, sowie der Versangabe hinter dem Komma.

freiheit und Sozialismus ein gewichtiges Urteil gesprochen. Der Staatssozialismus sowjetischer Prägung ist bankrott. Variationen etwa in Form der sogenannten Arbeiterselbstverwaltung in Jugoslawien wurden vom historischen Gang der Dinge glatt ignoriert. Der Sozialismus Mittel- und Osteuropas ist vor allem an wirtschaftlicher Insuffizienz gescheitert. Die materiellen Ergebnisse waren miserabel.
Mit dem Bankrott hat die Auseinandersetzung zwischen Wirtschaftsfreiheit und Sozialismus oberflächlich an Schärfe verloren. Eher untergründig geht sie umso intensiver weiter. Zwar ist der Staatssozialismus sowjetischer Prägung überholt, aber der »Sozialdemokratismus« um so aktueller. Die Auseinandersetzung verläuft subtiler, weniger prinzipiell, mehr graduell. Es geht dabei etwa um die Höhe des Staatsanteils am Bruttosozialprodukt oder darum, wieviel Staatsinterventionen welcher Qualität an welcher Stelle die Marktwirtschaft braucht.
Allerdings wird auch in dieser Diskussion mit den Realitäten gerungen, die in den leeren öffentlichen Kassen deutlich werden – leider auch mit Auswirkungen auf die privaten. Wenn trotz (oder eben wegen) höherem Staatsanteil die Staatseinnahmen immer mehr hinter den Staatsausgaben zurückbleiben, zeigt dies die engen Grenzen, die dem Sozialdemokratismus eigentlich gesetzt sind. Konsequenzen werden aber von allen sozial-demokratischen Parteien nur zögerlich gezogen[4], denn die Realität ist stets nur ein – je nach Kassenlage mehr oder weniger gewichtiges – Argument, wenn es um höhere Werte wie die Moral geht. Dabei wird die Moral für manche ein willkommener Vorwand für ihre politischen (und wirtschaftlichen) Ziele sein.[5] Anderen mag die Staatsintervention als Hilfe in ihrer Hilflosigkeit erscheinen, der Moral aufzuhelfen.
»Vielleicht ist es der Mut der Verzweiflung, der manchen Theologen dazu treibt, … seine Zuflucht zur ökonomischen Sozialethik, also praktisch zur Wirtschaftspolitik, zu nehmen«, vermutet *Willgerodt* (1982, S. 17). Die »Besserung des Einzelmenschen« (1982, S. 17) will nicht so recht gelingen, und da liegt es doch nahe, das Übel in der Wirtschaftsfreiheit zu suchen, die Egoismus und Gier weitgehend freien Lauf läßt, ja, die gerade damit begründet wird, daß sie Egoismus und Gier so zu kanalisieren versteht, daß gesellschaftliche Wohltaten in unübertroffenem Ausmaß dabei herauskommen (*Willgerodt*, 1982, S. 19). Wenn infolge der Wirtschaftsfreiheit nur wenige Menschen freiwillig versuchen, die Lehre der Bergpredigt und das Beispiel der Urgemeinde zu verwirklichen, ist es dann nicht zweckmäßig, staatlich oder politisch nachzuhelfen, selbst wenn materielle Abstriche hinzunehmen sind? Und

---

4 Zu den sozial-demokratischen Parteien gehören in Deutschland mehrheitlich beide großen Volksparteien, und die kleineren entwickeln sich in die gleiche Richtung. Ein Beispiel gibt die jüngste Diskussion um die Pflegeversicherung.

5 Apg 19, 23–40, gibt ein Beispiel dafür, wie moralisch-religiöse Argumente – hier die Erhabenheit der Göttin Diana von Ephesus – den Vorwand für Versuche liefern, wirtschaftliche Interessen handfest durchzusetzen.

hat sich nicht der Sozialismus ebenso wie das Christentum die Brüderlichkeit auf die Fahnen geschrieben in deutlichem Kontrast zur Freiheit zum Egoismus?

Leider haben sich Egoismus und Gier als systemindifferent erwiesen. Was sich bei Wirtschaftsfreiheit durch Wirtschaftstätigkeit mit willkommenem Nebeneffekt Bahn brechen kann, ist im Staatssozialismus auf Karrieren in Wirtschafts– und anderen Behörden angewiesen. Marktchancen werden durch Behördenwillkür ersetzt. Dabei appelliert der Staatssozialismus mit Prämien etc. eher stärker an Egoismus und materielle Interessiertheit als die Marktwirtschaft (*Willgerodt*, 1973, S. 89–115). Den materiellen Verlusten im Staatssozialismus steht kein Gewinn an Moral und Brüderlichkeit gegenüber. Der Sozialismus Mittel- und Osteuropas hat den Menschen nicht nur materiell nichts gegeben, sondern ihnen moralisch und seelisch sehr, sehr viel genommen. Es ist also nichts gewonnen. Und wie die nicht enden wollenden Klagen über Subventionsbetrug oder die Ausbeutung der Sozialversicherungen zeigen, ist auch der Sozialdemokratismus nicht in der Lage, die Moral zu heben. Vielmehr ist man geneigt, das Gegenteil anzunehmen.

Wenn es für den Christen darauf ankäme, die Moral zu verbessern, dann ist Sozialismus wie überhaupt Wirtschaftspolitik kein geeignetes Instrument. Es ist nicht das Wirtschaftssystem, das einen Menschen gut oder böse macht. Das Wirtschaftssystem beeinflußt allenfalls, welche Konsequenzen aus durchschnittlicher Moral folgen. Deswegen kann der Weg zur moralischen Besserung des Einzelmenschen nicht über das Wirtschafts- und Gesellschaftssystem führen.

Ob jemand Wirtschaftsfreiheit mißbraucht oder politische Opportunitäten zu eigenem Vorteil und zum Schaden anderer ausnützt: Es bleiben seine Entscheidungen in eigener Verantwortung. Das gilt auch dann, wenn es ungleich schwerer erscheint, unter politischem Druck standhaft zu bleiben, als Chancen zum Mißbrauch von Wirtschaftsfreiheit oder Interventionsgesetzen zu widerstehen. *Willgerodt* formuliert das so: »Was immer die Gesellschaft am Einzelmenschen geformt haben mag: Er bleibt als Person verantwortlich. Noch gehen wir nicht batallionsweise vor Gottes Gericht, sondern einer nach dem andern« (1982, S. 17). Das entspricht der biblischen Botschaft: »Denn wir müssen alle offenbar werden vor dem Richterstuhl Christi, damit **jeder seinen** Lohn empfange für das, was er getan hat bei Lebzeiten, es sei gut oder böse«.[6]

Christentum ist kein Sozialprogramm im Sinne eines Wirtschafts- und Gesellschaftskonzepts, sondern es geht um die Beziehung des einzelnen Menschen zu Gott.

---

6 2. Kor 5, 10. Bei dem Gericht in 2. Kor 5, 10 handelt es sich nicht um das in der Offenbarung des Johannes beschriebene Jüngste Gericht (Offb 20, 11–15) für die Nichtchristen, sondern um das sogenannte Preisgericht oder Belobigungsgericht für die Christen nach der Rückkehr Jesu Christi. Zur Erlösung der Christen gehört, daß sie vom Zorn errettet sind (Röm 5, 9; 1. Thess 1, 10; 1. Thess 5, 9). Vgl. *Wierwille* (1982), insbes. 11–17.

Diese kann unter allen Umständen bewahrt werden, wenn auch tatsächlich nicht immer fraglos, wie die Bibel am Beispiel Hiobs zeigt.
Genauso wenig wie es um die Verbesserung der Moral mit Hilfe eines Wirtschafts- und Gesellschaftssystems geht, geht es um Weltverbesserung: »Der Christ ... weiß auch, daß diese Welt verworfen bleibt und mindestens nicht aus sich selbst heraus erlöst werden kann« (*Willgerodt*, 1982, S. 17). In der Tat sagt die Bibel, daß diese Welt zergeht (2. Petr 3, 5–10). Christentum ist keine weltliche Zielvorstellung, kein Programm zur Weltverbesserung. Christentum ist auch in diesem Sinne kein Sozialprogramm, sondern die geglaubte Botschaft vom auferstandenen Erlöser oder Retter Jesus Christus.[7]

II. Ist Christentum Sozialpolitik?

Wenn Christentum weder Wirtschafts- und Gesellschaftskonzept noch Sozialutopie für die lange Sicht sein kann, so könnte es doch wenigstens ein Sozialprogramm im engeren sozialpolitischen Sinne zur Linderung der Gegenwartsprobleme sein, ein Wohlfahrtsprogramm mit Benefizkonzerten, Sozialversicherungen oder etwas dergleichen – nicht so sehr, um die Moral zu heben, sondern um auf politisch-institutionellen Wegen das materielle Ergebnis zu erzielen, das ursprünglich angeblich das Gebot der Nächstenliebe bewirken soll.
Doch derjenige, der in den Evangelien für »Almosen«[8] plädiert, ist ausgerechnet der Verräter Judas Iskariot. Als Maria mit einem »Pfund Salböl von unverfälschter, kostbarer Narde« Jesus die Füße salbt, fragt Judas: »Warum ist dieses Öl nicht für dreihundert Silbergroschen verkauft worden und den Armen gegeben (Joh 12, 3–5)?« Jesus antwortet: »... Arme habe ihr allezeit bei euch; mich aber habt ihr nicht allezeit«[9]. Das heißt mit anderen Worten: Das Armutsproblem werdet ihr nicht lösen, und anderes ist wichtiger.
Wenn man die Evangelien auf der Suche nach sozialpolitischen Aktionen oder Forderungen durchsieht, kommt man dementsprechend zu verblüffenden Ergebnis-

7 Vgl. Röm 10, 9–10: »Denn wenn du mit deinem Munde bekennst, daß Jesus der Herr ist, und in deinem Herzen glaubst, daß ihn Gott von den Toten auferweckt hat, so wirst du gerettet. Denn wenn man von Herzen glaubt, so wird man gerecht; und wenn man mit dem Munde bekennt, so wird man gerettet«.

8 Das griechische Wort für Almosen ist keineswegs auf das »Scherflein der Witwe« begrenzt, sondern umfaßt allgemein »Wohltaten«. Vgl. Apg 3, 2–8, wo von Silber und Gold sowie körperlicher und geistlicher Heilung die Rede ist.

9 Joh 12, 8. Den Wert der 300 Silbergroschen beschreibt *Schröder* (1979, S. 223) mit den gesamten Lohnkosten eines Facharbeiters für 1 1/2 Jahre oder in heutigen Konsumgütern ausgedrückt mit drei Volkswagen.

sen: Kein Sozialprogramm, kein Krankenhausneubau, keine Rentenversicherung, keine Arbeitslosenunterstützung. Auch kein altes Mütterchen, dem Jesus »die Kohlen geholt« oder »das er über die Straße geleitet« hätte. Für die Ausländer gibt es allenfalls »Brosamen, die vom Tisch ihrer Herren fallen«.[10]

Das Gebot der Nächstenliebe dreht diese Feststellungen keineswegs um.

Materielles Geben steht unter der Überschrift »Geben ist seliger als nehmen« (Apg 20, 35). Das muß vor allem der Empfänger wissen. Er muß danach streben, ein Gebender zu werden und nicht Empfangender zu bleiben. Für diese Haltung gibt der Apostel Paulus ein Beispiel: »Denn ihr wißt, wie ihr uns nachfolgen sollt. Denn wir haben nicht unordentlich bei euch gelebt, haben auch nicht umsonst Brot von jemandem genommen, sondern mit Mühe und Plage haben wir Tag und Nacht gearbeitet, um keinem von euch zur Last zu fallen (2. Thess 3, 7–8)«. Das sollte Gemeindestandard sein. Nur unter dieser Prämisse kann materielles Teilen funktionieren.

So war es schon zu Zeiten des Alten Testaments. Natürlich gebot Mose, dem in Not geratenen Bruder – einem aus dem Volke Israel – zu helfen (5. Mose 15, 1–12). Das ging aber nur, weil ebenso selbstverständlich geboten war, daß sich jeder möglichst weitgehend selbst zu helfen hatte (vgl. z.B. Spr 6, 6–11). Ja, jeder war verpflichtet, selbst danach zu streben, anderen helfen zu können. Nur auf der Grundlage dieses gemeinsamen Standards ist effektive und ausreichende solidarische Hilfe möglich. Anderenfalls sind der Ausnutzung Tür und Tor geöffnet. Eigentlich sollte jeder der Gebende sein. Aber es kommt vor, daß jemand in Not gerät und Hilfe nötig hat. Bei Arbeitsfähigen kann das nur Hilfe zur Selbsthilfe sein.

Selbst wenn es um Menschen geht, die nicht mehr selbst für sich durch Arbeit sorgen können, muß nicht unbedingt die Gemeinde einspringen. Paulus gibt die Weisung, nur solche Witwen von der Gemeinde versorgen zu lassen, die vorher selbst der Gemeinde treu gedient haben (1. Tim 5, 3–14). Christliche Nächstenliebe ist zunächst eine Angelegenheit innerhalb der christlichen Gemeinde: »... allermeist des Glaubens Genossen« (Gal 6, 10). Das beantwortet die Frage »Wer ist mein Nächster?«.[11]

---

10 Mt 15, 27. Zur Vorsicht sei gesagt, daß das nichts mit Ausländerfeindlichkeit zu tun hat, sondern mit dem Auftrag Jesu Christi, der sich zunächst auf Israel bezog.

11 Lk 10, 25–37. Mit der Geschichte vom barmherzigen Samariter beabsichtigt Jesus sicherlich nicht, die Nächstenliebe nach mosaischem Gesetz über Israel hinaus auszudehnen auf jeden, der irgendwo auf der Welt in Not ist. Er entlarvt vielmehr das Versteckspiel hinter der Gelehrtenfrage »Wer ist denn mein Nächster?«, in dem er provoziert: Sollte der Samariter, der verhaßte Halbjudäer, besser mosaische Nächstenliebe zu praktizieren wissen als das judäische Establishment? – Die sozusagen universale Erweiterung der Nächstenliebe, wie sie immer wieder in unzähligen Predigten anklingt, könnte demgegenüber eine Spätfolge des Universalanspruchs des Christentums aus dem Mittelalter sein, wo Gemeinde- oder Kirchenordnung und Staatsordnung ineinander übergingen. Dieses

Diese Zusammenhänge werfen ein anderes Licht auf die Urgemeinde. Wenn es heißt, sie hatten alles gemeinsam (Apg 4, 32), so bedeutet das nicht Kommunismus, sondern die Bereitschaft, dort mit dem eigenen Überfluß einzuspringen, wo es ein anderer nötig hat (Apg 4, 35). Von dem, was der eine oder andere hat, weiß man, daß es allen nützt.[12] Man ist – und das ist unabdingbare Voraussetzung und Folge – ein »Herz und eine Seele« (Apg 4, 32). »Teilen« ist eine Gemeindeangelegenheit.

III. Der Kern des Christentums und die Prosperität

Christentum ist weder Staats-, Wirtschafts- oder Sozialkonzept, es ist weder Sozialutopie noch Sozialprogramm. Es ist noch nicht einmal Individualethik oder moralisches Regelwerk, denn »Christus ist des Gesetzes Ende; wer an den glaubt, der ist gerecht« (Röm 10, 4), gerettet, erlöst. Das ist der Kern.

Die Rettung von Tod und Teufel, Schuld und Gericht[13] – allein aus Gnade, sola gratia, wie Luther betont hat – steht am Anfang, zusammen mit der »Kraft aus der Höhe«[14], die der Gläubige empfängt, um als Nachfolger Christi seinen Auftrag auszuführen und schließlich mehr oder weniger Lob zu erfahren (2. Kor 5, 10). Christ wird man nicht durch gute Werke, sondern im Augenblick des »Ja« zum Erlöser. Dann allerdings ist man ausgestattet »zu guten Werken » (Eph 2, 8–10), zu denen Gott die Kraft gibt.

Der Auftrag des Christen – die guten Werke – läßt sich darin zusammenfassen, Botschafter für Gott zu sein an Christi statt (2. Kor 5, 20), um mehr Menschen die

---

Mißverständnis mag auch bei vielen Interpretationen von Röm 13 eine Rolle spielen, wenn die »gemeindliche Obrigkeit« mit der »staatlichen Obrigkeit« verwechselt wird: Daß die staatliche Obrigkeit Gottes Dienerin ist, entspricht in vielen, vielen Fällen weder dem biblischen Bericht – z.B. Kindermord von Bethlehem – noch der Geschichts- und Gegenwartserfahrung. Christentum ist kein Staatskonzept. Vgl. auch *Jordan* (1968).
Im übrigen weist *Willgerodt* darauf hin, daß Helfen eine Kunst ist (1982, S. 13). Der Bibelkundige wird angesichts mancher Spielarten von Entwicklungshilfe oder des Gejammers über die Zahlungsunfähigkeit Rußlands Josef's alttestamentliche Welthungerhilfe aus Ägypten nicht unberücksichtigt lassen: Getreide nur gegen Bezahlung. Vgl. 1. Mose 41, 57 sowie Wierwille (1985, S. 168 f.).

12 Vgl. auch Apg 5, 4 sowie 2. Kor 8, 12–14. *Wierwille* (1984, S. 174–180) weist darauf hin, daß die Gemeindemitglieder **nicht alle** ihre Güter verkauften, sondern daß sie **von** ihren Gütern verkauften. Vgl. *Dietzfelbinger* (1986, S. 529): »Denn alle, welche Besitzer von Grundstücken oder Häusern waren, verkaufend brachten die erlösten Summen der verkauft werdenden (Güter) ...«.

13 Vgl. z.B. Gal 1,4; Kol 1,13; 1. Thess 1,10; Röm 3, 24; Röm 8, 2; Eph 1,7; Kol 1,14; 2. Kor 1,10.

14 Vgl. z.B. Apg 1,8; Lk 24,49; Apg 2,38; Eph 1,3–2, 10 u. v. a.

Möglichkeiten zu geben, die Gnade der Erlösung anzunehmen. Der Christ ist ein Botschafter des Lebens, denn Jesus Christus sagt: »Ich bin gekommen, daß sie das Leben und volle Genüge haben sollen« (Joh 10, 10). Für diesen Auftrag rüstet Gott den Christen aus: »Mein Lieber, ich wünsche, daß es dir in allen Dingen gut gehe und du gesund seiest, so wie es deiner Seele gut geht (3. Joh 2).« Neues und Altes Testament sind voller Zusagen darüber, daß Gott das Beste seiner Leute will einschließlich ökonomischer Prosperität.[15]

Das Armutsideal ist nicht biblisch.[16] Auch der Aristokrat Jesus Christus – auf- und herangewachsen in »bürgerlichen« Verhältnissen einer Handwerkerfirma – kann kaum als arm bezeichnet werden (*Höfer*, 1983).

Warum gerät dann Wohlstand immer wieder in christlichen – oder pseudochristlichen[17] – Kreisen in Mißkredit? Der Grund könnte sein, daß Wohlstand mit Gier nach Reichtum verwechselt wird. Gott geht es um die volle Befriedigung aller Bedürfnisse, nicht um die letztlich ohnehin unmögliche Befriedigung von Gier irgendwelcher Art. Nicht Geld, sondern die Liebe zum Geld, Habsucht ist eine Wurzel aller Übel (1. Tim 6, 10).

Geld wird der Christ benötigen, um seiner Verantwortung einschließlich der materiellen Fürsorge für seine Familie und vielleicht noch einigem anderen gerecht zu werden (1. Tim 3, 2–5; 1. Tim 5, 8). Und wenn Gott jemandem die Wege ebnet, reich zu werden, darf derjenige sich in guter biblischer Gesellschaft wähnen: Abraham, Hiob, David, Salomo gehören ebenso dazu wie Josef von Arimathäa (Mt 27, 57), Zachäus (Lk 19, 2–8), Lydia, die Purpurhändlerin (Apg 16, 14) oder die angesehenen Frauen von Thessalonich und Beröa (Apg 17, 4; 17, 12).

Allerdings kann es nicht der Sinn der Sache sein, daß der Botschafter über seiner Ausstattung die Botschaft vergißt. Materieller Reichtum ist für ein erfülltes und wirksames Leben nicht unbedingt notwendig. Dafür steht Jesus Christus. Dafür stehen durchweg die Apostel. Dafür steht Martin Luther (vgl. *Friedenthal*, 1982, S. 536 ff.). Friedrich der Weise verfügte sicherlich über mehr Macht und mehr Güter als Martin Luther. Jeder mag seine Rolle vor Gott erfüllt haben. Und doch

---

15 Es sei erinnert an das »Land, in dem Milch und Honig fließt«. Vgl. z. B. 5. Mose 30,9; Mal 3,11; Spr 3,9–10; Ps 128,1–2; 5. Mose 7, 13–15; 3. Mose 26,3–6, u. v. a.

16 Siehe hierzu *Höfer* (1983, S. 563 ff.). Die Bergpredigt (Mt 5–6) steht dazu nicht im Widerspruch. Es heißt dort: »Ihr könnt nicht Gott dienen und dem Mammon (Mt 6, 24).« Die Aussage der Bergpredigt ist, zuerst nach dem Reich Gottes zu trachten und sich nicht kleingläubig in den materiellen Dingen des Lebens aufzuzehren und darin zu verzetteln. Zur Verdeutlichung kann allerdings nicht – wie bei *Höfer* (1985) angeführt – das griechische Wort merimnao herangezogen werden, das durchaus auch eine positive Bedeutung hat, z. B. sich Gedanken über die Ausführung von Gottes Auftrag zu machen. Vgl. *Pillai* (1969, S. 1–7).

17 In Kol 2, 20–23 warnt Paulus vor Enthaltsamkeitspredigern, die »den **Leib** nicht schonen«, aber damit nur das **Fleisch**, das Ego, befriedigen.

ist in der Geschichte Friedrich der Weise die Fußnote zu Luther und nicht umgekehrt.
Unabhängig davon, ob reich oder nicht, steht der Mensch in der Versuchung, Mammon zum Gott zu machen. Die Sorge um die materiellen Dinge kann unter allen Verhältnissen den wahren Gott vergessen lassen (*Pillai*, 1969, S. 1–7).
Allerdings scheint diese Gefahr bei den Reichen noch größer zu sein als bei durchschnittlich Wohlhabenden, denn es ist schwerer, daß ein Reicher ins Reich Gottes kommt, als ein Seil durch ein Nadelöhr geht.[18] Dabei ist es schon ziemlich gleich, ob es die Sorge um die Vermehrung oder die Sorge um den Verlust von Reichtum ist. Das Problem ist das Hoffen auf den unsicheren Reichtum anstelle der Zuversicht in Gott. »Den Reichen in dieser Welt gebiete, daß sie nicht stolz seien, auch nicht hoffen auf den unsicheren Reichtum, sondern auf Gott, der uns alles reichlich darbietet, es zu genießen; daß sie Gutes tun, reich werden an guten Werken, gerne geben, behilflich seien, sich selbst einen Schatz sammeln als guten Grund für die Zukunft, damit sie das wahre Leben ergreifen« (1. Tim 6, 17–19).

IV. Wirtschaftsfreiheit richtig gebrauchen

Gott wünscht dem Christen nicht nur Prosperität, sondern stattet ihn mit allem aus, diese in seinem Leben zu verwirklichen, nämlich mit Zuversicht (1. Joh 5, 14–15), Kraft (2 Tim. 1, 7) und Information (1. Kor 1, 30; 1. Joh 5, 14–15; 5. Mose 8, 18; 1. Kor 12, 7–13; Kol 2,3). Gottvertrauen schließt Vorsicht nicht aus, steigert aber sicher die Risikobereitschaft, wenn die Zusage Gottes für Prosperität über einen bestimmten Weg gewiß ist. Von den Patriarchen der Bibel wie Abraham bis zu den Menschen unserer Tage gibt es dafür eine Fülle von Beispielen.
Gottvertrauen gibt den Mut, die Chancen der Wirtschaftsfreiheit auszuschöpfen. Wer mit Gottvertrauen die Chancen der Wirtschaftsfreiheit nutzt, für den ist Strukturwandel kein Problem. Gerade diesen Aspekt christlicher Lehre mahnt *Willgerodt* (1982, S. 15 f.) an: »... aber es muß doch gefragt werden, was geschehen soll, wenn ein Arbeitsplatz durch eine Erfindung überflüssig geworden ist oder Entwicklungsländer konkurrenzfähig werden und deutsche Textilproduktion entbehrlich machen. Sollen dann die alten Arbeitsplätze künstlich konserviert werden? Wer bezahlt das? Oder gehört es zur Christenpflicht eines gesunden Arbeitnehmers, sich ebenso wie ein Unternehmer auf neue Produktionen umzustellen? Ist die

18 Mk 10, 25. Es geht darum, das Vertrauen nicht auf Reichtum zu setzen. Dies macht Jesus mit einem überspitzten Bild deutlich – allerdings wohl eher mit einem Seil als mit einem Kamel. Vgl. *Jess* (1981), S. 73 ff sowie *Bullinger* (1898), S. 758.

Anpassung an Notwendigkeiten des Wirtschaftsprozesses und damit letztlich auch an die Wünsche der Millionen, deren Marktsignale diesen Prozeß lenken, eine die Personenwürde verletzende Zumutung? Gehört es nicht auch zum Wesen der menschlichen Arbeit, daß man nicht nur herrschen, sondern auch einer Aufgabe dienen lernt, die wirtschaftlich sinnvoll ist? In der Marktwirtschaft ist wirtschaftlich sinnvoll, wonach andere Menschen Bedarf haben und wofür sie bereit sind, eine mindestens kostendeckende Gegenleistung zu erbringen. Ist es ethisch geboten, etwas zu produzieren, wofür niemand einen kostendeckenden Preis bezahlen will; ist das die richtige Lösung des Beschäftigungsproblems?«

Zum Mut gehört die Kraft. Eine Grundlage für Prosperität von Christen wie Nichtchristen ist Arbeit. »Wer nicht arbeiten will, soll auch nicht essen« (2. Thess 3, 10). Einigen dürfte noch der Imperativ »Bete und arbeite« bekannt sein. Es sollte das Erste nicht vergessen werden, damit das Zweite nützt (vgl. Ps 127, 1). Nicht selten ist Information von Gott nötig, damit die Arbeit die rechten Früchte bringt.[19] Innovationen gehören dazu.[20]

Gottvertrauen hilft einerseits, die Chancen der Wirtschaftsfreiheit zu nutzen. Christentum macht frei, berufliche Traditionen aufzugeben und Nützlicheres zu tun, wenn es möglich ist. Es verbietet andererseits, das eigene Heil im Übervorteilen, im Ausbeuten oder Mißbrauchen anderer Menschen zu suchen. Christentum wird stattdessen immer dazu anleiten, den guten Handel im Auge zu haben, bei dem alle profitieren: »... laßt uns Gutes tun an jedermann ...« (Gal. 6, 10).

Das ist nicht selbstverständlich bei Wirtschaftsfreiheit. Diese läßt prinzipiell auch anderes zu wie z. B. das Angebot von Rauschgift oder Mord gegen Bezahlung – nicht immer zum Vorteil des Kunden und oft zu Lasten Dritter (*Willgerodt*, 1982, S. 19). Aber Wirtschaftsfreiheit ohne Grenzen kann nicht funktionieren. Es muß einen »Bereich von Handlungen und Entscheidungen geben«, in denen andere Verfahren gelten als das Prinzip des Tausches ...« (*Willgerodt*, 1982, S. 21). Diese Grenzen lassen sich zum Teil gesetzlich fixieren, zum Teil aber auch nicht.

Es muß »ungeschriebene Regeln« geben, »die nicht korrumpierbar sind. Dafür muß es Staatsbeamte geben, die nicht käuflich sind. Auch bei Kaufleuten muß es Grenzen geben, wo sie kategorisch und nicht mehr quantitativ abgestuft handeln. Man muß sich auf bestimmte Verhaltensweisen verlassen können wie auf die Börsen, wenn eine moderne Marktwirtschaft nicht zusammenbrechen soll. Die Staatsverwaltung darf nicht, wie es ihre moderne Aufblähung manchmal nahelegt, als ein Gewerbe u. a. gelten, bei der sich die dort Tätigen so verhalten wie Brancheninteressenten, die

19 Ein berühmtes Beispiel ist in 1. Mose 3, 25–43 berichtet: Gott hilf Jakob mit ein paar Tips gegenüber seinem neidischen Schwiegervater Laban, damit seine harte Arbeit reich gesegnet bleibt.

20 Ein Beispiel ist Noah, der Jahre vor der großen Flut ein riesiges Schiff auf dem Trockenen baute (1. Mose 6).

eine Leistung an den Meistbietenden abgeben. Verwaltungsbeamte und Richter müssen oft zu Gunsten des einen und damit gegen den anderen entscheiden und können nicht an jeden von zwei streitenden Parteien die jeweils gewünschte Entscheidung verkaufen. Daß Politiker oft allen alles versprechen, ohne auf die Widersprüche zu achten, gehört zu den Krebsschäden der modernen, in diesem Punkt oft unaufgeklärten Demokratie« (*Willgerodt*, 1982, S. 21 f.).

Der Christ hat es bei der Einhaltung insofern leicht, als er kein Moralist zu sein braucht. Die freiheitserhaltenen Grenzen des freiheitsausschöpfenden Kaufmännischen sind ihm in die Wiege seiner Wiedergeburt gelegt. Er muß allenfalls lernen, es aus den Windeln zu wickeln.

Von zwei Seiten her wird also eine christliche Einstellung den richtigen Gebrauch der Wirtschaftsfreiheit nahelegen: Gottvertrauen läßt einerseits die Chancen einschließlich der Chancen zur Innovation und im Strukturwandel ergreifen und Gottvertrauen läßt andererseits auf den Mißbrauch der Wirtschaftsfreiheit verzichten.

Das ist nicht nur für die einzelnen Christen persönlich von Bedeutung. Vielmehr macht ihr Beispiel, ihr Erfolg, Schule. Der heilende gesellschaftliche Einfluß christlicher Lebenshaltung ist immens. Als nur ein Beispiel einer solchen Haltung und ihres Einflusses mögen die Pilgerväter Amerikas dienen, nachdem sie vom Kommunismus nicht durch gescheite Bibelauslegung, sondern durch schmerzliche Erfahrung geheilt worden waren (*Röpke*, 1966, S. 219 f.).

Christentum ist kein Sozialprogramm. Doch »ein wenig Sauerteig durchsäuert den ganzen Teig« (1. Kor 5, 6). Gibt es genügend Christen, die genügend glauben, so wird das Ausstrahlung auf die gesamte Gesellschaft haben, ohne daß alle Bürger Christen werden müßten.[21]

V. Auch Babylon soll prosperieren

Doch der Einfluß geht über den beispielhaften richtigen Gebrauch der Wirtschaftsfreiheit hinaus. Die Prosperität der Gemeinde ist nicht völlig unabhängig von der Prosperität der Gesellschaft. Gott läßt gleichermaßen regnen und die Sonne schei-

21 *Weber* (1905), hat dazu das Grundlegende gesagt. *Adam Smith* widmet den Bildungseinrichtungen viele Seiten (1974, S. 645–693). Er macht auf die unterschiedlichen Konsequenzen einer asketischen Morallehre einerseits und großzügiger und umsichtiger Lebensführung andererseits aufmerksam. Er mahnt den Griechisch- und Hebräisch-Unterricht an, damit die Studenten nicht auf das Studium der Vulgata angewiesen sind, die die Armutslehren der Katholischen Kirche unterstützt (1974, S. 651–655). *Röpke* (1966, S. 179) erwähnt, daß die Lehre von der Selbstvorsorge im Neuen Testament kaum weniger deutlich ist als bei *Adam Smith*.

nen über Gerechte und Ungerechte (Mt 5, 40). Deswegen fordert der Prophet Jeremia die Judäer in der babylonischen Gefangenschaft auf: »Suchet der Stadt Bestes, dahin ich euch habe wegführen lassen, und betet für die zum Herrn; denn wenn's ihr wohl geht, so geht's euch auch wohl« (Jer 29, 7).

Christen sind aufgerufen, im eigenen Interesse nach dem Besten für die Gesellschaft zu streben, in der sie leben. Sie werden dabei sehr sorgfältig die biblischen Hinweise registrieren, die auf Prosperität zielen. Sie werden empirische Sachverhalte und ökonomische Gesetzmäßigkeiten zur Kenntnis nehmen. Sie werden beachten, daß alle ökonomische Theorie auf Verhaltensannahmen beruht. Sie werden moralische Standards zu verbreiten suchen, die im Zusammenspiel mit den besten Wirtschaftspolitiken zu den besten ökonomischen Ergebnissen führen. Dabei geht es oftmals nicht ohne Offenbarung. Unkonventionelle Inhalte sind nicht ausgeschlossen. Das zeigen die biblischen Berichte von Josef in Ägypten genauso wie von Daniel und Mardochai in Babylon bzw. Persien.

Um eine Hungersnot in Ägypten zu vermeiden, geht Josef den Weg vollständiger, zentraler Lenkung. In der Konsequenz kommt es zur Konzentration des Grundeigentums beim Pharao und zur Leibeigenschaft der Ägypter (1. Mose 47, 13–26). Josef ist der Typ des »weisen Diktators« im Sinne *Samuelsons*, der seinen Herrn über die Maßen reich macht und der seine eigene Familie rettet.

Das Land für Israel dagegen wird nicht einem Potentaten anvertraut, sondern es wird aufgeteilt nach Stämmen und Geschlechtern (4. Mose 32–35; Jos 13–22), und es wird peinlich genau darauf geachtet, daß sich die festgelegten Anteile nicht verschieben (4. Mose 36). Auch beim beweglichen Eigentum (Vieh, Früchte, Geräte) stellt das mosaische Gesetz auf private Zuordnung, auf Privateigentum ab (vgl. 2. Mose 22; 5. Mose 25, 17). Infolgedessen geht Jesus selbstverständlich davon aus, daß der Eigentümer über sein Gut nach Belieben verfügt, mit ihm arbeitet und es mehrt (vgl. z.B. Lk 19, 11–27).

Der wirtschaftlichen Konzentration sind enge Grenzen gesetzt, die Konzentration auf einige wenige möglicherweise brüchig werdende Stützen muß vermieden werden. Selbst das Königtum wird den Israeliten nur zögernd und nicht ohne Warnungen zugestanden (1. Sam 8) – die meisten der Könige haben eben nicht die Qualität eines David oder Salomon, sondern führen schließlich in die babylonische Gefangenschaft. Über weite Strecken ist selbst in Israel vom weisen Diktator nichts zu sehen. Es wird ihn erst wieder geben, wenn Jesus Christus als Sohn Davids zurückkommt. Das sind denn doch starke Empfehlungen für eine Wirtschafts- und Gesellschaftsordnung mit Privateigentum und möglichst viel Dezentralisierung – insbesondere auch angesichts der Tatsache, daß es in Ägypten eine einmalige Notlage zu überwinden galt.

Christentum ist kein Sozialprogramm – weder im engen Sinne sozialer Hilfsdienste noch im umfassenden Sinne gesellschaftlicher Konstruktionsprinzipien. Und doch hat Christentum der Gesellschaft viel zu geben – durch eigenen Elan, durch Respekt vor den Grenzen der Wirtschaftsfreiheit, durch Vermittlung eigener Verhaltensstandards, durch Hinweise auf generelle Konstruktionsprinzipien für die Gesellschaft, durch Gebet und Inspiration.

Christentum ist kein Sozialprogramm. Es ist – recht gelehrt und verstanden – ein Segen für die Gesellschaft.

Literaturverzeichnis

Bullinger, Ethelbert W., *Figures of Speech Used in the Bibel*, London 1898.

Dietzfelbinger, Ernst, *Das neue Testament*, Interlinearübersetzung Griechisch-Deutsch, Neuhausen-Stuttgart 1986.

Evangelische Kirche in Deutschland (Hrsg.), *Die Bibel nach der Übersetzung Martin Luthers*, Bibeltext in der revidierten Fassung von 1984, Stuttgart.

Freitag, Karl-Heinz, *Marktwirtschaft-Ethik*, Köln 1987.

Friedenthal, Richard, *Luther. Sein Leben und seine Zeit*, München 1982.

Höfer, Heinrich, »Ist Wohlstand unmoralisch?«, *Die Wirtschaft*, 1983, S. 563–565.

Höfer, Heinrich, »Die Bergpredigt – Wurzel der System-Kritik?«, *Die Wirtschaft*, 1985, S. 602–604.

Jess, Bernita, »The Contributions of Aramaic«, in: *The Living Word Speaks, Studies in Biblical Research, Teaching and Fellowship*, New Knoxville 1981, S. 37 ff.

Jordan, Hermann, *Luthers Staatsauffassung*, Darmstadt 1968.

Pillai, K. C., *Orientalisms of the Bible*, Vol. 1, Fairborn 1969.

Reis, Norbert, *Christ sein in der Gesellschaftskrise*, Bonn 1984.

Röpke, Wilhelm, *Jenseits von Angebot und Nachfrage*, Erlenbach-Zürich/Stuttgart 1966.

Schröder, Heinz, *Jesus und das Geld, Wirtschaftskommentar zum Neuen Testament*, Karlsruhe 1979.

Smith, Adam, *An Inquiry into the Nature and Causes of the Wealth of Nations*, London 1789, neu aus dem Englischen übertragen von Horst Claus Recktenwald, München 1974.

Weber, Max, »Die protestantische Ethik und der ›Geist‹ des Kapitalismus«, *Archiv für Sozialwissenschaft und Sozialpolitik*, 1904–1905.

Wierwille, Victor Paul, *Sind die Toten jetzt am Leben?*, New Knoxville 1982.

Wierwille, Victor Paul, *Die neue dynamische Gemeinde*, New Knoxville 1984.

Willgerodt, Hans, *Wirtschaftsfreiheit als moralisches Problem*, Duisburg 1982.

Willgerodt, Hans, »Grenzmoral und Wirtschaftsordnung«, in: J. Brörmann und Philipp Herder-Dorneich (Hrsg.), *Soziale Verantwortung. Festschrift für Götz Briefs zum 80. Geburtstag*, Berlin 1968, S. 167 ff.

Willgerodt, Hans, »Das Leistungsprinzip – Kriterium der Gerechtigkeit und Bedingung des Fortschritts?«, in: Anton Rauscher (Hrsg.), *Kapitalismuskritik im Widerstreit*, Köln 1973, S. 89 ff.

Ordnungspolitik für Stabilität durch Wandel

Horst Werner

I. Das Problem

Die Ordnung von Wirtschaft und Gesellschaft ist nach dem Zusammenbruch der kommunistischen Zentralverwaltungswirtschaften die wichtigste Aufgabe, wenn es um Frieden, Wohlstand der Nationen und Sicherung der natürlichen Lebensgrundlagen des Menschen geht. Ordnung als Aufgabe der Politik im Sinne von *Franz Böhm* (1937, S. 4 ff., 21 ff. und 73) muß heute einerseits die Hypothek von Jahrzehnten sozialistischer Zentralplanung bewältigen: zurückgestaute Anpassung generell und speziell ökologische Altlasten. Andererseits verschärft die Abrüstung zunächst den Anpassungsdruck bei der Umstellung auf neue Strukturen, statt die schon mehrfach vorgegessene »Friedensdividende« schon jetzt zur Linderung der Anpassungsprobleme auszuschütten.

Im Westen wurden durch Überregulierung, Subventionen und Protektion die Chancen einer marktwirtschaftlichen Ordnung nicht genügend genutzt, Stabilität durch stetigen Wandel und Beweglichkeit (vgl. *Böhm*, 1937, S. 21 ff. und 42) zu fördern. Diese Beweglichkeit als Voraussetzung für wirtschaftliche und politische Stabilität ist nicht nur entscheidend im internationalen Standortwettbewerb. Eine Ordnung, die stetigen Wandel und Anpassung an neue Wettbewerbsbedingungen auf offenen Märkten fördert, muß auch als Voraussetzung für dauerhaften Frieden gestaltet werden. Sonst würden weiterhin Anpassungszwänge durch Krieg und internationale Massenflucht diktiert.

Der größte Teil der Menschheit ist seit dem Zusammenbruch des Kommunismus nicht länger durch eine zwangswirtschaftliche Ordnung der Staaten im Inneren systematisch von der Teilhabe an der internationalen Arbeitsteilung ausgeschlossen. Auf der anderen Seite ist an die Stelle der alten Zwangssysteme vielfach noch keine neue Ordnung getreten. Vor allem die Nachfolgestaaten der ehemaligen Sowjetunion sind noch weit von einer Ordnung entfernt, in der politische Stabilität und Rechtssicherheit die Voraussetzungen für Frieden und marktwirtschaftliche Reformen gewährleisten. Unter dieser Voraussetzung politischer Stabilität hat am schnellsten und am konsequentesten die Tschechische Republik den Weg zu einer marktwirtschaftlichen Ordnung beschritten. Unter völlig anderen politischen und gesellschaftlichen Bedingungen wird Chinas Weg anders sein, aber auch China geht diesen Weg seit 1993 immerhin wieder verstärkt über die Integration in die internationale Ordnung. Japan und einige marktwirtschaftliche Entwicklungsländer haben bei dieser Integration durch ihre Erfolge gezeigt, daß die Teilhabe an einer internationalen marktwirtschaftlichen Ordnung nicht gleichbedeutend sein muß mit dem Verlust an kultureller Eigenständigkeit und Vielfalt, der typisch war für die Zeit des Kolonialismus und des Imperialismus, also für das Raubprinzip, das erst durch das Tauschprinzip der liberalen Weltwirtschaftsordnung überwunden wird (Vgl. *Röpke*, 1954, S. 164 ff.).

In Europa kann die Europäische Union ein wichtiger Schritt für ein Europa der Einheit in Vielfalt und für ein weltoffenes Europa werden, wenn diese Union eine marktwirtschaftliche Ordnung garantiert. Angesichts der vielen Sünden gegen die Marktwirtschaft, die heute immer häufiger mit schwierigen Anpassungsproblemen entschuldigt werden, wäre für Europas Zukunft ein eindeutiges Bekenntnis zu marktwirtschaftlicher Ordnungspolitik hilfreich. Es müßte dann allerdings zumindest ähnlich fest verankert sein wie die eindeutige Verpflichtung einer unabhängigen Europäischen Zentralbank auf die Wahrung der Geldwertstabilität. Aber gerade die Diskussion um Art. 130 des Vertrags von Maastricht zur Industriepolitik hat deutlich gemacht: Die zunehmende Verwendung des Wortes »Ordnungspolitik« in politischen Beschlüssen und Reden bietet noch lange keine Gewähr dafür, daß immer hinreichend klar wäre, was Ordnungspolitik überhaupt ist.

Für die politische Aufgabe, die Ordnung von Wirtschaft und Gesellschaft so zu gestalten, daß Europa seinen Beitrag für Frieden, Wohlstand und Sicherung der natürlichen Lebensgrundlagen leistet, reicht es nicht aus, daß in dieser Frage die ordnungspolitisch geschulten Ökonomen sattelfest sind. Je schwerer es nach aller Erfahrung fällt, falsche politische Weichenstellungen wieder zu korrigieren, desto wichtiger ist es, daß möglichst viele Politiker z. B. nicht erst eine Stellungnahme des Wissenschaftlichen Beirats beim Wirtschaftsministerium brauchen, um in Art. 130 des Maastrichter Vertrages die Risiken von Protektion, Subvention und staatlich dirigierter Kooperation zu erkennen.

II. Vielzahliger Wettbewerb der Fehlurteile über Ordnungspolitik

Eigentlich dürften Fehlurteile über den elementaren Inhalt von Ordnungspolitik den Ökonomen nicht überraschen. Denn immerhin schöpft Ordnungspolitik ihre Überlegenheit als Stil der Wirtschaftspolitik aus ihrer komplexen Betrachtungsweise, die

die Interdependenzen zwischen politischer, rechtlicher und wirtschaftlicher Ordnung systematisch berücksichtigt. Das nennt man heute in der »Informationsgesellschaft« vor allem unter dem Einfluß ökologischer Diskussionen »ganzheitliche Betrachtungsweise«. Und eine solche Betrachtungsweise fällt offenbar schwer. Das zeigen z.B. über 200 Jahre Fehldeutungen von *Adam Smiths* »Wohlstand der Nationen« oder manche Irrwege in der neueren Diskussion um »marktwirtschaftliche Instrumente« im Umweltschutz – trotz einiger Erfolge bei der Wiederentdekkung ökonomischer Prinzipien in der Ökologie.

Mißverständnisse über Ordnungspolitik dürften auch aus einem anderen Grund kaum überraschen. Das machen anscheinend unausrottbare Irrtümer über weitaus einfachere Zusammenhänge deutlich. Auch in der jüngsten Diskussion um Schwächen des Wirtschaftsstandorts Deutschland tauchten der Wunsch nach einer aktiven Leistungsbilanz und das gleichzeitige Beklagen von Nettokapitalexporten wieder auf. Gegen solche Widersprüche müßte es eigentlich genügen, sich bewußt zu machen, was eine Bilanz ist. Denn komplex und zugleich kompliziert werden erst die Mechanismen zum Ausgleich der Zahlungsbilanz und die Interdependenzen zwischen diesen Mechanismen (vgl. *Willgerodt*, 1981).

Solche Erfahrungen sprechen dafür, daß zunächst schon viel erreicht ist, wenn im politischen Bereich unter »Ordnungspolitik« zumindest die richtige Kategorie begriffen wird, wenn es also nicht um die schon schwierigere Frage geht, wie einzelne wirtschaftspolitische Instrumente ordnungspolitisch zu bewerten oder z.B. gegenüber prozeßpolitischen Instrumenten abzugrenzen sind. Es dürfte also zunächst die Bescheidenheit des von *Max Planck* zitierten erfahrenen Prüfers angeraten sein. Denn auf seine Frage »gelb oder blau« soll dieser Prüfer Kandidaten erst dann herausgeworfen haben, wenn sie mit »schnell« geantwortet haben. Drei Typen von sehr häufig auftretenden Fehlbeurteilungen der Ordnungspolitik fallen in diese Kategorie von Antworten.

Die wahrscheinlich provozierendste Fehlbeurteilung tauchte in den verschiedensten Varianten – aber selten in derart krasser Form – im Zusammenhang mit der Diskussion um geeignete Wege zur Vollendung der wirtschaftlichen Einheit Deutschlands auf: Mit marktwirtschaftlicher Ordnungspolitik würden Betriebe und Arbeitsplätze in den neuen Bundesländern »plattgemacht«. Hier handelt es sich offenbar um eine Kombination von völliger Unkenntnis über den Inhalt von »Ordnungspolitik« mit der traditionsreichen Verwechslung von »marktwirtschaftlicher Ordnung« und »*laissez faire*«. Zu dieser Kombination gesellt sich die souveräne Mißachtung von Tatsachen. Denn wie immer man die Politik zur Vollendung der wirtschaftlichen Einheit Deutschlands beurteilen mag: an staatlichen Interventionen, Regulierungen, »gezielten Investitionshilfen« und Finanztransfers weit über den üblichen Umfang von privaten und staatlichen Portokassen hinaus hat es jedenfalls nicht gemangelt. In seinem Gutachten für das Bundeskanzleramt war

Hans Willgerodt 1990 von privaten und öffentlichen Zuflüssen in die neuen Bundesländer in der Größenordnung von 600 Mrd. DM für die ersten Jahre ausgegangen (*Willgerodt*, 1990, S. 15ff.). Bis einschließlich 1993 waren allein öffentliche Nettotransfers in der Größenordnung von zwischen 380 Mrd. DM (Schätzung Bundesregierung) und 420 Mrd. DM (Schätzung Sachverständigenrat) in die neuen Bundesländer geflossen. Für 1993 werden Nettotransfers von 132 Mrd. DM erwartet (*Bundeskanzleramt*, 1993, S. 8; *Sachverständigenrat*, 1991, S. 152a; 1992, S. 194; 1993,S. 184 f.).

Die Diskussion um das volkswirtschaftlich wichtige Problem einer besseren Umweltvorsorge und die dafür geeigneten Rahmenbedingungen und Instrumente hat ein weiteres elementares Fehlurteil über Ordnungspolitik gezeugt. Im Umweltschutz wird sehr häufig schlicht »Ordnungsrecht« mit »Ordnungspolitik« verwechselt. Diese Verwechslung ist deswegen besonders erhellend, weil für viele die Diskussion ökologischer Probleme und zweckmäßiger Instrumente des Umweltschutzes Neuland ist, vor allem dann, wenn sie nicht volkswirtschaftlich vorgebildet sind. Im ökologischen Bereich werden also elementare Unklarheiten wahrscheinlich nur eher sichtbar, weil der Unkundige seine elementare Unkenntnis nicht so leicht verbergen kann, wie dies in der viel älteren wirtschaftspolitischen Diskussion möglich ist. In der Wirtschaftspolitik kann man sich gegebenenfalls auch ohne eigenes Verständnis an eine richtige Zuordnung bestimmter wirtschaftspolitischer Instrumente zu »Ordnungspolitik« anlehnen. Da »ordnungsrechtliche« Instrumente beim Vergleich mit »marktwirtschaftlichen« Instrumenten im Umweltschutz regelmäßig als unterlegen beurteilt werden, wird durch die Verwechslung von »ordnungsrechtlich« und »ordnungspolitisch« zwar aus Versehen, aber wirkungsvoll auch die Ordnungspolitik diskreditiert. Denn ausgerechnet das Umwelt-Ordnungsrecht baut mit Verboten, Geboten und Mengenbegrenzungen auf Instrumenten auf, die gerade nicht zum typischen Arsenal der Ordnungspolitik einer marktwirtschaftlichen Wirtschaftspolitik gehören (vgl. zum Elementaren *von Weizsäcker*, 1984, S. 25 ff.; *Meißner*, 1993, S. 348 ff.).

In eine völlig andere Kategorie fallen Mißverständnisse, die bei Gelegenheit einer Äußerung des früheren Wirtschaftsministers Jürgen W. Möllemann recht publikumswirksam geworden sind. Er habe das gebetsmühlenartige Wiederholen ordnungspolitischer Bekenntnisse satt. Er wolle konkret wissen, was gemacht werden müsse. Diese Äußerung aus wiederholtem und konkretem Anlaß zu ministerieller Verärgerung wurde überwiegend als Mißachtung der Ordnungspolitik gedeutet. Eine solche Deutung setzt allerdings eine Verwechslung von Ordnungspolitik mit dem Herunterbeten allgemeiner Bekenntnisse zur Marktwirtschaft ohne Antwort auf das konkret vorgelegte Problem voraus. Für die politisch wichtige Bewertung ordnungspolitischer Lösungen kann aber kaum etwas schädlicher sein als die Verwechslung von Ordnungspolitik mit etwas zugleich Dogmatischem und Schwammigem. Denn eine solche Mischung könnte allenfalls für wirtschaftspolitische Sonntagsreden taugen, nicht aber zur Lösung konkreter Probleme z.B. auf dem Arbeitsmarkt. Zu beklagen ist hier also nicht ministerielle Geringschätzung der Ordnungspolitik, sondern die Flucht vor der Beantwortung einer konkreten Frage mit Hilfe marktwirtschaftlicher Allgemeinplätze. Solche Fluchtreaktionen haben daher auch bei mündlichen Prüfungen zur Wirtschaftspolitik entsprechende Verärgerung beim Prüfer ausgelöst, denn sie diskreditieren Ordnungspolitik. Und das wiegt selbstverständlich später im Beruf weitaus schwerer als in einer mündlichen Prüfung.

III. Ordnungspolitik in der neueren Standortdiskussion

1. Ordnungspolitik auch jenseits von Angebot und Nachfrage

Wenn es heute in der praktischen Wirtschaftspolitik um die Beurteilung von Ordnungspolitik als Konzept oder um einzelne wirtschaftspolitische Maßnahmen geht, kommt das moralische Kernanliegen der marktwirtschaftlichen Ordnungspolitik meist zu kurz. Dieser Kern läßt sich knapp herausstellen, wenn man die beiden Hauptwerke des Moralphilosophen und Ökonomen *Adam Smith* auf zwei zentrale Fragen reduziert, die in ihrem Zusammenhang gesehen werden müssen. Im »Wohlstand der Nationen« kann die Frage so umrissen werden: »Wie muß die Ordnung der Wirtschaft aktiv gestaltet werden, damit bei allen Leidenschaften, Schwächen und Unzulänglichkeiten des Menschen und bei aller Ungewißheit wenigstens das aufgeklärte Eigeninteresse das Handeln des einzelnen systematisch so lenkt, daß es dem Interesse der Allgemeinheit, also dem gesamtwirtschaftlichen Interesse, dient?«. Darum geht es bei dem berühmten Bild von der »unsichtbaren Hand« (Wohlstand der Nationen, Buch IV, Kapitel 2, S. 371; Theorie der ethischen Gefühle, 4. Teil, 1 Kap., S. 316). Aber diese »unsichtbare Hand« nutzt eben nur unter bestimmten ordnungspolitischen Rahmenbedingungen das Gewinnstreben des einzelnen im Regelfall auch für soziale Zwecke. Heute würde man unter den sozialen Zwecken im weitesten Sinne Umweltziele besonders hervorheben. Die zweite Frage läßt sich als Summe aus *Adam Smiths* »Theorie der ethischen Gefühle« etwa so formulieren: »Was muß über die Ordnung der Wirtschaft hinaus durch Aufklärung und Erziehung zu moralischem Verhalten geleistet werden, damit all die Unzulänglichkeiten minimiert werden, die bei unvollkommenen Menschen auch in einer noch so vollkommenen Wirtschaftsordnung blieben? Denn es ist erfahrungsgemäß nicht so, daß sich die Menschen nur von ihrem Eigeninteresse leiten lassen, schon gar nicht von einem aufgeklärten Eigeninteresse.

Für den Fall, daß sich die Menschen tatsächlich vom Eigeninteresse leiten ließen, ist *Bertrand Russell* in seiner Nobelpreisrede von 1950 weitaus optimistischer als der wegen seines Metaphers von der »unsichtbaren Hand« so oft gescholtene *Adam Smith*. Denn *Bertrand Russell* erwartet, daß bei Eigeninteresse als Kompaß die ganze Menschheit in Frieden bei weltweitem Freihandel zusammenarbeiten würde. Er fügt jedoch hinzu: »Ich will nicht bestreiten, daß es bessere Dinge als Selbstsucht gibt und daß manche Menschen zu diesen Dingen kommen. Ich behaupte jedoch andererseits, daß es nur wenige Gelegenheiten gibt, bei denen sich große Menschengruppen wie die, mit denen es die Politik zu tun hat, über die Selbstsucht zu erheben vermögen, während es wiederum außerordentlich viele Situationen gibt, in denen die Völker es nicht bis zum Egoismus – im Sinne aufgeklärten Eigeninteresses – bringen.« (1988, S. 151; vgl. auch *von Hayek*, 1971, S. 78 ff. und *Müller-Armack*, 1973).

Gerade bei der Beurteilung von Politik und den Ergebnissen menschlichen Handelns ist beides zu beachten: einerseits die Möglichkeiten für moralisches und im Ergebnis soziales Verhalten, die eine marktwirtschaftliche Ordnungspolitik verbessern kann, und andererseits die Grenzen, die der Ordnungspolitik gesetzt sind – Grenzen, die allerdings durch Erziehung zu Einsicht und moralischem Verhalten zum Nutzen aller verschoben werden können. Vor dem Hintergrund dieser Ergänzung ist auch die uneingeschränkt positive Bewertung der »›Marktwirtschaft‹ oder einfach ›freien Wirtschaft‹« in der Enzyklika Centesimus annus von 1991 (S. 89) zu verstehen.

2. Ordnungspolitik als Standortfaktor

Die Antwort auf die 1. Frage, wie Ordnungspolitik die gesamtwirtschaftlichen Rahmenbedingungen gestalten muß, verteilt sich bei *Adam Smith* über alle fünf Bücher seines »Wohlstand der Nationen«. *Walter Eucken* faßt diese Rahmenbedingungen in »Grundsätze der Wirtschaftspolitik« zusammen und betont die Interdependenz zwischen diesen Verfassungselementen einer funktionsfähigen Marktwirtschaft: Durch Wettbewerbspolitik, Gewerbefreiheit und offene Märkte muß erreicht werden, daß Wettbewerbspreise möglichst genau die reale Knappheit von Gütern und Ressourcen widerspiegeln. Dazu ist auch notwendig, daß die Ordnung des Geld- und Währungssystems sowie die Geldpolitik gewährleisten, daß die Preisverhältnisse nicht durch Schwankungen des Geldwertes verzerrt werden. Durch die Eigentumsordnung gesicherte Eigentumsrechte bei dominierendem Privateigentum sind insbesondere als Anreize für Innovationen notwendig, damit sich Anstrengungen unter Unsicherheit im von *Hayek* anschaulich charakterisierten »Wettbewerb als Entdeckungsverfahren« lohnen. Das Haftungsprinzip ordnet unternehmerische Fehlentscheidungen dem Verursacher zu, und Wettbewerb bei freiem Marktzutritt sozialisiert selbst Leistungsgewinne (vgl. *Willgerodt*, 1975). Er begrenzt damit zugleich die Marktmacht, die sonst bei Konzentration und Verfestigung von Eigentumsrechten Spielräume für monopolistisches Verhalten bieten würde. Je mehr Unsicherheiten z. B. durch technische Neuerungen oder durch geänderte internationale Wettbewerbsbedingungen die unternehmerische Planung erschweren, desto wichtiger ist es, daß der Staat wenigstens nicht durch eine sprunghafte Politik einzelwirtschaftliche Planung und Koordinierung der Pläne über den Markt zusätzlich erschwert. Daher fordert *Walter Eucken* zugleich Kontinuität («Konstanz«) der Wirtschaftspolitik (vgl. Kap. XVI–XVIII und XIX, 1. Abschn.). Ein Vergleich dieser Anforderungen an eine marktwirtschaftliche Ordnung mit der konkreten Sozialen Marktwirtschaft der Bundesrepublik Deutschland und speziell den Rahmenbedingungen in den neuen Bundesländern läßt unschwer erkennen: Mit Ausnahme der Geld- und Währungsordnung, die über einen sehr langen Zeitraum Geldwertstabiltät und Konvertibilität der DM gewährleistet hat, gibt es erhebliche Mängel beim Standortfaktor »Wirtschaftsordnung und Staatsverwaltung« im Sinne von *Walter Eucken* und *Heinrich von Stackelberg* (1989; 1948, S. 11) bzw. bei den Standortfaktoren »Staat und Umfeld«, »Steuern und Infrastruktur« in den neueren Standortanalysen von Unternehmensberatungen (Behrens, 1993, S. 43):

– »Wettbewerb auf offenen Märkten« wird durch eine Fülle von Regulierungen und Marktzutrittsbarrieren eingeschränkt, deren Abbau am umfassendsten im Bericht der Deregulierungskommission und im jüngsten Gutachten des Sachverständigenrates gefordert wird (1991; 1993, S. 349 ff. und 366 ff.). Im Beschlußvorschlag des Wirtschaftsministeriums und im anschließenden Kabinettsbeschluß vom 29. Juni 1992 werden von den 97 konkreten Deregulierungsvorschlägen 30 Vorschläge als »unmittelbar umzusetzen« bewertet, aber nur bei einem Bruchteil dieser Regulierungen wird unmittelbarer Handlungsbedarf gesehen, so daß sie z. B. in den Standortbericht der Bundesregierung vom 2. September 1993 aufgenommen werden (S. 58 ff. und 74 ff.).
– Für die Eigentumsordnung gilt, daß das große Privatisierungspotential von der Telekommunikation über Eisenbahnverkehr und Infrastruktureinrichtungen der Länder und Gemeinden bis zu öffentlichen Versicherungen und z. B. Landesbanken nur zögerlich, wenn überhaupt ausgeschöpft wird (vgl. *Hamm*, 1992, S. 150 ff. und *Bundesminister für Wirtschaft*, 1993, S. 77 ff.). Dazu kommen die ungelösten Eigentumsfragen in den neuen Bundesländern, bei denen die parlamentarische Diskussion immer noch nicht abgeschlossen ist.
– Für Kontinuität und Berechenbarkeit der Wirtschaftspolitik fehlen insbesondere eine verläßliche Haushaltskonsolidierung in Bund, Ländern und Gemeinden. Außerdem fehlt Klarheit über die Unternehmenssteuerreform, über die zukünfti-

gen Finanzausgleiche zwischen den Gebietskörperschaften und über die Reform des Steuer- und Transfersystems (*Sachverständigenrat*, 1993, S. 282 ff.,S. 305 ff. und 364 ff.; *Mitschke*, 1985).

– In der Verwaltungsinfrastruktur und speziell für Forschung und Technologie müssen die komplizierten und langwierigen Planungs- und Genehmigungsverfahren vereinfacht, die Verwaltung durch Privatisierung zugunsten ihrer Kernfunktionen entlastet und stärker nach wirtschaftlichen Kriterien organisiert werden (vgl. *Bundesminister für Wirtschaft*, 1993, S. 69 ff.; *Mitschke*, 1990 und *Kronberger Kreis*, 1991).

3. Ordnungspolitik statt Industriepolitik

Diese Schwächen der deutschen Wirtschaftsordnung im internationalen Standortwettbewerb sind spätestens seit der Standortdiskussion um die politische Wende von 1982/83 bekannt. Für eine marktwirtschaftliche Erneuerung forderten z. B. *Wolfgang Stützel* und *Wolfram Engels* eine ordnungspolitische Reform des Sozialsystems, *Carl Christian von Weizsäcker* mehr Markt und Wettbewerb auch im Umweltschutz, *Hans Willgerodt* die allgemeine Abrüstung der marktwidrigen Regulierungen, *Armin Gutowski* und *Wolfram Engels* mehr Flexibilität auf dem Arbeitsmarkt (*Kronberger Kreis*, 1989; *Engels*, 1984).

Eine solche marktwirtschaftliche Erneuerung war noch nicht weit genug gediehen, als mit der deutschen Einheit und den Reformen in den mittel- und osteuropäischen Staaten zusätzliche Anpassungsprobleme auf die deutsche Wirtschaft zukamen. Heute haben vor allem die hohe Arbeitslosigkeit und die fehlende Zielgenauigkeit sozialer Hilfen ihre Ursachen in fehlenden oder zu zaghaften ordnungspolitischen Reformen. In dieser Refomlücke konnte sich der Ruf nach staatlicher Industriepolitik breitmachen und Warnungen aus Erfahrungen mit früherer Industriepolitik übertönen. Denn staatliche Industriepolitik hat es stets gegeben, und die für Arbeitsplätze erschreckenden Wirkungen des europäischen Subventionswettlaufs in der Stahlindustrie sind ebenso unübersehbar wie die Strukturkonservierung als Folge von Protektion und Subventionen für die deutsche Steinkohle.

Ordnungspolitische Gesamtkonzeptionen im Stile von *Walter Eucken* und aktuelle Konkretisierungen wie z. B. durch den Sachverständigenrat oder den Kronberger Kreis sind heute wertvolle Meßlatten bei der Beurteilung der Wirtschaftspolitik. Das birgt für Politiker natürlich auch Risiken, vor allem dann, wenn ordnungspolitische Reformen in einer Koalitionsvereinbarung angekündigt werden (*Kohl, Waigel, Lambsdorff*, 1991, S. 1 f.). Die konkreten Forderungen der Ordnungspolitik für eine umfassende Standorterneuerung aus einem Guß sind zugleich Maßstab für die Bewertung wirtschaftspolitischer Alternativen, z. B. die »aktive Industriepolitik«.

Spätestens seit dem Streitgespräch zwischen *Otto Graf Lambsdorff* und *Lothar Späth* über die Rolle des Staates in der Wirtschaftspolitik ist bei einer Bewertung von Industriepolitik allerdings Vorsicht geboten (vgl. 1987, S. 47 ff. und 71 ff.), weil zunehmend eine »intelligente Industriepolitik« angemahnt wird, obwohl die zuvor geforderte Industriepolitik jedenfalls von ihren Vertretern nicht als dumm charakterisiert worden war.

Da wir die »intelligente Industriepolitik« der Zukunft noch nicht kennen, scheiden für eine Beurteilung die katastrophalen Erfahrungen mit der noch nicht intelligenten Industriepolitik der Vergangenheit aus. Man kann also nicht biblisch einfach die zukunftsorientierte Industriepolitik an ihren Früchten erkennen. Vor allem aber sollte man diese Früchte für eine Beurteilung nicht abwarten. Denn dann könnten schon zu viele Arbeitsplätze Opfer industriepolitischer Experimente geworden sein. Bei der Frage »Ordnungspolitik oder Industriepolitik« muß es daher um einen Vergleich der Instrumente gehen. Bei solchen Vergleichen könnte allerdings die Absicherung industriepolitischer Konzepte gegen Einwände zu dem Ergebnis führen, daß sich bei einigen Konzepten die Inhalte von Ordnungspolitik und Industriepolitik kaum noch unterscheiden würden. Aber warum sollte man dann nicht bei dem bewährten Namen »Ordnungspolitik« bleiben oder dafür als pars pro toto den Namen »Wettbewerbspolitik« wählen? Denn auf dem vielzitierten Weg in die »Dienstleistungsgesellschaft« oder »Informationsgesellschaft« wirkt »Industriepolitik« als Name eher rückwärts gewandt in die Zeit rauchender Schlote aus der Agrarstaats- und Industriestaatsdebatte.

Sobald industriepolitische Konzeptionen aber hinreichend konkretisiert werden, wird ein Unterscheidungsmerkmal zur Ordnungspolitik deutlich, das ausschließt, »aktive« oder »intelligente Industriepolitik« als mögliche Ergänzung zu Ordnungspolitik zu verstehen. Denn Industriepolitik will und wollte stets diskriminieren, will »parteiisch« sein zugunsten bestimmter Industrien: in der Werbung für »Zukunftsindustrien«, in der Praxis aber oft für Subventionen zur Strukturkonservierung. Mit Ordnungspolitik ist dies unvereinbar. Seit *Adam Smiths* Auseinandersetzung mit den physiokratischen Forderungen nach einseitiger Bevorzugung der Landwirtschaft einerseits und mit merkantilistischen Forderungen nach Industrieförderung andererseits hat sich daran nicht geändert. Für die Diskriminierung blieb es sekundär, ob die Merkantilisten die Bevorzugung bestimmter Industrien oder Dienstleistungen gefordert haben oder ob sie gleich die unmittelbare staatliche Unterstützung Ostindischer oder anderer Handelskompanien durch Kriegsflotten und Truppen anmahnten.

Gegen diese selektive Politik der Diskriminierung setzt Ordnungspolitik seit *Adam Smith* darauf, allen Unternehmern und denen, die Unternehmer werden wollen, eine leistungsfähige staatliche Infrastruktur bereitzustellen, mit stabilem Geld, Gewerbefreiheit, sicheren Eigentumsrechten, mäßigen Steuern, soliden Finanzen, Rechtsstaat, leistungsfähiger Staatsverwaltung sowie guten Verkehrs- und Nachrichtenverbindungen. Das leistet der Staat durch Ordnungspolitik für Chancengleichheit. Das Ergebnis sollen die Bürger selbst mit Einfallsreichtum, Geschick, Fleiß und Glück bestimmen. Bürger mit dem Standortvorteil einer solchen Wirtschaftsordnung haben zusätzlich den Vorteil, daß sie Kapital für Produktivitätssteigerungen zu günstigeren Konditionen erhalten als Bürger in Staaten mit schlechterer Ordnungspolitik (*Smith*, 1974, IV, S. 370, V, S. 772 und 781, I, S. 82; *Werner*, 1976, S. 53 ff.; 1978, S. 193 ff.).

Der aktuelle Fall staatlicher Hilfen für Ostdeutschland könnte als Ausnahmefall von der ordnungspolitischen Regel einer nichtdiskriminierenden Bereitstellung der Infrastruktur im weitesten Sinne zugunsten aller Wettbewerber beurteilt werden. Ob es sich bei den einzelnen Hilfen für den Aufbau in Ostdeutschland tatsächlich um ordnungspolitische oder industriepolitische Konzepte handelt, kann nur durch die Prüfung der einzelnen Instrumente beurteilt werden. Prinzipiell ist in den neuen Bundesländern immerhin die klassische Grundsituation des »Erziehungsarguments« für »junge« Unternehmen, Industrien oder Länder gegeben (*Corden*, 1974, S. 248 ff.; *Willgerodt*, 1990, S. 62 ff. und 81 ff.; ders., 1984, S. 59 ff.). Denn das ökonomisch haltbare Erziehungsargument für Staatshilfen setzt Unvollkommenheiten des Kapitalmarktes durch hohe Informationskosten voraus. In einem derart komplexen Umstellungsprozeß, wie er in den neuen Bundesländern und in den mittel- und osteuropäischen Reformländern als den traditionellen Handelspartnern der ehemaligen DDR abläuft, sind die Informationskosten für Investoren besonders hoch. Die Frage ist dann, mit welchen staatlichen Hilfen die Standortnachteile Ostdeutschlands ausgeglichen werden können, solange die ordnungspolitischen Rahmenbedingungen für eine ausreichende Zufuhr von privatem Kapital noch nicht gegeben sind. Effizient und ordnungspolitisch unproblematisch ist dann insbesondere der Einsatz öffentlicher Mittel für eine leistungsfähigere Verwaltung, für den Ausbau der Verkehrs- und Kommunikationsinfrastruktur, für Weiterbildung, Umschulung und Arbeitsvermittlung, für Umweltschutz und niedrigere Steuern für ostdeutsche Betriebe (*Willgerodt*, 1990, S. 82, 86 und 96).

Je schneller und entschlossener die ordnungspolitischen Rahmenbedingungen für Ostdeutschland geschaffen und durch solche Hilfen ergänzt werden, desto weniger stellt sich das Problem, durch welche zusätzlichen Maßnahmen die Vergeudung von Kapital und die sozialen Härten für Arbeitslose und ihre Familien vermieden werden können. Denn dieses Problem bleibt akut, solange insbesondere der Aufbau eines industriellen Mittelstands in Ostdeutschland nicht gelungen ist. Bei jedem Lösungsversuch über gezielte Industriepolitik zur »Erhaltung industrieller Kerne« stellt sich die Frage, auf welche Industrien bzw. Betriebe der Staat »zielen« soll, wenn er die Zukunft jedenfalls nicht besser kennt als Unternehmer bei Wettbewerb als Entdeckungsverfahren (vgl. *Willgerodt*, 1966; *von Hayek*, 1968; *Lambsdorff*,

1993). Dieses Problem stellt sich selbst dann, wenn bei den Instrumenten der Industriepolitik konkret z.B. protektionistische Maßnahmen und Dauersubventionen ausgeschlossen werden, wie dies bei der Interpretation von Art. 130 des Vertrags von Maastricht durch die Stellungnahme der CDU/CSU- und F.D.P.-Fraktion zur Industriepolitik der EG im Sonderausschuß »Europäische Union« geschehen ist (*Sonderaussschuß*, 1992, S. 1 ff.).

4. Ordnungspolitik und Prozeßpolitik

Die jüngsten Vorschläge der Kommission der Europäischen Union für eine kreditfinanzierte Ankurbelung von Investionen zur Überwindung von Rezession und Arbeitslosigkeit sowie die fast zeitgleichen Vorstöße von *Jacques Delors* für Devisenkontrollen auf dem Weg zur Europäischen Wirtschafts- und Währungsunion haben die prinzipielle Diskussion wiederbelebt, wie Ordnungspolitik durch Prozeßpolitik ergänzt werden sollte und welche Formen der Prozeßpolitik mit Ordnungspolitik unvereinbar sind. Daß die Ergänzung ordnungspolitischer Stabilitätsförderung durch prozeßpolitische Maßnahmen der Konjunkturpolitik sinnvoll ist, ist unumstritten. Ähnlich wie in der Medizin sind auch bei insgesamt guter Verfassung der Wirtschaft Kreislaufschwächen nicht ausgeschlossen. In der Wirtschaftspolitik stellt sich dann allerdings stets zunächts die Frage, ob durch Ordnungspolitik bereits genug für eine gesunde Konstitution der Wirtschaft getan worden ist, damit sie weniger krisenanfällig wird. Die damit unmittelbar verknüpfte Frage ist eine Frage des Maßes, in dem Ordnungspolitik durch prozeßpolitische Kreislaufhilfen ergänzt wird. Die Frage nach der Dosierung der Mittel zur Stabilisierung des volkswirtschaftlichen Kreislaufs ist wiederum eng verbunden mit der Frage, welche prozeßpolitischen Instrumente Erfolg versprechen und welche Instrumente den Schaden durch zuviel Kurieren an den Symptomen eher vergrößern (vgl. *Willgerodt*, 1978, S. 112 ff.; *ders.*, 1966, S. 206.)
Die Diskussion um das Gesetz zur Förderung der Stabilität und des Wachstums der Wirtschaft (vgl. *Stern, Münch, Hansmeyer*, 1967) und die Erfahrungen mit Globalsteuerung und konzertierten Aktionen bis Ende der 70er Jahre haben jenseits aller Details zweierlei deutlich gemacht: Monetäre Vollbeschäftigungspolitik durch mäßige Inflation und steigende Staatsverschuldung für kreditfinanzierte Investitionsankurbelung ist ungeeignet für dauerhaftes Wachstum und die Lösung des Beschäftigungsproblems, schon gar nicht in Kombination mit Devisenkontrollen zur außenwirtschaftlichen Absicherung der Inflationspolitik. Während steigende Staatsverschuldung die Handlungsspielräume für sinnvolle Konjunkturanregungen einengte, stieg die statistisch ausgewiesene Arbeitslosigkeit bis Anfang der 80er Jahre auf über 2 Mio.

Unter den ordnungspolitischen Bedingungen der Wirtschaftspolitik *Ludwig Erhards* dagegen waren knapp eine halbe Millionen Arbeitslose auf dem Höhepunkt der Rezession 1967 noch für unfaßbar gehalten worden waren (*Walter*, 1986, S. 21 ff.).

Trotz dieser Erfahrungen und trotz der großen Übereinstimmung darin, daß Wachstumsschwäche und Dauerarbeitslosigkeit heute vor allem strukturelle und nicht konjunkturelle Ursachen haben, sind nachfrageorientierte, keynesianische Konzepte wieder auf dem Vormarsch. Das zeigen z.B. neuere Beiträge zur Ausgestaltung einer »*zeitgemäßen Globalsteuerung*« oder zum Beitrag von *Keynes* für wirtschaftspolitische Forderungen der Gewerkschaften. Auf der anderen Seite fließen aber z.B. in den Wiesbadener Beschluß der SPD vom November 1993 zur Wirtschaftspolitik neben der Stärkung der privaten Nachfrage auf der Grundlage der Kaufkrafttheorie der Löhne und neben den üblichen Forderungen nach Arbeitszeitverkürzung zunehmend auch Elemente einer angebotsorientierten Politik für größere Flexibilität und insgesamt bessere Investitionsbedingungen ein (vgl. *Kromphardt*, 1993, S. 409 ff.; *Tofaute*, 1993, S.718 ff.; *SPD*, 1993). Die Kaufkrafttheorie der Löhne nach dem eingängigen Motto »Hat der Bauer das Geld, dann hat es die ganze Welt« scheint ebenso unausrottbar wie die bei hoher Arbeitslosigkeit besonders plausibel erscheinende These vom fixen Arbeitsquantum, nach der Arbeitsplätze nur gleichmäßiger verteilt werden müßten. Vor diesem Hintergrund dürfte immerhin die hohe Staatsverschuldung von Bund, Ländern und Gemeinden solchen Konzepten ganz praktische politische Grenzen setzen (vgl. *Schlesinger, Weber, Ziebarth*, 1991, S. 21 ff.). Ordnungspolitisch gefährliche »neue Leitbilder für die Wettbewerbspolitik«, die in den 60er Jahren fast zeitgleich mit der neuen Vorliebe für Globalsteuerung und konzertierte Aktionen auftraten (vgl. *Kartte*, 1969, S. 25, 30 und 93 ff.; zur Kritik vgl. *Hoppmann*, 1982), können verhindert werden, wenn es auf dem Weg zur Vollendung der Europäischen Wirtschafts- und Währungsunion gelingt, die ordnungspolitische Interpretation von Art. 130 des Maastrichter Vertrags zur Industriepolitik politisch durchzusetzen. Dann hätte eine Wettbewerbspolitik als eine Unterabteilung staatlicher Wirtschaftslenkung ebensowenig Chancen wie inflationäre Vollbeschäftigungspolitik als Zerrbild für eine stabilisierende Kreislaufpolitik. Prozeßpolitik durch volkswirtschaftliche Kreislaufpolitik würde statt dessen Wachstum und Beschäftigung fördern, wo marktwirtschaftlicher Ordnungspolitik Grenzen gesetzt sind. Die allseits beklagten Schwächen des Wirtschaftsstandortes Deutschland und die Notwendigkeit größerer Beweglichkeit im Standortwettbewerb zeigen allerdings, daß die deutsche Wirtschaftspolitik noch längst nicht die Notwendigkeiten und Möglichkeiten marktwirtschaftlicher Ordnungspolitik in entschlossenes Handeln umgesetzt hat (vgl. *Sachverständigenrat*, 1993, 3. Kapitel).

Literaturverzeichnis

Behrens, Bolke, »Standortvergleich: Profil zeigen«, Wirtschaftswoche Nr. 49 vom 3. Dezember 1993.

Böhm, Franz, *Die Ordnung der Wirtschaft als geschichtliche Aufgabe und rechtsschöpferische Leistung*, Stuttgart, Berlin 1937.

Bundeskanzleramt, *Leistungsbilanz der Bundesregierung für die neuen Bundesländer*, Bonn 1993.

Bundesminister für Wirtschaft, *Bericht der Bundesregierung zur Zukunftssicherung des Standortes Deutschland*, Bonn, 2. September 1993.

Corden, W. M., *Trade Policy and Economic Welfare*, Oxford 1974.

Deregulierungskommission (1991), *Marktöffnung und Wettbewerb*, Stuttgart 1991.

Donges, Juergen B., »Über den Beitrag des Staates zur Standortsicherung: Mehr Flexibilität durch Deregulierung«, *Vortrag vor dem Institut der Deutschen Wirtschaft*, 19. Januar 1993 in Bonn.

Eucken, Walter, *Die Grundlagen der Nationalökonomie*, 9. Aufl., Berlin, Heidelberg, New York, 1989 (1. Aufl. Jena 1940).

Eucken, Walter, *Grundsätze der Wirtschaftspolitik*, Tübingen, Zürich 1952.

Hamm, Walter, »Privatisierung – ein Schlüsselproblem freiheitlicher Ordnungen«, *ORDO*, Bd. 43 (1992), S. 139 ff.

Hasse, Rolf, *Die Sicherungsfunktion des Wettbewerbs*, ORDO, Bd. 33 (1982), S. 149–164.

Hayek, F. A. von, *Die Verfassung der Freiheit*, Tübingen 1971.

Hayek, F. A. von, »Der Wettbewerb als Entdeckungsverfahren, Kieler Vorträge, N. F. 56, Kiel; wiederabgedruckt in: Hayek, F. A. von, *Freiburger Studien*, Tübingen 1969.

Johannes Paul II, »Enzyklika Centesimus Annus«, *Dokumentation der Deutschen Bischofskonferenz*, vom 30. April 1991.

Kohl, Helmut, Otto Graf Lambsdorff, Theo Waigel, *Koalitionsvereinbarung für die 12. Legislaturperiode des Deutschen Bundestag*, 16. Januar 1991.

Kromphardt, Jürgen, »Zur Ausgestaltung einer zeitgemäßen Globalsteuerung«, *WSI Mitteilungen*, Jg. 46 (1993), Heft 7.

Kronberger Kreis, *Die Wende*, Bad Homburg 1984.

Kronberger Kreis, *Reform der öffentlichen Verwaltung*, Bad Homburg 1991.

Lambsdorff, Otto Graf, *Vortrag anläßlich der Verleihung des Ludwig-Erhard-Preises für Wirtschaftspublizistik an Václav Klaus am 27. Mai 1993*, Bonn 1993, S. 19 ff.

Lambsdorff, Otto Graf, »Liberalismus und Marktwirtschaft«, *Zeitschrift für Wirtschaftspolitik*, Jg. 33 (1984), Heft 1.

Lambsdorff, Otto Graf und Lothar Späth, *Aktive Industriepolitik?*, Bonn 1987.

Meißner, Werner, »Umweltökonomie«, *WSI Mitteilungen*, Jg. 46 (1993), Heft 6.

Mitschke, Joachim, *Wirtschaftliches Staatsmanagement*, Baden-Baden 1990.

Mitschke, Joachim, *Steuer- und Transferordnung aus einen Guß*, Baden-Baden 1985.

Müller-Armack, Alfred, *Wirtschaftsordnung und Wirtschaftspolitik*, Freiburg 1966.

Müller-Armack, Alfred, »Die wissenschaftlichen Ursprünge und die künftige Verfassung der Sozialen Marktwirtschaft«, *Zeitschrift für Wirtschaftspolitik*, Jg. 22 (1973), Heft 3.

Röpke, Wilhelm, *Internationale Ordnung – heute*, 2. Aufl. Erlenbach, Zürich 1954.

Russel, Bertrand, »Nobelpreisrede 1950«, abgedruckt in: Ders., *Moral und Politik*, Frankfurt/Main 1988.

Schlesinger, Helmut, »Gesamtstaatliche Finanzpolitik in der Bewährung«, *Walter Eucken Institut, Vorträge und Aufsätze*, 134, Tübingen 1991.

Sachverständigenrat, »Zur Begutachtung der gesamtwirtschaftlichen Lage«, *Jahresgutachten 1991, 1992, 1993.*

SPD, »Eine gesamtdeutsche Strategie für Modernisierung, Beschäftigung und umweltverträgliches Wachstum«, *Beschluß des Parteitags vom 18. November 1993 in Wiesbaden.*

Smith, Adam, *Theorie der ethischen Gefühle*, Hamburg 1977 (Erstausgabe 1759).

Smith, Adam, *Untersuchung über das Wesen und die Ursachen des Wohlstands der Nationen*, aus dem Englischen übertragen von Horst Claus Recktenbald nach der 5. Aufl. (letzte Hand), München 1974 (Erstausgabe 1776).

Stackelberg, Heinrich von, *Grundlagen der theoretischen Volkswirtschaftslehre*, Bern 1948.

Stern, Klaus, Paul Münch, Karl-Heinz Hansmeyer, *Gesetz zur Förderung der Stabilität und des Wachstums der Wirtschaft*, Kommentar, 2. Auflage, Stuttgart u. a. 1967.

Tofaute, Hartmut, »Keynes und seine Bedeutung für wirtschaftspolitische Forderungen und Gewerkschaften«, *WSI Mitteilungen*, Jg. 46 (1993), Heft 11.

Walter, Norbert, »Erhards Beschäftigungsprogramm«, in: Ders. (Hrsg.), *Was würde Erhard heute tun?*, Stuttgart 1986.

Werner, Horst, »Adam Smith zur Reform der Weltwirtschaftsordnung«, *ORDO*, Bd. 27 (1976), S. 46 ff.

Werner, Horst, »Ordnungsprobleme internationaler Kapitalmärkte«, in: Helmut Gröner und Alfred Schüller (Hrsg.), *Internationale Wirtschaftsordnung*, Stuttgart, New York 1978, S. 193 ff.

Willgerodt, Hans, »Warum Staatsplanung in der Marktwirtschaft?«, *ORDO*, Bd. 17 (1966).

Willgerodt, Hans, »Die gesellschaftliche Aneignung privater Leistungserfolge als Grundelement der wettbewerblichen Marktwirtschaft«, in: Heinz Sauermann und Ernst-Joachim Mestmäcker (Hrsg.), *Wirtschaftsordnung und Staatsverfassung, Festschrift für Franz Böhm zum 80. Geburtstag*, Tübingen 1975, S. 687–705.

Willgerodt, Hans, »Stabilitätsforschung durch marktwirtschaftliche Ordnungspolitik – Notwendigkeit und Grenzen«, in: *Probleme der Wirtschaftpolitik*, Darmstadt 1978.

Willgerodt, Hans, »Unsere passive Leistungsbilanz«, in: *Zeitschrift für Wirtschaftspolitik*, Jg. 30 (1981), S. 189–205.

Willgerodt, Hans, »Vorteile der wirtschaftlichen Einheit Deutschlands«, (unter Mitwirkung von B. Dluhosch und M. Krüger), Köln 1990.

II. Ordnungspolitische Leitsätze für die deutsche Wirtschaftspolitik

Maximen deutscher Wirtschaftspolitik

Norbert Kloten

I.

Das Studium Generale an der Universität Tübingen bietet im Wintersemester 1993/94 eine Ringvorlesung über »Erlebte Geschichte« an. Bei der Ausarbeitung meiner Vorlesung über »Paradigmen der deutschen Wirtschaftspolitik: Anspruch und Bewährung« (gehalten am 29. November 1993) sah ich mich zunehmend durch den Gedanken bestimmt, daß die Thematik in einer Festschrift für *Hans Willgerodt* nicht unbehandelt bleiben dürfe. Unter den deutschen Wirtschaftswissenschaftlern hat kaum jemand unerbittlicher als er Grundsatztreue in der Politik, vor allem der Wirtschaftspolitik, gefordert und sein eigenes wissenschaftliches Arbeiten am *Max Weber*schen Postulat der »intellektuellen Rechtschaffenheit« ausgerichtet. Sein Denken und Wirken ist von den Anfängen an auf die Schaffung eines dem Menschen gemäßen wirtschaftlichen Umfeldes ausgerichtet, doch das nicht als Selbstzweck, sondern als wesentliches Element einer durch und durch freiheitlich strukturierten gesellschaftlichen Ordnung (1992, S. 25 ff.).
Die konkreten Ausformungen des Wirtschaftens sind einerseits gebunden an den Einzelnen, an dem ihm eigenen Trieb, die Knappheit dessen, worauf sich seine Begierde richtet, zu überwinden, andererseits sind sie Spiegelbild des Geschehens in menschlichen Gesellschaften. Die Wirtschaftswissenschaften sind somit den Wissenschaften zuzuordnen, denen der »Fluß der Kultur« stets neue Problemstellungen zuführt« und ihnen derart »ewige Jugendlichkeit« sichert (*M. Weber* 1951, S. 206). *Hans Willgerodt* ist sich immer bewußt gewesen, daß die Ökonomik der historischen Dimension ihres Gegenstandes wie dessen Vielfalt wegen nicht mit umfassenden, zudem experimentell gesicherten Systemen von Lehrsätzen aufwarten kann, wie dies die Naturwissenschaften vermögen. Er weiß um die Grenzen, die derart der analytischen Vorbereitung wirtschaftspolitischen Handelns gesetzt sind. Umso nachdrücklicher hat er immer wieder (1960/61, S. 59–76) gefordert, die Sachgesetzlichkeiten des Wirtschaftens zu beachten, die sich immer und überall durchsetzen und insofern nicht gebunden sind an Zeit und Raum. Die wirtschaftliche Ordnung,

die beidem gerecht wird: den dem Menschen immanenten Bedingungen seiner Existenz und den Funktionsbedingungen einer arbeitsteiligen Wirtschaft, ist für *Hans Willgerodt* und viele andere, auch für mich, die Marktwirtschaft. In einer von Intentionen und Dirigismen freien Wettbewerbswirtschaft verbindet sich ein Höchstmaß an individueller Entscheidungsfreiheit mit einem Höchstmaß an wirtschaftlicher Effizienz. Doch eine solche Wirtschaftsordnung stellt sich nicht von selbst ein; sie will geschaffen sein, auch hat sie mit den anderen Ordnungen, die die Wirklichkeit einer Gesellschaft ausmachen, insbesondere mit der staatlichen Ordnung, zu harmonieren. Sie hat auch Verteilungsgerechtigkeit zu gewährleisten, dies indes vornehmlich aus den sie prägenden Funktionsmechanismen heraus, doch ergänzt um sinnvolle staatliche Korrekturen ex post.

Als *Hans Willgerodt* anfangs der 50er Jahre sein Studium der Volkswirtschaftslehre an der Universität Bonn aufnahm, geschah das schon aus einem inneren Engagement, wohl nicht zuletzt als Frucht einer geistigen Auseinandersetzung mit den Arbeiten insbesondere von *Wilhelm Röpke*, seinem Onkel. Das von ihm geliebte Medizinstudium mußte er aufgeben. Geblieben sind die Vorliebe für medizinische Metaphern und auch Vergleiche der Befindlichkeiten des Menschen und der Wirtschaft. Nach erworbenem Diplom wurde *Willgerodt* Assistent bei *Fritz W. Meyer*, der damals das Fach Wirtschaftspolitik an der Bonner Universität vertrat. Als Schüler *Walter Euckens* war *Meyer* leidenschaftlicher Neoliberaler, begabt mit analytischem Scharfsinn und plastischem Darstellungsvermögen. Seiner menschlichen Qualitäten wegen war er beliebt. *Hans Willgerodt, Kurt Schmidt* als Assistent bei dem Finanzwissenschaftler *Matthias E. Kamp* und mich als Assistent (an Jahren der Jüngste, zugleich der Dienstälteste im Bunde) des wegen seines weiten geistigen Horizonts und seiner noblen Gesinnung allseits verehrten *Erwin von Beckerath* verband viel Gemeinsames in unseren wissenschaftlichen Überzeugungen wie in – bei aller Differenzierung im einzelnen – unseren politischen Positionen, eher mehr noch eine rasch wachsende, bis heute durch nichts getrübte Freundschaft.

II.

Die theoretischen Fundamente des wissenschaftlichen Lehrgebäudes, das *Hans Willgerodt* vor allem geprägt hat und das ihm über die Jahre hinweg geistiges Bezugssystem war und ist, hatten *Walter Eucken* und *Franz Böhm* schon in den 30er Jahren erarbeitet. Beide waren überzeugt, daß die Gestaltung der Ordnung von Gesellschaft, Staat und Wirtschaft nicht dem Zufall überlassen bleiben, vor allem nicht im Belieben politischer Kräfte stehen darf, »mit dem Resultat opportuner und ineffizienter ad hoc-Lösungen in Politik und Wirtschaft«. »Zu finden sind demgegenüber Lösungen, die dem Wesen des Menschen und der Sache entsprechen« (*Eucken* 1952, S. 239). Und das sind Wirtschaftsordnungen, übergreifend auch Staats- und Gesellschaftsordnungen, die dem Einzelnen ein ihm gemäßes hohes Maß an Entscheidungsfreiheit gewähren und ihn zugleich vor staatlicher sowie privatwirtschaftlicher Willkür schützen. Dies bedingt zum ersten, daß alle Teilordnungen sich zu einer in sich stimmigen Gesamtordnung fügen. Das bedingt zum zweiten Schutz vor staatlichem und privatwirtschaftlichem Machtmißbrauch. Dem wird entsprochen, wenn der Staat die Grenzen seiner Autorität gegenüber der Gesellschaft und ihren Gliedern respektiert, und wenn eine staatliche Institution, ein Kartell- oder Monopolamt, über die Einhaltung der Spielregeln marktwirtschaftlicher Abstimmungsprozesse wacht. Staatsgewalt und wirtschaftliche Macht werden derart an das Recht gebunden, an eine materielle Gewaltenteilung und an ein rechtlich geordnetes Verfahren zur Konfliktlösung. Dies verwirklichen nennt *Böhm* eine rechtsschöpferische Leistung ersten Ranges erbringen. Das ist der Kern der Doktrin, die zum Credo der Freiburger Schule und mit ihr der Ordoliberalen wurde. Ihr entsprechen bedingt, die von *Walter Eucken* in seinen posthum erschienenen »Grundsätzen der Wirtschaftspolitik« (1952) herausgearbeiteten konstituierenden und regulierenden Grundsätze (Prinzipien) zu verwirklichen. Diese Grundsätze beinhalten zentrale Handlungsmaximen eines konsequent ordnungspolitisch handelnden Staates.

Ich bezweifle, ob *H. Willgerodt* bereit ist, in diesem Kontext den heute gängigen Begriff »Paradigmen« zu akzeptieren. Für ihn dürfte es sich wieder einmal nur um »neuen Wein in alten Schläuchen« handeln. Im politischen Kontext von Paradigmen zu sprechen, ist in der Tat verfahrenstheoretisch problematisch. Paradigmen sind Schlüsselaussagen eines wissenschaftlichen Lehrgebäudes, also umfassende analytische Raisonnements. *Thomas Kuhn* sieht in ihnen die tragenden Elemente eines »disziplinären Systems«, die von den »Mitgliedern der zugehörigen Wissenschaftsgemeinschaft« akzeptiert und nach außen hin vertreten werden (1976, S. 186). Den Paradigmen der Wirtschaftstheorie entsprechen in der Wirtschaftspolitik zentrale Maximen, die das theoretische Wissen um funktionale Inhalte ökonomischer Prozesse und Ordnungen in »politische Ziel-Mittelrelationen« und »strategische Handlungsanweisungen« transformieren. Von einem wirtschaftspolitischen Paradigma sprechen heißt also, den auf seinen Kern reduzierten Auftrag eines Politikbereiches und die zugehörige zentrale Verfahrensvorschrift meinen. Genau das wollen die – allerdings schon aufgefächerten und bei Lichte besehen nicht wirklich ausgewogenen – Grundsätze *Euckens* leisten, doch eben bezogen auf ein konkretes wirtschaftspolitisches Programm.

Unabhängig von möglichen Divergenzen im Begrifflichen wird auch *H. Willgerodt* es als legitim ansehen, sich mit den Paradigmen, also den zentralen Maximen deutscher Wirtschaftspolitik nach dem Kriege prüfend und wägend zu befassen. Zu fragen ist nach den Leitbildern und Visionen, die den zentralen wirtschaftspolitischen Maximen zugrunde liegen, nach den diese konkretisierenden Konzeptionen und den ihrer Verwirklichung dienenden Programmen. Inwieweit haben sich die Maximen bewährt? Mußten sie aufgegeben oder revidiert und ergänzt werden? Dabei interessieren vor allem die Bezüge zwischen wissenschaftlicher Erkenntnis und Ausrichtung der Politik. Nur selten sind Paradigmen von Theorie und Politik in einem umfassenden Sinne kongruent. Jede derartige Kongruenz ist, wenn sie schon einmal besteht, vergänglich, sei es, daß sich konkurrierende wissenschaftliche Auffassungen durchsetzen, sei es, daß die Tragweite zentraler Maximen überschätzt wurde, oder sei es, daß ein Wandel im politischen Umfeld ihnen gleichsam den Boden entzogen hat. Alles gemeinsam reflektiert die Komplexität wirtschaftlicher Wirklichkeit, nicht zuletzt die gestaltende Kraft des Flusses der Kultur im Sinne *Max Weber*s, so auch den Einfluß des politischen Agierens auf den Wirtschaftprozeß und dessen Rahmenbedingungen.

III.

Das dominante Interesse an stabilen und menschenwürdigen Ordnungen in den Kriegs- und Nachkriegsjahren reflektiert vieles: die Suche nach neuen tragfähigen Lösungen in den 20er und 30er Jahren allenthalben auf dem europäischen Kontinent, die Orientierungslosigkeit deutscher Wirtschaftspolitik in der Zwischenkriegsphase und die bitteren Erfahrungen mit der Kriegswirtschaft. Belegt wird die Suche nach einer »neuen Wirtschaftsordnung« durch die Initiative einzelner wie die berühmte Denkschrift *Ludwig Erhard*s aus dem Jahre 1944, vielleicht mehr noch durch die viele Jahre lang weithin unbekannt gebliebenen Beratungen in der Arbeitsgemeinschaft *Erwin von Beckerath* ab März 1943 an verschiedenen Orten, vornehmlich in Freiburg. Zentrale Erwartungshypothese war, daß der Krieg verloren gehen würde, es also einer Neuordnung der deutschen Volkswirtschaft auf freiheitlicher Basis nach dem Kriege bedürfe (*Blumenberg-Lampe*, 1986). Die Arbeitsgemeinschaft war ein Relikt der 1940 auf Betreiben von *Jens Jessen* eingerichteten Klasse IV der Akademie für Deutsches Recht, in dessen Schutz sich die nach der Sprengung des Vereins für Socialpolitik im Jahre 1936 heimatlos gewordenen regimekritischen Nationalökonomen trafen. Nach ihrer Aufhebung unter dem Vorwand »nicht kriegswichtig« wurde im vertraulichen Zirkel fortgesetzt, was im offziellen Rahmen begonnen hatte. Die Arbeitsgemeinschaft war einer der Freiburger Widerstandskreise. In den aktiven Widerstand enger verstrickt waren indes allein von *Dietze, Eucken* und *Lampe*, Kontakte bestanden zu den Zirkeln um *Goerdeler, Bonhoeffer* und *Jessen*, die nach dem Hitler-Attentat Opfer des Volksgerichtshofes wurden. Als die Arbeitsgemeinschaft 1947 neu belebt werden sollte, um das Begonnene zu vollenden, konstituierte sich am 24. Januar 1948 der »Wissenschaftliche Beirat« bei der »Verwaltung für Wirtschaft des Vereinigten Wirtschaftsgebietes«, später beim Bundesministerium für Wirtschaft. Seine Mitglieder rekrutierten sich vornehmlich aus der Arbeitsgemeinschaft; sie hatte im Beirat den genuinen Nachfolger gefunden – wiederum mit *Erwin von Beckerath* als dem Vorsitzenden.

Als Ferment einer geistigen Neuordnung wirkten aber vor allem die Lehren *Euckens*, ergänzt durch den Einfluß ideenreicher und wortgewaltiger Mitstreiter aus verschiedenen neoliberalen Lagern wie *Wilhelm Röpke, Alexander Rüstow, Ludwig Erhard* und *Alfred Müller-Armack*. Doch vieles mußte zusammenkommen, damit das neoliberale Denken in ordnungspolitischen Kategorien die deutsche Wirtschaftspolitik so dominieren konnte, wie es der Fall war. Es bedurfte einer spezifischen historischen Konstellation, auch einiger Zufälligkeiten. Ohne sie hätte alles ganz anders kommen können. In den sich neu formierenden politischen Gruppierungen des westlichen Deutschlands war noch bis in das Jahr 1948 das Verlangen vorherrschend, die ohnehin durch Krieg und Demontage gebeutelte Industrie weithin zu sozialisieren und das allzu knapp gewordene Verteilbare wenigstens gerecht zuzuweisen, derart weiterhin auf staatliche Lenkung zu setzen: so das Programm des »Demokratischen Sozialismus«, so im Grunde auch das Leitbild des »Christlichen Sozialismus« im Ahlener Programm der CDU vom Januar 1947. Allein die Liberalen setzten auf marktwirtschaftliche Lösungen. Gestritten wurde im übrigen um Westorientierung oder Offenheit nach allen Seiten, um eine zentralistische politische Struktur des zukünftigen Deutschlands, wie sie den Sozialdemokraten vorschwebte, oder um föderative Lösungen, für die sich die Christdemokraten schon der von den Westalliierten geschaffenen Länder wegen aussprachen. Die Alliierten waren sich uneins über die Inhalte und Formen eines Nachkriegsdeutschlands. Die Dinge ins Rollen brachte das Scheitern der Londoner Konferenz vom November/Dezember 1947. Auf ihr wurde der fundamentale Dissens zwischen dem Osten und dem Westen manifest, der Eiserne Vorhang ein politikbestimmendes Faktum. Vor allem die USA betrieben von nun an die Schaffung einer staatlichen Neuordnung unter verantwortlicher Beteiligung der Deutschen. Der Erfolg des *Marshall*-Planes bedingte die Wiedergesundung der Westdeutschen Wirtschaft.

Symbol dafür ist bis heute die Währungsreform vom 20. Juni 1948. Sie war eine Veranstaltung der Alliierten und im Grunde grobschlächtig angelegt, rabiat in den Vorgaben und bar jeden redistributiven Elementes im Sinne eines Lastenausgleichs. Die von deutschen Experten im Konklave von Rothwesten – beteiligt waren u. a. *Otto Pfleiderer* und *Hans Möller* – erarbeiteten, wesentlich differenzierteren Vorstellungen wurden beiseite geschoben (*H. Möller*, 1989, S. 63 ff.). Doch das Programm der Alliierten war wirksam. Aus der Sicht eines Denkens in konzeptionellen

Kategorien begann mit der Währungsreform eine Sequenz ordnungspolitischer Maßnahmen, die die deutsche Volkswirtschaft prägen sollte. Das alliierte Geldsanierungsprogramm war so der Auftakt einer Politik, die durch eine konsequente Verwirklichung systemkonstituierender Grundsätze («rahmensetzende Politik«) eine Wirtschaftsordnung zu verwirklichen suchte, in der die Teilordnungen mit der Gesamtordnung kompatibel sind, derart ein in sich stimmiges Ganzes bilden, das auf Dauer zu bewahren ist. Vorbedingung der Währungsreform als einer zentralen ordnungspolitischen Weichenstellung – Substitution alten entwerteten Geldes durch ein neues, quantitativ knapp bemessenes Geld, von dem gehofft wurde, daß es sich als funktionstüchtig erweisen werde – war eine vorhergehende ordnungspolitische Grundentscheidung: die Errichtung einer handlungsfähigen Notenbank als oberste währungspolitische Instanz. Das hatten die Besatzungsmächte Anfang 1947 in den Ländern der amerikanischen und französischen Besatzungszone, dann im März 1948 in den Ländern der britischen Zone mit der Gründung von Landeszentralbanken und schließlich mit der Errichtung deren gemeinsamer Tochter, der von politischen Weisungen unabhängigen Bank deutscher Länder mit Sitz in Frankfurt/Main besorgt. Die eigentliche Geburtsstunde der marktwirtschaftlichen Ordnung in Deutschland markierte jedoch eine – so gerechnet – dritte ordnungspolitische systemkonstituierende Maßnahme, die von Neoliberalen immer wieder mit geradezu ehrfürchtigem Respekt hervorgehoben wird. *Ludwig Erhard*, der damalige Direktor der Verwaltung für Wirtschaft in der amerikanischen/britischen Bizone nutzte seine ihm gewährten Eingriffsbefugnisse in das System einer fast totalen administrativen Bewirtschaftung am 24. Juni 1948 ohne Konsultation der Alliierten und – wie zu erwarten war – gegen deren Willen dazu, das System selbst kurzerhand fast zur Gänze aufzuheben. Der Beginn der Neugestaltung der wirtschaftlichen Verhältnisse im westlichen »Rumpfdeutschland« entsprach wie maßgeschneidert den ordnungspolitischen Vorstellungen der Neoliberalen, zumal

- die radikale Verknappung des Geldes die Nachfrage sofort preis- und qualitätsbewußt werden ließ und die Anbieter zwang, Warenhorte auf den Markt zu werfen sowie Neues und Besseres zu produzieren;
- die grauen und schwarzen Märkte gleichsam über Nacht verschwanden;
- die Marktprozesse die Verwerfungen in der Allokation von Arbeit und Kapital erbarmungslos bloßlegten und Anpassungen erzwangen;
- es der Bank deutscher Länder nach einigen Irritationen schon bald gelang, eine Politik der Geldwertstabilität durchzusetzen;
- der an sich verständliche Wunsch der noch schwachen Gewerkschaften, sich den Härten des neuen Kurses durch einen Generalstreik zu widersetzen, fehlschlug;
- es noch keinen deutschen Staat mit politischen Gruppierungen gab, die sich hätten querlegen können und dies wohl auch getan hätten.

Den politischen Durchbruch besorgte nicht zu sehr die das geistige Denken prägende Kraft wissenschaftlicher Raisonnements – obwohl die eingängige Lehre der Freiburger Schule rasch viele Anhänger gewann – als vielmehr die normative Kraft des ersichtlich überwältigenden Erfolges des neuen marktwirtschaftlichen Kurses. Nach einem Referat *Erhards* auf der Tagung der CDU Nordrhein-Westfalens im Februar 1949 in Königswinter übernahm die Union mit den am 15. Juli 1949 verabschiedeten »Düsseldorfer Leitlinien«, dem offiziellen Wahlprogramm, das Konzept der »Sozialen Marktwirtschaft«. Der – *Müller-Armack* zu verdankende – Begriff suggerierte eine Synthese von staatlich gesicherter Freiheit (nicht nur wirtschaftliche Dispositionsfreiheit) und sozialer Sicherheit, auch Verteiligungsgerechtigkeit. Parteipolitische Rhetorik präsentierte die Soziale Marktwirtschaft von nun an als »freiheitlich-demokratisches Gegenstück zu einer totalitär-antidemokratischen Zentralverwaltungswirtschaft«, als das Gerüst »wahrer Wirtschaftsdemokratie«. Das war parteipolitische Rhetorik (*Kloten*, 1986, S. 24).

IV.

Der Staat, der all das verwirklichen sollte, entstand mit der Wahl der ersten Bundesregierung am 21. September 1949. Das Grundgesetz hatte einen föderativen Bundesstaat, demokratisch und sozial (Art. 20 GG), konstituiert. Das Werden des neuen Staates auf westdeutschem Boden ist als ein weiterer Glücksfall der Geschichte zu werten. Er vollzog sich in der gleichen welthistorischen Konstellation, in die auch die Anfänge der neuen Wirtschaftsordnung fielen. Doch was sich ebenso auswirkte, waren präjudizierende Weichenstellungen der Militärregierungen und das subtile Abwägen eines großartig besetzten parlamentarischen Rates, dessen Mitglieder sich alle dem Dienst an der Gesamtheit verpflichtet fühlten, bestimmt durch ein verantwortungsethisches Denken. Für divergente Gesinnungsethik hatten die Folgen der Naziherrschaft und des Krieges nur begrenzten Raum gelassen.

Entstanden war ein Staat, der mit neoliberalen Grundsätzen und dem Subsidiaritätsprinzip der katholischen Soziallehre aufs engste zu korrespondieren schien, doch auf vielen Feldern erst einmal ein ordnungspolitisches Vakuum zu füllen hatte. Die neue Regierung, die mit nur hauchdünner Mehrheit – mit der vielzitierten Stimme *Adenauers* in eigener Sache – etabliert worden war, zögerte nicht, das zu leisten.

Mit Tausenden von gesetzgeberischen Akten wurden die Rechts-, die Wirtschafts- und Sozialordnung in den Folgejahren konkretisiert. Ordnungspolitische Maßnahmen, die als systemkonstituierend angesehen wurden, betrafen die endgültige Ordnung des Geldwesens mit der Ablösung der Bank deutscher Länder durch die

Deutsche Bundesbank zum 26. Juli 1957, die Ordnung der Beziehungen zwischen den Arbeitsmarktparteien schon Ende der 40er und Anfang der 50er Jahre, die Wettbewerbsordnung und die Sozialordnung. Das »Gesetz gegen Wettbewerbsbeschränkungen« (GWB) und mit ihm die Errichtung des »Bundeskartellamtes« (BKA) als staatliche Kontrollbehörde durch den Bundestag am 27. Juli 1957 wurden im »klassischen Land der Kartelle« als konzeptioneller Durchbruch gefeiert. Schon der erste deutsche Bundestag (1949–1953) hatte Bewundernswürdiges beim Aufbau eines umfassenden Sozialversicherungssystems geleistet. Den Schlußstein glaubte man mit den Rentenreformgesetzen vom 23. Februar 1957 geschaffen zu haben. Die Einführung der »dynamischen Rente« galt als sozialpolitisches »Jahrhundertwerk«, als »Solidarvertrag zwischen den Generationen«.

Jede einzelne ordnungspolitische Datensetzung war umstritten. Immer wieder mußten Kompromisse gesucht werden. Selbst im neoliberalen Lager schieden sich die Geister. Es erwies sich, wie schwierig es in concreto ist, dem ordnungspolitisch zentralen Kompatibilitätsgebot zu entsprechen, wie groß im einzelnen die Spielräume für von Vor-Urteilen nicht freie arbiträre Interpretationen ist. *H. Willgerodt* wandte sich stets leidenschaftlich gegen opportune Abweichungen vom Pfad ordnungspolitischer Tugend. Er focht für konzeptionelle Strenge und tadelte die Zerrissenheit im eigenen Lager. Neben *Wilhelm Röpke* gehörte er zu den Kritikern der dynamischen Rente. Er sah deren Abhängigkeit von demographischen Sachverhalten und fürchtete um ein Nachlassen von Sparbereitschaft und Kapitalbildung (1957, S. 179 ff.).

Insgesamt konnte sich das in den Aufbaujahren Geleistete sehen lassen. Was noch zu tun blieb, schien getrost der Zukunft überlassen werden zu können, zumal während der 50er Jahre dem Gebot einer Liberalisierung der wirtschaftlichen Beziehungen nach innen wie nach außen mit einer Erstaunen erregenden Konsequenz entsprochen wurde. Am Ende des Jahrzehnts gab es de facto kaum mehr Beschränkungen des Waren-, Dienstleistungs- und Kapitalverkehrs mit Drittstaaten. Alles gemeinsam, das gesamtwirtschaftliche Wachstum und die starke D-Mark insbesondere, machten die Bundesrepublik zum Land des Wirtschaftswunders. Auch im internationalen Urteil genoß deutsches ordnungspolitisches Denken einen hohen Rang. Das Godesberger Programm der SPD vom November 1959 brachte die längst fällige Anerkennung noch abseits stehender gesellschaftlicher Kräfte. Die große Mehrheit der Wirtschaftswissenschaftler, der Politiker und der wirtschaftlichen Führungskräfte stimmte darin überein, daß die neoliberale Doktrin einer durch Ordnungspolitik geschaffenen Sozialen Marktwirtschaft allen konkurrierenden Alternativen überlegen ist. Die ordnungspolitischen Maximen waren unbestritten, ja für viele geradezu sakrosankt. Allgemein wurde wie selbstverständlich davon ausgegangen – keineswegs von *H. Willgerodt* –, daß das, was mit der Währungsreform und dem von *Erhard* verordneten Sprung ins zunächst kalte, dann bald wärmende marktwirtschaftliche Wasser begonnen und sich allmählich zu einer überaus differenzierten Gesamtordnung entwickelt hatte, auf Dauer Bestand haben werde. Was allein beunruhigte, waren die ordnungspolitischen Unwägbarkeiten der europäischen Integration.

V.

Zu einem Problem geworden war indes mehr und mehr der unstete Verlauf der wirtschaftlichen Entwicklung. Die rasche Liberalisierung der außenwirtschaftlichen Beziehungen, verbunden mit einer sich enorm rasch intensivierenden weltweiten Arbeitsteilung, verstärkte die konjunkturelle Abhängigkeit des Inlandes vom Ausland, vor allem den USA. Die konjunkturellen Ausschläge begannen ein Zyklusmuster zu bilden. Der öffentliche Sektor reagierte auf die Folge von Auf- und Abschwüngen prozyklisch, der private mit konjunkturverstärkenden Preisforderungen und Lohnvereinbarungen. Abzuwenden seien die darin begründeten Gefahren für eine marktwirtschaftliche Ordnung – so wurde argumentiert – allein durch eine Stabilisierung der gesamtwirtschaftlichen Entwicklung, also eine aktive Konjunkturpolitik. *Eucken* und die Ordoliberalen hatten das ganz anders gesehen. Sie meinten, daß eine konsequent verwirklichte Wettbewerbsordnung, ergänzt um eine systemgerechte Währungsverfassung schon für sich ausreiche, das gesamtwirtschaftliche Faktorangebot (Arbeitskraftpotential und realer Kapitalstock) kontinuierlich zu nutzen, derart Vollbeschäftigung und angemessenes Wirtschaftswachstum zu sichern. So gesehen, bedarf es nicht einer die wirtschaftliche Entwicklung stabilisierenden Prozeßpolitik. »Staatliche Planung der Formen – ja – staatliche Planung und Lenkung des Wirtschaftsprozesses – nein« (*Eucken*, 1949, S. 7). Gestützt wurde diese ganz und gar auf den dominierenden Rang der Ordnungspolitik abstellende Maxime durch die These von *Friedrich A. Lutz*, daß Konjunkturen nicht im Sinne *Spiethoff*s oder – anders begründet – *Schumpeter*s zugehörige Entwicklungsmuster der Martkwirtschaft, sondern die Folge falscher ordnungspolitischer Datensetzungen sind. Unverkennbar sind die Bezüge zu Positionen, wie sie *Jean Baptiste Say* zu Beginn des 19. Jahrhunderts vertreten hatte.
Der Wissenschaftliche Beirat hatte dagegen schon in seinem legendären ersten, *Erhard* Rückendeckung gebenden Gutachten vom 1. April 1948 vorsichtig für »eine kredit- und konjunkturpolitische Beeinflussung des volkswirtschaftlichen Prozesses« plädiert. Einige Jahre später, 1956, erarbeitete der Wirtschaftsbeirat und sein Schwesterbeirat beim Bundesfinanzministerium, lange die unbestritten höchsten Autoritäten, gemeinsam ein Gutachten über »Instrumente der Konjunkturpolitik und ihre richtige Institutionalisierung« (3.6. und 8.7.1956). Das Gutachten räumt

ein, daß »der Preismechanismus nicht Vollbeschäftigung garantieren« könne und daß es einer »bewußten und antizyklischen Konjunkturpolitik« bedürfe. Erstmals wurden die Konflikte aufgezeigt, die sich ergeben können, wenn gesamtwirtschaftliche Ziele gleichzeitig verwirklicht werden sollen. Schon bald sprach man vom »magischen Dreieck« des Stabilitätszieles, des Beschäftigungszieles und des Zieles eines »ausgeglichenen internationalen Leistungsaustausches«. Das Gutachten löste eine leidenschaftliche Diskussion aus. War sein Inhalt noch mit dem neoliberalen Leitbild der Sozialen Marktwirtschaft zu vereinbaren? War es ordnungspolitisch vertretbar, die Bundesregierung gesetzlich verpflichten zu wollen, mindestens einmal jährlich ein »Wirtschaftsprogramm« Parlament und Öffentlichkeit vorzulegen und eine »Zentralbehörde für volkswirtschaftliche Gesamtrechnung« zu schaffen, die die Regierung unterstützen und beraten solle. Doch was angestoßen war, wirkte weiter, zumal die Disziplin mehr und mehr die makroökonomischen Lehren der angelsächsischen Ökonomik rezipierte, so auch zunehmend vertraut wurde mit den Ideen von *Keynes* und der Postkeynesianer. Der Finanzbeirat plädierte schließlich im Jahre 1960 für eine neue Rollenverteilung zwischen Geldpolitik und Finanzpolitik, die verpflichtet werden solle, zyklische Ausschläge nach oben und unten zu glätten, also antizyklisch zu handeln.

Das Selbstverständnis des Faches begünstigte ehrgeizige stabilisierungspolitische Visionen. Volkswirtschaftliche Gesamtrechnung und ökonometrische Modelle versprachen faßbare Transparenz des wirtschaftlichen Geschehens. Die moderne Makroökonomik suggerierte die Verwirklichung eines prozeßpolitischen Traumes, nämlich mittels eines ingeniösen Systems von Anreizen und Bremshilfen die gesamtwirtschaftliche Entwicklung zu dirigieren – natürlich in stabilisierender Absicht. *Lawrence Klein* sah im Konjunkturzyklus ein bald nur noch historisch interessierendes Phänomen. *Walter Heller* sprach vom »Zeitalter der Ökonomen«. Das Zauberwort für viele war »planification indicative«. In Deutschland ist man der Faszination des derart scheinbar Machbaren nicht erlegen. Gesucht wurde ein eigener Weg, eine Art »planification globale«, die mit den Funktionsbedingungen einer Marktwirtschaft korrespondieren sollte.

Als sich die Kommission in Brüssel anschickte, für die EG eine mittelfristige Programmierung nach französischem Muster einzuführen – erinnert sei an die historische Kontroverse zwischen *Walter Hallstein* und *Ludwig Erhard* vor dem Europäischen Parlament am 20. November 1962 –, sah sich *Erhard* gedrängt, eine konzeptionelle Gegenkraft zu installieren. Der Wissenschaftliche Beirat riet, einen Rat von Sachverständigen, unabhängig und von hoher wissenschaftlicher Reputation, einzurichten. *Adenauer* hielt nichts davon. *Erhard* werde sich nur eine »Laus in den Pelz« setzen. Der Sachverständigenrat zur Begutachtung der gesamtwirtschaftlichen Entwicklung wurde im August 1963 durch Bundestagsbeschluß geschaffen und verblüffte schon in seinem ersten Jahresgutachten 1964/65 mit einem Plädoyer

zugunsten einer konsequenten außenwirtschaftlichen Absicherung der nationalen Stabilitätspolitik und auch zugunsten der Gewerkschaften, die nicht für etwas gescholten werden sollten, was sie nicht zu vertreten hatten. *Erhard* hatte anderes erwartet: die Rechtfertigung seines marktwirtschaftlichen Kurses, und weiter, daß die sozialen Gruppen mit ihren Ansprüchen an das Sozialprodukt in ihre Schranken verwiesen werden würden. Im zweiten Gutachten (1965/66) empfahl der Rat dann noch eine »konzertierte Stabilisierungsaktion«. Derart, mehr noch durch von ihm entwickelte »Meßlatten« der konjunktuellen Entwicklung und die neuartige Präsentation der Ergebnisse wurde er zum Schrittmacher einer prozeßpolitischen Konzeption, wie sie im Bundestag vor allem von *Karl Schiller* und *Alex Möller* vertreten wurde. Die von den Unionsparteien und den Freien Demokraten gebildete Bundesregierung hatte einen eigenen Gesetzesentwurf erarbeitet.
In der großen Koalition (seit Anfang Dezember 1966) war es dann soweit. Am 8. Juli 1967 wurde das Gesetz zur Förderung der Stabilität und des Wachstums der Wirtschaft (StabG) mit fast allen Stimmen der drei damals im Bundestag vertretenen Parteien verabschiedet, ergänzt um recht tiefgreifende Korrekturen des Grundgesetzes. Mit dem Stabilitäts- und Wachstumsgesetz wurden die zentralen Maximen der Prozeßpolitik auf der Makroebene, verstanden als »Globalsteuerung«, festgelegt. Ihr paradigmatischer Kern besagt, daß sie, die Prozeßpolitik, »im Rahmen der marktwirtschaftlichen Ordnung gleichzeitig zur Stabilität des Preisniveaus, zu einem hohen Beschäftigungsstand und zu einem außenwirtschaftlichen Gleichgewicht bei stetigem und angemessenen wirtschaftlichen Wachstum beizutragen« und derart die gesamtwirtschaftliche Entwicklung zu verstetigen (§ 1, Satz 2 StabG), also einen optimalen gesamtwirtschaftlichen Wachstumspfad zu verwirklichen habe. Man war so überzeugt von der Machbarkeit dieses Auftrages, daß dem Stabilitäts- und Wachstumsgesetz der Rang eines »prozeßpolitischen Grundgesetzes« zugesprochen wurde, so wie ein Jahrzehnt zuvor das »Gesetz gegen Wettbewerbsbeschränkungen« (GWB) als »ordnungspolitisches Grundgesetz« gefeiert worden war. Viele meinten, daß erst mit dem Stabilitäts- und Wachstumsgesetz der Aufbau der deutschen Wirtschaftsordnung vollendet worden sei. Erreicht sei nun – so *Karl Schiller*s berühmte Metapher – die »Synthese zwischen Freiburger Imperativ und keynesianischer Botschaft«.
Die Konkurrenz zwischen theoretischen Einsichten («wirtschaftswissenschaftliches Allgemeingut« – *A. Möller*, 1968, S. 16) und stabilisierungspolitischen Regelungen schien perfekt zu sein. Anliegen des Gesetzes war es, vor allem durch antizyklische Verhaltensvorschriften für die staatlichen Organe in Bund und Ländern («normatives Aktionsmodell«) Abweichungen der wirtschaftlichen Entwicklung vom gesamtwirtschaftlichen Wachstumstrend zu glätten und sich derart dem Ideal eines anhaltenden gesamtwirtschaftlichen Gleichgewichtes weitgehend anzunähern. Der Zeithorizont der Stabilisierungspolitik bemaß sich folglich nach der erwarteten Dauer

eines Konjunkturzyklus (das waren damals etwa 4–5 Jahre), die Eingriffsintensität nach der erwarteten Stärke der Auf- und Abschwünge. Der Wachstumspfad selbst begründete also nach wie vor keinen spezifischen stabilisierungspolitischen Handlungsbedarf. Ihn bestimmte – erfolgreiche Globalsteuerung unterstellt – allein das Angebot von Arbeit und Realkapital. Stabilisierungspolitik war Konjunkturpolitik. Anders gewendet: Im – nun – magischen Zielviereck hatten Geldwertstabilität, Beschäftigung auf hohem Niveau und außenwirtschaftliches Gleichgewicht operativen Rang, angemessenes Wachstum war Resultierende. Daß es einer Wachstumspolitik im eigentlichen Sinne des Wortes nicht bedurfte, versöhnte mit neoliberalen Positionen, zumal auch der Einkommenspolitik mit staatlichen Interventionen in das verteilungspolitische Geschehen eine klare Absage erteilt wurde, wenngleich sich die Bundesregierung verpflichtet sah, im Falle der Gefährdung eines der Ziele des § 1 StabG für ein gleichzeitiges aufeinander abgestimmtes Verhalten der Gebietskörperschaften, Gewerkschaften und Unternehmensverbände Orientierungsdaten bereitzustellen (§ 3 Abs. 1 StabG). Das begründete die »konzertierte Aktion« als eine Art »Einkommenspolitik der leichten Hand«.

Hans Willgerodt gehörte mit *Christian Watrin, Erich Hoppmann, Hans Besters, Hans Dürr, Egon Tuchtfeldt* u. a. (*Kloten*, 1986, S. 43 f.) zu den kritisch Distanzierten der ersten Stunde. (Im allgemeinen ist das Gesetz »von uns Ökonomen sehr begrüßt worden« – *H. Möller*, 1983, S. 24.) Ordnungspolitische Bedenken verbanden sich mit dem Zweifel, daß das Gesetz halten könne, was ihre Befürworter in Aussicht stellten. Auch ich war skeptisch, ob das hochgesteckte Ziel trotz der konzeptionellen Stringenz des Stabilitäts- und Wachstumsgesetzes zu verwirklichen sei. Gleichwohl zögerte ich im Frühjahr 1969 nicht, Mitglied des Sachverständigenrates zu werden. Im Rat kulminierte das deutsche externe Beratungswesen. Nach neoliberalem Credo bedarf die Politik der Wissenschaft (*Kloten*, 1989 a, S. 47–88). Nur wissenschaftlicher Sachverstand vermag die Folgen alternativen politischen Handelns sine ira et studio aufzuzeigen und so die politische Willensbildung zu versachlichen. Die Wissenschaft begrenzt das der Politik inhärente Bestreben nach Macht, indem sie ihr immer wieder die Beweislast für ihr Handeln aufnötigt. Unabhängige externe wissenschaftliche Beratung wird derart zu einem konstituierenden Element einer freiheitlichen Ordnung.

Der institutionelle Rang des Sachverständigenrates übertraf die eines jeden anderen externen Beratungsgremiums. Gleiches gab es danach nicht mehr. Der Rat war in jenen Jahren mit seinen verfahrenspolitischen Initiativen, den stabilisierungspolitischen Konzepten für Einkommenspolitik, Haushaltspolitik und außenwirtschaftliche Absicherung, auch als Ideenschmiede für konkretes stabilisierungspolitisches Handeln geistiges und bis zu einem gewissen Grad motorisches Zentrum der Stabilisierungspolitik. An alldem teilzuhaben und auszuloten, inwieweit gesamtwirtschaftliche Aggregate im Sinne des Verstetigungsvorhabens beeinflußbar sind, das mußte verlocken.

Die Anfangserfolge schienen den Vätern des Gesetzes – und das waren zunächst viele – recht zu geben; die Opposition verstummte. Man hielt gleichsam den Atem an. Die gesellschaftlichen Kräfte bekannten sich zum Gesetz, selbst die Gewerkschaften. Doch schon sehr bald zeigten sich erste Anzeichen tiefgehender Inkompatibilitäten zwischen den konstituierenden Merkmalen des Gesetzes und fundamentalen Sachverhalten der Wirklichkeit. Diese Widersprüche waren damals eher zu ahnen, denn zu orten. In den ersten Jahren meiner Mitgliedschaft im Sachverständigenrat taten wir alles, was in unserer Macht lag, um der erkennbaren Erosion der antizyklischen Stabilisierungspolitik zu begegnen. Wir waren bemüht, die stabilisierungspolitischen Konzepte der einzelnen Politikbereiche zu verfeinern; wir testeten ein selbstentwickeltes System von Konjunkturindikatoren, eine Art von Konjunkturbarometer; wir suchten nach Wegen, die Finanzpolitik von Bund und Ländern antizyklisch zu machen und die Effizienz der Geldpolitik zu sichern; wir traktierten die Experten der Gewerkschaften und der Arbeitgeber mit Zielprojektionen, um mit ihnen gemeinsam den Lohnerhöhungsspielraum abzustecken; wir unterstützten *Schiller*, der für ein Floaten der D-Mark und gegen administrative Praktiken einer außenwirtschaftlichen Absicherung war; wir plädierten auf den Sitzungen der konzertierten Aktion für situationsgerechte Tarifabschlüsse und forderten mit Nachdruck, die Kernbestimmungen des Gesetzes anzuwenden, statt wieder und wieder »maßgeschneiderte«, politisch zweckmäßige Maßnahmen (beginnend mit dem »zurückzahlbaren Konjunkturzuschlag« im Juli 1970) den Vorzug zu geben. Letztlich erwiesen sich die Gebietskörperschaften und betroffenen Parafisci als unfähig, das ihnen zugewiesene Maß an Antizyklik zu tragen. Per saldo wirkte prozyklisch, was antizyklisch gedacht und in dieser Absicht auch betrieben worden war. Die politischen Entscheidungsträger waren nicht bereit, dem stabilisierungspolitisch Notwendigen ein Primat gegenüber dem politisch Opportunen einzuräumen. Anders gewendet: Das Stabilitäts- und Wachstumsgesetz überforderte Legislative und Regierung. Das Verhalten der Arbeitsmarktparteien wie der sozialen Gruppen überhaupt wurde nicht – wie erwartet – durch ein Streben nach Teilhabe an der »kollektiven Vernunft« geprägt, sondern durch ein Sinnen auf Mehrung des Vorteilhaften und Vermeidung von Nachteiligem. Die konzertierte Aktion, im Stabilitäts- und Wachstumsgesetz »als Verhalten und nicht als Zusammenkunft« definiert (*A. Möller* 1968, S. 94), war niemals ein Ort, an dem über die Vereinbarkeit einkommenspolitischer Regelungen mit der gesamtwirtschaftlichen Lage gesprochen wurde. Doch genau das war ein Tabu. Zudem unterstellt das Stabilitäts- und Wachstumsgesetz Beziehungen zwischen Konjunkturzyklus und Wachstumstrend, zwischen einer antizyklisch angelegten Verstetigungspolitik und Trendphänomenen sowie zwischen dem Geschehen auf der Mikro- und auf der Makroebene, die – ein wenig salopp formuliert – problematisch sind. Auf der Jahrestagung des *Vereins für Socialpolitik* in Freiburg (1988) habe ich Widersprüche der beschriebenen Art aufgezeigt (1989 b, S. 79–112). Das Gesagte blieb bislang unwidersprochen; ich muß es allerdings auch gegenüber von mir früher bezogenen Positionen gelten lassen.

Die Skeptiker wie *Hans Willgerodt* können sich im nachhinein bestätigt fühlen. Doch zwingend aufgezeigt worden war von ihnen nicht, daß es so und nicht anders kommen mußte. De jure blieb das Stabilitäts- und Wachstumsgesetz bis heute unangetastet. So wird immer wieder einmal gefordert, das Gesetz durch das Aufzeigen der ihm zugrunde liegenden stabilisierungspolitischen Logik und das Appellieren an die gruppenspezifischen Interessen auf lange Sicht gleichsam zu reaktivieren. De facto ist es seit nunmehr vielen Jahren eine Hülse ohne Kern, wenngleich an einigen institutionellen Vorkehrungen wie am »Konjunkturrat der öffentlichen Hand« und an der »mittelfristigen Finanzplanung« festgehalten wird.

VI.

Der Sachverständigenrat zog immerhin früh die Konsequenz. Von 1973 an entwarfen wir eine neue stabilisierungspolitische Konzeption, veröffentlicht im JG 1974/75 (Ziffer 364 ff.). Am stabilisierungspolitischen Auftrag wurde nicht gerüttelt. Auch blieb es bei der Orientierung am Potentialpfad. Neu war die zentrale Regieanweisung an Geld- und Finanzpolitik: Auf antizyklisches Handeln wird verzichtet; statt dessen haben sich beiden Politikbereiche grundsätzlich mittelfristig auszurichten, was schon für sich verstetigend wirkt. Die von nun an auf kontinuierliche Versorgung der Bürger mit öffentlichen Gütern festgelegte Finanzpolitik tritt ins zweite Glied zurück. Die Führungsposition übernimmt die Geldpolitik. Die Flankensicherung obliegt wie bisher der Einkommenspolitik und außenwirtschaftlichen Vorkehrungen (Wechselkurspolitik). Der Informationsbedarf des neuen Handlungsprogrammes ist im Vergleich mit dem des Stabilitäts- und Wachstumsgesetzes weit bescheidener. Die Entscheidungsprozesse werden einfacher, die Risiken für Entscheidungsfehler geringer, die Spielräume für ein konterkarierendes Verhalten von gesellschaftlichen Gruppen und Politikern beschnitten. Die mit dem neuen »Assignment« bezogenen Positionen bewegen sich in der Nachbarschaft monetaristischer Postulate, ohne daß die Geldpolitik jedoch durch Regelbindungen im Sinne *Milton Friedmans* in ein festes Korsett gezwängt wird (*Kloten* u.a., 1980, S. 1–14). Zugleich mit der Substitution der antizyklischen Maxime durch die Maxime einer mittelfristigen Potentialorientierung erhielt die Geldpolitik einen dazu passenden eigenen paradigmatischen Kern. Die monetären Aggregate sollen im Verlauf eines

Jahres nicht mehr, doch auch nicht weniger expandieren, als dies zu einer wachsenden Volkswirtschaft der Geldwertstabilität paßt. Leisten soll das eine potentialorientierte Geldmengenpolitik, als deren Zwischenzielgröße und wichtigster Indikator wir die Zentralbankgeldmenge vorgeschlagen hatten. Die monetäre Zielvorgabe ist zu veröffentlichen, damit jeder, den es angeht, im voraus über den geldpolitischen Kurs informiert wird, und sich derart auf diesen Kurs einstellen kann. Der Zentralbankrat – in der Bundesbank hatte es durchaus gleichgerichtete Überlegungen gegeben – zögerte zunächst, sich mit der Veröffentlichung eines Geldmengenzieles selbst zu binden. *Helmut Schmidt* hatte verstanden, daß es mit einer Festlegung des geldpolitischen Kurses in aller Öffentlichkeit 1974 nicht zu dem schlimmen Konflikt zwischen Daten, die die Lohnpolitik gesetzt hatte, und dem konsequenten Festhalten am Stabilitätsgebot durch die Geldpolitik gekommen wäre. Am 5. Dezember 1974 war es dann soweit: Die erste monetäre Zielvorgabe, die für das Jahr 1975, wurde veröffentlicht.

Der neue geldpolitische Kurs war sogleich Gegenstand heftiger Kontroversen, weniger die damit verbundene explizite Aufgabe der stabilisierungspolitischen Konzeption des Stabilitäts- und Wachstumsgesetzes und damit der erst nur wenige Jahre alten Maxime einer prozeßpolitischen Antizyklik. Dem Beispiel der Bundesbank folgten schon bald andere Notenbanken, wobei im einzelnen durchaus verschieden verfahren wurde. Das Konzept der Geldmengensteuerung fand Zustimmung. Umso heftiger wurde über die Details debattiert, etwa über Vor- und Nachteile der Geldmengengrößen als Zwischenziel und geldpolitischer Indikator, über die Abgrenzung der Aggregate und die zugehörigen Berechnungsmodi, auch über die angemessene Umsetzung des geldpolitischen Gewollten, über die adäquate Definition einer geldpolitischen Zielvorgabe und die Länge von Zielperioden. In manchem, auch in wichtigen Elementen, kam es zu Änderungen, so zum Übergang von »Punktzielen« zu »Zielkorridoren«. Am stärksten ins Gewicht fiel die Aufgabe der Zentralbankgeldmenge als Zwischenzielgröße und deren Ersetzung durch das weit geschnittene Geldmengenaggregat M3 (Gesamtheit der Sicht-, der Termin- und der Spareinlagen mit gesetzlicher Kündigungsfrist). Dennoch blieb es bei den zentralen Merkmalen des neuen geldpolitischen Regimes. Ernsthaft herausgefordert sah sich das Konzept erst gut ein Jahrzehnt später, vor allem durch Veränderungen in den außenwirtschaftlichen Bedingungen der Geldpolitik.

Die stabilisierungspolitische Neuorientierung Mitte der 70er Jahre und ihre Erfolge in den 80ern widerlegten das 1967 von nur wenigen bestrittene Selbstverständnis der Globalsteuerung, eine effiziente makroökonomische Politik sei nur antizyklisch zu betreiben. Die Stabilisierungspolitik hat sich konzeptionell wieder Positionen angenähert, die von den Neoliberalen seit jeher eingenommen werden. *Hans Willgerodt* wird das mit Genugtuung registriert haben.

VII.

Die prozeßpolitischen Maxime der Antizyklik wie auch das neue stabilisierungspolitische Konzept von 1974 unterstellen, daß die Kräfte des Marktes langfristig immer wieder auf Vollbeschäftigung und einen hohen Auslastungsgrad eines angemessen wachsenden Produktionspotentials hinwirken. Eine so oder so erfolgreich angelegte Stabilisierungspolitik braucht dann nicht um trendmäßige Fehlentwicklungen besorgt zu sein, wenngleich nachhaltige Verhaltensänderungen von Investoren und Verbrauchern den Wachstumstrend beeinflussen. Doch können schwerwiegende konjunkturelle Ungleichgewichte, exogene Schocks, eine rasche und übermäßige Expansion des Staatssektors wie auch negative Rückkoppelungen zwischen einem Fehlverhalten im staatlichen und im privaten Bereich die Wachstumsdynamik fühlbar und anhaltend beeinträchtigen. Dem ist im herkömmlichen Sinne stabilisierungspolitisch nicht beizukommen. Helfen kann da nur ein Handeln, das die Wachstumskräfte möglichst allgemein, gegebenenfalls auch gezielt stärkt. Schon bald nach der Rezession von 1975 mehrten sich die Anzeichen für Fehlentwicklungen struktureller Natur. Die Arbeitslosigkeit wurde mehr und mehr zur Dauererscheinung; die Wachstumsrate des Produktionspotentials halbierte sich bei zeitweilig anhaltender Unterauslastung. Zum stabilisierungspolitischen Problem war so geworden, was zuvor undenkbar schien: der Wachstumstrend.
Die trendmäßigen Fehlentwicklungen haben ihre Wurzeln

- in früheren stabilisierungspolitisch und reformpolitisch legitimierten falschen Weichenstellungen,
- in dem Versuch politischer Kräfte der sozial-liberalen Koalition, die »Belastungsfähigkeit des Marktes« zugunsten eines angeblich »armen Staates« zu testen,
- in der Phase stabilisierungspolitischer Improvisationen, die nach dem ersten OPEC-Ölpreisdiktat vom Spätherbst 1973 mit Maßnahmen reagierte, die mangels keynesianischer Bedingungen nicht mehr zu den Fakten paßten,
- in den als »soziale Symmetrie« immer wieder neu gerechtfertigten verteilungspolitischen Komponenten in jedem der zehn staatlichen Stützungsprogramme zwischen 1976 und 1982 und
- in der derart begünstigten allzu raschen Expansion der Staatsquote, vor allem der Soziallastquote. Die Inanspruchnahme des Sozialproduktes durch den Staat stieg innerhalb eines guten Jahrzehntes von rund 39 v. H. im Jahre 1970 auf knapp 50 v. H. im Jahre 1982, die Soziallastquote von etwa 12 v. H. auf fast 18 v. H.

Am Ende schwand das Vertrauen in die Solidität der Staatsfinanzen. Die alte Koalition zerbrach. Ab Herbst 1982 begann die neue Koalition aus den Unionsparteien und den Freidemokraten, die Dinge wieder zurechtzurücken, bald durchaus begünstigt durch vorteilhafte äußere Bedingungen. Stabilisierungspolitisch zog wiederum der Sachverständigenrat – von April 1976 gehörte ich ihm nicht mehr an – als erster die Konsequenz. Der Rat machte den Trend der gesamtwirtschaftlichen Entwicklung selbst zum Gegenstand der Stabilisierungspolitik. Ein Katalog angebotsorientierter Maßnahmen sollte die Kräfte des wirtschaftlichen Wachstums stärken. Plädiert wurde für eine Durchforstung des Übermaßes staatlicher Regulierung, den Abbau strukturkonservierender Subventionen, die Befreiung des Steuersystems von Wildwuchs, die Konsolidierung der öffentlichen Finanzen und die Zurückführung der Staatsquote, für eine zukunftsorientierte Infrastrukturpolitik usw. Der Begriff »angebotsorientierte Politik« lud durchaus zu Fehlinterpretationen ein, auch zu nicht gerechtfertigen Parallelen zur *Reagan*'schen supply-side-economics. So blieb im nachhinein noch viel zu präzisieren. Das Anliegen hat sich indes durchgesetzt.

Unter konzeptionellem Aspekt beinhaltet die Forderung nach angebotsförderndem Handeln einen Brückenschlag von der Prozeßpolitik zur Ordnungspolitik. Denn in allen Fällen geht es letztlich um ordnungspolitische Weichenstellungen. Diese betreffen zum einen die Inhalte und die Struktur der Prozeßpolitik, insoweit sie nicht den Erfordernissen einer marktwirtschaftlichen Ordnung entsprechen; zum anderen sollen sie direkt beschäftigungs- und wachstumsrelevante Fehlentwicklungen in unserer marktwirtschaftlichen Ordnung korrigieren. Die zentrale Maxime der Ordnungspolitik ist also um dieses spezifisch stabilisierungspolitische Anliegen zu ergänzen, es sei denn, daß argumentiert wird, Korrekturen der beschriebenen Art seien immanenter Teil des tradierten ordnungspolitischen Auftrages. Aber daß ein Handlungsbedarf dieser Art entstehen werde, war in den 50er und auch noch in den 60er Jahren weder vermutet noch gar vorhergesehen worden. Mit ihm begibt man sich ordnungspolitisch auf dünnes, am Rande brüchiges Eis.

Sache der Politik, nicht zuletzt der Ordnungspolitik wäre gewesen, es überhaupt nicht soweit kommen zu lassen. Mit der deutschen Einigung und der Verschärfung des internationalen Wettbewerbes vor dem Hintergrund einer weltweiten Rezession ist die Bundesrepublik erneut in eine prozeß- und ordnungspolitisch kritische Lage geraten. Die mühsamen und durch äußere Umstände begünstigten Konsolidierungserfolge in den 80er Jahren – die Staatsquote konnte bis Ende des Jahrzehnts auf 46 v. H. zurückgeführt werden, das reale Bruttosozialprodukt stieg von 1983 bis 1990 durchschnittlich um 3 v. H., Millionen neuer Arbeitsplätze wurden geschaffen, der Wert des Geldes blieb weitgehend stabil – sind vertan. Im geeinten Deutschland beginnt sich eine Staatsquote von etwa 55 v. H. und eine Zinslastquote der öffentlichen Hände von mindestens 17 v. H. abzuzeichnen. Lohnpolitische Fehlentscheidungen in den Jahren 1991 und 1992 haben zur heutigen Arbeitslosigkeit beigetragen und gefährden weitere Arbeitsplätze. Vor allem die gewaltigen, weder dem Volumen noch der Dauer nach vorhergesehenen – nicht durchweg unabdingbaren –

Finanztransfers aus dem westlichen in das östliche Deutschland haben die öffentliche Gesamtverschuldung in wenigen Jahren verdoppelt; ein Ende ist noch nicht abzusehen. Kommende Generationen werden durch die enorme Nettokreditaufnahme des Staates – trotz eines verstärkten Zugriffs des Fiskus auf die Taschen der Bürger – mit finanziellen Verpflichtungen befrachtet, denen zu entsprechen eigentlich nicht ihre Sache sein sollte. Doch auch um das Tragen heutiger Lasten sind heftige Verteilungskämpfe entbrannt. Die finanziellen Engpässe von Bund, Ländern und Gemeinden kollidieren mit den in besseren Zeiten allzu freizügig gewährten staatlichen Wohltaten und der – mittlerweile allerdings stark gedämpften – Erwartung weiterer staatlicher Engagements. Bund und Länder reagieren mit unausgewogenen Sparprogrammen, immer jeweils am politisch »Machbaren« ausgerichtet. Ein Programm der Bundesregierung zur Stärkung des Standortes Deutschland und gleichgerichtete Ad-hoc-Programme der Länderregierungen sollen die Wachstumskräfte ganz im Sinne der angebotsorientierten Politik des Sachverständigenrates stärken. Wiederum befinden wir uns in einer Phase der »stabilisierungspolitischen Improvisationen« (*K. Schiller*, 1984, S. 5 f.). Die Geldpolitik hatte große Mühe, sich in diesem Umfeld zu behaupten. Erneut erweist sich, daß zwar der von *H. Willgerodt* immer wieder angezogene »Straußenmagen der Marktwirtschaft« viel zu verdauen vermag, daß jedoch in einer effizienten marktwirtschaftlichen Ordnung das Gefüge der gesamtwirtschaftlichen Aggregate nicht zur Disposition der Politiker stehen darf. Vor allem der staatliche Sektor und seine Strukturierung haben den Erfordernissen einer Marktwirtschaft zu entsprechen. Die Prozeßpolitik hat ordnungspolitische Vorgaben zu respektieren, mögen diese auch Bandbreiten beinhalten und von Grauzonen umgeben sein. Gerade, wenn es auf ganze Bündel wachstumsfördernder prozeß- und ordnungspolitischer Maßnahmen ankommt – wie heute –, bedarf es eines subtilen ordnungspolitischen Abwägens in jedem Einzelfall, ja – ein wenig emphatisch formuliert – eines ordnungspolitischen Gewissens.

VIII.

Unschwer ist zu belegen, daß sich die deutsche Wirtschaftsordnung wie unsere gesellschaftliche Ordnung schlechthin seit den 50er Jahren in vielem geändert hat (*Kloten*, 1989c, S. 25ff.). Was damals geschaffen worden war, sollte indes auf Dauer erhalten bzw. mit Augenmaß dem ursprünglichen Entwurf entsprechend weiterentwickelt werden. Doch ist zu fragen, ob Ordnungspolitik zu leisten vermag, was die neoliberale Doktrin ihr zuweist. Nochmals: Auch die Vordenker der Sozialen Marktwirtschaft wußten, daß eine Ordnung, die im Gerüst Bestand haben soll, die gewünschte Beständigkeit nur durch bewußte Anpassungen an sich im Zeitablauf wandelnde Sachverhalte zu verleihen ist. Doch ist das zu verwirklichen? Sind die zu vollziehenden Korrekturen allein eine Sache des politischen Willens der dafür Zuständigen? Unterliegen nicht einmal geschaffene Ordnungen einem immanenten Wandel, also evolutorischen Prozessen? Ist nicht ein derartiger Wandel der eigentliche Normalzustand? Sind nicht mit anderen Worten historische Konstellationen, die eine Neugestaltung von Rahmenordnungen im Sinne einer gesteuerten Substitution des Alten durch Neues nahelegen, die Ausnahme? Und gilt nicht das gleiche von einem ordnungspolitischen Handeln, das das Neue bewirken soll?

Fragen dieser Art rütteln am zentralen Kern der deutschen Ordnungspolitik. Die Erwartung der Baumeister der deutschen Wirtschaftsordnung nach dem Kriege, das einmal Geschaffene werde Bestand haben, erwiesen sich als eine konkrete Utopie. Doch Vorsicht: Die Gefahr liegt nahe, das Kind mit dem Bade auszuschütten. Die Visionen, die den Neuaufbau von Staat und Wirtschaft, auch der Gesellschaft, zugrunde lagen, haben sich im ganzen als tragfähig erwiesen. Das Denken in in sich stimmigen und miteinander kompatiblen Ordnungen war eine fruchtbare Handlungsmaxime. Nicht von ungefähr orientieren sich Länder im Umbruch am deutschen Beispiel.

Dennoch sind die Fragen, die ich stellte, begründet. *Friedrich von Hayek*, persönlich *Walter Eucken* eng verbunden, hielt nichts von gesetzten Ordnungen. Für ihn sind Ordnungen spontaner Niederschlag gesellschaftlicher Entdeckungsverfahren. Auch unsere moderne Gesellschaft beruht so auf der Teilhabe aller gesellschaftlichen Kräfte an Prozessen, die wir nicht vorhersehen und auch nicht planen können. Ein Staat, der vorgibt, bestmögliche Ordnungen schaffen zu können, beansprucht ein Wissen, über das er nicht verfügt. Ordnungen die einmal bestehen, werden durch evolutorische, durch von unten determinierte Prozesse unweigerlich geändert. Ordnungen sind – so die berühmte Formel *Ferguson*'s – »Ergebnisse menschlichen Handelns, nicht menschlichen Entwurfs«. Sache des Staates ist es nach *Hayek* allein, den einzelnen und die gesellschaftlichen Kräfte an das Recht zu binden. Alles weitere ist eine Reise ins Unbekannte.

Hayeks Lehre der gesellschaftlichen, wirtschaftlichen und kulturellen Evolution ist faszinierend, intellektuell nicht zuletzt ihrer historischen Schärfentiefe wegen ordoliberalen Positionen überlegen. Doch das einräumen widerlegt nicht das Kernanliegen *Euckens* und der Freiburger Schule; es relativiert lediglich die von ihr verfochtene ordnungspolitische Gestaltungsaufgabe. Selbst die von *Hayek* geforderte Bindung an das Recht bedingt die Schaffung einer adäquaten Rechtsordnung – auch wenn diese als Substrat weit zurückreichender gesellschaftlicher Entdeckungsprozesse verstanden wird – und eine dazu passende Rechtssprechung. Gerade moderne Gesellschaften mit ihren differenzierten Vernetzungen aller Art bedürfen wissenschaftlicher Reflektion über das, was dem einzelnen und dem ganzen frommt. Die sich immer stellende Wahl zwischen Alternativen und zeitlichen Dimensionen bedingt durchdachte Bezugssysteme. Das widerspricht nicht der Anerkenntnis der historischen Bedingtheit ordnungspolitischen Handelns, auch des Unterworfenseins des so Geschaffenen unter geschichtsmächtige Kräfte.

IX.

Das Geschehen im östlichen Europa, der Zusammenbruch des sozialistischen Zentralismus mit seinen Kommandowirtschaften und die daraus erwachsende Suche nach neuen tragfähigen Ordnungen belegt überaus eindringlich, daß geschichtliche Prozesse immer wieder in Konstellationen einmünden, die genau das ordnungspolitisch zu tun verlangen, was den Neoliberalen wichtigstes Anliegen ist. Im Gegensatz zur geistigen Vorbereitung der deutschen Nachkriegsordnung fehlte es allerdings im Weltmaßstab weithin an konzeptionellen Vorarbeiten. Zu wenig waren die Zeichen der Zeit verstanden worden und zu sehr hatte man es bei einem Vergleich der Strukturmerkmale und der Prozeßabläufe in Marktwirtschaften und Planwirtschaften bewenden lassen. Was so bald schmerzlich vermißt wurde, war eine aussagekräftige Theorie der Systemtransformation, die der Politik des Systemwandels sichere Führung hätte geben können. Gewiß waren diejenigen, die in ihrem Denken – wie *H. Willgerodt* – ordnungstheoretisch geschult waren, noch am besten vorbereitet, wichtige – eben die ordnungspolitischen – Facetten der Transformation zu erfassen, doch das genügte letztlich nicht den neuen komplexen Problemstrukturen.

Auch die Eingliederung des Gebietes der ehemaligen DDR in das westdeutsche staatliche, wirtschaftliche und gesellschaftliche Gefüge beinhaltete für das östliche Deutschland einen Systemwandel, den Übergang von einer zentral geplanten Wirtschaft zur Marktwirtschaft, von einer Einparteienherrschaft zur Demokratie. Das westdeutsche Angebot vom Februar 1990, eine monetäre, wirtschaftliche und soziale Union zu bilden, entsprach der Lage. Für die bis dahin vorrangig diskutierten Pläne einer stufenweise Annäherung der ostdeutschen Verhältnisse an die in der Bundesrepublik – *H. Willgerodt* war daran beteiligt – waren die Voraussetzungen nicht mehr gegeben. Die Union vollziehen zu wollen, war eine ordnungspolitische Entscheidung hohen Ranges, doch im Grunde handelte es sich lediglich um das Angebot, den räumlichen Geltungsbereich der im Westen Deutschlands bestehenden Strukturen auf den östlichen Teil auszudehnen. Mit neuen innovativen Weichenstellungen, an denen sich die Bevölkerung jenseits des früheren Eisernen Vorhangs hätte beteiligen können, hat das wenig zu tun. Unsere östlichen Landsleute hatten zunächst zu akzeptieren, was im Westen Niederschlag von mehr als vier Jahrzehnten selbstverantwortlichen staatlichen und privaten Denkens war. Die alles

besorgten, waren vornehmlich »Westler«. Die gewählten Verfahren bewahrten die neuen Bundesländer vor vielen spezifischen Risiken der Systemtransformation, doch sie trugen auch zu der vielfach noch reservierten Haltung dort bei. Mit Übernommenem, ja mit als oktroyiert Empfundenem sich zu identifizieren, fällt schwerer als mit selbst Geschaffenem.
In den anderen ehemaligen Ländern des Sowjet-Blockes erfolgt die Systemtransformation in eigener Regie und in eigener Verantwortung, verbunden mit trial and error und auch einem learning by doing, mit komplexen Prozessen einer politischen Neuorientierung und des Suchens nach angemessenen wirtschaftlichen Strukturen. Konzeptionelles strategisches Denken hat sich mit taktischem Umsetzungsvermögen zu verbinden. Einübungen dafür hat es nicht gegeben. Das Resultat sind unterschiedliches Vorgehen, divergierende transformationsbedingte Durststrecken, politische und soziale Spannungen. Es handelt sich um ordnungspolitische Suchprozesse eigener Art.

X.

Wesentliche ordnungspolitische Neuorientierungen vollziehen sich auf europäischer Ebene. Die europäische Integration ist so, wie sie angelegt ist, das Ergebnis spezifischer ordnungspolitischer Datensetzungen. Mit ihr sind europäische Ordnungen und Mechanismen europäischer Willensbildung an die Stelle der jeweiligen nationalen Entsprechungen getreten. Das konnte nicht konfliktfrei sein und ist dies bis heute nicht.
Die Neoliberalen plädierten von Beginn an für Formen einer funktionellen Integration, also eines Zusammenwachsens der europäischen Märkte durch die Kräfte des Marktes. Im Gegensatz zu einer Integration durch die Schaffung gemeinsamer europäischer Institutionen. In diesen sahen sie nur eine Quelle für Markteingriffe und Protektionismen. Die 1952 geschaffene Europäische Gemeinschaft für Kohle und Stahl (EGKS), politisch der Einstieg in den europäischen Verbund, galt wegen ihrer sektoral dirigistischen Struktur schlicht als eine ordnungspolitische Todsünde. Umstritten waren auch die römischen Verträge von 1957, die vor allem die europäische Wirtschaftsgemeinschaft begründeten. Obwohl deren verfassungsmäßiger Kern die Verwirklichung der vier Freiheiten: des freien Verkehrs von Gütern und Dienstleistungen, von Geld und Kapital sowie der freien Niederlassung vorsah, gab es harte konzeptionelle Auseinandersetzungen und es gibt sie noch. Im ganzen haben sich die europäischen Gemeinschaften als Schrittmacher des Zusammenwachsens Europas erwiesen. Auch kam es im Laufe der Jahre immer mehr zu einer Annäherung an fundamentale deutsche Positionen. Im europäischen Währungssy-

stem ist die D-Mark unbestrittene Ankerwährung, die Deutsche Bundesbank stärkste geldpolitische Kraft. Der Vertrag von Maastricht sieht ein europäisches Zentralbanksystem weitgehend nach deutschem Muster vor. De facto werden seine Statuten Verfassungsrang haben. Um die Inhalte eines verfaßten Europas geht es heute vordringlich, zumal wenn die Gemeinschaft um neue Mitglieder erweitert wird. Die Europäische Union kann auf längere Sicht nicht mehr als eine Zwischenstufe sein. Doch was an politischer Ordnung auch immer geschaffen werden soll, vorzuziehen sind vorerst noch interimistische Lösungen, die an die durch Maastricht gegebene – gleichwohl in vielem zu korrigierende und zu ergänzende – Verhältnisse anknüpfen und die Gemeinschaftsländer nicht überfordern, so aber offen sind für Entwicklungen auf europäischer Ebene, die erst noch wachsen müssen. Woran es vor allem fehlt, das sind ordnungspolitische Orientierungen für die europäische Integration im ganzen.

XI.

Das Denken in ordnungspolitischen Kategorien ist eine deutsche Besonderheit, geboren aus leidvollen Erfahrungen und bestimmt durch die Suche nach beständigen, dem Menschen gemäßen Umfeldbedingungen. Die Aufgabe, der damals, in den auslaufenden 40er und in den 50er Jahren, entsprochen wurde, stellt sich immer wieder neu, heute vornehmlich für das geeinte Deutschland, für Europa und für die Weltgemeinschaft. Ihr gerecht zu werden, ist Sache aller, die es angeht. *Hans Willgerodt* hat sich die Aufgabe zur Pflicht gemacht. Möge ihm vergönnt sein, noch lange in diesem Sinne zu wirken.

Literaturverzeichnis

Blumenberg-Lampe, Christine (1986) »*Der Weg in die Soziale Markwirtschaft.*« Referate, Protokolle, Gutachten der Arbeitsgemeinschaft Erwin von Beckerath 1943–1947, mit einem Vorwort von Norbert Kloten, Stuttgart.

Eucken, Walter (1949) »Die Wettbewerbsordnung und ihre Verwirklichung«, *ORDO*, Bd. 2.

Eucken, Walter (1952) »*Grundsätze der Wirtschaftspolitik*«, hrsg. von Eucken-Erdsiek, E. und Hensel, K. P., Bern und Tübingen.

Erhard, Ludwig (1944) Kriegsfinanzierung und Schuldenkonsolidierung, abgedruckt in: K. Hohmann, Hrsg., Ludwig Erhard: Gedanken aus fünf Jahrzehnten, Düsseldorf u.a. 1988, S. 48 ff.

Kloten, Norbert (1980) »Geldpolitik: diskretionär oder regelgebunden?« *Beiträge zur Geldtheorie und Geldpolitik*, S. 1–14.

Kloten, Norbert (1986) »*Der Staat in der Sozialen Marktwirtschaft*«, Walter Eucken Institut, Vorträge und Aufsätze 108 Tübingen.

Kloten, Norbert (1989a) »*The Role of the Economist in Government. An International Perspective: West Germany*«, ed. by Joseph A. Pechman, P. 47–72, New York.

Kloten, Norbert (1989b) »Das Stabilisierungsproblem: Konzeption und wirtschaftspolitische Praxis«, *Währungsreform und Soziale Marktwirtschaft*, Schriften des Vereins für Socialpolitik, M. F. Bd. 190, S. 79–112, Berlin.

Kloten, Norbert (1989c) »*Soziale Marktwirtschaft – Die Wirtschaftsordnung der Bundesrepublik Deutschland*«, Festakt am 16. Juli 1989, S. 36–61, hrsg. Bundesministerium für Wirtschaft, Bonn.

Kuhn, Thomas (1976) »*Die strukturwissenschaftliche Revolution*«, 2. rev. Aufl. (Frankfurt).

Möller, Alex (1968) »*Kommentar zum Gesetz zur Förderung der Stabilität und des Wachstums der Wirtschaft*, Hannover.

Möller, Hans (1983) »Zur Theorie und Politik der Wirtschaftsordnung, *Kieler Vorträge*, hrsg. von Giersch, H., N. F. 99, Tübingen.

Möller, Hans (1989) »Die Währungsreform von 1948 und die Wiederherstellung marktwirtschaftlicher Verhältnisse, *Währungsreform und soziale Marktwirtschaft*, hrsg. Hampe, P., München.

Schiller, Karl (1984) »*Betrachtungen zur Geld- und Konjunkturpolitik*«. Walter Eucken Institut, Vorträge und Aufsätze 102, Tübingen.

Weber, Max (1951) »*Gesammelte Aufsätze zur Wissenschaftslehre*«, Tübingen.

Willgerodt, Hans (1957) Das Sparen auf der Anklagebank der Sozialreformer. Bemerkungen zu Wilhelm Hankel und Gerhard Zweig »Die Alterssicherung in der sozialen Marktwirtschaft«, *ORDO*, Bd. 9, S. 175–189.

Willgerodt, Hans (1960/61) »Zum Problem der unbestrittenen Wahrheiten in der Nationalökonomie«, *Ordo*, Bd. 12, S. 59–76.

Willgerodt, Hans (1992) »Einigkeit und Recht und Freiheit – zu den Ordnungsgrundlagen von Staat und Wirtschaft«, *Wirtschaftsordnung und Geldverfassung*, hrgs. Albeck, H., S. 20–45.

Finanzpolitik in moll[1]

Kurt Schmidt

I. Thema

Die optimistischen Dur-Klänge sind in der Finanzpolitik verhallt; skeptische Moll-Töne sind an ihre Stelle getreten. Und manchmal will es scheinen, als ob wir die Ordnung von Dur und Moll verlassen hätten und uns in einem unübersehbaren Raum atonaler Dissonanzen bewegten. Prosaischer ausgedrückt: Die Finanzpolitik befindet sich in einer ernsten Krise, und bei vielen Bürgern ist sie in Verruf geraten. Was dazu geführt hat, soll – zum Teil anhand von Beispielen, zum Teil die Grundlinie betreffend – im folgenden nachgezeichnet werden. Dabei geht es nicht um Schuld und Sühne und schon gar nicht um eine Personalisierung. Wohl aber geht es darum, Schwächen und Fehler der Finanzpolitik in den letzten Jahren aufzudecken und für eine Welt des nur Zweitbesten Maßnahmen aufzuzeigen, die Abhilfe versprechen. Nicht der Entwurf einer optimalen Finanzordnung ist also beabsichtigt, sondern Wege zum Besseren sollen skizziert werden. Dabei wird über Steuern, Schulden und Staatsausgaben zu reden sein. Verletzungen der Systematik gibt es insbesondere bei der Besteuerung. Kritik daran ist nicht in erster Linie als akademische Übung aufzufassen. Wichtiger ist (und das scheint in der finanzpolitischen Diskussion mehr und mehr übersehen zu werden), daß die Systematik für Gleichbehandlung und ökonomische Vernunft steht, daß sie also gewahrt werden muß, damit die Steuern als fair empfunden und gesamtwirtschaftlichen Zielen dienstbar gemacht werden können (siehe *Schmidt*, 1988, S. 193 ff.).

---

1 Mit *Hans Willgerodt* bin ich seit über 40 Jahren befreundet; daher trage ich gern zu seiner Festschrift bei. Die Ordnung von Wirtschaft und Gesellschaft beschäftigt und bewegt uns seit unseren gemeinsamen Bonner Jahren. In bezug auf die öffentlichen Finanzen ist hierbei besonders häufig Skepsis aufgekommen, und bei denjenigen, die sich wissenschaftlich damit beschäftigen, hat *Hans Willgerodt* gelegentlich – freilich eher ironisch als ernst gemeint – eine déformation professionnelle vermutet. Zum kleineren Teil sind die folgenden Zeilen ein Versuch, diese Sorgen des Jubilars endgültig zu zerstreuen. Zum größeren Teil möchte ich damit meine Hochachtung vor seinem wissenschaftlichen Werk und meine Dankbarkeit für die lange Zeit unserer guten Freundschaft bekunden.

II. Durchführung

1. Steuerprobleme

a. Versäumnisse

Mängel dieser Art sind in der Finanzpolitik bei der Neuregelung des Grundfreibetrages in der Einkommensteuer offenbar geworden. So ist der Grundfreibetrag – gemessen an den Leistungen der Sozialhilfe – seit langem nur unzureichend angepaßt worden. Daß die Erhöhung des Grundfreibetrages nach Auffassung des Bundesverfassungsgerichts daran orientiert sein sollte, war Hinweisen in früheren Urteilen zu entnehmen. Hätte die Finanzpolitik darauf mit einem Stufenplan für eine jährliche Steigerung des Grundfreibetrages reagiert, wäre die Übergangsregelung 1993/1995 (»kleine Lösung«) wahrscheinlich nicht nötig geworden. Vermutlich hätte zur Lösung des Problems auch mehr Zeit zur Verfügung gestanden; denn für die Neuregelung (»große Lösung«) ab 1996 wäre dann vielleicht keine Frist gesetzt worden. Die Änderung der Übergangslösung, die wegen der Erhebung des Solidaritätszuschlags für 1995 notwendig ist, hätte sich ebenfalls erübrigt. Schließlich wäre wohl der Druck zu vermeiden gewesen, in einer Rezessionsphase, also in einer Zeit erheblicher budgetärer Anspannung, eine Übergangslösung und eine Neuregelung finden zu müssen.

Eine Anhebung des Grundfreibetrages in mehreren, im voraus festgelegten Stufen für alle Einkommensteuerpflichtigen hätte selbstverständlich erhebliche Steuerausfälle mit sich gebracht. Aber diese wären zeitlich verteilt eingetreten und hätten sich daher fiskalisch eher bewältigen lassen. Eine möglicherweise davon ausgehende Dämpfung des Ausgabenanstiegs wäre durchaus willkommen gewesen. Jetzt ist in Anbetracht der zeitlichen Enge eine generelle Erhöhung des Grundfreibetrages in dem gebotenen Umfang wegen der hohen Steuerausfälle von rund 50 Mrd. DM nicht zu verwirklichen. Das Versäumnis der rechtzeitigen Anpassung ist der erste Hauptgrund für die Schwierigkeiten bei der Neuregelung des Grundfreibetrages. Nun müssen nämlich Ersatzlösungen gefunden werden, bei denen – eben wegen der fiskalischen Restriktion – die Erhöhung des Grundfreibetrages auf die Bezieher niedriger Einkommen begrenzt bleibt oder bei denen der Grundfreibetrag mit ansteigendem Einkommen vermindert wird. Das erste Verfahren führt, wie die Übergangslösung zeigt, zu Progressionssprüngen beim Anschluß an die Normalbesteuerung; beim zweiten ist zweifelhaft, ob es mit dem vielgelobten linear-progressiven Einkommensteuertarif zu vereinbaren ist.

Eine über mehrere Stufen verteilte Anpassung des Grundfreibetrages hätte die sachlichen Probleme, die mit dessen Neuregelung verbunden sind, freilich nur zum Teil gelöst. Das zeigt die Übergangslösung 1993/1995 (siehe *Thormälen* und

Specht, 1993). Es geht nämlich nicht nur darum, die Höhe der steuerfrei zu stellenden »Erwerbsbezüge« für die »Grenzsteuerzahler« gemäß dem an der Sozialhilfe orientierten Existenzminimum zu bestimmen. Geregelt werden muß auch, was zu diesen Erwerbsbezügen gehört. Grenzsteuerzahler sind Steuerpflichtige mit geringem Einkommen, die in den Genuß der Entlastung kommen, die aus der Anhebung des Existenzminimums resultiert. Unter Erwerbsbezügen sind nicht nur steuerpflichtige Einkünfte, sondern auch steuerfreie Einnahmen und steuerfreie Einkommensteile zu verstehen. Letztere reichen vom Arbeitslosengeld bis zu den Vergünstigungen für selbstgenutztes Wohneigentum nach §10 e EStG.[2]

Man mag zweifeln, ob mit dem Begriff »Erwerbsbezüge« das Steuervokabular bereichert worden ist. Aber nötig war allemal, einen Terminus zu finden und so zu definieren, daß ein »Armrechnen« nicht möglich ist. Anders gewendet: Es soll kein Steuerzahler in die Gruppe der (steuerfrei zu stellenden) Grenzsteuerzahler gelangen, zu der er – wegen seiner verfügbaren Mittel – nicht gehört. Besteuert werden die Erwerbsbezüge weiterhin nur, soweit sie steuerpflichtiges Einkommen (von hinreichender Höhe) enthalten. Die Steuer wird also wie bisher vom zu versteuernden Einkommen erhoben, nicht von den übrigen Beträgen, die zur Ermittlung der Erwerbsbezüge dem steuerpflichtigen Einkommen zugerechnet werden.

Die Kategorie »Erwerbsbezüge« ist also eine Hilfskonstruktion. Sie ist im Zusammenhang mit der Neubestimmung des Grundfreibetrages nötig geworden, weil seit vielen Jahren die Finanzpolitik und die Sozialpolitik ungenügend koordiniert sind. Es gibt eine Fülle von steuerfreien Zahlungen (und steuerbegünstigten Einkommensteilen), die meistens ad hoc, jedenfalls kaum mit Rücksicht auf die Einkommensbesteuerung beschlossen wurden. Die davon ausgehenden (unkoordinierten) Entlastungswirkungen sind der zweite Hauptgrund für die Schwierigkeiten bei der Neubestimmung des Grundfreibetrages.

Die Finanzpolitik täte sich bei der Neuregelung des Grundfreibetrages ab 1996 sicher leichter, wenn prinzipiell alles, was einem Steuerpflichtigen an Einnahmen (und Leistungen) zufließt, in die Steuerpflicht einbezogen würde. Ausnahmen davon sollte es nur geben, soweit diese Zuflüsse aus versteuertem Einkommen finanziert werden (Korrespondenzprinzip). Ein Schritt in diese Richtung ist für die große Lösung ab 1996 allerdings kaum zu erwarten. Die politische Konstellation ist dafür nicht günstig, und die Zeit ist wohl auch zu kurz. So wird die Finanzpolitik weiter nach Aus- und Umwegen (wie den Erwerbsbezügen) suchen müssen, um eine halbwegs passable Lösung zustandezubringen. Die beiden Versäumnisse bei der

2 Was alles zu den Erwerbsbezügen gehört, ist dem § 32d (2) EStG zu entnehmen, der durch das Gesetz zur Umsetzung des Föderalen Konsolidierungsprogramms in das Einkommensteuergesetz eingefügt worden ist.

Festlegung des Grundfreibetrages, seine unzureichende Anpassung in der Vergangenheit und die ungenügende Koordinierung von Finanzpolitik und Sozialpolitik, haben aber nicht nur sachliche Schwierigkeiten zur Folge. Sie führen auch zu Regelungen, die so kompliziert sind, daß sie der Forderung nach Einfachheit der Steuergesetze geradezu Hohn sprechen. Muß man nicht fürchten, daß auch deshalb die Politikverdrossenheit zunimmt?

b. Systematische Verstöße

Ein konstitutives Element der modernen synthetischen Einkommensteuer ist die unterschiedslose Belastung aller Einkunftsarten. Dagegen wird seit einer Reihe von Jahren und in letzter Zeit zunehmend verstoßen. Sonderregelungen gibt es bei der Besteuerung von Einkünften aus Land- und Forstwirtschaft, bei der Besteuerung der Renten und seit 1993 bei der Besteuerung der Einkünfte aus Kapitalvermögen. Demnächst wird weiter demontiert; denn im Rahmen des Standortsicherungsgesetzes geht auch der einheitliche Tarif, ein anderes konstitutives Element der Einkommensteuer, (zumindest zeitweise) verloren. Der Wissenschaftliche Beirat beim Bundesfinanzministerium (1993) hat in einer Stellungnahme vor diesem Schritt nachdrücklich gewarnt und Alternativen zur steuerlichen Standortsicherung aufgezeigt. Das Gesetz ist in den Grundlinien unverändert verabschiedet worden. Die Kritik des Beirats bleibt gleichwohl richtig und wichtig. Denn wenn der Kurs der Steuerpolitik in bezug auf die Einkommensteuer nicht grundlegend geändert wird, fallen wir zurück in einen Zustand, in dem – entwicklungsbedingt – primitive Vor- und Frühformen der Einkommensbesteuerung galten. Das Schedulensystem, d.h. die getrennte steuerliche Behandlung der Einkommensarten, mit all seinen Ungereimtheiten und Ungerechtigkeiten ist vor ungefähr 100 Jahren durch die synthetische Einkommensteuer abgelöst worden. Sicher, perfekte Lösungen hat es auch hierbei nicht gegeben; aber dieser Übergang war unbestreitbar eine Wendung zum Besseren. Daher ist besorgt zu fragen, ob wir zum Schlechteren zurückkehren wollen.
Wie problematisch solche Sonderregelungen sind, läßt sich an dem letztens massiv erhöhten Sparerfreibetrag bei Einkünften aus Kapitalvermögen zeigen. Einkunftsspezifische Freibeträge haben prinzipiell keinen Platz im Rahmen der synthetischen Einkommensteuer. Sie führen zur Ungleichbehandlung von Einkommensteilen und verstoßen daher gegen das Fairnessgebot. Das gilt auch in bezug auf den Sparerfreibetrag. Zu dessen Gunsten ist angeführt worden, daß damit die steuerliche Freistellung von rund 80 vH der Bezieher von Kapitaleinkünften erreicht und daß für diese die Steuerhinterziehung uninteressant wird. Das ist freilich ein Rechtfertigungsversuch von zweifelhaftem Wert. Denn mit dieser Freistellung der Steuerzahler wird die demokratische Kontrolle der finanzwirtschaftlichen Aktivität des Staates geschwächt. Eine wesentliche Voraussetzung dieser Kontrolle ist nämlich, daß den

Bürgern die Kosten der Staatstätigkeit bewußt werden, und dafür gibt es kaum ein besseres Mittel als die Kostenanlastung.[3] Der Kontakt zwischen Steuern und Ausgaben darf also nicht gelockert, er muß im Gegenteil intensiviert werden.
Die Erhöhung des Sparerfreibetrags bringt außerdem mit sich, daß (innerhalb des dadurch bestimmten finanziellen Rahmens) die Anlage in Kapitalvermögen an Attraktivität gewinnt. Andere Vermögensanlagen – zum Beispiel das Engagement im Wohnungsbau – werden darunter leiden. Dies läßt sich nur vermeiden, wenn es dort ebenfalls Möglichkeiten gibt, Steuern zu sparen oder andere Vorteile zu erlangen. Tatsächlich ist das bei uns auch der Fall – unter anderem deshalb, weil man dort wegen der niedrigeren Einheitswerte beim Grundvermögen Geld gleichsam legal verstecken kann und vor Geldentwertung geschützt ist.[4] Genau aufgehen wird das freilich nie, selbst wenn sich der Staat Mühe gibt, die Sonderregelungen auszubalancieren. Sicher ist indessen, daß all diese Probleme verschwinden würden, wenn man zu einer einheitlichen, freilich auch mäßigen Einkommensbelastung zurückkehrte. Vielleicht würde sich das sogar fiskalisch lohnen.

c. Unstetigkeiten in der Steuerpolitik

Negativ zu beurteilen sind auch die Mängel an Stetigkeit. Gelegentlich arten diese sogar zur Sprunghaftigkeit aus. Ein Beispiel dafür ist die Zinsbesteuerung. Mit dem Steuerreformgesetz 1990 ist eine »kleine« Kapitalertragsteuer von 10 vH auf die Zinsen eingeführt worden. In dem Entwurf des Steuerreformgesetzes 1990 wird diese Maßnahme (1988) zum einen damit begründet, daß die verbesserte steuerliche Erfassung von Zinseinkünften der Steuergerechtigkeit diene. Zum anderen werde dadurch eine steuerliche Benachteiligung von Anlagen in arbeitsplatzschaffendem Unternehmenskapital im Vergleich zu reinen Finanzanlagen gemildert. Die Einführung einer kleinen Kapitalertragsteuer solle zugleich zur Belebung des Risikokapitalmarktes und zur Stärkung des unternehmerischen Eigenkapitals beitragen.
Der kleinen Kapitalertragsteuer, auch Quellensteuer genannt, war nur ein kurzes Dasein beschieden. Sie wurde zum 1. Januar 1989 eingeführt und zum 30. Juni 1989 wieder abgeschafft. Zur Begründung dieser Kehrtwendung heißt es (1989) in dem Gesetzentwurf zur Änderung des Steuerreformgesetzes 1990, daß durch den Wegfall der kleinen Kapitalertragsteuer ein erheblicher Verwaltungsaufwand entfiele, daß der Finanzplatz Deutschland dadurch wieder attraktiver, der Kurs der D-Mark

---

3 Das Leistungsfähigkeitsprinzip wirkt in diesem Sinne ebenfalls kontraproduktiv; denn es ist eine Steuerverteilungsnorm ohne Bezug darauf, wofür der Staat das Geld der Steuerzahler ausgibt.

4 Dagegen steht freilich, daß der Wohnungsmarkt überreguliert ist und daß durch ein Urteil des Bundesverfassungsgerichts zur rechtlichen Stellung der Mieter die Eigentümer von Mietwohnungen gleichsam partiell enteignet worden sind.

gestärkt und hiermit ein weiterer Abbau des Leistungsbilanzüberschusses gefördert werde.
Aufgrund eines Urteils des Bundesverfassungsgerichts ist zum 1. Januar 1993 (zusammen mit der bereits erörterten Erhöhung des Sparerfreibetrags) wieder eine Kapitalertragsbesteuerung der Zinsen in Form der sogenannten Zinsabschlagsteuer eingeführt worden. Zur Begründung wird nun im Entwurf zum Zinsabschlaggesetz (1992) unter anderem angeführt, daß diese Regelung den Kapitalmarkt schone, daß sie mit angemessenem Verwaltungsaufwand durchführbar sei, daß nun auch die Tafelgeschäfte erfaßt werden und daß dieses Verfahren am ehesten für eine Harmonisierung der steuerlichen Erfassung von Zinszahlungen in der Europäischen Gemeinschaft geeignet sei.
Die Besteuerung von Zinsen ist sicher ein schwieriges Problem. Einerseits fordert die Steuergerechtigkeit, daß die Zinseinkünfte möglichst vollständig erfaßt werden. Andererseits soll die Kapitalbildung steuerlich geschont und die Kapitalflucht gering gehalten werden. Dieser Zielkonflikt wird dadurch verschärft, daß die Besteuerung von Zinsen, die aus Anlagen fließen, die aus versteuertem Einkommen gebildet worden sind, bei sehr vielen Steuerzahlern auf Unverständnis stößt. Die Besteuerung dieser Zinsen wird in weiten Kreisen als ungerecht empfunden und daher oft mit wenig Skrupeln umgangen. Es kommt hinzu, daß die Staatsmacht und mit ihr die Steuergewalt an der Mobilität der Bürger und ihres Vermögens endet und daß günstigere Regelungen der Zinsbesteuerung im (europäischen) Ausland zur Steuerflucht geradezu einladen. Fiskalisch ist das vermutlich nicht einmal ein Problem erster Ordnung; denn viele, die Kapital ins Ausland schaffen, werden früher via Tafelgeschäfte Steuern auf Zinsen umgangen haben. Nun hat das Hin und Her bei der Zinsbesteuerung (und deren Begründung) zweifellos zu Unsicherheit und wahrscheinlich auch zu weiterem Unwillen bei den Steuerzahlern geführt. Nicht wenigen mag dies Anlaß gegeben haben, den Schritt in die Illegalität zu tun. Und der Vorschlag zweier westdeutscher Ministerpräsidenten, zur Finanzierung der Pflegeversicherung die Erbschaftsteuer zu erhöhen, mag anderen, die damit bisher gezögert haben, eine Entscheidungshilfe sein.
Bei der Vermögensteuer hat es eine ähnliche Unstetigkeit gegeben. In einer Koalitionsvereinbarung haben die Regierungsparteien 1991 beschlossen, die Vermögensteuer abzuschaffen. Herausgekommen ist im Gesetzgebungsverfahren zur Umsetzung des Föderalen Konsolidierungsprogramms (1993) eine Verdoppelung des Steuersatzes auf das Grundvermögen und das sonstige Vermögen außer Beteiligungskapital. Dieses Ergebnis muß nicht nur die Initiatoren frustrieren und die Vermögensteuerzahler enttäuschen. Es ist darüber hinaus unter systematischem Aspekt ein schlimmer Fehler, ja geradezu ein Skandal (siehe *Kannengießer*, 1993). Denn die Vermögensteuer gehört zu den einheitswertabhängigen Steuern, und diese zählen – eben wegen der Bewertungsvorschriften – zum Ungerechtesten, was es bei

uns an Steuern gibt (siehe *Wissenschaftlicher Beirat beim Bundesfinanzministerium*, 1989). Offensichtlich hat sich hier eine trübe Koalition von Sozialneid, Ideologie und fiskalischen Interessen gegen Fairness und Vernunft in der Besteuerung durchgesetzt.[5]

d. Zu hohe marginale Steuersätze

Zusammen mit dem Solidaritätszuschlag wird der marginale Höchstsatz bei der Einkommensteuer in Deutschland demnächst nahezu 60 vH betragen und damit eine Höhe erreichen, vor der *Karl Schiller* vor vielen Jahren in eindrucksvollen Formulierungen (und mit Erfolg) gewarnt hat. Fiskalisch haben so hohe Steuersätze nur minderes Gewicht. Die negativen Wirkungen auf Leistungswillen, Risikobereitschaft und Kapitalbildung sind dagegen höchstwahrscheinlich beträchtlich. Vieles spricht auch dafür, daß die damit verbundene »excess burden« erheblich ist. Wer meint, aus Umverteilungsgründen hohe Grenzsteuersätze fordern zu müssen, sollte bedenken, daß eine solche Umverteilung von »oben« nach »unten« sehr wohl dazu führen kann, daß sich nach einiger Zeit – wegen der negativen Wirkungen auf das wirtschaftliche Wachstum – die Bezieher niedriger Einkommen absolut schlechter stehen als bei weniger Umverteilung. Und wer meint, hohe Grenzsteuersätze sorgten für mehr Steuergerechtigkeit, muß sich fragen lassen, was fairer ist: hohe Grenzsteuersätze mit vielen Ausnahmen oder niedrigere Steuersätze mit weniger Ausnahmen. Das Nebeneinander von hohen Grenzsteuersätzen und vielen Ausnahmen hat seinen Grund darin, daß der Staat für Zwecke, die er als wichtig ansieht, Vergünstigungen gewährt und so das wirtschaftliche Handeln der Privaten dorthin lenkt. Daß er damit »Erfolg« hat, also die gewünschte Verlagerung erreicht, ist bei hohen marginalen Sätzen ziemlich sicher. Das Gesamtergebnis solcher industriepolitischer Besserwisserei darf man hingegen aus guten Gründen bezweifeln. Eine gesamtwirtschaftliche Analyse solcher Aktionen wird nämlich mit hoher Wahrscheinlichkeit – im Verhältnis zur Situation mit niedrigeren Steuersätzen und weniger Ausnahmen – erhebliche Nachteile zum Vorschein bringen.
Will man dies vermeiden, soll sich also die Mehrleistung im weitesten Sinn für alle lohnen, darf – selbst bei beträchtlicher Gesamtsteuerbelastung – das zusätzliche Einkommen nur mäßig hoch besteuert werden. Der *Sachverständigenrat* (1983/84, Ziffer 413) hat diese Umorientierung der Steuerpolitik vor Jahren dahingehend umschrieben, »daß möglichst viele Bürger zwar fast ebensoviel Steuern zahlen wie bisher, aber deutlich weniger im Zusammenhang mit Einkommenssteigerungen«.

5 Übrigens hat es auch bei der Ergänzungsabgabe zur Einkommensteuer und zur Körperschaftsteuer in den letzten Jahren Wechselfälle gegeben. In den Jahren 1991 und 1992 wurde ein Solidaritätszuschlag von 3,75 vH erhoben; zum 1. Januar 1995 wird er (nun aber zeitlich zunächst unbefristet und mit einem Satz von 7,5 vH) wiedereingeführt.

Die hohe marginale Belastung der Einkommen sollte auch einmal unter verfassungsrechtlichem Aspekt überprüft werden. Denn ein demokratischer Staat, der sich so viel auf das Subsidiaritätsprinzip und die marktwirtschaftliche Ordnung zugute hält, muß sich fragen lassen, ob dazu paßt, daß er einem Teil seiner Bürger über die Hälfte von dem wegnimmt, was sie zusätzlich verdienen. Nachdem das Bundesverfassungsgericht bestimmt hat, bei welcher Einkommenshöhe die Besteuerung beginnen darf, liegt es eigentlich nahe, auch eine Obergrenze für die Grenzsteuersätze festzulegen.

e. Unzulängliche Steuerstruktur

Die steuerliche Belastung der Investitionen ist ebenfalls zu hoch. Wir nehmen auch hier im internationalen Vergleich einen fragwürdigen Spitzenplatz ein. Zum einen wird dadurch die Wettbewerbsfähigkeit der deutschen Unternehmen beeinträchtigt, und sicher tragen hohe Steuern auf Investitionen kaum zur Attraktivität des Wirtschaftsstandortes Deutschland bei. Zum anderen muß man fürchten, daß die Bildung von Sachkapital erschwert wird. Das ist unter anderem deshalb bedenklich, weil wir zur Bewältigung der »Altenlast« in absehbarer Zeit ein sachliches Produktionspotential brauchen, das groß genug ist, damit trotz weniger Arbeit ein gesamtwirtschaftliches Produkt erzeugt werden kann, das ausreicht, um sowohl denjenigen, die berufstätig sind (und weniger sein werden), als auch denjenigen, die sich im Ruhestand befinden (und mehr sein werden), einen hohen Lebensstandard zu sichern. Es ist also nötig, die investitionsnahe Besteuerung zu mildern – und zwar so, daß die Sachinvestitionen möglichst gleichmäßig entlastet werden. Keineswegs sollten damit Aktionen en détail und industriepolitische Lenkungsmanöver verbunden werden. Allfällige kompensierende Steuererhöhungen müßten möglichst investitionsfern sein. Anders gewendet: Investitionen in das Sachkapital sollten steuerlich entlastet, der Konsum sollte, falls nötig, höher belastet werden – aus den oben genannten Gründen aber nicht über höhere marginale Sätze bei der Einkommensteuer.

Am besten ließe sich das durch einen Umbau unseres Steuersystems in Richtung auf eine konsumorientierte Besteuerung erreichen. Aber für eine solche Neuorientierung gibt es in der Finanzpolitik zur Zeit keine Impulse. Jedenfalls können die entlastenden Maßnahmen, die in letzter Zeit ergriffen worden und für die nahe Zukunft geplant sind, kaum in diesem Sinne interpretiert werden. So bleiben Maßnahmen im Rahmen der Einkommensteuer und der Umsatzsteuer. Der *Wissenschaftliche Beirat beim Bundesfinanzministerium* (1993) hat eine allgemeine Zulage auf die Ausrüstungsinvestitionen, finanziert durch eine Anhebung der Mehrwertsteuer, vorgeschlagen.

2. Budgetprobleme

a. Anstieg von Staatsverschuldung und Zinslast

Schulden machen sei keine gute Sache – so ist unsere Generation in ihrer Jugend belehrt worden. Nach mancherlei Irrungen und Wirrungen hat sich dieser Satz, gerade in bezug auf den Staat, als weitgehend richtig erwiesen (siehe *Richter* und *Weimann*, 1992). Gleichwohl gibt es außerordentliche Umstände, wie die Vereinigung Deutschlands, bei denen man ohne Staatsverschuldung nicht auskommt und bei denen sie in Grenzen auch vertretbar ist. Vieles spricht freilich dafür, daß diese Grenzen mittlerweile überschritten worden sind und daß sich der Staat, wie die Zeit nach der Wiedervereinigung zeigt, zu viel aufgebürdet hat. Diese Entwicklung ist in mehrfacher Hinsicht zu revidieren. Zunächst soll untersucht werden, wie man mit den Lasten zurechtkommen kann, die mit der hohen Staatsverschuldung verbunden sind.

Der Schuldenstand des Staates hat in den vergangenen Jahren sprunghaft zugenommen; bis 1995 wird er wahrscheinlich auf mehr als 2000 Mrd. DM ansteigen. Das liegt an der hohen Netto-Neuverschuldung der Gebietskörperschaften und an den großen Schulden, die bei Nebenfisken (bei der Treuhandanstalt, beim Kreditabwicklungsfonds, beim Fonds »Deutsche Einheit« und bei den Banken) aufgelaufen sind und noch auflaufen werden. Diese außerordentlich hohe Verschuldung hat einen starken Anstieg der Zinsausgaben in den öffentlichen Haushalten zur Folge. Deren Höhe wird allerdings nicht nur durch den Schuldenstand, sondern auch durch die Zinssätze bestimmt, die für den staatlichen Kredit gelten. Für die Belastung, die sich aus den Zinsverpflichtungen für die öffentlichen Haushalte ergeben, ist das Verhältnis von Zinsausgaben zu Gesamtausgaben, die sogenannte (budgetäre) Zinslastquote, der geeignete Indikator. Die relevante Zinslastquote zu ermitteln, ist freilich nicht immer einfach. Jedenfalls sind, was die Situation bei uns betrifft, aus mehreren Gründen Bereinigungen der nominellen Zinslastquote vorzunehmen, um zu aussagekräftigen Größen zu gelangen. Das Ergebnis ist gleichwohl erschreckend: denn die bereinigte Zinslastquote für den öffentlichen Gesamthaushalt einschließlich Nebenfisken wird 1995 vermutlich auf mehr als 12 vH ansteigen; im Jahre 1991 lag sie bei knapp 8 vH.[6] In absoluten Zahlen ausgedrückt bedeutet dies, daß 1995 für Zinsen rund 40 Mrd. DM mehr bereitgestellt werden müssen als 1991.

---

6 Frühere Berechnungen, die ich darüber angestellt habe (siehe *Schmidt*, 1992, S. 4 ff.), sind in ihren Voraussetzungen inzwischen zum Teil überholt. Bei den Zinssätzen ist die Entwicklung günstiger verlaufen als angenommen. Die Zurücknahme der Netto–Neuverschuldung ist hingegen in den Jahren 1992 und 1993 nicht wie vorausgesetzt in Gang gekommen; auch 1994 scheint das nicht zu gelingen. Die Mengenkomponente hat sich also – auch wegen der rezessionsbedingten Kreditaufnahme – ungünstiger entwickelt. Vermutlich fällt dies stärker ins Gewicht als die Entwicklung der Preiskomponente.

b. Wirkungen der Zinslast

Der Handlungsspielraum der Finanzpolitik wird durch die hohe Zinslast erheblich eingeschränkt. Aber das ist nicht die Hauptsorge, zu der die rasante Zunahme der Staatsverschuldung Anlaß gibt; denn auch wenn die nötigen Reparaturen gelingen, werden, wie sich zeigen wird, erhebliche Beengungen in den öffentlichen Budgets bleiben. Bedenklich an der hohen Staatsverschuldung ist die Belastung der Zukunft, die damit einhergeht. Diese Lastverschiebung tritt jedenfalls dann ein, wenn die aufgenommenen Kredite konsumtiv genutzt werden. Das trifft für die Netto-Neuverschuldung bei uns überwiegend zu. Mit den aufgelaufenen Schulden bei den Nebenfisken ist nicht einmal Konsum finanziert worden; sie sind Reflex der Mißwirtschaft in der ehemaligen DDR. Zinsverpflichtungen haben freilich auch sie zur Folge. Nicht-investive Kredite führen zu keiner Erweiterung der sachlichen Produktionskapazitäten; sie machen lediglich möglich, daß Steuerzahlungen zeitlich verschoben werden. Mit Hilfe der staatlichen Kreditaufnahme können also in der Gegenwart Steuern »gespart« werden; die daraus erwachsenden Zinsverpflichtungen sind über Steuererhöhungen in der Zukunft zu finanzieren. Und dadurch werden die verfügbaren Einkommen späterer Generationen geschmälert. Sollte es gelingen, die künftigen Zinsen aus dem (nicht durch Steuern erhöhten) Ausgabenbudget zu decken, würde sich die Lastverschiebung in einem Minderangebot an öffentlichen Leistungen niederschlagen.[7]

Eine hohe Staatsverschuldung belastet wahrscheinlich noch aus einem anderen Grund die Zukunft. Sie bewirkt nämlich, abgesehen von Extremfällen, einen Zinsanstieg auf dem Kapitalmarkt. Hierdurch wird die private Investitionstätigkeit beeinträchtigt und damit das Wachstum des Produktionspotentials sowie das Entstehen von neuen Arbeitsplätzen verlangsamt.

Die Belastung der Zukunft ist eine besorgniserregende Konsequenz der üppigen Staatsverschuldung: Grundsätzlich deswegen, weil die künftigen Generationen, die hierdurch belastet werden, darüber nicht mitentscheiden können, und in der konkreten Situation der Bundesrepublik deshalb, weil wegen der absehbaren Bevölkerungsentwicklung auf die künftigen Generationen nicht Lasten verschoben werden dürfen, sondern Produktionsmöglichkeiten verlagert werden müßten.

Die hohe Staatsverschuldung, genauer: die große Zinslast, die daraus resultiert, muß deshalb konsolidiert und daß heißt einschneidend verringert werden. Zielgrö-

---

7 Diese Zinsen aus neu aufzunehmenden Krediten finanzieren zu wollen, könnte (ohne Zunahme des Zinsendienstes) nur gelingen, wenn die Zinssätze am Kapitalmarkt auf Dauer unter der Rate des gesamtwirtschaftlichen Wachstums lägen. Das ist allerdings wenig wahrscheinlich, und deshalb sollte man sich nicht darauf einlassen. Im übrigen könnte sich, wenn der Staatsanteil am Sozialprodukt zurückgenommen wird, selbst unter dieser Bedingung in den öffentlichen Haushalten eine Erhöhung der Zinslastquote einstellen.

ße könnte die gesamtwirtschaftliche Zinslast sein, die durch die Staatsverschuldung verursacht ist. Anders als die Zinslastquote in budgetärer Sicht ist die Zinslastquote in diesem Sinn als Verhältnis der staatlichen Zinsausgaben zu gesamtwirtschaftlichen Größen wie dem Sozialprodukt oder dem Produktionspotential definiert. Die so gemessene Zinslast wird 1995 vermutlich nahezu 4 vH betragen; im Jahr 1991 belief sie sich auf ungefähr 3 vH. Schon die Reduktion dieser Quote um einen Prozentpunkt (bezogen auf das Jahr 1995) bedarf sehr großer Anstrengungen; denn es müssen dann Zinsverpflichtungen in einer Größenordnung von 30 Mrd. DM und das heißt Schulden in Höhe von ungefähr 400 Mrd. DM abgebaut werden. Da bei international verflochtenen Kapitalmärkten der Staat keinen (direkten) Einfluß auf die Zinssätze nehmen kann, muß die Konsolidierung über die Mengenkomponente, also über die Staatsverschuldung bewirkt werden. Dafür gibt es zwei Wege: die Verminderung der Nettokreditaufnahme und die Tilgung von Schulden.

c. Umfang und Wege der Konsolidierung

Was den Abbau der Netto-Neuverschuldung angeht, muß zunächst festgestellt werden, wie groß der Konsolidierungsbedarf ist. Der *Sachverständigenrat* hat dazu in der zweiten Hälfte der siebziger Jahre und zu Beginn der achtziger Jahre aufgrund seiner Überlegungen zum konjunkturneutralen Haushalt ein Meßkonzept entwikkelt. Zu dessen Elementen gehört die (besonders wegen konjunktureller Einflüsse notwendige) Bereinigung des aktuellen Defizits, die auf Gewöhnung der Privaten gründende (und auf das gesamtwirtschaftliche Produktionspotential bezogene) »Normalverschuldung« zur ständigen Finanzierung eines Teils der öffentlichen Ausgaben sowie die Berechnung des »strukturellen Defizits«, das konsolidierungsbedürftig ist. Daran könnte man anschließen: Bei den Bereinigungsgründen und Bereinigungsverfahren brauchte man kaum etwas zu ändern; bei der Bestimmung der Normalverschuldung (und damit des strukturellen Defizits) wäre dies allerdings nötig. Es gibt nämlich zur Zeit keine überzeugenden Indizien für eine Gewöhnung der Privaten an eine normale Netto-Neuverschuldung des Staates. Angesichts der Größe der Aufgabe wäre das wohl auch nicht die geeignete Orientierung. So bleibt der Weg über die Festlegung einer Norm, genauer: einer Obergrenze. (Die Privaten mögen sich im Lauf der Zeit daran gewöhnen.) Im Hinblick auf das Ziel, die Zinslast zu mindern, muß der Rahmen für die Normalverschuldung eng gezogen werden. Bei einer Begrenzung auf 2 vH des gesamtwirtschaftlichen Produktionspotentials ist der Konsolidierungsbeitrag noch verhältnismäßig bescheiden; die Norm sollte daher eher niedriger festgesetzt werden. Zu bedenken ist dabei auch, daß die rezessionsbedingte Aufnahme von staatlichen Krediten, die im Aufschwung üblicherweise nicht oder nur zum Teil getilgt werden, schubweise zu einer Erhöhung des Schuldenstandes (und damit der Zinsverpflichtungen) führt. Als strukturelles Defi-

zit wird sich dementsprechend ein verhältnismäßig höherer Betrag ergeben und die Reduktion der Netto-Neuverschuldung sich als ambitiöses Unternehmen herausstellen.
Wieviel von den Staatsschulden getilgt werden muß, um das gesamtwirtschaftliche Ziel, also die Rückführung der Zinslast der Staatsverschuldung, zu verwirklichen, hängt davon ab, wie hoch dieses Ziel gesteckt wird und was man sich davon über die Reduktion der Netto-Neuverschuldung zu erreichen zutraut. So gesehen ist der »Tilgungsbedarf« eine Restgröße, aber sicher keine kleine. Man kann sich im übrigen (nicht zuletzt um die Tilgungsabsicht glaubwürdig zu machen) für eine besondere Technik entscheiden, also einen Tilgungsfonds einrichten. Das ist bei uns für den größeren Teil der Schulden der Nebenfisken in Form des Erblastentilgungsfonds geschehen.[8]
Für beide Wege, also sowohl für den Abbau der Netto-Neuverschuldung als auch für die Schuldentilgung, sollte im übrigen ein Zeitraum festgelegt werden, innerhalb dessen die Konsolidierungsaufgabe zu bewältigen ist.

d. Formen der Konsolidierung

Nach der Bestimmung des Konsolidierungsziels und der Konsolidierungswege ist als Nächstwichtiges über die möglichen Konsolidierungsformen, also über Steuererhöhungen und Ausgabenkürzungen, zu befinden. Von beidem wird bei uns Gebrauch gemacht. Steuern sind in den vergangenen Jahren mehrfach angehoben worden, und weitere Erhöhungen bei der Mineralölsteuer und in Form des Solidaritätszuschlags sind beschlossen. Ausgaben sind bereits um einiges gekürzt worden und sollen weiter beschnitten werden; die Beträge, über die diskutiert wird, sind beträchtlich. Ob diese Maßnahmen allerdings als ausreichend angesehen werden können, hängt davon ab, in welchem Ausmaß die staatliche Zinslast gesenkt werden soll. Und daß hier – wegen der negativen Wirkungen der Staatsverschuldung – ehrgeizige Vorgaben erforderlich sind, sollte außer Zweifel stehen.
Zu prüfen bleibt, welcher Konsolidierungsform der Vorzug zu geben ist. Um hier zu einem begründeten Urteil zu kommen, muß man die Wirkungen von Steuererhöhungen und Ausgabenkürzungen gegeneinanderstellen. Treten Steuern an die Stelle von Krediten und werden Zinszahlungen mit Steuererhöhungen finanziert, dann nimmt die Zinslast des Staates aufgrund beider Maßnahmen ab – und zwar sowohl in gesamtwirtschaftlicher wie in budgetärer Sicht. Der Zinsendienst geht zurück, und die Staatsquote, das Verhältnis von öffentlichen Gesamtausgaben zum Sozial-

8 Für das Funktionieren eines Tilgungsfonds ist wichtig, daß für Verzinsung und Tilgung ein (hinreichend großer) absoluter Betrag festgelegt wird. Bleibt dieser Betrag über die Zeit unverändert, kommt die Tilgung progressiv voran. Beim Erblastentilgungsfonds ist dies vorgesehen. Ähnlich sollte auch bei der Regelung der Bahnschulden verfahren werden.

produkt (oder Produktionspotential), steigt an. Wir haben es – von den öffentlichen Haushalten her gesehen – also mit einer Kombination von Einnahmen-Ausgaben-Mehrung und Einnahmentausch zu tun. Der Preis dafür ist freilich eine Zunahme der Steuerquote, des Verhältnisses von Steuereinnahmen zum Sozialprodukt (oder Produktionspotential). Das ist eine beklemmende Konsequenz; denn bei uns ist die Besteuerung bis zum äußersten angespannt. Vieles spricht dafür, daß sie überzogen ist und daher nicht noch weiter erhöht werden darf, sondern gesenkt werden muß. Wird die Kreditaufnahme wegen Ausgabenkürzungen vermindert und werden Zinszahlungen aus dem (nicht zu diesem Zweck erhöhten) Ausgabenbudget finanziert, dann nimmt die Zinslast des Staates allein aufgrund der erstgenannten Maßnahme ab – und auch dies nur in gesamtwirtschaftlicher Sicht. Unter budgetärem Aspekt steigt sie hingegen an; denn die Staatsquote geht wegen der Ausgaben-Einnahmen-Minderung zurück.[9] Durch den Ausgabentausch werden Staats- und Steuerquote nicht berührt. Allerdings kommt es aus beiden Gründen, sowohl wegen der Ausgaben-Einnahmen-Minderung als auch wegen des Ausgabentauschs, zu Einbußen bei den öffentlichen Leistungen. Das ist der Preis für die Konsolidierung über Ausgabenkürzungen.

Abzuwägen, welche Konsolidierungsform vorzuziehen ist, mag auf den ersten Blick schwierig erscheinen. Bedenkt man jedoch, wie stark Staats- und Steuerquote bei uns in den letzten Jahren angestiegen sind, kann die Antwort nur lauten: Die Konsolidierung muß zum weitaus größten Teil über Ausgabenkürzungen bewerkstelligt werden.

Die Konsolidierung hat zum Ziel, die Last zu mindern, die infolge der hohen Staatsverschuldung auf künftige Generationen zukommen würde, wenn nichts dagegen unternommen wird. Anders gewendet: Die schlimmen Folgen des heutigen (Konsum-) Geschehens sollen morgen, wenigstens zum Teil, abgefangen werden, damit die Belastung übermorgen erträglich wird. Das ist zweifellos eine höchst anspruchsvolle Aufgabe – nicht zuletzt deswegen, weil das Problem nicht mit einem einmaligen Kraftakt zu lösen ist, sondern weil es dazu eines zähen Durchhaltens über eine ganze Reihe von Jahren bedarf.

e. Abbau der Steuerlast

Gleichwohl ist die Konsolidierung nur ein Teil dessen, was die Finanzpolitik in Zukunft bewältigen muß. Das wird deutlich, wenn man die Folgen der hohen Belastung mit Steuern und anderen Abgaben bedenkt. Oben ist bereits darauf hingewiesen worden, daß durch hohe Steuerlasten Leistungswille und Risikobereitschaft sowie die private Investitionstätigkeit beeinträchtigt werden. Ein gutes Bild

---

9 Hier zeigt sich, daß die budgetäre Zinslast als Zielgröße ungeeignet ist.

über die internationale Wettbewerbssituation vermittelt der Blick auf die Ertragslage eines Unternehmens, das im Inland und im Ausland mit derselben Technik und mit preisgleichen Vor- und Halbfabrikaten produziert. Dabei zeigt sich, daß im Ausland die Erträge höher liegen und daß in einer Rezession dort häufig noch »schwarze Zahlen« geschrieben werden, wenn es hier schon zu Verlusten kommt. Fragt man nach den Gründen dieses Unterschieds, erhält man die Antwort, daß bei uns Löhne und Steuern zu hoch sind. Man darf daraus wohl den Schluß ziehen, daß der Wirtschaftsstandort Deutschland an Attraktivität verloren hat.

Leider ist diese Einsicht noch nicht allgemein durchgedrungen; zumindest werden die Folgen der hohen Abgabenlast nicht überall ernst genommen. Wie könnte es sonst zu Forderungen nach einer höheren Besteuerung der »Besserverdienenden« und »Vermögenden« kommen? Hier ist entweder das Bild der Wirklichkeit ideologisch verfälscht oder man verspricht sich von der Aktivierung des Sozialneids parteipolitischen Profit. Es kann hier dahingestellt bleiben, wie diese Äußerungen staatspolitisch und moralisch zu bewerten sind. Ökonomisch sind sie allemal töricht. Denn es hätte verheerende Folgen, wenn die »Besserverdienenden« das Interesse an ihrer Arbeit verlören und die (in- und ausländischen) »Vermögenden« bei der Anlage ihres Kapitals die Bundesrepublik mieden (oder zum Ausgleich höhere Zinsen verlangten).[10]

Dafür daß die Abgabenlast in der Bundesrepublik zu hoch ist, gibt es noch mehr Indizien. Nur auf einen Tatbestand sei noch hingewiesen: auf die Zunahme illegaler wirtschaftlicher Praktiken. Die großen Wirtschaftsvergehen sind hier nicht von erstem Interesse, weil darin nur verhältnismäßig wenig Personen verwickelt sind. Massenhaft dagegen ist die Betätigung in der Schattenwirtschaft, ja es scheint so etwas wie ein Volkssport geworden zu sein, dem Fiskus via Schwarzarbeit und Geschäfte ohne Rechnung das Nachsehen zu geben (zu den illegalen Reaktionsformen der Belasteten siehe *Weck-Hannemann* et al., 1989). Das spiegelt sich auch in den Schätzungen über den Umfang der Wertschöpfung im »Untergrund«: Sie soll bei uns inzwischen eine Größenordnung von 10 bis 12 vH des Sozialprodukts

---

10 Ergänzend zu unserer oben vorgetragenen Kritik an steuerlichen Regelungen liegt es nahe, an dieser Stelle darauf hinzuweisen, daß es so etwas wie eine negative Korrelation zwischen Besteuerungshöhe und Systemgerechtigkeit der Besteuerung gibt: Wenn der Staat bei der Abgabenlast überzieht, verlieren nämlich die Argumente zugunsten einer systematischen Besteuerung an Gewicht; der Staat büßt sozusagen an Legitimation ein. Die Bürger müssen sich in diesem Fall »systematisch« geschröpft vorkommen, und das kann von niemanden für vernünftig oder gar berechtigt gehalten werden. Sonderregelungen und Begünstigungen bekommen dann eine andere Qualität. Sie sind nun nicht mehr als systematische »Sünden« anzusehen, sondern als legitime Auswege zur Minderung der Abgabenlast. Für eine solche Situation hat *Buchanan* mit seiner Propagierung steuerlichen Stückwerks recht (siehe unter anderem *Brennan* und *Buchanan*, 1980).

erreicht haben. Sicher geht die Ausdehnung illegaler Praktiken nicht allein auf die hohe Abgabenlast zurück. Sie ist auch nicht ausschließlich ökonomisch bedingt. Aber daß hohe Abgaben ein wichtiger mitwirkender Faktor für Schwarzarbeit und Geschäfte ohne Rechnung sind, ist zumindest bei denen, die sich näher damit beschäftigen, eine ausgemachte Sache.[11]

f. Kürzung und Umschichtung der Staatsausgaben

Also müssen die Steuern gesenkt werden. Und das geht nur über Ausgabenkürzungen; denn der Weg über Kredite kommt nach Lage der Dinge nicht in Betracht. Ausgabenkürzungen zur Minderung der Zinslast sind demnach nur ein Teil der größeren Aktion, die auf die Rückführung der Staatsquote gerichtet ist. Die Staatstätigkeit ist also auch in ihrem steuerfinanzierten Teil einzuschränken.

Um das zu schaffen, muß die Zunahme der Staatsausgaben – über das durch die Konsolidierung gebotene Maß hinaus – unter dem Anstieg des Sozialprodukts (oder des Produktionspotentials) gehalten werden. Für diese Aufgaben gilt noch mehr als bei der Konsolidierung, daß der Zeitbedarf für ihre Lösung beträchtlich ist. Wahrscheinlich muß die soeben beschriebene Konstellation der Zuwachsraten für viele Jahre beibehalten werden. Das ist ein enormer Anspruch an das Durchsetzungs- und Durchhaltvermögen der Finanzpolitik; aber es gibt keinen anderen Weg, Vertrauen und Handlungsspielraum zurückzugewinnen. Nicht zuletzt wird diese schwierige Operation auch ein Test für die Funktionsfähigkeit unserer föderativen Ordnung sein. Denn der Bund kann die große Aufgabe allein nicht bewältigen; Länder und Gemeinden müssen ohne Einschränkung mitwirken.

Der *Sachverständigenrat* hat in seinem Jahresgutachten 1975/76 (Ziffer 336) einen Katalog von Kriterien vorgeschlagen, mit dessen Hilfe die öffentlichen Leistungen immer wieder daraufhin überprüft werden sollten, ob sie gekürzt oder umgeschichtet werden müssen. Die Revision der Staatstätigkeit hat also eine quantitative und eine qualitative Dimension. Und bei der Rückführung der Staatsquote wird gar nichts anderes übrigbleiben, ja sie wird wahrscheinlich nur möglich sein, wenn Umschichtungen mit ihr Hand in Hand gehen. Nach geeigneten »Kandidaten« für

11 Ob bei diesen Praktiken die Vorteile oder die Nachteile überwiegen, läßt sich aus gesamtwirtschaftlicher Sicht nicht eindeutig beantworten. Unter staatspolitischem Aspekt ist das Urteil dagegen eindeutig negativ; denn es muß besorgt machen, wenn in einer Demokratie viele Bürger in erheblichem Umfang staatliche Normen und Regeln mißachten und dabei (eben wegen der hohen Abgaben, aber nicht nur deshalb) kaum Gewissensbisse zu haben scheinen. Hier kommt eine gravierende Störung des Verhältnisses von Bürgern und Staat zum Ausdruck. Und das gilt auch in bezug auf andere »Irregularitäten« wie den Mißbrauch von Sozialleistungen, die Hinterziehung von Steuern und die zum Teil legale, zum Teil illegale Verlagerung von Aktivitäten und Vermögensteilen ins Ausland.

Einsparungen braucht man nicht zu suchen. Seit langem herrscht unter nicht-interessen-gebundenen Politikern, Beamten, Wissenschaftlern und Journalisten Einigkeit darüber, daß bei den Subventionen, bei den Transfers zugunsten privater Haushalte und bei den Personalausgaben gekürzt werden muß. Nicht vermindert und eigentlich angehoben werden sollten diejenigen Ausgaben, die dazu dienen, öffentliche Leistungen, insbesondere im Hinblick auf ihre Zukunftswirksamkeit, effizienter bereitzustellen. Die Staatsausgaben sollen also wachstumsfreundlicher werden, und das sind Ausgaben, die komplementär zu privaten Investitionen sind, die wichtige Vorleistungen für private Investitionen darstellen und die private Investitionen anregen. Aber es geht bei der Revision der Staatstätigkeit im qualitativen Sinn nicht nur darum, das Wachstum der sachlichen Produktionskapazitäten zu fördern. Ebenso wichtig ist, gerade für ein rohstoffarmes Land, die künftige »Ausstattung« mit Humankapital. Um die Zukunft zu meistern, brauchen wir also ein Schul- und Bildungssystem von hoher Qualität. Die Finanzpolitik ist bei dessen Finanzierung gefordert; die Bildungspolitik muß anders und jedenfalls besser als bisher dafür sorgen, daß bedarfsgerechter und effektiver gelehrt und gelernt wird.

Alles in allem: Die Finanzpolitik ist in der Bundesrepublik in den kommenden Jahren stärker gefordert als je zuvor. Da Ausgangspunkt der großen Operation ein hohes Wohlstandsniveau ist, kann es gelingen, die wirtschaftlichen Einbußen, die die Revision der Staatstätigkeit denjenigen bringt, zu deren Lasten Staatsausgaben gekürzt und umgeschichtet werden, in erträglichen Grenzen zu halten. Die Ausgangslage ist so gesehen nicht ungünstig. Entscheidend wird freilich sein, ob die finanzpolitische Vernunft ihre Chance bekommt und ob der lange, mühevolle Weg zum Erfolg durchgehalten werden kann.

III. Reprise und Coda

Wege zum Besseren in der Finanzpolitik sind im Laufe unserer Überlegungen explizit und implizit aufgezeigt worden. Eine erste Gruppe von Maßnahmen betrifft spezielle steuerliche Regelungen:

- Der Grundfreibetrag in der Einkommensteuer sollte mit der Zeit einheitlich festgelegt werden;
- Verstöße gegen das System der Einkommensteuer sollten beseitigt werden;
- Unstetigkeiten in der Steuerpolitik sollten vermieden werden;
- die hohen marginalen Sätze der Einkommensteuer sollten gesenkt werden.

Dann ist eine Reihe von Maßnahmen allgemeinerer Art empfohlen worden:

- Die Steuerlast sollte weg von den Sachinvestitionen und hin zum Konsum verlagert werden;
- die gesamtwirtschaftliche Zinslast, die aus der Staatsverschuldung resultiert, muß deutlich verringert werden (Konsolidierung);
- die Konsolidierung muß zum allergrößten Teil über Ausgabenkürzungen bewerkstelligt werden.

Schließlich gilt es, die Grundlinien der Finanzpolitik neu zu bestimmen. Dazu gehört,

- daß die Steuer- (und Abgaben-)Last wesentlich vermindert wird;
- daß Hand in Hand damit die Staatsquote zurückgeführt wird und
- daß im Zusammenhang hiermit die öffentlichen Ausgaben durchgreifend umstrukturiert werden mit dem Ziel, sie in ihrer Effizienz, besonders im Hinblick auf die künftigen Aufgaben, entscheidend zu verbessern.

Die Staatstätigkeit muß also sowohl in quantitativer als auch in qualitativer Hinsicht revidiert werden.
Das sind die Hauptprobleme der Finanzpolitik. Erfahrungsgemäß gelingt die Lösung solch anspruchsvoller Aufgaben in Situationen, in denen offenbar wird, daß sich der Staat übernommen hat. Das Ergebnis dieser Bemühungen enthält freilich oft auch Mängel. Ad hoc-Maßnahmen bringen nämlich nicht selten Strukturschäden mit sich, schaffen also zum Teil neuen Revisionsbedarf: Die Krise produziert zwar den nötigen Druck im Quantitativen, sie ist jedoch ein schlechter Lehrmeister im Qualitativen. Wahrscheinlich ließen sich Fehler dieser Art großenteils vermeiden, wenn es gelänge, weniger Druck für längere Zeit durchzuhalten und auf diese Weise die Möglichkeit zu schaffen, geeignete Verfahren für die Operation der Ausgabenkürzung zu entwickeln und anzuwenden (siehe *Grossekettler*, 1983, S. 14 ff.).
Offenbar muß dieser Druck von der Einnahmenseite kommen; die gute Absicht, sich bei den Ausgaben einzuschränken, genügt jedenfalls nach allgemeiner Erfahrung nicht. Um in dieser Weise Druck auf die Ausgabenentwicklung auszuüben, gibt es, so wie die Dinge liegen und ausländische Erfahrungen lehren, ein wirksames Mittel: Diejenigen Teile der Einkommenserhöhungen, die der jährlichen Geldentwertung entsprechen, also gleichsam inflationsbedingt sind, müssen von der Einkommensteuer verschont bleiben.[12] In den öffentlichen Haushalten würde dann,

---

12 Unter dem Gesichtspunkt der Besteuerung nach der Leistungsfähigkeit ist dies ohnehin geboten; denn Einkommenszuwächse, die nötig sind, um die Geldentwertung auszugleichen, repräsentieren kein Mehr an wirtschaftlicher Leistungsfähigkeit.

soweit und solange das Geld an Wert verliert, ein permanenter Druck entstehen: Die Ausgaben expandierten nämlich nach Maßgabe der nominellen wirtschaftlichen Entwicklung, die Steuern nähmen aber nur entsprechend dem realen Einkommensanstieg zu.

Zur Deckung der Einnahmenlücke könnte der Staat mehr Kredite aufnehmen. Um diese Möglichkeit einzuschränken, sollte die (konjunkturbereinigte) Nettokreditaufnahme in ihrem Zuwachs von qualifizierten Mehrheiten in den gesetzgebenden Körperschaften abhängig gemacht werden. Dem Druck von der Einnahmenseite könnte man auch entgehen, wenn es gelänge, die Inflation zu beseitigen. Um in diesem (erfreulichen) Fall den »Steuerdruck« aufrechtzuerhalten, sollte man das Erfordernis qualifizierter Mehrheiten auf Steuererhöhungen ausdehnen.

Ein ganz anderer Weg, die Staatstätigkeit in engere Grenzen zurückzuführen und dort zu halten, ist die Einführung plebiszitärer Elemente in die Finanzpolitik. Dieser Weg ist nicht unumstritten. Aber weder Erinnerungen an Weimar noch Bedenken, die Stimmbürger könnten bei fiskalischen Referenden etwas anderes zum Ausdruck bringen als eine Entscheidung darüber, was zur Abstimmung gestellt ist, sollten davon abhalten, es mit mehr Demokratie in der Finanzpolitik zu versuchen. Diesem unerwünschten Wählerverhalten begegnet man am besten mit einer überzeugenden (Finanz-)Politik, die zu Verärgerung und Politikverdrossenheit wenig Anlaß gibt. Sodann hängt viel von einer problemadäquaten Fragestellung ab. Besonders ist darauf zu achten, daß nicht allein Wohltaten, sondern immer auch deren Kosten in die finanzpolitische Diskussion eingehen – vor allem dann, wenn diese in der Zukunft liegen und jene in der Gegenwart verabreicht werden sollen.

Allerdings darf man nicht erwarten, daß die Einführung fiskalischer Referenden auch schon deren Funktionieren garantiert. Gerade Formen der direkten Demokratie bedürfen der Einübung. Zweckmäßigerweise sollte man damit auf Gemeindeebene beginnen. Später könnten fiskalische Referenden auf Länderebene und in einzelnen Fällen auch auf Bundesebene übernommen werden.

Schließlich: Von plebiszitären Elementen sind selbstverständlich ebenso wie von anderen wohlbedachten Regelungen keine perfekten Lösungen zu erwarten, auch nicht bei der Revision der Staatstätigkeit. Aber da wir offenbar über nicht viele wirksame Maßnahmen verfügen, diese Aufgabe mit Aussicht auf Erfolg anzugehen, sollten wir die Möglichkeit fiskalischer Referenden nutzen.

Erfolg auf Dauer wird sich bei der Revision der Staatstätigkeit nur dann einstellen, wenn die Bürger den Sinn solcher Maßnahmen verstehen und diese tolerieren, besser noch: unterstützen. Vorbedingung hierzu sei, so hat der *Sachverständigenrat* einmal ausgeführt, daß die Bürger kosten- und leistungsbewußt, umverteilungsbewußt sowie unvollkommenheitsbewußt werden. Gibt es dafür einen besseren Weg als mehr Bürgerbeteiligung an finanzpolitischen Entscheidungen?

Literaturverzeichnis

Brennan, Geoffrey, James M. Buchanan, *The Power to Tax: Analytical Foundations of a Fiscal Constitution*, Cambridge 1980.

Grossekettler, Heinz, »Kürzungsordnung, Kürzungsgesetz und Kürzungsplan: Ein Vorschlag zur Technik der Kürzung von Staatsausgaben und zur Ergänzung des Haushaltsrechts«, *Finanzarchiv, Neue Folge*, Bd. 41 (1983), S. 14–51.

Kannengiesser, Walter, »Die Vermögensteuer gehört abgeschafft«, *Frankfurter Allgemeine Zeitung*, Nr. 108 vom 11. Mai 1993.

Richter, Wolfram F., Joachim Weimann, »Die Zeche bezahlen die Kindeskinder: Die Konsequenzen einer wachsenden Staatsverschuldung«, *Neue Zürcher Zeitung*, Nr. 147 vom 27./28. Juni 1992.

Sachverständigenrat zur Begutachtung der gesamtwirtschaftlichen Entwicklung, *Ein Schritt voran: Jahresgutachten 1983/84*, Stuttgart und Mainz 1983.

Schmidt, Kurt, »Notizen zur Steuerreform: Was geschen wird und was nötig ist«, *Finanzarchiv, Neue Folge*, Bd. 46 (1988), S. 193–213.

Schmidt, Kurt, »Entwicklung und Aussagekraft der Zinslastquote«, in: Bundesvereinigung der Deutschen Arbeitgeberverbände (Hrsg.), *Die öffentlichen Finanzen im geeinten Deutschland: Erfordernisse und Gestaltungsmöglichkeiten*, 3. Volkswirtschaftliches Kolloquium, Köln 1992, S. 4–8.

Thormählen, Thies, Richard Specht, »Größerer Grundfreibetrag für Grenzsteuerzahler«, *Wirtschaftsdienst*, 1993/VII, S. 356–362.

Weck-Hannemann, Hannelore, et al., »Abgabenpolitische Ideen zur Eindämmung der Schattenwirtschaft«, in: Harald Scherf (Hrsg.), *Beschäftigungsprobleme hochentwickelter Volkswirtschaften*, Schriften des Vereins für Socialpolitik, Neue Folge, Band 178, Berlin 1989, S. 343–357.

Wissenschaftlicher Beirat beim Bundesfinanzministerium, *Die Einheitsbewertung in der Bundesrepublik Deutschland: Mängel und Alternativen*, Bonn 1989.

Wissenschaftlicher Beirat beim Bundesfinanzministerium, »Stellungnahme zum Standortsicherungsgesetz«, *BFM-Dokumente 2/93*, Bonn 1993.

Die Bedeutung der externen Effekte für die Verkehrspolitik

Rainer Willeke

I. Deregulierung und Liberalisierung der Verkehrsmarktordnung

In weniger als einem Jahrzehnt haben sich in Deutschland die Grundlagen der Verkehrspolitik und die Rahmenbedingungen der Verkehrsmarktordnung einschneidend verändert. Der Bereich des Verkehrs war unter dem Schock der Weltwirtschaftskrise ab 1931 mit nahezu allumfassenden Preisbindungen und flankierenden Marktzutrittsbeschränkungen für den Straßengüterverkehr einer auch im internationalen Vergleich sehr dichten und straff überwachten Regulierung unterstellt worden. Die wegen vermeindlicher Besonderheiten des Verkehrs fast als sakrosankt geltende »kontrollierte Wettbewerbsordnung« konnte die marktwirtschaftliche Wende von 1948 in allen wesentlichen Punkten überdauern. Auch die Versuche, entsprechend dem Auftrag von Artikel 47 EWG-Vertrag zu einer gemeinsamen Verkehrspolitik zu kommen, führten über Jahrzehnte hinweg nur zu kleinen Korrekturen. Erst das historische Urteil des EuGH vom 22. Mai 1985 brachte den Durchbruch (vgl. *Erdmenger*, 1985, S. 380 ff.; *Basedow*, 1987, S. 12 ff.) Das Gericht gab einer Untätigkeitsklage des Europäischen Parlaments und der EG-Kommission statt und erzwang eine schnelle und vollständige Deregulierung des grenzüberschreitenden Straßengüterverkehrs in der Gemeinschaft und zudem erste Schritte zur Beseitigung des Kabotagevorbehalts, durch den der nationale Binnenverkehr für die im Inland ansässigen Unternehmen reserviert war. Dem Sog dieser Marktspaltung konnten sich die nationalen Ordnungen nicht entziehen. Auch in der Bundesrepublik fielen die Preisbindungen; den Abschluß bringt ab Anfang 1994 ein »Tarifaufhebungsgesetz«. Noch nicht zu Ende geführt ist der Ausstieg aus der Marktzugangsbeschränkung für den gewerblichen Straßengüterfernverkehr; die Lösung dieses Problems steht in funktionalem Zusammenhang mit der nur in Schritten zu lösenden Kabotagefrage. Bei völliger Freiheit, wie sie von der Kommission und besonders von den Niederlanden angestrebt wird, wären nationale Kapazitätsrestriktionen ohne Sinn und Interesse.

Die Liberalisierungsschritte seit 1985 haben natürlich einen Vorlauf und eine strukturelle Basis. Von Seiten der Wirtschaftswissenschaft stand das staatlich administrierte Regime schon frühzeitig und seit den sechziger Jahren zunehmend stärker unter Kritik.[1] Auch die verladende Wirtschaft forderte aus der Interessenlage der Nachfrageseite immer vernehmlicher einen Abbau der Preisstarrheit und flexiblere Möglichkeiten der Kapazitäts- und Leistungsanpassung. Die Politik reagierte aber nur schwach. Die Änderungen durch die »Kleine Verkehrsreform« von 1961 und einige Lockerungskonzessionen in den siebziger Jahren, besonders der Übergang von Fest- zu Margentarifen, hielten sich im Rahmen des überkommenen Regelwerkes (*van Suntum*, 1986, S. 104 ff.).

Obwohl das genannte EuGH-Urteil den entscheidenden Anstoß gegeben hat, wäre es oberflächlich und unzutreffend, den Vorgang so zu betrachten, als sei der nationalen Verkehrspolitik der Abschied von einem intakten System, womöglich noch gegen die besseren Argumente, aufgezwungen worden. Tatsächlich müssen der historische Anlaß und die tiefer liegenden strukturellen Ursachen unterschieden werden. Die Transformation der Ordnung zur Markt- und Wettbewerbswirtschaft war im Kern das Resultat wuchtiger und weltweit wirksamer Einflußfaktoren auf der Angebots- und Nachfrageseite. Technische und organisatorische Fortschritte bei allen Verkehrsmitteln sorgten für eine nachhaltig hohe Angebotselastizität. Die Verbesserungen des logistischen Leistungspotentials entsprachen auch genau den neuen Bedarfsschwerpunkten der Verkehrsleistungsnachfrage. Fortgesetzt steigende Anteile hochwertiger Fracht von fertigen Konsum- und Investitionsgütern zusammen mit neuen Standortkonfigurationen, u. a. im Zusammenhang mit der Ausgliederung von Vorleistungen, ließen immer anspruchsvollere Leistungsanforderungen entstehen (*Ihde* 1991, S. 33 ff.; *Aberle/Hamm*, 1987). Die vieldiskutierten qualitativen und quantitativen Konsequenzen der Just-in-time-Fertigung für die Transportplanung zeigen dazu eine Variante (vgl. *Holzapfel, Willeke, Diekmann, Frank*, 1992, S. 555 ff.). Vor der Kraft dieser hochdynamischen Nachfrageentfaltung mußte das starre Regulierungssystem mit immer deutlicher hervortretenden Leistungsdefiziten versagen. Legale und illegale Umgehungs- und Kompensationspraktiken, etwa die Bündelung von preisgebundenen und nichtpreisgebundenen Leistungsbestandteilen, unterstrichen nur den Reformbedarf. Die mächtigen Strukturwandlungen in den Produktions- und Distributionszusammenhängen erzwangen den Ordnungswechsel. In wichtigen, mit Deutschland durchaus vergleichbaren Ländern, besonders in Großbritannien, Schweden und den USA, begann die Deregulierung der Verkehrsmärkte auch schon lange vor 1985.

---

1 Vgl. *Schmitt* (1950), S. 173 ff.; *Willeke* (1984 a); *Hamm* (1989); *Deregulierungskommission* (1990 und 1991).

II. Deregulierung kein ausreichendes Konzept

Die Deregulierung und die Bildung von freien Wettbewerbsmärkten waren und sind eine notwendige Voraussetzung für die Entwicklung einer zugleich flexiblen und anpassungsfähigen wie in sich stabilen und innovationsfähigen Ordnung des Verkehrswesens. Umstritten ist dagegen die Frage, ob sich mit der Beseitigung der Ausnahmevorbehalte allein auf der Grundlage der allgemeinen Wettbewerbsregeln des EWG-Vertrags und des GWB die gewünschte marktwirtschaftliche Verkehrsordnung gleichsam von selbst durchzusetzen vermag. Diese Frage muß verneint werden; die Ordnung des Verkehrs bedarf flankierender und ergänzender Vorkehrungen. In der aktuellen Diskussion steht dabei die Beseitigung von **Wettbewerbsverzerrungen** zwischen in- und ausländischen Transportunternehmen, die das Ergebnis künstlicher Belastungsunterschiede vornehmlich steuerlicher Art sind, im Vordergrund. Hier sieht sich das deutsche Straßenverkehrsgewerbe besonders deshalb unter den Druck vergleichsweise hoher Abgaben gesetzt, weil die Begründung und Funktion der Kraftfahrzeug- und der Mineralölsteuer noch immer ungefestigt sind. Der Belastungszugriff schwankt zwischen ungehemmtem Fiskalappetit, der etwa mit dem Finanzierungsbedarf der Eisenbahnreform verbrämt wird, und der Bindung an bestimmte Deckungsvorgaben für verursachte Fahrwegkosten, eventuell sogar unter Einschluß von externen Kosten des Straßenkraftverkehrs.
Der Streitstand über Harmonisierungsdefizite zeigt allerdings nicht unerwartet, daß künstliche, staatsverursachte Kostendiskrepanzen starke Gegenkräfte aus den Marktinteressen wecken, die in die politischen und institutionellen Regelungen einwirken. Mit der LKW-Vignette wird ein erster Schritt getan. Das Problem sollte deshalb nur temporäre Bedeutung besitzen. Als nachhaltige Lösung für die besonderen Fiskalbelastungen des motorisierten Straßenverkehrs bietet es sich dagegen fast zwingend an, sie mit einer befriedigenden, zur Marktwirtschaft passenden Neugestaltung der Straßenplanung und Straßenfinanzierung zu verbinden. Dies verlangt eine Ablösung der abgabenrechtlich unzweckmäßigen Sondersteuern durch preisähnliche Benutzungsentgelte nach dem Territorialitätsprinzip (*Hansmeyer/Rürup*, 1975; *Haller*, 1981). Damit aber sind die zwei wesentlichen und nachhaltig bedeutsamen Problemfelder angesprochen, für die sich zwar die Lösungen allein aus dem Deregulierungsprozeß nicht ergeben, für die aber die Ordnungslogik der Marktwirtschaft die entscheidenden Konstruktionselemente bereithält; es handelt sich einmal um den Komplex **Verkehrswege und Infrastrukturpolitik** und ferner um die Beurteilung und Behandlung der **externen Effekte** des Verkehrs.

III. Verkehrswege und Infrastrukturpolitik

Die Einstufung der Verkehrswege als Güter besonderer Art und Zwecksetzung bietet schon seit längerem Stoff für Auseinandersetzungen. Die Interpretationen sind im Zusammenhang mit den Überlegungen zu einer Privatfinanzierung oder gar Privatisierung von Verkehrswegen noch aktueller, aber auch noch unsicherer geworden. Auf der einen Seite steht die Meinung, Verkehrswege seien wegen ihrer besonderen Funktionen und Wirkungen ganz der öffentlichen Daseinsvorsorge und der staatlichen Infrastrukturverantwortung unterstellt. Wenn nicht **öffentliche**, seien sie zumindest **meritorische Güter**. Eine privatwirtschaftliche Betrachtung und Bewertung sei deshalb unzulässig. Die Politik und nicht der Markt habe die Ziele und Prioritäten zu setzen. »Infrastruktur« und die diese nutzenden Betreiber der »Suprastruktur« müßten streng unterschieden und nach grundsätzlich anderen Kriterien beurteilt werden. Dieser polarisierenden Infrastrukturdeutung steht nun allerdings die Position gegenüber, daß ein nachfrageorientiertes, marktwirtschaftlich ausgerichtetes, ja sogar ein privatwirtschaftlich betriebenes Angebot von Verkehrswegen nicht nur denkbar, sondern durchaus realisierbar sei und unter bestimmten rechtlich-institutionellen Rahmenbedingungen zu einem gesamtwirtschaftlich höheren Effizienzgrad führen könne als die an unklaren und oft widersprüchlichen Zielen ausgerichtete staatliche Verkehrswegeplanung (*Willeke*, 1985, S. 399 ff.). Empirisch gestützt wird diese Auffassung durch gute Erfahrungen mit privaten Eisenbahnen, Pipelines, Flug-, See- und Binnenhäfen, für Netzteile auch mit Gebührenstraßen.

Die Spannung zwischen den zwei Positionen ist jedoch zu einem großen Teil künstlich aufgebaut. Mit der zuerst genannten Einstufung können im übrigen ganz unterschiedliche, selbst konträre Ziele und Interessen verfolgt werden. Die starke Betonung des staatlichen Infrastrukturauftrags und der mit ihr verbundenen Infrastrukturverantwortung entspringt oft der berechtigten Sorge, daß die Bedeutung leistungsfähiger Verkehrswege unterschätzt und ihr bedarfsgerechter Ausbau vernachlässigt werden könnten (so z.B. *DIHT*, 1990). Doch eine einseitige und womöglich unkonditionierte Politikbindung trägt auch die Gefahr in sich, gerade das wichtige und aktuelle Anliegen einer nachfrageorientierten Planung zurückzudrängen und einer restriktiven Verkehrswegepolitik – vor allem im Straßenbau – Vorschub zu leisten. Ein Gegengewicht ist es schon, wenn über die obligatorische Anwendung von Regelwerken der Kosten-Nutzen-Analyse die prognostizierte Verkehrsentwicklung als eine Bedarfsgröße in die Planung eingeht.

Verkehrswege sind gewiß Teil der Infrastruktur und Gegenstand einer besonderen öffentlichen Verantwortung (*Wissenschaftlicher Beirat beim Bundesminister für Verkehr*, 1987, S. 131 ff.). Daraus folgt aber überhaupt nicht, daß sie aus dem

marktwirtschaftlichen Leistungszusammenhang herausgenommen werden müßten oder auch nur könnten. Denn Verkehrswege sind nicht eine Infrastruktur, die primär der Bereitstellung öffentlicher Güter (Verwaltung, Rechtspflege, Sicherheit u. ä.) dient, sondern in erster Linie der Produktion privater Güter. Der wirkliche Gestaltungsspielraum liegt deshalb zwischen den beiden herausgehobenen Positionen. Damit ist allerdings ein sehr breites Spektrum von möglichen Varianten und Mischformen angesprochen. Die Aufgabe besteht deshalb darin, die genaue Positionierung der Verkehrswegeplanung und Verkehrswegefinanzierung im Spannungsbereich von Staat und Markt zu finden und damit auch gegenüber dem Status quo Reformbegehren zu begründen. Bei einer kritischen Überprüfung der heute bestehenden Lage und der absehbaren Entwicklungstendenzen sprechen überzeugende Gründe für eine wesentlich stärkere Annäherung an das marktwirtschaftliche Leitbild. Dies gilt keineswegs nur für den Zweck einer Mobilisierung von Privatkapital, der immer in den Vordergrund gerückt wird, sondern ganz wesentlich auch für die Findung der Bedarfsgewichte einer rationellen Investitionsplanung.
Ziel, Umfang und Abfolge der Überlegungen sind damit vorgezeichnet. Im ersten Ansatz geht es um die Befriedigung des Mobilitäts- und Transportbedarfs, der sich in marktüblicher Weise als Nachfrage nach Verkehrswegeleistungen äußert. Für diese Leistungen und für die aus ihnen gezogenen Nutzen sollten diejenigen, die die Verkehrswege in Anspruch nehmen, preisähnliche Entgelte zahlen; das Äquivalenzprinzip ist in dieser Beziehung klar erkennbar. Die anschließenden Planungsüberlegungen, mit denen im Interesse politischer Ziele mehr oder weniger starke Abweichungen vom ökonomischen Grundentwurf vorgenommen werden, sind dann als Ausfluß einer staatlichen Nachfrage für besondere, durch die Politik formulierte Zwecke zu deuten. Dieser Teil der Nachfrage ist aus allgemeinen Haushaltsmitteln zu bedienen; für sie muß deshalb eine ausreichend starke öffentliche Zahlungsbereitschaft bestehen. Im Hinblick auf die Wirksamkeit der Verkehrswegepolitik geht es also nicht um eine »Entstaatlichung«, sondern um den besten Weg, auf dem der Staat seiner Infrastrukturverantwortung nachkommt.

IV. Externe Effekte im Kreis der Interventionsargumente

Im Katalog der normativen Regulierungstheorie bilden neben festgefügten, vor allem **natürlichen Monopolen** und strukturell angelegter Tendenz zu **ruinöser Konkurrenz** die **externen Effekte** den dritten Grund und Ansatzpunkt für Interventionen, die der Korrektur von Marktbedingungen und Marktergebnissen dienen sollen. Dieses Argument, das ein – in bestimmten Leistungsbereichen gravierendes – Marktversagen ansprechen will, bietet noch immer die vergleichsweise größten

analytischen und politischen Schwierigkeiten. Hinderlich ist schon die Breite der Standarddefinitionen, die eine Endlosreihung wichtiger und absolut unwichtiger Erscheinungsfälle zuläßt, womit sich die heikle Aufgabe stellt, zwischen relevanten und irrelevanten externen Effekten unterscheiden zu müssen. Externe Effekte umfassen grundsätzlich **externe Kosten** und **externe Nutzen**. Beide Blickrichtungen werden schon in den ersten Anregungen durch *Marshall* und dann auch in der Modellbildung von *Pigou* als gleichrangig eingestuft.[2] In der an *Pigous* Interventionsempfehlungen anknüpfenden Literatur wurde dann allerdings – zunächst mit der Bezeichnung social costs – nahezu ausschließlich die Kostenseite behandelt. Für die wissenschaftliche und praktische Verkehrspolitik gilt diese Einseitigkeit, im Gegensatz etwa zur Bildungsökonomik, noch immer. Das ist besonders deshalb beachtenswert und tendenziell folgenschwer, weil sich das Gewicht der zwei anderen, traditionell in der Verkehrspolitik sehr hoch eingestuften Regulierungsargumente deutlich abgeschwächt oder ganz verloren hat.[3]
Verkehrswege, vor allem Schienenverbindungen, galten geradezu als klassisches Beispiel für ein natürliches Monopol (Leitungsmonopol) mit einer durch besonders starke Größenvorteile geformten subadditiven Kostenfunktion. Doch die Gefahr eines Monopolmißbrauchs besteht heute allenfalls noch in Randbereichen und auch dann nur im Zusammenhang mit der Möglichkeit, die nach der internen Subventionierung verbleibenden Defizite auf den Staatshaushalt abwälzen zu können. Der Einbruch des Straßenwettbewerbs hat einen so starken und breit ansetzenden Konkurrenzdruck erzeugt, daß statt des Schutzes vor der Eisenbahn der Schutz der Eisenbahn für ein halbes Jahrhundert in den Mittelpunkt verkehrspolitischer Experimente trat. Dieses Schutzargument wurde mit dem Hinweis auf **gemeinwirtschaftliche Verpflichtungen** als Sammelbegriff für politische Auflagen und Restriktionen metaökonomisch überhöht und ohne Rücksicht auf die Stimmigkeit der Beweisführung noch mit dem ergänzenden Argument verknüpft, daß die zum Schutz der Eisenbahn eingeführten Regulierungen im Straßen- und Binnenschiffahrtsverkehr zugleich für diese gewerblichen Verkehrsträger die Gefahr ruinöser Konkurrenz abwehren sollten. So ergriff die Interventionsspirale das Gesamtfeld der Verkehrsmärkte. Heute zeigt die intensive Diskussion um eine Öffnung des Schienennetzes für Drittnutzer, wie eine Änderung von Rahmenbedingungen den Weg für Contestable Markets freimachen kann. Hat sich so das früher durchaus reale und in der Behandlung schwierige Problem des Schienenmonopols durch die technische Entwicklung von Substituten zusammen mit institutionellen Innovationen Schritt für Schritt aufgelöst, so besaßen die Vermutungen, das Straßengüterverkehrs- und das

2 Vgl. *Marshall* (1947), S. 267 ff.; *Pigou* (1952), S. 172 ff.; *Lauschmann* (1959), S. 199 f.; *Blaug* (1962), S. 117 ff.; *Fritsch* (1962), S. 240 ff.

3 Vgl. *von Weizsäcker* (1982), S. 325 ff.; *Werner* (1988), S. 44 ff., 128 ff.; *Braubach* (1992).

Binnenschiffahrtgewerbe seien einer nachhaltigen ruinösen Wettbewerbsentartung ausgesetzt, von Anfang an nur eine schmale theoretische und empirische Basis (*Willeke*, 1977, S. 155 ff.). Gewiß gab und gibt es Fälle überscharfer, falsch steuernder Wettbewerbsintensität, die auch nachhaltig konkurrenzfähige Kapazitäten bedroht. Doch hier liegen die Gründe ausnahmslos bei verzerrenden Rahmenbedingungen, die zur Zeit etwa von schlichten, auf Devisenerlöse ausgerichteten Dumpingpraktiken osteuropäischer Binnenschiffer bis hin zu der Chapter 11-Fliegerei amerikanischer Carrier auf dem Nordatlantik reichen. Unstrittig gibt es also Handlungsbedarf; doch die Stoßrichtung und Inhalte haben mit den Preisregulierungen und Mengenrestriktionen, die ehedem vor »ruinöser« Konkurrenz schützen sollten, nichts zu tun.

Der Einwand unbehandelter externer Effekte zielt tiefer. Infrage gestellt ist nicht die Wirkweise des Marktmechanismus, sondern die Implementierung der planungsbedeutsamen Steuerungsgrößen auf der Kosten- und Nutzenseite. **Externe Kosten** bezeichnen einen bewerteten, oder jedenfalls bewertbaren Ressourcenverzehr, der dem Verursacher nicht oder nicht vollständig angelastet ist, sondern von Dritten oder der Allgemeinheit getragen wird. Fallen als Folge von Produktions- oder Konsumaktivitäten externe Kosten an, dann unterschätzen die tatsächlich berücksichtigten privaten oder internen Kosten das tatsächliche Kostengewicht und führen damit zu einem Übermaß an Ressourcenbeanspruchung und Leistungserstellung. Die Ordnungsaufgabe besteht dann darin, eine möglichst verursachungsorientierte Internalisierung der externen Kosten zu ermöglichen oder direkt herbeizuführen. **Externe Nutzen** sind entsprechend geldwerte Vorteile, für die der Verursacher keine oder keine äquivalenten Vergütungen erhält. Die Nichtberücksichtigung externer Nutzen führt zu einer Unterschätzung des Wertes der betreffenden Leistungsbeiträge mit der Gefahr einer suboptimalen Bereitstellung. Auch für diesen Fall gibt es mehrere Anreiz- und Korrekturverfahren einer Internalisierung.[4]

V. Externe Effekte des Verkehrs

Der Verkehr ist mit seinen Anlagen und Abläufen ein besonders auffälliges und wichtiges, zugleich aber auch sehr sensibles Feld für das Entstehen und Wirksamwerden sowie für die Behandlung externer Effekte. Eine der Diskussionslinien stammt aus dem klassischen Bereich der Verkehrsordnungspolitik – Abschnitt vermutete Wettbewerbsverzerrungen – nämlich die Frage nach der Verursachung

4 Vgl. *Buchanan/Stubblebine* (1962), S. 371 ff.; *Bössmann*, S. 95 ff., 147 ff.; *Cropper/Oates* (1992), S. 675 ff.

und Anlastung von Wegekosten. Hinzu traten dann mit noch größerer Wucht und öffentlicher Resonanz vielfältige Erscheinungen von Umweltbelastungen und Unfallrisiken. Ohne daß dies von den Gegenständen vorgegeben wäre, verknüpften sich die beiden Stufen der Diskussion; sowohl bei den Wegekosten wie auch bei den Umweltwirkungen schien es vielen Beobachtern angebracht, die entscheidenden Defizite ungedeckter Sozialkosten und dementsprechend die größten Regelungserfordernisse beim motorisierten Straßenverkehr auszumachen. Dieses Argument soll dann die bekannten, zur Zeit geradezu inflationär umgehenden politischen Forderungen tragen, Verkehr und vor allem Autoverkehr, soweit es geht, zu vermeiden, und, soweit er notwendig ist, weitgehend auf »umweltfreundliche« oder »umweltfreundlichere« Verkehrsmittel zu verlagern. Es ist erstaunlich und bedenklich zu sehen, wie wenig Kritik diese dilletantisch ausgedachten und zudem noch fehlerhaft formulierten Postulate bisher ausgelöst haben.

1. Das Wegekostenproblem

Die Frage nach der Höhe der Wegekosten und der Art ihrer Deckung hat zwei Wurzeln.[5] Sie stellte sich einmal aus der Wettbewerbsspannung zwischen Schienen- und Straßenverkehr und zum anderen aus den Finanzierungserfordernissen für den Straßenbau, die parallel zur Motorisierung sprunghaft anstiegen. Ein schon Anfang der fünfziger Jahre geäußerter Verdacht unterstellte, daß die Eisenbahn gravierend benachteiligt sei. Die Verkehrswege der Konkurrenz, die Straßen, würden von der öffentlichen Hand gebaut, unterhalten und, wie man sagte und gelegentlich noch heute sagt, dem Verkehr mit Kraftfahrzeugen »frei« zur Verfügung gestellt. Die Eisenbahn müsse dagegen für den Bau und die Unterhaltung des Schienennetzes selber aufkommen. Die Verkehrspolitik habe hier eine Harmonisierungsaufgabe; es gelte eine Wettbewerbsverzerrung zu beseitigen.

Das Argument war aber von Anfang an nicht so stark, wie Bahn und Teile der Politik glaubten oder zu glauben vorgaben. Denn die Eisenbahndefizite, einschließlich der vom Fahrweg stammenden Verluste, fängt natürlich nicht die Eisenbahn selbst, sondern der Staatshaushalt mit Steuermitteln auf. Außerdem standen die Straßen selbst vor 40 Jahren nicht kostenlos zur Verfügung; es gab schon die spezifischen Sonderbelastungen des motorisierten Straßenverkehrs. Immerhin hatte die genannte Vermutung bei der damaligen Sachlage noch einiges Gewicht. Die Sätze der Mineralöl- und Kraftfahrzeugsteuer lagen niedrig und enthielten eine

5 Vgl. *Bundesminister für Verkehr; Arbeitsgruppe Wegekosten im Bundesverkehrsministerium* (1969); *Willeke/Aberle* (1970).

unter dem Wegekostenaspekt unlogische Präferenz für Dieselkraftstoff.[6] Die Situation veränderte sich jedoch schnell, in Deutschland besonders frühzeitig und einschneidend mit dem Verkehrsfinanzgesetz von 1955 und dem Straßenbaufinanzierungsgesetz von 1960, die eine kräftige Anhebung der Belastungssätze und eine stärker an der Wegekostenverursachung orientierte Belastungsstruktur erbrachten. Schon seit 1960 hatte sich damit die Wegekostenfrage entschärft; mit der Serie weiterer Belastungsanhebungen ist sogar eine völlige Umkehrung des Aussagegehaltes eingetreten. Obwohl alternativ verfügbare Berechnungsverfahren, die als Wegekosten-, Wegeausgaben- und Wegepreisrechnungen möglich sind, methodenbedingt zu abweichenden Ergebnissen kommen und auch noch umstrittene Details enthalten, z.B. was die Abgrenzung von Nutzer- und Staatsanteil angeht, zeigen doch alle Aufstellungen, daß der motorisierte Straßenverkehr in der Bundesrepublik Deutschland die ihm zurechenbaren Wegekosten bei weitem überdeckt (*Aberle/Holocher*, 1984; *Holocher*, 1988). Je nach dem angewendeten Verfahren liegen die Deckungsgrade zwischen 140 und 230%. Im Jahre 1992 standen den anrechenbaren Straßenausgaben von Bund, Ländern und Gemeinden in Höhe von 30 Mrd. DM spezifische, vom Straßenkraftverkehr geleistete öffentliche Einnahmen in Höhe von 70 Mrd. DM gegenüber. Demgegenüber vermag die Eisenbahn in Deutschland selbst bei einer für sie günstigen Berechnungsweise allenfalls 50 % ihrer Fahrwegkosten zu decken (*Enderlein/Link*, 1992; BDF, 1992, S. 58).

2. Das Sozialkostenproblem

Etwa seit Mitte der siebziger Jahre hat sich allerdings das Argumentationsprofil deutlich verändert und ausgeweitet, jedenfalls wenn der motorisierte Straßenverkehr angesprochen wird. Nicht mehr die Wegekosten, sondern die Kosten der Umweltbelastungen und Unfallfolgen werden nunmehr in den Mittelpunkt gestellt, vor allem die negativen Wirkungen von Abgasen, Lärm und Flächenverbrauch. Der Externalitätenverdacht lautet nunmehr so: Wenn eine Gesamtrechnung **aller** Kosten, oft »Sozialkosten« genannt, aufgemacht werde, dann jedenfalls zeige sich, daß der motorisierte Straßenverkehr außer den »internen«, privat getragenen Kosten in großem Umfang noch weitere »externe« Kosten verursache, die abgewälzt würden und die Allgemeinheit belasteten. Es gibt inzwischen mehr oder weniger eingeführte Kataloge dieser externen Kosten und auch einige Versuche, sie für bestimmte Räume zu erfassen, in Geldeinheiten zu bewerten und dann in einem Block zusam-

---

6 Vgl. *Schmitt* (1954), S. 200 ff.; *Wissenschaftlicher Beirat beim Bundesverkehrsministerium* (1954); *Predöhl* (1964), S. 296 ff.

menzufassen.[7] Die Ergebnisse dieser Berechnungen und Schätzungen gehen zwar außerordentlich weit auseinander. Aber die Meinung, daß der Straßenverkehr in relevantem Ausmaß externe Kosten erzeuge, deshalb zu billig sei und aus diesem Grund weit über das richtige Ausmaß hinaus entstehe, findet doch ziemlich breite Resonanz und Zustimmung und ist auch in der Verkehrspolitik virulent, besonders kenntlich oft auf der kommunalen Ebene. Die Formulierung des Problems suggeriert zudem, daß es sich um beträchtliche Größenordnungen handeln müsse. Die irrlichternden Reflexionen über die vermeindliche Notwendigkeit drastisch angehobener Treibstoffpreise unterstreichen dies. Gegenüber dieser starken, auch lautstarken Meinungsfront müssen aber deutliche Einwendungen erhoben werden. Die vorliegenden Berechnungen sind voller Lücken und Schwachstellen; sie geben, obwohl hier Geldgrößen präsentiert werden, keine auch nur näherungsweise fundierten Kosteninformationen. Außerdem vernachlässigen sie das Entstehen und die Bedeutung externer Nutzen vollständig. Die Tendenz der Argumentation mit vorgefaßtem Urteil führt deshalb auch zu keiner Lösung, sondern behindert den Konsens, der für das Verhältnis zwischen Verkehr, Wirtschaft und gesellschaftlicher Akzeptanz in den nächsten Jahren gefunden werden muß.

VI. Kritik an der Berechnung der externen Kosten des Straßenkraftverkehrs

Trotz der weitreichenden Konsequenzen, die aus ihnen gezogen werden, fußen die Versuche zur Berechnung der externen Kosten des Verkehrs und die aus ihnen hergeleiteten Interventionsforderungen noch immer auf den simplen komparativstatischen Modellen Pigous mit ihren gleichermaßen künstlich vereinfachenden und der Dynamik des Marktsystems enthobenen Unterstellungen.[8] Die Argumentation geht in der einen oder anderen Formulierung immer wieder von folgendem Petitum aus: »**Die Internalisierung der externen Kosten des Autoverkehrs ist eine notwendige Voraussetzung für eine kostenwahre Kalkulation und damit für eine effiziente Steuerung des Verkehrs nach den Regeln der Marktwirtschaft.**« Diese scheinbar ganz vernünftige, wie eine einfache Handlungsanleitung klingende Feststellung ist jedoch nicht mehr als die sprichwörtliche leere Dose. Sie setzt Informationen

7 So insbesondere *Planco Consulting* (1990); *Teufel* (1991); abweichend *Willeke* (1984 b).

8 Aus schwer verständlichen Gründen, insbesondere mit Hilfe einer überdehnten Gewichtung des Transaktionskosten-Arguments konnten die Anstöße des Coase-Theorems und der Neuen Institutionentheorie in der verkehrspolitischen Diskussion von externen Effekten und Internalisierungsstrategien noch nicht Fuß fassen (Ansätze gibt *Willeke*, 1984 b, S. 86 ff.).

voraus, die nicht vorhanden sind und die teilweise wegen der Art der Sachverhalte auch gar nicht beschafft werden können. Denn es wird unterstellt,

- daß die belastenden Tatbestände hinreichend bekannt und als Mengengerüst quantifizierbar sind;
- daß die so festgestellten physischen und psychischen Belastungen auch monetär bewertet, also in Geldgrößen als »Kosten« ausgedrückt werden können;
- daß eine eindeutige Kausalität die Anwendung des Verursacherprinzips gestattet, und
- daß eine Anlastung ohne nennenswerte unerwünschte Nebenwirkungen und negative Folgewirkungen erfolgen kann.

Diese Vorbedingungen für eine interventionistische Internalisierung, die mit Fiskalabgaben (*Pigou*-Steuer) flankiert von Konstruktionsvorgaben und Verkehrsregulierungen »Kostenwahrheit« herstellen soll, bestehen aber nicht. Die Informationslage ist nicht nur viel schwächer als angenommen oder behauptet wird, sie ist auch nicht nur leicht manipulierbar, sondern muß zudem wesentliche Elemente enthalten, die nur als **politische Konventionen** formuliert werden können. Die ausgewiesenen Größen externer Kosten sind also nicht, wie es oft den Anschein hat, das bewertete Mengengerüst eines realen Ressourcenverzehrs, sondern eine Funktion politischer Festlegungen, etwa über bestimmte Grenzwerte der Lärm- und Abgasemission. Wohlgemerkt, kritisiert wird nicht, daß dies so ist, sondern daß ein anderer Eindruck vermittelt wird (*Willeke*, 1984c, S. 291 ff.).

Der erste Fehler liegt schon darin, daß die bestehenden Wissensdefizite über die ausgelösten Belastungswirkungen mit ungefestigten, oft mit willkürlichen Annahmen überbrückt werden, ohne daß dies erkennbar wird. Die medizinischen und naturwissenschaftlichen Kenntnisse über die Zusammenhänge etwa zwischen bestimmten Lärmpegeln und bestimmten Schadwirkungen oder zwischen der Verbrennung fossiler Energieträger und dadurch ausgelösten Gesundheitsrisiken oder gar Klimaveränderungen sind sehr lückenhaft und kontrovers; oft fehlt ein fundiertes Wissen überhaupt noch ganz. Große Unsicherheiten und weite Ermessensspielräume gibt es aber auch im nächsten Schritt bei der monetären Bewertung der Folgewirkungen. Für die einzelnen Belastungsfelder (Abgase, Lärm, Flächenverbräuche, Eingriffe in Stadt und Landschaft) werden unterschiedliche und teilweise inkompatible Bewertungsverfahren angewendet. Die Entscheidung für die eine oder andere Methode ist manchmal durch den Gegenstand bestimmt, oft aber auch willkürlich mit der Tendenz, der politischen Opportunität zu folgen. Die gerade aktuellen Bestrebungen, vergleichsweise harte und objektive Ansätze, die sich auf Vermeidungskosten und Produktionsausfälle stützen, durch Befragungsergebnisse über individuelle Zahlungsbereitschaften zu ersetzen, führen nur durch den Methodenwechsel, und ohne daß sich an der Ressourcenbeanspruchung etwas geändert hätte, zu einer Vervielfachung der Belastungsgewichte. So werden etwa die jährlichen externen Kosten des Verkehrslärms in der Bundesrepublik Deutschland nach der traditionellen Methodik mit 1,8 Mrd. DM, nach der Befragungsmethodik aber mit 18 Mrd. DM beziffert (*Weinberger, Thomassen, Willeke*, 1991). Der Grund ist klar genug. Nennungen der individuellen Zahlungsbereitschaft für eine an sich positiv eingestufte Veränderung, die als Wunschäußerungen festgehalten werden, aber zu keinerlei Zahlungsverpflichtungen führen, überzeichnen die Gewichte ganz wesentlich. Das ist naheliegende Taktik. Daraus folgt, daß die Methoden und Schritte der Berechnungen sehr kritisch überprüft und daß die ausgewiesenen Größen vor dem Hintergrund der jeweils gewählten Vorgehensweise eingeordnet und in Frage gestellt werden müssen. Dies gilt vor allem für die Versuche, durch die Aggregation heterogener Elemente Gesamtblöcke der externen Kosten des Verkehrs oder des Straßenkraftverkehrs zu bilden.

Es gibt noch weitere Schwachpunkte. So werden gerade im Hinblick auf den motorisierten Straßenverkehr fragwürdige und teilweise eindeutig unzutreffende Unterstellungen über die Beziehung zwischen Verursachern und Betroffenen gemacht. Beispiele bieten die Stauungskosten, die ganz überwiegend, und die Unfallfolgekosten, die zum großen Teil nicht »extern«, sondern gruppenintern anfallen. Selbst bei scheinbar einfachen Fällen treten nicht eindeutig zu beantwortende Fragen auf. Wenn etwa eine Kommune in einem neuen Bebauungsplan bestimmte Flächen, die bisher gewerblich genutzt wurden, für den Bau von Mietwohnungen freigibt, wer ist dann der Verursacher der in der Folge eintretenden Lärmimmissionen? Sind es wirklich die Autofahrer, die die Straße einfach wie bisher benutzen, oder die Bauherren, die die Wohnblöcke erstellen, oder die Mieter, die die lärmausgesetzten Wohnungen beziehen, oder die kommunalen Entscheidungsträger, die den Plan verabschiedet haben? Fälle komplexer Kausalitätsnetze und Wirkungsketten sind keineswegs Ausnahmeerscheinungen. Es muß deshalb als sehr naiv gelten, wenn das Verursacherprinzip, wie es immer wieder geschieht, als eine in der Handhabung einfache und durchsichtige Verfahrensregel angesprochen wird, bei der das Problem eigentlich nur in der politischen Durchsetzung gegenüber organisierten Interessen liege (um eine differenzierte Betrachtung bemüht ist *Ewers*, 1986). Das praktische Vorgehen bei der »Bildung« der externen Kosten unterstreicht die Skepsis; denn mit den politischen Entscheidungen über Belastungsgrenzwerte wird mit Mehrheitsbeschluß auch über das Problem der Kausalität entschieden. Damit soll die Frage nach der Verursachung und nach der Anwendung des Verursacherprinzips beantwortet und das Argument erledigt sein. Werden etwa in dem gerade gebildeten Beispiel die für Wohngebiete festgelegten Lärmgrenzwerte überschritten, dann gelten die erreichten Belastungslagen als durch den Straßenverkehr verursacht und werden ihm auf der Basis eines ebenfalls durch die Politik gewählten Bewertungsverfahrens als externe Kosten zugeordnet, ganz gleich, wie und mit welcher

Rollenverteilung die Belastungslage tatsächlich entstanden ist. Ganz entsprechend unbefriedigend ist das Vorgehen, wenn durch restriktive Entscheidungen der Verkehrsplanung, etwa durch Straßenverengungen, Hindernisse, ungünstige Streckenführungen und Ampelschaltungen u.ä. Stauungen und Umwegfahrten verursacht werden, die zu einem Anstieg der belastenden Emissionen führen und dann dem motorisierten Straßenverkehr als Verursacher zugerechnet und angelastet werden. Eine weitere und letzte Steigerung der verdrehten Gedankenführung wird dann erreicht, wenn nach der bewußten Herstellung oder Verschärfung von Engpässen die Anwendung eines Road-pricing-Verfahrens empfohlen wird, um mit Knappheitspreisen und damit, wie es heißt, nach den Regeln und mit den Instrumenten der Marktwirtschaft eine »optimale Nutzung« der künstlich geschaffenen Engpaßkapazitäten zu erreichen.

VII. Gibt es auch externe Nutzen des Verkehrs?

Ein weiterer Einwand kommt hinzu, der in der aktuellen Diskussion herausragende Bedeutung gewinnen kann. Die Behandlung der externen Effekte des motorisierten Straßenverkehrs war bislang ganz einseitig auf die Kosten fixiert. Aber den Kosten stehen natürlich Nutzen gegenüber; nur sie rechtfertigen die Kosten. Und außer den intensiv behandelten externen Kosten sind auch externe Nutzen zu erkennen und zu berücksichtigen.[9] Für die Eisenbahn und für den öffentlichen Personennahverkehr ist weithin anerkannt, daß sie über die individuellen Beförderungsnutzen der Fahrgäste hinaus einen externen Nutzen für die Allgemeinheit stiften, der meist als »Optionsnutzen« interpretiert wird und auch als Subventionsbegründung dient (vgl. neuestens *Baum*, 1993). Beim Straßenkraftverkehr scheint der Hinweis auf externe Nutzen dagegen eine äußerst sensible Materie anzustoßen. Nicht wenige Politiker und Berater von Politikern, die sich auf das Thema der externen Kosten des Automobils spezialisiert und auf dieses Feld gleichsam eingeschossen haben, fühlen sich gestört und sehen ihre Argumentationslinie zurecht gefährdet. So wurde denn zunächst die Existenz von allokativ bedeutsamen externen Nutzen des Straßenverkehrs rundum bestritten (so *Planco Consulting*, 1990, S. 1–5; *Rothengatter*, 1992). Soweit geht man heute oft nicht mehr; es wird zunehmend konzidiert, daß tatsächlich solche Nutzen geschaffen werden, aber – und das ist jetzt das hauptsächlich gewählte Gegenargument – diese würden keine relevanten Größen erreichen, sie seien marginal und im Vergleich zu den externen Kosten dieses Verkehrszweigs

9 Vgl. *Wittmann* (1990); *Diekmann* (1990); *Willeke* (1991); (1992, S. 137 ff.); (1993); *Aberle/Engel* (1992), S. 69 ff.

unbeachtlich. Externe Nutzen könnten deshalb die externen Kosten nicht einmal zu einem nennenswerten Bruchteil kompensieren (so *ECOPLAN*, 1993).
Auch von denen, die diese Position vertreten, wird die fundamentale Bedeutung des Verkehrs und in der neueren Entwicklung speziell des motorisierten Straßenverkehrs in der Regel nicht bestritten. Aber die Nutzen, welche die Verfügbarkeit und der Einsatz von Kraftfahrzeugen stiften, würden fortlaufend im Wirtschaftsgeschehen, meistens in den ganz normalen Marktprozessen durch Erlöse oder Kosteneinsparungen, internalisiert, automatisch also und angenommenermaßen nahezu restlos. Die Nutzen fielen praktisch eben exklusiv den Betreibern der Automobile zu. Nicht oder nicht äquivalent vergütete Vorteile für Dritte oder für die Allgemeinheit könne es deshalb nicht geben, jedenfalls nicht in relevantem Umfang. Diese Meinung ist nun allerdings hochgradig erstaunlich angesichts der Schlüsselfunktion des Verkehrs für die räumliche Ordnung der Lebensgestaltung und Wirtschaftsabläufe. Eine Analyse, die den erreichten Stand und die weiteren Entwicklungstendenzen des **Konsum-** und des **Produktionspotentials** beleuchtet, läßt das Entstehen und die Bedeutung externer Nutzen des Straßenkraftverkehrs unschwer erkennen.

VIII. Konsumtive und produktive externe Nutzen des Straßenverkehrs

Die individuelle Motorisierung hat den Spielraum für Kontakte und Besorgungen sowie für die Freizeit- und Urlaubsgestaltung unerhört stark ausgeweitet und damit das gesamte Konsumpotential auf ein wesentlich höheres Niveau angehoben. An dieser expansiven Entwicklung partizipieren aber nicht etwa nur diejenigen, die eigene Wagen für ihre Zwecke einsetzen. Ein Optionsnutzen des Systems »Straßenkraftverkehr« besteht nahezu für alle, und er ist auf Grund der beträchtlich größeren Netz- und Fahrzeugbestandsdichte plausibler und auch klarer auszumachen als bei der Eisenbahn. Man denke nur an die vielfältigen Möglichkeiten, mitfahren zu können, Gruppen für Fahrten zum Arbeitsplatz, zur Schule, zum Kindergarten zu bilden, Leihwagen einzusetzen u.ä. Die Nutzeneinbußen beim Fortfall der Zugriffsmöglichkeit auf den motorisierten Straßenverkehr wären bei weitem nicht auf die Automobilisten beschränkt. Die Verluste an konsumtiver Disposition und damit die Senkung des Konsumniveaus träfen jeden.
Noch markanter sind die externen Nutzen des motorisierten Straßenverkehrs für die Erhaltung der Leistungssubstanz und für die dynamische Weiterentwicklung des Produktionspotentials. Die mit der Motorisierung erschlossenen quantitativen und insbesondere qualitativen Verbesserungen der Verkehrsleistungsangebote haben Märkte geöffnet und ausgeweitet, die räumliche Arbeitsteilung ungemein intensiviert und so zu immer ergiebigeren Produktions- und Austauschverhältnissen ge-

führt. Die Spill-over-Effekte der transportökonomischen, logistischen und raumwirtschaftlichen Innovationen erfassen von den ursprünglichen Ansatzpunkten aus in verästelten Diffusionsprozessen das Ganze der Volkswirtschaft. Dabei schließen es aber der dynamische, mit Unsicherheiten behaftete Charakter, die überaus weite Auffächerung und die zeitliche Dauer der Abläufe aus, daß aus der Gesamtmasse der Nutzenstiftungen individuelle Beiträge den einzelnen Verursachern zugeordnet und so internalisiert werden könnten. Als Anreiz für die Innovationen und als Ausgleich für die Risiken sind gewiß ausreichende Markterlöse erforderlich; doch diese umfassen bei weitem nicht alle induzierten Nutzen. Es entstehen also zusätzliche, externe Nutzen. Die Zusammenhänge entsprechen genau den Wirkungen sonstiger technischer Fortschritte und organisatorischer Neuerungen. Auch der Patentschutz soll und kann ja nur eine Teilinternalisierung bieten. Für die Bereiche Forschung und Entwicklung und auch für die Bildung von Humankapital durch das Schul- und Hochschulsystem ist das Entstehen von externen Nutzen in relevanten Größenordnungen anerkannt und empirisch getestet. Es ist zwingend, diese Sichtweise auf die Funktionsfelder des Verkehrs zu übertragen. Dies gilt ganz besonders für den Straßenkraftverkehr, von dem in den letzten Jahrzehnten die vergleichsweise stärksten konsumausweitenden und produktivitätssteigernden Impulse ausgegangen sind.

IX. Der Infrastruktureinwand

Alle Autoren, die das Entstehen von relevanten externen Nutzen des motorisierten Straßenverkehrs bestreiten, setzen nachdrücklich auf die These, daß bei den angesprochenen Nutzenstiftungen zwischen den Beiträgen der Verkehrsinfrastruktur und denen des Verkehrsbetriebs durch den Einsatz von Fahrzeugen zu trennen und zu unterscheiden sei (so u. a. *Rothengatter*, 1992). Die vom Gesamtbereich des Verkehrs induzierten positiven Wachstums- und Struktureffekte seien dann, so die These, allein der Verkehrsinfrastruktur im Sinne von Verkehrswegen zuzuschreiben. Oft werden die Verkehrswege wegen der ihnen zugemessenen positiven Externalitäten schlechthin als »öffentliche Güter« angesprochen und damit ganz in das Bewertungsermessen der Politik gestellt. Erstaunlicherweise wird aber gleichwohl vorausgesetzt, daß der Staat, **gestützt auf kompetente Kosten-Nutzen-Analysen**, den Betreibern, also den Nutzern der Verkehrswege, und dabei geht es immer wieder in erster Linie um die Straßen, fortgesetzt ein »optimales« Infrastrukturangebot an die Hand gibt (so *ECOPLAN*).

Einer solchen wunderlichen Interpretation der Gegebenheiten und unzutreffenden Zuordnung der Leistungsbeiträge ist aus mehreren Gründen zu widersprechen.

Zunächst, die Bezeichnungen **Infrastruktur** und *Verkehrsinfrastruktur* werden durchaus nicht einheitlich verwendet; das Wort allein gibt nur schwache, im Anwendungsfall konkretisierungsbedürftige Hinweise auf die Objekte und Funktionen.[10] Das gilt selbst dann, wenn nur an die **materielle Infrastruktur** gedacht wird. Neben der verbreiteten und oft auch zweckmäßigen Praxis, als Verkehrsinfrastruktur lediglich die stationären Anlagen, im wesentlichen also die Verkehrswege, anzusprechen, gibt es auch den bei anderen Fragestellungen sinnvollen Brauch, den Verkehrssektor insgesamt als einen Bestandteil der volkswirtschaftlichen Infrastruktur zu betrachten. Letzteres ist vor allem dann vorzuziehen, wenn weniger an institutionelle Zuständigkeiten, sondern an die Infrastrukturaufgaben als wirtschaftliche und gesellschaftliche Basisfunktionen gedacht wird. Für das Entstehen und Angebot von Verkehrsleistungen ist jedenfalls das Verkehrssystem oder das jeweils betrachtete Subsystem als Ganzes verantwortlich. Die Leistungserstellung setzt eine Kombination von Produktionsfaktoren voraus, die den Verkehrsweg und den Verkehrsbetrieb umfaßt. Der Verkehrsweg stellt dabei eine Kapazität zur Produktion von Vorleistungen für den Verkehrsbetrieb dar, nicht mehr und nicht weniger. So ist es bei der Eisenbahn immer gesehen worden, und so wird es bei der Bahn auch dann bleiben, wenn die Erstellung dieser Vorleistungen ausgelagert und die Fertigungstiefe des Eisenbahnbetriebs reduziert wird, d.h. wenn es zu einer institutionellen Trennung von Fahrweg und Betrieb kommt.
Statt die Verkehrswege als öffentliche Güter dem Marktzwang zu entziehen und für das tatsächliche Angebot von Verkehrswegen die Ergebnisse einer höchst umstrittenen, widerspruchsvollen und mit fiskalischen Überraschungen durchsetzten politischen Planung als »Optimallage« zu deuten, ist es sehr viel zweckmäßiger und wirklichkeitsnäher, von einer marktmäßigen oder marktähnlichen Beziehung zwischen Verkehrswegeangebot und Verkehrswegenachfrage – gleich Verkehrsbetrieb – auszugehen. Dies ist die Angebotsweise, die in systematischer Form die Idee der Gebührenstraße aufgreift, selbstverständlich unter Einschluß von staatlichen Auflagen, die einen monopolistischen Machtmißbrauch ausschließen und die auch nach dem Prinzip der **speziellen Aufträge** (Bestellprinzip) eine marktkonforme Förderung besonderer politischer Ziele gestatten, wie dies in Abschnitt 3 dargestellt worden ist (*Wissenschaftlicher Beirat beim Bundesminister für Verkehr*, 1988, S. 81 ff.). Nur die Herstellung eines Planungskonzeptes, das fest in die Leistungs- und Investitionszusammenhänge der Marktwirtschaft eingebunden ist, gibt die Legitimation und Kompetenz, den Einsatz »marktwirtschaftlicher Steuerungsinstrumente« zu empfehlen, etwa Road-pricing-Systeme, zur Zeit eine Lieblingsbeschäftigung unwissender und auch wissender Interventionisten (*Goodwin/Jones*, 1989).

10 Einen Überblick über das weite Spektrum gibt bis Mitte der siebziger Jahre *Simonis* (1977).

Die Meinung trifft nicht zu, daß die staatlichen Entscheidungen im Straßenbau die antizipierten oder sogar die tatsächlich realisierten Produktivitätseffekte abdecken würden, so daß die zukünftigen Nutzen damit bereits ex ante internalisiert seien. Das in Wahrheit ungelöste Problem liegt vielmehr gerade darin, daß die voraussehbaren positiven Wirkungen für die Produktivität und Versorgung sowie für mögliche Anschlußinnovationen bei den politischen Entscheidungen über die Planung und Finanzierung der Verkehrswege und insbesondere der Straßen richtig erkannt und tatsächlich berücksichtigt werden. Das ist im emotional strapazierten Meinungsstreit über den Straßenbau und bei den wenig effizienten Planungs- und Finanzierungssystemen selbst dann als äußerst unwahrscheinlich auszuschließen, wenn nur eine vernünftige Annäherung und keine perfekte Lösung erwartet wird. Doch sogar die bestmögliche Berücksichtigung in der Planung bedeutet nicht schon Internalisierung der externen Nutzen. Für deren Überführung in Transaktionen müßten vielmehr Markt- und Vergütungsbeziehungen zwischen den Nutznießern und allen Verursachern der Nutzen hergestellt werden (*Richter/Wiegard*, 1993, S. 192 ff.; *Streissler*, 1993).

X. Verknüpfung der verkehrsinduzierten negativen und positiven Externalitäten

Die externen Nutzen des Verkehrs und speziell des motorisierten Straßenverkehrs können bereits beim heutigen Stand der Forschung sinnvoll systematisiert werden; ihr Auftreten und ihre Bedeutung sind an Hand von Beispielen gut plausibel zu machen. Außerdem laufen vielversprechende Versuche, für einzelne Funktionsfelder des Straßenkraftverkehrs auch die Größenordnungen der induzierten Nutzen mit nachvollziehbaren Verfahren abzuschätzen.[11] Allerdings gelten auch hier die methodischen Vorbehalte gegen Zusammenfassungen und Gesamtrechnungen, die in Abschnitt VI für die Seite der externen Kosten aufgeführt werden mußten. Eine wissenschaftlich fundierte Bilanzierung aller Kosten und Nutzen – einschließlich aller externer Effekte – ist selbst langfristig nicht erreichbar, ist aber – und das bildet jetzt den entscheidenden Punkt – für die Grundlegung rationaler verkehrspolitischer Entscheidungen auch gar nicht erforderlich. Deshalb trifft die Meinung ins

11 Deshalb muß das bequeme Gegenargument zurückgewiesen werden, bei den externen Kosten seien das Bestehen und die Gliederung der Sachverhalte akzeptiert, umstritten könnten nur noch einige Größenangaben sein, während bei den externen Nutzen nicht einmal die Existenz und die Einteilung allgemein anerkannt würden. Die Unterschiede im Informationsstand und im Umfang der Literatur erklären sich leicht aus dem Forschungsrückstand und aus der einseitigen Forschungsförderung.

Leere, Rechnungen, die zwar nicht wirklich richtig sein könnten, aber immerhin Problemgewichte augenfällig machen würden, seien besser, als gar keine Rechnungen. Statt aus absolut unstimmigen Versuchen einer Totalerhebung der externen Kosten des Straßenverkehrs ebenso unstimmige verkehrs- und umweltpolitische Schlußfolgerungen herzuleiten, sollten eine Segmentierung der Problemfelder und eine überschaubare problemfeldbezogene Ziel-Mittel-Findung erfolgen. Dabei sind die bestehenden Problemlagen an Hand begründeter Konventionen festzustellen und kritisch zu überprüfen.[12] Dies schließt einen gesellschaftlichen Konsens über die Zielwerte von Lageverbesserungen ein, aus der sich dann die Bereitschaft ergibt, für genau beschriebene Vorteile in bestimmtem Umfang Kosten zu tragen und Nutzenverzichte in Kauf zu nehmen. Die Formulierung der Ziele und Zielerreichungsstufen sowie die Planung der Annäherungsschritte müssen unter Nutzung aller erreichbaren Informationen über die bestehenden Möglichkeiten und über die absehbaren Konsequenzen **in ihren wechselseitigen Zusammenhängen** betrachtet und beurteilt werden.[13] Die Planung von Maßnahmen und Maßnahmenbündeln erschöpft sich nicht in technischen Problemen; es geht vielmehr entscheidend um eine wirtschaftliche Optimierungsaufgabe, bei der den definierten Lageverbesserungen (Nutzen) die gesamten Kosten der Zielerreichung gegenübergestellt werden müssen. Bestimmte Maßnahmen, etwa verschärfte Emissionsgrenzwerte oder höhere Treibstoffabgaben, lassen nicht nur die Fahrzeug- und Betriebskosten ansteigen, sie reduzieren auch den Anfall von externen Nutzen, indem durch die Maßnahmen zur Internalisierung externer Kosten anderenfalls offen stehende Möglichkeiten für erwünschte

12 Der Form nach bestehen hier durchaus Ähnlichkeiten mit der heutigen Praxis von Nutzen-Kosten-Untersuchungen und Umweltverträglichkeitsprüfungen. Eine systematische Kritik und Überprüfung bedürfen aber die verwendeten Standards und vor allem das Verhältnis zwischen den Analyse- bzw. Verträglichkeitsvorgaben und der Unterstellung ungedeckter externer Kosten.

13 Ein Beispiel für falsches Vorgehen bietet der oft als mutig und zukunftsweisend bezeichnete Beschluß der Bundesregierung zwischen 1988 und 2005 den CO_2 Ausstoß in Deutschland um 25 bis 30% zu reduzieren. Dieser Beschluß ist nicht nur ohne internationale Abstimmung, sondern ohne jede fundierte Rückkoppelung über Ziel-Mittel-Zusammenhänge gefaßt worden. Nachträglich wurden dann umfangreiche Gutachten vergeben, in denen u. a. für den Bereich des Verkehrs **alle nur denkbaren Mittel und Möglichkeiten der CO_2 Reduktion** aufgefunden und im Hinblick auf ihre technische Reduktionswirksamkeit beurteilt werden sollten. Eine systematische volkswirtschaftliche Folgenabschätzung der zur Besichtigung vorgestellten Maßnahmen und Maßnahmenbündel unterblieb aber auch noch auf dieser Stufe. Das Ergebnis sind unkoordinierte Meinungsäußerungen und Glaubensbekenntnisse aus den beteiligten Ressorts (Umwelt, Verkehr, Wirtschaft, Inneres, Finanzen, Bau, Landwirtschaft, Forschung), ganz zu schweigen von den Verhandlungsbruchstücken auf EG-Ebene und den UNO-Aktivitäten. Dabei handelt es sich um ein Problem, das, wenn es überhaupt ein Problem ist, nur global angesprochen und beeinflußt werden kann.

Entwicklungen ausgeschlossen werden. Negative Folgen dieser Art sind in der Planungsvorbereitung abzuschätzen und in das Nutzen-Kosten-Kalkül einzubeziehen.

Die Existenz und Bedeutung von externen Nutzen zeigt auch ein Umkehrschluß, dem besondere Aufmerksamkeit gelten sollte. Es ist ja leicht zu sehen, daß für externe Kosten, etwa für Lärm, Geruchsbelästigungen und visuelle Beeinträchtigungen, immer Toleranzmargen bestehen und auch bestehen müssen. Für die Hinnahme externer Kosten gibt es natürlich Grenzen der Akzeptanz. Doch diese Grenzen zeigen in verschiedenen Ländern ganz beträchtliche Unterschiede, und das ist auch zwingend so. Denn würden etwa in zurückhängenden Entwicklungsländern, etwa in Pakistan, Indien, Angola oder auch noch in Mexiko, kurz-, ja mittelfristig die gleichen Maßstäbe des Städtebaus und der Landschaftspflege oder die gleichen Grenzwerte für Lärm- und Abgasemissionen durchgesetzt, wie sie in den hochentwickelten Volkswirtschaften gelten, dann wären damit schon alle Entwicklungschancen im Keime erstickt. Die Hinnahme externer Kosten in einem immer wieder durch Nutzen-Kosten-Abschätzungen kontrollierten Umfang ist ein Preis für die externen Nutzen eines erwarteten Entwicklungsprozesses. Die Akzeptanz externer Kosten spiegelt dann auch das Gewicht der externen Nutzen; man kann dies eine kollektive Internalisierung nennen. Daraus folgt, daß die bloße Feststellung von externen Kosten nicht schon per se ein Argument für Anlastungsmaßnahmen darstellt. Zu fragen ist vielmehr stets auch nach dem Entstehungszusammenhang und nach den Folgen und Nebenwirkungen bestimmter Vermeidungs-, Verminderungs- und Kompensationsmaßnahmen. Den standortbezogenen Konsequenzen für die Produktions- und Beschäftigungsbedingungen sollten dabei erfahrungsgestützt ein höheres Gewicht zugemessen werden, als dies bisher die Regel war und ist.

Die Versuche zur Berechnung der externen Kosten des Verkehrs bieten der Politik keine Orientierungshilfe. Einige als »extern« bezeichnete Komponenten sind schon ganz oder weitgehend über den Fahrzeug- und Treibstoffpreis und über Versicherungsbeiträge internalisiert. Ferner deckt der motorisierte Straßenverkehr als einziger Verkehrszweig nicht nur die ihm anlastbaren Wegekosten; die spezifischen Belastungen haben vielmehr eine Höhe erreicht, die zu einer deutlichen Überdekkung führt. Dies erbringt einen zusätzlichen fiskalischen Internalisierungsbeitrag. Schließlich stehen den verbleibenden externen Kosten wesentliche externe Nutzen gegenüber. Der Hinweis auf eine bewußte, rational begründete Akzeptanz bestimmter externer Belastungen stützt die Vermutung, daß die externen Nutzen diese externen Restkosten kompensieren.

Literaturverzeichnis

Aberle, G., K. H. Holocher, »Vergleichende Wegerechnungen und Verkehrsinfrastrukturpolitik«, *Schriftenreihe des Verbandes der Automobilindustrie*, Bd. 46, Frankfurt 1984.

Aberle, G., W. Hamm, *Nutzfahrzeuge zur Güterbeförderung. Leistungen und Entwicklungschancen*, Frankfurt 1987.

Aberle, G., M. Engel, »Theoretische Grundlagen zur Erfassung und Bewertung des volkswirtschaftlichen Nutzens des Straßengüterverkehrs«, *Internationales Verkehrswesen*, 44. Jg. (1992), S. 69 ff.

Arbeitsgruppe Wegekosten im Bundesverkehrsministerium, »Bericht über die Kosten der Wege des Eisenbahn-, Straßen- und Binnenschiffsverkehrs in der Bundesrepublik Deutschland«, *Schriftenreihe des Bundesministers für Verkehr 34*, Bad Godesberg 1969.

Basedow, J., »Verkehrsrecht und Verkehrspolitik als europäische Aufgabe, in: Basedow, J. (Hrsg.), »Europäische Verkehrspolitik, *Max Plank Studien für ausländisches und internationales Privatrecht*, Bd. 16, Tübingen 1987.

Baum, H., »Finanzierungskonzept für den ÖPNV in Köln«, *Gutachten für die Kölner Verkehrsbetriebe*, Köln 1993 (vervielfältigt).

Blaug, M., *Economic Theory in Retrospect*, Homewood (Ill.), 1962.

Bössmann, E., »Externe Effekte (I) und (II)«, *Das Wirtschaftsstudium (wisu)*, 8. Jg., S. 95 ff. und 147 ff.

Braubach, U., »Deregulierung der Postdienste«, *Untersuchungen zur Wirtschaftspolitik, Bd. 90, Institut für Wirtschaftspolitik an der Universität zu Köln*, Köln 1992.

Buchanan, J. M., W. C. Stubblebine, »Externality«, *Economica*, N. S. Vol. 29 (1962), S. 371 ff.

Bundesminister für Verkehr, »Bericht über die Verzerrungen der Wettbewerbsbedingungen im binnenländischen Güterverkehr und Vorschläge zu ihrer Beseitigung«, *Bundestagsdrucksache* IV/1449.

Bundesverband des Deutschen Güterfernverkehrs (BDF), *Verkehrswirtschaftliche Zahlen 1992*, S. 58.

Cropper, M. L., W. C. Oates, »Environmental Economics: A Survey«, *Journal of Economic Literature*, Vol. 30 (1992), S. 675 ff.

Deregulierungskommission, *Marktordnung und Wettbewerb, Berichte 1990 und 1991*, Stuttgart 1991.

Deutscher Industrie- und Handelstag (DIHT), *Verkehr finanziert Verkehr. Vorstellung zur Bildung eines Sondervermögens Bundesverkehrswege*, Bonn 1990.

Diekmann, A., »Nutzen und Kosten des Automobils – Vorstellungen zu einer Bilanzierung«, *Internationales Verkehrswesen*, 42. Jg. (1990).

ECOPLAN, *Externe Nutzen des Verkehrs*, Bericht 39 des NFP »Stadt und Verkehr«, Zürich 1993.

Enderlein, H., H. Link, »Berechnung der Wegekosten- und Wegeausgabendeckungsgrade für den Straßenverkehr in den alten Ländern des Bundesrepublik Deutschland für das Jahr 1991«, *Deutsches Instituts für Wirtschaftsforschung (DIW)*, Berlin 1992.

Erdmenger, J. »Die EG-Verkehrspolitik vor Gericht. Das EuGH-Urteil Rechtssache 13/83 vom 22. Mai 1985 und seine Folgen«, *Europarecht*, 20. Jg (1985), S. 380 ff.

Ewers, H.-J., »Kosten der Umweltverschmutzung. Probleme ihrer Erfassung, Quanitfizierung und Bewertung«, in: Umweltbundesamt (Hrsg.), *Kosten der Umweltverschmutzung*, Berlin 1986.

Fritsch, B., »Zur Theorie und Systematik der volkswirtschaftlichen Kosten«, *Kyklos, Internationale Zeitschrift für Sozialwissenschaften*, Bd. XV (1962), S. 240 ff.

Goodwin, P. B., P. M. Jones, »Road-Pricing: The Political and Strategic Possibilities«, in: »Systems of Road Infrastructure Cost Coverage«, *8th Round Table, European Conference of Ministers of Transport* (*ECMT*), Paris 1989.

Haller, H., *Die Steuern*, 3. Aufl., Tübingen 1981.

Hamm, W., »Deregulierung im Verkehr als politische Aufgabe«, *Studien des Forschungsinstituts für Wirtschaftspolitik an der Universität Mainz*, Nr. 36, München 1989.

Hansmeyer, K.-H., B. Rürup, *Staatswirtschaftliche Planungsinstrumente*, 2. Aufl., Tübingen, Düsseldorf 1975.

Holocher, K. H., »Wegerechnungen für Straßen«, *Gießener Studien zur Transportökonomie und Kommunikation*, Bd. 3, Darmstadt 1988.

Holzapfel, H., R. Willeke, A. Diekmann, H.-J. Frank, »Hat die Arbeitsteilung ihr Optimum überschritten?«, Zeitgespräch, *Wirtschaftsdienst*, 72. Jg. (1992), S. 555 ff.

Ihde, G. B., *Transport, Verkehr, Logistik*, 2. Aufl., München 1991.

Lauschmann, E., »Zur Frage der ›social costs‹«, *Jahrbuch für Sozialwissenschaften*, Bd. 4 (1959), S. 199 f.

Marshall, A., *Principles of Economics*, 8th ed., 1920, repr. London 1947, chap. X, S. 267 ff.

Pigou, A. C., *The Economics of Welfare*, 4th ed., London 1952, chap. IX, S. 172 ff.

Planco Consulting, »Externe Kosten des Verkehrs – Schiene, Straße, Binnenschiffahrt«, *Gutachten im Auftrag der Deutschen Bundesbahn*, Essen 1990.

Predöhl, A., *Verkehrspolitik*, 2. Aufl., Göttingen 1964.

Richter, W. F., W. Wiegard, »Zwanzig Jahre ›Neue Finanzwissenschaft‹«, *Zeitschrift für Wirtschafts- und Sozialwissenschaften*, 113. Jg. (1993), S. 192 ff.

Rothengatter, W., *Do External Benefits Compensate for External Costs?*, Karlsruhe 1992 (vervielfältigt).

Schmitt, A., »Verkehrsordnung durch Wettbewerb oder Zwang. Ein Beitrag zum Problem Schiene – Straße«, *Ordo*, Bd. 3 (1950), S. 173 ff.

Schmitt, A., »Systemgerechte Sonderbesteuerung des Kraftwagens – ein Beitrag zu marktkonformer Verkehrspolitik«, *Zeitschrift für Verkehrswissenschaft*, 25. Jg. (1954), S. 200 ff.

Simonis, U. E., »Infrastruktur«, *Neue Wissenschaftliche Bibliothek, Wirtschaftswissenschaften*, Köln 1977.

Streissler, »Das Problem der Internalisierung«, in: König, H. (Hrsg.), »Umweltverträgliches Wirtschaften als Problem von Wissenschaft und Politik«, *Schriften des Vereins für Socialpolitik*, Bd. 224, Berlin 1993.

Suntum, U. van, *Verkehrspolitik*, München 1986.

Teufel, D., »Umweltwirkungen von Finanzinstrumenten im Verkehrsbereich«, *UPI-Bericht*, Nr. 21, Heidelberg 1991.

Weinberger, M., H. G. Thomassen, R. Willeke, »Kosten des Lärms in der Bundesrepublik Deutschland«, *Berichte des Umweltbundesamtes*, Bd. 9/91, Berlin 1991.

Weizsäcker, C. C. von, »Staatliche Regulierung – positive und normative Theorie«, *Schweizerische Zeitschrift für Volkswirtschaft und Statistik*, 118. Jg. (1982), S. 325 ff.

Werner, M., »Regulierung und Deregulierung des Verkehrssektors in der wirtschaftswissenschaftlichen Diskussion«, *Zeitschrift für Verkehrswissenschaft*, 59. Jg. (1988), S. 44 ff. und 128 ff.

Willeke, R., »›Ruinöse Konkurrenz‹ als verkehrspolitisches Argument«, *Ordo*, Bd. 28 (1977), S. 155 ff.

Willeke, R. (1984a), *Zur Liberalisierung der Marktordnung des Straßengüterverkehrs*, Kaarst 1984.

Willeke, R. (1984b), »Soziale Kosten und Nutzen der Siedlungsballung und des Ballungsverkehrs«, *Schriftenreihe des Verbandes der Automobilindustrie*, Bd. 41, Frankfurt 1984.

Willeke, R. (1984c), »Sozialkosten des Straßenverkehrs und das Verursacherprinzip«, in: Ewers, H. J., H. Schuster (Hrsg.), »Probleme der Ordnungs- und Strukturpolitik«, *Festschrift für H. St. Seidenfus*, Göttingen 1984.

Willeke, R., »Infrastruktur und Infrastrukturplanung als ordnungspolitisches Problem«, in: Klatt, S. (Hrsg.), »Perspektiven verkehrswissenschaftlicher Forschung«, *Festschrift für Fritz Voigt zum 75. Geburtstag*, Berlin 1985, S. 399 ff.

Willeke, R., »Soziale Nutzen des Kraftfahrzeugverkehrs«, in: »Zweites Karlsruher Seminar zur Umweltökonomie und Verkehrsplanung«, *Schriftenreihe der Deutschen Verkehrswissenschaftlichen Gesellschaft*, Nr. B 136, Bergisch Gladbach 1991.

Willeke, R., »Nutzen des Verkehrs und der verschiedenen Verkehrsmittel«, *Zeitschrift für Verkehrswissenschaft*, 63. Jg. (1992), S. 137 ff.

Willeke, R., »Die politische Relevanz externer Kosten und externer Nutzen des Verkehrs«, *Gutachten für den Schweizerischen Straßenverkehrsverband (FRS)*, Köln 1993 (vervielfältigt).

Willeke, R., G. Aberle, »Zur Lösung des Wegekostenproblems«, *Schriftenreihe des Verbandes der Automobilindustrie*, Bd. 4, Frankfurt 1970.

Wissenschaftlicher Beirat beim Bundesverkehrsministerium, »Grundsätze für die Aufbringung der Kosten der Verkehrswege«, *Schriftenreihe des Wissenschaftlichen Beirats beim Bundesverkehrsministerium*, Heft 3, Bielefeld 1954.

Wissenschaftlicher Beirat beim Bundesminister für Verkehr – Gruppe Verkehrswirtschaft –, »Verkehrsinfrastruktur als Voraussetzung für die gesellschaftliche und wirtschaftliche Entwicklung in der Bundesrepublik Deutschland«, *Zeitschrift für Verkehrswissenschaft*, 58. Jg. (1987), S. 131 ff.

Wissenschaftlicher Beirat beim Bundesminister für Verkehr – Gruppe Verkehrswirtschaft –, »Gemeinwirtschaftlichkeit der Deutschen Bundesbahn«, in: *Zeitschrift für Verkehrswissenschaft*, 59. Jg. (1988), S. 81 ff.

Wittmann, W., »Externe Kosten und Nutzen im Straßenverkehr«, *Gutachten für den Schweizerischen Straßenverkehrsverband (FRS)*, Bern 1990 (vervielfältigt).

Der Sachverständigenrat zur Begutachtung der gesamtwirtschaftlichen Entwicklung 1982–1992

Hans K. Schneider

I.

Über den Sachverständigenrat sind in den nunmehr dreißig Jahren seines Wirkens zahlreiche Bücher und Artikel erschienen (vgl. ausführliche Literaturverzeichnisse bei *Kloten und Heise/Ragnitz*). Sie gehen konzeptionellen Fragen und Spezialthemen nach oder behandeln einzelne Gutachten. Im folgenden Beitrag soll versucht werden, aus der Perspektive eines früheren Mitglieds einigen Fragen der Ratsarbeit nachzugehen, die im letzten Jahrzehnt streitig waren und es teilweise auch heute sind. Worum es dabei geht, wird in Thesenform vorgestellt.

Den Beginn und das Ende dieser Zeitspanne markieren Phasen der wirtschaftlichen Schwäche. Die letzte Rezession in der alten Bundesrepublik konnte schnell überwunden werden, und die im Herbst 1982 einsetzende Aufwärtsentwicklung erwies sich dann als ungewöhnlich stabil und langdauernd. Kaum jemand wagt dies gegenwärtig für die Erholung nach der ersten Rezession der neuen Bundesrepublik zu erhoffen: zu gewaltig sind die Hürden beim Aufbau Ost, zu groß die Mängel im strukurellen Gefüge im Westen, zu verkrustet die Institutionen, zu sehr erstarrt die Denkweisen und gängigen Handlungsmuster in ganz Deutschland, und zu wenig haben die wirtschaftspolitischen Akteure in Staat und Gesellschaft bisher unternommen, um die mit der Vereinigung geschaffene neue Lage zu meistern. Weil bei allem unbedacht blieb, daß die Auslandskonkurrenz der deutschen Industrie immer härter zusetzt, geriet der Standort Deutschland mehr und mehr in Bedrängnis. Fürwahr, der Sachverständigenrat steht heute vor einer Aufgabe von ungewöhnlicher Komplexität und Schwierigkeit.

II.

»Die Chancen für einen langen Aufschwung‹ wurden genutzt: durch Angebotspolitik.« – Nach den intensiven Diskussionen innerhalb des Rates und mit seinen

Kritikern draußen war es für alle, die 1982 für eine angebotspolitische Strategie warben, sehr befriedigend, feststellen zu dürfen, wie eben diese Strategie aus der Rezession herausführte und die »Chancen für einen langen Aufschwung« – so lautete der Titel des Jahresgutachtens 1984 – begründete. Die Wirtschaftspolitik hielt über viele Jahre einen Kurs, der auf Abbau des strukturbedingten Defizits der öffentlichen Haushalte abzielte und Kosten- sowie Preisstabilität ermöglichte. Sie milderte außerdem einige der in den Regelwerken begründeten ärgsten Behinderungen der ökonomischen Antriebskräfte, doch fehlte ihr der Mut, hierbei die Axt an die Wurzeln dieser Übel anzulegen – eine von Gutachten zu Gutachten wiederkehrende Klage.

Es war anfangs der achtziger Jahre überaus mühsam und wenig populär, ausgerechnet in einer Rezession für die Rückführung der Defizite in den öffentlichen Haushalten, für knappes Geld und Lohnmäßigung einzutreten, also für all das, was nach dem Keynes-Regelbuch in Zeiten schwacher Nachfrage keinesfalls getan werden dürfte. Damals herrschte noch verbreitet die Vorstellung, Rezessionen seien immer das Produkt eines Mangels an gesamtwirtschaftlicher Nachfrage. Die Erkenntnis, daß die 1981/82er Rezession durch tiefgreifende Störungen der marktwirtschaftlichen Koordinationsmechanismen und der Antriebskräfte und durch massive Fehler in der Stabilisierungspolitik verursacht war, nicht etwa durch originären Nachfragemangel – die schwache Nachfrage war lediglich ein Reflex dieser Fehlentwicklungen! –, fand erst allmählich breitere Zustimmung.

Den langen Aufschwung nach 1982 primär dem Wirken verbesserter Angebotsbedingungen zuzuschreiben, war damals und ist heute nicht unbestritten. Es trifft sicherlich zu, daß die Wiederbelebung der Weltkonjunktur einen gehörigen Anteil hatte; ohne sie wäre der Aufschwung nach 1982 nicht weiter vorangekommen. Der staatlichen Wirtschaftspolitik und der Lohnpolitik gebührt jedoch das Verdienst, die Bedingungen geschaffen zu haben, unter denen die erstarkenden inländischen Auftriebskräfte die positiven Impulse von außen in eine spannungsarme Aufwärtsentwicklung umsetzen konnten. Außerdem basierte die Besserung der Weltwirtschaft, was oft übersehen wird, auf einem Kurswechsel in Richtung Angebotspolitik, der in wichtigen Ländern fundamentale Verbesserungen bewirkte. So gesehen, stand der Erfolg deutscher Wirtschaftspolitik in einem Wirkungsverbund mit dem im Ausland.

Man sollte eigentlich erwarten, daß der schließlich allen offenkundig gewordene Erfolg angebotsorientierter Wirtschaftspolitik den anhaltenden Durchbruch im Denken und Handeln der wirtschaftspolitischen Akteure gebracht haben müßte. Dem ist jedoch nicht so. Diese neue Erfahrung wurde schnell beiseite gelegt, als die Bewältigung der wirtschaftlichen Aufgaben der deutschen Vereinigung anstand. Indem Regierung und Tarifvertragsparteien die Schwierigkeiten des Aufbaus Ost und seiner Implikationen für das wirtschaftspolitische Handeln total verkannten, kam es zu den überhöhten Lohnabschlüssen, zu ausuferndem Schuldenmachen des Staates und einer überbordenden Belastung der Privaten mit Abgaben; die mühsam wiedergewonnene Solidität der Staatsfinanzen und die hart erkämpfte Geldwertstabilität gingen verloren, und die Antriebskräfte wurden ausgerechnet in der Zeit des deutschen Neuaufbaus abgeschwächt. Zwar fordern alle die Rückführung der Staatsverschuldung, doch die wenigsten wollen wahrhaben, daß dies, ohne die ökonomischen Antriebskräfte erneut zu schädigen, einschneidende Verzichte bei den Ansprüchen erfordert. Nach wie vor versuchen die für Wirtschaftspolitik Verantwortlichen, den Weg des geringsten Widerstandes in Politik und Gesellschaft zu gehen, nach wie vor erfreuen sich soft policies größerer Beliebtheit als bittere Medizin und Eigenleistung.

III.

»Der Sachverständigenrat verfügt nicht über eine geschlossene theoretische Konzeption für seine Arbeit – die von ihm vertretene angebotspolitische Konzeption ist es jedenfalls nicht.« – Gegen Vorwürfe dieser Art, die im Kern die wissenschaftliche Legitimation seiner Analysen und wirtschaftspolitischen Ratschläge infrage stellen, hat sich der Sachverständigenrat immer wieder zur Wehr setzen müssen.

Ein Beratungsgremium mit vorgegebenem Zielkatalog und festem Auftrag steht in der Pflicht, das Angebot an Theorien zu sichten und die jeweils bestindizierten Theorien herauszusuchen. Der Rat muß immer offen sein für neue theoretische Erkenntnisse und immer gewillt, ungeeignete oder nichtindizierte Theorie zurückzuweisen. Er müßte konsequenterweise selbst solche Theorie zurückweisen, die er noch im letzten Gutachten verwandt hat, wenn sich diese als unhaltbar erwiesen hat. Das kann jedoch bei sorgfältigem Arbeiten nur die Ausnahme, nicht die Regel sein; sonst würden die Addressaten der Gutachten eher verwirrt als geführt. Offen sein für das Bessere, aber festhalten an Bewährtem: Das war und das ist die Einstellung des Rates zur theoretischen Grundlegung seiner Arbeit.

Wenn die konzeptionelle Basis der Ratsarbeit mit Angebotspolitik umschrieben wird, so ist zunächst darauf zu verweisen, daß diese sich nur in Teilen mit den supply-side-economics angelsächsischer Provenienz deckt. Entscheidende Anstöße zur Ausformung der Ratskonzeption gab in den siebziger Jahren die Suche nach einer wirtschaftspolitischen Therapie, die den wirtschaftlichen Auswirkungen der Ölpreisschocks besser gerecht zu werden versprach als der bis dahin herrschende Keynesianismus; es sollte nicht vergessen werden, daß das OECD-Sekretariat damals den Mitgliedern der Organisation mit Nachdruck eine expansiv wirkende Wirtschaftspolitik empfahl, um eine von ihm befürchtete Nachfragelücke von weltweitem Ausmaß zu schließen. Als Kontrapunkt zur keynesianischen Nachfragesteuerung war der Begriff »Angebotspolitik« nicht schlecht gewählt. Eigentlich gemeint ist jedoch viel mehr als eine Stärkung der Angebotsseite, insbesondere also der wirtschaftlichen Antriebskräfte, nämlich auch die Verbesserung der Koordinierungsmechanismen der Märkte und die Sicherung der Grundlagen für Stabilität. Im Verlauf der Sachverständigenratsarbeit hat sich die Angebotspolitik mehr und mehr zu einer ordnungspolitischen Ausformung der Wachstums- und Stabilitätspolitik weiterentwickelt. Sie fußt damit wissenschaftlich zum einen auf Neoklassik, Monetarismus und einer gemäßigten Version der Theorie der rationalen Erwartungen, und sie ist zum andern auch beeinflußt von Vorstellungen der modernen Institutionenlehre, der Industrieökonomik und der positiven Theorie der Politik.

Auch der Sachverständigenrat neigt der Grundposition einer immanenten Stabilität des privaten Sektors zu, allerdings nicht mit der gleichen Rigorosität wie die Neue Klassische Makroökonomik. So hat er sich um die Mitte der achtziger Jahre vorsichtig-kritisch insbesondere zu einer funktionslosen Volatilität der Wechselkursbildung geäußert und sich früher schon für ein Festkurssystem in der EG ausgesprochen. Auch der Spekulationswelle, die im Börsenkrach vom 19.Oktober 1987 ihr jähes Ende fand, begegnete er kritisch; weitreichende Schlußfolgerungen im Hinblick auf die gesamtwirtschaftlichen Auswirkungen hat er – mit Blick auf die damals guten fundamentalen Daten – nicht gezogen. Schließlich hat sich der Rat auch nie die These zueigen gemacht, daß perfekt rationale Wirtschaftssubjekte das Handeln von Geldpolitik und Finanzpolitik korrekt antizipieren und dadurch deren Wirksamkeit zunichte machen. Bei der Lohnbildung hat sich der Rat wiederholt für mehr Marktnähe bei der Festsetzung der Tariflöhne und der Arbeitsbedingungen ausgesprochen, ohne jedoch das bestehende System der Tariflohnbildung im ganzen infrage zu stellen. Für die überwiegende Mehrzahl der Märkte indessen hält der Rat an der Position fest, daß eine freie Preisbildung zu einem stabilen Gleichgewicht hinführt, das heißt, daß die Märkte, sobald sie einer exogenen Störung ausgesetzt werden, immer wieder und auch schnell zu einem neuen Gleichgewicht zurückfinden.

Exogene Störungen gehen hauptsächlich von der Politik aus. Das trifft im übrigen auch für die beiden Ölpreisschocks zu: Beim ersten waren es Änderungen in den property rights und dann politisch-militärische Vorgänge, die ihn begründeten; beim zweiten war es der Umsturz im Iran. Exogene Faktoren sind nach der Ratsposition die Hauptverantwortlichen für Marktungleichgewichte. Die in der Öffentlichkeit am stärksten beachteten »Gleichgewichte mit anhaltender Unterbeschäftigung« und »chronischer Wohnungsmangel« sind bei Licht besehen Ungleichgewichte, die dadurch entstehen, daß staatliche Preisinterventionen, überhöhte exogene Lohnsetzungen und übermäßige oder ungeschickte staatliche Regulierungen die Koordinationsmechanismen der Märkte massiv beeinträchtigen. Daß sich der Sachverständigenrat immer stärker mikroökonomischen Reformen zuwandte und für die Beseitigung von Barrieren aussprach, die einem dynamischen Wettbewerb im Wege stehen, gründet sich auf seine Diagnose, daß hierin zentrale Ursachen der gesamtwirtschaftlichen Fehlentwicklungen liegen. Dem Sachverständigenrat ist durch Gesetz vorgegeben, seine Analysen auf einen marktwirtschaftlichen Ordnungsrahmen zu beziehen. Die Freiheit zum Wettbewerb und die Freiheit der Wirtschaftssubjekte, sich unternehmerisch, als Investor und Innovator, Anbieter von Arbeitsleistungen oder sonstwie ökonomisch betätigen zu können, begründen die Dynamik und Flexibilität der Marktwirtschaft und begrenzen wirksam die wirtschaftliche Macht. Einschränkungen dieser Freiheiten bedürfen der sorgfältigen Rechtfertigung, insbesondere durch entgegenstehende Freiheitsrechte anderer, und müssen dabei immer auch auf ihre Auswirkungen auf die Funktionsfähigkeit der Marktwirtschaft hin überprüft werden.

IV.

»Wissenschaftlicher Rat darf sich nur ›fundierter‹ theoretischer Erkenntnis bedienen.« – Das Petitum klingt plausibel. Seine praktische Handhabung stößt jedoch auf beträchtliche Probleme.

Ein Beratungsgremium wie der Sachverständigenrat, das wie kein anderes in die politische Diskussion eingebunden ist und sich den Fachkollegen wie der Öffentlichkeit zu stellen hat, steht unter permanentem Rechtfertigungszwang. Rechtfertigen heißt für den Rat, mit wissenschaftlichen Argumenten überzeugen.

Die wissenschaftliche Diskussion ist in ihrer Kompromißlosigkeit von unschätzbarer Bedeutung, und der Rat darf für sich in Anspruch nehmen, daß er die wissenschaftliche Auseinandersetzung über seine Arbeit und in seinen Arbeiten nicht gescheut, sondern gesucht hat. In der Ratsarbeit selbst kam das wissenschaftliche Streiten in diesen zehn Jahren nicht zu kurz; wer etwas zu sagen hatte, konnte das tun, wer in der Diskussion nicht überzeugt werden konnte, hatte die Möglichkeit, seine abweichende Meinung zu bestimmten Punkten im Gutachten zum Ausdruck zu bringen. Manches aus der wissenschaftlichen Kritik von außen fand, oft wenig beachtet, seinen Niederschlag in Ratsgutachten. Kaum Resonanz gefunden hat zum Beispiel, daß der Rat seit 1984 mit dem neu eingeführten Meßkonzept des Realwertes des Sozialprodukts die Terms-of-Trade-Effekte auf das inländische Realeinkommen erfaßt, Effekte, die insbesondere bei außenwirtschaftlichen Angebotsschocks ein wirtschaftspolitisch beachtliches Ausmaß erreichen können.

Die eigentliche Frage ist die, wie gut die Theorien sind, die der Sachverständigenrat verwendet. Es wird immer wieder umstritten sein, wann eine Theorie als empirisch hinreichend geprüft und nicht widerlegt angesehen werden kann, so daß sie ohne wissenschaftliche Skrupel für die wissenschaftliche Politikberatung verwendet werden darf. Das Arsenal der Wissenschaft ist indes nicht reichlich mit Theorien mit bestem Prüftestat ausgestattet, und das gilt erst recht für solches theoretisches Wissen, das sich hic et nunc für die Wahrnehmung des Beratungsauftrags eignet. Wo es an fundiertem theoretischen Wissen fehlt, muß auf Hypothesen der zweiten Wahl ausgewichen werden, müssen gegebenenfalls sogar eigene Arbeitshypothesen des Rats das provisorische Fundament abgeben, auf dem Diagnose und Wirkungsprognose zu erfolgen haben. Der Weg der Ratsarbeit über die Jahrzehnte ist gesäumt von solchen ad-hoc-Hypothesen.

Großes Unbehagen bereitet es, wenn die Qualität einer Hypothese von zentraler Tragweite in der wissenschaftlichen Diskussion umstritten bleibt. Die monetaristische Hypothese von der Stabilität der Geldnachfragefunktion gehört hierhin. Immer wieder stand in diesem Jahrzehnt die Frage auf dem wissenschaftlichen Prüfstand, wie es denn um die Stabilität dieser Hypothese, in der ja eine tragende Annahme für die Wirksamkeit der Geldangebotssteuerung zu sehen ist, bestellt sei. Mehr als Plausibilität für die Brauchbarkeit der Hypothese, das heißt, mehr als ein Argument für ihr vorläufiges Beibehalten, konnte das Diskutieren und das Evaluieren der Literatur im Rat nicht zuwegebringen. Nimmt man die neuen Geldformen und den offenkundig gelockerten Zusammenhang zwischen Geldaggregaten und gesamtwirtschaftlichen Größen in den Blick, so stellt sich die Frage, ob nicht ein geldpolitischer Paradigmenwechsel angezeigt ist.

Aus der strengen Sicht der Wissenschaft ist das Festhalten an Hergebrachtem, zugegeben, nur schwach begründet. Wer jedoch Politik und Öffentlichkeit zu beraten hat, sollte sich für eine neue, womöglich nicht nur modifizierte, sondern ganz andere geldpolitische Konzeption erst dann entscheiden, wenn er festeren neuen wissenschaftlichen Boden in der Theorie gefunden hat. Davon aber scheint die theoretische Forschung bei der Geldnachfragefunktion heute wohl noch ein gutes Stück entfernt zu sein. Ähnliches gilt auch für andere Hypothesen, so etwa für die Gewöhnungshypothese, die der Normalverschuldung des konjunkturneutralen Haushalts zugrunde liegt.

Wissenschaftlich fundierte Beratung der Politik darf daher nicht als einfache Umsetzung von ausschließlich ›gesicherter‹ wissenschaftlicher Erkenntnis in anwendungsreife Ratschläge verstanden werden. Daraus folgt für den Rat, bescheiden zu sein. In der Argumentation, einschließlich der Wortwahl, darf ein wissenschaftlicher Ratgeber nicht eine Sicherheit seines Urteils vorgeben, die von der wissenschaftlichen Qualität der tragenden Hypothesen nicht gedeckt ist. Der Sachverständigenrat hat darum gerungen. Ob es ihm gelungen ist, bleibt anderen zu entscheiden.

V.

»Der Sachverständigenrat braucht ausgebaute ökonometrische Modelle.« – Diese Forderung spielte noch anfangs der achtziger Jahre eine größere Rolle, mittlerweile ist es um sie still geworden – eine Folge der Fehlprognosen, selbst bei Verwendung des Besten, was die Wissenschaft im Modelle-Kasten bereithält?
Das ökonometrische Handwerkszeug des Rates nimmt sich recht bescheiden aus. Selbstverständlich arbeitet auch er mit ökonometrischen Schätzgleichungen, auf ein eigenes ausgefeiltes Konjunkturmodell und mittelfristige Modelle hat er bisher jedoch verzichtet. Sieht man sich um: unter den wissenschaftlichen Instituten, bei Bundesbank, internationalen Organisationen, Beratungsgremien vergleichbarer Art, selbst großen Unternehmen – sie alle haben eigene Modelle –, so scheint der Rat in dieser Beziehung geradezu rückständig zu sein. Ist er das wirklich? Was die Qualität seiner Konjunkturprognosen anbetrifft, schneidet er im Vergleich recht gut ab. Ein Bedarf an mittelfristigen Prognosen der Gesamtwirtschaft besteht vom Auftrag her gesehen nicht, aber hin und wieder wäre es schon gut, über ein Modell zu verfügen, das konsistente Prognosen, auch über die Wirkung einzelner wirtschaftspolitischer Maßnahmen über mehrere Jahre ermöglicht.
Die wichtigste Erklärung für die Lücke bei mittelfristigen Modellen ist wohl die, daß die verstärkte Hinwendung zur Ordnungstheorie und -politik und die Abkehr von antizyklischer Konjunktursteuerung die Bedeutung von Modellen stark beeinträchtigt. Gute Ordnungspolitik bleibt gut, auch wenn die einschlägigen Prognosen daneben liegen! Außerdem ist zu bedenken, daß die Modellpflege in erheblichem Umfange Ressourcen bindet. Lohnt es sich? Diese Frage wird der Rat sich wohl auch in den nächsten Jahren stellen und dann erneut beantworten.
Bei aller Skepsis gegenüber der Validität von ökonometrischen Modellen wäre es wohl doch gut, wenn der Sachverständigenrat einen Weg finden würde, wie er sich dieses Handwerkszeug verschaffen könnte. Nachfrage hierfür besteht, auch bei besonderer Betonung der Ordnungspolitik. Die Auswirkungen alternativer Setzungen für die Prognoseannahmen (Dollarkurs, Lohnentwicklung, Ölpreis...) und Wirkungsprognosen von wirtschaftspolitischen Instrumenten oder gar Programmen ließen sich präziser fassen, als es zur Zeit möglich erscheint.

VI.

»Die amtliche Statistik informiert korrekt.« – Es gehört zu den ersten Arbeitserfahrungen der Eleven in Rat und Stab, daß sie erst lernen müssen, Statistiken sehr sorgfältig zu lesen und zu interpretieren. Was verbirgt sich nicht hinter den Statistiken der Bauproduktion, der Auftragseingänge oder des Arbeitsmarktes! Wer sich hiermit vertraut gemacht hat, sieht mit Sorge, wie zahlengläubig Politik und interessierte Öffentlichkeit, selbst gegenüber den gerade erst veröffentlichten provisorischen Zahlen, sind und wie wenig allgemein auf den Unschärfebereich der statistischen Berichterstattung geachtet wird.

Die Bundesrepublik verfügt weltweit über eine der besten statistischen Berichterstattungen. Aber auch bei ihr ist es unvermeidlich, daß die ersten vorläufigen Berichtszahlen und daß insbesondere Fortschreibungen später oft erheblich korrigiert werden müssen. So erscheint der im Herbst 1982 einsetzende Aufschwung im nachhinein deutlich stärker, als es die ersten vorläufigen Zahlen erwarten ließen. Viel wichtiger noch war die Revision der Erwerbstätigenzahlen aufgrund der Volks- und Arbeitsstättenzählungsergebnisse 1987. Die Beschäftigung verlief viel günstiger, als es vor der Revision ausgewiesen wurde: Die Erwerbstätigenzahl lag im Tiefpunkt der Beschäftigung 1983/84 nicht niedriger als 1976/77, sondern um rd 400 Tsd höher, und sie stieg danach schnell und sehr kräftig auf den höchsten Stand seit Bestehen der Bundesrepublik. Das hatte auch beträchtliche Korrekturen an der funktionalen Einkommensverteilung zur Folge, die, hätte man sie gekannt, der Diskussion über die angeblich extrem einseitige Besserstellung der Einkommen aus Unternehmertätigkeit und Vermögen einen anderen Akzent verliehen hätte. Im übrigen hat die Diskussion über die funktionale Verteilung in der zweiten Hälfte der achtziger Jahre auch darunter gelitten, daß sie das tiefe Ertragstal außer Acht ließ, in dem die Unternehmensgewinne über ein Jahrzehnt steckten.

Eine weitergehende Zerlegung des Aggregats »Einkommen aus Unternehmertätigkeit und Vermögen« in aussagefähige Teilaggregate steht seit vielen Jahren auf der Wunschliste des Sachverständigenrates. Mit einem Aggregat, das auch Mieten, Pachten und Zinseinnahmen, und damit teilweise auch Kosten für die Unternehmen, enthält, muß in Diskussionen über Verteilungsfragen sehr vorsichtig umgegangen werden. Eben das geschieht bedauerlicherweise vielfach nicht.

Die Mängel der Fortschreibung brachten den Sachverständigenrat bis 1990, was den Arbeitsmarkt angeht, in arge Erklärungs- und Begründungsnot. Ihm wurde bis dahin vorgehalten, daß die Konjunktur offensichtlich am Arbeitsmarkt vorbeigehe, und er sich daher gefälligst neues, anderes als das »Weiterdrehen seiner angebotspolitischen Gebetsmühle« einfallen lassen müsse, wie das Arbeitsplatzangebot schneller ausgeweitet werden könnte. Es war die Zeit, in der die beschäftigungspolitisch motivierten Forderungen nach Arbeitszeitverkürzungen jeglicher Art Hochkonjunktur hatten und es in der Öffentlichkeit so schwer fiel, hiergegen zu argumentieren. Wie schwierig war es doch für den Sachverständigenrat, die Grundlinie einer Wirtschaftspolitik gutzuheißen, wenn die Arbeitsmarktdaten der amtlichen Statistik dagegen sprachen!

VII.

»Das Wachstumsziel im Gesetz zur Förderung der Stabilität und des Wachstums (und entsprechend im Gesetz über die Bildung eines Sachverständigenrates) sollte durch ein Umweltschutzziel ersetzt werden!« – Diese Forderung ist in den achtziger Jahren wiederholt erhoben worden, 1989 wurde sie zum Gegenstand einer Anhörung vor dem Wirtschaftspolitischen Ausschuß des Deutschen Bundestages.
Der Sachverständigenrat hat sich seit 1984 immer wieder zu den drängenden Fragen des Umweltschutzes geäußert und auch konkrete Vorschläge zu umweltschutzpolitischen Instrumenten vorgetragen. Er sieht keinen Konflikt zwischen Umweltschutzziel und dem richtig interpretierten Wachstumsziel. »Angemessenes Wachstum«, das Ziel im Gesetz, ist eben nicht das höchstmögliche Wachstum, das bei unbegrenzter Ausbeutung der natürlichen Ressourcen und Zerstörung natürlicher Kreisläufe erzielt werden kann. Von »angemessenem Wachstum« kann vielmehr nur dann gesprochen werden, wenn bei einer Ausweitung des gesamtwirtschaftlichen Produktionspotentials – auch – die unterschiedlichen Knappheiten des von der Natur in verschiedensten Formen bereitgestellten Kapitals beachtet werden. Das wiederum kann der Markt aus sich heraus nicht leisten. Es ist vielmehr Aufgabe des Staates, diese Knappheiten angemessen zu definieren und für ein rechtliches Rahmenwerk zu sorgen, das sie in die privaten Nutzen- und Ertragskalküle transformiert, sei es über knappheitsgerechte Preise, sei es in anderer Weise. Dadurch wird ein konventionell, an der Wachstumsrate des Produktionspotentials (oder des Inlandsprodukts) gemessenes Wachstum nicht von vorneherein ausgeschlossen. Das gesamtwirtschaftliche Wachstum ändert vielmehr seine Richtung auf mehr umweltverträgliche und ressourcenschonende Produktionen und Dienstleistungen hin. Diese Umschichtung in der gesamtwirtschaftlichen Leistungserstellung mag netto gerechnet, das heißt nach Abzug der beträchtlichen Kosten für Umweltschäden und übermäßigen Ressourcenverzehr, sogar zu einem höheren »bereinigten Sozialprodukt« führen als vorher.
Im übrigen darf nicht übersehen werden, daß eine wachsende Wirtschaft, weil in ihr eben mehr investiert wird als in einer stagnierenden, infolgedessen auch mehr integrierte Umweltschutztechnologien statt der weniger effektiven end-of-the-pipe-Umwelttechniken zum Einsatz kommen, entsprechend mehr für den Schutz der Umwelt bewirkt. Und schließlich erleichtert es eine expandierende Wirtschaft nach der Einschätzung des Sachverständigenrates zudem, sich ehrgeizigere Ziele für den Umweltschutz zu setzen. Doch all diese Argumente scheinen bei denen ins Leere zu stoßen, die sich zum Kampf gegen wirtschaftliches Wachstum jedweder Qualität verschworen haben und sogar den Begriff mit Tabu belegen.
Der Sachverständigenrat hat sich an den Diskussionen über eine Erweiterung der

Volkswirtschaftlichen Gesamtrechnung zu einer die Leistungen und Belastungen der Naturhaushalte umfassenden wirklichen Gesamtrechnung beteiligt. Die vorbereitenden Arbeiten im Statistischen Bundesamt sind derzeit noch im Gang. Ihre Ergebnisse konnten daher nicht in die Arbeit des Rates aufgenommen werden.
Der Rat hat sich in einer Stellungnahme gegenüber dem Wirtschaftsausschuß des Deutschen Bundestages am 10. Mai 1989 dagegen ausgesprochen, die Ziele des Stabilitäts- und Wachstumsgesetzes um ein Umweltschutzziel zu erweitern. Hierzu führte er aus, daß das Umweltschutzziel auf einer anderen Ebene liege als die Ziele dieses Gesetzes und eine Zusammenführung im Stabilitäts- und Wachstumsgesetz daher nicht sachgerecht wäre und dem Umweltschutz nicht diene. Der Rat schlägt vor, statt dessen den Schutz der natürlichen Umwelt als übergeordnetes Ziel zu begreifen.

VIII.

»Der Sachverständigenrat muß mehr auf das Denken und Handeln(können) der Politiker eingehen, um Gehör zu finden!« – Der Sachverständigenrat ist in die Prozesse der öffentlichen Meinungsbildung und der politischen Entscheidungsfindung einbezogen. Die Bundesregierung hat in ihrem Jahreswirtschaftsbericht zu dem Jahresgutachten des Rates Stellung zu nehmen; die Ressorts befassen sich intensiv mit den vom Rat vertretenen Positionen und Vorschlägen. Die Gutachten oder einzelne Teile daraus sind regelmäßig Gegenstand von Erörterungen im Deutschen Bundestag und seinen Ausschüssen. Die Medien berichten und nehmen Stellung.
Um politisch wirken zu können, muß der Sachverständigenrat immer bemüht sein, das Denken und Handeln sowie die Handlungsbegrenzungen der Politik zu verstehen. Er muß die Politik fordern, aber nicht überfordern, und er muß eine Sprache pflegen, die jedermann versteht. Die Pflege der Sprache ist der schwierige letzte Akt der Gutachtenerstellung; sie braucht viel Zeit und Kraft, doch das Ergebnis dürfte sich wohl sehen lassen. Die wirtschaftspolitischen »Vorstöße« des Rates stießen auch im Berichtszeitraum wiederholt ins Leere oder begegneten Unverständnis. Seine immer wieder vorgetragene Kritik an bestimmten Unternehmenssubventionen blieb nahezu unbeantwortet. Seine vorsichtige Warnung vor einer sich abzeichnenden Verschlechterung der internationalen Wettbewerbsfähigkeit fand bei der Bundesregierung und in der Politik nur Unverständnis; das Land mit dem zweithöchsten Leistungsbilanzüberschuß könne in seiner Wettbewerbsfähigkeit nicht bedroht sein, hieß es von allen Seiten – als ob es auf diesen Saldo ankomme! Seine Vorschläge, das System der Sozialversicherung grundlegend zu reformieren, um

deren Leistungsfähigkeit zu sichern und die Wirtschaft nicht zu überfordern, wurden mit wenigen Worten abgetan. Seine Forderung, beim Aufbau Ost und seiner sozialen Flankierung marktwirtschaftliche Ordnungsprinzipien stärker zu beachten und nicht eine neue Staatswirtschaft zu etablieren, fanden die heftigste Kritik: Mit der »reinen Lehre« von der Marktwirtschaft – so die gängige Kritik – sei diesen neuen Problemen nicht beizukommen. Die neuen, größerenteils aber schon angestaubten Mittel und Wege haben sich mittlerweile jedoch allesamt als untauglich erwiesen.

Wo die Ratgebung nicht »ankommt«, hat das ganz verschiedene Ursachen. Das eine ist politisch nicht opportun, anderes überzeugt nicht. Wieder anderes fordert auch vom Politiker, der guten Willens und einsichtig ist, zu viel. Der Sachverständigenrat muß sich immer der Grenzen bewußt sein, die »großen Würfen« in der parlamentarischen Demokratie gezogen sind; auch große Ziele sollten, wenn eben möglich, in kleineren Schritten angenähert werden. Der Rat darf aber keinesfalls aufhören, wirtschaftliche Fehlentwicklungen und Wege zu ihrer Behebung aufzuzeigen – das fordert von ihm das Gesetz, und er darf nicht aufhören, die Politik zu fordern. Die Spannung zwischen dem, was eigentlich geschehen müßte, und dem, was durch die Politik auf den Weg gebracht werden kann, wird wohl immer bleiben. Der Sachverständigenrat wird sich daher immer fragen müssen, wie weit er die Pflöcke für seine Handlungsvorschläge im nächsten Jahr, wie weit er sie mittelfristig, längerfristig stecken sollte und wie er das, was er zu sagen hat, in die Öffentlichkeit bringt und an die Politik heranträgt.

IX.

»Der Sachverständigenrat hat in den achtziger Jahren politisch wenig bewegt!« – Hierüber ließe sich trefflich streiten. Nicht umstritten sollte es jedoch sein, daß die beharrliche Arbeit, die der Rat seit 1975 in die konzeptionelle Ausgestaltung seiner Angebotspolitik gesteckt hat, und sein unbeirrtes Eintreten hierfür, gemeinsam mit gleichgerichteten Initiativen, in der Bundesrepublik maßgeblich zu einer Neuformung der wirtschaftspolitischen Konzeption beigetragen haben. Nicht bestreitbar ist sein Einfluß auf die Einkommen-/Körperschaftssteuerreform, auf die verstärkte Stabilitätsorientierung, auf die stärker mittelfristige Ausrichtung in Finanz– und Tarifpolitik in der zweiten Hälfte der achtziger Jahre. Wichtiger noch als der an einzelnen Punkten festzumachende Einfluß sind die vielfältigen Einflüsse der Arbeiten des Rates auf Diskussionen in Wissenschaft, Politik und Verwaltung. Was in den Köpfen zurückgeblieben ist, was zu praktischem Handeln führte, was vom Rat empfohlen, unterlassen wurde: all dies läßt sich nicht einmal abschätzen. Kritiker der Ratsarbeit mögen es gering erachten, die Ratsmitglieder gewannen in der Diskussion und im Schlagabtausch einen anderen Eindruck.

X.

Die neue große Herausforderung. – Die Einschätzung des Sachverständigenrates, daß eine nicht durch realwirtschaftliche Reformen vorbereitete Währungsunion zum Zusammenbruch der ostdeutschen Industrie und zu Massenarbeitslosigkeit sowie gewaltigen Subventionsbelastungen führen werde, hat sich leider als korrekt erwiesen. Trotzdem war die Entscheidung, Währungs-, Wirtschafts- und Sozialunion mit einem Schlage zu vollziehen, nicht nur politisch, sondern auch ökonomisch richtig. Ein bedächtigeres Vorgehen hätte in der zusammenbrechenden DDR zu großen sozialen Spannungen geführt, ohne daß die realwirtschaftlichen Reformen ernsthaft angepackt worden wären. Falsch war allein, daß Politik und Tarifvertragsparteien die neuen Herausforderungen, wie sie sich aus dem Brief des Sachverständigenrates an den Bundeskanzler herauslesen ließen und wie sie der Rat in seinem 1990er Jahresgutachten ausführlich beschrieben hat, nicht wahrhaben wollten und sich dementsprechend auch nicht darauf eingestellt haben.

Die neue große Herausforderung für den Sachverständigenrat ist es, Wege auszudenken, wie die neue deutsche Wirtschaft aus ihrer Strukturkrise herausfindet und im internationalen Wettbewerb so gut bestehen kann, daß der Aufbau neuer Arbeitsplätze zügig vorankommt. Wenn viel neue Arbeitsplätze entstehen und den Menschen neue Perspektiven eröffnen, ist der hohe Bestand an Arbeitslosigkeit, mit dem in der Bundesrepublik noch auf viele Jahre zu rechnen ist, nicht so besorgniserregend. Bei einem nur sehr langsam steigenden Arbeitsplatzangebot hingegen wird der bereits bestehende politische Druck, das bestehende System in Richtung auf staatliche Beschäftigungsgarantie umzubauen, noch weiter zunehmen. Dem werden die für Wirtschaftspolitik Verantwortlichen kaum standhalten können. Wenn aber schließlich immer mehr staatliche Hilfen aller Art »gezielt« zur Überwindung der Arbeitslosigkeit eingesetzt werden, wird dadurch die Marktwirtschaft aus den Angeln gehoben. Eine deutsche Wirtschaft, die diesen Weg ginge, verfiele in die Zweitklassigkeit. Die sozialen Spannungen würden zudem viel schärfer ausfallen und länger dauern als die, die man bei einer wachstumsfördernden und stabilitätsgerechten Wirtschafts- und Lohnpolitik zu erwarten hätte.

Was heute wirklich nottut, das sind tiefgreifende Reformen in all den Bereichen, die der Rat in seinen Gutachten der achtziger Jahre und bis heute immer wieder zum Gegenstand seiner Überlegungen und Forderungen gemacht hat. Alles auf einmal ist sicherlich nicht erreichbar. Das übliche Durchwursteln, das, wozu Politik angeblich allein fähig sei, genügt jedoch sicherlich nicht.

Der Sachverständigenrat wird die Politik weiterhin hart fordern müssen.

Literaturverzeichnis

Ausführliche Literaturverzeichnisse über die Arbeit des Sachverständigenrates zur Begutachtung der gesamtwirtschaftlichen Entwicklung finden sich bei:

Heise, Michael, und Ragnitz, Joachim: »Zur theoretischen Fundierung wirtschaftswissenschaftlicher Politikberatung«, in: Spahn, Heinz-Peter (Hrsg): *Wirtschaftspolitische Strategien*, Regensburg 1991

Franz Holzheu sind ausführliche, gründliche Analysen der Jahresgutachten des Sachverständigenrates, zumeist im Finanzarchiv, zu danken.

Kloten, Norbert: »West Germany«, in: Pechman, Joseph A. (Hrsg): *The Role of the Economist in Government. An International Perspective*, London–Toronto–Sydney–Tokyo, 1990.

Die zum Sachverständigenrat konträre Position vertritt die Arbeitsgruppe Alternative Wirtschaftspolitik. Ein Beispiel: Memorandum '88. *Im Abschwung: Gegensteuern statt Steuerreform – Alternativen der Wirtschaftspolitik*, Köln 1988.

Kritisches zu den Forderungen nach einer strategischen Industriepolitik*

Juergen B. Donges

Die Ordnungspolitik steht vor einer neuen Bewährung: der Sicherung von offenem Wettbewerb und Freihandel in einer Zeit, in der ein aktiveres branchenspezifisches Engagement des Staates vehement propagiert wird. Zunehmend populär sind solche Forderungen in Europa nicht nur in Frankreich und nicht erst, seitdem der Maastrichter »Vertrag über die Europäische Union« die EU-Kommission ausdrücklich mit einem auf die Zukunft gerichteten industriepolitischen Auftrag ausgestattet hat; auch in Deutschland formieren sich die Anhänger einer dezidiert gestaltenden, einer strategischen Industriepolitik[1].

Nicht Altes verteidigen, sondern Neues gewinnen – so lautet die Devise. Es sei aus wachstums- und beschäftigungspolitischen Gründen unabdingbar, zukunftsträchtige Produktionen in Verbindung mit der Entwicklung und Anwendung sogenannter Schlüsseltechnologien, allen voran der Mikroelektronik, zu fördern. Unter reinen Marktbedingungen gebe es keine Chance, daß Unternehmen aus Deutschland (und anderen EU-Ländern) mit dem weltweiten Innovationswettlauf Schritt halten; Hilfen des Staates hingegen würden für gute Zukunftsperspektiven sorgen. Wie verführerisch diese Vorstellungen auch immer sein mögen – den Blick für die Gefahr gravierender Fehlentwicklungen dürfen sie nicht verstellen. Die nachfolgende Analyse soll zeigen, warum.

* Für wertvolle Anregungen danke ich Andreas Freytag und Stefan Glaß.

1 Die treibende Kraft war und ist Konrad Seitz (1991), der langjährige Leiter des Planungsstabes im Auswärtigen Amt. Das Ifo Institut für Wirtschaftsforschung läßt neuerdings einen ähnlichen Standpunkt verlauten (vgl. *Scholz*, 1993). Zahlreiche Politiker auf Bundes- und Landesebene, namhafte Industriemanager und führende Gewerkschaftsvertreter plädieren gleichermaßen.

I. Modelltheoretische Begründungen: nicht zwingend

Der ordnungspolitische Streit spiegelt sich in der Einstellung zum Freihandelspostulat. Es gibt nur wenige Bereiche in der Wirtschaftstheorie, in denen es lange Zeit so viel Einmütigkeit gab, wie bei der Begründung dieses Postulats. Nur das Erziehungszollargument und das Optimalzollargument galten als allokationstheoretisch diskussionswürdige Ausnahmetatbestände. Seit jeher stand freilich die Begründung des Freihandelspostulats, besonders das Theorem der komparativen Kostenvorteile, im Kreuzfeuer der Kritik von Protektionisten und Merkantilisten. Sie übten vor allem Prämissenkritik und schlossen von der Realitätsferne einiger zentraler Annahmen (vollkommene Konkurrenz, konstante Skalenerträge) auf die Irrelevanz der Kernaussagen der realen Theorie der Außenwirtschaft für die praktische Wirtschaftspolitik. Das Problem der restriktiven Annahmen war in Fachkreisen zuvor bekannt, doch fand sich zunächst keine Methode, um es im Rahmen der traditionellen Gleichgewichtsanalyse zu lösen. Als im Laufe der siebziger Jahre neue Ansätze der Industrieökonomik einen Weg zeigten, steigende Skalenerträge und Formen des unvollkommenen Wettbewerbs formal-stringent in die Außenhandelstheorie zu integrieren, wurde deutlich gemacht, daß bei offenen Märkten die Effizienzgewinne durchaus erheblich sind (insoweit also die Aussagen der traditionellen Theorie der internationalen Arbeitsteilung bekräftigt werden) und daß in hochindustrialisierten Ländern mit ähnlicher Faktorausstattung steigende Skalenerträge einen maßgeblichen Bestimmungsgrund für vorteilhaften (intra-industriellen) Handel bei Produktdifferenzierung darstellen (insoweit also das Theorem der komparativen Kosten an Gewicht verliert).[2]

Allerdings ist es gerade auch der letztgenannte Umstand, der nunmehr in Abweichung vom Freihandelsprinzip staatliche Interventionen zugunsten zukunftsweisender Industrien theoretisch legitimieren soll. Dazu gibt es zwei Grundvarianten:[3]

1. Die eine konstatiert Marktversagen in Form positiver externer Wirkungen, die von forschungsintensiven Industrien ausgehen (ein zentraler Gedanke der »neuen Wachstumstheorie« vom Lucas-Romer-Typ).
2. Die andere hat Wettbewerbsversagen in Form erheblicher Markteintrittsschranken im Hochtechnologiebereich im Blickpunkt (ein zentraler Gedanke der »Theorie der strategischen Handelspolitik«, wie sie von Brander, Krugman, Spencer und anderen entwickelt wurde).

Zur ersten Variante, dem **Externalitätenargument**: Die Vorstellung ist, daß Pro-

2 Vgl. *Helpman* und *Krugman* (1985), ferner *Walz* (1992). Empirische Untersuchungen bestätigen im wesentlichen diese Erkenntnisse; vgl. *Richardson* (1989).

3 Für einen aktuellen Überblick vgl. *Bletschacher* und *Klodt* (1992, 1. Kapitel).

dukt- und Verfahrensinnovationen eines Unternehmens (oder einer Branche) den Verwendern in anderen Bereichen im In- und Ausland ohne ausreichendes Entgelt zugute kommen, besonders durch Teilhabe an dem neuen technischen Wissen und durch Stimulierung zu weiterer Eigenforschung (»spin-offs«); das Technologieniveau werde insgesamt erhöht, der Bestand an Humankapital vergrößert. Da das Forschung und Entwicklung treibende Unternehmen diese externen Erträge nicht internalisieren kann, müsse der Staat sie durch geeignete Interventionen sichern; anderenfalls wären Wissensschöpfung und Wissensdiffusion gesamtwirtschaftlich gesehen suboptimal.

Es geht hier freilich nicht nur um die traditionelle Analyse eines Marktversagens, zudem eines nur durch technologische Externalitäten bewirkten Marktversagens, und die daraus abzuleitende Rechtfertigung für staatliche Interventionen (etwa nach dem Muster des Erziehungszollarguments oder des Patentschutzes). Worum es vorrangig geht, ist nachzuweisen, daß der Staat strategisch verfahren kann. Dies geschieht, indem er systematisch und schwerpunktmäßig jene inländischen Unternehmen (oder Branchen) fördert, in denen ein großes Potential für »spin-off«-Effekte vorliegt. Das wären vermutlich Industrien, in denen Forschungs- und Entwicklungsaufwendungen einen hohen Anteil an den Gesamtkosten ausmachen. Wegen ihres Fixkostencharakters ermöglichten Forschungs- und Entwicklungsaktivitäten bedeutende Skalenerträge in dem jeweiligen Unternehmen, das damit auf dem internationalen Oligopolmarkt einen Wettbewerbsvorteil gegenüber ausländischen Anbietern erhalte. Je mehr solcher forschungsintensiver Unternehmen ein Land beheimate, um so größer werde das gesamtwirtschaftliche Wachstumspotential. Als besonders vorteilhaft gilt es, anderen hochindustrialisierten Ländern gegenüber Vorreiter zu sein. Sei man hingegen Nachzügler, so lohne es sich, mit staatlicher Hilfe den Wettlauf aufzunehmen, inländische Marktpositionen zu stärken und auf diese Weise das wohlstandsstiftende Potential der externen Erträge zu »nationalisieren«.

Zur zweiten Variante, dem **Argument der Marktzutrittsschranken**: Danach sei das internationale Oligopol besonders eng. Die Produktion für die weltweite Nachfrage nach einen technologieintensiven Gut könne gewinnbringend nur von einer kleinen Anzahl von Unternehmen durchgeführt werden. Wer im Markt etabliert sei, erziele sehr hohe Gewinne, wer von diesen Gewinnen angezogen in den Markt eindringen wolle, fände faktisch hohe Zutrittsbarrieren vor.

Der Hauptgrund für die hohen Marktzutrittsschranken wird in jenen Forschungs- und Entwicklungsinvestitionen gesehen, die irreversibel sind; einmal getätigt, können sie nicht anderweitig verwendet werden, das heißt, sie wären bei Einstellung der Produktion voll abzuschreiben. Da in Schlüsselindustrien den Forschungs- und Entwicklungsaktivitäten großes Gewicht zukomme, sei auch die Bedeutung der aus der Irreversibilität dieser Investitionen resultierenden »versunkenen Kosten« (im

Sinne der Baumolschen Theorie der bestreitbaren Märkte) sehr hoch. Es entstünden asymmetrische Kostenvorteile zugunsten etablierter Unternehmen und zu Lasten des potentiellen Markteindringlings, was zu einem Verdrängungsverhalten führe: Ein etabliertes Unternehmen könne notfalls darauf verzichten, die »versunkenen Kosten« im Verkaufspreis abzudecken, und brauche nur die variablen Kosten zu kalkulieren; ein neuer Anbieter könne es nicht, er müsse erst einmal gleichartige Investitionen vornehmen, für seine Markteintrittsentscheidung seien die Durchschnittskosten, die forschungsabhängigen Fixkosten und insoweit »versunkenen Kosten« eingeschlossen, relevant, er läge im Verkaufspreis daher zu hoch, sei somit nicht konkurrenzfähig, werde also zurückschrecken. Die Marktschranken werden nach dieser Theorie noch verfestigt durch dynamische Skalenerträge in der Produktion (als Folge von komplexen Lernprozessen und der Nutzung von spezifischem Erfahrungswissen), durch Verbundvorteile (bei Ausweitung der Angebotspalette) und durch nachfrageseitige Kostenersparnisse (Netzwerk-Externalitäten). Unter solchen Oligopolbedingungen läge es im Interesse eines Landes, die jeweiligen inländischen Unternehmen zu fördern, so daß sie einen möglichst hohen Marktanteil erzielen und gegenüber potentiellen Konkurrenten verteidigen können. Wiederum sei es am besten, wenn sich das inländische Unternehmen als erstes im international lukrativen Markt etabliert habe; doch auch bei einem späteren Start bestünde die Chance, den eigenen Absatz zu Lasten anderer auszuweiten. Bedingung sei freilich, daß der Staat dem Unternehmen gezielt helfe, damit dessen Drohpotential auf die ausländischen Anbieter glaubwürdig wirke (im Stackelbergschen Sinne) und diese sich mit einem niedrigeren Marktanteil und niedrigeren Gewinnen zufrieden gäben oder ganz aus dem Markt ausschieden bzw. ihm von vornherein fern blieben. Es käme zu einer Rentenumleitung vom Ausland in das Inland, welche in dieser Modellwelt die Kosten der unternehmensspezifischen Förderung überkompensiert, so daß die nationale Wohlfahrt steige.

Auf den ersten Blick scheint die theoretische Begründung für die staatliche Förderung von Schlüsselindustrien auf internationalen oligopolistischen Märkten in Abkehr vom Freihandelsprinzip gelungen. Überzeugend ist sie dennoch nicht, und zwar aus mehreren Gründen:

1. Es gibt eine Vielzahl von neuen Modellen, deren Ergebnisse sich mitunter sehr unterscheiden und zum Teil widersprechen. Sie sind wenig robust gegenüber Veränderungen in den Annahmen, vor allem in bezug auf Mengen- bzw. Preisanpassungen auf den Gütermärkten (Cournot- versus Bertrand-Verhalten), die Konkurrenzbedingungen auf den Faktormärkten, die Anzahl und die Größe der Unternehmen, die intersektorale Verflechtungsdichte und den Grad der Internationalisierung der Produktion. Entsprechend erweisen sich auch jeweils andere wirtschaftspolitische Maßnahmen als optimal. Man findet nahezu alles legiti-

miert, sprich wohlfahrtsmaximierend, wenn auch immer auf genau definierte Fälle hin bezogen: Exportsubventionen und Exportsteuern, Importbeschränkungen, Subventionen für Forschung und Entwicklung und Produktionssubventionen, ja selbst die Kombination von Forschungsbesteuerung (sic!) und Exportsubventionierung. Wo so viele Interventionsformen möglich sind, ist der Weg zur industriepolitischen Willkür nicht weit, ist die Gefahr, daß Ineffizientes gefördert wird, nicht klein.

2. Es gibt einen sehr großen Informationsbedarf, um die jeweils geeigneten staatlichen Maßnahmen ergreifen und richtig dosieren zu können. Der Staat kann ja nicht alle Industrien, auch nicht alle Industrien im Hochtechnologiebereich fördern wollen; er muß vielmehr diskriminieren, und zwar zu Gunsten der wirklich zukunftsträchtigen Unternehmen oder Branchen. Dazu muß er erst einmal diese Industrien identifizieren, die soziale Rentabilität ihrer Forschungs- und Entwicklungsaufwendungen quantifizieren, das Potential der positiven »spin-offs« erkennen, die Markteintrittsbedingungen ermitteln, die jeweils optimale Betriebsgröße kennen, die in- und ausländische Nachfrage abschätzen. Keine Behörde hat gesichertes Zukunftswissen, keine ist in der Lage, sich selbst die vielfältigen Informationen zu beschaffen, die sie für eine strategische Industriepolitik braucht; im Zweifel müßte sie sie bei den interessierten Unternehmen erfragen.
3. Es gibt den Fall des strategischen Verhaltens der Unternehmen selbst im Hinblick auf die zu erwartenden Fördermaßnahmen. Nicht der Staat entscheidet darüber, welche Unternehmen oder Industrien als zukunftsweisend zu sehen und daher förderungswürdig sind, sondern private Investoren. Diese können sich das erwähnte Informationsproblem des Staates zunutze machen, insbesondere die Marktzutrittsschranken (»versunkene Kosten«) höher darstellen, als sie wirklich sind, und damit den Subventionsumfang oder den Protektionsgrad zum eigenen Vorteil beeinflussen. Auffallend ist jedenfalls, daß die Preisuntergrenze, die das etablierte Unternehmen ausreizen könnte, von den potentiellen Neulingen regelmäßig kostenorientiert gezogen wird, obwohl es auch Budgetrestriktionen gibt, die die Preisuntergrenze deutlich oberhalb der variablen Durchschnittskosten halten (weil in den Forschungs- und Entwicklungsabteilungen weiterhin Löhne und Gehälter bezahlt, Einrichtungen gewartet und eventuell aufgenommene Kredite bedient werden müssen). Der Marktzugang ist dann gar nicht so schwer, wie es bei der rein kostenorientierten Betrachtungsweise erscheinen mag. Dennoch dabei zu bleiben, führt zu übermäßigen staatlichen Hilfen. Der postulierte Wohlfahrtsgewinn schrumpft dann oder bleibt aus. Dies gilt erst recht, wenn die betreffende Industrie gar nicht so wachstumsträchtig ist, wie ihre Vertreter behaupten, oder wenn dank der staatlichen Unterstützung zu viele Unternehmen in den Markt drängen und dadurch Überkapazitäten entstehen

und Größenvorteile nicht voll ausgeschöpft werden können, so daß sich die Produktionskosten erhöhen. Die mit der Lobbyaktivität anfallenden Kosten sowie die Bürokratiekosten müssen auch noch wohlfahrtsmindernd ins Kalkül genommen werden.

4. Es gibt die Möglichkeit der ausländischen Retorsion. Gerade wenn als strategisches Ziel die Rentenumlenkung angesehen wird, ist die Wahrscheinlichkeit, daß Regierungen anderer Industrieländer das gleiche tun wie die eigene Regierung, groß. Dies in der theoretischen Analyse auszuklammern, ist nicht vertretbar. Kommt es aber zu einem Subventionswettlauf oder einem Handelskrieg, ist der Ausgang der staatlichen Industriepolitik für das jeweilige Land ungünstig: Statt zu der angestrebten Wohlfahrtserhöhung kommt es zu einer Wohlfahrtseinbuße; sehr wahrscheinlich ist, daß keines der Länder, die sich an dem Subventionswettlauf beteiligen, gewinnt, sie aber alle verlieren.
5. Es gibt ein Interdependenzproblem. Man darf nicht für selbstverständlich halten, daß die Vorteile einer sektorspezifischen Politik größer sind als die Nachteile, die gleichzeitig dem Land daraus erwachsen, daß anderswo den Unternehmen Wachstumschancen und den Arbeitnehmern Beschäftigungschancen genommen werden. Es könnte auch genau umgekehrt sein, was heißt, daß in den diskriminierten Bereichen, etwa in mittelständischen Unternehmen, höhere positive externe Erträge und höhere Faktoreinkommen generiert würden, wenn nur der Staat diese, statt die Großunternehmen, förderte oder wenn er von einer Förderung ganz abließe. Ungewiß sind die inländischen Wohlfahrtswirkungen auch dann, wenn multinationale Unternehmen gefördert werden: Gewinne lassen sich grenzüberschreitend verlagern, geleistete Subventionszahlungen können definitiv ins Ausland abfließen. Zu erwarten ist außerdem, daß die protektionsbedingten Kosten- und Preissteigerungen die Wettbewerbsfähigkeit der Anwenderindustrie schwächen.

Alles in allem wirft die theoretische Argumentation viele Fragen auf, zu viele, um als Grundlage für eine zukunftsweisende Industriepolitik überzeugen zu können.[4] Der Erkenntnisgewinn durch die Einführung wirklichkeitsnäherer Annahmen wird überdies wieder geschmälert, wenn man gerade mit Blick auf die Realität die wohlfahrtssteigernden Effekte der Forschungs- und Entwicklungsaufwendungen relativiert, weil sich die postulierten Externalitäten regional nicht dahingehend internalisieren lassen, daß sie jenen Wirtschaftssubjekten zugute kommen, die mit ihren Steuern für die Subventionen aufkommen. Liegen positive externe Effekte vor, muß es für ein Land kein Nachteil sein, daß ein anderes Land im weltweiten

4 Hierauf haben bereits *Siebert* (1988) und *Stegemann* (1988) hingewiesen. Ob man diese Probleme so klein schreiben darf, wie es *Krugman* (1992) suggeriert, wird wohl auch unter Theoretikern strittig bleiben.

Innovationsprozeß eine Vorreiterrolle einnimmt; der Nachzügler wäre praktisch Trittbrettfahrer. Zu relativieren ist auch die Bedeutung hoher Marktzutrittsbarrieren, insofern nämlich, als die Märkte eben doch durch potentielle Neulinge bestreitbar sind, weil mit Hilfe neuer Techniken und durch effizienteres Produzieren, vielleicht auch noch dank einer besseren Eigenkapitalausstattung, der auf »versunkenen Kosten« beruhende Wettbewerbsvorteil der alteingesessenen Unternehmen erodiert werden kann; außerdem ist der sich aus steigenden Skalenerträgen ergebende Vorsprung möglicherweise eben doch nicht unbegrenzt, weil bei differenzierten Produkten die Präferenzen der Nachfrager nach Produktvielfalt zum Tragen kommen (sprich positive Kreuzpreiselastizitäten der Nachfrage vorliegen). Käme es zu einem strategischen Preiskrieg, hätte das etablierte Unternehmen am meisten zu verlieren, hätte es doch einen großen Marktanteil zu verteidigen und daher einen entsprechend hohen »Abschreibungsbedarf« bei den forschungsbedingten »versunkenen Kosten« zu gewärtigen; nicht auszuschließen ist, daß dieses Unternehmen einen großen Verlust macht, durch den sein Eigenkapital (nach Auflösung etwaiger stiller Reserven) belastet wird und seine Kreditwürdigkeit spürbar leidet.

II. Empirische Befunde: nicht eindeutig

Man könnte die theoretischen Schwächen vielleicht hinnehmen, wenn sich die behaupteten Marktbesonderheiten im Hochtechnologiebereich empirisch nachweisen ließen. Trotz aufwendiger empirischer Wirtschaftsforschung gibt es freilich kaum Beispiele für Industrien, auf die die besagten Marktbesonderheiten zutreffen.[5]

1. Ausgesprochen unklar sind die Marktbedingungen dort, wo die Anhänger der neuen Industriepolitik sie für eindeutig halten: auf dem Markt für elektronische Halbleiter. Die verbreitete Vorstellung, die Marktdominanz japanischer und nordamerikanischer Hersteller versperre europäischen (und deutschen) Anbietern den Marktzutritt, hat jedenfalls keine gesicherte Grundlage. Es trifft zwar zu, daß die Herstellung von Mikrochips hohe technische Anforderungen an das Personal und das verwendete Material stellt und die Skalenerträge, besonders die dynamischen, die aus Lernprozessen in der Produktion herrühren, überdurchschnittlich ansteigen können. Es trifft aber auch zu, daß sich Verbundvorteile bei der Produktion verschiedener Chip-Typen und positive »spin-offs« zwischen einzelnen Herstellern in Grenzen halten. Die Marktschranken sind nicht über-

5 Für neuere Branchenanalysen, die hier nur stilisiert dargestellt werden können, vgl. *Bletschacher* und *Klodt* (1992, S. 57 ff. und die dort angegebene Literatur). Ferner die Monopolkommission (1992, Tz. 1059 ff.) sowie *Grossman* (1990) und *Kösters* (1992, S. 55 f.).

mäßig hoch, vorausgesetzt, die jeweiligen Unternehmen beherrschen die Basistechnologie. Dementsprechend haben japanische Hersteller den etablierten nordamerikanischen Unternehmen Marktanteile genommen, und südkoreanische sind hinzugekommen. Die Rangfolge der 20 größten Produzenten auf dem Weltmarkt hat sich bei jeder neuen Chip-Generation deutlich verändert, und zahlreiche Anbieter haben sich auf bestimmte Typen von integrierten Schaltkreisen spezialisiert. Offenbar gibt es auf dem Halbleitermarkt mehr Spielraum für dynamischen Wettbewerb und weniger Chancen für die Erzielung von Monopolrenten, als gemeinhin angenommen wird.

2. Anders liegen die Verhältnisse im zivilen Großraumflugzeugbau: Die »versunkenen Kosten« im Bereich der Produktentwicklung sind sehr hoch, die dynamischen Skalenerträge durch Lerneffekte bedeutsam und erst bei einer vergleichbar hohen Stückzahl auf einem engen internationalen Oligopolmarkt zu verwirklichen; Verbundvorteile bei den Herstellern (durch breite Anwendbarkeit der grundlegenden Konstruktionsprinzipien) und Netzwerk-Externalitäten bei den Fluggesellschaften (Kostenersparnisse bei der Beschäftigung des fliegenden Personals und bei der Wartung der Flugzeuge, wenn sie von einem Hersteller beliefert werden) sind ebenfalls wichtig. Von eher geringer Bedeutung sind hingegen, anders als behauptet, die positiven »spin-offs« aus Forschung und Konstruktion im militärischen Flugzeugbau. Die Schutzzäune für die beiden etablierten Unternehmen (Boeing, McDonnell Douglas) sind also hoch, die Marktzutrittskosten für den Neuling (Airbus) erheblich. Zwar hat eine neue, treibstoffsparende und umweltfreundlichere Technologie dem Neuling das Eindringen in diesen Markt erleichtert, aber ohne staatliche Subventionen wäre der Versuch vielleicht gescheitert, vor allem wegen des aufzuholenden Wissensvorsprungs der alteingesessenen Flugzeughersteller. Daß es aber Subventionen im tatsächlich geleisteten Ausmaß (bislang mehr als 20 Mrd US-Dollar), über einen langen Zeitraum (bereits 20 Jahre) und ohne absehbares Ende sein mußten, ist volkswirtschaftlich nicht zu rechtfertigen.

3. In anderen Bereichen, die als wachstumsträchtig gelten und durch oligopolistische Marktstrukturen gekennzeichnet sind, sind die Marktzutrittskosten für potentielle Konkurrenten nicht so abschreckend, daß staatliche Hilfen unabdingbar wären. Wo forschungsbedingte »versunkene Kosten« und produktionstechnische Verbundvorteile eine nennenswerte Rolle spielen, zum Beispiel in der leitungsgebundenen Telekommunikation, haben neue Technologien (Mobilfunk, Satellitenübertragung) vormals bestehende Kostendegressionen aufgehalten und kommen neue Anbieter rasch ins Geschäft (es sei denn, es besteht ein staatliches Fernmeldemonopol). Wo die Produktion im starken Maße in multinationalen Unternehmen stattfindet, zum Beispiel in der Automobilindustrie, werden Renten, die sich aus Skalenerträgen, Netzwerk-Externalitäten und posi-

tiven »spin-offs« ergeben könnten, konzernintern auf einzelne Länder verteilt; der Staat vermag Rentenumlenkung nicht zu betreiben, die nationale Wohlfahrt auf diese Weise nicht zu erhöhen.

Daß es schwierig ist, Marktbesonderheiten im Sinne der Theorie der strategischen Handels- und Industriepolitik empirisch auszumachen, läßt sich nicht durch den wiederkehrenden Hinweis auf Japan überspielen. Was auch immer die japanische Regierung an Industriepolitik betrieben haben mag – deren tatsächlicher Anteil am Aufstieg des Landes in die Spitze der industriellen und technologischen Entwicklung in der Welt wird vielfach überschätzt –, auf Rentenumlenkung vom Ausland ins Inland war sie jedenfalls nicht ausgerichtet, Marktbesonderheiten spielten in der wachstumsorientierten Konzeption, die die dortige Wirtschaftspolitik hat, keine Rolle[6]. Die Erfolge Japans sind zuallererst Erfolge der japanischen Unternehmen, die in bezug auf Organisationsstrukturen, Produktionsmethoden, Fertigungstiefe, Beschaffungs- und Vertriebssysteme sowie Forschungs- und Entwicklungsprozesse andere, sprich kreativere, innovativere, produktivere Wege gegangen sind als die Unternehmen in Europa oder Nordamerika; angesichts vergleichsweise niedriger Eigenkapitalkosten konnten es sich japanische Unternehmen leisten, riskante Investitionen durchzuführen, und angesichts eines großen Reservoirs an hochqualifizierten Forschern und Ingenieuren war gewährleistet, daß Spitzentechnologien schnell entwickelt, angepaßt und angewendet wurden. Für die Konzipierung einer strategischen Industriepolitik in Deutschland und der Europäischen Union leistet das Beispiel Japan wenig.

III. Populäre Argumente der Rechtfertigung: nicht überzeugend

Genau genommen halten es die Befürworter einer strategischen Industriepolitik nicht für unerläßlich, ihre Forderungen dem Theorie-Test zu unterziehen. Die neuen Außenhandelstheorien sind ihnen häufig auch gar nicht bekannt[7]. Die Rechtfertigung stützt sich im wesentlichen auf drei Thesen:

1. Zum einen heißt es, die Forschungs- und Entwicklungsaufwendungen im Bereich der Spitzentechnologien seien extrem hoch und könnten von einem einzelnen Unternehmen allein nicht getragen werden (Finanzierungsargument).

---

6 Vgl. *Komiya* (1992). Ob und inwieweit die chronischen Leistungsbilanzüberschüsse Japans, namentlich die im Hochtechnologiebereich, das Ergebnis einer protektionistischen Handelspolitik sind, läßt sich angesichts zahlreicher widersprüchlicher Analysen nicht eindeutig klären. Vgl. die Übersicht bei *Bergsten* und *Noland* (1993, besonders Kapitel 5).

7 *Seitz* (1991) erwähnt keinen einzigen der maßgebenden Autoren, im Gegensatz etwa zu *Laura Tyson* (1992), die dementsprechend auch differenzierter argumentiert.

2. Zum zweiten heißt es, die Mikroelektronik sei, volkswirtschaftlich betrachtet, eine Art grundlegende Infrastruktur, die in ausreichendem Maße vorhanden sein muß, ohne dabei auf ausländische Lieferungen angewiesen sein zu müssen (Argument der Versorgungssicherheit).
3. Zum dritten heißt es, auf dem Markt für Spitzentechnologien herrsche ein gnadenloser Verdrängungswettbewerb mit aggressiven Dumping-Praktiken, die später zu Monopolstellungen führten zum Nachteil des eigenen Landes (Argument vom »räuberischen Dumping«).

Keiner dieser Interventionsgründe vermag zu überzeugen. Besonders wenig ist vom **Finanzierungsargument** zu halten. Nicht mehr diskutiert zu werden braucht hier der von der Theorie fokussierte Fall, daß Deckungsbeiträge für die forschungsabhängigen Fixkosten erst bei stattlichen Losgrößen erzielt werden und dies auf einem engen internationalen Oligopolmarkt nur wenigen Unternehmen gelingen kann. Worum es jetzt geht, ist die Vorstellung, daß man eindeutig trennen könne zwischen Investitionssummen, die aufzubringen ein Unternehmen außerstande sei, und Investitionssummen, bei denen dies leichter falle. Ein dafür geeignetes Kriterium gibt es aber nicht. Falsch ist es, nur an Eigenfinanzierung durch einbehaltene Gewinne und verdiente Abschreibungen zu denken. So wie die Unternehmen ihre Ausrüstungsinvestitionen zwecks Kapazitätserweiterung oder Rationalisierung regelmäßig auch durch Kreditaufnahme finanzieren, können sie dies für langfristige Investitionen in Forschung und Entwicklung tun. Die nationalen und internationalen Kapitalmärkte sind ergiebig genug, um auch einen hohen privatwirtschaftlichen Fremdfinanzierungsbedarf zu befriedigen; namentlich Großunternehmen können sich angesichts vielfältiger Sicherungsmöglichkeiten, durch die etwaige Probleme der asymmetrischen Information über das tatsächliche Risiko eines Projektes für den Kreditgeber gemildert oder beseitigt werden, die erforderlichen Mittel nahezu reibungslos beschaffen. Je nach Gewinnerwartung werden dabei dem kreditnehmenden Unternehmen höhere oder niedrigere Finanzierungskosten entstehen, aber scheitern muß ein Forschungs- und Entwicklungsprojekt an der Finanzierungsfrage nicht, vorausgesetzt natürlich, die erwartete Rendite liegt oberhalb des Kreditzinses, so daß ein ordnungsgemäßer Schuldendienst möglich ist.
Neben der Kreditfinanzierung haben Unternehmen, die Innovationen planen und umsetzen, auch die Möglichkeit, sich mit risikotragendem Beteiligungskapital zu versorgen und auf diese Weise hohe forschungsabhängige Fixkosten abzudecken. Das Unternehmen könnte dann, anders als bei der Kreditfinanzierung, die Entlohnung der Kapitalgeber dem Erfolgsverlauf entsprechend gestalten. Bedingung ist freilich, daß ausgebaute Risikokapitalmärkte bestehen. Sie bestehen, wenn der Zugang zum Effektenhandel frei ist von unnötigen Hemmnissen und wenn für institutionelle Anleger der Spielraum für Beteiligungen an Unternehmen nicht zu

eng geregelt ist. Der Staat kann für solche Bedingungen sorgen, gegebenenfalls durch Deregulierung. Die Geschichte kennt jedenfalls zahlreiche Beispiele für die Finanzierung von Großprojekten mit erheblichen Fixkostenbestandteilen durch Private, darunter auch spektakuläre Fälle wie der Eisenbahnbau in den Vereinigten Staaten im vergangenen Jahrhundert und der Tunnelbau im Ärmelkanal heute. Hohe Risiken verbinden sich mit der Chance, eine überdurchschnittliche Rendite zu erzielen. Das ist auf den Wachstumsmärkten im Hochtechnologiebereich prinzipiell nicht anders.

Wenn gleichwohl der Staat, sprich der Steuerzahler in die Finanzierungspflicht genommen werden soll, und dies auch noch zugunsten von Unternehmen, die einen hohen Cash-flow aufweisen und hohe stille Reserven gebildet haben, dann drängt sich die Vermutung auf, daß es eigentlich um etwas anderes geht: um die Abwälzung des Risikos auf Dritte. Risikoaversion ist keine Empfehlung im internationalen Innovationswettlauf, in dem unternehmerischer Wagemut gefordert ist. Die Sozialisierung unternehmerischer Risiken verträgt sich auch nicht mit dem marktwirtschaftlichen Grundsatz von Kompetenz und Haftung, der ansonsten – zu Recht – immer wieder beschworen wird, auch von den Befürwortern staatlicher Industriepolitik. Daß das Risiko bei der Entwicklung von Schlüsseltechnologien hoch ist, wie immer wieder behauptet wird, mag ja zutreffen. Daß es aber das einzelne Unternehmen überfordere, wo doch gleichzeitig von Zukunftsindustrien und Wachstumsmärkten die Rede ist, versteht sich nicht von selbst. Und wenn es so wäre, könnten die in diesem Bereich tätigen Unternehmen bei Forschung und Entwicklung im vorwettbewerblichen Stadium kooperieren und auf diese Weise die Kostenbelastung verteilen. Mitunter geschieht das ja auch. Im übrigen ist der Staat am Risiko fehlgeschlagener Forschungs- und Entwicklungsaufwendungen in gewissem Umfang durchaus beteiligt: über das Steuersystem nämlich, das ihm weniger Einnahmen zuführt, wenn das Unternehmen Verluste verbuchen muß.

Was das zweite Rechtfertigungsargument anbelangt – die **Versorgungssicherheit** –, so ist unstrittig, daß die Halbleiter-Technologie mittlerweile eine sehr wichtige Rolle in der modernen Volkswirtschaft spielt: Ohne Mikroelektronik lassen sich Produktions- und Distributionsprozesse nicht mehr effizient gestalten, können inländische Anwenderunternehmen ihre internationale Wettbewerbsfähigkeit nicht sichern, sind viele Innovationen bei Waren und Dienstleistungen nicht mehr vorstellbar, kann die Nachfrage nach ganzen Problemlösungen in etlichen Bereichen nicht befriedigt werden, stößt die Beschaffung, Verarbeitung und Vermittlung von Informationen schnell an Grenzen. Auf eine ausreichende Versorgung mit mikroelektronischen Produkten muß daher dauerhaft Verlaß sein.

Die Vorstellung freilich, daß dies nur gewährleistet sei, wenn Deutschland (mit Europa) technologisch weitgehend autark werde, mutet aus mindestens zwei Gründen seltsam an: Zum einen ist es noch niemals recht gelungen, durch staatlich geförderte Importsubstitution einheimische Unternehmen zu technischen Spitzenleistungen, die sich am Markt durchsetzen, anzuspornen. Wenn der Wettbewerb eingeschränkt wird, und das geschieht definitionsgemäß bei einer Importsubstitutionspolitik, wird vielmehr der Druck zur ständigen Innovation von den Unternehmen genommen. Die Versorgung der inländischen Anwender und Nutzer von mikroelektronischen Produkten wird nicht besser, sie wird schlechter, als sie unter Freihandelsbedingungen sein kann.

Zum anderen trifft es ja überhaupt nicht zu, was unterschwellig suggeriert wird: daß es nämlich im Ausland nur einen Anbieter gebe, der seine Monopolstellung dazu mißbrauchen könnte, Nachfrager in Deutschland von einer Belieferung auszusperren. Auf dem Halbleitermarkt gibt es tatsächlich zahlreiche Anbieter, es sind nicht nur japanische, sondern auch nordamerikanische und neuerdings auch Anbieter aus Schwellenländern, besonders Südkorea und Taiwan. Diese Unternehmen wollen ihre Produkte verkaufen, sie stehen in scharfem Wettbewerb zueinander, sie ringen weltweit hart um Marktanteile, sprich Abnehmer, und zu einem solchen Verhalten paßt schwer, bestimmte Länder diskriminieren zu wollen. Dieser Wettbewerb sorgt auch dafür, daß die Nachfrager nach Chips die jeweils neuesten Komponenten und Technologien erhalten (wenn sie dies wünschen) und nicht, wie die Anhänger der strategischen Industriepolitik argwöhnen, veraltete; die Produktzyklen sind sehr kurz, und gerade wegen der hohen Forschungs- und Entwicklungsausgaben wird jeder Hersteller darauf bedacht sein müssen, möglichst schnell und weltweit Produkt- und Verfahrensinnovationen zu vermarkten und auf diese Weise steigende Skalenerträge zu realisieren und Gewinne zu erzielen. Unter Wettbewerbsbedingungen braucht auch den inländischen Anwenderunternehmen, die bei konkreten Aufträgen dem jeweiligen ausländischen Chip-Hersteller gegenüber ihr Systemwissen preisgeben müssen, kein Nachteil zu entstehen; das ausländische Herstellunternehmen würde sich selbst schädigen, sprich sich künftige Geschäftsbeziehungen verbauen, wenn es versucht sein sollte, bei der Entwicklung von anwenderspezifischen Chips vertraulich überlassenes Know-how eigennützig zu mißbrauchen.

All dies wäre nur anders, wenn die ausländischen Chip-Hersteller untereinander ein Lieferkartell bildeten. Doch dagegen könnten sich die anderen Länder wehren, indem sie ihrerseits Außenhandelsbeschränkungen (beim Import und beim Export) einführten. Im System der internationalen Arbeitsteilung sind die Abhängigkeiten wechselseitig, eine Abhängigkeit gibt es immer, sie gibt es auch im Hochtechnologiebereich im Zusammenhang mit unternehmensübergreifenden Komplementaritäten bei Forschungs- und Entwicklungsaktivitäten. Abhängigkeiten gäbe es auch, wenn die Herstellung von hochintegrierten Schaltkreisen in großem Umfang in Frankreich, Großbritannien oder den Niederlanden stattfinden würde. Durch Abkapselung gegenüber Japan und den Vereinigten Staaten wäre für die Versorgungssicherheit in Deutschland wenig gewonnen. Kurzum: Es ist wohl auch gar nicht die

Unsicherheit über die Versorgung, die Befürchtungen wachruft, sondern der weltweite Konkurrenzdruck, dem standzuhalten einigen Unternehmen Schwierigkeiten bereitet; letztlich wird ein gewöhnliches Produzenteninteresse mit Gemeinwohlzielen drapiert.

Zum dritten Rechtfertigungsargument, der **Dumping-These**: Unlautere Praktiken seitens ausländischer Anbieter, die den internationalen Wettbewerb verfälschen, sind mit den bewährten Spielregeln der multilateralen Welthandelsordnung nicht vereinbar. Daher gehören Anti-Dumping-Maßnahmen (Prüfverfahren, Ausgleichszölle, Preisverpflichtungen) überall zum Instrumentarium der staatlichen Außenhandelspolitik.[8] Das Problem ist die sachgerechte Anwendung in der Praxis, das heißt die Frage, woran ein vermutetes Dumping-Verhalten überhaupt festgemacht werden kann. Der einfache Preisvergleich kann es nicht sein. Wenn ausländische Anbieter in Deutschland und Europa bestimmte Güter billiger anbieten, als es inländische Unternehmen tun, so spielen sie möglicherweise nur einen Kostenvorteil aus, was allokationstheoretisch erwünscht ist und mit einer funktionstüchtigen internationalen Arbeitsteilung voll im Einklang steht. Sollten sie im Ausland billiger anbieten als im eigenen Land, betreiben sie unter Umständen Preisdifferenzierung nach Maßgabe der Unterschiede in den Preiselastizitäten der Auslandsnachfrage und der Binnennachfrage, was effizient ist (Hotelling-Theorem) und auch nicht geahndet werden darf. Wenn der Absatzpreis die gesamten Durchschnittskosten nicht voll deckt, so kann dies damit zusammenhängen, daß »versunkene Kosten« vorliegen; solange der Preis nicht die variablen Durchschnittskosten unterschreitet, ist er auch nicht zu niedrig.

Vor allem den japanischen Anbietern wird unterstellt, daß sie technologieintensive Produkte zu Preisen verkaufen, die unter den variablen Durchschnittskosten liegen. Ihr Ziel sei, die Weltmärkte zu erobern und Monopolstellungen aufzubauen mit entsprechenden Preiserhöhungen zu Lasten aller Abnehmer im Gefolge. Einen seriösen Nachweis für »räuberisches Dumping« gibt es freilich nicht; um so begierlicher werden Anekdoten verbreitet.[9] Angesichts des intensiven Wettbewerbs zwischen japanischen Produzenten (bei Halbleitern ebenso wie bei Automobilen oder Erzeugnissen der Unterhaltungselektronik) könnte eine durch Dumping erlangte

---

8 In der Kennedy-Runde des GATT (1963–67) wurde ein Anti-Dumping-Kodex vereinbart, der entsprechende Abweichungen vom Meistbegünstigungsprinzip sanktioniert.

9 Die bekannteste kommt in dem folgenden Zitat über eine Anweisung zum Ausdruck, die die Firma Hitachi ihren Verkäufern in den USA gegeben haben soll: »Nenne einen Preis, der 10 Prozent unter dem der Konkurrenten liegt. Steigen sie in diesen Preis ein, dann setze ihn um weitere 10 Prozent herab. Die Runde der Angebote ist zu Ende, wenn Hitachi gewinnt .... 25 Prozent Gewinnspanne für den Verkäufer sind garantiert.« (Zitiert nach *Seitz*, 1991, S. 33). Notabene, zu niedrigen Preisen zu verkaufen und Wettbewerber zu unterbieten ist, für sich genommen, kein Dumping.

marktbeherrschende Stellung nur von kurzer Dauer sein. In der Tat hat kein einziges japanisches Unternehmen auf dem deutschen Markt oder auf Drittmärkten oder weltweit auch nur annähernd einen Anteil, bei dem eine marktbeherrschende Stellung vermutet werden könnte.[10] Man muß schon alle japanischen Unternehmen als Mitglieder eines nationalen Kartells sehen, wie es die Verfechter der strategischen Industriepolitik offensichtlich tun, um die befürchteten Monopolpositionen abbilden zu können. Nicht auszuschließen ist, daß es zu einem Kartell auch wirklich kommt, dann nämlich, wenn das Ausland Anti-Dumping-Verfahren einleitet und den japanischen Anbietern Mindestpreise (Vollkosten plus Gewinnaufschlag) und eine Exportselbstbeschränkung auferlegt: Zwecks Einhaltung solcher Auflagen müssen sich die Exportunternehmen über Produktionseinschränkungen verständigen. In einem solchen Fall können Lieferengpässe entstehen, die zu Preiserhöhungen führen. Dies hätte allerdings nichts mit monopolistischer Ausbeutung zu tun (auch wenn dieser Vorwurf bestimmt erhoben wird), dafür aber um so mehr mit marktwidriger Außenhandelspolitik.[11]

Selbst wenn die Dumping-These zu belegen wäre, würde daraus noch nicht ein Argument für strategische Industriepolitik. Im Gegenteil: Man würde ja »räuberisches Dumping« der einen Seite durch »räuberisches Dumping« der anderen bekämpfen wollen, ohne irgendeine Gewähr, dabei zu obsiegen; wahrscheinlicher ist ein allgemeiner Subventionswettlauf oder ein gegenseitiges Aufschaukeln mit Strafzöllen. Und sollte man obsiegen, wäre der gesamtwirtschaftliche Vorteil fraglich; jedenfalls ist es nicht so, daß die dann neuen marktbeherrschenden Unternehmen, nur weil es jetzt einheimische wären, ihre Monopolstellung nicht zu Lasten der Abnehmer im In- und Ausland ausnutzen würden. Wo Wettbewerb nicht oder nur eingeschränkt herrscht, muß immer mit überhöhten Kosten und Preisen und unbefriedigendem Güterangebot gerechnet werden.

IV. Fazit: neomerkantilistischen Versuchungen widerstehen

Die Forderungen nach einer strategischen Industriepolitik sind nicht gut begründet. Da ihr theoretisches Fundament brüchig ist und ihre empirischen Grundlagen schwach sind, muß die langjährige Erfahrung mit der bisher betriebenen branchen-

10 Nach dem deutschen Wettbewerbsrecht gilt diese Vermutung bei folgenden Marktanteilen als begründet: mindestens 33 vH für ein Unternehmen, mindestens 50 vH für bis zu drei Unternehmen, mindestens 66 vH für bis zu fünf Unternehmen.

11 Die Erfahrungen mit dem ersten von den Vereinigten Staaten erwirkten Halbleiterabkommen mit Japan (aus dem Jahre 1986) bieten viel Anschauungsmaterial. Vgl. *Tyson* (1992, S. 106 ff.); *Bergsten* und *Noland* (1993, S. 127 ff.).

bezogenen Industriepolitik beherzigt werden. Gemessen an den Zielen – Förderung des wirtschaftlichen Wachstums und der Beschäftigung, Stärkung der internationalen Wettbewerbsfähigkeit –, schien der Staat das Richtige tun zu wollen. Maßgebend ist aber die Praxis. Sie ist gekennzeichnet durch vielfältige Subventionstöpfe, überzogene bürokratische Regulierungen, diskriminierende öffentliche Auftragsvergabe und selektiven Handelsprotektionismus unter Inkaufnahme eklatanter Verstöße gegen die Grundregeln einer marktwirtschaftlichen Ordnung und die Prinzipien des GATT. »Bezahlt« wurden diese interventionistischen Verstrickungen mit Fehlallokation, Verkrustungen im Produktionsgefüge, strukturellem Anpassungsstau, X-Ineffizienzen (in den Unternehmen) und häufig auch damit, daß Produkt- und Verfahrensinnovationen zum richtigen Zeitpunkt und in marktgerechter Ausrichtung unterblieben. Sowohl die Industriepolitik einzelner EU-Mitgliedsländer als auch die der EU-Kommission ist letztlich stets auf Strukturerhaltungspolitik hinausgelaufen. Neue, wachstumsträchtige Industrien wurden nicht hervorgebracht. Selbst das mit vielen Vorschußlorbeeren bedachte Joint European Submicron Silicon (JESSI)-Projekt, das, 1989 initiiert, die Union bei der Versorgung mit hochleistungsfähigen Speicherchips vom Ausland unabhängig machen soll, hat die Erwartungen nicht erfüllt.[12]

Natürlich versichern die Befürworter der strategischen Industriepolitik, daß die besagten Fehlentwicklungen vermieden werden müssen. Der Wettbewerb solle nicht beschränkt, die marktwirtschaftliche Ordnung nicht ausgehöhlt, dem Dirigismus nicht der Weg bereitet werden. Solche hehren Versprechen sind nicht zu halten. Es sei wiederholt: Staatliche Förderung ausgewählter Unternehmen oder Branchen muß unweigerlich Wettbewerbsverzerrungen hervorrufen, zum Nachteil all jener Wirtschaftsbereiche, die nicht besonders gefördert werden, und zum Nachteil von Anwendern und Verbrauchern, die nicht auf preisgünstigere Angebote aus dem Ausland ausweichen können, weil die Industriepolitik gerade dies verhindert.

Außerdem gehört der politökonomische Prozeß ins Bild. Sobald der Staat bestimmte Industrien als zukunftsträchtig definiert hat und ihnen entsprechend hilft, wird er sich nicht ohne weiteres aus der Förderung zurückziehen können, wenn die gesetzten Ziele nicht erreicht werden. Das gleiche gilt, wenn die Förderung Industrien zuteil wird, die zwar im internationalen Wettbewerb zurückgefallen sind, aber dennoch als wichtig, sprich erhaltenswert angesehen werden. Haben sich die geförderten Unternehmen erst einmal an das Schonklima staatlicher Schutzmaßnahmen gewöhnt, so werden sie mit voller Kraft darauf drängen, daß es dabei bleibt (»rent defending«). Politiker und Bürokraten werden sich Wünschen nach Perpetuierung

---

12 Gleichwohl betont die EU-Kommission die »unabdingbare Notwendigkeit« (Delors) einer gemeinschaftlichen Industriepolitik. Gestaltungsbedarf wird vor allem in der Elektrotechnischen Industrie, im Straßenfahrzeugbau und im Flugzeugbau gesehen.

öffentlicher Hilfen annehmen, lassen sich doch damit trefflich Eigeninteressen (Wählerstimmen, Spenden, Gestaltungsstreben, Prestige) befriedigen, zumal sie ohnehin nicht wissen können, ob es andere, förderungswürdigere Projekte gibt und gegebenenfalls wo. Die Folge ist ein Übermaß staatlicher Interventionen in das Marktsystem ohne irgendeine Garantie dafür, daß heimische Unternehmen im Hochtechnologiebereich nachhaltige Durchbrüche erzielen werden und es zu der besagten Rentenumlenkung aus dem Ausland in das Inland kommt. Bedenklich ist auch das Beiprodukt – die Aufblähung von Lobbyaktivitäten, die gesamtwirtschaftlich gesehen einer Verschwendung von Ressourcen gleichkommen, sprich merkliche Effizienzverluste verursachen. Diese würden noch verstärkt, wenn das Ganze auf EU-Ebene veranstaltet würde. Wie nach solchen Prozessen die strategische Industriepolitik dem Land (oder der Union insgesamt) noch die verheißenen Wohlfahrtsgewinne einbringen kann, ist vollkommen unklar. Protektionismus, in welchem Gewande auch immer, ist letztendlich beschäftigungsfeindlich und wachstumsschädlich und kommt die inländischen Verbraucher und Steuerzahler teuer zu stehen.

Es ist richtig, daß ein hochindustrialisiertes Land wie Deutschland mit den neuen technischen Entwicklungen Schritt halten muß, soll der Lebensstandard hoch bleiben und sollen die Beschäftigungsmöglichkeiten ausreichend sein. Im System der internationalen Arbeitsteilung müssen die komparativen Vorteile im Bereich humankapitalintensiver Produktionen aufgesucht und auf dem Markt umgesetzt werden. Dies zu bewerkstelligen, ist freilich keine staatliche Aufgabe, sondern eine unternehmerische. Weder in Deutschland noch in anderen hochindustrialisierten EU-Ländern besteht ein Mangel an kreativen Wissenschaftlern, findigen Ingenieuren und Technikern und tüchtigen Facharbeitern. Die Unternehmen sind im allgemeinen nicht daran gehindert, mit Spitzentechnologien und Spitzenprodukten in Neuland vorzustoßen. Sie können im vorwettbewerblichen Bereich, auf dem Gebiet von Forschung und Entwicklung, projektspezifisch miteinander kooperieren, gegebenenfalls grenzüberschreitend »strategische Allianzen« bilden und auf diese Weise forschungsbedingte externe Effekte gemeinsam internalisieren;[13] diesen Weg zu beschreiten, liegt insbesondere dann nahe, wenn bei der Entwicklung neuer Schlüsseltechnologien starke Komplementaritäten untereinander vorliegen und es für das einzelne Unternehmen effizienter ist, sich auf jeweils eine dieser Technologien zu spezialisieren und im übrigen auf Wissensaustausch und Warenhandel mit anderen Unternehmen, die ihrerseits im Hochtechnologiebereich gleiches tun, zu setzen. Hier mag es in der Vergangenheit Versäumnisse gegeben haben, doch liegt es dann

---

13 Daß es dabei nicht zu kartellähnlichen Absprachen zu Lasten Dritter kommt, müssen die Wettbewerbsbehörden sicherstellen; sie sind damit in der Regel nicht überfordert. Vgl. Monopolkommission (1992), Tz. 1186 ff.

beim problembewußten Management der Unternehmen, Abhilfe zu schaffen und zukunftsweisende Strategien zu konzipieren und mit Mut zum Risiko zu verfolgen; der Staat wäre damit überfordert, »konzertierte Aktionen« zwischen Politik, Wissenschaft, Wirtschaft und Gewerkschaften, »Technologieräte« gar, könnten die unternehmerischen Lösungen nicht ersetzen.

Die »industriepolitischen« Aufgaben des Staates liegen anderswo: bei der Sicherung eines günstigen Klimas für Forschungs- und Entwicklungsaktivitäten und bei der Schaffung dauerhaft investitionsfreundlicher Rahmenbedingungen. Hier ist vieles angesprochen, ganz bestimmt die Wahrung einer hohen Qualität im Schul- und Hochschulwesen, der Ansporn zu Spitzenleistungen in der Grundlagenforschung und die adäquate Gewährleistung privater Eigentumsrechte an den Erfindungen in der angewandten Forschung. Außerdem ist bei neuen technischen Entwicklungen für gesellschaftliche Akzeptanz zu sorgen, was unter Umständen viel Aufklärungsarbeit erfordert, weil in der Öffentlichkeit, in der deutschen vor allem, die Risiken häufig höher eingeschätzt werden als die Chancen. Auf die Agenda gehören im übrigen die Deregulierung (Verkürzung von Genehmigungsverfahren) und die materielle Privatisierung (namentlich in der Telekommunikation) sowie alles, was die Standortqualität des Landes mehrt (zum Beispiel die Reform der Unternehmensbesteuerung). Im internationalen Bereich kann und sollte der Staat Initiativen ergreifen, um die nationale Wettbewerbspolitik wichtiger Handelspartner so zu koordinieren, daß wettbewerbsverfälschendes Unternehmerverhalten auf den Weltmärkten wirksam unterbunden werden kann. All dies mag den Befürwortern der strategischen Industriepolitik zuwenig sein. Aber die staatliche Steuerung der industriellen Entwicklung im Hochtechnologiebereich, sei sie national, sei sie gemeinschaftlich betrieben, wäre nicht die angemessene Antwort auf die Herausforderungen von außen; sie wäre ein Irrweg, kostspielig und mit höchst ungewissen Erfolgschancen.

Literaturverzeichnis

Bergsten, C. Fred und Marcus Noland, *Reconcilable Differences? United States – Japan Economic Conflict*, Washington/DC 1993.

Bletschacher, Georg und Henning Klodt, *Strategische Handels- und Industriepolitik – Theoretische Grundlagen, Branchenanalysen und wettbewerbspolitische Implikationen*, Tübingen 1992.

Grossman, Gene M., »Promoting New Industrial Activities: A Survey of Recent Arguments and Evidence«, *OECD Economic Studies*, No. 14, Spring 1990, S. 87–125.

Helpman, Elhanan und Paul R. Krugman, *Market Structure and Foreign Trade: Increasing Returns, Imperfect Competition, and the International Economy*, Cambridge/MA 1985.

Kösters, Wim, »Freihandel versus Industriepolitik«, *Wirtschaftsdienst*, 72. Jg. (1992), S. 49–56.

Komiya, Ryutaro, »Three Stages of Japan's Industrial Policy after the World War II«, *Discussion Paper Series* (Research Institute of International Trade and Industry), Nr. 92-DF-13, Tokyo, März 1992.

Krugman, Paul, »Does the New Trade Theory Require a New Trade Policy?«, *The World Economy*, Vol. 15 (1992), S. 423–441.

Monopolkommission, *Wettbewerbspolitik oder Industriepolitik*. Hauptgutachten 1990/1991, Baden-Baden 1992.

Richardson, J. David, »Empirical Research on Trade Liberalisation with Imperfect Competition: A Survey«, *OECD Economic Studies*, No. 12, Spring 1989, S. 7–50.

Scholz, Lothar, »Grundsatzpositionen in der forschungs- und technologiepolitischen Diskussion: Herausforderungen und offenen Fragen«, Ifo Schnelldienst, 46. Jg., Nr. 13 (1993), S. 9–16.

Seitz, Konrad, *Die japanisch-amerikanische Herausforderung: Deutschlands Hochtechnologie-Industrien kämpfen ums Überleben*, 3. Auflage, München 1991.

Siebert, Horst, »Strategische Handelspolitik – Theoretische Ansätze und wirtschaftspolitische Empfehlungen«, *Aussenwirtschaft*, 43. Jg. (1988), S. 549–584.

Stegemann, Klaus, »Wirtschaftspolitische Rivalität zwischen Industriestaaten: Neue Erkenntnisse durch Modelle strategischer Handelspolitik?« In: Manfred E. Streit (Hrsg.), *Wirtschaftspolitik zwischen ökonomischer und politischer Rationalität: Festschrift für Herbert Giersch*, Wiesbaden 1988, S. 3–25.

Tyson, Laura D'Andrea, *Who's Bashing Whom? Trade Conflict in High-Technology Industries*, Washington/DC 1992.

Walz, Uwe, *Oligopolistischer Wettbewerb und internationaler Handel*, Tübingen 1992.

Zur Problematik der deutschen privaten Krankenversicherung

Hans Otto Lenel

I. Problemstellung

Die wissenschaftliche Diskussion über die Problematik der deutschen Krankenversicherung konzentriert sich weitgehend auf die gesetzliche Versicherung. Die private Versicherung kommt – wenn überhaupt – bei den Reformvorschlägen nur am Rande zur Sprache. Der deutsche Sachverständigenrat deutet ihre Einschaltung in seinem Jahresgutachten 1992/93 an. Er denkt an »ein System privater Versicherungen mit einkommensteuerlicher Prämienbegünstigung bei Versicherungspflicht und Kontrahierungszwang (1992 Tz. 2388, S. 226) und will seine Einführung mit »einer Reform des Familienlastenausgleichs sowie der Sozialhilfe« verbinden. *Renate Merklein* empfiehlt für die von ihr vorgeschlagene obligatorische Mindestvorsorge für den Krankheitsfall freie Wahl des Versicherungsträgers (1992, S. 27). *Lampert* und *Bossert* (1992) erwähnen dagegen die Möglichkeit einer Einschaltung privater Versicherungen nicht.

Unterstellt, es könnte gelingen, die Tore zur privaten Krankenversicherung für die bisher Pflichtversicherten zu öffnen: Ist es angebracht zu hoffen, daß bei ihrer **jetzigen Struktur**, den **jetzigen Regelungen** und den bisher zu beobachtenden Verhaltensweisen dadurch der Anstieg der Krankheitskosten und der Beiträge gebremst wird (erste Frage)? Oder müßten Struktur und Regeln verändert werden (zweite Frage)? Ergeben sich aus den bisherigen Erfahrungen mit der privaten Versicherung Gesichtspunkte für die Beantwortung dieser Fragen (dritte Frage)? Aus manchen Äußerungen zur Reform der gesetzlichen Versicherung könnte man schließen, das Verfahren der privaten Krankenversicherung sei nachahmenswert. Ist das richtig (vierte Frage?).

II. Hat sich die private deutsche Krankenversicherung bisher bewährt?

1. Gesetzliche oder private Krankenversicherung? Selbstbeteiligung und Beitragsrückerstattung als Vorzüge der privaten Versicherung

Die Entwicklung der privaten Krankenversicherung vor und neben der gesetzlichen hat *Renate Merklein* (1992, S. 44–48) dargestellt, auf deren Schrift ich dafür verweise. Die gesetzliche Krankenversicherung, die das Maximum der bei ihr Versicherten nach dem Zweiten Weltkrieg erreichte, ließ durch mehrfache Erhöhung des Einkommens, bis zu dem Versicherungspflicht bei ihr besteht, die Zahl der privaten Krankenversicherungen und ihrer Versicherten bis gegen Ende der siebziger Jahre sinken. Dann trat eine Wende zugunsten der privaten Versicherungen ein, insbesondere durch Änderungen der Regelungen für beihilfeberechtigte Angehörige des öffentlichen Dienstes, durch die Wiedervereinigung und durch den Wunsch, den Einschränkungen der Leistungen der gesetzlichen Versicherung durch private Zusatzversicherungen zu begegnen.

Damit sind wir schon bei einem Grund zugunsten der privaten Krankenversicherung: Es ist angenehmer und häufig auch erfolgversprechender, bei Krankheiten und Unfällen privat und ohne die Begrenzungen der gesetzlichen Versicherung behandelt zu werden. Diejenigen, die noch relativ jung sind, aber doch schon recht gut verdienen, locken wohl immer noch die dann relativ niedrigen Beiträge der privaten Versicherungen (zweiter Grund). Die mit zunehmendem Alter nach den bisherigen Erfahrungen zu erwartenden starken Beitragserhöhungen übersehen sie, oder sie denken für diesen Fall an eine Rückkehr zur gesetzlichen Versicherung, oder ihr zeitlicher Horizont ist bei der Entscheidung zu gering. Ein weiterer Vorteil der privaten Versicherung ist die Möglichkeit der Minderung des Beitrags durch Selbstbeteiligung und die Hoffnung auf Beitragsrückerstattung bei Schadensfreiheit. Die gesetzliche Versicherung erlaubt bisher beides nicht.

Andererseits gibt es Gesichtspunkte, welche der Wahl der privaten Versicherung entgegenstehen. Sie rühren vor allem aus der unterschiedlichen Art der Beitragsbemessung und dem Fehlen eines Kontrahierungszwangs bei der privaten Versicherung her. Bei der gesetzlichen Versicherung wird unabhängig vom Alter ein einheitlicher Beitragssatz vom Einkommen (bis zur Pflichtversicherungsgrenze) erhoben. Die Beiträge der privaten Krankenversicherung ergeben sich aus Tarifen, die vom Eintrittsalter ausgehen (vgl. aber Abschnitt II. 3). Das Einkommen der Versicherten ist unerheblich. Anders als bei der privaten wird bei der gesetzlichen Versicherung der Gesundheitszustand nicht berücksichtigt. Nicht in abhängiger Stellung tätige Ehefrauen und Kinder sind durch den Beitrag des Ehemanns bei der gesetzlichen

Versicherung mitversichert. Bei der privaten Versicherung ist für die Familie der tarifliche Beitrag zusätzlich zu entrichten.

Wahlmöglichkeiten und Ausmaß der bei den privaten Versicherungen möglichen **Selbstbeteiligung** werden allerdings bisweilen überschätzt. Die Monopolkommission (1988, S. 244, Tz. 600) schreibt von einer Vielzahl von Selbstbeteiligungstarifen. Das ist für das Tarifangebot aller privater Krankenversicherungen zusammengenommen, bei den Tarifen für Beihilfeberechtigte und bei einigen privaten Versicherungen auch für andere Tarife richtig. Aber mehrere Versicherungen, unter anderem die größte, die Deutsche Krankenversicherung AG (DKV), bieten bei ihren Tarifen für stationäre Behandlung keine Selbstbeteiligungen an. Die DKV meint, für Selbstbeteiligung im stationären Bereich gebe es nicht genug Interesse. Die Möglichkeit ihrer Wirkung ergibt sich jedoch schon daraus, daß die durchschnittliche Verweildauer in deutschen Krankenhäusern 16,2, in USA aber nur 9,3 Tage betrug (Merklein, 1992, S. 32). Eine Untersuchung der Rand Corporation ergab eine erhebliche Minderung des Krankenhausaufenthalts durch die Selbstbeteiligung. Signifikante Veränderungen des Gesundheitszustands dadurch wurden nicht festgestellt (ebenda, S. 68). Die Folge des Verzichts auf Selbstbeteiligung ist »eine Umlagementalität, die sich immer einstellt, wenn zwischen Versicherungsleistung und Versicherungsbeitrag kein direkter nachvollziehbarer Zusammenhang besteht« (*Kronberger Kreis*, 1987, S. 22, dort nur für die gesetzlichen Versicherungen).

Bei einigen privaten Versicherungen sind die Auswahl (auch für den ambulanten Bereich) und das mögliche Maß der Selbstbeteiligungen eher bescheiden: Nur bei einem Tarif kann man sich bei der DKV mit 2.000 DM oder mehr je Jahr selbst beteiligen (nämlich mit 2.700 DM), neben drei weiteren, geringeren Möglichkeiten, und bei dem für Neuzugänge wohl wichtigsten Tarif 80 gibt es nur eine Selbstbeteiligung von 20%, höchstens 600 DM jährlich. Ähnlich ist es bei der nach der Zahl der Versicherten zweitgrößten, der Debeka, für nicht Beihilfeberechtigte. Die anfängliche Beitragsermäßigung durch die Selbstbeteiligung erwies sich bisweilen (z.B. bei der DKV) als Illusion, weil diese Tarife überproportional mit der Begründung erhöht wurden, die Selbstbeteiligung wirke sich nunmehr nur noch schwächer aus. Die richtige Konsequenz einer entsprechenden Erhöhung der Selbstbeteiligung zog man nicht.

Über das Maß der möglichen Tarifermäßigung durch eine Selbstbeteiligung berichtet der Kronberger Kreis (1987, S. 32f.), »ein Versicherungsschutz mit z.B. 720 DM Selbstbeteiligung« koste »im Vergleich zu einem mit keiner Selbstbeteiligung knapp die Hälfte«. Das ist zumindest ungenau, da die Ermäßigung auch vom Alter abhängt. Weiter heißt es (ebenda), die Beitragsermäßigung durch Selbstbeteiligung gehe »häufig über den Betrag hinaus, der tatsächlich vom Versicherten als Selbstbeteiligung aufzubringen ist«.

Aber auch jene ist altersabhängig. In der Regel dürfte ein junger Versicherter sehr viel weniger jährlichen Beitrag einsparen als die Selbstbeteiligung, ein alter Versicherter sehr viel mehr. Mit Recht verweist der Kronberger Kreis (1987, S. 25) auf die Bedeutung der Selbstbeteiligung für die Stärkung der Eigenverantwortlichkeit der Versicherten. Es ist merkwürdig, daß auch die privaten Versicherungen von ihr teilweise nur wenig Gebrauch machen.[1]

Auch die **Beitragsrückerstattung** ist geeignet, die Eigenverantwortung der Versicherten zu stärken, sofern sie erheblich und hinreichend wahrscheinlich ist. Sie wird in der Regel gewährt, wenn der Versicherte ein oder mehrere Jahre die Versicherung nicht in Anspruch genommen hat. Je größer die Zahl dieser Jahre ist, desto geringer ist tendenziell die Wirkung zugunsten der Eigenverantwortung. Die Rückerstattung kann sowohl bar ausbezahlt als auch zur Ermäßigung des Beitrags verwandt werden. Letzteres wirkt aber nur zugunsten der Eigenverantwortung, wenn die Ermäßigung auf diejenigen beschränkt bleibt, welche die Voraussetzungen (keine Inanspruchnahme der Versicherung) erfüllt haben. Begrenzungen der Beitragserhöhungen für alle oder ganze Gruppen von Versicherten haben diese Wirkung nicht. Die Hinweise mancher Versicherungen (z. B. der DKV) auf die großen von ihnen dafür aufgewandten Beträge sind außerdem unvollständig, sofern nicht vermerkt wird, daß diese Mittel nicht aus dem Jahresgewinn der Versicherung oder aus ihren eigenen Mitteln, sondern aus der Rückstellung für Beitragsrückerstattung stammen. Die grundsätzliche Aufhebung von zugesagten Beitragsrückerstattungen (wie z. B. bei der DKV für den stationären Bereich) zugunsten solcher Begrenzungen von Beitragserhöhungen oder zugunsten zusätzlicher Zuführungen zur Deckungsrückstellung ist geeignet, das Vertrauen der Versicherten in die Zusage von Beitragsrükkerstattungen und damit auch ihre Wirkung zugunsten der Eigenverantwortung zu beeinträchtigen. In manchen Fällen (z. B. bei der DKV) dürfte sie auch nach dem Wortlaut der Versicherungsbedingungen nicht zulässig sein. Es ist bemerkenswert, daß das Bundesaufsichtsamt für das Versicherungswesen (kurz Bundesaufsichtsamt) dagegen bisher nichts unternommen hat. Die Begründung der DKV, Beitragsrückerstattungen für den stationären Bereich seien kein Anreiz zur Begrenzung der Ansprüche an die Versicherung, überzeugt nicht (vgl. oben).

Die Unsicherheit der Versicherten über die Realisierung der Beitragsrückerstattung wächst und ihre Wirkung vermindert sich, wenn der Versicherte ihrer Ermäßigung oder ihrem Wegfall nicht durch Wechsel der Versicherung begegnen kann. Das aber wird mit zunehmender Versicherungsdauer wahrscheinlicher, weil die aus einem Teil der Beiträge gebildete Deckungs- (Alterungs-) Rückstellung bei Kündigung der Versicherung verfällt (vgl. Teil III).

Ohne zureichende Möglichkeiten der Selbstbeteiligung und der Beitragsrückerstattung wird, zumal bei weitgehender Überwälzung der Aufwendungen über die

1 Zu weiteren Vorzügen der Selbstbeteiligung und zu den Grundsätzen ihrer Gestaltung vgl. *Kronberger Kreis*, 1987, S. 30–32.

Beiträge, die Konsumentensouveränität zu stark beschnitten: Der einzelne Bürger kann nicht mehr hinreichend entscheiden, wieviel er für seine Gesundheit ausgeben will (vgl. hierzu *Merklein*, 1992, S. 40f.).

2. Zu den Ursachen der Erhöhung der Aufwendungen der privaten Krankenversicherungen für Versicherungsfälle

Wegen der starken Zunahme der Aufwendungen für Versicherungsfälle (insbesondere für die Erstattung von Krankheitskosten) gewährte die nach den Beitragseinnahmen zweitgrößte deutsche Krankenversicherung, die Vereinte Krankenversicherung AG, 1991 keine Beitragsrückerstattung. Welches sind die Ursachen jener Zunahme, die tendenziell bei allen privaten Krankenversicherungen zu beobachten war? *Frommknecht*, damals Vorsitzender des Verbands der privaten Krankenversicherung und bis heute Vorsitzender des Vorstands der Signal Versicherung aG, des fünftgrößten deutschen privaten Krankenversicherers, nannte 1985 in einem 1990 veröffentlichten Vortrag drei: den medizinischen Fortschritt, die »wachsende Zahl der Leistungsanbieter im Gesundheitswesen« und die ungünstige Veränderung der Altersstruktur (1990, S. 8f.). Diese drei sind zu ergänzen, insbesondere um das durch die Beitragserhöhungen geförderte Anspruchsdenken (wenn ich schon so viel bezahlen muß ...), um unzweckmäßige Regelungen, z.B. des Krankenhausfinanzierungsgesetzes, um die Scheu der Versicherer (auch der privaten) vor der Einführung von Selbstbeteiligungsmöglichkeiten und um die geringere Produktivitätszunahme bei den relevanten Dienstleistungen.

Der medizinische Fortschritt wirkt in zweifacher Hinsicht kostensteigernd: Erstens ist das Fortschrittliche häufig teurer, insbesondere die sog. Apparatemedizin. Daß es teurer ist, ist auch eine Folge unzweckmäßiger Regelungen, insbesondere angeregt durch die törichte sozialpolitische Forderung, daß man – etwas überspitzt ausgedrückt – alles bezahlen solle. »Selbst spektakulär teure Behandlungstechniken aus dem auszuschließen, was die Versicherung normalerweise abdeckt, ist jedenfalls in Systemen, bei denen ausschließlich die Politik den Leistungsrahmen dieser Versicherung bestimmt, sehr schwierig, ja nahezu unmöglich« (*Merklein*, 1992, S. 33). Das Zitat bezieht sich auf die gesetzliche Versicherung. Es gilt aber eingeschränkt auch für die private, soweit und solange diese (zu!) einfach Mehraufwendungen durch Beitragserhöhungen abdecken kann (vgl. den nächsten Abschnitt). Die Mühe des Ausschlusses solcher Behandlungstechniken und der Ärger mit den Versicherten, die Erstattungsanträge dafür stellen, lohnen sich dann nicht so recht. Ähnliche Folgen kann die Jagd nach mehr Versicherten und höheren Beitragseinnahmen ohne gebührende Erfassung der Gesundheitsrisiken haben. Auch hier besteht die Gefahr, daß die Rechnung für solche Sorglosigkeit von allen Versicherten über Beitragserhöhungen bezahlt wird. Mehr Zurückhaltung bei der Erstattung teurer Behandlungstechniken könnte auch das Interesse der Forschenden an billigeren Verfahren wekken. *Frommknecht* (1990, S. 22) meint, es seien wenig Anstrengungen zur Nutzung des technischen Fortschritts für Kostensenkungen zu beobachten. Das liegt auch an mangelnder Begrenzung des Erstattungsfähigen. Zweitens trägt der technische Fortschritt zur Verlängerung des Lebens bei. In den dadurch gewonnenen Lebensjahren treten häufig besonders hohe Krankheitskosten auf.

Die von *Frommknecht* erwähnte wachsende Zahl von »Leistungsanbietern« dürfte nicht zuletzt wegen unzweckmäßiger Regelungen kostensteigernd wirken. Eine Zunahme der Zahl der Ärzte kann die Tendenz zu mehr und intensiveren Behandlungen mit sich bringen. Eine zureichende Selbstbeteiligung dürfte diese Tendenz bremsen. Ähnliches gilt für die oft genannten Preis- und Honorarsteigerungen über die allgemeine Erhöhung des Preisniveaus hinaus. Allerdings sind diese Erhöhungen zum Teil auch die Folge der geringeren Produktivitätszunahme bei Dienstleistungen (etwa der Ärzte oder des Krankenhauspersonals).

3. Beitragserhöhungen und Beitragskalkulation

Aus den bisherigen Bemerkungen ergibt sich wohl schon, daß es ein Irrtum wäre anzunehmen, die Beiträge der privaten Versicherungen seien bei dem bisher angewandten Verfahren ihrer Bemessung eine brauchbare Bremse des Kostenanstiegs. Man macht es sich bei den privaten Versicherungen und vielleicht auch beim Bundesaufsichtsamt wohl zu leicht: Wenn die Aufwendungen steigen, müssen eben die Beiträge erhöht werden. Der eingeschränkte Wettbewerb (vgl. Teil III) erleichtert das. Von Beitragsstabilität kann unter diesen Umständen keine Rede sein, obwohl sie in früheren Jahren immer wieder als ein Vorteil der privaten Krankenversicherung vorgestellt wurde. Noch 1986 trug *Frommknecht* (1990, S. 24) vor, in der Stabilität der Beiträge liege die Anziehungskraft der privaten Krankenversicherung. Sieben Jahre später schrieb dann die DKV in ihren Jahresmitteilungen 1993 zwei Seiten mit der Überschrift: »Beitragsanpassungen: Warum sie notwendig sind.« Schon im Geschäftsbericht 1980 (S. 6) der DKV wurden Beitragserhöhungen als »unumgänglich« bezeichnet. Nach dem Geschäftsbericht 1987 (S. 8) waren sie »unausweichlich«, obwohl die Schadensquote nur knapp über 70% lag (vgl. Abschnitt II. 4).

Auch die Formulierungen in den allgemeinen Versicherungsbedingungen änderten sich in dieser Richtung. Früher mußten die Krankheitskosten um 10% gestiegen sein, bevor an eine Beitragserhöhung gedacht werden konnte. Heute genügen schon 5%. Früher bezog sich jener Prozentsatz auf die »Veränderungen ... der durchschnittlichen Kosten der Heilbehandlung« (so § 17, Abs. 1 der allgemeinen Versicherungsbedingungen (AVB) der DKV für die Wahltarife 63). Jetzt ist, zumindest bei manchen Tarifen, ein Vergleich des »der Kalkulation bzw. der letzten Prämienanpassung zugrunde liegenden rechtmäßigen Schaden(s) mit dem tatsächlich angefallenen« vorgesehen (so z.B. § 23, Abs. 1 der AVB der DKV für die Gruppenversicherung nach den M-Tarifen). Auch Kalkulationsfehler werden so auf die Versicherten abgeschoben. Unter diesen Umständen hat die Monopolkommission durchaus Recht, wenn sie schreibt, die Beiträge ließen sich »nur mit hoher Unsicherheit in die Zukunft extrapolieren« (1988, S. 262, dort kursiv). Der damit verbundene Verfall der Alterungsrückstellung hindert den längere Zeit Versicherten, Beitragserhöhungen durch Versicherungswechsel auszuweichen (vgl. Abschnitt 1, am Ende). Gegen die Vorhersehbarkeit des künftigen Beitrags wirkt auch § 8, Abs. 2 der vom Verband der privaten Krankenversicherung mit Genehmigung des Bundesaufsichtsamts entworfenen Musterbedingungen für die Krankheitskosten- und Krankenhaustagegeldversicherung von 1976. Danach wird bei Beitragsänderungen das »bei Inkrafttreten der Änderung erreichte tarifliche Lebensalter« des Versicherten berücksichtigt, das Eintrittsalter nur durch die »geschäftsplanmäßige« Anrechung der bis dahin gebildeten Deckungsrückstellung (vgl. den nächsten Abschnitt). Im Klartext heißt das, daß z.B. ein mit 30 Jahren in eine Versicherung eingetretener Versicherter, der jetzt 70 Jahre alt ist, bei einer Beitragserhöhung zunächst so behandelt wird wie ein mit 70 Jahren Eingetretener, bei dem auch das höhere künftige Krankheitsrisiko des Siebzigjährigen berücksichtigt wird. Gegenüber diesem hat jener nur den Vorteil, daß der sog. Anrechnungsbetrag noch abgezogen wird. Dieser Betrag fällt bei Beitragserhöhungen an, wenn der neue Beitrag nach dem zu Beginn dieses Absatzes geschilderten Verfahrens des § 8, Abs. 2 für eine höhere Altersgruppe errechnet wird als der bisherige. Der Betrag entspricht der Differenz zwischen den Beiträgen der neuen und der bisherigen Altersgruppe, jeweils nach dem **neuen** Tarif. Nur der Wechsel der Altersgruppe wird also berücksichtigt, die gebildete Deckungsrückstellung allenfalls mittelbar (vgl. oben). Schon bei früheren Beitragserhöhungen angefallene Anrechnungsbeträge werden gegebenenfalls hinzugerechnet. Nach Untersuchungen der Zeitschrift »Capital« (o.V. 1992, S. 95, *Schmitz* 1992, S. 160) unterscheiden sich bei verschiedenen Versicherungen nicht nur die Erhöhung der Tarifbeiträge mit zunehmenden Lebensalter, sondern auch die Anrechnungsbeträge bei ungefähr gleichem Eintritts- und Lebensalter. Für die Beurteilung des Letzteren dürften die veröffentlichten Zahlen nicht ausreichen, für das Erstere aber wohl. Nach den Musterpolicen des »Capital« (o.V. 1992, S. 95) zahlt bei der DKV ein fünfzigjähriger Mann das 3,2 fache des Beitrags eines Fünfundzwanzigjährigen, bei der HUK Coburg aber nur etwas mehr als das Doppelte. Eine fünfzigjährige Frau zahlt bei der DKV das 2,19 fache der Fünfundzwanzigjährigen, bei der Nova aber nur das 1,5 fache. Vergleicht ein Fünfzigjähriger nach Beitragserhöhungen seinen Beitrag, so bemerkt er u.U., daß er als Fünf-

undzwanzigjähriger falsch gewählt hat. Darf man da nicht an der Sicherheit versicherungsmathematischer Rechnungen und ihrer Kontrolle zweifeln?
Damit komme ich zur **Beitragskalkulation**. Sie ist für den Außenstehenden ein Buch mit sieben Siegeln, und zumindest manche Versicherungen (z.B. die DKV) sind sehr zurückhaltend, wenn daraufhin einschlägige Informationen erbeten werden. *Frommknecht* meinte in seinem Vortrag 1987 (1990, S. 36), der gesetzlichen Krankenversicherung seien »risikogerecht kalkulierte Wahltarife im Rahmen der Kollektiväquivalenz« gar nicht möglich. Die Zweifel daran, ob solche Tarife der privaten Versicherung bisher möglich waren, verstärken sich, wenn man die geradezu inflationäre Entwicklung der Beiträge langjährig Versicherter im Alter beobachtet. 1988 schrieb die Monopolkommission die »Festlegung altersunabhängiger Tarife«, die eine »**Folge des sozialpolitischen Ordnungsrahmens**« sei, binde »die Versicherten auf Lebenszeit an ein Unternehmen« und verhindere »den Wettbewerb um die Versichertenbestände« (S. 244, Tz. 602). Junge Versicherte zahlten »höhere Beiträge als ihre erwarteten Kosten betragen. Die Differenz zwischen Prämie und den durchschnittlichen Kosten wird für Leistungen im höheren Alter gespart«. Die dafür gebildete Rückstellung werde »bei Vertragskündigung nicht ausbezahlt oder übertragen« (S. 244, Tz. 603). Vor dem aus Tz. 603 Zitierten stehen zwei Sätze, die nach der damals schon zu beobachtenden und inzwischen ganz klaren Entwicklung recht merkwürdig wirken: »Eine altersbedingte Beitragsdifferenzierung könnte für die älteren Versicherten zu unzumutbar höheren Prämien führen und wäre sozialpolitisch nicht vertretbar. Versicherungsverträge müssen deshalb mit einem **über die Lebenszeit konstanten Beitrag** abgeschlossen werden«. Die Beiträge sind jedoch seit vielen Jahren nur bedingt altersunabhängig (vgl. oben über den Anrechnungsbetrag) und **nicht** konstant, und sie werden den Versicherten auch vom Bundesaufsichtsamt zugemutet. Ein seit 1949 bei der DKV Versicherter, jetzt 76 Jahre alt, dessen Versicherungsunterlagen ich kenne, hat z.B. für den ambulanten Bereich 1993 fast das Zwanzigfache seines Beitrags für 1972 zu bezahlen.
Zwar schrieb die Frankfurter Allgemeine Zeitung noch am 28. Mai 1990, die Beiträge würden »nicht wegen des Älterwerdens« erhöht, wohl aber um den Mehrbedarf aus medizinischen Fortschritt und Teuerung der Leistungsausgaben zu dekken.« Aber das war schon damals zumindest ungenau. Die Erhöhung ist auch eine Folge der in diesem Abschnitt besprochenen Art der Beitragskalkulation. Wenn die Aufwendungen der Versicherung um mindestens 5 Prozent steigen, wird nicht gefragt, wieviel davon auf den »medizinischen Fortschritt und die Teuerung der Leistungsausgaben« zurückzuführen ist. Die Beiträge werden vielmehr entsprechend dem von dem Versicherten nunmehr erreichten Alter neu kalkuliert.[2] Bei

2 Zur Problematik des Kalkulationsverfahrens vgl. die beiden im Literaturverzeichnis aufgeführten Aufsätze von *Finsinger* und *Kraft*. Diese schließen aus ihren Überlegungen, daß

manchen Tarifen wird ein nur zeitlich verzögertes Umlageverfahren praktiziert. Jede Altersgruppe dieser Tarife »zahlt letztlich ihre eigenen Schäden« (*Schmitz* 1992, S. 159). Das Eintrittsalter kommt nur bei der Ermittlung der Absetzung des sog. Anrechnungsbetrags zum Zuge (vgl. oben). Nur so sind die starken Abweichungen zwischen den durchschnittlichen Tariferhöhungen und den Erhöhungen bei den alten Versicherten zu erklären, von denen häufig berichtet wird.[3] Inwieweit daneben auch die zu beobachtende Schließung von Tarifen und die dadurch bedingte Minderung der Zahl und tendenzielle Überalterung der Versicherten gewirkt hat, ist schwer zu übersehen. Zumindest ungenau ist der Hinweis mancher Versicherungen auf ihre Bereitstellung von Mitteln für die Begrenzung der Beitragserhöhung (vgl. Abschnitt II.1, über die Beitragsrückerstattung). Der Spiegel (14.12.92) spricht von einer seit Jahrzehnten fragwürdigen Geschäftspolitik. Für junge Versicherte, die auch wegen des relativ geringen dadurch verlorengehenden Betrags der für sie gebildeten Alterungs-(Deckungs-)Rückstellung am ehesten die Versicherung wechseln können, werden die Beiträge vermutlich relativ niedrig festgesetzt. Das Risiko höherer Versicherungsleistungen bei zunehmendem Alter, so meint *Schmitz* (1992, S. 159, ferner o.V. 1992 S. 183 f) wurde viele Jahre von den Versicherungen wegen der Erwartung unterschätzt, viele würden im höheren Alter zur gesetzlichen Versicherung wechseln, deren Beiträge dann niedriger sind. Diese Hoffnung wurde 1989 enttäuscht, als der Übergang in diese Versicherung weitgehend ausgeschlossen wurde. Die DKV hat die Hoffnung, auch für das Alter risikogerechte Tarife kalkulieren zu können, offenbar schon aufgegeben. Sie empfiehlt ihren Versicherten, zur Sicherung der steigenden Beiträge im Alter eine Rentenversicherung abzuschließen (Jahresmitteilungen der DKV, 1993, S. 9). So kann aus dem Versagen der Beitragskalkulation noch ein Geschäft gemacht werden.
Zur Explosion der Nettobeiträge der alten Versicherten hat auch beigetragen, daß für die Ermittlung der sog. Anrechnungsbeträge die Zunahme der Lebenswahrscheinlichkeit zumindest bei manchen Versicherungen zu spät und dann auf einen Schlag berücksichtigt wurde. So hat z.B. die DKV bei einer schon 44 Jahre dort Versicherten den Anrechnungsbetrag 1993 um fast ein Drittel gekürzt.

---

jenes Verfahren wegen der angesetzten prozentualen Sicherheitszuschläge, wegen des Anreizes zu zusätzlichen Aufwendungen durch diese Zuschläge und wegen des zu geringen Abzinsungssatzes für die künftigen Schadensaufwendungen zu überhöhten Beiträgen führt.

3 Vgl. z.B. *Süddeutsche Zeitung* 27. April 1991 (durchschnittliche Beitragserhöhung 1991 10%, bei Älteren aber 25–30%); *Schmitz*, 1992, S. 156 f. (Beispiele zweier Versicherten mit Erhöhungen 1992 um 30 und 49%). Für 1993 wurden Beitragserhöhungen um bis zu 50% vorhergesagt (*Die Welt*, 14. November 1992) oder gar bis zu 70% (*Der Spiegel*, 14. Dezember 1992).

4. Zur Wirkung der Erhöhung von Aufwendungen und Beiträgen auf die privaten Versicherungen

Wie sind den privaten Krankenversicherungen die Zunahme der Aufwendungen und die damit begründeten Beitragserhöhungen bisher bekommen? Diese Frage kann allgemein wohl nur nach einer Analyse der Entwicklung zumindest der Mehrzahl der Versicherungen beantwortet werden. Ich muß mich hier auf die größte, die DKV beschränken, und für diese kann man wohl die Frage des ersten Satzes mit »glänzend« beantworten. Wie das kommt, ist grundsätzlich relativ einfach zu beantworten: Wenn man die Beiträge ausreichend erhöht, steigen ceteris paribus die Gewinne. Je häufiger die Beiträge zwecks Erhöhung neu kalkuliert werden (vgl. Abschnitt II 3), desto wahrscheinlicher wird es, daß die Sicherheitszuschläge auf die Kosten (vgl. Anm. 2, bei der DKV 10%) zum großen Teil nicht benötigt werden und die Gewinne wachsen lassen. Diese werden mittelfristig in der Rückstellung für erfolgsabhängige Beitragsrückerstattung, langfristig in der Deckungsrückstellung und in den Rücklagen gebunden. So hat man Finanzierungsmittel für neue Kapitalanlagen und mit diesen in der Regel auch höhere Kapitalerträge, welche die Gewinne erneut wachsen lassen usw. Die Gefahr des Verlustes von Versicherten durch die Beitragserhöhungen ist bei dem eingeschränkten Wettbewerb (vgl. Teil III) relativ gering.

Die Fakten sprechen bei der DKV für diese Antwort. Der **Überschuß** ist in den letzten Jahren bei der DKV stark gestiegen. 1970 betrug er 79,0, 1980 98,7, 1985 254,7, 1990 314,1 und 1991 326,4 Mio DM.[4] 1990 waren das fast 26,3% der von allen deutschen privaten Krankenversicherungen erzielten Überschüsse, erheblich mehr als der Anteil der DKV an den verdienten Brutto-Beiträgen. Auf besonders große Effizienz der DKV dürfte das nicht zurückzuführen sein. Nur bei einer der fünf größten Krankenversicherungen machten 1989 und 1990 Verwaltungs- und Abschlußkosten einen höheren Prozentsatz der Beitragseinnahmen aus als bei der DKV, und bei zwei von ihnen lag der Satz tiefer, am meisten bei der Debeka. Beobachtungen bei der DKV lassen vermuten, daß ihre Bürokratisierung schon erheblich ist.

Die Rückstellung für erfolgsabhängige Beitragsrückerstattung stieg bei der DKV von 179 Mio DM 1970 über 190 Mio DM 1980 auf 820,1 Mio DM Ende 1991. Die Deckungsrückstellung betrug Ende 1970 459,2 Mio DM, Ende 1980 1,8 Mrd, Ende 1990 5,3 Mrd und Ende 1991 fast 6 Mrd DM, also das Dreizehnfache von 1970 und Ende 1990 ungefähr ein Fünftel der Summe der Deckungsrückstellungen aller

---

4 Die für die DKV angegebenen Beträge stammen aus ihren Geschäftsberichten. Zahlen anderer und aller Krankenversicherungen habe ich den im Literaturverzeichnis erwähnten Geschäftsberichten dieser Versicherungen, dem Geschäftsbericht 1990 des Bundesaufsichtsamts oder dem Aufsatz von *Arno Surminski* entnommen.

deutschen privaten Krankenversicherungen. Die **eigenen Mittel** beliefen sich (jeweils zum Jahresende) 1970 auf 34,9 Mio DM, 1980 auf 160, 1990 auf 436,4 und 1991 auf 470,8 Mio DM. Der überwiegende Teil der eigenen Mittel der DKV (1991 361,8 Mio, 1970 nur 23,9 Mio DM) entfällt auf aus den Gewinnen gebildeten Rücklagen. Aber auch 75% der Erhöhungen des Grundkapitals (1970 betrug es 10 Mio DM, 1991 60 Mio DM) sind – zumindest seit 1980 – nicht durch Einlagen der Aktionäre, sondern aus den Gewinnen erhöht worden. **Die Kapitalanlagen** hatten Ende 1970 851 Mio DM betragen. Bis Ende 1991 waren sie auf 8,5 Mrd DM angewachsen, hatten sich also fast verzehnfacht. Ihre Erträge wuchsen von 1970 bis 1991 von 51,1 auf 704 Mio DM, also auf fast das Vierzehnfache, 1980 betrugen sie 233,7 Mio DM. Sowohl die Kapitalanlagen der DKV als auch ihre Erträge waren sicher 1990 mit 7,6 Mrd DM bzw. 627 Mio DM die weitaus höchsten aller privaten deutschen Krankenversicherungen, wahrscheinlich auch 1991. Als Zweite folgte mit weitem Abstand 1990 die Vereinte Krankenversicherung mit Kapitalanlagen von 5,5 Mrd DM und Kapitalerträgen von 375 Mio DM.
Die Kapitalanlagen, die vermutlich erhebliche stille Reserven enthalten, und die Deckungsrückstellung sind in der Regel bei den Krankenversicherungen die bei weitem größten Bilanzposten, und die Deckungsrückstellung ist der wichtigste Posten für die Kapitalanlagenfinanzierung. Diese »errechnet sich« als Differenz der Barwerte der innerhalb der kalkulatorischen Restlaufzeit der bestehenden Versicherungsverträge zukünftig zu erbringenden kalkulatorischen Versicherungsleistungen einerseits und den aus diesen Verträgen im gleichen Zeitraum fällig werdenden Nettobeiträgen andererseits (Geschäftsbericht DKV, 1985, S. 529). Sie beruht also auf Erwartungsgrößen, deren Schätzung sich in den letzten Jahren ex post immer wieder als falsch erwiesen hat. Nach meiner Kenntnis werden die Barwerte durchweg mit einem Zinsfuß von 3,5% errechnet. Sie und auch ihre Differenz, die Deckungsrückstellung, dürften also unter den heutigen Umständen ceteris paribus zu hoch angesetzt sein. Wegen unrichtiger Annahmen über die künftig nötigen Versicherungsleistungen können sie dennoch zu niedrig und die Zuführung zu den eigenen Mitteln aus zu günstig ermittelten Gewinnen zu hoch sein. Die Zunahme der Deckungsrückstellung ist auf die Erhöhung der Zahl der Versicherten, aber auch der vom einzelnen Versicherten zu entrichtenden **Beiträge** zurückzuführen. Die Zahl der gegen Krankheitskosten bei der DKV Einzelversicherten betrug (in Tausend, jeweils am Jahresende) 1970 647, 1980 885, 1990 1265 und 1991 1316. Ihr Monatssollbetrag (in Mio DM) stieg von 40,8 1970 (rund 63 DM je Versicherten) über 60,7 (rund 69 DM je Versicherten) 1980 und 137,3 (rund 109 DM je Versicherten) 1990 auf 153,9 (rund 117 DM je Versicherten) 1991. Bei allen deutschen Krankenversicherungen gab es 1990 11,57 Mio gegen Krankheitskosten (teilweise nur zusätzlich) Einzelversicherte mit einem Monatssollbeitrag von 1009,9 Mio DM (87,29 DM je Versicherten). Die DKV liegt also mit ihrem Monatssollbeitrag

erheblich über dem Durchschnitt, was freilich auch an einem relativ geringeren Teil nur zusätzlich Versicherter liegen kann. Vermutlich ist dieser Teil der Versicherten aber bei der DKV seit 1980 stark gestiegen. Die Zunahme des Monatssollbetrags der Vollversicherten dürfte also höher sein als zuvor ausgewiesen.

Zu dem Unterschied zwischen dem u.a. bei der Deckungsrückstellung verwendeten Rechnungszinsfuß und der sehr viel höheren **Rendite der Kapitalanlagen** bemerkt die DKV in ihren Jahresmitteilungen 1993 (S. 9), der Überschuß der »tatsächlich erzielten Rendite von 7–8%« über den Rechnungszinsfuß komme »zum weit überwiegenden Teil der Versichertengemeinschaft zugute«. Das ist bedingt richtig. Der Versicherung bleibt endgültig ein erheblicher Vorteil. Überdies ist das den Versicherten Zufallende zunächst in der Rückstellung für Beitragsrückerstattung und in der Deckungsrückstellung gebunden und nützt während dieser Bindung dem Versicherer.

Die Veränderung der **Schadensquote** (grob erklärt: Anteil der Versicherungsleistungen an den Beitragseinnahmen) ist für die Gewinnentwicklung wichtig. Die DKV ist diejenige der zehn größten Krankenversicherungen, welche 1989 und 1990 den geringsten Teil ihrer Beiträge für Versicherungsleistungen verwandte (68,5 bzw. 69,2%). *Surminski* schreibt (1991, S. 501) »Schadensquoten unter 70%« seien »gegenüber den Versicherten kaum zu rechtfertigen«. Bei der DKV lag aber die Schadensquote auch von 1982 bis 1984 und 1988 unter 70%, 1985 bis 1987 und 1991 nur knapp darüber. Man darf wohl vermuten, daß das die Folge zu kräftiger Beitragserhöhungen war. Insofern ist auch interessant, daß das starke Wachstum des Überschusses und der eigenen Mittel auf die Zeit ab 1980 entfällt, Jahre mit besonders starken Beitragserhöhungen und niedrigen Schadensquoten (vgl. die obigen Zahlen). Der Monatssollbeitrag für Krankheitskosten bei der DKV Einzelversicherten stieg von 1980 bis 1991 um 94%. Der Überschuß macht 1991 das 3,4-fache, die eigenen Mittel machen fast das Dreifache und die Erträge aus Kapitalanlagen mehr als das Dreifache von 1980 aus.

Was ist unter diesen Umständen von der Zusicherung der DKV zu halten, sie werden »**auch** in der Zukunft **alles daran setzen,** Beitragserhöhungen so weit wie eben möglich zu begrenzen« (Jahresmitteilungen 1993, S. 9, Hervorhebungen von mir)? Die im Titel von Teil II gestellte Frage (»Hat sich die private deutsche Krankenversicherung bisher bewährt?«) kann ich für die DKV nicht bejahen. Für die übrigen Krankenversicherungen bedürfte die Antwort noch eingehender Untersuchungen über sie. Eine bejahende Antwort ist wegen der bisherigen Regelungen und der auch durch sie beeinflußten Verhaltensweisen wenig wahrscheinlich. Dafür spricht auch, daß meine Stichproben bei drei weiteren Versicherungen aus der Gruppe der fünf Größten und bei zwei zusätzlichen privaten Krankenversicherungen mit Beitragseinnahmen von mehr als 0,5 Mrd DM auch dort eine günstige Entwicklung im achten Jahrzehnt dieses Jahrhunderts ergaben, freilich keineswegs eine so günstige wie bei der DKV. Auch hier ist das Beitragssoll der Einzelversicherten gewachsen, aber nicht so kräftig wie bei der DKV.

III. Struktur und Wettbewerb der deutschen privaten Krankenversicherungen

Hängt das bisher Beobachtete mit der Struktur des Zweigs und den Wettbewerbsverhältnissen zusammen? Der Zweig ist relativ stark konzentriert. Zwar gibt es seit einiger Zeit etwas über 50 private Krankenversicherungen, aber ihre Bedeutung ist sehr unterschiedlich. Nur fünf Versicherungen hatten 1990 über eine Mrd DM Beitragseinnahmen, und nur sechs weitere (davon fünf Versicherungsvereine auf Gegenseitigkeit) erzielten Beitragseinnahmen von über einer halben Mrd DM. Mehr als 100 Mio DM Beitragseinnahmen hatten zusätzliche vierzehn Unternehmen.[5] Der Anteil der DKV an den Beitragseinnahmen schwankte in den letzten Jahren um 20%, meist lag er darunter. 1990 erzielte die DKV 17,5% der verdienten Bruttobeiträge aller deutschen privaten Krankenversicherer von 18,69 Mrd DM. Nach den Beitragseinnahmen und der Zahl der Versicherten dominierte sie eindeutig, nach den eigenen Mitteln, den Kapitalanlagen und den Erträgen daraus bei weitem. Nimmt man die zweitgrößte, die Vereinte Krankenversicherung AG, hinzu, so ergibt sich ein Anteil an den verdienten Bruttobeiträgen von 32,1%. Die Versicherten des nach den Beitragseinnahmen Dritt-, nach der Zahl der Versicherten Zweitgrößten, des Debeka Krankenversicherungsverein aG, sind überwiegend Angehörige des öffentlichen Dienstes. Der Anteil der größten Fünf an den verdienten Bruttobeiträgen betrug 1990 54,1%. Auch der Viert- und Fünftgrößte sind Versicherungsvereine auf Gegenseitigkeit. Gegenüber 1988 hat sich an der Rangfolge der größten Fünf nichts geändert. 1988 hatten gegenüber 1977 lediglich der Viert- und Fünftgrößte die Plätze gewechselt.

Die DKV ist seit 1992 eindeutig eine Tochter der Allianz Holding, des weitaus größten deutschen Versicherungskonzerns mit starken Interessen an zwei deutschen Großbanken und mehreren Industrieunternehmen (vgl. zu Letzteren: Monopolkommission 1992, S. 206–209). Die Allianz verfügt jetzt über 51% der Aktien, zusammen mit der Münchner Rückversicherungsgesellschaft, mit der eine gegenseitige Beteiligung besteht, sogar über 61%. Der dritte Aktionär der DKV, die Hamburg-Mannheimer Versicherungs AG hält den Rest der Aktien. An dieser ist wieder-

5 Nur fünf jener Vierzehn sind nicht Versicherungsvereine auf Gegenseitigkeit, darunter die Colonia und die Victoria, beides Glieder bedeutender Versicherungskonzerne, deren Anteil am Krankenversicherungsgeschäft Ende der 70er Jahre noch gering war.

um die Allianz mit 20% und die Münchner Rückversicherungs AG mit 54% beteiligt.[6] Diese hält auch mehr als ein Viertel der Aktien der Zweitgrößten, der Vereinten Krankenversicherung, deren Großaktionär über eine Holding die Schweizer Rückversicherungsgesellschaft ist. Die Voraussetzungen für eine Abstimmung der Verhaltensweisen der zwei Größten sind also günstig. Die Anteilseigner der Versicherungsvereine auf Gegenseitigkeit, sind mir nicht bekannt. Verhaltensabstimmungen über den Verband der privaten Krankenversicherung sind möglich, bei Einschaltung des Bundesaufsichtssamts wahrscheinlich.

Der schon genannte Abs. 2 des § 8 der Musterbedingungen für die Krankheitskosten- und Krankenhaustagegeldversicherung kann wohl als Kalkulationskartell bezeichnet werden. *Möschel* schreibt (1981, Tz. 18 zu § 102 GWB): » Soweit Versicherungsaufsichtsbehörden mit dem Medium von Wettbewerbsbeschränkungen, insbesondere über Verbände aufsichtsrechtliche Ziele verfolgen und einzelne Wettbewerbsbeschränkungen dann nur scheinbar privatautonom veranlaßt sind, ergibt sich die ordnungspolitisch unerwünschte Gefahr einer unkontrollierten Interessenverfilzung.«

Der Wettbewerb leidet nicht nur unter – soweit bekannt, vom Bundesaufsichtsamt gebilligten – Kartellabsprachen, sondern auch unter der geringen Transparenz des Marktes für Krankheitskostenversicherungen, unter der weitgehenden Vereinheitlichung der Versicherungsbedingungen und – wahrscheinlich – unter weiteren Verhaltensabstimmungen. Eine der schlimmsten Wettbewerbsbeschränkungen ist die Regel, daß die angesammelte Alterungs-(Deckungs-)Rückstellung beim Versicherungswechsel verfällt.

Die geringe Transparenz ist die Folge der für den Laien kaum verständlichen Tarife und Versicherungsbedingungen, verbunden mit einem Mangel an unabhängigen Beratern und Maklern. Die Monopolkommission erklärt den Mangel an unabhängigen Maklern mit der Vereinheitlichung der Versicherungsbedingungen und empfiehlt, die Musterbedingungen unverbindlich zu machen (*Monopolkommission*, 1988, S. 248, Tz. 622f., ähnlich *Deregulierungskommission*, 1990, S. 65). Der Verfall der Alterungsrückstellung behindert den Wettbewerb um die Versicherungsbestände. Darauf sind wir schon zweimal zu sprechen gekommen. Insbesondere diese Regelung ist geeignet, bei den Versicherungen, zumal den großen, wirtschaftliche Macht gegenüber den Versicherten zu schaffen oder zu verstärken, soweit diese nicht auf Unterstützung durch das Bundesaufsichtsamt rechnen können. Ist die einzelwirtschaftlich so günstige Entwicklung der DKV darauf und/oder auf ihre

6 Nach Unterlagen des Bundeskartellamts. Der Beteiligungsaustausch der drei Aktionäre 1992 läßt vermuten, daß zwischen ihnen enge Beziehungen bestehen. Ihre Verflechtung ist bemerkenswert. Zu den Einzelheiten des Tauschs der DKV-Aktien vgl. *Neue Zürcher Zeitung* vom 17. Juli 1992. Bis 1992 war die Hamburg-Mannheimer der größte Aktionär; Allianz und Münchner Rückversicherung beteiligten sich erst 1974 (*Börsenzeitung* vom 8. Juli 1992).

Verflechtungen zurückzuführen? Die Begründung der Monopolkommission zugunsten der bisherigen Regelung (*Monopolkommission*, 1988, S. 247, Tz. 617, ähnlich *Deregulierungskommission*, 1990, S. 68), bei Übertragbarkeit (die Monopolkommission spricht nur von Ausbezahlung) der Alterungsrückstellung würden nur die guten Risiken wechseln, wäre diskussionswürdig, wenn von der Versicherungsaufsicht eine zureichende Überwachung der Beitragserhöhungen zu erwarten wäre. Die bisherigen Erfahrungen scheinen mir dagegen zu sprechen. Vor der Abwanderung der guten Risiken können sich die Versicherungen durch ein größeres Angebot an Selbstbeteiligungstarifen und durch Beitragsrückerstattung bei Schadenfreiheit schützen. Außerdem werden die guten Risiken nur zu anderen Versicherungen abwandern, soweit und solange es Versicherungen mit günstigeren Konditionen gibt. Gegen eine leichtfertige Konditionenverbesserung kann eine Kontrolle der Solvenz schützen (vgl. Teil IV).

Das Bundesaufsichtsamt bemüht sich bisher wohl zu sehr um die Solvenz der Versicherungsunternehmen, und zwar insbesondere durch großzügige Genehmigung von Beitragserhöhungen. Seine Regulierungsmaßnahmen kamen wohl auch deshalb zu sehr den Versicherungsunternehmen zu gute. Anders kann ich mir weder die Billigung des § 8, Abs. 2 der Musterbedingungen noch die Erleichterung der Tariferhöhungen durch Änderungen der Versicherungsbedingungen (vgl. Abschnitt II.3) noch die Genehmigung mancher Tariferhöhungen erklären. Bei Versicherungen mit hohen Kapitalanlagen, erheblichen Überschüssen und geringen Schadensquoten hätten die Genehmigungen zurückhaltender erteilt werden sollen. Aber das Bundesaufsichtsamt sieht das wohl anders: »Das Amt muß darauf bestehen, daß ausreichende Beiträge erhoben werden«.[7] Interessant sind in diesem Zusammenhang Äußerungen von *Frommknecht*, damals Vorsitzender des Verbands der privaten Krankenversicherung, zu Reformvorschlägen. Sowohl das Konzept des Kronberger Kreises von 1987 als auch die einschlägigen Vorschläge des Sachverständigenrats lehnte er ab, weil das Erstere die Abschaffung des Solidaritätsprinzips in der gesetzlichen Krankenversicherung bedeute und weil die in den Letzteren vorgesehene Verstärkung des Wettbewerbs nur dazu führe, daß die Leistungen noch üppiger und damit noch teurer werden(1990, S. 35 f.). Die privaten Krankenversicherungen wollen nur die Besserverdienenden absichern, nicht die sozial Schwächeren übernehmen (1990, S. 18). Er habe »Sympathie für die Friedensgrenze« zwischen gesetzlicher und privater Krankenversicherung bekundet (1990, S. 39). Das spricht wohl nicht für Wettbewerbsfreudigkeit.

Die zweite Frage im 2. Absatz von Teil I (muß die Struktur und müssen die Regelungen verändert werden?) bejahe ich.

---

7 Nach *Schmitz*, 1992, S. 158. Vgl. hierzu auch die Ausführungen der Monopolkommission (1988, S. 250, Tz. 640) gegen Prämienempfehlungen und -kontrolle.

IV. Wirtschaftspolitische Folgerungen

Den Ausgangspunkt der wirtschaftspolitischen Folgerungen hat die Deregulierungskommission (1990, S. 86) gut umrissen: »Im Mittelpunkt stehen die Interessen der Verbraucher« (hier: der gegen Krankheit Versicherten). »Vom Insolvenzschutz abgesehen, sind sie derzeit unzureichend gewahrt«. Ein preiswürdiger und ausreichender Versicherungsschutz ist sicherzustellen, die Transparenz der Märkte zu erhöhen und Insolvenzen der Versicherer ist vorzubeugen. Meine Vorschläge dafür weichen etwas von denen der Deregulierungskommission ab: Beitragserhöhungen sollten nur noch zulässig sein, nachdem sich die **durchschnittlichen** Krankheitskosten in Deutschland um mehr als 10% erhöht haben. Erhöht wird nur um diesen, vom Bundesaufsichtsamt zu veröffentlichenden Prozentsatz. § 8 Abs. 2 Musterbedingungen für die Krankheitskosten- und Krankenhaustagegeldversicherung ist aufzuheben. Eine Neukalkulation des Beitrags nach Altersgruppen ist nicht zulässig. Das Bundesaufsichtsamt kann für Krankenversicherungen Ausnahmen zulassen, die zwei Jahre keine Überschüsse erwirtschaftet haben und nicht über zureichende eigene Mittel verfügen. Kostspielige Behandlungstechniken, die in einem Tarif nicht ausdrücklich vorgesehen sind, dürfen nur erstattet werden, wenn Beiträge für entsprechende Zusatzversicherungen entrichtet worden sind; diese Erstattungen sind bei der Errechnung des vorerwähnten Prozentsatzes nicht zu berücksichtigen. Für die Ermittlung der Beiträge dieser Zusatzversicherungen kann es vorerst bei dem bisherigen Verfahren bleiben.

Bei der Errechnung der Zuführungen zur Deckungsrückstellung sind wahrscheinliche Erhöhungen der Krankheitskosten angemessen in Ansatz zu bringen. Jene sind so zu bemessen, daß Beitragserhöhungen im Alter möglichst unterlassen werden können, ohne eine Insolvenzgefahr heraufzubeschwören (vgl. den vorigen Absatz). Reicht die Rückstellung (vor allem wegen überdurchschnittlicher Erhöhung der Krankheitskosten älterer Versicherter) nicht mehr aus, ist ein erheblicher Teil der Überschüsse dafür zu verwenden, sie zu erhöhen. Die Zuführungen zur Rückstellung für erfolgsabhängige Beitragsrückerstattung können dafür angemessen gekürzt werden. Eine Verwendung der schon gebildeten Rückstellung für diese Rückerstattung zugunsten der Deckungsrückstellung oder zum Ersatz von Beitragserhöhungen ist nicht zulässig. Die Einführung einer Kasse zum Ausgleich der altersbedingt unterschiedlichen Krankheitsverteilung unter den Versicherungen und zur Deckung der Aufwendungen für besonders teure Krankheiten nach den Vorschlägen des Kronberger Kreises (1987, S. 35f., 38) sollte erwogen werden.

Das Bundesaufsichtsamt hat die Aufgabe, die Einhaltung der Bestimmungen über Beitragserhöhungen zu kontrollieren und zur Verhütung von Insolvenzen dafür zu sorgen, daß die Versicherer über ausreichende eigene Mittel und Deckungsrückstellungen verfügen.

Die Errichtung eines Insolvenzsicherungsfonds zugunsten der Versicherten nach den Vorschlägen der Deregulierungskommission (1990, S. 67, 95–97) ist erwägenswert (vgl. auch ebenda, S. 82). Eine Förderung vielfältiger Tarife mit Selbstbeteiligung ist empfehlenswert.

Ich sehe auch wegen der Insolvenzsicherung keinen Anlaß, es für die private Krankenversicherung bei der **bisherigen** Kontrolle der Beiträge durch das Aufsichtsamt zu belassen, entgegen dem Vorschlag der Deregulierungskommission (1990, S. 90f.). Die Insolvenzsicherung durch großzügige Genehmigung von Beitragserhöhungen unabhängig vom jeweiligem Insolvenzrisiko sollte auch bei der privaten Krankenversicherung der Vergangenheit angehören.[8] Zu denken wäre eher an eine Bevorrechtigung der Versicherten bei der Verwertung der Kapitalanlagen der Versicherung im Insolvenzfall.

Zur Verstärkung des Wettbewerbs um die Versichertenbestände ist die Übertragbarkeit der für einen Versicherten gebildeten Deckungsrückstellung bei Versicherungswechsel geboten. Die Zwischenschaltung einer Ausgleichskasse nach den Vorschlägen des Kronberger Kreises (1987, S. 27, 35f.) ist erwägenswert. Den Versicherten ist auf Wunsch der Stand der für sie gebildeten Deckungsrückstellung jährlich in einer angemessenen Frist mitzuteilen. Der Wettbewerb der Krankenversicherer sollte auch im übrigen möglichst gestärkt werden, u.a. durch Erleichterung des Zugangs ausländischer Unternehmen. Bei diesen bedarf der Insolvenzschutz noch der Überlegungen. Ein Kontrahierungszwang ist bei hinreichendem Wettbewerb nicht erforderlich, zumal wenn dem Ausgleichskassenkonzept des Kronberger Kreises gefolgt wird (1987, S. 37f.).

Die Ausnahmevorschriften des § 102 des Gesetzes gegen Wettbewerbsbeschränkungen sollte de lege lata eng ausgelegt werden. De lege ferenda ist ihre Beseitigung empfehlenswert. Musterbedingungen für Versicherungsverträge sollten unverbindlich sein. Bei Abweichungen davon sollte den Versicherten freigestellt werden, die Musterbedingungen zu wählen. Ich sehe keinen Anlaß für die von der Deregulierungskommission vorgeschlagenen Ausnahmen von ihren einschlägigen Vorschlägen (1990, S. 89f., 102). Wichtig für das Funktionieren der relevanten Märkte ist ein zureichendes Angebot an unabhängigen Maklern und Beratern. Ob dafür die Vorschläge der Deregulierungskommission (1990, S. 98f.) ausreichen, bleibt abzuwarten.

Am Ende von Teil I habe ich mehrere Fragen gestellt. Die erste Frage nach der Brauchbarkeit der bisherigen Struktur und der bisherigen Regeln war zu verneinen.

---

8 Vgl. die Zahlen der DKV in meinem Abschnitt II 4 und meine Bemerkungen über die Kontrolle des Aufsichtsamts im letzten Drittel von Teil III.

Die einschlägige Tätigkeit des Bundesaufsichtsamts war bisher nicht überzeugend und war ein Beitrag zur Problematik der ihr zugrundeliegenden Art der Regelung. Die Betrachtung der deutschen privaten Krankenversicherung zeigt jedoch nicht nur diese Problematik, sondern lehrt auch Skepsis gegenüber zu großen Hoffnungen auf Erfolge einer Privatisierung ohne wohl überlegte Regeln. Struktur und Regeln sollten verändert werden, insbesondere die Kompetenzen des Aufsichtsamts. Das dürfte auch günstig auf die Verhaltensweisen wirken. Eine Lösung der Verflechtungen der größten privaten Krankenversicherung ist de lege lata nicht möglich. De lege ferenda wäre sie zu erwägen. Aus den bisherigen Erfahrungen und der vorliegenden Literatur ergeben sich Gesichtspunkte für die Änderungen (3. Frage). Wenn meine Folgerungen beachtet werden, besteht die Hoffnung auf eine Verbesserung des privaten Krankenversicherungsschutzes. Dann, und erst dann sind geeignete Teile des privaten Krankenversicherungsschutzes für den gesetzlichen Schutz nachahmenswert (4. Frage).

Literaturverzeichnis

Aumüller, Günther (Hrsg.), *Tarife und Bedingungen der Privaten Krankenversicherung*, 30. Folge, Stand Sommer 1992, VVW, Karlsruhe.

Bundesaufsichtsamt für das Versicherungswesen, *Geschäftsberichte* 1977, 1988, 1990.

Debeka Krankenversicherungsverein aG, *Geschäftsbericht* 1991.

Deregulierungskommission, *Marktöffnung und Wettbewerb*, März 1990.

Deutsche Krankenversicherung AG, *Geschäftsberichte* 1970, 1975, 1980, 1983, 1985, 1987, 1990, 1991.

Eggerstedt, Harald, »Wettbewerb und Regulierung auf Versicherungsmärkten«, *Zeitschrift für Wirtschafts- und Sozialwissenschaften*, 1987, S. 397–418.

Finsinger, Jörg und Kornellius Kraft, *Prämienkalkulation und Unternehmensentscheidung in der privaten Krankenversicherung*, Wissenschaftszentrum Berlin, IIMV discussion papers, April 1983.

Finsinger, Jörg und Kornelius Kraft, *Marktordnung und Kostenstruktur in der privaten Krankenversicherung*, Wissenschaftszentrum Berlin, IIMV discussion papers, Juni 1984.

Frommknecht, Heinrich, *Zur Reform des Krankenversicherungssystems*, Köln 1990.

Geschäftsberichte 1970 und 1980 der *Deutsche Ring Krankenversicherung AG, Nova Krankenversicherung AG und Signal Krankenversicherungsverein AG und Vereinte Krankenversicherungs AG*; ferner für 1977 und 1980 der *Debeka Krankenversicherungsverein AG* sowie für 1981, 1982, 1984, 1986, 1988 und 1989 der *Deutsche Krankenversicherungs AG* (nur für Stichproben).

Kronberger Kreis, *Mehr Markt im Gesundheitswesen*, Bad Homburg 1987.

Lampert, Heinz und Bossert, *Sozialstaat Deutschland*, München 1992.

Merklein, Renate, *Die überfällige Reform: Gesundheitswesen im Strudel der Politik*, Bad Homburg 1992.

Möschel, Wernhard, »Kommentar zu 102«, in: Immenga/Mestmäcker, *GWB. Kommentar zum Kartellgesetz*, München 1981, S. 2017–2039.
Monopolkommission, *Hauptgutachen 1986/87 »Die Wettbewerbsordnung erweitern«*, Baden-Baden 1988.
Monopolkommission, *Hauptgutachten 1990/91 »Wettbewerbspolitik oder Industriepolitik«*, Baden-Baden 1992.
o. V., »Krankenversicherung – Kontrolle ist besser«, *Capital* (1992), S. 157–160.
o. V., »Protestwelle gegen die private Krankenversicherung«, *Capital* (1992), S. 183 f.
o. V., »Wieviel Geld Singles und Doppelverdiener sparen«, *Capital* (1992), S. 94 f.
Schmitz, Horst, »Wie Krankenversicherungen die Senioren ausbeuten«, *Capital* (1992), S. 156–159.
Schmitz, Horst, »Private Krankenversicherung: Bittere Medizin für Pensionäre«, *Capital* (1992), S. 141 f.
Sachverständigenrat zur Begutachtung der gesamtwirtschaftlichen Entwicklung, »Für Wachstumsorientierung – gegen lähmenden Verteilungsstreit«, *Jahresgutachten 1992/93*, Stuttgart 1992.
Surminski, Arno, »Die PKV im Jahre 1990«, *Zeitschrift für das Versicherungswesen* (1991), S. 499–504.
Vereinte Krankenversicherung AG, *Geschäftsberichte* 1990, 1991.
Zeitungs- und Zeitschiftenausschnitte aus einem Zeitungsausschnittarchiv zu Krankenversicherung und zu den drei größten deutschen privaten Krankenversicherungen, die ich hier erwähne.

Ordnungspolitik als Standortfaktor: Mehr Markt tut not

Joachim Ragnitz

Mit dem Nachlassen der wirtschaftlichen Dynamik in Deutschland sind erneut Zweifel an der Qualität des Wirtschaftsstandortes Deutschland und an der internationalen Wettbewerbsfähigkeit deutscher Anbieter laut geworden. Unternehmen, Tarifvertragsparteien und wirtschaftspolitische Instanzen, so die gängige These, hätten es angesichts der günstigen Wirtschaftsentwicklung der achtziger und der frühen neunziger Jahre versäumt, auf die in den letzten Jahren eingetretenen Veränderungen der weltwirtschaftlichen Rahmenbedingungen in angemessener Weise zu reagieren. So seien deutsche Unternehmen in den vermuteten Wachstumszentren der neunziger Jahre – Südostasien, möglicherweise auch Lateinamerika – als Anbieter und Investoren kaum vertreten, die Produktion in Deutschland sei – vor allem im Hinblick auf die Standortkonkurrenz der mittel- und osteuropäischen Staaten – mit zu hohen Kosten belastet, und bei der Entwicklung neuer, wettbewerbsfähiger Produkte insbesondere im »High-Tech-Bereich« seien deutsche Unternehmen durch unzureichende Forschungsanstrengungen, aber auch durch übermäßige staatliche Regulierungen in einen kaum mehr aufzuholenden Rückstand geraten. Um auch in Zukunft im internationalen Wettbewerb bestehen zu können, bedürfe es nunmehr gemeinsamer Anstrengungen aller am Wirtschaftsprozeß Beteiligten, wobei die Führungsrolle nur zu gern der Wirtschaftspolitik zugewiesen wird. Gefordert wird eine aktivere Rolle des Staates vor allem im Hinblick auf den Erhalt der vom weltwirtschaftlichen Strukturwandel gefährdeten Arbeitsplätze, aber auch im Rahmen einer »marktwirtschaftlichen« Industriepolitik. Verlorenzugehen droht indessen der Blick dafür, worauf es – unabhängig von der aktuellen Diskussion – tatsächlich ankommt, nämlich auf eine Rückbesinnung auf die Grundsätze einer marktwirtschaftlichen Ordnungspolitik, denn gerade dies ist es, woran es der deutschen Wirtschaftspolitik seit langem fehlt. Hans Willgerodt kommt das Verdienst zu, hierauf in zahlreichen Beiträgen hingewiesen zu haben.

Nur selten wird der Versuch einer Klärung dessen unternommen, was unter den Begriffen »Standortqualität« und »internationale Wettbewerbsfähigkeit« eigentlich zu verstehen ist. Von geringer Sachkenntnis zeugt es dabei, wenn über die mangelnde Wettbewerbsfähigkeit **der deutschen Volkswirtschaft** geklagt wird. Aus dem dem Außenhandel zugrundeliegenden Prinzip der komparativen Kosten folgt nämlich, daß ein Land gar nicht bei allen Gütern in gleichem Maße wettbewerbsfähig sein kann – Volkswirtschaften, die am internationalen Warenaustausch teilnehmen, sind immer bei einigen Produkten wettbewerbsfähig, bei anderen hingegen nicht. Eine Politik, die darauf abzielte, gleiche Wettbewerbsfähigkeit bei allen nur erdenklichen Produktionen herbeizuführen, liefe auf einen Verzicht auf Außenhandel überhaupt hinaus; Exporte wären nicht länger möglich, da dem Ausland keinerlei Möglichkeit gegeben wäre, die für den Erwerb von Waren des Inlandes notwendigen Devisen zu verdienen. Die wohlstandstiftenden Möglichkeiten der internationalen Arbeitsteilung blieben also ungenutzt. Darüber hinaus gilt, daß alle Unternehmen in gleicher Weise betreffende Veränderungen der für die Wettbewerbsfähigkeit relevanten Faktoren – hierzu zählen beispielsweise allgemeine Kostensteigerungen, Schwankungen der gesamtwirtschaftlichen Produktivität oder, soweit das Ursprungslandprinzip gilt, auch Änderungen im Bereich der Besteuerung – grundsätzlich durch kompensierende Anpassungen des realen Wechselkurses ausgeglichen werden können, wenn auch möglicherweise mit unerwünschten Folgen für Realeinkommen, Beschäftigung und Preisniveau. Der Sachverständigenrat hat aus diesem Grund die Aufrechterhaltung eines hohen Realeinkommensniveaus als einen wesentlichen Bestandteil internationaler Wettbewerbsfähigkeit bezeichnet (vgl. *Sachverständigenrat*, 1981, Tz 442ff.). International wettbewerbsfähig sind dann also Länder, die mit einer gegebenen Ausstattung an Produktionsfaktoren ein hohes Einkommensniveau erreichen, also eine hohe gesamtwirtschaftliche Produktivität aufweisen (vgl. *Berthold*, 1992, S. 159 f.).

Geht man davon aus, daß Wettbewerbsprozesse als fortdauernde Abfolge von Innovationen und Imitationen ablaufen, so wird deutlich, daß ein hohes Einkommensniveau im Zeitablauf nur gehalten werden kann, wenn sich die Marktteilnehmer ständig an die sich verändernden Rahmenbedingungen für wirtschaftliche Aktivität anpassen. In diesem dynamischen Sinne ist das Konzept der internationalen Wettbewerbsfähigkeit somit definiert als die »Anpassungsfähigkeit an neue und unvorhersehbare Entwicklungen auf der Nachfrage- und der Angebotsseite« (*DIW*, 1991, S. 4). Entscheidend sind also »Bedingungen (...), die der Wirtschaft helfen, durch Strukturwandel ein kostengünstigeres und attraktiveres Angebotssortiment bereitzustellen« (*Sachverständigenrat*, 1981, Tz 444). Diese Bedingungen zu schaffen, ist die wichtigste Aufgabe der Wirtschaftspolitik.

Das Konzept der Standortqualität ist demgegenüber breiter angelegt, denn es beschränkt sich nicht allein auf die Betrachtung der Absatzmärkte, sondern umfaßt sämtliche für Produktion und Investition in einem Land relevanten Größen. Es ist zudem stärker zukunftsgerichtet, denn während der heutige Verkaufserfolg letzten Endes ja nichts anderes ist als das Ergebnis früherer Investitionsentscheidungen und damit der Standortqualität der Vergangenheit, läßt sich hierbei prinzipiell das gesamte gegenwärtige System produktionsrelevanter Standortbedingungen berücksichtigen. Als Indikator der Standortqualität kommt somit am ehesten noch die gesamtwirtschaftliche Investitionsquote[1] in Frage, in der sich letzten Endes die Gesamtheit der relevanten Einflußfaktoren bündelt: Wer nämlich angesichts des erreichten Grades an Kapitalmobilität heute in einem Land investiert, dokumentiert damit, daß die Produktionsbedingungen an diesem Standort auch auf Dauer besser einzuschätzen sind als an alternativen Produktionsstandorten (vgl. *Willgerodt*, 1989, S. 83 f.). Im Lichte dieses Indikators ist die Standortqualität Deutschlands noch immer recht gut zu beurteilen; im Vergleich zu anderen großen Industriestaaten liegt Westdeutschland mit einer Investitionsquote[2] von rund 14 vH im oberen Mittelfeld. Zuletzt ist die Investitionsquote freilich – auch konjunkturbedingt – leicht zurückgegangen.

Auch wenn ein Verlust an Standortqualität auf makroökonomischer Ebene nur schwerlich zu diagnostizieren ist, nimmt das Thema in der öffentlichen Diskussion einen der vorderen Ränge ein. Auffällig ist allerdings, daß sich Öffentlichkeit und Politik vor allem in Phasen nachlassender Exportdynamik und sinkender Leistungsbilanzüberschüsse der Frage nach der Qualität des Wirtschaftsstandortes Deutschland zuwenden. Ganz offensichtlich existiert hier noch immer die längst widerlegte Vorstellung, der Volkswohlstand könne nur durch ausreichend hohe Exportüberschüsse gesichert werden (vgl. *Willgerodt*, 1981, S. 459 f.). Tatsächlich ist der Leistungsbilanzsaldo als Indikator einer vermuteten Standortschwäche ungeeignet. Wenn nämlich die deutschen Exporteure auf den Weltmärkten in den letzten Jahren zunehmend unter Druck geraten sind, so spiegelt dies nicht zuletzt den Anpassungsprozeß an die veränderten Bedingungen nach der Herstellung der deutschen Einheit wider: Die deutsche Vereinigung hat zunächst zu einer überaus kräftig angestiegenen Kapitalnachfrage in Deutschland geführt. Nur zum Teil war dies auf die notwendige Erneuerung des abgewirtschafteten Kapitalstocks in Ostdeutschland zurückzuführen; der größere Teil resultierte vielmehr aus der Entscheidung der Wirtschaftspolitik, auch konsumtive Ausgaben vorwiegend über eine Ausweitung der staatlichen Kreditaufnahme decken zu wollen. Da aber das Kapitalangebot aus heimischen Quellen bei weitem nicht ausreichte, die gestiegene Kapitalnachfrage zu

---

1 In Untersuchungen zur Standortqualität (vgl. z.B. *Sachverständigenrat*, 1988, Tz 158 ff.) wird häufig die Entwicklung der Direktinvestitionen als Indikator für die Attraktivität eines Landes als Investitionsstandort verwendet. Die hiermit verbundenen statistischen und inhaltlichen Probleme lassen sich durch die Verwendung der Gesamtinvestitionsquote umgehen, denn letztlich ist es irrelevant., aus welchem Staat ein Investor stammt.

2 Unternehmensinvestitionen (Ausrüstungen und Bauten ohne Wohnungsbau) in Relation zum Bruttoinlandsprodukt. Die höchste Investitionsquote weist Japan mit 21 vH auf; in anderen europäischen Ländern liegt die Investitionsneigung etwas unter dem westdeutschen Niveau. Eine deutlich niedrigere Investitionsquote von 11 vH ergibt sich für die USA (*OECD*, 1993).

decken, war der Rückgriff auf ausländisches Kapital erforderlich und bei freiem Kapitalverkehr und hinreichend hoher Bonität deutscher Schuldner auch problemlos möglich. Die hierdurch verursachte Umkehr der Kapitalströme hat über die Mechanismen des Zahlungsbilanzausgleichs[3] entsprechende Veränderungen der Handelsströme herbeigeführt und damit den Umschwung im Saldo der Leistungsbilanz hervorgerufen.[4] Die Aufwertung der D-Mark im Zuge der deutschen Einheit spiegelt diesen Anpassungsprozeß wider.[5] Soweit auch der Verlust von Weltmarktanteilen deutscher Anbieter[6] hierauf zurückzuführen ist, besteht also kein wirtschaftspolitischer Handlungsbedarf, denn es handelt sich dabei um eine zwangsläufige Folge der mit der deutschen Einheit entstandenen Kapitalknappheit.

Bedeutsam ist vielmehr, daß in vielen Bereichen der deutschen Wirtschaft die Erlöse heute nicht mehr in dem Maße zur Deckung der gestiegenen Kosten ausreichen, wie dies in früheren Jahren der Fall gewesen ist; auch im Vergleich zu ausländischen Mitbewerbern wird vielfach eine überdurchschnittlich hohe Kostenbelastung deutscher Unternehmen konstatiert. Geklagt wird vor allem über zu hohe Arbeitskosten, aber auch über zu hohe Energiekosten, zu hohe Kommunikationskosten und zu hohe Umweltschutzkosten (vgl. *IdW*, 1992). Darüber hinaus wird auch die Steuerbelastung deutscher Unternehmen im internationalen Vergleich als überdurchschnittlich hoch angesehen. Freilich sind dem auch Standortvorteile gegenüberzustellen; allerdings wird der Zusammenhang zwischen positiven und negativen Standortfaktoren häufig übersehen, wiewohl es doch klar sein sollte, daß ein hohes Maß an Standortqualität nicht umsonst zu haben ist. Eine eingehendere Analyse hätte jedenfalls zu prüfen, inwieweit den Belastungen gleichwertige Leistungen gegenüberstehen. Grundsätzlich nämlich sind hohe Arbeitskosten berechtigt, wenn auch die Arbeitsproduktivität hinreichend hoch ist; hohe Umweltschutzkosten sind zu rechtfertigen, wenn ihnen ein entsprechendes Ausmaß an Umweltqualität gegenübersteht, und eine überdurchschnittliche Steuerlast schließlich ist weniger belastend, wenn ihr ein entsprechend reichhaltiges Angebot

3 Vgl. zu den grundsätzlichen Zusammenhängen *Willgerodt* (1961 und 1978).

4 Hatte Westdeutschland im Jahre 1989 noch einen Leistungsbilanzüberschuß von 108 Mrd. DM erzielt, wies der Leistungsbilanzsaldo des vereinigten Deutschlands im Jahre 1992 einen Passivsaldo von 40 Mrd. DM auf (vgl. *Deutsche Bundesbank*, 1993, Tab. X.1).

5 Der nominale Außenwert der D-Mark stieg 1989 bis 1992 um 7,4 vH an; der reale DM-Außenwert (auf Basis der Verbraucherpreise) erhöhte sich in dieser Zeit um 4,3 vH. (vgl. *Deutsche Bundesbank*, 1993, Tab. X.10).

6 Der Anteil Deutschlands an den Weltexporten hat sich von 1987 bis 1992 von 11,8 vH auf 11,6 vH verringert. Etwas höher erscheint der Marktanteilsverlust, wenn man lediglich die Exporte der Industriestaaten in die Berechnung einbezieht; der deutsche Anteil am Gesamtexport der OECD-Länder ist im genannten Zeitraum von 16,9 vH auf 15,8 vH gefallen (eigene Berechnungen nach UN, Monthly Bulletin of Statistics).

an staatlichen Leistungen gegenübersteht. Ob dies alles in Deutschland der Fall ist, muß freilich bezweifelt werden:

– Kosten sind auf jeden Fall dann nicht zu rechtfertigen und begründen staatlichen Handlungsbedarf, wenn sie auf Ineffizienzen im Wirtschaftsablauf zurückgehen. Tatsächlich ist die Kostenbelastung deutscher Unternehmen zu einem guten Teil überhöht, weil staatlich verfügte Regulierungen und Zugangsbeschränkungen auf wichtigen Märkten den Wettbewerbsdruck vermindert haben. Hierzu gehören der Verkehrsmarkt (vgl. *Monopolkommission*, 1988/89), so beispielsweise der Markt für Straßengütertransportleistungen, wo der jahrzehntelang bestehende Ausschluß von Wettbewerb erst allmählich und mit langen Übergangsfristen gelockert wird, der Markt für Telekommunikationsleistungen, wo trotz aller staatlichen Verpflichtungen auf einen europäischen Binnenmarkt ebenfalls erst im Jahre 1998 grenzüberschreitender Wettbewerb zugelassen werden soll (vgl. o.V., 1993, S. 15), und schließlich auch der Energiemarkt, wo die Kostenüberhöhung unter anderem aus dem mit angeblicher Versorgungssicherheit begründeten Schutz des Steinkohlebergbaus herrührt (vgl. *Willgerodt*, 1984a, S. 59 f.). Ineffizienzen sind darüber hinaus auch in all jenen Bereichen zu erwarten, wo der Preismechanismus durch einengende Vorschriften und Genehmigungsvorbehalte staatlicher Behörden außer Kraft gesetzt ist. Zu vermuten sind solche Verstöße gegen marktwirtschaftliche Ordnungsregeln beispielsweise im Bereich der Umweltpolitik; gesichert sind sie im Bereich der den Einsatz des Produktionsfaktors Arbeit verteuernden Sozialversicherung, wo auch die jüngsten Reformen den systembedingten Mangel falsch gesetzter Anreize nicht haben beseitigen können.[7] Darüber hinaus hat das »punktuelle Denken« in der Wirtschaftspolitik dazu verleitet, in guter Absicht den verschiedensten Wirtschaftszweigen Subventionszahlungen zu gewähren, ohne die damit einhergehenden Belastungen für die übrige Wirtschaft zu bedenken (vgl. *Eucken*, 1952, S. 195 ff.). Mag man die Transferleistungen an die im Transformationsprozeß stehenden Unternehmen in Ostdeutschland noch aus regionalpolitischen Gründen rechtfertigen, ist der Erhalt aus eigener Kraft nicht mehr lebensfähiger Unternehmen in Westdeutschland spätestens unter den mit der deutschen Einheit veränderten finanzpolitischen Rahmenbedingungen in keiner Weise mehr begründbar.[8] Zur Finanzierung dieser im allgemeinen nur durch Partikularinteressen zu rechtfertigenden Hilfen werden aber gerade die leistungskräftigen Unternehmen herangezogen,

---

7 Vgl. beispielhaft für eine Analyse der Gesetzlichen Krankenversicherung: *Sachverständigenrat*, 1992, Tz 377 ff.

8 Welch gewaltiges Einsparvolumen sich durch Subventionskürzungen in Westdeutschland erzielen ließe, zeigen entsprechende Berechnungen des DIW, wonach die Finanzhilfen des Bundes sowie die Steuervergünstigungen im Jahre 1992 einen Betrag von 86 Mrd. DM erreichten; gut ein Drittel hiervon entfiel dabei auf Erhaltungssubventionen (vgl. *Stille/Teichmann*, 1992, S. 611 f.)

so daß sich durch Einsparungen im Subventionsbereich eine deutliche Kostenentlastung erreichen ließe. Da eine solche Maßnahme zudem die Rationalität des gesamtwirtschaftlichen Faktoreinsatzes zumindest auf mittlere Sicht verbessern würde – Produktionsfaktoren, die derzeit noch in nur durch Subventionierung überlebensfähigen Branchen beschäftigt sind, könnten in höherwertige Produktionen wechseln –, überflüssige Verwaltungskosten eingespart werden könnten und eine verbesserte internationale Arbeitsteilung mit entsprechenden Spezialisierungseffekten erzielbar wäre, würde sich die Gemeinschaft letztlich deutlich besser stellen als es heute der Fall ist.

– Übermäßig hohe Kosten entstehen auch durch das überzogene Maß an staatlicher »Daseinsvorsorge« (vgl. *Willgerodt*, 1988, S. 76f.), die vielfach nicht nur ineffizient organisiert ist, sondern bei voller Aufklärung über die damit verbundenen Kosten von einem großen Teil der angeblich Begünstigten wohl auch nicht mehr gewünscht werden würde. Nicht zuletzt aus dem Grunde, daß der Zentralstaat unter dem Vorwand, »einheitliche Lebensverhältnisse« schaffen zu wollen, immer mehr Befugnisse an sich gezogen hat, haben Umverteilungsziele in der staatlichen Tätigkeit erheblich an Gewicht gewonnen. Umverteilung findet heute nicht mehr nur zwischen Personen statt, sondern darüber hinaus auch zwischen Unternehmen, zwischen Regionen, zwischen den einzelnen föderalen Ebenen und schließlich auch zwischen verschiedenen Staaten. Folge dieses sich in so vielen Bereichen ausgebreiteten Umverteilungsstrebens ist, daß ein nach dem Äquivalenzprinzip gebotener Zusammenhang zwischen Besteuerung und staatlichen Leistungen vielfach nicht mehr zu erkennen ist. Eine Neuordnung des Steuersystems mit dem Ziel einer stärkeren finanziellen Eigenständigkeit der untergeordneten staatlichen Ebenen könnte hier vielleicht Besserung schaffen. Darüber hinaus könnte auf diese Weise möglicherweise eine verbesserte Abstimmung von Staatsausgaben und regional unterschiedlichen Präferenzen für öffentlich bereitgestellte Güter herbeigeführt werden.

– Besonders häufig beklagt werden schließlich die hohen Arbeitskosten in Deutschland, die – unter Einschluß der Lohnnebenkosten – zweifellos zu den höchsten der Welt zu rechnen sind. Zwar weisen deutsche Unternehmen auch eine im Vergleich zum Ausland recht hohe Produktivität auf, doch reicht diese nicht aus, den Lohnkostennachteil zu kompensieren, so daß das Niveau der Lohnstückkosten (in einheitlicher Währung gerechnet) in Deutschland deutlich höher liegen dürfte als in wichtigen Konkurrenzländern (vgl. *EG-Kommission*, 1993). Freilich bedarf auch dieses Argument einer Einschränkung, denn für die Exportfähigkeit deutscher Waren ist das hohe Niveau der Lohnstückkosten in Deutschland zumindest in dem Maße bedeutungslos, daß im Regelfall die dadurch verursachten negativen Effekte durch reale Wechselkursänderungen kompensiert werden. Tatsächlich sind in einem längerfristigen Vergleich die Lohnstückkosten (in einheitlicher Währung) in

Westdeutschland trotz der über den Produktivitätsfortschritt hinausgehenden Lohnsteigerungen der letzten beiden Jahre noch immer niedriger als beispielsweise 1980. Nicht zu unterschätzen sind jedoch die abschreckenden Wirkungen hoher Lohnstückkosten auf das Kalkül potentieller Investoren. Gerade wegen der neu entstandenen Standortkonkurrenz der mittel- und osteuropäischen Länder ist nun eine noch stärkere Orientierung der Lohnanpassungen an der Produktivitätsentwicklung notwendig, wobei als Maßstab nicht die gesamtwirtschaftliche, sondern, wenn schon nicht die betriebliche, so doch wenigstens die branchenspezifische Produktivität herangezogen werden sollte; auch regionale Besonderheiten sind wohl stärker zu berücksichtigen als dies bislang der Fall ist. Darüber hinaus ließe sich der Lohnkostennachteil deutscher Produzenten auch dadurch senken, daß ein effizientes System sozialer Sicherung unter stärkerer Berücksichtigung des Subsidiaritätsprinzips geschaffen wird. Davon ist man in Deutschland allerdings noch sehr weit entfernt.

Über das vertretbare Maß hinausgehende Tariflohnabschlüsse – an deren Zustandekommen auch die heute darüber klagenden Unternehmen nicht unbeteiligt waren – sind letztlich jedoch nur deshalb möglich geworden, weil Vertrauen darin bestand, daß der Staat die negativen Auswirkungen zu hoher Lohnsätze in letzter Konsequenz übernehmen werde, sei es durch Subventionen, sei es durch staatliche Aufträge, sei es durch die Gewährung von Arbeitslosenunterstützung. Besonders deutlich ist dies in Ostdeutschland; möglichst hohe Lohnabschlüsse werden hier auch deshalb angestrebt, um die als unvermeidlich angesehene Arbeitslosigkeit möglichst attraktiv zu gestalten. Die von Unternehmensseite heute geäußerten Klagen über die zu hohe Lohnkostenbelastung jedenfalls sind im Sinne dieser These dann nur folgerichtig, um jetzt zur Kompensation weitere staatliche Leistungen an den Unternehmenssektor zu erlangen. Tatsächlich ist man auf dem besten Wege, dieses Ziel zu erreichen, wie beispielsweise die geplante Streichung von Feiertagen zum Ausgleich der den Unternehmen durch die Einrichtung einer Pflegeversicherung entstehenden Kosten zeigt.

Die Quintessenz der voranstehenden Ausführungen ist, daß der gegenwärtige Wachstumseinbruch in der westdeutschen Wirtschaft nicht allein auf nachfrageseitige Ursachen zurückzuführen ist, sondern – ähnlich wie schon zu Beginn der achtziger Jahre (vgl. *Willgerodt*, 1982) – zu einem guten Teil bedingt ist durch einen Mangel an **Anpassungsbereitschaft**, verursacht nicht zuletzt durch die Neigung der staatlichen Verwaltung, Schutz vor allen nur möglichen Veränderungen der Lebensumstände zu gewähren. Rezessionsverstärkend hat sich darüber hinaus aber auch ausgewirkt, daß die **Anpassungsfähigkeit** der Marktteilnehmer in den letzten Jahren gelitten hat, nicht zuletzt als Folge einer jeder Systematik entbehrenden Vielzahl regulierender und damit hemmender Eingriffe in den Marktmechanismus. Beides zusammen hat dazu geführt, daß die neuen Herausforderungen – einerseits die

Integration Ostdeutschlands in die westdeutsche Wirtschaft, andererseits die mit der Ausbreitung neuer Techniken und Technologien und der Öffnung der mittel- und osteuropäischen Märkte notwendig gewordene Anpassung an die veränderten weltwirtschaftlichen Rahmenbedingungen – nur unter erheblichen Reibungsverlusten bewältigt werden können. Was also ist zu tun, um den Strukturwandel zu beschleunigen und durch stärkeres Wachstum erträglicher zu machen?
Grundsätzlich scheinen für Anpassungen an Datenänderungen zwei Wege offenzustehen. Die vordergründig einfachere Möglichkeit besteht darin, die Folgen der Datenänderung auf die heimische Wirtschaft möglichst gering zu halten. Am wenigsten erstrebenswert, gleichwohl beliebt in der politischen Praxis ist dabei eine auf Abschottung der betroffenen Märkte gerichtete Strategie. Tatsächlich ist eine Tendenz zu einer derartigen »Renationalisierung der Wirtschaftspolitik« (*Willgerodt*, 1982) auch heute nicht zu übersehen. Die Ordnung der Außenwirtschaft ist mittlerweile nahezu vollständig in die Kompetenz der EG-Kommission übergegangen, in der die nicht dem Freihandel, sondern vielmehr dem Neomerkantilismus zuneigenden Vertreter erheblichen Einfluß haben; es kann daher kaum verwundern, daß die Neigung zum Protektionismus mit wachsenden binnenwirtschaftlichen Schwierigkeiten wieder zunimmt (vgl. *Frankenberger*, 1993, S. 6). Beispiele hierfür liefern das Verhalten der EG gegenüber den mittel- und osteuropäischen Ländern im Bereich sogenannter »sensibler Produkte« (Textilien, Agrarprodukte sowie Eisen und Stahl) oder auch die praktizierte Blockade der jüngst abgeschlossenen GATT-Verhandlungen durch die Gemeinschaft.
Vorrangiges Ziel einer solchen Abschottungspolitik soll es heute vor allem sein, durch den Schutz der durch zunehmende Konkurrenz aus dem Ausland bedrohten Branchen Arbeitsplätze im Inland zu erhalten. Daß dies auch auf Dauer gelingen kann, entpuppt sich freilich früher oder später stets als trügerische Illusion. Wird nämlich der Import auf den Inlandsmarkt drängender Güter mittels administrativer Maßnahmen zurückgedrängt und nimmt daraufhin die Devisennachfrage ab[9], so wird sich dies über die Mechanismen des Zahlungsbilanzausgleichs auch in einer Verringerung der Nachfrage nach Exportgütern niederschlagen. Dem anfänglichen Erfolg, daß Beschäftigungsverluste in den durch protektionistische Maßnahmen geschützten Sektoren vermieden werden können, sind also die gesamtwirtschaftlichen Kosten gegenüberzustellen, die als Folge der den Exportgüterindustrien auferlegten Anpassungszwänge entstehen. Diese Anpassungserfordernisse werden im Normalfall allerdings nicht in dem Maße spürbar sein wie der anfängliche Wettbewerbsdruck in den bedrohten Importgüterbranchen, denn zum einen verteilt sich

9 Dies wird nur dann nicht eintreten, wenn mengenmäßige Importbeschränkungen eingeführt werden und das Ausland sich aufgrund eines kartellierten Angebots bzw. aufgrund von »freiwilligen« Selbstbeschränkungsabkommen die Kontingentsrente aneignen kann (vgl. *Willgerodt*, 1987, S. 28ff.).

der abgeleitete Anpassungsbedarf nunmehr auf eine größere Zahl von Branchen, zum anderen wird er kaum zeitgleich mit der ursprünglichen Datenänderung auftreten, so daß der Zusammenhang zwischen Protektion und Schwierigkeiten im Export nicht auf den ersten Blick einsichtig wird. Schwerwiegender noch sind darüber hinaus die langfristigen Wirkungen branchenspezifischen Schutzes, denn den auf diese Weise geschützten Unternehmen fehlt jeglicher Anreiz, Anstrengungen zur Sicherung ihrer individuellen Wettbewerbsfähigkeit zu unternehmen; Renten, wie sie durch die Protektion gewährt werden, verwandeln sich unter dem Schutz vor Konkurrenz in Kosten. Je länger der Schutz anhält, um so schwieriger wird es damit, die notwendigen Anpassungmaßnahmen einzuleiten; um so schwieriger wird es damit auch, einmal eingeführte protektionistische Maßnahmen wieder aufzugeben.[10] Ein Ende mit Schrecken wäre in diesem Falle allemal besser als ein Schrecken ohne Ende.

Der zweite Weg einer Anpassung an außenwirtschaftlich bedingte Datenänderungen ist auf kurze Sicht möglicherweise schmerzhafter, langfristig aber der allein Erfolg versprechende. Gekennzeichnet werden könnte er als »offensive Anpassung« (vgl. *Sachverständigenrat*, 1991). Diese Alternative zielt darauf ab, die Funktionsbedingungen des marktwirtschaftlichen Systems wiederherzustellen und damit die Ursachen für die derzeit beklagte Standortschwäche zu bekämpfen.[11] Da ein Großteil der festgestellten Standortmängel letztlich das Ergebnis von Eingriffen des Staates in den Wirtschaftsablauf ist, bedarf es für eine Verbesserung der Standortbedingungen nicht einer gesteigerten Intensität staatlichen Handelns, also weiterer Eingriffe mit der Gefahr eines destabilisierenden Aktivismus, sondern vielmehr einer größeren Zurückhaltung der Wirtschaftspolitik im Hinblick auf den Ablauf des Wirtschaftsprozesses. Gefordert sind verbesserte Rahmenbedingungen für privates Wirtschaften, nicht zunehmende Lenkung des Wirtschaftslebens. »Wirtschaft

10 Nicht mehr als eine Variante dieser Abschottungspolitik ist der Versuch, als zukunftsträchtig angesehene Branchen besonders zu fördern (vgl. zu einer Auseinandersetzung mit den Argumenten für eine »neue Industriepolitik« z.B. *Siebert*, 1992, S. 409 f.).

11 Dies gilt entgegen häufig geäußerter Meinung auch für Ostdeutschland. Richtig ist, daß die Integration der ostdeutschen Wirtschaft – nicht zuletzt auch wegen der Fehler im Einigungsprozeß und die durch unhaltbare Versprechungen ausgelöste Anspruchshaltung in Ost- wie in Westdeutschland – ein höheres Maß an staatlicher Aktivität erfordert als im Westen üblich ist. Nicht richtig aber ist die These, daß die besondere Situation im Osten Deutschlands Ausnahmeregeln von der marktwirtschaftlichen Ordnung erforderte. Nur durch offene Märkte, ein funktionsfähiges Preissystem und gesicherte Eigentumsrechte in Verbindung mit institutionellen Vorkehrungen zur Vermeidung übermäßiger sozialer Härten kann die Transformationskrise in den neuen Ländern bewältigt werden. Ein Anspruch auf Einkommensparität mit Westdeutschland, ein Recht auf Arbeit, möglichst am gleichen Arbeitsplatz, eine umfassende Versorgung durch den Staat ist hingegen mit der auf Freiheit und Selbstverantwortung basierenden marktwirtschaftlichen Ordnung nicht vereinbar (vgl. *Willgerodt*, 1991).

findet in der Wirtschaft statt« (vgl. *Rexrodt*, 1993): Es ist Aufgabe der Unternehmen, neue Märkte zu erschließen, unnötige Kostenbelastungen abzubauen, den Produktionsapparat an die jeweils herrschenden Rahmendaten anzupassen. Dem Staat kommt allein die Aufgabe zu, günstige Bedingungen hierfür zu schaffen, d.h. den Unternehmen den Freiraum, aber auch die Planungssicherheit zu gewähren, die für eine erfolgversprechende Reaktion auf die Erfordernisse des Strukturwandels notwendig sind.

Soweit die ungenügende Anpassungsfähigkeit deutscher Unternehmen auf einer staatlich verfügten oder privat organisierten Marktabschottung beruht, ist also die Öffnung der relevanten Märkte für den internationalen Wettbewerb der erste Schritt zur Verbesserung der Standortqualität. Dies mag kurzfristig Arbeitsplätze in den bislang regulierten Bereichen kosten; dem ist jedoch zumindest der Beschäftigungsgewinn in den Sektoren gegenüberzustellen, die von einem verbilligten Bezug von Vorleistungen profitieren; gegenzurechnen sind zudem die durch Zahlungsbilanzwirkungen möglicherweise ausgelösten Wachstumsprozesse in exportorientierten Industriezweigen. Der Entzerrung der Preisrelationen und der Entlastung gerade der leistungsfähigen Betriebe dient auch ein weitgehender Abbau nicht länger zu rechtfertigender Subventionen. Auch hierbei ist der Verlust von Arbeitsplätzen in den nun nicht länger geschützten Branchen im Interesse einer gesamtwirtschaftlich verbesserten Faktorallokation hinzunehmen. Auch das Geflecht der in Deutschland vorgenommenen Regulierungen bedarf einer gründlichen Durchforstung; in vielen Fällen scheinen die im Laufe der Zeit erlassenen Regelungen weniger dem Schutz der Konsumenten zu dienen als vielmehr dem Schutz der Produzenten, die sich in deren Gespinst behaglich haben einrichten können. Beispiele hierfür hat die Deregulierungskommission in beachtlicher Vielfalt zusammengestellt.[12] Wo eine Regulierung weiterhin für notwendig erachtet wird, ist wenigstens die damit meist verbundene staatliche Prüfung und Genehmigung in einer Zeit durchzuführen, die die Anpassung an geänderte Marktbedingungen nicht unnötig verlängert. Erforderlich ist in der aktuellen Situation schließlich eine alle Bereiche umfassende Revision der Staatstätigkeit, um die mit der Erfüllung der mit der Eingliederung Ostdeutschlands in die westdeutsche Wirtschaft verbundenen zusätzlichen Staatsaufgaben Finanzmittel freizusetzen; Ausgabenkürzungen in den westdeutschen Haushalten und Effizienzsteigerungen im Vollzug der Staatstätigkeit sind unumgänglich, um die fortgesetzte Absorption von Ersparnissen durch konsumtive Staatsausgaben zu beenden und die Inflationsrate auf ein die Rationalität langfristiger Planung sicherstellendes Niveau zu

12 Vgl. *Deregulierungskommission* (1991). Ein Großteil der Vorschläge der Deregulierungskommission soll nach dem Willen der Bundesregierung in den nächsten Jahren verwirklicht werden.

senken. All dies gehört zu den Grundprinzipien marktwirtschaftlicher Ordnungspolitik.

Alle Anstrengungen um eine Verbesserung der Produktionsbedingungen werden freilich nur dann auch längerfristig erfolgreich sein, wenn es gelingt, die der staatlichen Tätigkeit in demokratischen Systemen innewohnende Tendenz zum »paternalistischen Wohlfahrtsstaat« (*Willgerodt*, 1988, S. 78) zu brechen. Daß dies möglich ist, haben andere Länder gezeigt, wie beispielsweise Großbritannien in den achtziger Jahren; erfolgversprechende Versuche wurden jüngst auch in Schweden, in Holland und in Belgien unternommen. Jedem einzelnen muß klar werden, daß staatliche Behörden nur noch in Fällen einer unabweisbaren Notlage helfend eingreifen können, hingegen nicht länger in jedem Fall einer sicherlich unbequemen Veränderung der Lebensumstände staatliche Hilfe anbieten können, worunter letztlich jegliche Eigeninitiative ersticken müßte. Notwendig ist also eine Rückbesinnung auf das Subsidiaritätsprinzip, das ja nicht nur auf die Beziehungen zwischen verschiedenen staatlichen Ebenen angewandt werden kann, sondern auch für das Verhältnis zwischen Staat und Privaten gilt. Der Staat muß sich also wieder auf diejenigen Aufgaben konzentrieren, bei deren Erfüllung er über unwiderlegbare Vorteile verfügt; darüber hinausgehende Staats- und Vorsorgeleistungen sind weitestmöglich in privater Initiative zu organisieren. Das derzeitige Anreizsystem, wie es durch die Besteuerung und die weitgehende Verfügbarkeit von Sozialleistungen gegeben ist, ist jedenfalls nicht darauf angelegt, private Initiative in dem Ausmaß zu belohnen, das nötig wäre, die damit verbundenen Risiken zu kompensieren. Hier sind entsprechende Anpassungen vorzunehmen; es darf nicht länger erfolgversprechender sein, beim Staat um Schutz und Unterstützung nachzusuchen, als sich den Anpassungserfordernissen neuer Herausforderungen zu stellen. Hierzu gehört aber auch, daß die öffentliche Verwaltung gegenüber solchem Ansinnen Stärke zu zeigen lernt;[13] es ist nicht länger hinzunehmen, daß der Staat mit dem Hinweis auf die ihm angeblich obliegende »Daseinsvorsorge« dem einzelnen die Umstellung auf veränderte Rahmenbedingungen weiterhin in dem Maße abnimmt, wie dies heute der Fall ist.[14]

Soweit Unzufriedenheit mit den vom Markt hervorgebrachten Ergebnissen besteht, sind diese zwar zu korrigieren. Vielfach werden allerdings als unbefriedigend angesehene Tatbestände dem Wirken der Marktkräfte zugeschrieben, obwohl sie tatsächlich durch Eingriffe in den Marktmechanismus zustandegekommen sind.[15] Dies

---

13 Vgl. zur Rolle des Staates auch *Willgerodt* (1979).

14 Wie sich zeigen läßt, besteht überdies ein enger Zusammenhang zwischen dem Ausmaß staatlicher Einflußnahme auf die Wirtschaft und der Stabilität des politischen Systems (vgl. hierzu *Eucken*, 1932, S. 297 f.).

15 *H. Willgerodt* spricht in ähnlichem Zusammenhang treffend von der »Rache des mißhandelten Marktes« (vgl. *Willgerodt*, 1984b).

zu erkennen fällt freilich nicht immer leicht, da marktwidrige Interventionen ihre negativen Nebenwirkungen meist erst mit geraumer Verzögerung und zudem an weit vom Ort des ursprünglichen Eingriffs entfernten Stellen zu entfalten pflegen. Beispiele hierfür sind die Zahlungsbilanzwirkungen von Importbeschränkungen oder die Benachteiligungen, die das Verarbeitende Gewerbe von der Regulierung der Agrarmärkte erfährt. Verfehlt wäre es, hierauf mit neuen Interventionen zu reagieren; vielmehr bedarf es Bemühungen, die wahre Ursache für die Störung zu erkennen und zu beseitigen.

Als notwendig erachtete Korrekturen des Marktergebnisses sind dabei auf eine Weise vorzunehmen, die die Funktionsfähigkeit der marktlichen Koordinationsmechanismen möglichst wenig beeinträchtigt. Personengebundene Einkommenstransfers sind daher Eingriffen in den Preismechanismus durch die Festsetzung von Mindestpreisen (Agrarmarkt) oder Höchstpreisen (Wohnungsmarkt) vorzuziehen; die Bereitstellung eines über den Markt nicht in ausreichendem Maße zustandekommenden Angebots (z.B. im Postdienst) kann besser über Subventionszahlungen an private Anbieter als durch die Gründung staatlicher Unternehmen gewährleistet werden; verbesserte Informationsmöglichkeiten und rechtliche Sanktionsansprüche bieten allemal einen besseren Schutz des Konsumenten als obrigkeitlich verfügte Regulierungen und Marktabschottungen, wie sie z.B. auf dem Markt für Versicherungsleistungen bestehen. Darüber hinaus ist aber auch der Umfang der staatlicherseits angestrebten Korrekturen des Marktergebnisses stets zu überprüfen. Viel spricht dafür, daß ein im Laufe der Zeit gewachsenes System von sozialstaatlichen Ansprüchen dem Kriterium gesamtwirtschaftlicher Rationalität nur unzureichend entspricht (vgl. *Olson*, 1985, S. 46 ff.). Die derzeit geführte Diskussion um den offenbar jahrelang hingenommenen Mißbrauch von Sozialleistungen und die Fehlanreize des Steuer-Transfersystems sind nur ein Beispiel hierfür.

Gefordert ist schließlich auch die Tarifpolitik. Man macht es sich sicherlich zu einfach, wollte man das bestehende Überangebot an Arbeitskräften in Deutschland allein auf zu hohe Arbeitskosten zurückführen. Unbestritten ist aber wohl, daß die Lohndifferenzierung zwischen einzelnen Regionen und Qualifikationen nicht ausreichend ist. Darüber hinaus haben tarifvertragliche Absprachen zusammen mit der vermeintlich arbeitnehmerfreundlichen Sozial- und Arbeitsrechtsprechung auf eine Verminderung der Flexibilität am Arbeitsmarkt hingewirkt. So fördern die bislang geltenden Arbeitszeitbestimmungen das Vorhalten einer auf die maximale Nachfrage ausgerichteten Kapazität und behindern darüber hinaus die optimale Auslastung des Kapitalstocks. Allzu restriktive Kündigungsschutzregeln begünstigen eine über das Optimum hinausgehende Kapitalintensität der verwendeten Produktionsverfahren und beeinträchtigen darüber hinaus die Einstellungschancen gerade der als schutzwürdig angesehenen Gruppen von Arbeitnehmern. Beides mindert die Anpassungsfähigkeit der Unternehmen, da mit zunehmendem Kapitaleinsatz der Anteil der fixen Kosten an den Gesamtkosten zunimmt. Darüber hinaus bewirkt der Anreiz zu kapitalintensiver Produktion eine ineffiziente Allokation des Faktors Kapital. Die Verbesserung der Produktionsbedingungen am Standort Deutschland erfordert deshalb auch Maßnahmen zur Erhöhung der Flexibilität des Arbeitseinsatzes, beispielsweise durch Zulassen betrieblicher, am tatsächlichen Arbeitsanfall ausgerichteter Arbeitszeitvereinbarungen oder die Lockerung von Kündigungsschutzregeln zumindest im Falle drohender Betriebsstillegungen. Zudem ist die Möglichkeit betriebsnäherer Lohnfindungsprozesse und stärker an der Ertragssituation der Unternehmen orientierter Lohnformen ins Auge zu fassen. Hierin sich von überkommenen Traditionen zu befreien, ist der wichtigste Beitrag, den die Tarifvertragsparteien zur Verbesserung des Standorts Deutschland leisten können.

Die derzeit beklagte Standortschwäche beruht somit nicht zuletzt darauf, daß Regierung, Parlament und öffentliche Verwaltung die ihr obliegende Aufgabe, die Freiheit des Wirtschaftslebens auch gegen die Forderungen der Interessentengruppen zu bewahren, in den letzten Jahren nicht mehr in dem eigentlich notwendigen Maße erfüllt haben. Partielle Reformversuche reichen jetzt nicht mehr aus; notwendig ist vielmehr eine umfassende Überprüfung des im Laufe der Zeit gewachsenen Ordnungsrahmens mit dem Ziel einer grundlegenden Neuorientierung in dem hier beschriebenen Sinne.[16] Der derzeitigen Konjunkturschwäche kommt also auch die Funktion einer Reinigungskrise zu; sie eröffnet die Chance, ineffiziente Strukturen, Abläufe und Anreizsysteme zu rationalisieren und das in der Öffentlichkeit weit verbreitete Anspruchsdenken zu brechen.

Die Wahrscheinlichkeit, daß diese Neuorientierung auch auf Dauer gelingt, ist freilich nicht sehr hoch einzuschätzen. Nicht zuletzt aus diesem Grunde werden die Arbeiten von Hans Willgerodt auch in Zukunft von hoher Aktualität bleiben.

Literaturverzeichnis

Berthold, N., »Wettbewerbsfähigkeit der deutschen Wirtschaft – Ein Standortproblem?, *Hamburger Jahrbuch für Wirtschafts- und Gesellschaftspolitik* (1992), S. 159–171.

Deregulierungskommission, *Marktöffnung und Wettbewerb*, Stuttgart 1991.

Deutsche Bundesbank, *Monatsbericht*, 5/1993, Tabelle X.1 und X.10.

---

16 *E. Reuter* umreißt dies durchaus zutreffend mit der Forderung nach einer nunmehr tatsächlich zu vollziehenden »geistig-moralischen Wende«, geht allerdings mit seinem Vorschlag eines »neuen Dialogs zwischen Wirtschaft, Wissenschaft und Politik« über das liberale Verständnis von Zusammenwirken zwischen Staat und Wirtschaft hinaus (vgl. *Reuter*, 1993, S. 12).

Deutsches Institut für Wirtschaftsforschung (DIW), »Internationale Vergleichbarkeit und Aussagekraft von Indikatoren zur Messung von Wettbewerbsfähigkeit, *Gutachten im Auftrage des Bundesministers für Wirtschaft*, Berlin 1991.

Eucken, W., »Staatliche Strukturwandlungen und die Krisis des Kapitalismus«, *Weltwirtschaftliches Archiv*, Bd. 36 (1932), S. 297–321.

Eucken, W., *Grundsätze der Wirtschaftspolitik*, Bern/Tübingen 1952.

EG-Kommission, »Jahreswirtschaftsbericht 1993«, *Europäische Wirtschaft*, Nr. 54 (1993), S. 191 und 192.

Frankenberger, K.-D., »Die Rezession in der EG dämpft die Bereitschaft zu weiteren Zugeständnissen in der Handelspolitik«, *Frankfurter Allgemeine Zeitung*, 21. Juni 1993, S. 6.

Institut der deutschen Wirtschaft (IdW), *Standort Bundesrepublik Deutschland – Indikatoren, Analysen, Tendenzen*, iw-Trends 2/1992.

Monopolkommission, *Hauptgutachten*, 1988/89, Tz 677 ff.

OECD, *Quarterly National Accounts Statistics*, 1/1993

Olson, M., *Aufstieg und Niedergang von Nationen*, Tübingen 1985.

o.V., *Liberalisierung des EG–Telefonmarktes, Neue Zürcher Zeitung*, 12. Mai 1993, S. 15.

Reuter, E. »Nicht nur die Politik treibt der Verlust an Glaubwürdigkeit um«, *Frankfurter Rundschau*, 2. Juli 1993, S. 12.

Rexrodt, G., *Interview in der Wirtschaftswoche*, 12/1993, S. 24.

Sachverständigenrat zur Begutachtung der gesamtwirtschaftlichen Entwicklung, Jahresgutachten 1981, Tz 442 ff.

Sachverständigenrat, Jahresgutachten 1988, Tz 158 ff.

Sachverständigenrat, Jahresgutachten 1991, Tz 486 ff.

Sachverständigenrat, Jahresgutachten 1992, Tz 377 ff.

Siebert, H., »Standortwettbewerb – nicht Industriepolitik«, *Die Weltwirtschaft*, 4/1992, S. 409–425.

Stille, F., Teichmann D., »Deutsche Vereinigung prägt Subventionsentwicklung«, *DIW-Wochenbericht*, 46/1992, S. 611–621.

UN, *Monthly Bulletin of Statistics*, versch. Jahrgänge.

Willgerodt, H., »Kapitalbilanz und Devisenströme«, F. Greiß, F.W. Meyer (Hrsg.), *Wirtschaft, Gesellschaft und Kultur*, Berlin 1961, S. 459–470.

Willgerodt, H., »Die motivierte Zahlungsbilanztheorie – vom schicksalhaften Zahlungsbilanzdefizit und der Unsterblichkeit falscher Inflationslehren«, H. Gröner, A. Schüller (Hrsg.), *Internationale Wirtschaftsordnung*, Stuttgart/New York 1978, S. 215–238.

Willgerodt, H., »Wirtschaftsordnung und Staatsverwaltung«, *ORDO, Jahrbuch für die Ordnung von Wirtschaft und Gesellschaft*, Bd. 30, Stuttgart/New York 1979, S. 199–217.

Willgerodt, H., »Unsere passive Leistungsbilanz«, *Zeitschrift für Wirtschaftspolitik*, Jg. 30 (1981), S. 459–470.

Willgerodt, H., »Die Stunde der wirtschaftspolitischen Wahrheit«, *Frankfurter Allgemeine Zeitung*, 2. Oktober 1982.

Willgerodt, H. (1984a), »Staatliche Hilfen in einer Marktwirtschaft«, *Zeitschrift für Wirtschaftspolitik*, Jg. 33 (1984), S. 59–76.

Willgerodt, H. (1984b), »Statt der Wirtschaft haben wir bald nur noch ein Wirtschafts-Museum«, in: W. Engels u.a. (Hrsg.), »Die Wende – Eine Bestandsaufnahme der deutschen Wirtschaftspolitik«, *Schriftenreihe des Frankfurter Instituts für wirtschaftspolitische Forschung*, Nr. 6, Bad Homburg 1984.

Willgerodt, H., »Weltwirtschaft ohne Marktwirtschaft?«, Zürich 1987.

Willgerodt, H., »Der Bürger zwischen Selbstverantwortung und sozialer Entmündigung«, in: Zöller, M. (Hrsg.), *Der Preis der Freiheit*, Köln 1988, S. 76–92.
Willgerodt, H., »Kapitalverwendungsprotektionismus«, *Zeitschrift für Wirtschaftspolitik*, Jg. 38 (1989), S. 83–91.
Willgerodt, H., »Die Elixiere des Teufels«, *Frankfurter Allgemeine Zeitung*, 3. August 1991.

Konzentration im Einzelhandel – Naturgesetz oder Versagen der Wettbewerbshüter?

Robert Weitz

Seit mehr als 30 Jahren sind die Unternehmenskonzentration im Handel, ihre Folgen für die Intensität des Wettbewerbs sowie die Machtbalance zwischen Handelsunternehmern und Konsumgüterproduzenten ein Dauerbrenner. Warnungen z. B. der Einzelhandelsverbände, die kontinuierliche Vergrößerung von Marktanteilen in wenigen Händen bilde notwendigerweise marktbeherrschende Stellungen aus, die den Bestand vielfältiger, verbraucherfreundlicher Einzelhandelsstrukturen und die Handlungsfreiheit der anderen Marktteilnehmer beeinträchtigen, sind Wissenschaft und Rechtsprechung bislang nicht gefolgt. Die *Monopolkommission* (1985), der *Wissenschaftliche Beirat beim BMWi* (1986) sowie die Fachwissenschaft (*Tietz*, 1987; *Schenk*, 1991) haben dem Wettbewerb im Handel stets eine hohe Intensität attestiert und die zunehmende Umsatzkonzentration als das Ergebnis eines besonders dynamischen Wettbewerbs dargestellt, der dem Verbraucher Vorteile und der Volkswirtschaft einen Effizienzgewinn verschafft.

Das Bundeskartellamt hat dagegen bereits Anfang der 80er Jahre vor den negativen Folgen einer kontinuierlich wachsenden Konzentration im Handel gewarnt und mit erheblichem Aufwand versucht, dem externen Wachstum der Spitzengruppe der Handelsbetriebe (Fall Coop/Wandmaker) und der Zusammenballung von Einkaufsmacht (Fall Selex/Tania) zu begegnen. Das Bemühen war vergeblich. Das Kartellamt scheiterte sowohl beim Versuch des Nachweises, daß schiere Größe auf der Nachfrageseite zu besonders günstigen Einkaufskonditionen führt, als auch mit der These vom Bestehen eines marktbeherrschenden Oligopols auf der Angebotsseite, das bei weiterer Verengung den Wettbewerb erlahmen lasse.

Seither ist das externe Wachstum im Einzelhandel durch das Kartellgesetz faktisch kaum noch zu verhindern. Selbst Fusionen innerhalb der Gruppe der umsatzstärksten Unternehmen erhalten den Segen des Kartellamtes, wenn sich die Unternehmen im Vorfeld des Zusammenschlußverfahrens von wenigen outlets in den Regionen trennen, in denen sie nach dem Zusammenschluß marktbeherrschend wären (Fall Metro/Asko). Inzwischen mehren sich die Warnungen, daß die Konzentration im Handel seit Jahren systematisch verharmlost wird. Auch die Monopolkommission will nun ihre Ansicht überprüfen.

I. Art und Ausmaß der Unternehmenskonzentration im Einzelhandel

1. Die Entwicklung der Unternehmenskonzentration

Im Vergleich zum Produzierenden Gewerbe hat der Trend zu immer größeren Unternehmenseinheiten im Handel erst spät eingesetzt – mit dem Aufkauf regional operierender Familien-Filialbetriebe Anfang der 70er Jahre. Bis heute vereinigen die Marktführer noch in keiner Einzelhandelsbranche ähnlich hohe Marktanteile auf sich wie viele der führenden Hersteller von Konsumgütern auf ihren (kleineren) Märkten. Dennoch sind internes Wachstum per Filialisierung und externes Wachstum durch den Aufkauf gut am Markt etablierter Wettbewerber seit langem typische konzentrationsfördernde Vorgänge im Handel. Im Blickpunkt steht meist der Lebensmittelhandel. Dort hat der Konzentrationsprozeß am frühesten eingesetzt und erhält immer wieder neue Schübe. So haben beispielsweise die führenden Handelskonzerne zwischen 1984 und 1989 mehr als ein Fünftel des Lebensmittelumsatzes hinzugekauft, in der Absicht, die sich selbst gesteckten Marktanteils- und Marktbesetzungsziele zu erreichen, denen auf Zeit die Rentabilitäts- und Gewinnziele geopfert wurden (vgl. *Tietz*, 1993, S. 193). Auch die Fusion Metro/Asko scheint weitere Aufholfusionen in Gang zu setzen (AVA/Nanz oder Karstadt/Hertie). Im Lebensmittelhandel ist auch die größte Zahl an »Opfern« zu registrieren. 1960 betrug die Anzahl der Lebensmittelbetriebe noch 204 000 – bei einem Marktvolumen von 28,7 Mrd. DM. Bis heute ist die Zahl der Betriebe auf 65 000 geschrumpft – bei einem Marktvolumen von mehr als 150 Mrd. DM. Immer noch bröckelt die Anzahl der Betriebe von Jahr zu Jahr um 1500 bis 2000 ab. Ein starrer Blick nur auf den Lebensmittelhandel würde allerdings das Gesichtsfeld allzu sehr verengen. Nach demselben Strickmuster, nach dem sich die Gruppe der Größten im Lebensmittelhandel immer größere Umsatzanteile verschafft hat, sind längst auch andere Branchen des Einzelhandels in die Konzentrationsmühle geraten. Hohe Konzentrationsraten weisen inzwischen auch die Märkte für Drogerieartikel, Parfümerieartikel, Bau- und Heimwerkerbedarf und zunehmend der Markt für Unterhaltungselektronik auf. Erheblich zugenommen hat auch die Konzentration im Textil- und Bekleidungsmarkt.

Es kann kein Zweifel daran bestehen, daß sich der Umsatzanteil der größten Handelsbetriebe weiter erhöhen wird. Als eine bedeutende Konzentrationsquelle hat sich z. B. die deutsche Einheit erwiesen. Zwar war die Entflechtung und Privatisierung der beiden Monolithen der Warenversorgung in der ehemaligen DDR, der HO-Betriebe und Konsumgenossenschaften im ersten Schritt eine gewaltige Dekonzentrationsaktion, doch nur für einen zeitlich eng befristeten Zeitraum. Die DDR hatte nämlich bei ihrem Untergang einen maroden Einzelhandel hinterlassen: im

Non-Food-Bereich unterdimensioniert, betriebstypenarm, extrem kleinflächig und wenig spezialisiert. Dieser Einzelhandel entsprach auch nach der Privatisierung in seinen Strukturen und Dimensionen nicht den marktwirtschaftlichen Anforderungen und wäre nicht in der Lage gewesen, die Güterversorgung in einem zunächst schnell wachsenden Markt funktionsgerecht zu gewährleisten. Drei Jahre nach der Einheit sind die Überreste zur Bedeutungslosigkeit verkommen.

Die Lücke haben westdeutsche Handelskonzerne geschlossen, die mit beachtlicher Expansionskraft sehr rasch ein modernes Vertriebsnetz aufgebaut haben. Sie haben die Einheit als Chance begriffen, ihr Absatzgebiet beträchtlich auszuweiten. Inzwischen haben sie in vielen Branchen und Regionen höhere Marktanteile erreicht als in den alten Bundesländern. Ihre starke Stellung im Markt haben sich die Handelskonzerne fast ausschließlich im Zuge internen Wachstums aufgebaut. Zahlreiche Restriktionen (ungeklärte Eigentumsverhältnisse, Denkmalschutz, fehlende städtische Infrastruktur, weitgehender Verzicht auf eine gezielte Mittelstandspolitik, Schwerfälligkeit der Bürokratie) haben gleichzeitig die Entwicklungchancen des weitgehend auf innerstädtische Standorte angewiesenen mittelständischen Einzelhandels stark beschnitten (*HDE* 1991, *Hermanns* 1993). So ist auf dem Gebiet der ehemaligen DDR ein vornehmlich auf Großbetriebsformen abgestützter Einzelhandel entstanden, dem das Korsett eines starken mittelständischen Einzelhandels weitgehend fehlt.

Chancen, das Absatzgebiet und das Beschaffungsvolumen auszuweiten, bietet auch der Europäische Binnenmarkt. Der Sprung über die Grenze ist jedoch selbst im grenznahen Raum weitgehend ausgeblieben. Sprachprobleme, Mentalitätsprobleme und andere Hindernisse werden am häufigsten als Grund genannt. Selbst die im Ausland wesentlich höheren Umsatzrenditen sind offenbar nur selten ein ausreichender Anlaß, das erfahrungsgemäß hohe Risiko eines Fehlschlags auf sich zu nehmen. Die Ausnahme bildet der Betriebstyp mit dem niedrigsten Investitionsvolumen, der lupenreine Discount im Lebensmittelhandel. Die Discountschienen haben vor allem den französischen Markt im Auge. Lidl & Schwarz ist dort inzwischen mit 167 Filialen vertreten, Aldi mit 99, Norma mit 64. Aldi, Lidl und Rewe testen mit vorerst noch bescheidenem Engagement den Markt in Großbritannien, Tengelmann drängt nach Italien. Wichtigster Grund für die Ausdehnung des Absatzgebietes: mehr Einkaufsmacht durch höheren Konzernumsatz (vgl. *Schwartz/Schlautmann*, 1993).

Der Aufbau eines Vertriebsnetzes im Ausland ist eine zweite Versuchsschiene, über höhere Einkaufsvolumina die Einkaufsmacht zu stärken. Vorab haben die großen europäischen Handelskonzerne bereits ein sehr feines Kooperationsnetz gespannt. Sichtbares Zeichen sind länderübergreifende Einkaufskooperationen wie AMS, BIGS, Deuro Buying, EMB, Eurogroups oder IGDS, die von den Großbetrieben des Lebensmittelhandels gegründet und getragen worden sind. Fast alle größeren europäischen Lebensmittelfilialisten sind in solchen Einkaufskontoren organisiert, ebenso die großen Verbundgruppen. Doch der Erfolg ist offenbar hinter den Erwartungen zurückgeblieben. Nach wie vor sind die Einkaufsgewohnheiten der Verbraucher national oder regional geprägt. Neben den Weltmarken haben sich nur in wenigen Ausnahmefällen Euromarken aufbauen lassen. Versuche der Kontore, Eurokonditionen durchzusetzen, sind deshalb überwiegend gescheitert. Einen europäischen Einzelhandelsmarkt gibt es noch nicht, ja es bestehen grundsätzliche Zweifel, ob er je entstehen kann. Noch immer gilt im Einzelhandel der Grundsatz: all business is local.

2. Ursachen und Wirkungen zunehmender Konzentration im Einzelhandel

Jahrzehnte der Ursachenforschung haben keine eindeutige Ursache für die Konzentrationsvorgänge im Handel herausfiltern können. Offenbar wird die Konzentration im Einzelhandel von einer recht großen Zahl rechtlicher, betriebswirtschaftlicher, technologischer, soziologischer, finanztechnischer und neuerdings auch verkehrspolitischer Einflußfaktoren bewirkt, die im Zeitablauf durchaus ihre Intensität ändern (zu den Ursachen: *Schenk/Tenbruck/Zündorf*, 1984). Unstrittig kommt den natürlichen Größenvorteilen ein besonderes Gewicht zu. Die großen Filialsysteme, die den Großhandel ausschalten und Lieferverträge direkt mit dem Hersteller abschließen, haben aus dem dreistufigen Wirtschaftssystem ein in der Regel kostengünstigeres zweistufiges gemacht. Auf der bei extrem schmalen Renditen so wichtigen Beschaffungsseite werden durch ein hohes Auftragsvolumen – bei üblicher Rabattstaffel – günstigere Einkaufspreise erzielt, als sie der regionale Großhandel bei in der Regel kleinerem Einkaufsvolumen erhält. Einkaufskooperationen kommen mitunter auf ähnlich große Einkaufsvorteile, verspielen aber einen Großteil durch die meist sehr schwerfälligen Entscheidungsprozesse (zur Entscheidungsschwäche der Verbundgruppen: *Mathieu*, 1993). Die größten Rationalisierungsreserven im Handel wurden in den letzten Jahren im Transportwesen, der Logistik und im Einsatz computergestützter Techniken gesehen, Potentiale, bei denen Synergie- und Größendegressionseffekte eine große Rolle spielen. Zentrallager und ein räumlich dichtes Ladennetz reduzieren die Stückkosten der Lagerhaltung und des Werkverkehrs erheblich. Scannerkassen, Warenwirtschaftssysteme, elektronische Zahlungsmittel und elektronische Artikelsicherung erschließen ihr Rationalisierungspotential vollständig nur den filialisierten Vertriebsformen mit Spezialabteilungen in den Zentralen. Der Einzelhändler mit nur einer oder wenigen Betriebsstätten ist in der Regel nicht in der Lage, die Datenfülle auszuschöpfen.
Die im Standortbericht der Bundesregierung vorgesehene Deregulierung im Handel, insbesondere die Abschaffung von Ladenschluß- und Rabattgesetz, wird die »natür-

liche« Konzentrationstendenz zusätzlich fördern. Dabei ist der Wegfall des Ladenschlußgesetzes vergleichsweise harmlos. Er ermöglicht es den Großbetrieben des Einzelhandels lediglich, ihre Systemvorteile zeitlich länger zu nutzen. Wird aber das Rabattgesetz abgeschafft, dann fällt den großen Einzelhandelsorganisationen ein zusätzliches Marketinginstrument in die Hand: Rabatte als Instrument der Kundenbindung und der zielgruppengerechten Marktbearbeitung. Kleinen und mittleren Betrieben ist dieses Instrument verwehrt. Mehrfach-, Gesamtumsatz- oder Treuerabatte setzen eine eigene Kundenkarte als Zahlungsmittel voraus und bringen dem Kunden nur dann meßbare Vorteile, wenn er einen großen Teil seiner Einkäufe in Ladengeschäften tätigt, die zu einem Konzern gehören. Metro, Rewe, Quelle oder Karstadt decken inzwischen mehrere Einzelhandelssparten ab.
Es hat aber in Vergangenheit und Gegenwart stets auch Konzentrationsvorgänge gegeben, die letztlich auf kartellrechtswidriger Diskriminierung weniger nachfragestarker Handelsunternehmen durch die Vorstufen beruhen. Im Einzelhandel sind Gerüchte nie verstummt, daß große Handelsunternehmen in den Jahresgesprächen oder nach Fusionen bei Herstellern mitunter sehr günstige Konditionen ohne entsprechende Gegenleistung durchgesetzt haben, die nicht selten höher gewesen sein sollen als die Umsatzrendite. Bessere Konditionen im Fusionsfall sind nicht selten eine durchaus einkalkulierte Finanzierungsquelle für den Firmenaufkauf selbst. Bis zu 2% des Umsatzwertes lassen sich bei entsprechendem Druck bei den Einkaufsverhandlungen herausschlagen. Für den Außenstehenden ist nicht erkennbar, wieviel davon auf Geschick, auf Marktmacht oder auf das Nutzen von Rabattstaffeln beruht. Es gibt Schätzungen, daß nach der Übernahme der Asko durch die Metro die Betriebskosten durch gemeinsame Lagerhaltung, Fuhrpark und Verwaltung, durch die totale Computerkontrolle des Warensortiments und durch gemeinsamen Einkauf um mehr als 7% abgesenkt werden konnten (*Darmstädter Echo* vom 26.6.1992). Bei derartig großen Fusionsvorteilen ist die Prognose nicht gewagt, daß der Konzentrationsprozeß im Handel noch geraume Zeit weitergehen wird. So lange es zwischen den Handelsbetrieben noch beachtlich große Produktivitätsgefälle gibt und solange das Ausnutzen von Verbundvorteilen die eigene Marktstellung noch festigt und ausbaut, können Flächenexpansion und der Aufkauf bestehender Unternehmen durchaus das Ergebnis rationaler Marktentscheidungen sein.
Der Verbraucher hat unter der fortschreitenden Konzentration im Einzelhandel nur in Ausnahmefällen gelitten, etwa dann, wenn das lokale Versorgungsnetz durch die Ansiedlung von Großbetrieben oder Einkaufszentren in Mittelzentren ausgedünnt worden ist, mit der Folge, daß für die Versorgung mit Gütern des täglichen Bedarfs weitere Wege in Kauf genommen werden müssen. Per saldo aber hat der Verbraucher profitiert. Der Konzentrationsprozeß hat sich im wesentlichen über den Preiswettbewerb, insbesondere über Niedrigpreisstrategien der Verbrauchermärkte, Fachmärkte und Discounter vollzogen, gleichzeitig aber ausreichend Sortiments-

und Konzeptnischen auch für leistungsstarke kleinere Betriebe offengehalten. Der Wettbewerb im engen Oligopol ist auch noch heute härter und intensiver, als er es zu der Zeit war, als die Einzelhandelsbranchen allesamt noch weitgehend polypolistisch strukturiert waren. Waren-, Betriebstypen- und Vertriebskonzeptvielfalt haben dennoch im Zeitablauf nicht ab-, sondern zugenommen. Abgesehen von wenigen Branchen, in denen für die Präsentation der Ware sehr große Flächen benötigt werden, ist auch die Zahl der mittelständischen Einzelhandelsunternehmen seit Ende der 70er Jahre wieder gestiegen. Eine leichte Tendenz zur Assimilierung der Vertriebskonzepte, insbesondere die Stärkung der Frischeabteilungen im Lebensmittelhandel, hat dazu geführt, daß der vielfach erwartete Beschäftigungseinbruch im Einzelhandel ausgeblieben ist. Der deutsche Einzelhandel hat sich dem Strukturwandel gestellt und ist in den 80er Jahren im permanenten Wettbewerb zu einem der modernsten und leistungsfähigsten Absatzsysteme der Welt gereift (*BMWi*, 1986, S. 11). Der Präsident des Bundeskartellamts hat kürzlich das Urteil gewagt, daß der Verbraucher in Deutschland als Folge der Marktveränderungen preislich und qualitativ in Europa am besten bedient wird (*Wolf*, 1993).

3. Handelskonzentration als statistisches Erfassungsproblem

Trotz des öffentlichen Interesses an verläßlichen Zahlen über das Ausmaß der Konzentration im Einzelhandel sind die Versuche, den Konzentrationsprozeß im Einzelhandel mit dem Material der Amtlichen Statistik nachzuzeichnen, bisher wenig überzeugend ausgefallen. Auf der Basis der Handels- und Gaststättenzählungen 1979 und 1985 hat beispielsweise das Statistische Bundesamt per Sonderauswertung Konzentrationsraten für den gesamten Einzelhandel und die wichtigsten Branchen ermittelt. Die Entwicklung wirkt harmlos. Von 1978 bis 1984 stieg der Umsatzanteil der 5 (10) größten Handelsunternehmen nur von 10,6% auf 11,6% (15,2% auf 17,8%). Vergleicht man diese Konzentrationsraten mit den Ergebnissen der Sonderauswertung für das Berichtsjahr 1989, die das Statistische Bundesamt auf der Basis einer Stichprobe für die Monopolkommission erstellt hat, dann deutet sich eine Dekonzentrationstendenz an. Die zehn größten Einzelhandelsunternehmen erreichten nach dieser Rechnung einen Marktanteil von 13,9% (*Statistisches Bundesamt*, 1987 und 1992). Eine klar erkennbare Dekonzentration hatte vorab auch schon das Institut für Mittelstandsforschung ermittelt, allerdings auf der Grundlage eines neuen Konzentrationsmaßes, des umstrittenen Konzentrationsindex (*Dahremöller*, 1986 und 1987, zur Kritik *Weitz*, 1987). Die ermittelten Konzentrationsmessungen wirken wenig glaubwürdig, wenn man ihnen beispielsweise die Konzernumsätze gegenüberstellt. Ohne ihre dem Großhandel zuzurechnende cash-and-carry-Schiene entfallen beispielsweise auf die Metro-Gruppe nach Asko-Übernahme rund 8% des Umsatzes im traditionellen Einzelhandel (ohne Brennstoff- und KFZ-Handel, Tankstellen und Apotheken), auf die Rewe-Gruppe knapp 6%, auf Tengelmann 4%, auf Karstadt/Hertie knapp 5%.

Konzentrationsmessungen auf Basis der Amtlichen Statistik verharmlosen die Konzentrationsentwicklung systematisch. Für eine Darstellung der Konzentration auf Branchenebene sind sie völlig ungeeignet, sobald die Handelskonzerne eine Vielzahl von Sortimenten führen. Ausschlaggebend sind zwei in der Regel nicht heilbare Schwächen der Amtlichen Handelsstatistiken:

– Die Statistik gliedert die Unternehmen in institutionell abgegrenzte Wirtschaftszweige ein. Eine Aufgliederung nach Warengruppen erfolgt nicht. Dies kann die Konzentration überzeichnen und ist deshalb selbst in Branchen mit Monosystemen, nur einem Betriebstyp und recht engem Sortiment problematisch. Der Lebensmitteldiscounter Aldi z.B. gehört nicht nur zu den führenden Lebensmittelhändlern, sondern auch zur erweiterten Spitzengruppe der Textilhändler. Sämtliche Non-Food-Umsätze werden aber dem Lebensmittelmarkt statistisch zugerechnet.

– Wesentlich häufiger ist aber der umgekehrte Fall. Die Statistik unterstellt einen Wettbewerb, der faktisch nicht existiert. Die überwiegende Mehrzahl der Handelskonzerne unterhält Branchensysteme mit verschiedenen Betriebstypen und Vertriebsschienen (z.B. Grosso, Magnet, Kaisers, Plus, Tengelmann oder Basar, Divi, Realkauf, Continent, Esbella) oder ist in einer Vielzahl von Branchen tätig. Der Kaufhof-Konzern, selbst mehrheitlich in Hand der Metro-Gruppe, ist unterhalb der Holding in sechs »strategische Geschäftsfelder« gegliedert, die sich wiederum aus 24 Firmengruppen und fast 200 Einzelfirmen zusammensetzen. Verzweigte Konzerne werden in der Regel nicht als statistische Einheit erfaßt, sondern als eine Vielzahl rechtlich selbständiger Unternehmen. Eine Ausnahme bilden nur die per Organschaftsvertrag an die Konzernmutter gebundenen Unternehmensteile. Auch wenn sich die verschiedenen Vertriebsschienen dem Verbraucher als Einkaufsalternativen darstellen, wird die Zentrale einen wirksamen Wettbewerb zwischen ihren Vertriebsschienen zu verhindern wissen.

II. Das Dilemma der Wettbewerbshüter

1. Problemfall wettbewerbsbeschränkendes Marktverhalten

Behinderungswettbewerb und Konditionenspreizung werden seit Jahren in Befragungen von kleineren und mittleren Einzelhändlern als Hauptursache für die Handelskonzentration beklagt (*Hinrichs*, 1991, S. 108). Die kleinen und mittelgroßen Hersteller prangern die Konditionengeflechte und den Nebenleistungswettbewerb ebenso lange als Ausbeutung und als sichtbare Zeichen für die wachsende Nachfragemacht des Handels an. Selbst das Kartellamt nährt bislang die Vermutung, im Wirtschaftsverkehr zwischen den Stufen werde der Gewinn allmählich von der Industrie zum Handel verlagert. In der öffentlichen Diskussion wird längst nicht mehr das Ob hinterfragt, sondern nur noch über das Ausmaß der Nachfragemacht des Handels spekuliert.

Dabei ist der Nachweis, daß marktmächtige Handelsunternehmen ihre Nachfragemacht mißbrauchen, bisher nicht gelungen (zu den tatsächlichen Befunden: *Lademann*, 1988). Das Wettbewerbsrecht untersagt marktbeherrschenden Unternehmen die Ungleichbehandlung von Geschäftspartnern ohne sachlich gerechtfertigten Grund (§ 26, Abs. 2 GWB) ebenso wie das Fordern von sachlich nicht gerechtfertigten Vorzugsbedingungen (§ 26, Abs. 3 GWB). § 22, Abs. 4 GWB ermöglicht es dem Kartellamt überdies, Verträge für unwirksam zu erklären, in denen ein marktbeherrschendes Unternehmen Entgelte oder sonstige Geschäftsbedingungen fordert, die von denjenigen abweichen, die sich bei wirksamem Wettbewerb mit hoher Wahrscheinlichkeit ergeben würden. Im Fall Coop/Wandmaker hat sich das Bundeskartellamt in der zweiten Argumentationskette auf die für industrielle Anbieter nicht verzichtbare Nachfrageposition gestützt. Doch das Kartellamt konnte in diesem speziellen Fall nicht nachweisen, daß eine erhebliche Nachfragemacht stets zu besonderen Konditionenvorteilen führt. Die Hersteller hatten zwar bei den Konditionen Unterschiede bis zu 2% gemacht, aber nicht die jeweils günstigsten Konditionen den marktbeherrschenden Unternehmen eingeräumt. Das Kammergericht ist der Argumentation des Kartellamtes deshalb nicht gefolgt. Obwohl Coop/Wandmaker vielleicht nur der falsche Fall war, hat das Kartellamt bisher keinen zweiten Versuch unternommen, die Nachfragemacht des Handels zu dokumentieren.

Dies würde auch nicht leicht fallen. Wie groß die Nachfragemacht des Handels tatsächlich ist, bleibt wohl umstritten. Der Wissenschaftliche Beirat beim BMWi hat bereits 1987 angezweifelt, daß der Handel wirksame Nachfragemacht ausübe. »Ausübung von Nachfragemacht besteht darin, daß die Nachfrager durch Zurückhaltung im Einkauf einen Druck auf die Einkaufspreise ausüben und Preiskonzessionen erzwingen. Doch dieser Fall komme in der Praxis nicht vor.« (*Wissenschaftlicher Beirat*, 1987, S. 29). Vieles spricht dafür, daß das, was auf den ersten Blick als wachsende Nachfragemacht des Handels erscheint, oft nichts anderes ist als eine vom Wettbewerb erzwungene neue Machtbalance zwischen den Wirtschaftsstufen, der eine andere Arbeits- und Funktionenverteilung als in der Vergangenheit zugrunde liegt. Wäre es tatsächlich zur Gewinnverlagerung zwischen den Stufen gekommen, so hätte es sich in den Bilanzen der Handelskonzerne niederschlagen müssen. Die Umsatzrendite der größten deutschen Lebensmittelerzeuger ist nach wie vor doppelt so hoch wie die der größten Lebensmittel-Handelskonzerne. Der Abstand hat sich im Zeitablauf kaum verändert. Wenn der Lebensmittelhandel aus dem veränderten Kräftespiel überhaupt einen Vorteil gezogen hat, dann hat er ihn an den Verbraucher weitergeben müssen.

Unstrittig ist, daß sich die Machtbalance zwischen Industrie und Handel im Zeitablauf verschoben hat. Zwischen Herstellern und Handel hat sich ein sehr funktionsfähiges Marktgleichgewicht herausgebildet, in dem aus dem »verlängerten Arm der Produktion« ein gleichberechtigter Partner der Industrie geworden ist, der eigenständig eine Reihe von Vermarktungsaufgaben übernommen hat, die früher von der Industrie wahrgenommen worden sind. Derartige Veränderungen in der Arbeits- und Funktionenteilung zwischen den Wirtschaftsstufen können durchaus sinnvoll sein. Die wachsende Zahl von Flops bei den Produktinnovationen der Hersteller beweist z. B., daß deren Entwicklungsabteilungen häufig zu weit vom Marktgeschehen entfernt sind und die Bedürfnisse der Kunden oft falsch einschätzen. Dies gilt auch für die Marketingkonzepte und -strategien der Hersteller. Im Handel entsteht dann ein beachtlicher Lagerdruck. Direkt an der Schnittstelle zum Verbraucher reagiert der Handel schneller auf Kundensignale und ist besser und flexibler in der Lage, Marktverstopfungen abzubauen. Deshalb ist es gerechtfertigt, wenn der Handel sich stärker in die Markterschließung einschaltet und die Marketingführerschaft im Absatzkanal für sich reklamiert.

Solange die Hersteller ihre eigenen Aktivitäten nicht einstellen, nimmt ihre Abhängigkeit vom Handel nicht zu. Die Industrie hat sich innerhalb der neuen Machtbalance durchaus eine starke Position erhalten. Der Handel besitzt bei den führenden Markenartikeln keine Ausweichmöglichkeit. Kein kompetenter Handelsbetrieb würde von seinen Kunden akzeptiert, wenn er nicht auch ein breites Markenspektrum anbieten würde. Dies gilt inzwischen selbst für die Discounter. Die Markenartikel sind für den Handel auch deshalb unverzichtbar, weil mit den (wenigen) Marken bis zu 70% der Roherträge erzielt werden.

Die Machtbalance stellt natürlich keinen für alle Zeiten zementierten stabilen Zustand dar. Sie verändert sich mitunter sogar im Verlauf eines Konjunkturzyklus. Es ist ja kein Zufall, daß die Hersteller stets in der Rezession besonders laut über die Nachfragemacht des Handels klagen. Bei näherem Zusehen stellt sich dann meist heraus, daß mit dem Fingerzeig auf Handelskonzentration, Einebnung der Entscheidungshierarchien im Handel und der sinkenden Zahl von Einkäufern, die wachsende Einkaufsvolumina bewegen, oft nur die Unfähigkeit der Hersteller verdeckt werden soll, die Nachfrage der Verbraucher richtig einzuschätzen oder zeitgemäße, vom Verbraucher akzeptierte Produkte in konjunkturadäquaten Preislagen herzustellen. Tietz spricht in diesem Zusammenhang vom Herstellerdilemma. Es besteht darin, daß die Herstellerfirmen sich in ihren Erwartungen getäuscht haben, die sie bei Aufnahme der Produktion hinsichtlich der Kundenakzeptanz oder Durchsetzungskraft der belieferten Betriebstypen gehabt haben. In solchen Fällen muß sich der Hersteller zwecks besserer Kapazitätsauslastung für die Erschließung neuer Betriebstypen oder zusätzlicher Zielgruppen entscheiden. In aller Regel wird er neue Abnehmer durch Zugeständnisse an den Handel erkaufen müssen, der für die neuen Produkte bereits vergebene Regalflächen mit meist sicheren Deckungsbeiträgen räumen muß (vgl. *Tietz*, 1987, S. 38 ff.).

Nun besteht auch auf Seiten der Hersteller ein Interesse daran, daß zum einen die eigene Schwäche nicht publik wird und daß zum anderen die eigenen Zugeständnisse an konkrete Absatzleistungen des Handels gebunden werden. Dies ist der Grund dafür, daß sich zwischen Herstellern und Handel ein außerordentlich umfangreiches und vielgestaltiges Konditionengeflecht herausgebildet hat. Welche Konditionen wem gewährt werden, gehört zu den bestgehüteten Geheimnissen des Handels und der Industrie. Ein findiger Journalist hat kürzlich eine Liste von 51 Rabattarten veröffentlicht, vom Aktions- bis zum Zweitplazierungsrabatt (*Spielhofer*, 1992). Doch auch diese ist keineswegs vollständig. Die mangelnde Transparenz der Einkaufskonditionen ist auch bei vielen kleinen und mittleren Einzelhändlern ein Stein des Anstoßes. Gefahren für den Wettbewerb insgesamt gehen aber durch den Geheimwettberwerb zwischen den Stufen nicht aus. Die Nichtinanspruchnahme der beim DIHT eingerichteten Schiedsstelle, die Diskriminierungsvorwürfen nachgehen soll, zeigt zudem, daß die Fälle offensichtlicher Diskriminierung selten geworden sind. Damit hat das Kartellamt die Möglichkeit faktisch verloren, Fusionen im Handel aufgrund beherrschender Nachfragepositionen zu untersagen.

2. Problemfeld Oligopolvermutung

Nicht viel besser ist es um die Möglichkeit bestellt, weiteren Zukauf von Unternehmen wegen »oligopolistischer Marktbeherrschung auf der Anbieterseite« zu verbieten. Auch dieser Argumentationsschiene hat der Fall Coop/Wandmaker einen Riegel vorgeschoben. Das Kammergericht hat im damaligen Fall die Oligopolvermutung mit dem Hinweis widerlegt, daß bundesweit auf den relevanten Angebotsmärkten wesentlicher Wettbewerb herrsche, der auch nach dem Zusammenschluß fortbestehen werde. Außerdem stufte es die Marktzutrittsbarrieren als gering ein, inbesondere für die bereits in der Region tätigen Anbieter. Die Monopolkommission hielt es zudem für fast unmöglich, daß sich die Mitglieder des Angebotsmonopols wegen der Breite und Tiefe der Warensortimente wirksam abstimmen könnten. Möglicherweise wird aber der widerlegbare strukturorientierte Ansatz der Oligopolvermutung (§23a, Abs. 2 GWB) als Abwehrinstrument künftig wieder eine bedeutendere Rolle spielen können. Beim Fusionskontrollverfahren Metro/Asko konnte das Kartellamt nämlich belegen, »daß auf zahlreichen zusammenhängenden lokalen Märkten in den Ballungsgebieten Bremen/Bremerhaven, Hannover/Braunschweig, Düsseldorf und Mainz/Wiesbaden die vier bundesweit führenden Handelsunternehmen immer wieder als Gruppe nebeneinander tätig sind und die führenden Ränge belegen« (*Wolf*, 1993).

Die Entwicklung ist in den letzten zehn Jahren anders verlaufen, als Kammergericht und Monopolkommission wohl vermutet haben:

– Die vielfach erwarteten Aufholfusionen zwischen Handelsunternehmen unterhalb der Gruppe der Größten, die den Wettbewerb gestärkt hätten, sind ausgeblieben. Aufkäufe sind hauptsächlich von den wenigen führenden Großunternehmen getätigt worden. Im Lebensmittelhandel sind seit 1983 rund 80 Mrd. DM an Umsatz aufgekauft worden, 64 Mrd. DM davon durch die führenden Lebensmittelhandelsunternehmen. Die wenigen Großbetriebe setzen sich immer stärker von der Gruppe der nachfolgenden ab. Damit schwinden auch die Chancen regional bereits tätiger Wettbewerber. Nach den Aufkäufen bedeutender Innenstadt-Textilhäuser insbesondere durch die Quelle-Gruppe hat auch im zweitwichtigsten Handelsmarkt partiell eine Verengung der Anbieterstruktur eingesetzt.

– Auch bei großer Angebotsbreite und -tiefe erscheint eine Abstimmung der Oligopolmitglieder inzwischen jederzeit möglich. Die Marktleiter haben inzwischen mehr Entscheidungsfreiheit beim Verkauf als früher, die Anpassungsfähigkeit bei Datenänderungen hat sich durch die Warenwirtschaft entscheidend verkürzt. Das Instrumentarium läßt sich auch für abgestimmtes Verhalten nutzen.

– Die Marktzutrittshindernisse sind im Zeitablauf wesenlich höher geworden. Die Märkte sind im allgemeinen dicht besetzt, die guten Standorte sind vergeben, die Mietverträge haben lange Laufzeiten. Die Chance, sich im Verdrängungswettbewerb zu etablieren, ist insbesondere im Lebensmittelhandel auch für große ausländische Wettbewerber gering geworden, weil die Marktposition der etablierten Unternehmen durch die Diversifizierung über verschiedene Vertriebsformen gefestigt ist. Es ist zweifelhaft, ob die deutschen Handelskonzerne den potentiellen Wettbewerb ausländischer Mitbewerber überhaupt in ihrem Kaklkül einbeziehen müssen, abgesehen von den seltenen Fällen, daß ein bestehender Konzern ausgeschlachtet wird (Coop AG), oder daß es mit einem überlegenen Konzept gelingt, das Marktvolumen der Branche beträchtlich auszuweiten (Toys R Us).

3. Problemfall sachlich und räumlich relevanter Markt

Nach dem Fall Coop/Wandmaker blieb dem Kartellamt im Fusionskontrollverfahren als Abwehrinstrument meist nur der Nachweis des Entstehens oder der Verstärkung einer marktbeherrschenden Stellung auf regionalen Absatzmärkten. Sehr wirkungsvoll ist dieses Instrument nicht. Trennen sich die zum Zusammenschluß bereiten Unternehmen nämlich von einem Teil der kritischen Flächen, dann läßt sich die beabsichtigte Übernahme nicht mehr verhindern. Es gilt als selbstverständlich, daß stets die schwächeren Outlets verkauft werden, die teilweise nur im Verbund mit anderen erfolgreich bewirtschaftet werden konnten und hauptsächlich der Absicherung der Stellung auf dem regionalen Markt dienten.

Aber selbst bei der Abgrenzung des sachlich relevanten Marktes hat die Monopolkommission dem Kartellamt das Leben schwer gemacht. In den Fällen Metro/Kaufhof und Coop/Wandmaker hat sie es abgelehnt, den Sortimentshandel als einen eigenständigen Markt zu betrachten. Seither wird der »sachlich relevante Markt« sehr weit ausgelegt. Im Lebensmittelhandel wird beispielsweise zum Sortimentslebensmittelhandel auch der Lebensmittelspezialhandel und das Lebensmittelhandwerk hinzugerechnet, mit der Folge, daß der Marktanteil eines großen Lebensmittelhandelskonzern beträchtlich zusammenschrumpfen kann. Nach diesem Konzept müßten der sachlich relevante Markt für ein Warenhaus oder ein SB-Warenhaus neben den konkurrierenden Waren- und SB-Warenhäusern die Gesamtheit der am Ort vertretenen Fachmärkte, Discounter und Fachhandelsgeschäfte umfassen. Selbst eine Fusion aller outlets der Erscheinungsformen Warenhaus und SB-Warenhaus wäre wahrscheinlich an kaum einem Ort zu verhindern.

Die Befürworter der weiten Fassung können sich zu Recht auf die Verbraucherforschung berufen. Der Verbraucher fragt in der Tat kein vorgegebenes Güterbündel nach und präferiert auch nicht eindeutig den Sortimentshandel. Er ist in seinem Verhalten viel mehr ausgesprochen wechselhaft, widersprüchlich und leichtfüßig, ein Typ, der in einer Person geradezu diametral entgegengesetzte Verhaltensstile verkörpert und für die Marktforscher kaum noch berechenbar ist (*Szallies*, 1989, S. 116f.). Die Bindung der Kunden an ein bestimmtes Geschäft oder einen bestimmten Betriebstyp hat sicherlich abgenommen. Dennoch muß die Frage erlaubt sein, ob dies Auswirkungen auf den Wettbewerb hat. Wer als Verbraucher seinen gesamten Bedarf bei Spezialisten decken wollte, müßte sehr viel Zeit aufbringen und kostspielige Fahrten unternehmen. Deshalb ist der Spezialhandel nur punktuell ein Konkurrent für den Sortimentshandel. Dies spürt man auch am Verhalten der großen Handelskonzerne. Während sie sich untereinander scharf beäugen und sehr rasch auf Maßnahmen reagieren, hat noch nie ein Verbrauchermarkt oder ein Baumarkt auf dic Preispolitik eines heimischen Fleischers oder eines Farben- und Lacke Fachgeschäfts reagiert. Dies spricht für die Darstellung des Kartellamts, daß sich Spezialanbieter und Sortimentshändler auf unterschiedlichen Märkten bewegen, zwischen denen nur ein lockerer Zusammenhang besteht (*Wolf*, 1993). Es bleibt dennoch fraglich, ob das Fusionsverhinderungspotential der Wettbewerbshüter wesentlich schärfer und griffiger würde, wenn Monopolkommission und Kammergericht bei der Abgrenzung des sachlich relevanten Marktes dem Kartellamt folgen würden.

III. Anti-Konzentrationspolitik im Handel als Politik des strukturellen Nachteilsausgleichs?

Die Schwächen des Wettbewerbsrechts, ein Fortschreiten der Konzentration im Handel zu verhindern, haben in der Vergangenheit immer den Ruf nach einer Verschärfung des Kartellgesetzes, insbesondere nach handelsspezifischen Aufgreifkriterien erschallen lassen. Der Gesetzgeber ist diesem Ruf wohl zu Recht nicht gefolgt, denn bislang hat niemand eine überzeugende theoretische Begründung für eine handelsspezifische Fusionskontrolle beifügen können. Tatsächlich, so klagt Schenk, finden sich im Begründungsfundus für eine wirksame Anti-Konzentrationspolitik im Handel nur Vermutungen, Hypothesen und Theoriefragmente, aber keine geschlossene Theorie (*Schenk*, 1991, S. 464.). Auf der Grundlage seiner These, daß die zunehmende Konzentration die Größennachteile der mittelständischen Handelsunternehmen vertieft, sieht er als einzige theoretisch fundierte Rechtfertigung für eine Anti-Konzentrationspolitik im Handel die strukturelle Nachteilsverhinderung.
Das Schwergewicht der Antikonzentrationspolitik verlagert sich dann von der Wettbewerbspolitik auf die sektorale Strukturpolitik oder auf eine gezielte Mittelstandspolitik (vgl. *HDE*, 1991a). Schenk hat sechs Gruppen von möglichen Maßnahmebündeln einer kombinativen Anti-Konzentrationspolitik für den Handel aufgezählt (*Schenk* 1991, S. 470 ff):

- Maßnahmen zur Eindämmung konzentrationsfördernder Kräfte im Bereich des externen Wachstums,
- Maßnahmen zur Verstärkung konzentrationshemmender Kräfte im Bereich des externen Wachstums,
- Maßnahmen zur Eindämmung konzentrationsfördernder Kräfte im Bereich des internen Wachstums,
- Maßnahmen zur Verstärkung konzentrationshemmender Kräfte im Bereich des internen Wachstums,
- Maßnahmen zur Eindämmung konzentrationsfördernder Kräfte im Bereich des nicht fusionsbedingten Ausscheidens von Handelsunternehmen,
- Maßnahmen zur Verstärkung konzentrationshemmender Kräfte im Bereich des nicht fusionsbedingten Ausscheidens von Handelsunternehmen.

Ob eine Politik, die auf der Kombination einer Vielzahl von ordnungspolitisch bedenklichen Markteingriffen beruht, die ultima ratio einer Anti-Konzentrationspolitik im Handel sein sollte, ist zu bezweifeln. Vermutlich würden die Nachteile überwiegen. Sie wird auch nicht notwendig sein. Die mittelständischen Handelsbetriebe haben es ja gelernt, mit der Konzentration zu leben und ihren Folgen flexibel auszuweichen.

Literaturverzeichnis

BMWI, *Bericht des Bundesministers für Wirtschaft und den Wirtschaftsausschuß des Deutschen Bundestages über die Konzentration im Lebensmittelhandel*, BMWi Dokumentation 271, Januar 1986.

Dahremöller, Axel, »Konzentration im Einzelhandel – Eine Fehlinterpretation«, *Zeitschrift für Betriebswirtschaft*, Jg. 56 (1986), S. 661–674.

Dahremöller, Axel, »Konzentration: Ein Meßproblem. Ein Beitrag zur Konzentrationsdiskussion«, *Zeitschrift für Betriebswirtschaft*, Jg. 57 (1987), S. 208–220.

Darmstädter Echo vom 26.6.1992.

Hauptverband des Deutschen Einzelhandels – HDE, *Handel und Stadtentwicklung in den neuen Bundesländern*, Köln 1991.

Hauptverband des Deutschen Einzelhandels – HDE (1991a), *HDE-Mittelstandsprogramm*, Köln 1991

Hermanns, Heinrich, *Dezentralisierung der Zentralität. Handel außerhalb der Stadt.* Einführungsreferat zur XVI. Studientagung der Deutschen Sektion von Urbanicom in Potsdam vom 23.–25. Juni 1993.

Hinrichs, Wolfgang, *Faszination Handel*, Köln 1991.

Lademann, Rainer, *Machtverteilung zwischen Industrie und Handel. Eine empirische Untersuchung der Machtstrukturen in der Ernährungswirtschaft*, Göttingen 1988.

Mathieu, Günter, »Kooperationsreserven; 10-Punkte-Programm zur Verbesserung von Entscheidungsprozessen in Verbundgruppen«, *Der Verbund* 3/93, S. 12–16.

Monopolkommission, *Sondergutachten über die Konzentration im Lebensmittelhandel* vom 12. April 1985.

Schenk, Hans Otto, Hiltrud Teubrink und Horst Zündorf, *Die Konzentration im Handel. Usachen, Messung, Stand, Entwicklung und Auswirkungen der Konzentration im Handel und konzentrationspolitische Konsequenzen*, Berlin 1989.

Schenk, Hans Otto, *Marktwirtschaftlehre des Handels*, Wiesbaden 1991.

Schwarz, Harald und Christopher Schlautmann, »Grenzenlose Einkaufsmacht«, *Handelsjournal* 10/1993, S. 6–8.

Spielhofer, Leonhard, »Rabatte. Wunder der Phantasie«, *Handelsjournal* 11/1992, S. 46–47.

Statistisches Bundesamt, *Konzentrationsentwicklung im Einzelhandel, Sonderauswertung der Handels- und Gaststättenzählungen 1978 und 1985*. Wiesbaden 1987.

Statistisches Bundesamt, *Konzentrationsentwicklung im Einzelhandel, Sonderauswertung der Jahreserhebung 1989*, Wiesbaden 1992.

Szallies, Rüdiger, »Zwischen Luxus und kalkulierter Bescheidenheit. Aspekte zukünftigen Kauf- und Konsumverhaltens der Verbraucher«, *Bremer Zeitschrift für Wirtschaftspolitik* 3/1989.

Tietz, Bruno, »Strukturentwicklung und Wettbewerb – Erfahrungen und Perspektiven«, in: Bundesarbeitsgemeinschaft der Mittel- und Großbetriebe des Einzelhandels – BAG, *Strukturentwicklung und Konzentration im Einzelhandel*, Dokumentation eines BAG-Fachgesprächs am 2. Juli 1987.

Tietz, Bruno, *Einzelhandelsperspektiven für die Bundesrepublik Deutschland bis zum Jahre 2010*, Frankfurt am Main 1993.

Weitz, Robert, »Die Konzentration im Handel und die Problematik wachsender Nachfragemacht«, *Verbraucherpolitische Hefte* 5/1987, S. 39–52.

Wolf, Dieter, *Fortschreitende Konzentration im Handel. Eine Bewertung aus Sicht des Bundeskartellamtes*. Rede von dem DIHT am 30. März 1993.

Deregulierung im Telekommunikationsbereich – Ordnungspolitische Überlegungen zu einer Postreform II[1]

Manfred Witte

Das Postverfassungsgesetz 1989 und die Novellierung des Gesetzes über Fernmeldeanlagen war eine erste Antwort der deutschen Post- und Telekommunikationspolitik auf die Deregulierung der Telekommunikationsmärkte in anderen Industrieländern, insbesondere in den USA, in Großbritannien und in Japan sowie auf technische Entwicklungen – vor allem des Ineinanderwachsens des marktwirtschaftlich organisierten Datenverarbeitungssektors und der staatlich verwalteten Telekommunikation.

Seit Mitte 1990 wird eine Diskussion über eine zweite Postreform geführt. Während ursprünglich der Kapitalbedarf der Deutschen Bundespost TELEKOM (DBP TELEKOM) für den Aufbau eines Netzes in Ostdeutschland im Zentrum der Privatisierungsdebatte gestanden hat, haben danach organisatorische Fragen an Gewicht gewonnen, und nur ganz zaghaft werden auch ordnungspolitische Gesichtspunkte eingebracht. Dieser Beitrag will einige ordnungspolitische Überlegungen darstellen, die bei einer Postreform II bedacht werden sollten.

I. Die Postreform 1989

Der Kern der Postreform, die 1989 verabschiedet wurde, bestand in der Trennung der hoheitlichen Aufgaben von den betrieblichen Aufgaben der Deutschen Bundespost sowie in der Aufhebung der Monopolrechte auf dem Markt für Endgeräte und für Telekommunikationsdienstleistungen mit Ausnahme des Telefondienstes. Außer dem Telefondienst blieben das Übertragungswegenetz und die Funkanlagen mit einem gesetzlichen Monopol versehen. Dem Grundsatz der Reform, nach dem Wettbewerb die Regel und Monopole die zu begründende Ausnahme seien, wurde durch diese Ausgestaltung materiell eine enge Grenze gezogen, denn mit dem

---

1 Ich danke meinem Kollegen, Dr. *Ralf Hauer*, herzlich für zahlreiche wertvolle Hinweise bei der Abfassung dieses Beitrages.

Telefondienst und dem Übertragungswegenetz blieben ca. 85% des Umsatzes der DBP TELEKOM im Monopol. Darüber hinaus ist die DBP TELEKOM auf den meisten nationalen Wettbewerbsmärkten der Telekommunikation marktbeherrschend. Deshalb kann es nicht verwundern, daß sich trotz Tarifgenehmigungspflicht für Übertragungswege und Regeln für den Zugang zum Netz der DBP TELEKOM der Wettbewerb auf den Telekommunikations-Dienstleistungsmärkten nur langsam entwickelt. Welche Probleme sich im Einzelfall für Marktneulinge ergeben können, die alle auf das Netz der DBP TELEKOM als »Vorprodukt« angewiesen sind, zeigt eine Beschwerde von Datenübertragungsunternehmen beim Bundeskartellamt, die der DBP TELEKOM vorwerfen, ihr Datenübertragungsangebot in marktverdrängender Absicht aus Monopoleinnahmen zu subventionieren.
Die deutlichsten Wirkungen hat die Marktöffnung bei den Endgeräten, im Mobilfunk (hierzu insbesondere *Kruse*, 1993) und im Satellitenfunk gehabt. Die Preise für einfache Telefongeräte sind rasch und sehr stark gesunken, und das Angebot ist vielfältiger geworden. Schon kurz nach der Betriebsaufnahme der beiden Anbieter im digitalen Mobilfunk nahm das Dienstleistungsangebot über »das Telefonieren« hinaus zu, und die Tarife begannen zu sinken. Kurz: Es sind die Effekte eingetreten, die vom Wettbewerb zu erwarten sind.

II. Monopole

Dennoch ist der aktuellen Diskussion nicht zu entnehmen, daß die Monopolrechte, die die DBP TELEKOM ausübt, vorerst in Frage gestellt werden sollen. Das Monopol am Übertragungswegenetz soll – so die gängige Begründung – das Infrastrukturangebot sichern und unwirtschaftliche Kostenduplizierung vermeiden.
Mit dem Monopolschutz sind Auflagen für die DBP TELEKOM verknüpft: Sie unterliegt dem Kontrahierungszwang und muß ihre Leistungen flächendeckend zu gleichen Tarifen anbieten (Tarifeinheit im Raum). So lautet – kurz gefaßt – die Beschreibung des Infrastrukturauftrages, für dessen Erfüllung bei der Verabschiedung der Postreform I die Monopole in der Telekommunikation für notwendig gehalten wurden. Die Mittel für die Erfüllung des Infrastrukturauftrages soll die DBP TELEKOM im Telefondienst erwirtschaften.

1. Wettbewerb im Netz

Das Argument, unwirtschaftliche Kostenduplizierung müsse vermieden werden, ist als solches kaum zu bestreiten; fraglich ist aber, daß es dazu eines gesetzlich geschützten Monopols bedarf, das selbst auch volkswirtschaftliche Kosten verursacht[2]. Unwirtschaftliche Kostenduplizierung könnte dann auftreten, wenn die Leistung »Telekommunikation« von einem einzigen Anbieter am kostengünstigsten bereitgestellt werden kann, die Durchschnittskosten bei zwei oder mehr Anbietern also steigen würden, d.h. wenn der Markt für Telekommunikationsdienstleistungen ein natürliches Monopol wäre. Darüber hinaus ist unwirtschaftliche Kostenduplizierung nur dann zu erwarten, wenn das natürliche Monopol gegen Wettbewerb nicht resistent ist, d. h. wenn die Monopolstellung instabil ist.

Bei Annahme der Instabilität des natürlichen Monopols könnte sich theoretisch tatsächlich die Notwendigkeit eines gesetzlichen Monopolschutzes ergeben. Wenn ein eingesessener Anbieter den gesamten Markt bedient und er die Leistungen etwa zu steigenden Durchschnittskosten produzieren muß, könnte ein Wettbewerber mit derselben Technik billiger anbieten und damit den eingesessenen Anbieter verdrängen. Zu den niedrigeren Durchschnittskosten würde aber auch von diesem neuen Anbieter nicht der ganze Markt bedient werden können; es entstünde dieselbe instabile Situation, aus der der ursprüngliche Anbieter verdrängt wurde – entweder bedient er nicht die gesamte Nachfrage zum herrschenden Preis, oder es ensteht ruinöse Konkurrenz.

Es ist unwahrscheinlich, daß die engen Annahmen, unter denen diese Folgerung steht, in der Realität erfüllt sind. Hebt man die Annahme des Einproduktunternehmens auf, und nimmt man ein Mehrproduktunternehmen an, ergibt sich die Folgerung eines natürlichen, aber instabilen Monopols auch theoretisch nur unter sehr restriktiven Nebenbedingungen. Darüber hinaus ist es bisher noch nicht einmal gelungen, einen empirischen Nachweis für natürliche Monopole in der Telekommunikation zu liefern. Dieses Ergebnis ist für den Gesamtbereich der Telekommunikation auch plausibel: Die in Betracht kommenden Anbieter produzieren nämlich in aller Regel die Leistungen nicht mit derselben Technik, also unter gleichen Kostenfunktionen, wie es von der Theorie unterstellt wird; tatsächlich ist der technische Fortschritt in der Telekommunikation derzeit rasant, so daß bei unterschiedlichen Anbietern sehr unterschiedliche Kosten der Übertragungstechnik zu erwarten sind. Damit bereits scheint es offensichtlich, daß die theoretischen Voraussetzungen für ein natürliches Monopol beziehungsweise für eine unwirtschaftliche Kostenduplizierung im Telekommunikationsbereich nicht erfüllt sind.

Betrachtet man jedoch Teilbereiche des Telekommunikations-Sektors, so sind Elemente eines natürlichen Monopols am ehesten im Ortsbereich des Festnetzes zu erwarten. Verantwortlich dafür ist in erster Linie der sogenannte Nachbarschaftseffekt, durch den mit relativ geringem Aufwand Verbindungen zu und zwischen »vielen« Kunden hergestellt werden können, die Grenzkosten bei zusätzlicher Aus-

---

2 Ausführlich hierzu *Windisch* (1987), *Müller* (1987) und die dort angegebene Literatur.

dehnung des Netzes also sinken. Daß diese Kunden am Anschlußleitungsnetz aber bereit wären, die Kosten für den Wechsel des Anschlusses an das Netz eines weiteren Betreibers zu tragen, ist nicht ohne weiteres anzunehmen, denn die Kosten eines Anschlusses sind irreversibel. Sie müßten somit bei einem neuen Anschluß die Anschlußkosten doppelt tragen, und es ist ungewiß, ob sich damit für sie eine entsprechende Erhöhung des Nutzens ergibt. Deshalb dürfte – wenn ein natürliches Monopol im Ortsnetzbereich tatsächlich vorliegt – eine Alleinanbieterstellung im Ortsnetz insoweit auch bei Wettbewerb relativ stabil sein und eine Begründung für einen gesetzlichen Monopolschutz nicht vorliegen.
Unterstützt wird die Monopolstellung durch Netzexternalitäten (vgl. hierzu *Blankart/Knieps*, 1992), die im Ortsnetz besonders ausgeprägt sein dürften. Mit Netzexternalitäten wird der Umstand beschrieben, daß der Nutzen aller Netzkunden beim Anschluß zusätzlicher Kunden zunimmt. Durch Hinzutreten zusätzlicher Anbieter im Ortsnetz würde dieser Effekt geschwächt, d. h. die Kunden hätten zusätzliche Informations- und gegebenenfalls Zugangskosten für den Zugang zu konkurrierenden Netzen aufzuwenden, sofern ihnen der Zugang überhaupt möglich wäre. Dies gilt nicht nur für ein einzelnes Ortsnetz, sondern auch für andere Ortsnetze und für die Verbindungen zwischen ihnen. Hierdurch wird die Alleinanbieterstellung generell gestärkt, für die Ortsnetze noch mehr als für die Fernnetze. In einer deregulierten Situation, d. h. bei freiem Marktzugang, kann sich deshalb ein Reregulierungsproblem stellen: Die Regulierungsbehörde muß bestrebt sein, daß der Effekt der Deregulierung für die Kunden nicht durch steigende Informationskosten und Kosten für den Zugang zu Netzen anderer Anbieter zunichte gemacht wird.
Es wäre aber voreilig, Wettbewerb im Ortsnetz ganz auszuschließen oder für unmöglich zu halten. Zum einen werden im Ortsnetzbereich Techniken im Mobilfunk angeboten, die eine feste Anschlußleitung überflüssig machen; hier verhindern die aktuellen Tarife derzeit noch eine wirksame Konkurrenz. Zum anderen können für die Kunden Umgehungsstrategien vorteilhaft sein; hierbei kommt es – bei gegebener Leistung im Festnetz – wesentlich auf das Tarifverhalten des eingesessenen Betreibers an.
Wenn der eingesessene Betreiber im Ortsnetz sehr hohe Tarife oder von konkurrierenden Fernnetzbetreibern sehr hohe Tarife für den Zugang zum Ortsnetz (access charges) fordert, nimmt der Anreiz für die Kunden zu, das Ortsnetz zu umgehen, indem sie sich direkt an das konkurrierende Fernnetz anschließen lassen (hierzu im einzelnen *Knieps*, 1985). Dies werden in erster Linie Kunden mit einem hohen Anteil von Ferngesprächen am gesamten Gesprächsaufkommen sein. Die Folgen für den Betreiber wären, daß er die – überwiegend fixen – Kosten des Ortsnetzes auf ein niedrigeres Verkehrsvolumen verteilen müßte. Wenn ein ausreichend großes Verkehrsvolumen das Ortsnetz umgeht, kann Kostendeckung nur zu steigenden Ortstarifen für die übrigen Kunden gelingen. Berücksichtigt man, daß die Ortstarife in der

Telekommunikation in allen Ländern politisch sensible Preise sind[3], würde die Kostendeckung bei einer »falschen« Tarifpolitik immer unwahrscheinlicher. Mit anderen Worten: der Netzbetreiber, die DBP TELEKOM, kann – sofern kein Monopolschutz besteht, wie es z.B. in den Ortsnetzen der USA der Fall ist (vgl. *Horn, Knieps, Müller*, 1988) – in ihren unternehmerischen Planungen Wettbewerb im Ortsnetz bis auf weiteres nur dann ausschließen, wenn sie in ihrer Tarifpolitik keine Anreize für eine Umgehung des Ortnetzes schafft.

Insgesamt erscheint Netzwettbewerb also auch im Ortsnetzbereich durchaus möglich – in der Fernebene ist er in einigen Ländern bereits seit längerem üblich, und er hat dort seine vorteilhaften Wirkungen bewiesen. Die These für den Telekommunikationssektor, Wettbewerb im Netz sei nicht möglich oder wenigstens nicht vorteilhaft, ist also insgesamt nicht haltbar und wird es in Zukunft auch für den Ortsbereich nicht sein; Instabilitäten, die einen Monopolschutz erfordern könnten, sind bereits heute zu verneinen. Würde man also das Übertragungswegemonopol der DBP TELEKOM beseitigen, wäre sie nach den bisherigen Erwägungen tatsächlich anfällig gegen Wettbewerb. Dies allerdings nicht im Sinne eines nur theoretisch abgeleiteten instabilen natürlichen Monopols, bei dem die Marktteilnehmer mit dem gleichen technischen Wissen operieren, sondern im Sinne eines Wettbewerbs als Entdeckungsverfahren. Der gesetzliche Schutz eines Alleinanbieters bedeutet dann nichts anderes, als daß er zu Lasten seiner Kunden davor geschützt wird, neue und nützliche Lösungen adaptieren zu müssen. Er kann sich wirtschaftliche Ineffizienz leisten, bei der er unter Wettbewerb vom Markt verdrängt würde.

2. Wettbewerb im Telefondienst

Die DBP TELEKOM übt neben dem Netzmonopol das Telefondienstmonopol aus; sie soll mit dieser Dienstleistung, deren Umsatz derzeit noch knapp 80% des Gesamtumsatzes ausmacht, die Mittel erwirtschaften, die sie zur Erfüllung des Infrastrukturauftrages und zur Deckung von Defiziten durch andere Auflagen, wie beim Angebot von Pflichtleistungen, benötigt.

Dieses Ziel wird derzeit erreicht, weil die Einnahmen im Telefondienst gesichert sind. Die Monopolprivilegien sind insofern ein Mittel, den Infrastrukturauftrag zu finanzieren und die Überschüsse für die Aufrechterhaltung der Tarifeinheit im Raum zu erwirtschaften.

Es stellt sich in diesem Zusammenhang die Frage, ob die DBP TELEKOM eines fortgesetzten Schutzes durch Monopolrechte deshalb bedarf, weil sie Investitionen getätigt hat, zu denen sie durch politische Auflagen angehalten wurde und weil sie

3 D.h., daß die Überwälzung der steigenden Stückkosten im Preis nicht selbstverständlich ist.

auf das Fortbestehen der Monopole vertraut hat (hierzu auch *Windisch*, 1987). Prinzipiell kann man den Standpunkt vertreten, daß Entwertung von Investitionen, die im politischen Prozeß entstanden sind, wie die Entwertung von Investitionen im Wettbewerbsprozeß zu behandeln sind, d.h. sie bedürfen keines besonderen Schutzes. Es ist aber zu erwarten, daß in der kommenden politischen Debatte die Berücksichtigung von Altlasten – das sind sowohl die Investitionen, die durch politische Auflagen verursacht wurden, als auch die, die die DBP TELEKOM im Vertrauen auf den Fortbestand der Monopole wenig effizient getätigt hat – gefordert wird. Wenn auch »politische« Investitionen und monopolistische Verschwendung bei den Investitonsausgaben seit Jahren nicht mehr zu rechtfertigen sind, weil die internationale Entwicklung deutliche Hinweise auf wettbewerbliche Strukturen liefert, werden Politiker geneigt sein, hierfür einen »Zuschlag«, welcher Art auch immer, zu gewähren.

Die Möglichkeit, einen Zuschlag zu den Telefontarifen zu gewähren, damit die DBP TELEKOM die Abschreibungen auf Altlasten verdienen kann, wäre – wollte man sie einräumen – zeitlich begrenzt. Bei der Diskussion des Telefondienstmonopols ist zu berücksichtigen, daß in der Europäischen Gemeinschaft die Aufrechterhaltung von Dienstleistungsmonopolen untersagt wird, die Märkte für Telekommunikationsdienstleistungen also umfassend für den Wettbewerb geöffnet werden müssen (hierzu eingehend von *Baggehufwudt*, 1993). Mit der Öffnung der Telefondienstmärkte in der EG, die im Jahre 1998 erfolgen soll, wäre die DBP TELEKOM ohnehin zu erheblichen Tarifsenkungen gezwungen. Damit werden alle Märkte der potentiellen Konkurrenz von Newcomers ausgesetzt sein, die heute als Quelle für Verteilungsziele dienen (müssen). Denn es versteht sich von selbst, daß Wettbewerber mindestens um den Betrag werden günstiger anbieten können, um den die DBP TELEKOM mit politisch motivierten Lasten, mit Pflichtleistungen oder mit sogenannten Altlasten belegt ist, die als politisch motivierte Investitionen oder auch monopolistische Ineffizienz die heutige Ertragsrechnung belasten. Die Wertberichtigung des Vermögens durch eine Sonderabschreibung würde das Eigenkapital zum großen Teil aufzehren; eine Wiederaufstockung des Eigenkapitals erforderte einen Zuschuß aus dem Bundeshaushalt, weil anderenfalls die Privatisierungspläne belastet würden. Schließlich steht der DBP TELEKOM die Möglichkeit offen, durch resolute Rationalisierung die Kosten- und Ertragslage des Unternehmens günstiger zu gestalten und gleichzeitig sowohl die Erwartungen potentieller privater Anleger als auch die eigene Wettbewerbsfähigkeit zu verbessern.

Es zeichnet sich ab, daß zwischen den politischen Entscheidungsträgern wenigstens hinsichtlich der politisch motivierten Investitonen ein Kompromiß gefunden werden muß. Inwieweit in einen solchen Kompromiß auch Investitionen einbezogen werden, die als monopolistische Verschwendung charakterisiert werden müssen, ist nicht ohne weiteres absehbar. Es ist nicht auszuschließen, daß bei der Kompromißsuche mehr Investitonen als »notwendig«, »unabweisbar« o. ä. bezeichnet werden, so daß der vermeintliche oder tatsächliche Schutz größer ausfällt, als es für das Ergebnis der Deregulierung notwendig oder zweckmäßig wäre. Denn eine völlige Befreiung von Altlasten erscheint angesichts der überragenden Marktstellung der DBP TELEKOM weder notwendig noch angemessen. Sie verfügt über vielfältige Verbundvorteile, ist bis auf weiteres vor Konkurrenz in den Ortsnetzen geschützt, und sie profitiert von den positiven externen Effekten eines umfassenden Netzes. Dies dürfte ihr genügend Spielraum belassen, die notwendigen Anpassungen an intensiveren Wettbewerb zu guten Teilen aus eigener Kraft zu bewältigen.

Wenn der Telefondienst künftig nicht mehr von einem Monopolunternehmen angeboten wird, ist die Finanzierung verteilungspolitisch motivierter Lasten, wie z.B. Defizite aus dem Angebot von Pflichtleistungen, nicht mehr ohne weiteres gewährleistet. Solche Leistungen würden i. d. R. nach betriebswirtschaftlichen Entscheidungskriterien nicht oder nicht im heutigen Umfange angeboten. Sie mögen aus sozialpolitischen Gründen geboten sein, und auch in den Industrieländern mit Wettbewerb auf den Telekommunikationsmärkten werden sie den Telekommunikationsunternehmen auferlegt. Sie begründen aber einen gewissen Quersubventionsbedarf, der heute aus den Einnahmen in den Monopolbereichen gedeckt wird. Deregulierung, d.h. Aufhebung oder Senkung von Marktzugangsschranken, wird diese Quersubventionierung nicht mehr ohne weiteres möglich machen. Denn Überschüsse, die die DBP TELEKOM heute im Telefondienst erwirtschaftet, werden zukünftig ein unmittelbarer Anreiz für Wettbewerber sein, in diesen Teilmarkt einzudringen, auch wenn DBP TELEKOM diese Überschüsse zur Deckung von Defiziten beim Angebot von Pflichtleistungen benötigte. Dasselbe gilt prinzipiell für die Quersubventionierung innerhalb eines Dienstes, des Telefondienstes, in dem heute durch die Forderung nach Tarifeinheit im Raum die Kosten schwach ausgelasteter Strecken zum Teil von den Einnahmen gedeckt werden, die auf hochfrequentierten Strecken erzielt werden. Es kann sein, daß Strecken mit hohem Verkehrsaufkommen, auf denen der Telekommunikations-Verkehr gebündelt und kostengünstig geführt werden kann, auch von Wettbewerbern bedient werden, so daß die Tarife auf solchen Verbindungen sinken werden.

Diese zwei einfachen Beispiele zeigen, daß die heute übliche Quersubventionierung, die für Postpolitiker ihren Reiz nicht zuletzt in der geräuschlosen, d. h. intransparenten Finanzierung von Verteilungszielen hat, bei deregulierten Märkten durch ein transparentes System ersetzt werden muß. Anderenfalls würde hingenommen, daß die DBP TELEKOM durch Wettbewerber angegriffen wird, ohne wegen der Notwendigkeit der Quersubventionierung angemessen darauf reagieren zu können. Wenn auch die Chancen der DBP TELEKOM groß sind, im Telefondienst die Quersubventionierung noch eine gewisse Zeit durchzuhalten, weil sie auf absehbare Zeit das einzige Unternehmen mit einem flächendeckenden Netz ist, muß Vorsorge

beispielsweise für den Fall getroffen werden, daß Marktanteile aus dem Grunde verloren gehen, daß DBP TELEKOM interessante Strecken hoch tarifieren müßte, um Defizite auf wenig benutzten Strecken ausgleichen zu können.
Aber auch wenn der Infrastrukturauftrag weiterhin gewährleistet bleiben soll, bieten sich bessere Lösungen als Monopole an. Wenn unsicher ist, ob sich wirksamer Wettbewerb für Netzleistungen herausbildet – solche Unsicherheit könnte im Ortsnetzbereich bestehen –, könnte man den Wettbewerb **auf dem Markt** durch einen Wettbewerb **um den Markt** ergänzen, äußerstenfalls auch ersetzen: In einem Lizenzverfahren bekommen alle interessierten Anbieter für eine bestimmte Zeit ein Angebotsrecht, die die Infrastrukturauflagen der Regulierungsbehörde erfüllen. Wettbewerb auf dem Markt ergibt sich dann aus der Zahl der Anbieter und der Möglichkeit des Zutrittes weiterer Lizenznehmer. Im äußersten Falle – dem, daß nur ein Bewerber das Geschäft auch aufnimmt – wächst die Bedeutung des Wettbewerbs um den Markt. Unabhängig von der Möglichkeit der potentiellen Konkurrenz müßte der Anbieter während der Lizenzlaufzeit seine Produkt- und Tarifpolitik so einrichten, daß er die Verlängerung/Erneuerung seiner Lizenz nicht gefährdet – die Gefahr der Versagung einer neuen Lizenz ist für ihn um so größer, je mehr er versucht, während der Laufzeit z.B. mit seinem Tarif von seinem ursprünglichen Angebot nach oben abzuweichen.
Von den zahlreichen Vorschlägen zu einem transparenten und wettbewerblichen Defizitausgleich ist insbesondere der eines Infrastrukturfonds hervorzuheben[4]: Die Anbieter auf lukrativen Telekommunikationsmärkten – das dürften konkret die heutigen Monopolbereiche bzw. Ballungsräume mit dichtem Telekommunikationsverkehr sein – entrichten einen Beitrag aus ihren Einnahmen, um die Bedienung mit Pflichtleistungen oder dünn besiedelter Regionen sicherzustellen. Die Bedienung dünn besiedelter Regionen wird ausgeschrieben, und der Anbieter mit dem niedrigsten (Plan)defizit erhält den Zuschlag. Das Defizit wird aus dem von den Überschußunternehmen bedienten Fonds gedeckt. Die Notwendigkeit zur Ausstattung solcher Fonds mit Ausgleichsmitteln könnte tendenziell um so kleiner werden, je besser es den einzelnen Betreibern gelingt, Zugang zu den übrigen Netzen zu erlangen. Je reibungsloser dieser Zugang bewerkstelligt wird, um so mehr werden die positiven externen Effekte eines ausgedehnten Netzes erhalten. Dieses Modell zeigt an, daß es zur Finanzierung eines Infrastrukturauftrages keiner Monopole bedarf; der Wettbewerb kann seine nützlichen Funktionen auch dort entfalten, wo politische Zielsetzungen den Marktprozeß weiterhin beeinflussen sollen.

4 Vgl. v. a. *Knieps* (1985) und (1989); *Blankart* und *Knieps* (1993).

III. Folgerungen für eine Deregulierung/Reregulierung im Telekommunikationsbereich

Die Ausführungen machen deutlich, daß die These vom natürlichen Monopol und damit der unwirtschaftlichen Kostenduplizierung im Telekommunikationsnetz nicht haltbar ist, wahrscheinlich noch nicht einmal mehr für den Ortsnetzbereich. Deshalb verliert auch das Argument der Instabilität auf Telekommunikationsmärkten, das als Begründung für den gesetzlichen Schutz des Monopols vorgetragen wird, an Kraft. Auch wenn es temporär wegen der politisch motivierten Investitionen und wegen der Altlasten aus monopolistischer Ineffizienz vorübergehend noch bewahrt werden muß, so handelt es sich jedoch nicht um die Instabilität eines theoretisch abgeleiteten natürlichen Monopols.

Für eine Politik der Reform des Telekommunikationsbereiches folgt daraus, daß die Märkte für Telekommunikationsleistungen so weit wie möglich geöffnet werden sollten. Konnten wegen der Frequenzknappheit bei der Lizenzierung im Mobilfunk[5] nur zwei Wettbewerber neben der DBP TELEKOM zugelassen werden, gilt dieses Argument beim Netz- und Telefondienstangebot nicht mehr. Die Auswahl nur je eines Wettbewerbers wäre eine industriepolitische Maßnahme und würde die wettbewerbliche Entwicklung der Märkte behindern. Zum einen maßte sich die Regulierungsbehörde Wissen darüber an, welcher Lizenzbewerber der beste sei, und sie begäbe sich außerdem des wirksamen Instrumentes der potentiellen Konkurrenz.

Angesichts der unterschiedlichen Charakteristika von Fernnetz und Ortsnetzen könnte erwogen werden, die heutige DBP TELEKOM aufzugliedern, so daß Fernübertragung und Ortsnetzverteilung in rechtlich selbständigen Einheiten produziert werden. Eine solche Aufgliederung wäre dann vorteilhaft, weil die DBP TELEKOM nicht mehr als allumfassendes Unternehmen aufträte, sondern mit ihren regionalen Telekom-Gesellschaften. Daß eine solche Lösung ebensowenig regulierende Eingriffe entbehrlich machten wie ein Markt mit einer bundesweiten DBP TELEKOM, versteht sich von selbst: Die Regelung von Zusammenschaltung und Durchleitung bedarf dann gemeinsamer Spielregeln, so lange sie sich nicht vertraglich von selbst herausbilden, um die Informationskosten der Kunden nicht unzumutbar zu erhöhen. Dies zu beurteilen – ob sie sich durch Vertrag herausgebildet haben – erscheint um so leichter, je bessere Vergleichsinformationen die Regulierungsbehörde vom Markt bekommt. Wenn sie nur von einem einzigen großen Betreiber und dessen Informationspolitik abhängig ist, könnte die Entscheidung über regulatorische Eingriffe weniger gut fundiert sein als bei einer breiteren Informationsbasis.

5 Der Frequenzknappheit bei Funkdiensten kann grundsätzlich mit dem selben Instrumentarium begegnet werden, das zur Sicherung des Infrastrukturauftrages einsetzbar ist. Durch Lizenzierung und Versteigerung von Frequenzen ist auch hier Wettbewerb möglich.

Deregulierung des Marktes bedeutet in der Telekommunikation also nicht, daß auf Regulierung ganz verzichtet werden könnte. Es handelt sich hier vielmehr um Reregulierung; d. h. daß heutige Marktzugangsschranken zwar beseitigt werden, das Verhalten vor allem der marktmächtigen Anbieter aber dennoch der Bindung an Spielregeln bedarf, die der Marktprozeß nicht ohne weiteres aus eigener Kraft herausbildet. Die behördliche Regulierung des Telekommunikationsbereiches kann deshalb ordnungspolitisch überzeugend nur eine Regulierung der Marktmacht großer (Fern)Netzbetreiber und der Ortsnetzbetreiber sein. Insoweit stellt sich hier die Aufgabe einer spezialisierten Mißbrauchsaufsicht.

Mit dem derzeitigen Postverfassungsgesetz gehen einige äußerst komplizierte und kaum lösbare Kontrollprobleme einher. Ein Beispiel dafür ist die Kontrolle von Quersubventionen. Das Postverfassungsgesetz läßt Quersubventionen aus den Monopoleinnahmen zugunsten des Ausgleiches von Defiziten bei Wettbewerbsdienstleistungen grundsätzlich zu. Nur wenn dieser Defizitausgleich nachhaltig und spürbar ist und zu Lasten der Wettbewerbsmöglichkeiten anderer Anbieter geht, kann er – gegebenenfalls mit Hilfe des Bundeskartellamtes – untersagt werden. Mit einer Deregulierung werden sich solche Probleme zwar nicht ausräumen lassen, aber mit einer konzeptionell weitsichtigen Reregulierung, die halbherzige Konstruktionen wie diese vermeidet, können sie beherrschbar werden.

Besonderer Sorgfalt bedarf in diesem Zusammenhang, daß der Zugang der einzelnen Netzbetreiber zu den Netzen anderer Betreiber sichergestellt ist. Sofern also zu erwarten ist, daß Konkurrenten von der Nutzung von Ortsnetzen durch Verweigerung der Zusammenschaltung oder durch prohibitive Zusammenschaltungsentgelte ausgeschlossen werden, so daß sie die Nutzer von Dienstleistungen nicht erreichen könnten, bedarf es einer Art Durchleitungspflicht bzw. der Kontrolle der Zugangstarife.

Im Telefondienst der DBP TELEKOM liegen ebensolche Ineffizienzen vor wie in ihrem Netzbetrieb; es sind die Ineffizienzen eines vor Wettbewerb geschützten monopolistischen Anbieters. Sie schlagen sich darin nieder, daß trotz hoher Telefontarife in der Bilanz der DBP TELEKOM nur sehr niedrige Gewinne ausgewiesen werden. Mit anderen Worten: die Einnahmen im Telefondienst werden zu größeren Teilen in monopolistische Verschwendung, Mängel in der Organisation mit der Folge der personellen Überbesetzung und in Bequemlichkeit umgelenkt als dies bei Wettbewerb möglich und der Fall wäre. Die Instabilität des Monopols im Telefondienst hat allerdings noch andere Ursachen. Die Einnahmen dienen als Quelle zur Finanzierung politisch motivierter Investitionen, die – z. T. schon lange zurückliegend – ebenso wie Pflichtleistungen die Erträge belasten und die DBP TELEKOM bei Marktzutritt von Wettbewerbern in eine nachteilige Position bringen können.

Die Öffnung des Telefondienstes für den Wettbewerb setzt also voraus, daß sich die DBP TELEKOM wettbewerblich verhält, aber auch, daß sie wettbewerbsfähig gemacht wird, indem sie von politischen Lasten befreit wird. Während wettbewerbliches Verhalten in der unternehmerischen Verantwortung der DBP TELEKOM selbst liegt, erfordert die Beseitigung politischer Lasten, daß politische Entscheidungen getroffen werden. D.h. daß bis zur Öffnung für den Wettbewerb ein Anpassungszeitraum zur Verfügung stehen muß; er kann um so kürzer sein, je rascher Entscheidungen über den Abbau politischer Lasten getroffen werden. Ein großer Teil der »hausgemachten« monopolistischen Ineffizienzen wird erst unter Bedingungen des Wettbewerbs abgebaut werden; noch bestehende Ineffizienzen können deshalb gerade kein Argument gegen die Einführung von Wettbewerb sein.

Ebenso brauchen Pflichtleistungen nicht prinzipiell ein Hindernis gegen Wettbewerb zu sein. Werden solche Leistungen aus verteilungspolitischen Gründen für erforderlich gehalten, können sie mit Hilfe des Instrumentes der Lizenzierung allen Anbietern auferlegt werden, so daß eine Benachteiligung eines Anbieters im Wettbewerb ausgeschlossen ist.

IV. Der Stand der Diskussion über die Postreform II

Vergleicht man den Stand der derzeitigen Diskussion anhand des »Ergebnisberichtes aus den Gesprächen Koalition CDU/CSU-F.D.P. und SPD zur Postreform II« mit den in diesem Beitrag angestellten Erwägungen, wird deutlich, daß der Ergebnisbericht wesentlich andere Akzente setzt (vgl. auch *Handelsblatt* vom 29.06. 1993). In dem Bericht steht der organisatorische Aspekt, die Umwandlung der DBP TELEKOM und der anderen DBP-Unternehmen in Aktiengesellschaften unter Beibehaltung der Bundesmehrheit am Kapital, eindeutig im Vordergrund; zur ordnungspolitischen Reform wird lediglich festgelegt, daß die Monopole des Bundes »vorbehaltlich EG-Recht« auf die Aktiengesellschaft übertragen werden.

Staatlicher Einfluß soll dadurch gesichert werden, daß »über« den Aktiengesellschaften eine Holding in der Rechtsform der Selbständigen Anstalt des öffentlichen Rechts installiert wird. Ihr sollen Zuständigkeiten zufallen, wie die Koordinierung von Unternehmensplanungen, die Überwachung der Einhaltung der Infrastrukturaufgaben, die Ausarbeitung von Führungsgrundsätzen für die Aktiengesellschaften und der Abschluß von Manteltarifverträgen.

In dieser kurzen Skizze des Diskussionsstandes zeigt sich, daß eine ordnungspolitisch tragfähige Reform derzeit nicht gewollt ist und daß die DBP TELEKOM weiterhin als Institution angesehen wird, die dem weitgehenden Einfluß von Politik und Gewerkschaften unterworfen bleiben soll. Die Verwirklichung dieser Erwägungen könnte zur Folge haben, daß die heutigen Ineffizienzen der DBP TELEKOM nicht nur weiter aufrechterhalten bleiben, sondern möglicherweise sogar noch zunehmen.

Es bestehen deutliche Hinweise, daß der rasche Aufbau der Telekommunikation in den neuen Bundesländern zu weit überhöhten Kosten vollzogen wird. Da dieser rasche Aufbau – quasi um jeden Preis – auch auf politisches Betreiben hin erfolgt, kann die DBP TELEKOM für derartige neu entstehende Ineffizienzen nicht alleine haftbar gemacht werden. Im gleichen Ausmaße müßte der eingesessene Monopolist weiterhin gegen Wettbewerb geschützt werden; nicht etwa, weil ein instabiles natürliches Monopol vorläge oder weil der Infrastrukturauftrag dies erfordern würde, sondern weil Wettbewerb versteckte politische Lasten und monopolistische Ineffizienzen, deren Kosten den Nachfragern unter Monopolbedingungen verborgen bleiben, sehr schnell aufdecken würde. Bei Wettbewerb wären Preissenkungen bei gleichzeitiger Verbesserung der Infrastrukturleistungen – auch in den neuen Bundesländern zu erwarten; dieses Ergebnis soll jedoch offenbar nicht erzielt werden; anderenfalls müßten die Erwägungen zur Postreform II anders geartet sein. Der Wettbewerbsfähigkeit des Telekommunikationsstandortes Deutschland kann eine solche Reform jedenfalls nicht dienlich sein.

Literaturverzeichnis

Bach, Albrecht, *Wettbewerbsrechtliche Schranken für staatliche Maßnahmen nach europäischem Gemeinschaftsrecht*, Tübingen 1992.

von Baggehufwudt, Nils, »Dienstleistungsmonopole in der Telekommunikation unter EG-rechtlichen Aspekten«, *Archiv für Post und Telekommunikation*, 45. Jg. (1993), S. 174 ff.

Blankart, Charles B. und Günter Knieps, »Netzökonomik«, *Jahrbuch für Neue Politische Ökonomie*, Bd. 11, *Ökonomische Systeme und ihre Dynamik*, Tübingen 1992, S. 73 ff.

Blankart, Charles B. und Günter Knieps, *Möglichkeiten und Grenzen eines Infrastrukturfonds im Bereich von Post und Telekommunikation*, nicht veröffentlichter Entwurf eines Gutachtens für das Bundesministerium für Post und Telekommunikation, März 1993.

Ergebnisbericht aus den Gesprächen Koalition CDU/CSU-F. D. P. und SPD zur Postreform II, Bonn, 20.6.1993.

Frankfurter Institut für Wirtschaftspolitische Forschung (Kronberger Kreis), *Privatisierung auch im Westen*, Schriftenreihe Band 26, Bad Homburg v. d. H. 1993.

Heuermann, Arnulf und Werner Neu, »Ein Regulierungsrahmen für das Unternehmen Deutsche Bundespost TELEKOM«, *Diskussionsbeiträge zur Telekommunikationsforschung* Nr. 43, Bad Honnef 1988.

Horn, Manfred; Günter Knieps und Jürgen Müller, *Deregulierungsmaßnahmen in den USA: Schlußfolgerungen für die Bundesrepublik Deutschland*, Baden-Baden 1988.

Knieps, Günter; Jürgen Müller und Carl Christian von Weizsäcker, *Die Rolle des Wettbewerbs im Fernmeldebereich*, Baden-Baden 1981.

Knieps, Günter, *Entstaatlichung im Telekommunikationsbereich. Eine theoretische und empirische Analyse der technologischen, ökonomischen und institutionellen Einflußfaktoren*, Tübingen 1985.

Knieps, Günter, »Entstaatlichung und Wettbewerb im nationalen Telekommunikationsbereich«, in: Rupert Windisch (Hrsg.), *Privatisierung natürlicher Monopole im Bereich von Bahn, Post und Telekommunikation*, Tübingen 1987, S. 147 ff.

Knieps, Günter, »Post- und Fernmeldewesen«, in: Otto Vogel (Hrsg.), *Deregulierung und Privatisierung*, Köln 1988, S. 31 ff.

Kruse, Jörn, »Normative Bestimmung des Regulierungsbereiches«, in: *Deregulierung als ordnungs- und prozeßpolitische Aufgabe*, Beihefte der Konjunkturpolitik, Heft 32, Berlin 1986, S. 25 ff.

Kruse, Jörn, *Lizenzierung und Wettbewerb im Mobilfunk*, Berlin, Heidelberg, New York 1993.

Mestmäcker, Ernst-Joachim, »Fernmeldemonopol und Nachfragemacht – Wirtschaftsrechtliche und ordnungspolitische Probleme der hoheitlichen und unternehmerischen Funktion der Deutschen Bundespost«, in: Ernst-Joachim Mestmäcker (Hrsg.), *Kommunikation ohne Monopole*, Baden-Baden 1980, S. 161 ff.

Müller, Jürgen, »Möglichkeiten für Entregulierung im Telekommunikationsbereich«, in: *Deregulierung als ordnungs- und prozeßpolitische Aufgabe*, Beihefte der Konjunkturpolitik, Heft 32, Berlin 1986, S. 133 ff.

Müller, Jürgen, »Deregulierung und Privatisierung: Ökonomische Prämissen und integrationspolitische Konsequenzen im Telekommunikationsbereich«, in: Joachim Scherer (Hrsg.), *Nationale und europäische Perspektiven der Telekommunikation*, Baden-Baden 1987, S. 47 ff.

Neumann, Karl-Heinz, »Die Deutsche Bundespost vor den Herausforderungen der europäischen Telekommunikationspolitik«, in: Joachim Scherer (Hrsg.), *Nationale und europäische Perspektiven der Telekommunikation*, Baden-Baden 1987, S. 30 ff.

Neuordnung der Telekommunikation, *Bericht der Regierungskommission Fernmeldewesen*, Heidelberg 1987.

o. V., »Der Weg für die Postreform II ist frei«, *Handelsblatt* vom 29.6.1993.

Scherer, Joachim, »Ordnungspolitische Instrumente und Befugnisse der EG zur Regulierung der Telekommunikationsdienste in Europa«, in: D. Elixmann und K.-H. Neumann, *Communications Policy in Europe*, Kronberg 1989.

Scherer, Joachim, »Rechtliche Instrumente und Verfahren zur Regulierung der Deutschen Bundespost Telekom vor und nach der Privatisierung«, *Archiv für Post und Telekommunikation*, 45. Jg. (1993), S. 261 ff.

Soltwedel, Rüdiger et al., *Deregulierungspotentiale in der Bundesrepublik*, Tübingen 1986.

Soltwedel, Rüdiger et al., *Zur staatlichen Marktregulierung in der Bundesrepublik*, Tübingen 1987.

Weber, Rolf H., *Wirtschaftsregulierung in wettbewerbpolitischen Ausnahmebereichen*, Baden-Baden 1986.

von Weizsäcker, Carl Christian, »Wirtschaftspolitische Begründung und Abgrenzung des Fernmeldemonopols«, in: Ernst-Joachim Mestmäcker (Hrsg.), *Kommunikation ohne Monopole*, Baden-Baden 1980, S. 127 ff.

Wiley, Richard E., »Competition and Deregulation in Telecommunications. The American Experience«, in: Ernst-Joachim Mestmäcker (Hrsg.), *Kommunikation ohne Monopole*, Baden-Baden 1980, S. 31 ff.

Windisch, Rupert, »Privatisierung natürlicher Monopole: Theoretische Grundlagen und Kriterien«, in: Rupert Windisch (Hrsg.), *Privatisierung natürlicher Monopole im Bereich von Bahn, Post und Telekommunikation*, Tübingen 1987, S. 1 ff.

III. Neuordnung Europas als Aufgabe

Zur Wirtschaftsverfassung in der Europäischen Union

Ernst-Joachim Mestmäcker

In seiner Abhandlung über »Rang und Grenzen der Wirtschaftsfreiheit im Streit der Fakultäten« (1982) hat *Hans Willgerodt* vor dem wissenschaftlichen Imperialismus der Ökonomisten ebenso gewarnt wie vor den säkularisierten Heilserwartungen an staatliche und überstaatliche Bürokratien. »Sinnvoll geordnete Freiheit« setzt nach *Willgerodt* Einsicht in die Eigengesetzlichkeit marktwirtschaftlicher Prozesse ebenso voraus wie die Einschränkung individueller Handlungsfreiheiten durch »allgemein, langfristig und in ihrer Anwendung berechenbare Gesetze«. Im Streit liegen mithin nicht die wirtschaftswissenschaftliche mit der rechtswissenschaftlichen Fakultät. Ihnen gemeinsam ist vielmehr der Gegensatz zur »politischen Finalität« (*Willgerodt*, 1992, S. 101), deren Rationalität die Mächtigen zu selbstgewählten und jederzeit änderbaren Zwecken in Anspruch nehmen können.

I. Vom Binnenmarkt zur Wirtschaftsunion

Der Vertrag über die Europäische Union (EVU) vom 7.2.1992 erklärt die Europäischen Gemeinschaften zur Grundlage der Union (Art. A Abs. 2). Die neuen Ziele, die mit der Wirtschafts- und Währungsunion angestrebt werden, stehen unter dem Vorbehalt der »vollen Wahrung des gemeinschaftlichen Besitzstandes«. Der gemeinschaftliche Besitzstand und seine Weiterentwicklung gehören zu den Zielen der Union (Art. B Anstrich 5), und sie begrenzen die Maßnahmen zur Verwirklichung der neuen Ziele (Art. C Abs. 1). Für die Befugnisse der Gemeinschaftsinstitutionen bewendet es grundsätzlich bei den Regelungen der Gemeinschaftsverträge (Art. E). Gleichzeitig ändert der EVU jedoch den Vertrag über die Europäische Wirtschaftsgemeinschaft, die in Zukunft Europäische Gemeinschaft (EG) heißt.

Art. F Abs. 3 EVU ermächtigt die Union, sich mit den Mitteln auszustatten, die zum Erreichen ihrer Ziele und zur Durchführung ihrer Politiken erforderlich sind. In Verbindung mit der Kompetenz des Europäischen Rats, die allgemeinen politischen Zielvorstellungen der Union »festzulegen« (Art. D), könnte dies als eine einem Staat entsprechende Allzuständigkeit gedeutet werden.[1] Dagegen sprechen indessen die angeführten Garantien des »acquis communautaire« sowie die Bestätigung des Prinzips der Einzelermächtigung in Art. 3b EGV. Danach wird die Gemeinschaft innerhalb der Grenzen der ihr in diesem Vertrag zugewiesenen Befugnisse und Ziele tätig. Bestätigt wird ferner in Art. 4 Abs. 1 Satz 2 die Bindung der Organe der Gemeinschaft an die ihnen im Vertrag zugewiesenen Befugnisse.

Wenn vom Europäischen Gerichtshof und im Schrifttum von der Verfassung der Gemeinschaft gesprochen wird, dann sind darunter auch nach Maastricht die Gemeinschaftsverträge zu verstehen. Sie nehmen, wie es *Jürgen Schwarze* (1993, S. 12) formuliert hat, auf Gemeinschaftsebene die Funktion wahr, die in staatlichen Ordnungen von der Verfassung erfüllt wird . Der Vertrag von Maastricht verbindet die Bestätigung dieser Verfassung und der ihr zugrundeliegenden Legitimationsprinzipien mit weitreichenden neuen Zielen und Zuständigkeiten. Der Gemeinsame Markt wird ergänzt durch die Einrichtung einer »Wirtschafts- und Währungsunion« (Art. 2). Das geschieht mit Hilfe der in Art. 3 und Art. 3a genannten Politiken. Die Wirtschaftspolitik der Union setzt sich aus den Wirtschaftspolitiken der Mitgliedstaaten und der Gemeinschaft zusammen. Sie besteht in einer »engen Koordinierung der Wirtschaftspolitik der Mitgliedstaaten, dem Binnenmarkt und der Festlegung gemeinsamer Ziele«. Sie ist zugleich »dem Grundsatz einer offenen Marktwirtschaft und freiem Wettbewerb verpflichtet«. Das Ziel offener und wettbewerbsorientierter Märkte kehrt wieder in den Vorschriften über Transeuropäische Netze (Art. 129) und in den Vorschriften über die Industriepolitik (Art. 130 Abs. 1 S. 2). Auch nach Maastricht behält jedoch der Gemeinsame Markt als Mittel zur Verwirklichung der in Art. 2 und Art. 3a Abs. 1 genannten Ziele eigenständige gemeinschaftsrechtliche Bedeutung neben der Wirtschafts- und Währungsunion. Die Verwirklichung der in Art. 2 genannten Aufgaben der Gemeinschaft muß – wie der Gerichtshof wiederholt entschieden hat – »das Ergebnis der Errichtung des Gemeinsamen Marktes und der schrittweisen Annäherung der Wirtschaftspolitik der Mitgliedstaaten sein«.[2] Die gesamtwirtschaftlichen Ziele der Gemeinschaft begründen mithin als solche keine Kompetenzen und keine Rechte der einzelnen.[3]

---

1 Näher zur Struktur der Union im Vergleich zur Staatlichkeit *Seidel*, 1992, S. 125–144; umfassend *Werner v. Simson/Jürgen Schwarze*, 1992; auf die Diskussion über die Vereinbarkeit des Vertrages von Maastricht mit dem Grundgesetz wird hier nicht eingegangen, siehe nur *Schachtschneider/Emmerich/Fritsche/Beyer*, 1993, S. 751–760; *Kirchner/Hasse*, 1993, S. 760–771.

2 24.1.1991, *Alsthow Atlantique*, Rs. C 339/89, Slg. I 120, Rdnr. 8; übereinstimmend EuGH 29.9.1987, *Giménez Zaera*, Rs. 126/86, Slg. 3697, Rdnr. 10; dazu auch *Steindorff*, 1992, S. 19.

3 Abweichend aber *Bleckmann*, 1981, S. 679, wonach die Wirtschaftsverfassung der Gemeinschaft als eine dauerhafte Planverfassung zu interpretieren sei, deren Wortlaut für die von den Mitgliedstaaten verfolgten wirtschaftspolitischen Ziele und Mittel zu eng sei.

Der Vertrag von Maastricht hat aber nicht nur weitreichende neue Ziele normiert, er ändert und ergänzt auch die für den Gemeinsamen Markt geltenden Normen. Im Kern unverändert bleibt dagegen die institutionelle Struktur der Gemeinschaft, insbesondere die Stellung des Europäischen Parlaments. Daraus ist eine Diskussion über die rechtlichen, wirtschaftlichen und politischen Grundlagen der europäischen Integration entstanden, die in der Geschichte der Gemeinschaft ohne Beispiel ist.[4] Diese Debatte wird in den einzelnen Mitgliedstaaten unter ganz verschiedenen Vorzeichen geführt. Gleichwohl lassen sich wichtige Ursachen für die Zweifel am zukünftigen Weg der Gemeinschaft auf deren eigene Entwicklung vor Maastricht zurückführen. Im Vordergrund steht dabei der Befund, daß das System enumerierter Zuständigkeiten fortschreitend ausgehöhlt werde und im Ergebnis wirkungslos geworden sei. *Herbert Helmrich*, zu der Zeit Vorsitzender im Rechtsausschuß des Deutschen Bundestages, spricht von »der fast unkontrollierbaren Zuständigkeit von Brüssel« (*BAG*, 1992, S. 11). *J.H. Weiler* (1991, S. 2434) stellt fest: »In the 1970's and 1980's the principle of enumerated powers as a constraint on community material jurisdiction (absent treaty revision) substantially eroded and in practice disappeared«. Vorherrschend ist die Auffassung, daß an die Stelle rechtlich begrenzter Kompetenzausübung das politische Ermessen des Rates getreten sei. Seine Entscheidungen seien aber weder durch das Europäische Parlament noch durch die nationalen Parlamente kontrollierbar. Auf diese Weise werde die Gemeinschaft zu einem Instrument der sich verselbständigenden Exekutiven der Mitgliedstaaten. Diese Entwicklung hat sich teils auf der Grundlage des Gemeinschaftsrechts, teils praeter legem vollzogen (grundlegend und umfassend *Steindorff*, 1990).

Bis zum Inkrafttreten der Einheitlichen Europäischen Akte wurde die Ermächtigungsnorm des Art. 235 EGV freizügig in Anspruch genommen, um die auf das Luxemburger Veto folgende Stagnation zu überwinden.[5] Die an den Zielen und Aufgaben der Gemeinschaft orientierte funktionale Auslegung der Gemeinschaftskompetenzen führt dazu, daß das Gemeinschaftsrecht auch Sachgebiete erfaßt, die in den Mitgliedstaaten nicht zur Wirtschaft gehören. Ein in der Bundesrepublik besonders kontroverses Beispiel bietet die Anwendung der Vorschriften über die Dienstleistungsfreiheit auf den Rundfunk. Die Organe der Gemeinschaft haben ferner neue Aufgaben der Gesundheitspolitik und des Verbraucherschutzes an sich gezogen (im einzelnen *Steindorff*, 1992, S. 11, 27 ff., 35 ff.). Schließlich hat die Gemeinschaft Rechtsangleichung in zahlreichen Bereichen zu Zwecken einer weitgehenden, häufig als dirigistisch kritisierten Regulierung benutzt.

Die Regelungsdichte erhöhte sich noch im Gefolge der Einheitlichen Europäischen

---

4 Einen Überblick gibt *Hrbek*, 1992, S. 225–245; auch *Wessels*, 1992, S. 2–24; *Kronberger Kreis*, 1992; *Vollmer*, 1993, S. 25–30.

5 *Steindorff*, 1990, 112 ff.; im einzelnen *Schwartz*, 1991, S. 6–21.

Akte vom 28.6.1986. Das Programm der Rechtsangleichung zur Vollendung des Binnenmarktes bis zum 31.12.1992 beruht auf dem Weißbuch der EG-Kommission zur Vollendung des Binnenmarktes von 1985.[6] Der neue Art. 100a i.V.m. Art. 8a erweiterte die Möglichkeit von Mehrheitsentscheidungen im Rat. Auf dieser Grundlage wurde das im Weißbuch enthaltene Programm zur Rechtsangleichung weitgehend verwirklicht. Hier braucht nicht entschieden zu werden, ob Art. 100a gemeinschaftsrechtlich notwendig war, um die Herstellung eines Raumes ohne Binnengrenzen zu ermöglichen. Jedenfalls war der politische und wirtschaftliche Ankündigungseffekt außerordentlich. Die Institutionen der Gemeinschaft wetteiferten in der Entwicklung von Aktionsprogrammen und in der Verabschiedung von Richtlinien. Auf diese Weise wurden in weiten Bereichen wichtige Fortschritte auf dem Weg zum Binnenmarkt erzielt. Deregulierungen, die auf staatlicher Ebene aus politischen Gründen nicht durchsetzbar waren, wurden im Rahmen der Gemeinschaft in Angriff genommen und weitgehend verwirklicht. Die Feststellung, die Rechtsprechung des EuGH habe von wenigen Ausnahmen abgesehen nicht zur Deregulierung geführt (so *Götz*, 1989, S. 1022), bedarf deshalb der Korrektur. Erwähnt seien nur so wichtige Bereiche wie die Versicherungswirtschaft, die Telekommunikation, das Arbeitsvermittlungsmonopol oder der Luftverkehr.

Die Rechtsetzungspraxis ist indessen auch mit Mängeln behaftet, die zu einer verbreiteten, nun auch gesetzgebungstechnisch begründeten Kritik an der Gemeinschaft geführt haben. Sie entzündet sich vor allem am Eingriff des Gemeinschaftsrechts in historisch und systematisch festgefügte Rechtsmaterien des Privatrechts. Die Kommission hat sich die Mängel der Rechtsetzung von einer hochrangigen Beratergruppe bestätigen lassen.[7] Die Gruppe forderte eine »Kodifizierung des Gemeinschaftsrechts«. Darunter wird eine Zusammenfassung paralleler und teilweise widersprüchlicher Richtlinien verstanden. Auch der Rat als Gemeinschaftsgesetzgeber hat sich selbst ermahnt, die Qualität der gemeinschaftlichen Rechtsvorschriften zu verbessern. Die in einer Entschließung angenommenen Leitlinien für die Abfassung von Rechtsakten der Gemeinschaft lesen sich wie eine Bestandsaufnahme der aufgetretenen Fehlentwicklungen.[8] Auf der Ebene der Mitgliedstaaten verschärfen die Unzulänglichkeiten der Rechtsetzung die Schwierigkeiten, den Geboten des Gemeinschaftsrechts zu entsprechen, ohne die Einheit der eigenen Rechtsordnung preiszugeben.

---

6 Dazu der *Wissenschaftliche Beirat beim Bundesminister für Wirtschaft*, 1986; umfassend zu den neuen Rechtsgrundlagen *Müller-Graff*, 1989, S. 107–151; *Reich*, 1991, S. 203–210.

7 Der Binnenmarkt nach 1992, Die Herausforderung aufnehmen, Bericht der hochrangigen »Beratergruppe Binnenmarkt« an die Kommission der Europäischen Gemeinschaft, Mitglieder: *Peter Sutherland als Vorsitzender, Ernst Albrecht, Christian Babusiaux, Brian Corby, Pauline Green, Guiseppe Tramontana.*

8 Entschließung vom 9.6.1993, Jus-Letter Nr. 23/93.

Im Vertrag von Maastricht haben die Regierungen der Mitgliedstaaten versucht, der Kritik an einer zentralistischen Regulierungspraxis Rechnung zu tragen. Die Entscheidungen der Union sollen möglichst bürgernah getroffen werden (Art. A Abs. 2). Die Union soll ihre Ziele unter Beachtung des Prinzips der Subsidiarität verwirklichen (Art. B EVU i.V.m. Art. 3b EGV). Die neu eingefügten Titel Kultur (IX) und Gesundheit (X) enthalten eine im System des Vertrages ungewöhnliche Beschränkung der Gemeinschaftszuständigkeit. Art. 128 Abs. 5 und Art. 129a Abs. 4 schließen jegliche Harmonisierung der Rechts- und Verwaltungsvorschriften aus.
Der im Vertrag von Maastricht zum Ausdruck kommende Wille zur Dezentralisierung vermochte indessen die Bedenken nicht auszuräumen, die sich mit dem Vorhaben der Wirtschafts- und Währungsunion verbinden. Eine Erklärung liegt darin, daß sich die Prinzipien, die einer zentralistischen und dirigistischen Gemeinschaftspraxis entgegenwirken sollen, an den Erfahrungen vor Maastricht orientieren. Diese Prinzipien, insbesondere das der Subsidiarität, sind indessen so weit gefaßt, daß sie bewährte Grundsätze des Gemeinschaftsrechts gefährden können. Andererseits ist das Subsidiaritätsprinzip wesensgemäß ungeeignet, solche im Vertrag von Maastricht neu begründeten Zuständigkeiten zu begrenzen, die ihrer Natur nach nur zentral wahrgenommen werden können. Das gilt nicht nur für die Währungsunion. Es gilt ebenso für die Wirtschaftsunion soweit sie auf einen »hohen Grad der Konvergenz der Wirtschaftsleistungen« mit Hilfe der verschiedenen Fonds gerichtet ist.
Unabhängig von diesen Bedenken gegen die Konsistenz des Vertrages von Maastricht stellt das Prinzip der Subsidiarität die Frage nach der vertikalen Gewaltenteilung zwischen Gemeinschaft und Mitgliedstaaten neu. Im wesentlichen unverändert bleibt dagegen die horizontale Gewaltenteilung im Verhältnis zwischen Rat, Kommission und Europäischem Parlament. Das gilt trotz einer gewissen Stärkung der Rolle des Parlaments im Gesetzgebungsverfahren nach Art. 189a–c (dazu *Grabitz*, 1992, S. 105–132).
Auf diesem Hintergrund ist die Frage nach der Wirtschaftsverfassung der Gemeinschaft zu stellen. Sie betrifft die Prinzipien, die für die Ausübung der Zuständigkeiten der Gemeinschaft gelten, sowie die Grenzen, die sich daraus für die Wirtschaftspolitik der Mitgliedstaaten ergeben.

II. Wirtschaft und Verfassung

Die Diskussion über Möglichkeiten und Grenzen einer verfassungsmäßigen Ordnung der Wirtschaft ist in der Bundesrepublik und in Europa geprägt von dem Gegensatz zwischen dem Primat der Politik und deren Bindung an ökonomisch begründete Prinzipien. Im wirtschaftswissenschaftlichen Schrifttum kann dabei offenbleiben, wie die ein Wirtschaftssystem prägenden Prinzipien rechtlich normiert werden. Rechtswissenschaftlich handelt es sich dagegen um die Frage, inwieweit solche Prinzipien überhaupt normierbar und wieweit sie justitiabel sind. Davon zu unterscheiden sind Auslegung und Anwendung einer gegebenen Rechts- und Verfassungsordnung im Hinblick auf ihre Bedeutung für die Verfassung der Wirtschaft.

In der deutschen Diskussion wird der Primat der Politik als Postulat der »wirtschaftspolitischen Neutralität des Grundgesetzes« geltend gemacht. Das Bundesverfassungsgericht hat dazu im Investitionshilfeurteil entschieden:

»Das Grundgesetz garantiert weder die wirtschaftspolitische Neutralität der Regierungs- und Gesetzgebungsgewalt noch eine nur mit marktkonformen Mitteln zu steuernde ›soziale Marktwirtschaft‹. Die ›wirtschaftspolitische Neutralität‹ des Grundgesetzes besteht lediglich darin, daß sich der Verfassungsgeber nicht ausdrücklich für ein bestimmtes Wirtschaftssystem entschieden hat. Dies ermöglicht dem Gesetzgeber, die ihm jeweils sachgemäß erscheinende Wirtschaftspolitik zu verfolgen, sofern er dabei das Grundgesetz beachtet«.[9]

Hier soll die an diese Rechtsprechung anschließende Diskussion nicht erneut aufgegriffen werden.[10] Auf dem Hintergrund der deutschen Diskussion wird indessen auch für die EG die wirtschaftspolitische Neutralität der Gemeinschaftsrechtsordnung vertreten.[11] Es ist deshalb geboten, zunächst auf die Unterschiede hinzuweisen, die im Hinblick auf die Wirtschaftsverfassung zwischen dem Grundgesetz als einer politischen Verfassung und dem EWG-Vertrag bestehen. Das Grundgesetz enthält im Gegensatz zum 10. Abschnitt der Weimarer Reichsverfassung keinen Abschnitt über »Das Wirtschaftsleben«. Für das Verhältnis von Staat und Wirtschaft gelten deshalb die allgemeinen organisationsrechtlichen und grundrechtlichen Prinzipien der Verfassung. Die Verfassung der Gemeinschaft hat dagegen die Wirtschaft unmittelbar zum Gegenstand.

Im Gegensatz zu der These, die das Bundesverfassungsgericht für die Bundesrepublik vertritt, kann die Gemeinschaft nicht »jede ihr zweckmäßig erscheinende Wirtschaftspolitik« betreiben. Sie ist in ihren Maßnahmen – dies ist im Prinzip unstreitig – auch an materielle Normen des Gemeinschaftsrechts gebunden (hervorgehoben von *Steindorff*, 1990, S. 67; a.M. jedoch *Everling*, 1991, S. 48). An die Stelle der potentiellen Allzuständigkeit des Staates tritt in der EG ein System enumerierter Kompetenzen zu bestimmten Zwecken, nämlich primär zur Schaffung

9 20.7.1954, BVerfGE 4, 7, 17/18; ähnlich das Mitbestimmungsurteil 1.3.1979, BVerfGE 59, 290, 337/38.

10 Siehe nur *Krüger*, 1966, S. 579 ff.; dazu *Mestmäcker*, 1984, S. 44 ff.; auch *Ehmke*, 1962.

11 *VerLoren van Themaat*, 1987, S. 425–444; dagegen *Mestmäcker*, 1987, S. 16 ff.; abwägend zu Maastricht aber *VerLoren van Themaat*, 1993, S. 412–415.

des Binnenmarktes. Die Gemeinschaft ist an ihre organisationsinternen Vorschriften gebunden (hervorgehoben von *Matthies*, 1981, S. 115). Sie verfügt also im Gegensatz zum Staat (*Krüger*, 1966, S. 926 f.) nicht über eine eigenständige Organisationsgewalt. Sie verfügt insbesondere nicht über die Befugnis, eine eigene Wirtschaftsverwaltung neben oder unterhalb der Kommission zu schaffen. Schließlich ist die Gemeinschaft zur Verwirklichung ihrer Ziele auf die vertraglich zugelassenen Mittel der Rechtsetzung, der Finanzierung, der Koordinierung oder der Empfehlung beschränkt. Die im dritten Teil des Vertrages normierten Politiken sind mit der Freiheit des Warenverkehrs, des Dienstleistungsverkehrs, der Niederlassungsfreiheit und der Freizügigkeit auf die Gewährleistung offener Märkte gerichtet. Der aus der Marktöffnung entstehende Wettbewerb wird durch Wettbewerbsregeln vor Verfälschungen geschützt (Art. 3 f). Im Gegensatz zur Gemeinschaft für Kohle und Stahl sieht der EGV Instrumente für umfassende Marktordnungen nur für die Landwirtschaft und den Verkehr vor.

Übergreifend tritt diejenige Eigenart der Rechtsordnung der Gemeinschaft hinzu, die erst ihren Verfassungscharakter begründet und im wesentlichen geprägt hat: nämlich die Transformation völkerrechtlicher Pflichten der Mitgliedstaaten in subjektive Rechte der Bürger, die gerichtlich durchsetzbar sind. Diese Rechte der einzelnen haben die Freiheitsgewährleistungen des Vertrages ebenso konstitutionalisiert wie das System unverfälschten Wettbewerbs. In das Gedächtnis zu rufen ist der Wortlaut des allseits als Verfassungsgrundlage anerkannten Urteils *van Gend & Loos*:

»Aus alledem ist zu schließen, daß die Gemeinschaft eine neue Rechtsordnung des Völkerrechts darstellt, zu deren Gunsten die Staaten, wenn auch im begrenzten Rahmen, ihre Souveränitätsrechte eingeschränkt haben, eine Rechtsordnung, deren Rechtssubjekte nicht nur die Mitgliedstaaten, sondern auch die einzelnen sind. Das von der Gesetzgebung der Mitgliedstaaten unabhängige Gemeinschaftsrecht soll daher den einzelnen, ebenso wie es ihnen Pflichten auferlegt, auch Rechte verleihen. Solche Rechte entstehen nicht nur, wenn der Vertrag dies ausdrücklich bestimmt, sondern auch aufgrund von eindeutigen Verpflichtungen, die der Vertrag den einzelnen wie auch den Mitgliedstaaten und den Organen der Gemeinschaft auferlegt«.[12]

Im Gutachten vom 16.12.1991 zum Vertrag über den Europäischen Wirtschaftsraum kennzeichnet der Gerichtshof den EWG-Vertrag unter Bezug auf dieses Urteil als die »grundlegende Verfassungsurkunde einer Rechtsgemeinschaft«.[13] Als Merk-

---

12 EuGH 5.2.1963, *van Gend & Loos* ./. Niederländische Finanzverwaltung, Rs. 26/62, Slg. Bd. IX (1963), S. 5, 25.

13 Gutachten 1/91, Europarecht 1992, 163, 172; übereinstimmend schon 23.4.1986, Les Verts ./. Parlament, Rs. 294/83, Slg. 1339, Rdnr. 23; auch 13.7.1990, Zwartveld Rs. C 2/88, Slg. 3367 I, Rdnr. 16.

male der Verfassungsordnung werden bestätigend ihr Vorrang vor dem Recht der Mitgliedstaaten sowie die unmittelbare Wirkung zahlreicher Bestimmungen hervorgehoben, die für die Staatsangehörigen der Mitgliedstaaten und für sie selbst gelten. Der Vertrag über den Europäischen Wirtschaftsraum stimme zwar wörtlich mit dem EWG-Vertrag überein, er begründe aber im wesentlichen nur Rechte und Pflichten der Staaten, nicht der Bürger. Hier zeigt sich besonders deutlich die ausschlaggebende Rolle, die den Individualrechten für die Begründung und für die Legitimation der Gemeinschaftsrechtsordnung zukommt. Und diese Rechte richten sich nicht nur gegen die Mitgliedstaaten, sie gelten, wie der Gerichtshof hervorgehoben hat, auch gegenüber den Gemeinschaftsorganen.

Für die Wirtschaftsverfassung der Gemeinschaft kennzeichnend ist der systematische Zusammenhang zwischen den Rechten der einzelnen auf Teilnahme am grenzüberschreitenden Wirtschaftsverkehr, die diesen Rechten korrespondierende Einschränkung der mitgliedstaatlichen Souveränitäten, die gemeinschaftsrechtliche Ordnung des aus den Verkehrsfreiheiten entstehenden Wettbewerbs in einem System unverfälschten Wettbewerbs; schließlich der gemeinschaftsrechtliche Rahmen für die Angleichung der Rechts- und Verwaltungsvorschriften der Mitgliedstaaten, welche »die Errichtung und das Funktionieren des Binnenmarktes zum Gegenstand haben« (Art. 100a). Der Vertrag setzt damit nicht nur eine offene Marktwirtschaft bei freiem und unverfälschtem Wettbewerb voraus, sondern normiert auch die für ein solches System maßgeblichen Prinzipien.[14] Der nicht nur faktische, sondern auch rechtssystematische Zusammenhang dieser Prinzipien kennzeichnet die Gemeinschaftsrechtsordnung, soweit sie den Binnenmarkt und das System unverfälschten Wettbewerbs zum Gegenstand hat, als eine marktwirtschaftliche Verfassung. Der Verfassungsrang des primären Gemeinschaftsrechts gilt sowohl gegenüber den Mitgliedstaaten wie für die Gemeinschaftsorgane beim Erlaß des sekundären Gemeinschaftsrechts. Dem entspricht die seit Beginn der Gemeinschaft ständige Rechtsprechung des Gerichtshofs zum systematischen Zusammenhang der Errichtung eines Gemeinsamen Marktes mit dem Wettbewerbssystem. Der Zweck der Verkehrsfreiheiten ist auf die Errichtung eines Marktes ohne Binnengrenzen gerichtet. Dem stehen hauptsächlich territorial begrenzte mitgliedstaatliche Regulierungen entgegen. Die Wettbewerbsregeln haben den Zweck, die Unternehmen und die

14 Übereinstimmend *Basedow*, 1992, S. 26–52; *Behrens*, 1993; *Steindorff*, 1992, S. 18, 19; *Windbichler*, 1992, S. 74–76; *Zuleeg*, 1978, S. 75; ders., 1982, S. 26 f.; a.M. aber *Everling*, 1990, S. 47, der darin eine Überbewertung der effet utile-Rechtsprechung sieht. Es ist zwar richtig, daß der systematische Zusammenhang der Verkehrsfreiheiten mit dem Wettbewerbssystem in dieser Rechtsprechung besonders deutlich zum Ausdruck kommt. Dafür ist das Urteil vom 19.3.1991, Frankreich ./. Kommission, Rs. C 202/88, Slg. I 1223, Rdnr. 41, repräsentativ. Der Zusammenhang ist jedoch weder historisch noch systematisch ein punktueller. Das stellt *Everling* (1990, S. 1000) zutreffend dar.

Mitgliedstaaten zu hindern, den aus der Öffnung der Märkte entstehenden Wettbewerb einzuschränken oder zu verfälschen. Soweit das Gemeinschaftsrecht Ausnahmen von der Öffnung der Märkte anerkennt (z. B. Art. 36, 56) sind sie eng auszulegen. Wirtschaftspolitische Ziele der Mitgliedstaaten vermögen Ausnahmen von der Einheit des Marktes nicht zu rechtfertigen. Den Mitgliedstaaten ist die Herrschaft über den grenzüberschreitenden Wirtschaftsverkehr entzogen. Diese Prinzipien waren für die Verfassung des Gemeinsamen Marktes von Anfang an kennzeichnend (*Mestmäcker*, 1965, S. 345–391). Methodisch sind sie im wesentlichen anhand systematischer und teleologischer Auslegung gewonnen worden. *Hans Kutscher* (1976, S. 31) hat als Präsident des Gerichtshofs hierzu bemerkt, diese Methoden stünden derart im Vordergrund, daß es naheläge, von einem Umschlag von der Quantität in die Qualität zu sprechen. In der Anwendung auf Freiverkehr und Wettbewerbssystem bildet die teleologische Auslegung eine Grundlage der Verfassung des Binnenmarktes.

Die Tatsache, daß der Binnenmarkt ein Markt ist und die Normen, die ihn konstituieren, marktwirtschaftliche Prozesse voraussetzen, hat bisher nicht ausgereicht, um Vorbehalte gegen das Konzept der Wirtschaftsverfassung auszuräumen, die sich am Selbstverständnis der Rechtswissenschaft als reiner Normwissenschaft orientieren. Eine europäische Wirtschaftsverfassung wird ferner mit der Begründung zurückgewiesen, daß ihnen eines der wichtigsten Elemente jeder Wirtschaftsverfassung fehle, nämlich die Eigentumsordnung. Das zeige Art. 222 EGV, der die Eigentumsordnung in den Mitgliedstaaten unberührt lasse (*Beutler/Bieber/Pipkorn/Streil*, 1987, S. 61). Hier handelt es sich um eine ebenso grundsätzliche wie erhellende Fehlvorstellung. Die Eigentumsordnung ist nur dort für die Wirtschaftsverfassung bestimmend, wo der Staat die Verfügung über die Produktionsmittel innehat oder der öffentliche Sektor so bedeutend ist, daß die gesamtwirtschaftlich wesentlichen Dispositionen davon abhängen. Es gehört zu den ursprünglichen Zielen der Gemeinschaft, wie schon dem Spaak-Bericht zu entnehmen ist, auch die dem Staat unterstehenden Unternehmen an die allgemeinen Wettbewerbsregeln zu binden.[15] Und es gehört zu den Errungenschaften der Gemeinschaft, daß es vor allem während des letzten Jahrzehnts gelungen ist, die öffentlichen Unternehmen und die Unternehmen, denen die Mitgliedstaaten besondere oder ausschließliche Rechte verleihen, in den Binnenmarkt zu integrieren (*Mestmäcker*, 1988, S. 526–582; ders., 1993, S. 79–94). Es ist gerade ein Kennzeichen der Gemeinschaftsrechtsordnung, daß sie trotz ihrer Eigenständigkeit auf dem Substrat der Rechtsordnungen der Mitgliedstaaten beruht. Das gilt insbesondere für das Privatrecht, das bei den für Unternehmen geltenden Normen des Gemeinschaftsrechts durchgängig vorausgesetzt wird.

---

15 Regierungsausschuß eingesetzt von der Konferenz von Messina, Bericht der Delegationsleiter an die Außenminister, Brüssel 21.4.1956, S. 61.

Vergemeinschaftet wurden mit dem System unverfälschten Wettbewerbs jedoch die Normen, die zum Privatrecht hinzutreten müssen, um eine marktwirtschaftliche Verfassung zu begründen.

III. Vergemeinschaftete Souveränitäten

Die Konstitutionalisierung der Freiheitsgewährleistungen des Vertrages hat den Mitgliedstaaten und den Gemeinschaftsorganen die Autonomie über Auslegung und Anwendung des primären Gemeinschaftsrechts entzogen. Damit wurde die in der überlieferten Rechts- und Staatstheorie vorausgesetzte Bindung des Rechts an einen staatlichen souveränen Gesetzgeber gelöst (*Mestmäcker*, 1993). *J. H. Weiler* (1990, S. 2405–2483; 1992, S. 11–43) hat es sich in gründlichen Analysen zur Aufgabe gemacht, die Mißverständnisse auszuräumen, die mit einer auf das Gemeinschaftsrecht und Analogien zu föderalen Verfassungen begrenzten Betrachtungsweise verbunden seien. Das geschieht im Rückbezug der Gemeinschaft auf ihre völkerrechtlichen Grundlagen und damit auf die Souveränität der Mitgliedstaaten. Methodisch orientiert sich Weiler an den Kategorien des *Hirschmann*-Modells von Abwanderung und Widerspruch (*Hirschmann*, 1974). Im Mittelpunkt der Untersuchung sollen Struktur und Prozeß der Gemeinschaft stehen, während »substantive policy and content« eine untergeordnete Rolle zugewiesen wird (1990, S. 2408). *Hirschmann* analysiert Organisationen anhand der Mittel, die den von Organisationsmacht Betroffenen – Mitgliedern oder Dritten – zur Verfügung stehen, um ihre Eigeninteressen gegenüber der Organisation zur Geltung zu bringen. Abwanderung (exit) ist das Mittel, sich dem Einfluß der Organisation zugunsten besserer Alternativen ganz zu entziehen. Widerspruch (voice) ist das Mittel, auf die Willensbildung der Organisation korrigierenden Einfluß auszuüben. Dieser Ansatz hat sich als besonders fruchtbar erwiesen, die Struktur von Organisationen sowie die Stellung ihrer Mitglieder anhand typischer Interessenkonflikte zu analysieren. Es ist vor allem die Einsicht in das komplexe Wechselspiel von Markt- und Nichtmarktkräften, von denen sich *Hirschmann* ein besseres Verständnis der von Organisationen beeinflußten sozialen Prozesse verspricht. Diese Einsichten lassen sich politikwissenschaftlich, wirtschaftswissenschaftlich und rechtswissenschaftlich nutzbar machen (dazu *Mestmäcker*, 1992, S. 22 ff.).

Die Anwendung des Hirschmann-Modells auf die Europäischen Gemeinschaften definiert deren Struktur anhand des Verhältnisses der Mitgliedstaaten zur Gemeinschaft. Nur die Mitgliedstaaten können »abwandern« oder »widersprechen«. Den Rechten, die das Gemeinschaftsrecht den Bürgern in den Mitgliedstaaten verleiht, wird damit eine ähnlich untergeordnete Rolle zugewiesen wie den Gegenständen

und dem Inhalt der Gemeinschaftspolitiken. Dieses Zusammentreffen kennzeichnet das Bemühen *Weilers*, die Gemeinschaft politisch zu interpretieren. Bei den Normen des primären Gemeinschaftsrechts, die mit Hilfe individueller Rechte durchsetzbar sind, handelt es sich um die wirtschaftlichen Freiheitsgewährleistungen. Diese sind für die marktwirtschaftliche Ordnung der Gemeinschaft konstitutiv. Dem Zusammenhang kommt nicht nur wirtschaftliche und politische, ihm kommt auch grundsätzliche rechtstheoretische Bedeutung zu. Freiheitsgewährleistungen sind justitiabel, weil ihre Anwendung bestimmungsgemäß (nur) negatorisch wirkt. Rechtsverbindliche Plansysteme brechen dagegen zusammen, wenn einzelne Normadressaten wegen individueller Betroffenheit von ihren Verpflichtungen entbunden werden. Dies erklärt, daß es die Rechtsprechung nicht vermocht hat, die gemeinsame Landwirtschaftspolitik zu korrigieren, nachdem sich die Gemeinschaft für das Instrument der Marktordnungen entschieden hatte (näher *Mestmäcker*, 1987).
In anderer Hinsicht eröffnet *Weiler* mit Hilfe des Hirschmann-Modells wichtige Einsichten in die politische Dynamik des Integrationsprozesses. Er zeigt insbesondere, in welcher Weise die Mitgliedstaaten bestrebt waren, anstelle der nicht mehr realistischen »Abwanderung« die politische Kontrolle über den Prozeß der Integration mit Hilfe von »Widerspruch« zurückzugewinnen. Ob dieser Prozeß durch die Rechtsprechung zum unmittelbar anwendbaren Gemeinschaftsrecht ausgelöst wurde, mag dahinstehen. Zutreffend ist indessen die Feststellung der fortschreitenden Dominanz mitgliedstaatlicher Interessen. Wenn es für diese These noch eines Beweises bedurft hätte, so wird er durch den Maastricht-Vertrag erbracht. Gleichwohl sind Zweifel an der These berechtigt, das Luxemburg-Übereinkommen von 1966 über das im EWG-Vertrag nicht vorgesehene Vetorecht der Mitgliedstaaten sei für die Gemeinschaft »the most legitimating element (from a ›social‹ point of view)« gewesen (*Weiler*, 1991, S. 2473; ähnlich 1992, S. 24). Wenn es der Gemeinschaft gelungen ist, die Dominanz kurzfristiger staatlicher Eigeninteressen im höheren Maße zurückzudrängen, als es irgendeiner anderen völkerrechtlichen Organisation je gelungen ist, so ist der Grund im wesentlichen in den Bindungen zu sehen, die von dem unmittelbar geltenden, dem Einfluß der Mitgliedstaaten entzogenen Gemeinschaftsrecht ausgegangen sind.
Die verfassungspolitischen Implikationen der These, daß die Gemeinschaft auf der »vergemeinschafteten Souveränität« (shared sovereignty) der Mitgliedstaaten beruhe und die Legitimation ihrer Hoheitsrechte im demokratischen Prozeß in den Mitgliedstaaten zu suchen sei, sind weitreichend. *Weiler* (1991, S. 2481) sieht darin die Vorsorge gegen einen europäischen Superstaat. Einmal besteht zu solcher Sorge kein ernsthafter Anlaß. Die »Vereinigten Staaten von Europa« werden auch von denen nicht gewünscht, die den Verfassungscharakter der Gemeinschaft und damit die Legimation ihrer Hoheitsrechte auf das Gemeinschaftsrecht gründen. Im Zusammenhang mit der hier erörterten Frage nach der Wirtschaftsverfassung maßgeb-

lich ist jedoch der von *Weiler* erstrebte Primat des Politischen über das Ökonomische. Es sei ein Trugschluß, das Politische mit Hilfe des Binnenmarktes neutralisieren zu können. Es handle sich in Wahrheit um eine im hohen Grade politische Entscheidung zugunsten eines Ethos, einer Ideologie und einer Kultur, nämlich der Kultur des Marktes: »big market as big brother« (1991, S. 2477). Der wahre Test der Gemeinschaft werde aber darin bestehen, ob es gelinge, über schwierige soziale Probleme wählend zu entscheiden, und zwar unter Bedingungen, bei denen die Implikationen dieser Wahl offenbar würden. Es zeigt sich, daß der Verzicht auf die Analyse von »substantive policy and content« nur ein scheinbarer ist.

Der Legitimation der Gemeinschaft mit Hilfe des Konzepts der vergemeinschafteten Souveränitäten braucht man indessen auch dann nicht zuzustimmen, wenn man mit *Weiler* das formelle und das materielle Demokratiedefizit der Gemeinschaft für schwerwiegend hält. Eine Alternative bietet aber nicht der demokratische Prozeß in den Mitgliedstaaten, von dem sich die Regierungen mit Hilfe der Gemeinschaftsinstitutionen gerade emanzipieren. Eine Alternative bietet vielmehr die wirtschaftsverfassungsrechtliche Gewaltenteilung zwischen Gemeinschaft und Mitgliedstaaten. Aufgabe der Gemeinschaft ist es bei dieser Betrachtung, die wirtschaftlichen Freiheitsrechte, den Binnenmarkt und das System unverfälschten Wettbewerbs mit Vorrang vor dem Recht der Mitgliedstaaten zu gewährleisten. Den Mitgliedstaaten bliebe es überlassen, die demokratische Legitimation beanspruchenden, diskretionären Politiken in eigener Zuständigkeit, aber unter den Bedingungen offener Märkte zu betreiben. Die damit verbundene Neutralisierung des Politischen, die *Weiler* für eine scheinbare hält, entspricht indessen nicht nur den Freiheitsgewährleistungen des EWG-Vertrages, sondern ist in der Verfassungsstruktur der Gemeinschaft angelegt. Die Stellung der Kommission als einem unabhängigen Organ der Gemeinschaft, dessen Aufgabe es ist, das Gemeinschaftsinteresse in Übereinstimmung mit dem EWG-Vertrag zu verwirklichen, bestätigt diesen Befund.

Es ist nicht möglich – und es wird hier auch nicht unternommen –, die Gemeinschaft und das Gemeinschaftsrecht auf die Prinzipien des Freiverkehrs bei unverfälschtem Wettbewerb zu reduzieren, zumal der Vertrag von Maastricht die Zuständigkeiten der Gemeinschaft nachhaltig erweitert.

Es handelt sich dabei jedoch durchgängig um »staatenverpflichtendes Gemeinschaftsrecht« (dazu *Seidel*, 1992, S. 137). Die neuen Zuständigkeiten und neuen politischen Ziele können mit den Freiheitsgewährleistungen und dem System unverfälschten Wettbewerbs konkurrieren und kollidieren. Sie stellen deshalb mit neuer Dringlichkeit die Frage nach Legitimation und Grenzen der verschiedenen Gemeinschaftskompetenzen. Im Rahmen einer auf den Grundsatz einer offenen Marktwirtschaft mit freiem Wettbewerb festgelegten Verfassung kommt der Reichweite der durch subjektive Rechte durchsetzbaren Freiheitsgewährleistungen sowie der Trennung hoheitlicher von unternehmerischen Funktionen grundlegende Bedeutung zu.

IV. Die Konstitutionalisierung der Freiheitsgewährleistungen in der Kompetenzordnung der Gemeinschaft

1. Legitimation

In der Rechtsprechung des Gerichtshofs sind die Gewährleistungen der Freiheit des Warenverkehrs, des Dienstleistungsverkehrs, der Niederlassungsfreiheit und der Freizügigkeit fortschreitend konkretisiert und aus der Sicht der Mitgliedstaaten verschärft worden. *Peter Behrens* (1992, S. 145–162) hat die Entwicklung treffend als das Fortschreiten vom Diskriminierungsverbot zum Beschränkungsverbot und vom Bestimmungslandprinzip zum Herkunfts- bzw. Anerkennungsprinzip zusammengefaßt. Auch diese Rechtsentwicklung ist auf ihre verfassungspolitische und verfassungsrechtliche Legitimation zu befragen. Im Schrifttum werden die unmittelbar anwendbaren und subjektive Rechte gewährenden Freiheitsgewährleistungen häufig in Analogie zu Grundrechten als »Konstitutionsnormen« des Gemeinsamen Marktes, als »Marktfreiheitsrechte« oder als »Europäische Grundfreiheiten« gekennzeichnet.[16] *Bleckmann* (1982, S. 679) qualifiziert die Grundfreiheiten des Gemeinsamen Marktes sogar als »absolute Grundrechte«. Er interpretiert sie im Ergebnis jedoch als Ermächtigungsnormen, die im Zusammenhang mit der Europäischen Konvention zum Schutz der Menschenrechte und Grundfreiheiten und der sozialen Charta ein umfassendes »Wertsystem« ergeben sollen. Auf diese Weise sei es möglich, zu enge Kompetenzen der EG zu erweitern und die Freiheitsrechte als Abwehrrechte in positive Leistungsansprüche umzudeuten. So wird der Gemeinschaft im Widerspruch zum Prinzip der Einzelermächtigung auf dem Umweg über »Grundrechte« eine potentielle wirtschaftliche Allzuständigkeit zugewiesen. Verwischt wird auch der prinzipielle Unterschied zwischen der Legitimation von Grundrechten und den demokratischer Legitimation bedürftigen Hoheitsbefugnissen. Es ist dieser Unterschied, der dem Grundrechtscharakter der Wirtschaftsfreiheiten im Gemeinschaftsrecht seine eigentliche Bedeutung verleiht.

Es geht um die Frage, welche Rechtsprinzipien in einer Demokratie derart anerkannt sind, daß sie der Veränderung im politischen Prozeß entzogen sein sollen, während ihre Anwendung und Weiterentwicklung richterlicher Konkretisierung überlassen bleibt. Diese Eigenschaften haben im wesentlichen Grund- und Menschenrechte. Sie sind – wenn auch mit verschiedenen Graden der Verbindlichkeit und verfassungsrechtlicher Durchsetzbarkeit – in der Mehrzahl der Verfassungen der Mitgliedstaaten enthalten. Der Europäischen Konvention zum Schutz der Menschenrechte und Grundfreiheiten vom 4.11.1950 sind alle Mitgliedstaaten der EG

16 Repräsentativ *Grabitz*, Kommentar zum EWG-Vertrag, 1989, Art. 2 Rdnr. 13 und 15; zu den »Europäischen Grundfreiheiten« auch *Windbichler*, 1992, S. 74–76.

beigetreten. Die Konvention enthält einen umfassenden Katalog solcher Freiheitsrechte. Sie können von den Bürgern gegen ihren eigenen Staat geltend gemacht werden. In der Rechtsprechung des Gerichtshofs sind Grundrechte als allgemeine Grundsätze des Gemeinschaftsrechts anerkannt. Ihr Inhalt ist anhand der EMRK und der den Mitgliedstaaten gemeinsamen Verfassungsüberlieferungen zu ermitteln (*Jürgen Schwarze*, 1993, S. 1–9). Diese Grundrechte binden die Gemeinschaftsorgane in der Ausübung ihrer Hoheitsbefugnisse. Die Mitgliedstaaten sind an die Konvention dagegen nur nach Maßgabe der Konvention gebunden.[17] Art. F Abs. 2 EUV bestätigt diesen Grundrechtsschutz. Die Vorschrift wird indessen in Art. L EUV, der die Zuständigkeiten des Gerichtshofs abschließend normiert, nicht in bezug genommen. Diese Einschränkung gilt gedoch nur für die Maßnahmen der Europäischen Union als solche, nicht für die EG.

Den Gegensatz von demokratischer Legitimation und der Geltung von Grundrechten hat der U.S. Supreme Court wie folgt gekennzeichnet:

»The very purpose of the bill of rights was to withhold certain subjects from the vicissitudes of political controversy, to place them beyond the reach of majorities and officials and to establish them as legal principles to be applied by the courts«.[18]

Unter Bezugnahme auf diese Rechtsprechung hat *E. U. Petersmann* (1991, S. 401) vorgeschlagen, die im Internationalen Wirtschaftsrecht, besonders im GATT, enthaltenen Freiheitsgewährleistungen in ähnlicher Weise zu »konstitutionalisieren«. Er sieht in den unmittelbar anwendbaren Freiheitsgewährleistungen des Europäischen Gemeinschaftsrechts den wichtigsten Anwendungsfall für eine solche Entwicklung. Gemeinsamkeiten mit Grund- und Freiheitsrechten sind unverkennbar. Das gilt für den Rang des primären Gemeinschaftsrechts, für die Garantie der Verkehrsfreiheiten wie für ihre Justitiabilität. Gleichwohl bestehen wichtige Unterschiede. Grundrechte setzen im allgemeinen eine Regelungskompetenz voraus, begrenzen jedoch die Art und Weise ihrer Ausübung. Die Freiheitsgewährleistungen des Vertrages haben dagegen einen individuellen und einen objektivrechtlichen Bezug. Sie begründen zunächst die Individualrechte der Bürger auf Teilnahme am gemeinschaftskonformen grenzüberschreitenden Wirtschaftsverkehr. Damit verbunden ist indessen immer auch die Entscheidung über die Anwendbarkeit des Gemeinschaftsrechts. Sie impliziert außer dem Vorrang vor dem Recht der Mitgliedstaaten in der Regel die Kompetenz der Gemeinschaft, die Bedingungen für die Teilnahme am grenzüberschreitenden Wirtschaftsverkehr zu harmonisieren. Im Ersten Bielefelder Bericht wurde dieser Zusammenhang als normativ-funktionale Legitimation der Gemeinschaftskompetenzen gekennzeichnet (*von der Groeben/Mestmäcker*, 1972). Die Entwicklung der Gemeinschaft und die Debatte über die

17 Siehe dazu auch den folgenden Abschnitt.

18 West Virginia Board of Education v. Barnette, 319 U.S. 624, 638 (1943).

Prinzipien ihrer Legitimation haben jedoch der Begrenzung der Gemeinschaftskompetenzen gleiches Gewicht wie ihrer Begründung gegeben. Solche Grenzen folgen einmal aus den Grundrechten. Sie folgen aber auch aus den Wettbewerbsregeln und aus den Rechten der einzelnen, die sich nach dem Urteil *van Gend & Loos* nicht nur gegen die Mitgliedstaaten, sondern auch gegen die Gemeinschaft richten. Die Bindung der Gemeinschaftsorgane an die Wettbewerbsregeln ist an anderer Stelle behandelt (*Mestmäcker*, 1992 a). Im folgenden soll untersucht werden, welche Bedeutung dem Zusammenhang von Pflichten der Gemeinschaftsorgane und subjektiven Rechten der einzelnen für die Ausübung der Gemeinschaftskompetenzen zukommt.

2. Kompetenzbegründung und Grundrechtsschutz

Der Zusammenhang zwischen der Anwendung der Freiheitsgewährleistungen und der kompetenzbegründenden Anwendbarkeit des Gemeinschaftsrechts auf den in Frage stehenden Lebensbereich tritt in den Fällen besonders deutlich hervor, in denen die Mitgliedstaaten die in Frage stehende Materie nicht der Wirtschaft zuordnen. Repräsentativ ist die Rechtsprechung zur Anwendbarkeit der Vorschriften über die Dienstleistungsfreiheit auf den Rundfunk, der in der Bundesrepublik zur Kulturhoheit der Länder gehört. Der Gerichtshof unterscheidet zwischen der Ordnung des Rundfunks aus nichtwirtschaftlichen Gründen und den Tätigkeiten, die in der Teilnahme am Wirtschaftsverkehr bestehen. Soweit es sich um die Teilnahme am Wirtschaftsverkehr handelt und Leistungen gegen Entgelt erbracht werden, ist das Gemeinschaftsrecht anwendbar. Dazu gehört auch die Zuständigkeit für die Rechtsangleichung.[19]

Im Rundfunk ist ferner der bereits hervorgehobene Unterschied zwischen den Wirtschaftsfreiheiten des EWG-Vertrages und den Grundrechten der EMRK praktisch geworden. Im Grünbuch »Fernsehen ohne Grenzen« wollte die Kommission die Kompetenz zur Rechtsangleichung im Rundfunk außer auf Art. 57 EGV auf Art. 10 EMRK stützen, indem sie die Freiheiten des EWGV und die der EMRK auf eine Stufe stellte. Wörtlich heißt es:

»Dabei kann die Respektierung der vier Freiheiten, die im EWGV und in der Menschenrechtskonvention zum Ausdruck kommen, auch von den Mitgliedstaaten im Rahmen des Gemeinschaftsrechts gefordert werden«.[20]

Wäre diese Rechtsauffassung zutreffend, so käme der EMRK unmittelbare Geltung

19 Grundlegend schon 30.4.1974, *Sacchi*, Rs. 155/72, Slg. 1974, S. 409–447.

20 Kommission der Europäischen Gemeinschaften, Fernsehen ohne Grenzen, Grünbuch über die Errichtung des Gemeinsamen Marktes für den Rundfunk, insbesondere über Satellit und Kabel, Dok. KOM (84) 300 endg., S. 127/28.

in den Mitgliedstaaten zu, und sie könnte mit Hilfe des Gemeinschaftsrechts durchgesetzt werden. Der Gerichtshof hat diese Rechtsauffassung zurückgewiesen. Die EMRK sei lediglich im Rahmen des Gemeinschaftsrechts anwendbar, es sei jedoch nicht Sache des Gerichtshofs, die Gesetzgebung der Mitgliedstaaten anhand der EMRK zu überprüfen.[21] Die EMRK wird jedoch vom Gerichtshof herangezogen, um die zugunsten der Mitgliedstaaten vorgesehenen Ausnahmen auszulegen, die das Gemeinschaftsrecht bei Gründen der öffentlichen Ordnung i.S.v. Art. 56 Abs. 1 EGV anerkennt. In Fortentwicklung dieser Rechtsprechung wird auch das mitgliedstaatliche Allgemeininteresse, das unterschiedslos anwendbare staatliche Regulierungen der Dienstleistungsfreiheit zu rechtfertigen vermag, im Lichte von Art. 10 EMRK ausgelegt.[22] Die Aufrechterhaltung eines pluralistischen Rundfunks sei als ein im Allgemeininteresse liegender Grund anzuerkennen, zumal die Rundfunkfreiheit zu den nach Art. 10 EMRK geschützten Grundrechten gehöre (umfassend *Christoph Engel*, 1993). Eine solche Rechtfertigung durch die Ziele staatlicher Rundfunkpolitik setzt in Übereinstimmung mit allgemeinen Rechtsgrundsätzen weiter voraus, daß die Beschränkungen geeignet sind, zur Erreichung dieser Ziele beizutragen, und daß sie keine weitergehende Beschränkung enthalten als dieser Zweck erfordert.[23] Der Unterschied zwischen Art. 57 EGV und Art. 10 EMRK besteht mithin darin, daß Art. 10 lediglich ein subjektives Abwehrrecht gegen Maßnahmen der Gemeinschaft gewährt, während Art. 57 darüber hinaus die Grundlage für die Rechtsangleichung bildet, wie sie in der Fernsehrichtlinie vom 3.10.1989 enthalten ist (Amtsbl. EG vom 17.10.1989, Nr. L 298/23).
Die Verbindung des individualrechtlichen und des objektivrechtlichen Gehalts ist für die Verkehrsfreiheiten des Vertrages kennzeichnend. Sie ist für die gesondert zu untersuchende Bindung der Gemeinschaftsorgane an die Verkehrsfreiheiten grundlegend.

V. Materiellrechtliche Bindung der Gemeinschaftsorgane an die Verkehrsfreiheiten

Der Gerichtshof hat den Verfassungscharakter der Gemeinschaft vor allem in solchen Fällen betont, welche die Bindung der Gemeinschaftsorgane an das Gemeinschaftsrecht zum Gegenstand hatten (siehe oben Fußnote 13).

---

21 11.7.1985, Cinéthèque, Rs. 60 und 61/84, Slg. 2605; im einzelnen dazu *Mestmäcker*, 1988, S. 22 ff.

22 25.7.1991, Kommission ./. Königreich der Niederlande C-353/89, Slg. 1991, I-4069, Rdnr. 30–32; übereinstimmend EuGH 25.7.1991, Stichting Gouda ./. Commissariaat voor de Media, Rs. C-288/89, Slg. 1991, I-4007, Rdnr. 23–25.

23 Diese Voraussetzung war zwar in den oben N. 22 zitierten Fällen nicht erfüllt, wohl aber im Urteil vom 3.2.1993, Rs. C-148/91, EuZW 1993, 251.

1. Der Vorrang des primären Gemeinschaftsrechts vor dem sekundären Gemeinschaftsrecht

Soweit der EGV die Gemeinschaftsorgane zur Rechtsetzung ermächtigt, sind sie in der Ausübung dieser Kompetenzen an das primäre Gemeinschaftsrecht gebunden. Der Gerichtshof ist zuständig, das Gemeinschaftsrecht bei »Auslegung und Anwendung dieses Vertrages« zu sichern (Art. 164). Die verfahrensrechtliche Bestätigung enthält Art. 173 Abs. 1 EGV. Demgemäß orientiert sich die Kommission in ihrer administrativen und legislativen Praxis an der Rechtsprechung des Gerichtshofs. Entsteht ein Widerspruch zwischen der Rechtsprechung und der Auslegung des Gemeinschaftsrechts durch die Kommission, so korrigiert die Kommission ihre Politik. Richtlinien, die auf eine schrittweise Aufhebung von Beschränkungen gerichtet sind, werden gegenstandslos, wenn der Gerichtshof die zugrundeliegenden Normen des Gemeinschaftsrechts für unmittelbar anwendbar erklärt. Als Beispiele seien genannt: die unmittelbare Geltung des Gebots der Inländerbehandlung für die Niederlassungsfreiheit in Art. 52 i.V.m. Art. 7[24] und für die Dienstleistungsfreiheit in Art. 59.[25] Eine entsprechende Entwicklung hatte die Rechtsprechung des Gerichtshofs zur Folge, wonach unterschiedslos anwendbare Regulierungen der Mitgliedstaaten gegen die Warenverkehrsfreiheit in Art. 30 und die Dienstleistungsfreiheit in Art. 59 verstoßen können.[26] Soweit der EWGV einem Grundsatz des Gemeinschaftsrechts unmittelbare Wirkung verleiht, sind Richtlinien »rechtlich überflüssig«.[27]

2. Ausgestaltende Maßnahmen der Gemeinschaft

Die Verbindlichkeit der Verkehrsfreiheiten auch für die Gemeinschaftsorgane beantwortet nicht die Frage, in welcher Weise die für mitgliedstaatliche Regulierungen entwickelten Kategorien auf Maßnahmen der Gemeinschaft angewendet werden können. Die grundsätzliche Bindung auch der Gemeinschaftsorgane an die Verkehrsfreiheiten folgt aber schon daraus, daß es zu ihren »Tätigkeiten« gehört, Zölle

---

24 EuGH 21.6.1974, Reyners, Rs. 2/74, Slg. 631, Rdnr. 29/31 und 32; im einzelnen *Troberg*, in: von der *Groeben/Thiesing/Ehlermann*, Art. 54, Rdnr. 6 und 7.

25 EuGH 3.12.1974, *van Binsbergen*, Rs. 33/74, Slg. 1299, Rdnr. 27; umfassend *Troberg*, ebd., Art. 59, Rdnr. 3–24.

26 Zur Warenverkehrsfreiheit im einzelnen *Matthies*, in: *Grabitz* (Hrsg.), Art. 30, Rdnr. 10 und 17; *Müller-Graff*, in: von der *Groeben/Thiesing/Ehlermann*, Art. 30, Rdnr. 123–126; zur Dienstleistungsfreiheit *Troberg*, in: von der *Groeben/Thiesing/Ehlermann*, Art. 59, Rdnr. 3–24.

27 EuGH 28.6.1977, Patrick ./. Minister für kulturelle Angelegenheiten, Rs. 11/77, Slg. 1199, Rdnr. 12/13.

und mengenmäßige Beschränkungen sowie Maßnahmen gleicher Wirkung abzuschaffen und den Binnenmarkt durch die Beseitigung der Hindernisse für den freien Waren-, Personen-, Dienstleistungs- und Kapitalverkehr herzustellen. Zuerst hat *Heinrich Matthies* (1981, S. 115–130) begründet, warum die Gemeinschaft bei der Verwirklichung dieser Aufgaben zwar an die Grundsätze der Verkehrsfreiheiten gebunden ist, die staatsgerichteten Verbote des Vertrages jedoch nicht mit demselben Inhalt wie für die Mitgliedstaaten gelten.[28] Wichtige Unterschiede folgen schon aus dem notwendigen Bezug staatlicher Maßnahmen auf das staatliche Territorium und das staatliche Regelungsinteresse.[29] Dem steht die Meinung gegenüber, die Maßnahmen der Gemeinschaft seien denselben Maßstäben zu unterwerfen wie staatliche Maßnahmen. Das folge aus dem Charakter der Verkehrsfreiheiten als Grundrechte (nachdrücklich *Ullrich*, 1990, S. 4–7; auch 1991, S. 5; 1992, Rdnr. 22). Die Meinungsunterschiede sind teilweise darauf zurückzuführen, daß Prinzipien anhand verschiedener Tatbestandsgruppen generalisiert werden. Zu unterscheiden sind zunächst direkte Verstöße der Gemeinschaft gegen die Einheit des Marktes (dazu unter a), von Maßnahmen der Gemeinschaftsorgane zur Herstellung des Binnenmarktes (dazu b).

a. Direkte Verstöße gegen die Einheit des Marktes

Die Einheit des Marktes ist als gemeinschaftlicher Besitzstand auch für die Gemeinschaftsorgane verbindlich. Die Gemeinschaftsorgane sind gehindert, die Mitgliedstaaten zu Maßnahmen zu ermächtigen oder solche zu dulden, die als solche gegen das Gemeinschaftsrecht verstoßen. Im Zusammenhang mit der Agrarpolitik hat der Gerichtshof entschieden, »daß die in diesem Bereich der Gemeinschaft eingeräumten weitreichenden Befugnisse seit Ablauf der Übergangszeit unter dem Gesichtspunkt der Einheit des Marktes und unter Ausschluß jeglicher Maßnahme ausgeübt werden müssen, die die Abschaffung der Zölle und der mengenmäßigen Beschränkung oder der Abgaben oder Maßnahmen gleicher Wirkung zwischen den Mitgliedstaaten gefährden könnte. Jede Gefährdung des gemeinschaftlichen Besitzstandes auf dem Gebiet der Einheit des Marktes könnte im übrigen unter Verletzung des in Art. 2 des Vertrages genannten Ziels der schrittweisen Annäherung der Wirtschaftspolitik der Mitgliedstaaten Desintegrationsmechanismen auslösen«.[30]

Bei den unter diesen Gesichtpunkten festgestellten Verstößen der Gemeinschaft gegen die Verkehrsfreiheiten handelt es sich der Sache nach um Umgehungen des

---

28 Übereinstimmend *Götz*, 1989, S. 1024; *Roth*, 1987, S. 13 f.

29 Hervorgehoben vom EuGH 25.1.1977, Bauhuis ./. Niederlande, Rs. 46/76, Slg. 1977, 5; in bezug genommen auch bei *Matthies* und *Roth*.

30 20.4.1978, Commissionnaires Réunies ./. Receveur des Douanes, Rs. 80 und 81/77, Slg. 927, Rdnr. 35, 36.

Gemeinschaftsrechts, an denen die Gemeinschaftsorgane mitwirken, indem sie Mitgliedstaaten dazu ermächtigen oder deren Verstöße dulden. Die praktische Bedeutung der dagegen gerichteten Rechtsprechung ist angesichts der fortschreitenden Politisierung der Willensbildung in der Gemeinschaft erheblich. So ist die Gemeinschaft gehindert, Gemeinschaftszollkontingente unter Verstoß gegen Art. 9 in nationale Quoten aufzuteilen.[31] Eine auf Zwecke des Umweltschutzes gestützte Richtlinie rechtfertigt keinen Verstoß gegen das Ausfuhrverbot des Art. 34.[32] Maßnahmen der Rechtsangleichung, die bestimmt sind, die durch Art. 36 gerechtfertigten Ausnahmen vom Freiverkehr zu konkretisieren, dürfen nicht über das durch Art. 36 gerechtfertigte Maß hinausgehen.[33]

Art. 51, der die Freizügigkeit der Arbeitnehmer schützt, läßt es nicht zu, »daß die Verordnungen sich über das von ihm aufgestellte Ziel hinwegsetzen, die Freizügigkeit der Arbeitnehmer zu fördern, mit welchem Ziel eine Verminderung der Rechte der Betroffenen unvereinbar wäre«.[34] Auch ist eine Ratsverordnung unwirksam, wenn sie zusätzlich zu den von Art. 48 Abs. 2 verbotenen Diskriminierungen Unterscheidungsmerkmale einfügt, die ihrerseits die Freizügigkeit der Arbeitnehmer behindern.[35]

b. Ermessen der Gemeinschaftsorgane bei der Herstellung des Binnenmarktes

Maßnahmen der Gemeinschaftsorgane im Rahmen einer auf die Herstellung des Binnenmarktes gerichteten Politik werden vom Gerichtshof unter Berücksichtigung der Besonderheiten des innergemeinschaftlichen Handels beurteilt. Das gilt auch in den Fällen, in denen die unmittelbare Geltung des Verbots von Maßnahmen gleicher Wirkung wie mengenmäßige Beschränkungen hervorgehoben wird.[36] Den Gemeinschaftsorganen steht ein Ermessensspielraum zur Verfügung, wenn sie Handelsschranken schrittweise abbauen.[37]

Für Vorschriften des abgeleiteten Gemeinschaftsrechts gilt ferner der Grundsatz gemeinschaftsfreundlicher Auslegung. Bestehen mehrere Möglichkeiten, so ist der Auslegung der Vorrang zu geben, die mit dem Gemeinschaftsrecht vereinbar ist.[38] Die Rechtsprechung bestätigt die Bindung des Gemeinschaftsgesetzgebers an die

---

31 27.9.1988, Kommission ./. Rat, Rs. 51/87, Slg. 5476, Rdnr. 5–18.

32 10.3.1983, Interhuiles, Rs. 172/80, Slg. 555/556.

33 12.7.1990, Kommission ./. Italien, Rs. C-128/89, Slg. 3256, Rdnr. 17.

34 15.7.1964, von der Veen, Rs. 100/63, Slg. 1964, 1217, Rdnr. 1.

35 15.1.1986, Pietro Pinna, Rs. 41/84, Slg. 17; auch 2.3.1989, Pietro Pinna, 359/87, Slg. 610, 614, Rdnr. 12.

36 17.5.1984, Denkavit Netherland, Rs. 15/83, Slg. 2171, Rdnr. 15 und 16.

37 29.2.1984, REWE Zentrale ./. Landwirtschaftskammer Rheinland, Rs. 37/83, Slg. 1229, Rdnr. 19, 20.

38 13.12.1983, Kommission ./. Rat, Rs. 218/82, Slg. 4063, Rdnr. 16.

Grundsätze des Freiverkehrs. Dem entspricht die Formulierung in Art. 87, wonach der Gemeinschaftsgesetzgeber ermächtigt ist, die Grundsätze der Artt. 85, 86 zu verwirklichen. Auf dieser Grundlage ist es möglich, die Gemeinschaftskompetenzen anhand einer den individualrechtlichen Schutzzweck berücksichtigenden Auslegung einzugrenzen. Eine solche Auslegung, die sich an den Erfordernissen offener Märkte und unverfälschten Wettbewerbs orientiert, wird durch den Vertrag von Maastricht im Grundsatz bestätigt. Anhand dieser Maßstäbe sind sowohl die Erforderlichkeit von Maßnahmen der Rechtsangleichung zu prüfen wie deren Inhalt (im einzelnen *Müller-Graff*, 1989, 107–151). Generalisierende Aussagen darüber, welche Schranken sich für das Ermessen des Gemeinschaftsgesetzgebers aus der Bindung an die Verkehrsfreiheiten des Binnenmarktes und des Systems unverfälschten Wettbewerbs ergeben, sind nicht möglich. Das Verhältnismäßigkeitsprinzip eröffnet jedoch eine weitreichende Überprüfung des gesetzgeberischen Ermessens. *Wulf-Henning Roth* (1982, S. 13 f.) hat das anhand der Dienstleistungsfreiheit im einzelnen ausgeführt. Die Bedeutung dieser Maßstäbe zeigt ferner die auf Art. 57 und Art. 66 gestützte Fernsehrichtlinie vom 3.10.1989. Nach Art. 4 der Richtlinie tragen die Mitgliedstaaten dafür Sorge,

»daß die Fernsehveranstalter den Hauptanteil ihrer Sendezeit, die nicht aus Nachrichten, Sportberichten, Spielshows oder Werbung und Teletex-Leistungen besteht, der Sendung von europäischen Werken i.S. des Art. 6 vorbehalten. Dieser Anteil ist unter Berücksichtigung der Verantwortung der Rundfunkveranstalter gegenüber ihrem Publikum in den Bereichen Information, Bildung, Kultur und Unterhaltung schrittweise anhand geeigneter Kriterien zu erreichen«.

In den Begründungserwägungen heißt es, es sei notwendig, nicht nur gemeinsame Regeln zur Öffnung der nationalen Märkte einzuführen, sondern darauf zu achten, daß europäische Produktionen einen Hauptanteil der Sendezeit in den Fernsehprogrammen der Mitgliedstaaten erhielten. Nach Art. 57 Abs. 2 ist die Zulässigkeit der genannten Regelung daran gebunden, daß sie die Aufnahme und Ausübung selbständiger Tätigkeiten »erleichtert«. Betrachtet man die Quotenregelung im Lichte des individualrechtlichen Schutzzwecks der Dienstleistungsfreiheit, so zeigt sich, daß sie die Ausübung der Tätigkeit als Rundfunkveranstalter nicht erleichtert, sondern durch inhaltsbezogene Regelungen erschwert. Sie ist Teil einer protektionistischen Wirtschafts- und Kulturpolitik und von der Ermächtigung der genannten Vorschriften nicht gedeckt.[39]

---

39 Insoweit abweichend von *Mestmäcker/Engel/Gabriel-Bräutigam/Hoffmann*, 1990, S. 52; ablehnend auch *Steindorff* (1990, S. 97), in Auseinandersetzung mit *Schwartz*, ZUM 1989, S. 381 ff.

VI. Konkurrierende Gemeinschaftsziele und gesetzgeberisches Ermessen

1. Gemeinschaftsrechtliche Grundlagen

Die Ausweitung der Gemeinschaftskompetenzen, die sich zu einem Teil praeter legem vollzogen hat, ist von Maastricht teils bestätigt, teils verstärkt worden. *Steindorff* (1992) hat in einer grundlegenden Untersuchung die Konsequenzen dieser Entwicklung für die Wirtschaftsverfassung herausgearbeitet. Richtlinien oder Verordnungen, deren Hauptzweck nicht in der Öffnung der Märkte besteht, sondern in einem anderen legitimen Zweck der Gemeinschaft, werden vom Gerichtshof darauf geprüft, ob der legitime Zweck in nicht diskriminierender Weise verfolgt wird und die Beschränkungen des Freiverkehrs nicht über das durch die Wahrnehmung eines im allgemeinen Interesse liegenden Zwecks hinausgehen.[40] Soweit die Gemeinschaft Ziele neben der Herstellung des Binnenmarktes verfolgt, verändern sich die Prüfungsmaßstäbe. Sind die Ziele als solche gemeinschaftsrechtlich zulässig, so werden die zu ihrer Verwirklichung getroffenen Maßnahmen anhand der allgemeinen Grundsätze des Verwaltungsrechts überprüft.[41]

Der Zusammenhang zwischen Gemeinschaftskompetenzen und Bindung der Gemeinschaft an das Gemeinschaftsrecht gewinnt durch die neuen Politikfelder, die Maastricht für die Gemeinschaft erschlossen hat, besondere Bedeutung. Zu den ausgeweiteten oder neuen Tätigkeiten der Gemeinschaft i.S.v. Art. 3 EGV, denen für die Wirtschaftsverfassung besondere Bedeutung zukommt, gehören die Sozialpolitik (e), die Stärkung des wirtschaftlichen und sozialen Zusammenhalts (j), die Umwelt (h), die Industriepolitik (l), Forschung und technologische Entwicklung (m), transeuropäische Netze (n) sowie der Verbraucherschutz (s). Soweit diese Politiken durch Finanzhilfen der Gemeinschaft verwirklicht werden sollen, entziehen sie sich jedenfalls faktisch einer wirksamen Kontrolle auf ihre Rechtmäßigkeit. Das gilt für die Mehrzahl der genannten Politikfelder, insbesondere für den Sozialfonds (Art. 123–125), die Öffnung des Kohäsionsfonds für transeuropäische Netze (Art. 129c i.V.m. Art. 130d), für die Industriepolitik (Art. 130 Abs. 3), für den Regionalfonds (Art. 130c), den Strukturfonds (Art. 130d), den Kohäsionsfonds (Art. 130d Abs. 3) sowie für die finanzielle Beteiligung der Gemeinschaft an Forschung und technologischer Entwicklung (Art. 130l Abs. 1). Finanzhilfen sind jedoch nicht die einzigen Maßnahmen, die der Gemeinschaft zur Verwirklichung

40 EuGH 7.2.1985, ADBHU, Rs. 240/83, Slg. 531, Rdnr. 15 zum Umweltschutz.

41 Grundlegend und umfassend *Schwarze* (1988). Zum Verhältnismäßigkeitsprinzip (Bd. II, S. 690 ff.), zur Rechtssicherheit (Bd. II, S. 911 ff.) sowie zu den rechtsstaatlichen Grundsätzen des Verwaltungsverfahrens (Bd. II, S. 1135 ff.).

ihrer Politik zur Verfügung stehen. Selbst dort, wo den Finanzhilfen die größte praktische Bedeutung zukommt, sind Konflikte mit dem Binnenmarkt und dem System unverfälschten Wettbewerbs nicht nur möglich, sondern im Vertrag von Maastricht in Rechnung gestellt. Art. 130b Abs. 2 schreibt vor, die Ziele der harmonischen Entwicklung der Gemeinschaft (Art. 130a) auch bei der Errichtung des Binnenmarktes zu berücksichtigen. Damit könnte die Einheit des Marktes Maßnahmen untergeordnet werden, die auf eine »harmonische Entwicklung der Gemeinschaft im ganzen« gerichtet sind. Der durch die Einheitliche Europäische Akte eingefügte Titel VI, Forschung und technologische Entwicklung, stellte in Art. 130f Konflikte mit der Errichtung des Binnenmarktes und des Systems unverfälschten Wettbewerbs zwar in Rechnung. Die Vorschrift konnte jedoch als eine Bestätigung der Geltung dieser Vorschriften auch für die »gemeinsamen Anstrengungen« auf dem Gebiet von Forschung und Entwicklung ausgelegt werden (so namentlich *Ullrich*, 1992, Rdnr. 24). Im Vertrag von Maastricht ist dieser Vorbehalt entfallen.
Das Verhältnis der Industriepolitik zum System unverfälschten Wettbewerbs war in der Gemeinschaft von Anfang an durch konzeptionelle und praktische Konflikte gekennzeichnet. Art. 130 des Maastrichter Vertrages hat diesen Konflikt in Kauf genommen und versucht, ihn zu entschärfen. Diesem Zweck dient die Bezugnahme auf ein System offener und wettbewerbsorientierter Märkte ebenso wie der Ausschluß von »Wettbewerbsverzerrungen«.
Auf der Ebene der Rechtsetzung ist mit Konflikten zu rechnen, soweit die neuen Politiken mit Hilfe der Rechtsangleichung zu verwirklichen sind. Das gilt für die Politik des Verbraucherschutzes (Art. 129a), der transeuropäischen Netze (Art. 129c), der Industrie (Art. 130 Abs. 3) sowie der Umwelt (Art. 130r Abs. 2). Hier können die Zwecke der Rechtsangleichung selbständig neben die Errichtung des Binnenmarktes und des Systems unverfälschten Wettbewerbs treten. Rechtsangleichung wird dagegen ausgeschlossen im Bereich der allgemeinen Bildung (Art. 126 Abs. 4), der beruflichen Bildung (Art. 127 Abs. 4), der Gesundheit (Art. 129 Abs. 4) sowie der Kultur (Art. 128 Abs. 5).

2. Koordinierte Politiken und gemeinschaftlicher Besitzstand

Der Vertrag von Maastricht scheint denen recht zu geben, die in der Gemeinschaft ein Instrument der Mitgliedstaaten sehen, das »industrielle Potential« der Politik (Art. 130) wirksamer zur Geltung zu bringen. Die potentiellen Konflikte zwischen den neuen Politiken und der Errichtung eines rechtlich geordneten Binnenmarkts bei unverfälschtem Wettbewerb hat der Vertrag von Maastricht – wie dargelegt – zwar in Rechnung gestellt, ihre Lösung wird jedoch mit Hilfe dilatorischer Formelkompromisse der Entwicklung überlassen. Welche praktische Bedeutung diesen

Konflikten zukommen wird, läßt sich vorausschauend nicht beurteilen. Der Vertrag selbst gibt jedoch wichtige Anhaltspunkte für die Grenzen, die dem politischen Ermessen der Gemeinschaft und der Mitgliedstaaten gezogen sein sollen. Sie sind im Lichte der bisherigen Entwicklung des Gemeinschaftsrechts aufzugreifen. Ob die wiederholten Bekenntnisse des Vertrages zu einem System offener Märkte bei freiem Wettbewerb die Wirtschaftsverfassung der Gemeinschaft prägen werden, hängt im wesentlichen von den Mitteln ab, die der Gemeinschaft und den Mitgliedstaaten zur Verwirklichung ihrer neuen Politiken zur Verfügung stehen. Gemeinschaftsrechtlich kommt dabei den im Vertrag von Maastricht bestätigten oder neu normierten Prinzipien der Einzelermächtigung (Art. 3b), der Wahrung und Weiterentwicklung des gemeinschaftlichen Besitzstandes (Art. B und C) sowie der Subsidiarität (Art. 3b Abs. 2) maßgebliche Bedeutung zu.

a. Einzelermächtigung und gemeinschaftlicher Besitzstand

Das Prinzip enumerierter Zuständigkeiten hat sich in der Vergangenheit als wenig wirksame Grenze gemeinschaftsrechtlicher Zuständigkeiten erwiesen. Die Hauptkritik richtet sich gegen die Reichweite des Gemeinschaftsrechts, die aus seiner Auslegung anhand von Befugnissen und Zielen folgt. *Scharpf* (1991, S. 423) hat deshalb vorgeschlagen, bestimmte Sachbereiche der Zuständigkeit der Gemeinschaft zu entziehen und einen Kernbestand der den Gliedstaaten vorbehaltenen öffentlichen Aufgaben zu spezifizieren. Die funktionale Auslegung des Gemeinschaftsrechts ist jedoch angesichts der in den Mitgliedstaaten aus historischen und systematischen Gründen verschiedenen verfassungsmäßigen und rechtlichen Ordnung ähnlicher Lebensbereiche unerläßlich (näher dazu *Mestmäcker*, 1992 b, S. 49 ff.). Die Ausweitung des Aufgabenkatalogs der Gemeinschaft verleiht jedoch einem anderen Aspekt des Prinzips der Einzelermächtigung Bedeutung. Eine beschränkende Wirkung ist damit nur verbunden, wenn die Gemeinschaft in der Ausübung der einzelnen Kompetenzen strikt an die dafür vorgesehenen Ziele und spezifischen Mittel gebunden ist. Diesem Zweck dient in der Anwendung des Gemeinschaftsrechts auf Maßnahmen der Mitgliedstaaten die Unterscheidung des jeweiligen Anwendungsbereichs der spezifischen Vertragsvorschrift.[42] Eine ähnliche Tendenz zeichnet sich in der neueren Rechtsprechung bei der Prüfung der Gemeinschaftskompetenzen ab. Danach kommt es für die Wahl der Rechtsgrundlage eines Rechtsaktes nicht allein darauf an, welches Ziel das handelnde Gemeinschaftsorgan verfolgt. Maßgeblich sind vielmehr »objektive, gerichtlich nachprüf-

---

42 EuGH 22.3.1977, Lannelli ./. Meroni, Rs. 24/76, Slg. 557, 575; auch EuGH 19.3.1991, Frankreich ./. Kommission, Rs. C 202/88, Slg. I 1259, Rdnr. 24.

bare Umstände«.[43] Die Generalklausel des Art. 235 EGV ist unanwendbar, soweit der Vertrag eine spezielle für den angestrebten Zweck ausreichende Rechtsgrundlage enthält.[44] Bei dieser Rechtsprechung stehen zwar institutionelle Erwägungen – vor allem die Sicherung der Mitwirkung des Europäischen Parlaments – im Vordergrund. Vorgezeichnet ist damit jedoch die Möglichkeit, die im Vertrag von Maastricht enthaltenen Ermächtigungen zur simultanen Berücksichtigung konkurrierender und kollidierender Ziele zu begrenzen. So sollen bei der Ausübung aller sonstigen Kompetenzen der Gemeinschaft die Ziele der Umweltpolitik (Art. 130 Abs. 2 Satz 2), der Industriepolitik (Art. 130 Abs. 3 Satz 1), der Politik des wirtschaftlichen und sozialen Zusammenhalts (Art. 130b Satz 1) sowie der Kulturpolitik (Art. 128 Abs. 4) berücksichtigt werden. Eine solche Kopplung von Gemeinschaftszielen wäre in der Anwendung auf die Begründung von Zuständigkeiten der Gemeinschaft mit dem Prinzip der Einzelermächtigung unvereinbar. Der Verfassungsrang der Wirtschaftsfreiheiten und des Wettbewerbssystems wird sich an der Frage entscheiden, inwieweit sie sich im Verhältnis zu anderen Zielen der Gemeinschaft behaupten können.

Nach Art. B EUV gehören die Wahrung des gemeinschaftlichen Besitzstandes und seine Weiterentwicklung zu den Zielen der Union. Dieser Vorbehalt wird in Art. C im Hinblick auf die Maßnahmen der Union bekräftigt. Die Möglichkeit von Konflikten mit den neuen Politiken und Zielen wird gesehen, ihre Lösung aber einer Vertragsrevision vorbehalten.

In dem bereits zitierten Urteil *Ramel* (oben N. 30) hat der Gerichtshof den gemeinschaftlichen Besitzstand als »Einheit des Marktes« definiert. Sie besteht beim Binnenmarkt in der Verwirklichung der Verkehrsfreiheiten bei unverfälschtem Wettbewerb.[45] Die Rechte, die der EGV den einzelnen auf Teilnahme am grenzüberschreitenden Wirtschaftsverkehr verliehen hat, dürfen durch Maßnahmen im Dienste der neu begründeten Zuständigkeiten nicht geschmälert werden. Das Entsprechende gilt für die Vorschriften, die das System unverfälschten Wettbewerbs konkretisieren.

Aus der Rechtsprechung zur Landwirtschaftspolitik folgt nichts anderes. Zwar hat der Gerichtshof entschieden, daß die Gemeinschaft in der Ausübung dieser Zuständigkeiten nicht an das System unverfälschten Wettbewerbs gebunden sei.[46] Diese Entscheidung folgt positivrechtlich aus der Ermächtigung in Art. 40. Man wird aus dieser Rechtsprechung jedoch keinen Hinweis auf die wirtschaftspolitische Zurückhaltung des Gerichtshofs entnehmen können (so aber *Everling*, 1982, S. 312f.). Noch weniger sollte die Landwirtschaftspolitik dazu ermutigen, mit Hilfe ähnlicher

43 11.6.1991, Kommission ./. Rat, Rs. C-300/89, Slg. I-2895, Rdnr. 10 = EuR 1991, S. 175 mit Anm. v. *Everling*.

44 7.7.1992, Parlament ./. Rat, Rs. C-295/90, bisher unveröffentlicht.

45 Übereinstimmend *Grabitz*, 1992, S. 1232, 1233.

46 29.10.1980, *Maizena* ./. Rat, Rs. 139/79, Slg. 3393, Rdnr. 23.

Zuständigkeiten »die Monomanie der binnenmarktbezogenen Perspektive« zu überwinden (*Scharpf*, 1991, S. 421). Es geht im Gegenteil darum, den »Raum ohne Binnengrenzen« und den Gemeinsamen Markt, der nach Art. 2 EGV selbständige Bedeutung behält, auf der Grundlage der wirtschaftlichen Freiheitsrechte zu erhalten. Dies gehört zum »gemeinschaftlichen Besitzstand«.

b. Subsidiarität

Marktwirtschaftliche Ordnungen verwirklichen das Prinzip der Subsidiarität durch die Trennung von Staat und Wirtschaft bzw. von Hoheitsbefugnissen (Gesetzgebung, Rechtsprechung, Verwaltung) und wirtschaftlichen Tätigkeiten. Das Prinzip der Subsidiarität in Art. 3b Abs. 2 EGV und Art. B EUV soll jedoch die vertikale Gewaltenteilung zwischen Gemeinschaft und Mitgliedstaaten neu ordnen. Die politische Diskussion nach Maastricht belegt die Gefahren, die von einer solchen Generalklausel für den Zusammenhalt der Gemeinschaft, für die Autonomie ihrer Rechtsordnung und damit für die Wirtschaftsverfassung ausgehen können. Diese Gefahren sind den Mitgliedstaaten und den Organen der Gemeinschaft nur schrittweise bewußt geworden. Das zeigt der Wandel der Kommuniqués des Europäischen Rats von Lissabon[47] und von Edinburgh[48]. Im Kommuniqué von Edinburgh stellt der Rat klar, daß das Subsidiaritätsprinzip im Lichte der Wahrung des gemeinschaftlichen Besitzstandes zu sehen ist, daß die Zuständigkeiten der Gemeinschaft in Übereinstimmung mit der Rechtsprechung des Gerichtshofs abzugrenzen sind, daß der Vorrang des Gemeinschaftsrechts unberührt bleibt und daß das Prinzip keine Rechte der einzelnen begründet, welche die Gerichte der Mitgliedstaaten zu beachten haben.

Besondere Bedeutung kommt dem Subsidiaritätsprinzip im Verhältnis zur Verwirklichung des Binnenmarktes und zum System unverfälschten Wettbewerbs zu. Das Subsidiaritätsprinzip ist nicht anwendbar, wo die Gemeinschaft ausschließlich zuständig ist. Das trifft nach überwiegender Ansicht zu für die Errichtung des Binnenmarkts i.S.v. Art. 8a Abs. 2 EWGV, jetzt Art. 7a EGV. Die Errichtung des Binnenmarktes besteht in der Verwirklichung der Verkehrsfreiheiten. Die Kommission unterscheidet weiter die Beseitigung der nicht schon vom Vertrag verbotenen Hindernisse für den Freiverkehr vom harmonischen Funktionieren des Binnenmarktes.[49] Demgegenüber rechnet *Ivo Schwartz* alle Maßnahmen der Rechtsangleichung, die der Verwirklichung des Binnenmarktes im Zusammenhang mit dem

47 Bulletin der Bundesregierung vom 1. Juli 1992.

48 Bulletin der Bundesregierung vom 28.12.1992, S. 1281.

49 Mitteilung der Kommission an den Rat und das Europäische Parlament, Dokument SEK (92) 1990 endg. v. 20.10.1992, zitiert nach *Schwartz*, 1993, S. 413; ähnlich im Ergebnis *Schmidthuber/Hitzler*, 1993, S. 8–10.

System unverfälschten Wettbewerbs dienen, zur ausschließlichen Zuständigkeit der Gemeinschaft. Dazu sollen vor allem die durch Rechtsunterschiede bedingten Verfälschungen des Wettbewerbs gehören.[50] Betrachtet man die politische Situation der Rechtsangleichung, wie sie der Vertrag von Maastricht vorgefunden hat, so scheinen wichtige Gründe für die Anwendung des Subsidiaritätsprinzips zu sprechen. Im System des Vertrages besteht zwischen den Zwecken der Freiheitsgewährleistungen und ihrer Ausgestaltung durch Rechtsangleichung jedoch kein Gegensatz. Der Zusammenhang des Prinzips offener Märkte mit dem System unverfälschten Wettbewerbs bildet, wie dargelegt, vielmehr die in ständiger Rechtsprechung gefestigte Grundlage für die Beurteilung staatlicher Maßnahmen. Die entsprechenden Kriterien werden bei der Prüfung erheblich, ob harmonisierende Maßnahmen der Gemeinschaft mit dem EWG-Vertrag vereinbar sind. Aus der Verbindung von Rechten der einzelnen mit funktional abgegrenzten Kompetenzen folgt die Notwendigkeit zu einer ausgestaltenden Interpretation der Freiheitsgewährleistungen i.V.m. dem System unverfälschten Wettbewerbs.
Die Öffnung der Märkte hat jedoch die Rechtsangleichung nicht zur notwendigen Voraussetzung. Das folgt aus dem Übergang zum Ursprungslandprinzip für den Warenverkehr[51] wie für Dienstleistungen.[52] Daraus können sich verschiedene, durch die Rechtsprechung des Gerichtshofs vorgezeichnete Konstellationen für die Rechtsangleichung ergeben:

- die Koexistenz verschiedener staatlicher Regulierungen;
- die gemeinschaftsrechtliche Verpflichtung zur Anerkennung gleichwertiger Regulierungen im Verhältnis der Mitgliedstaaten zueinander;
- die Entscheidung über die Gleichwertigkeit einzelstaatlicher Vorschriften im Verfahren des Art. 100a (Art. 100b);
- die Rechtsangleichung nach Art. 100a Abs. 1, vor allem im Hinblick auf solche mitgliedstaatlichen Regulierungen, die nach der Rechtsprechung des Gerichtshofs zum Schutz »zwingender Erfordernisse« bei Art. 30, der Rechtsgüter des Art. 36 sowie aus Gründen des Allgemeininteresses bei Art. 59 gerechtfertigt sind und dadurch den Freiverkehr behindern;
- im Falle von Mehrheitsentscheidungen im Rat (Art. 100a Abs. 4) fortbestehende Hindernisse, die durch Art. 36 oder durch Gründe der Arbeit, Umwelt und des Umweltschutzes gerechtfertigt sind.

Die grundsätzliche Bedeutung der Cassis de Dijon-Rechtsprechung liegt in der gemeinschaftsrechtlichen Anerkennung der Verkehrsfähigkeit von Produkten und

50 1993, S. 414, 415. Die Abgrenzung entspricht weitgehend der Unterscheidung *Steindorffs* (1992, S. 14 f.) zwischen reaktiver und aktiv gestaltender Rechtsangleichung.
51 20.2.1979, REWE Zentral AG, Rs. 120/78, Slg. 649 »Cassis de Dijon«.
52 EuGH 17.12.1981, Webb, Rs. 79/80, Slg. 3305.

Dienstleistungen nach den Regeln des Ursprungslandes ohne vorhergehende Harmonisierung. In Übereinstimmung mit einer verbreiteten Auffassung im wirtschaftswissenschaftlichen Schrifttum sieht *Herbert Giersch* (1989, S. 25 ff.) im Ursprungslandprinzip die Eröffnung eines allgemeinen Wettbewerbs der Deregulierung. Dieser Wettbewerb werde aus dem Votum der Bürger für weniger Regulierung hervorgehen, wenn man ihn nur zulasse. Soweit der Gerichtshof zwingende Gründe des öffentlichen Interesses als Rechtfertigung für Zugangsbeschränkungen anerkennt, läßt sich das Recht auf Teilnahme am grenzüberschreitenden Wirtschaftsverkehr jedoch nur durch Rechtsangleichung verwirklichen. Zu diesen Gründen gehören vornehmlich die auch in Art. 100a Abs. 3 gemeinschaftsrechtlich sanktionierten Zwecke der Gesundheit, der Sicherheit, des Umweltschutzes und des Verbraucherschutzes.

Eine Begleiterscheinung gemeinschaftsrechtlicher Marktöffnung bei fortbestehenden unterschiedlichen mitgliedstaatlichen Regulierungen ist das im rechtswissenschaftlichen Schrifttum kontrovers erörterte Problem der umgekehrten Diskriminierung. Sie entsteht überall dort, wo Produkte oder Dienstleistungen im Ursprungsland als verkehrsfähig anerkannt werden, obwohl die Angehörigen anderer Mitgliedstaaten an deren Regulierungen gebunden bleiben. Nach der Rechtsprechung des Gerichtshofs sind die Mitgliedstaaten nicht gehindert, für ihre Staatsangehörigen strengere Anforderungen zu stellen als das Gemeinschaftsrecht.[53] Die Frage ist gleichwohl im Gemeinschaftsrecht nicht weniger umstritten als auf der Ebene des deutschen Verfassungsrechts. Teils sieht man darin Inländerdiskriminierungen, die zu einer Verfälschung des Wettbewerbs führten, die marktwirtschaftlichen Vorstellungen nicht entspreche (*Everling*, 1990, S. 45). Von anderer Seite wird mit Recht darauf hingewiesen, daß es sich um eine unvermeidliche Begleiterscheinung des Systemwettbewerbs in der Gemeinschaft handele (*Basedow*, 1992, S. 48; auch *Roth*, 1982, S. 16–19). Zwischen dem Wettbewerb staatlicher Regulierungssysteme und dem Wettbewerb zwischen Unternehmen bestehen wesentliche Unterschiede. Im Systemwettbewerb sind es allein die Staaten, die wettbewerblich reagieren können, während es den Unternehmen unmöglich ist, in die Angebote ihrer Konkurrenten aus der Gemeinschaft einzutreten. Der Mitgliedstaat, für dessen Angehörige strengere Vorschriften gelten, muß entscheiden, ob er den Wettbewerb zulassen, sein eigenes Recht autonom ändern oder auf Gemeinschaftsebene die Rechtsangleichung betreiben will. Das Ursprungslandprinzip fördert mithin nicht nur den ökonomischen Wettbewerb, es dynamisiert zugleich die politischen Prozesse in der Gemeinschaft.

Bei der Anwendung des Subsidiaritätsprinzips ist zwischen den Fällen zu unterscheiden, in denen divergierende mitgliedstaatliche Regulierungen koexistieren und den

53 EuGH 7.2.1984, *Jongeneel Kaas*, Rs. 237/82, Slg. 483, Rdnr. 23.

Fällen, in denen staatliche Regulierungen, die den Freiverkehr behindern, gemeinschaftsrechtlich aus Gründen des mitgliedstaatlichen öffentlichen Interesses anerkannt werden. In den zuletzt genannten Fällen verwirklicht die Rechtsangleichung zugleich das Individualrecht auf Teilnahme am grenzüberschreitenden Wirtschaftsverkehr. Dies spricht dafür, daß dieser Teil der marktöffnenden Rechtsangleichung von der ausschließlichen Zuständigkeit der Gemeinschaft zur Errichtung des Binnenmarktes umfaßt wird.

Literaturverzeichnis

BAG, *Zukünftige Gesetzgebung in Europa*, 1992.

Basedow, »Von der deutschen zur europäischen Wirtschaftsverfassung«, *Walter Eucken Institut, Vorträge und Aufsätze* (137), 1992.

Behrens, Peter, »Die Wirtschaftsverfassung in der Europäischen Union«, *Vortrag Bremen*, 1993.

Behrens, Peter, »Die Konvergenz der wirtschaftlichen Freiheiten im Europäischen Gemeinschaftsrecht«, *EuR* 1992, S. 145–162.

Beutler/Bieber/Pipkorn/Streil, *Die Europäische Gemeinschaft – Rechtsordnung und Politik –*, 3. Aufl. 1987.

Bleckmann, »Die Freiheiten des Gemeinsamen Marktes als Grundrechte«, in: *Das Europa der Zweiten Generation, Gedächtnisschrift für Christoph Sasse*, 1981, S. 665–684.

Ehmke, *Wirtschaft und Verfassung*, 1962.

Engel, *Privater Rundfunk vor der Europäischen Menschenrechtskonvention*, 1993.

Everling, »Europäische Integration und Wettbewerb der Rechtsordnungen in der Rechtsprechung des Gerichtshofes der Europäischen Gemeinschaften«, in: K.J. Hopt (Hrsg.), *Europäische Integration als Herausforderung des Rechts: Mehr Marktrecht – weniger Einzelgesetze, Veröffentlichungen der Hanns Martin Schleyer-Stiftung*, 1990, Bd. 32, S. 41–51.

Everling, »Zur neueren EuGH-Rechtsprechung zum Wettbewerbsrecht«, *EuR* 1982, S. 301–314.

Everling, »Zur Wettbewerbskonzeption in der neueren Rechtsprechung des Gerichtshofs der Europäischen Gemeinschaften«, *WuW 1990*, S. 995–1009.

Giersch, »Europa 1992, Ordnungspolitische Chancen und Risiken«, *Friedrich A. v. Hayek-Vorlesung*, 1989.

Götz, »Verfassungsschranken interventionistischer Regulierung nach Europäischem Gemeinschaftsrecht im Vergleich zum Grundgesetz«, *JZ 1989*, S. 1021–1024.

Grabitz (Hrsg.), *Kommentar zum EWG-Vertrag*, 1989.

Grabitz, »Über die Verfassung des Binnenmarktes«, *Festschrift Steindorff*, 1990, S. 1229–1245.

Grabitz, »Institutionelle Anpassung der EG, in: Weiterentwicklung der Europäischen Gemeinschaften und der Marktwirtschaft«, *FIW-Schriftenreihe*, Heft 148, 1992, S. 105–132.

von der Groeben/Mestmäcker, *Ziele und Methoden der Europäischen Integration*, 1972.

von der Groeben/Thiesing/Ehlermann, *Kommentar zum EWG-Vertrag*, 4. Aufl. 1991.

Hirschmann, Albert O., »Abwanderung und Widerspruch, Reaktionen auf Leistungsabfall bei Unternehmen, Organisationen und Staaten«, *Schriften zur Kooperationsforschung A*, Studien Bd. 8, 1974.

Hrbek, R., »Kontroversen und Manifeste zum Vertrag von Maastricht«, *Integration 4/92*, S. 225–245.

Kirchner/Hasse, »Rechtliche Grenzen für die Kompetenzübertragungen auf die Europäische Gemeinschaft«, *JZ 1993*, S. 760–771.

Kronberger Kreis (Frankfurter Institut für wirtschaftspolitische Forschung): *Einheit und Vielfalt in Europa – für weniger Harmonisierung und Zentralisierung*, Sept. 1992.

Krüger, *Allgemeine Staatslehre*, 2. Aufl. 1966.

Kutscher, »Thesen zu den Methoden der Auslegung des Gemeinschaftsrechts aus der Sicht eines Richters«, in: *Gerichtshof der Europäischen Gemeinschaften, Begegnung von Justiz und Hochschule*, 27.–28. September 1976.

Matthies, »Die Verfassung des Gemeinsamen Marktes, in: Europa der Zweiten Generation«, *Gedächtnisschrift für Christoph Sasse*, 1981, S. 115–130.

Matthies, in: Grabitz (Hrsg.), *Erläuterungen zu Art. 30*.

Mestmäcker, E.-J., »Offene Märkte im System unverfälschten Wettbewerbs«, in: *Festschrift Böhm*, 1965, S. 345–391.

Mestmäcker, E.-J., »Wirtschaftsordnung und Staatsverfassung«, in: *Festschrift Böhm*, 1975, S. 383 ff.; auch in ders., *Recht und ökonomisches Gesetz*, 2. Aufl. 1984, S. 33, 44 ff.

Mestmäcker, E.-J., »Auf dem Wege zu einer Ordnungspolitik für Europa«, in: *Festschrift von der Groeben, Eine Ordnungspolitik für Europa*, 1987, S. 9–49.

Mestmäcker, E.-J., »Regelbildung und Rechtsschutz in marktwirtschaftlichen Ordnungen«, 1987; auch in: ders., *Recht in der offenen Gesellschaft*, 1993, S. 27–46.

Mestmäcker, E.-J., »Staat und Unternehmen im Europäischen Gemeinschaftsrecht«, *RabelsZ 52* (1988) S. 526–582.

Mestmäcker, E.-J., »Wege zur Rundfunkfreiheit in Europa«, in: ders. (Hrsg.), *Offene Rundfunkordnung*, 1988, S. 10–39.

Mestmäcker/Engel/Gabriel-Bräutigam/Hoffmann, *Der Einfluß des europäischen Gemeinschaftsrechts auf die deutsche Rundfunkordnung*, 1990, S. 52.

Mestmäcker, E.-J. (1992 a), »Zur Anwendbarkeit der Wettbewerbsregeln auf die Mitgliedstaaten und die Europäischen Gemeinschaften«, *Festschrift Börner*, S. 277–288.

Mestmäcker, E.-J. (1992 b), »Organisationen in spontanen Ordnungen«, *Friedrich A. von Hayek-Vorlesung*.

Mestmäcker, E.-J., »Gemeinschaftsrechtliche Schranken für die Begründung und Ausübung besonderer oder ausschließlicher Rechte«, in: *Festschrift Deringer, Europarecht, Kartellrecht, Wirtschaftsrecht*, 1993, S. 79–94.

Mestmäcker, E.-J., »Can there be a European Law?«, *Vortrag Academia Europaea in Uppsala*, Juli 1993, im Druck.

Müller-Graff, »Die Rechtsangleichung zur Verwirklichung des Binnenmarktes«, *EuR 1989*, S. 107–151.

Müller-Graff, in: von der Groeben/Thiesing/Ehlermann, *Erläuterungen zu Art. 30*.

Petersmann, E.U., *Constitutional Functions and Constitutional Problems of International Economic Law*, 1991.

Reich, »Binnenmarkt als Rechtsbegriff«, *EuZW 1991*, S. 203–210.

Roth, Wulf-Henning, »Die Harmonisierung des Dienstleistungsrechts in der EWG«, *EuR 1987*, S. 6–27.

Schachtschneider/Emmerich/Fritsche/Beyer, »Der Vertrag über die Europäische Union und das Grundgesetz«, *JZ 1993*, S. 751–760.

Scharpf, »Kann es in Europa eine stabile föderale Balance geben?«, in: Wildenmann (Hrsg.), *Staatswerdung Europas?, Optionen für eine Europäische Union*, 1991, S. 415–428.

Schmidthuber/Hitzler, »Binnenmarkt und Subsidiaritätsprinzip«, *EuZW 1993*, S. 8–10.

Schwartz, Ivo, in: von der Groeben/Thiesing/Ehlermann, *Erläuterungen zu Art. 235.*

Schwartz, Ivo, »Subsidiarität und EG-Kompetenzen«, *AfP 1993*, S. 409–421.

Schwarze, Jürgen, *Europäisches Verwaltungsrecht*, 1988.

Schwarze, Jürgen, »Europäischer Grundrechtsschutz – Grundfragen aktueller Rechtsentwicklungen, künftige Perspektiven«, *ZfV 1993*, S. 1–9.

Schwarze, Jürgen, »Grundzüge und Entwicklungsperspektiven des Europäischen Gemeinschaftsrechts«, in: ders. (Hrsg.), *Vom Binnenmarkt zur Europäischen Union*, 1993, S. 9–23.

Seidel, »Zur Verfassung der Europäischen Gemeinschaft nach Maastricht«, *EuR 1992*, S. 125–144.

v. Simson, Werner/Schwarze, Jürgen, *Europäische Integration und Grundgesetz*, 1992.

Steindorff, »Grenzen der EG-Kompetenzen«, *Beiheft 65 der ZGHR 1990.*

Steindorff, »Quo Vadis Europa?«, in: »Weiterentwicklung der Europäischen Gemeinschaften und der Marktwirtschaft«, *FIW-Schriftenreihe*, Heft 148, 1992, S. 11–86.

Ullrich, »Nationale Geschäftsgeheimnisse im Gemeinsamen Markt«, *RIW*, Beilage 23 zu Heft 12, 1990, S. 4–7.

Ullrich, »Einzelstaatliche Förderung industrieller Forschung und Entwicklung«, *EWS 1991*, S. 1–10.

Ullrich, »Forschungs- und Technologiepolitik«, in: Dauses (Hrsg.), *Handbuch des EG-Wirtschaftsrechts, 1992, Teil N, Forschungs- und Technologiepolitik.*

VerLoren van Themaat, »Die Aufgabenverteilung zwischen dem Gesetzgeber und dem Europäischen Gerichtshof bei der Gestaltung der Wirtschaftsverfassung und der Europäischen Gemeinschaften«, in: *Festschrift von der Groeben, Eine Ordnungspolitik für Europa*, 1987, S. 425–444.

VerLoren van Themaat, »Einige Betrachtungen über die Entwicklung der Wettbewerbspolitik in Europa vor und nach Zustandekommen der Verordnung 17/62«, in: *Festschrift Deringer*, 1993, S. 398–415.

Vollmer, »Wirtschaftsverfassung und Wirtschaftspolitik der EG nach Maastricht«, *Betrieb 1993*, S. 25–30.

Weiler, J. H., *The Transformation of Europe, 100 Yale L. J.*, 1991, S. 2403–2483.

Weiler, J. H., »After Maastricht: Community, Legitimacy in Post 1992 Europe«, in: William James Adams (Hrsg.), *Singular Europe*, 1992, S. 11–43.

Wessels, »Maastricht: Bewertungen und Langzeittrends«, *Integration 1/92*, S. 2–24.

Willgerodt, H., »Rang und Grenzen der Wirtschaftsfreiheit im Streit der Fakultäten«, in: *Ordo et Libertas, Festschrift für Winterberger*, 1982, S. 111–145.

Willgerodt, H., »Armut als Integrationshindernis? Zum Konflikt zwischen Vertiefung und Erweiterung der Europäischen Gemeinschaft«, *ZfW 41/2*, 1992, S. 95–121.

Windbichler, Christine, »Arbeitsrecht und Wettbewerb in der Europäischen Wirtschaftsverfassung«, *RdA 1992*, S. 74–76.

Wissenschaftlicher Beirat beim Bundesminister für Wirtschaft: *Stellungnahme zum Weißbuch der EG-Kommission zur Vollendung des Binnenmarktes*, 1986.

Zuleeg, »Die Wirtschaftsverfassung der Europäischen Gemeinschaften«, in: Ernst Dürr u.a. (Hrsg.), *Wirtschafts- und gesellschaftspolitische Ordnungsprobleme der Europäischen Gemeinschaften*, 1978, S. 73 ff.

Zuleeg, »Demokratie und Wirtschaftsverfassung in der Europäischen Gemeinschaft«, *EuR 1982*, S. 21–29.

Die marktwirtschaftliche Integration Europas

Christian Watrin

»Die europäische Einigung, wie sie sich in einem langwierigen Prozeß seit Ende des zweiten Weltkrieges vollzieht, ist über alle Unterschiede der dazu vorgeschlagenen und angewandten Konzeptionen hinweg von dem Willen geleitet, das Zeitalter der innereuropäischen Kriege und der damit einhergehenden Weltkatastrophen zu beenden.«
Hans Willgerodt, 1991, S. 49.

I. Europäische Friedensordnung und die Frage der Vertiefung oder Erweiterung der Europäischen Gemeinschaft (EG)

Auch im vierten Jahr nach den Revolutionen im ehemaligen Ostblock wird der Begriff »Europa« in der öffentlichen Diskussion unterschiedslos sowohl zur Kennzeichnung des westeuropäischen Integrationsprojektes als auch zur Bezeichnung des gesamten Kontinents verwendet. Zu letzterem zählen nicht nur – wie bisher – die skandinavischen Staaten und die Binnenländer Österreich und Schweiz, sondern – trotz eines mörderischen Bürgerkrieges – auch die südosteuropäischen Staaten sowie die Reformländer in Mittel- und Osteuropa. Hinzukommen – ohne genauere Abgrenzung – aus der Gemeinschaft Unabhängiger Staaten (GUS) hervorgegangene demokratische Länder und, wenn der Rückfall in autoritäre oder diktatorische Herrschaftsformen vermieden werden kann, auch das (europäische) Rußland.
Auf die Frage, wie weit Europa geht, lassen sich viele Antworten geben. In neuerer Zeit hat sich die Auffassung durchgesetzt, daß nicht geographische, sondern ordnungspolitische Gesichtspunkte maßgeblich sein sollen. Danach zählen in der Tradition des Begriffs Kulturnation (*Schwarz*, 1993, S. 603) jene Länder dazu, die die Kriterien der freiheitlichen Demokratie, des Rechtsstaates und der marktwirtschaftlichen Ordnung erfüllen. Nach den Erweiterungen, die der Europa-Rat in jüngster Zeit erfahren hat, sind dies, einschließlich der EG, mindestens zweiunddreißig Länder. Für diese gilt es, eine umfassende **Friedensordnung** zu schaffen. In ihr spielt

die Wirtschaftsordnung eine zentrale Rolle, da ihre Ausgestaltung über die Wohlstandschancen der Beteiligten entscheidet. Der Anspruch der Zwölfergemeinschaft, für Europa schlechthin zu stehen[1], ist vor diesem Hintergrund problematisch.

Daß sich im westlichen Teil Europas nach dem zweiten Weltkrieg Demokratie und Marktwirtschaft halten und entwickeln konnten, ist, wie *Willgerodt* (1991, S. 50) treffend schreibt, in erster Linie den Vereinigten Staaten von Amerika zu verdanken. Diese haben im Verbund mit Ländern wie Kanada, Australien und Neuseeland »*den schlechthin entscheidenden Beitrag zur europäischen Stabilisierung nach der Katastrophe des zweiten Weltkrieges geleistet*«. Zusammen mit diesen, dem europäischen Kulturkreis angehörenden Ländern, die ihre politische Identität keineswegs unter dem Einfluß einer starken nicht-europäischen Zuwanderung eingebüßt haben, fällt heute den in der EG organisierten westeuropäischen Staaten die Aufgabe zu, die neuen, sich zu persönlicher Freiheit und marktwirtschaftlicher Ordnung bekennenden Demokratien in Ost- und Mitteleuropa zu stabilisieren und sie in den Verbund der westlichen Welt einzubeziehen. Die Öffnung der EG für neue Mitglieder ist daher zu einer »*unabweisbaren politischen Notwendigkeit*« (*Willgerodt*, 1991, S. 62) geworden. Die EG muß sich also daran messen lassen, wie sie ihren Anspruch, für Europa zu stehen, gesamteuropäisch einlöst.

Die offizielle Zielsetzung der EG geht dahin, daß sie gleichzeitig eine Politik der »Vertiefung« und »Erweiterung« betreiben könne. Die Vertiefungspolitik findet ihren jüngsten Niederschlag im Vertrag über die Europäische Union (EU), der 1991 in Maastricht beschlossen wurde. Das dort verankerte Programm, vom Binnenmarkt zur Wirtschafts- und Währungsunion überzugehen und die Übertragung von nationalen Souveränitätsrechten auf die EG-Kommission, werden als Ausdruck einer auf die Konsolidierung der Gemeinschaft ausgerichteten Politik verstanden.

Unter dem Druck der politischen Umwälzungen in Europa hat die EG ihre zunächst auf längere Frist angelegte Vertiefungspolitik in den letzten vier Jahren in Richtung auf eine Erweiterung der Gemeinschaft modifiziert. Den EFTA-Ländern wurde ein Abkommen über einen Europäischen Wirtschaftsraum (EWR) angeboten und mit einigen ost- und mitteleuropäischen Ländern wurden Europa-Abkommen geschlossen. Bei beiden Erweiterungsvorhaben geht es nicht zuletzt um die Vertragsbedingungen. Daß diese nicht überall auf Zustimmung stoßen, zeigen die Ablehnung des EWR-Abkommens durch die schweizerischen Bürger, die weniger aus politischer Zustimmung als aus ökonomischer Notwendigkeit gestellten Beitrittsgesuche von vier EFTA-Ländern und die Klagen der Reformländer über die trotz bestehender Assoziationsabkommen nach wie vor protektionistische Politik der EG. Die ausge-

---

1 Vgl. hierzu auch schon die auf das Verhältnis von EG und EFTA sich beziehende Bemerkung von *Ralph Dahrendorf* (1989, S. 6): »It is unfortunate that we increasingly use the words European Community and Europe as if they were synonymous...«

prägte Tendenz der EG, den »Binnenmarkt« und damit implizit die Außengrenzen der Gemeinschaft zu betonen, also das Prinzip der Offenheit der Märkte nicht in gleicher Weise nach innen und außen anzuwenden, unterstreichen diese Feststellung. Käme zum EG-Binnenmarktprojekt im Laufe dieses Jahrzehnts noch eine westeuropäische Einheitswährung hinzu und würden die Beitrittskandidaten auf diese verpflichtet, so würde die Integrationsschwelle für viele europäische Länder – mit Ausnahme der hochentwickelten Staaten – wahrscheinlich so hoch gelegt, daß sie kaum in mittlerer Frist überwunden werden könnte. Die Erweiterungspolitik stünde dann nicht im Einklang mit der Erweiterungsrhetorik.

Das dominante sicherheitspolitische Argument für die westeuropäische Integration war in den gut fünfunddreißig Jahren ihres Bestehens die Bedrohung durch den sowjetischen Totalitarismus. Durch die militärische Allianz mit den USA auf der einen und das engere wirtschaftliche Zusammenrücken auf der anderen Seite erhoffte man sich Schutz gegen kriegerische Bedrohungen und Frieden unter den West-Europäern. Nach der tiefgreifenden Veränderung der europäischen Staatenwelt ist der zweite Teil dieses Arguments heute zumindest auch für Gesamt-Europa gültig. Die marktliche Organisation der wirtschaftlichen Beziehungen allein vermag zwar nicht den Frieden zu sichern. Gleichwohl geht von ihr eine eminent friedensstiftende Funktion aus (*Willgerodt*, 1991, S. 5). Eine neue europäische Friedensordnung muß deswegen neben den Sicherheitsfragen auch die marktwirtschaftliche Einbeziehung der Reformländer in die westeuropäische Wirtschaftsgemeinschaft umfassen. Auf der wirtschaftlichen Ebene bedeutet dies die Schaffung eines ganz Europa umfassenden Raumes des freien Handels und der Freizügigkeit von Menschen und Kapital.

Wie weit dieses größere Europa reichen wird, hängt entscheidend von der Entwicklung in Rußland ab. Wird der großrussische Imperialismus nicht durch die demokratischen Kräfte des Landes überwunden, so ist mit dem Wiederentstehen eines neuen, russisch dominierten Militärblocks und längst überwunden geglaubter politischer und militärischer Spannungen zu rechnen. Es ist dann wahrscheinlich, daß das »nahe Ausland« – wie eine mittlerweile in Rußland oft genutzte Formel für die ehemals dominierten Länder des Sowjetreiches lautet – auch wirtschaftlich in den Großraum eingebunden würde. Eine solche Entwicklung wäre weder aus politischen noch aus ökonomischen Gründen wünschenswert. Politisch nicht wegen der neu entstehenden Konfliktgefahren, wirtschaftlich nicht, weil eine Wiederauflage des »Ostreiches« den wirtschaftlichen Aufholprozeß in den betroffenen Reformländern nachhaltig behindern würde. Jenseits der baltischen und der ehemaligen RGW-Staaten geht es also auch um das ökonomische und politische Schicksal zahlreicher europäischer Länder.

Ein Schutz gegen eine solche Entwicklung könnte die oft abschätzig als »Freihandelszone« bezeichnete Schaffung eines gesamteuropäischen Wirtschaftsraumes sein. Dieser Wirtschaftsraum wäre seinerseits einzubetten in das Bemühen um eine weltweite Handelsliberalisierung. Letztere träte neben die hoffentlich nicht mehr redressierbare internationale Verflechtung der Geld- und Kapitalmärkte. Sie würde gleichzeitig die Entfaltung der weltweiten Arbeitsteilung fördern. Der Vorteil einer solchen Vorgehensweise aber läge darin, daß eine europäische »Freihandelszone« auf dem gleichen Prinzip beruhte, das auch weltweit im Rahmen des GATT Anwendung findet. Weltweite Marktöffnungen würden voraussichtlich eine stärkere Wohlstandssteigerung bewirken als das noch längst nicht vollendete westeuropäische Binnenmarktprojekt (*Flam*, 1992, S. 12). Dieses ist im Unterschied zur weltweiten Liberalisierung zusätzlich mit dem Makel belastet, seine binnenwirtschaftlichen Vorteile durch ein höheres Maß an Außenschutz zu gefährden und im Falle von Agrargütern und »sensitiven« Produkten (Stahl, Kohle, Textilien u. a.) schon jetzt sogar weitgehend zunichte zu machen.

Das Ordnungsprinzip des freien Handels und der Marktöffnung nach außen unterscheidet sich erheblich von der Sicht der europäischen Wirtschaftspolitik, wie sie vor allem die EG-Kommission präferiert. Diese tritt zwar nachhaltig für freien Binnenhandel ein, hält jedoch gleichzeitig die Vergemeinschaftung von Politiken und die gemeinsamen Marktregulierungen für das Bindemittel, aus dem eine künftige politische Union Europas hervorgehen werde. In der Verfolgung gemeinsamer Politiken gegenüber Drittstaaten – früher dem Ostblock und heute vor allem den USA und Japan – wird der Ausdruck einer neuen, sich entfaltenden »Europa-Identität« gesehen. Die gemeinsame Agrarpolitik, die im Vertrag von Maastricht verankerte Industriepolitik und vor allem die angestrebte Vergemeinschaftung der Währungen sind Ausdruck dieser Grundhaltung. Die Sicherung des freien Wirtschaftsverkehrs, so wie er in den vier Freiheiten Ausdruck findet, tritt in der politischen Rhetorik zwar neben, faktisch aber – wenn man z. B. die Mittelkonzentration auf die verfehlte Agrarpolitik in Rechnungstellt – hinter die Gemeinschaftspolitiken zurück. Anders läßt sich das ungeduldige Drängen z. B. auf die Schaffung einer Einheitswährung im nächsten Jahrfünft bei gleichzeitig unvollendetem Binnenmarkt rational nicht erklären.

In einem das größere Europa umfassenden Wirtschaftsraum hingegen müßte nicht der Politikintegration, sondern der Marktintegration, d. h. dem freien Handel und der Freizügigkeit von Menschen und Kapital, die erste Priorität zugesprochen werden. Der Grund dafür ist, wie *Willgerodt* (1992, S. 95) in anderem Zusammenhang hervorhebt, die innere Dynamik eines großen offenen Wirtschaftsraumes. Der EG-Beitritt neuer Staaten wäre gleichzeitig eine natürliche Bremse gegen die weitere Verlagerung von Souveränitätsrechten auf die Brüsseler Zentrale. »Gemeinsame Politiken« erzeugen nahezu automatisch Verteilungskonflikte, geht es doch hier um die Verteilung von Subventionen, Standorten, Forschungs- und Entwicklungsmitteln, Sonderschutz und andere Privilegien. Mit steigender Zahl der Entscheidungs-

beteiligten wird es aber wegen fehlender Interessenidentität schwieriger, jene problematischen »Pakete« zu schnüren, mit denen alle Beteiligten zufriedengestellt werden sollen. Gegenüber dem Feilschen um Sondervorteile, das meist die Allgemeinheit schädigt, bedeutet »Marktintegration«, daß lediglich eine Einigung auf die Spielregeln des freien Wirtschaftsverkehrs, also Ordnungspolitik erforderlich ist. Wie die Welthandelskonferenzen zeigen, sind solche Übereinkommen auch bei sehr vielen Beteiligten möglich. Gemeinsame Spielregeln aber nutzen auf Dauer allen Beteiligten mehr, als das Erstreiten von Renteneinkommen. Die Chance einer »gesamteuropäischen« Lösung, die schon ihrer Natur nach marktwirtschaftliche Regeln bevorzugen muß, liegt mithin darin, daß sie größere Wohlstandspotentiale freisetzt als die EG, die sich über große Strecken ihres Wirkens in gesellschaftlich schädliche Verteilungskämpfen verstrickt hat.
Gegen das Projekt eines gesamteuropäischen Wirtschaftsraumes, einer umfassenden europäischen »Freihandelszone«, wird vorgebracht, daß es das eigentliche Ziel der westeuropäischen Wirtschaftsintegration, die politische Einigung »Europas«, infrage stelle oder zumindest verwässere. Dieses Argument ist zu prüfen.

II. Auf dem Wege zur politischen Union?

Es ist das ungewollte Verdienst des Vertrages von Maastricht, daß er die politische Zielsetzung der EG erneut ins öffentliche Bewußtsein gehoben hat. Konnte die Idee einer politischen Einigung Europas über Jahrzehnte hinweg weitgehend undefiniert bleiben und so einen vordergründigen Konsens zu Tage fördern, so mußte in dem Augenblick, in dem die Preisgabe der nationalen Währungen durch den Vertrag von Maastricht als Mittel für die Annäherung an die politische Union eingefordert wurde, die öffentliche Diskussion um die konkrete Ausgestaltung der Staatengemeinschaft entbrennen. Konsequent und auf breiter Basis wurde diese Auseinandersetzung allerdings nur in Großbritannien geführt, obwohl gerade die britische Regierung sich eine Ausnahmeklausel im Hinblick auf den eigentlichen Hebel zur Durchsetzung der politischen Union (*Watrin*, 1993, S. 176), die Vergemeinschaftung der Währungen, ausbedungen hatte.
Dort, wo Referenden zum Vertrag von Maastricht zugelassen wurden, waren die Mehrheiten knapp und von einer Europabegeisterung, die etwa vergleichbar den nationalen Einigungsbestrebungen des neunzehnten Jahrhunderts wäre, war in keinem EG-Land etwas zu spüren. Die deutsche Regierung, die noch mit dem Junktim von politischer und monetärer Union in die Maastrichter Verhandlungsrunde hineingegangen war, konnte sich durch die Vereinbarungen über die neue Europäische Union (EU) nicht bestätigt fühlen. Zwar wurde eine Unionsbürger-

schaft vereinbart, die den EG-Bürgern u.a. das aktive und passive Wahlrecht bei Kommunalwahlen und bei den Wahlen zum Europäischen Parlament am jeweiligen Wohnort, also unabhängig von der Staatsangehörigkeit, einräumt. Aber so entsteht weder ein europäisches Staatsvolk noch ein europäisches Parteiensystem. Versuche, das Europäische Parlament zu einem echten Parlament umzugestalten, standen in Maastricht erst gar nicht zur Debatte. Und auch die jetzigen Kompetenzausweitungen verwandeln das Europa-Parlament nicht von einer Vertretung der Völker Europas in eine gesetzgebende Körperschaft (*Ipsen*, 1991, S. 60).
Auch die innerdeutsche Diskussion hat keine Klarheit über das politisch Gewollte geschaffen, sondern stattdessen eine ordnungspolitisch unklare Situation zu Tage gefördert (*Watrin*, 1993, S. 170). Dies läßt sich stark verkürzend und vereinfachend mittels zweier Äußerungen des Bundeskanzlers verdeutlichen. Er sagte am 3. April 1992 (*Kohl*, 1992):

»In Maastricht haben wir den Grundstein für die Vollendung der Europäischen Union gelegt. Der Vertrag über die Europäische Union leitet eine neue, entscheidende Etappe des europäischen Einigungswerkes ein, die in wenigen Jahren dazu führen wird, das zu schaffen, was die Gründungsväter des modernen Europa nach dem letzten Krieg erträumt haben: die ›Vereinigten Staaten von Europa‹.«

Im Gegensatz zu dieser Äußerung zitiert das Bundesverfassungsgericht den Bundeskanzler zustimmend mit einer Rede vom 6. Mai 1993, daß eine Gründung *»Vereinigter Staaten von Europa, die der Staatswerdung der Vereinigten Staaten von Amerika vergleichbar wäre, derzeit nicht beabsichtigt (sei).«*[2] In diesem Zusammenhang bemerkt das Gericht, daß in der Chiffre »Europäische Union« zwar das Anliegen einer weiteren Integration angedeutet sein möge, daß jedoch die Frage, wohin ein europäischer Integrationsprozeß nach weiteren Vertragsänderungen führen soll, *»letztlich jedoch offen«* bleibe (*Bundesverfassungsgericht*, Urteil vom 12.10.93, S. 51.)
Wichtiger als Zukunftsvisionen aber ist die höchstrichterliche Interpretation des durch den Vertrag von Maastricht geschaffenen Ist-Zustands. Danach begründet

2 Der Redetext an der vom Gericht zitierten Stelle lautet: *» Viele Menschen fragen heute: Was soll das für ein Europa sein? Winston Churchill hat 1946 in seiner großartigen Rede in Zürich eine plastische Formel verwendet, als er von den » Vereinigten Staaten von Europa« sprach. Ich habe diese Formulierung jahrzehntelang gebraucht, aber ich habe lernen müssen, daß diese Formel in die Irre führt, weil jeder, der diese Formel hört, sofort und automatisch an die Staatswerdung der Vereinigten Staaten von Amerika denkt. Darum geht es aber für uns nicht. Wir bleiben vielmehr in diesem Vereinten Europa Deutsche, Briten, Italiener oder Franzosen. Wir bleiben fest in unserer Heimatregion verwurzelt. Deutschland bleibt unser Vaterland, und Europa ist die Zukunft«* (*Kohl*, 1993, S. 343 f.). *Churchill* verwendete bekanntlich die Formel *»eine Art von Vereinigten Staaten von Europa«*.

der »*Unions-Vertrag einen Staatenverbund zur Verwirklichung einer immer engeren Union der – staatlich organisierten – Völker Europas (Art. A EUV), jedoch keinen sich auf ein europäisches Staatsvolk stützenden Staat.*« Dies ist eine deutliche Absage an jene Auslegungen des EU-Vertrages, nach denen dieser schon die Konturen eines europäischen Bundesstaates schafft. Es bleibt also der weiteren öffentlichen Diskussion und am Ende dem Votum der einzelnen europäischen Staatsvölker vorbehalten, ob die EG letztlich auf einen europäischen Staat hinausläuft. Die existentiellen Probleme Europas liegen jedoch nach dem Zusammenbruch des Sowjetimperiums auf einer anderen Ebene: der Schaffung gesamteuropäischer Lösungen und vor allem der Vermeidung einer neuerlichen Spaltung Europas durch handelspolitische Maßnahmen. Politisch kann dies auf der Basis staatenbundähnlicher Organisationsformen, wirtschaftlich durch die Integration der Märkte geschehen.

Ein Staatenbund aber ist ordnungspolitisch gesehen ein gänzlich anderes Gebilde als ein Bundesstaat. Er ist horizontal organisiert und beruht auf dem gleichen Stimmgewicht jedes Teilnehmerlandes, sei es groß oder klein. Ein Bundesstaat hingegen ist vertikal aufgebaut. Der Zentralstaat hat prinzipiell Vorrang vor den Gliedstaaten. In ökonomischer Analogie ausgedrückt: Ein Bundesstaat entspricht dem Hierarchiemodell, ein Staatenbund dem Marktmodell. Das Urteil des Bundesverfassungsgerichtes aber läßt sich so lesen, daß es den Maastrichter Vertrag im Kern als Verankerung einer horizontalen Organisation zwischen den Teilnehmerstaaten ansieht (*Rupp*, 1993, S. 14). Der synkretistischen Position, daß die EG irgendwo in der Mitte zwischen Bundesstaat und Staatenbund anzusiedeln sei (*Delors*, 1993, S. 6), wird nicht Folge geleistet.

Die Weichenstellungen im Hinblick auf die künftige Organisationsform der EG betreffen das ökonomische Schicksal sowohl jedes Bürgers in einem EG-Staat als auch der von der EG Ausgeschlossenen. Es liegt auf der Hand, daß z.B. die Wirtschaftsgesetzgebung, die im Vielvölkerparlament eines künftigen europäischen Zentralstaates entworfen würde, einschließlich ihrer Umsetzung durch die – wohl weiterhin – nationalen Administrationen, von anderer Qualität wäre als etwa eine im Rahmen dezentraler zwischenstaatlicher Zusammenschlüsse getroffene Vereinbarung über die Zusammenarbeit und Sicherung des freien Handels- und Dienstleistungsverkehrs. Es gibt z.B. gute Gründe dafür, daß in Fragen der Geldwertstabilität, des Wettbewerbs, des Umweltschutzes und des Sozialstaates in einem europäischen Zentralstaat nach anderen Gesichtspunkten entschieden würde als in einer politisch souverän bleibenden Bundesrepublik, die sich an zwischenstaatlichen Abkommen beteiligt. Daß aber zentralistische Lösungen zu besseren Ergebnissen führen als dezentrale Entscheidungsverfahren, ist weder auf Grund theoretischer noch praktischer Erwägungen zu bejahen, ja es spricht vieles für die Konkurrenz der Lösungsversuche und wenig für die Einheitslösungen.

Ein europäischer Staatenbund wäre deswegen auch wirtschaftspolitisch etwas völlig anderes als ein europäischer Bundesstaat, in dem die wirtschaftspolitischen Gestaltungsrechte einem supranationalen Staatsgebilde übertragen wären. In beiden Fällen aber geht es um zentrale Fragen des wirtschaftlichen Zusammenlebens – national, europäisch und weltweit.

Bei nüchterner Betrachtung spricht vieles dafür, daß für ein künftiges Europa – und auch für die EG als Teil desselben – ein nach den Kriterien eines Staatenbundes verfaßter Zusammenschluß vorerst auf breitere öffentliche Zustimmung stößt als ein an zentralistischen Prinzipien ausgerichteter europäischer Bundesstaat, in dem die bestehenden Staaten nur den Rang von Gliedstaaten einnehmen (*Schauer*, 1993). Nach aller Erfahrung sind wirtschaftliche Zusammenschlüsse nur solange existenzfähig, wie ihre Teilnehmer, die Bürger und deren politische Repräsentanten, den Zusammenschluß als vorteilhaft ansehen. Schon in der Welt des Goldstandards, die in vieler Hinsicht das ungenannte Leitbild heutiger Integrationsbemühungen ist, zeigte sich, daß z.B. die großen Vorteile eines internationalen Geldes in dem Augenblick nicht mehr zu Buche schlugen, wie die auch damals – wenngleich in bescheidenem Maße – verfolgten nationalen Ziele der Wirtschaftspolitik in Kollision mit den Regeln des Goldstandards gerieten (*Panic*, 1992, S. 4). Wo sich die politische Kosten-Nutzenrechnung als negativ erwies, scheuten sich einzelne Teilnehmerstaaten nicht, den Goldstandard zu verlassen.

Diese Einsicht gilt auch für die EG. Sie ist ein fragiles Gebilde, das nur solange Bestand hat, wie es sich für die beteiligten Länder als wirtschaftspolitisch vorteilhaft erweist. Je erfolgreicher und tiefgreifender die Marktintegration ist, um so höher werden die Kosten eines Austritts aus der Gemeinschaft. Es ist aber kaum ratsam, die Kosten des Austritts dadurch erhöhen zu wollen, daß das Verlassen der Gemeinschaft verboten wird oder – wie in den europäischen Vertragstexten – nicht vorgesehen ist. Dem »Ewigkeitscharakter«, der den europäischen Verträgen von manchen Interpreten zugesprochen wird, hat im übrigen auch das Bundesverfassungsgericht widersprochen. Nach seiner Meinung schließt weder die fehlende Befristung noch der Wille zur langfristigen Mitgliedschaft letztlich *»einen gegenläufigen Akt«* aus, durch den diese Zugehörigkeit wieder aufgehoben wird (*BVerfG*, 1993, S. 52). Daraus folgt für die Gegenwart, daß nicht von der Leitidee eines künftigen europäischen Großreiches auszugehen ist, sondern von der Pluralität der souveränen Territorial- und Nationalstaaten, wie sie sich im Zuge der Geschichte herausgebildet hat. Europa ist ein Kontinent, kein Staat. Ordnungspolitisch heißt das, daß Formen der Zusammenarbeit zwischen kooperationswilligen, aber souveränen Staaten gefunden und entwickelt werden müssen, wobei die EG, soweit sie echte Erfolge bei der Marktöffnung vorweist, durchaus ein Vorbild sein kann.

Gegen dezentrale Lösungen wird in der europapolitischen Diskussion vorgebracht, daß dann Vertragsverletzungen, d.h. der Rückfall in Protektionismus, Marktabschottung und vielfältige Formen einer wechselseitig schädigenden Politik nicht auszuschließen seien. Deswegen seien Unkündbarkeit und Zentralisierung der wirtschaftspolitischen Zuständigkeiten in einem überstaatlichen Gebilde notwendige Voraussetzungen für eine dauerhafte Sicherung der ökonomischen Vorteile des Zusammenschlusses.

Vor dem Hintergrund der jüngeren und jüngsten Erfahrungen mit Sezessionen hat dieses Argument entscheidend an Suggestivkraft verloren. Offenbar sind Bürger, die sich ihre Souveränität zurückerobert haben, unter bestimmten Bedingungen bereit, zugunsten eines höheren Maßes an politischer Selbstbestimmung auf ökonomische Vorteile eines größeren Staatenverbundes – so sie im Sowjetimperium je existierten – zu verzichten. Ob daraus längerfristig Wohlstandseinbußen resultieren, ist im übrigen keineswegs ausgemacht. Historisch ist es eher umgekehrt; Kleinstaaten büßen ihren Wohlstand ein, wenn sie durch ein Großreich aufgesogen werden. Und ganz im Gegensatz zur landläufigen Kritik an der »Kleinstaaterei« zählen mehrere kleine Länder in der heutigen Welt zu den wohlhabendsten. Darüber hinaus aber erweisen sich Großstaaten – historisch gesehen – keineswegs als Länder hohen wirtschaftlichen Wohlstandes. Sie sind gerade ob ihrer Größe der Gefahr der Innovationsunfähigkeit ausgeliefert und folgen dem Muster von Aufstieg und Verfall der Nationen.[3] Dies gilt möglicherweise auch für die oft als Integrationsvorbild zitierten Vereinigten Staaten von Amerika, in denen die Diskussionen über mangelnde Wettbewerbsfähigkeit, Einbußen an wirtschaftlicher Leistungskraft und Schwierigkeiten bei der Anpassung an neue Entwicklungen nicht abreißen wollen. Schließlich aber spricht nichts dafür, daß einmal gefundene organisatorische Zusammenschlüsse für alle Zeiten die effizienten Lösungen sind.

Das eigentliche Ordnungsproblem aber ist die Frage, wie ein System offener europäischer Märkte gesichert werden kann. Die neuere Ordnungstheorie hat herausgearbeitet, daß dies nicht ohne stützende Institutionen geht, die die Einhaltung des freien Wirtschaftsverkehrs zwischen den Teilnehmerländern verbürgen. Andernfalls besteht tatsächlich die Möglichkeit eines Rückfalls in eine Situation, die in der Spieltheorie durch das Gefangenendilemma beschrieben wird. Folgt man diesem Paradigma, so bedarf es eines »dritten Spielers«, dessen Aufgabe die Durchsetzung der Rechtsordnung ist.

Für die Durchsetzung der Regeln eines gemeinsamen Freihandelsraumes gibt es viele Beispiele. Sie reichen von den lockeren Formen einer Freihandelszone des EFTA-Typs über Zollunionen, Bundesstaaten wie die Schweiz oder die Vereinigten Staaten von Amerika[4], bis hin zum Allgemeinen Zollabkommen (GATT). Ob die EG in

---

3 Vgl. *Olson*, 1985; *Jones*, 1991; *Weede*, 1991.

4 Diese beiden Länder werden hier erwähnt, weil sie im Binnenverkehr den einzelnen Bundesstaaten bzw. Kantonen einen für deutsche Verhältnisse überraschend großen Spiel-

ihrer jetzigen Struktur allerdings richtig ausgestaltet ist, um die ordnungspolitische Aufgabe, den freien Wirtschaftsverkehr in Europa, auch dem Europa der Ost- und Mitteleuropäer, zu gewährleisten, ist eine offene Frage.
Dagegen spricht, daß ein großer Handelsblock dazu neigt, seine Verhandlungsmacht in die Waagschale zu werfen, um die wirtschaftlichen Vorteile vor allem für sich einzuheimsen (*Socher*, 1993, S. 435). Da die Beitrittskandidaten gemessen an der gegenwärtigen EG als kleine Länder anzusehen sind, ist ihre Verhandlungsposition verhältnismäßig schwach (*Vaubel*, 1993, S. 23). Es bedarf daher schon einer erheblichen Einsicht in die politischen und sicherheitspolitischen Vorteile einer gesamteuropäischen Lösung, um jene Regelungen zustandezubringen, die für allseits befriedigende Lösungen erforderlich sind. Ein Beharren auf der Übernahme des gesamten Gemeinschaftsrechts einschließlich aller Regulierungen, Marktordnungen und Wettbewerbsverzerrungen dürfte weder der ordnungspolitischen Aufgabe noch der neuen Lage, die durch die Revolutionen im Osten entstanden ist, gerecht werden.

III. Ein gemeinsamer Markt für Europa – Konzentration auf die Ordnungspolitik

Wer der Meinung ist, daß es einen europäischen Bundesstaat auf absehbare Zeit nicht geben wird, einmal weil er von der Mehrheit der Völker in den westeuropäischen Ländern derzeit nicht gewollt ist, zum anderen, weil die von ihm ausgehenden Abschließungswirkungen gegenüber Drittländern zu einer neuen, wirtschaftlichen Spaltung Europas führen können, der muß die Möglichkeit einer horizontalen, marktanalogen Organisation nach bundesstaatlichem Muster ins Auge fassen.
In einem Staatenbund sind Vor- und Nachteile, Kosten und Nutzen anders gelagert als im hierarchisch verfaßten Bundesstaat. Eine Annäherung an das Staatenbundmodell aber bedeutet, daß in der für 1996 angesetzten EG-Revisionskonferenz die Weichen anders gestellt werden müssen als im Maastrichter Vertrag. Der große Vorteil einer entsprechenden Umorientierung besteht darin, daß in einer offenen Ordnungsform die 1989 entstandenen politischen und wirtschaftspolitischen Probleme Europas leichter aufgefangen werden können als im Rahmen des mit der Hypothek einer bundestaatlichen Politischen Union belasteten Maastrichter Vertrages. Die Europa-Politik könnte sich im wesentlichen auf das konzentrieren, was bereits der Römische Vertrag von 1957 vorsah und was in der Zwölfergemeinschaft

---

raum für die Gestaltung der wirtschaftlichen, gesellschaftsrechtlichen und steuerlichen Bedingungen einräumen.

bis heute nicht vollendet wurde: die Schaffung eines gemeinsamen Marktes – dieses Mal für Europa und nicht nur für West-Europa.

Die Einbeziehung Ost-, Mittel- und Nordeuropas in eine umfassende westeuropäische Wirtschaftsgemeinschaft steht an. Die Liste der unmittelbaren Interessenten umfaßt mittlerweise weit über zwölf Staaten: Österreich, Schweden, Norwegen, Finnland, Polen, Ungarn, Tschechien, Slowakei, die drei baltischen Länder, Bulgarien, Rumänien und einige Staaten des vormaligen Sowjetreiches. Entsprechende Erweiterungen sind im Rahmen eines gesamteuropäischen Freihandelsraumes denkbar, da freier Handel nicht nur ein regionales, sondern ein weltweites Organisationsprinzip ist. Ein gesamteuropäischer Freihandelsraum paßt gewiß nicht in das Maastrichter Modell, denn es wäre vermessen, die Organisationsfähigkeit von zwanzig und mehr europäischen Staaten in einer zentralistisch angelegten Gemeinschaft wie der EG zu unterstellen. Schon die Organisationsfähigkeit der jetzigen Zwölfergemeinschaft trifft, wie die Abstimmungsprobleme in vielen Bereichen der Wirtschaftspolitik zeigen, auf kaum überwindbare Schwierigkeiten (*Schauer*, 1993, S. 118 f.).

Umso mehr ist es notwendig, Organisationsformen zu entwickeln, die einen Verbund sichern, der friedliche Kooperation gewährleistet. Aus der großen Zahl der beteiligten oder interessierten Länder und Staaten folgt nicht, daß zwischen ihnen auf der ökonomischen Ebene keine weitreichenden gemeinsamen Interessen bestehen. Die Schädlichkeit von Autarkie und Protektionismus läßt sich nicht nur am Beispiel Albaniens, sondern aller ehemals sozialistischen Länder demonstrieren. Die Öffnung nach dem Westen müßte allerdings für die ex-sozialistischen Staaten nicht so schmerzhaft sein, wie sie es angesichts der schmalen Türöffnung zum freien Handel mit Westeuropa gegenwärtig ist.

Ein »Europa«, das seine Grenze durch Oder und Neiße definiert[5], schafft sicher nicht das, was die Politikergeneration im freien Europa nach dem Zweiten Weltkrieg anstrebte: eine europäische Friedensordnung. Sie geht allerdings nicht allein aus einem gesamteuropäischen Wirtschaftsraum hervor, sondern bedarf, wie die EG, zusätzlich einer Fülle abstützender und flankierender Institutionen, angefangen von militärischen Allianzen bis hin zu Verabredungen darüber, welche staatsübergreifenden Umweltprobleme auf bilateraler, multilateraler oder gesamteuropäischer Ebene zu regeln sind.

Die Schaffung einer gesamteuropäischen Markt- und Preisgemeinschaft benötigt auch passende währungspolitische Institutionen. Ein Verzicht auf den Zwang zur Einheitswährung würde viele Möglichkeiten öffnen, angefangen bei Zahlungsunio-

5 Siehe hierzu die Ausführungen des deutschen Bundeskanzlers vor dem französischen Senat am 13.10.1993: *»Für mich als deutscher Bundeskanzler ist der Gedanke unakzeptabel, daß die Westgrenze Polens und der Tschechischen Republik auf Dauer die Ostgrenze der europäischen Union sein sollte.«*

nen nach dem Vorbild der frühen Europäischen Zahlungsunion über Festkurssysteme wie das heutige EWS bis hin zu de facto Währungsunionen, in denen ein Land auf seine geldpolitische Autonomie freiwillig verzichtet und sich an eine Ankerwährung anhängt. Österreich und Deutschland, aber auch Deutschland und die Niederlande sind Beispiel für letzteres. Der Vorteil von de facto Unionen besteht darin, daß sie widerruflich sind und bei inflationärem Versagen der Ankerwährung wieder gelöst werden können.

Offene und lockere Formen der wirtschaftlichen Zusammenarbeit erlauben im übrigen, daß dem Wettbewerbsprinzip ein viel größerer Spielraum eingeräumt werden kann als in einer auf Politikintegration angelegten EG – ein Spielraum, der nicht nur den Wettbewerb auf Güter-, Faktor- und Finanzmärkten, sondern auch zwischen den Staaten umfaßt. Die oft beschworene Vielfalt Europas läßt sich so verwirklichen. Die Entfaltung der Weltwirtschaft in den letzten beiden Jahrzehnten ist ein gutes Beispiel dafür, wie gut – bei allen wirtschaftspolitischen Reibereien im Detail – ein solches System zum Vorteil aller wirken kann. Die USA, Japan und die größeren europäischen Staaten waren und sind in diesem System mitunter harte Rivalen, was weder ihnen noch dem Ganzen bisher sonderlich geschadet, noch das Herausbilden gemeinsamer Verfahrens- und Ordnungsregeln behindert hat.

Die Ausweitung dieser offenen Ordnung auf ganz Europa – also weiter als bis zum Bug – setzt allerdings eine andere EG voraus. Sie müßte sich auf die Aufgabe konzentrieren, die Freiheit der Märkte in Gesamteuropa zu gewährleisten. Den mittlerweile angehäuften Zuständigkeitsballast von der Bildungs-, Kultur- und Verbraucherschutzpolitik bis hin zur Einheitswährung aber könnte sie mit gutem europäischen Gewissen dem Wettbewerb der Märkte und der Staaten sowie der Vernunft der wirtschaftenden Menschen überlassen.

Literaturverzeichnis

Bundesverfassungsgericht, *Urteil des Zweiten Senats vom 12. Oktober 1993, 2 BvR 2134/9 und 2 BvR 2159/92*, zitiert nach der maschinenschriftlichen Fassung.

Dahrendorf, Ralph, »The Future of Europe?«, in: *Whose Europe? Competing Visions for 1992*, Institute of Economic Affairs (Hrsg.), London 1989, S. 1–9.

Delors, Jacques, »Entwicklungsperspektiven der Europäischen Gemeinschaft«, *Aus Politik und Zeitgeschichte, Beilagen zur Wochenzeitung Das Parlament B1/93 vom 1. Januar 1993*, S. 3–9.

Flam, Harry, »Product Markets and 1992: Full Integration, Large Gains?«, *Journal of Economic Perspectives*, Vol. A 6. (1992), S. 7–30.

Ipsen, Hans-Peter, »Die europäische Integration in der deutschen Rechtswissenschaft«, in:

Georg Ress und Torsten Stein (Hrsg.), *Vorträge, Reden und Berichte aus dem Europa-Institut Nr. 250*, Saarbrücken 1991, S. 50–61.

Jones, Eric L., *Das Wunder Europa*, Tübingen 1991.

Kohl, Helmut, »Zielvorstellungen und Chancen für die Zukunft Europas«, *Rede des Bundeskanzlers vor dem Bertelsmann-Forum am 3. April 1992.*

Kohl, Helmut, »Die einigende Kraft des kulturellen Erbes im zusammenwachsenden Europa«, *Presse- und Informationsamt der Bundesregierung*, Bulletin Nr. 39 vom 17. Mai 1993, S. 341–344.

Kohl, Helmut, »Rede von Bundeskanzler Dr. Helmut Kohl vor dem Senat der Französischen Republik in Paris am 13. Oktober 1993«, *Presse- und Informationsamt der Bundesregierung (Hrsg.), als Manuskript vervielfältigt*, S. 1–8.

Olson, Mancur, *Aufstieg und Niedergang von Nationen*, Tübingen 1985.

Panic, Milivoje, *European Monetary Union. Lessons from the Classical Gold Standard*, New York 1992.

Rupp, Hans Heinrich, »Der Vertrag von Maastricht – nach der Entscheidung des Bundesverfassungsgerichtes vom 12. Oktober 1993«, *erscheint in List-Forum.*

Schwarz, Jürgen, »Die nationale Frage in der internationalen Politik und einige Sichtweisen der Katholischen Kirche«, in: Norbert Glatzel und Eugen Kleindienst (Hrsg.), *Die personale Struktur des gesellschaftlichen Lebens. Festschrift für Anton Rauscher 1993*, S. 603–629.

Socher, Karl, »Maastricht – die Gefährdung Europas«, *Wirtschaftspolitische Blätter, Heft 3–4* (1993), S. 434–440.

Vaubel, Roland, »Perspektiven der europäischen Integration: Die Politische Ökonomie der Vertiefung und Erweiterung«, in: Horst Siebert (Hrsg.), *Die zweifache Integration: Deutschland und Europa*, Tübingen 1993, S. 3–31.

Watrin, Christian, »Europas ungeklärte Ordnungsfragen«, in: Norbert Glatzel und Eugen Kleindienst (Hrsg.), *Die personale Struktur des gesellschaftlichen Lebens. Festschrift für Anton Rauscher*, Berlin 1993, S. 169–190.

Weede, Erich, *Wirtschaft, Staat und Gesellschaft*, Tübingen 1991.

Willgerodt, Hans, »Wirtschaftspolitische Grundbedingungen der Europäischen Gemeinschaft«, *Bitburger Gespräche, Jahrbuch 1991/1*, München 1991, S.49–65.

Willgerodt, Hans, »Armut als Integrationshemmnis? zum Konflikt zwischen Vertiefung und Erweiterung der Europäischen Gemeinschaft«, *Zeitschrift für Wirtschaftspolitik*, 41. Jg. (1992), S. 95–123.

Zur Osterweiterung der EG: Motive, Methoden, Hindernisse, Bedingungen

Alfred Schüller

»Die internationale Arbeitsteilung ist eines der wichtigsten Mittel, um Entwicklungsrückstände aufzuholen, bei wirtschaftlich kleineren Ländern sogar das einzig wirksame Mittel«.
Hans Willgerodt, 1992

I. Motive der Osterweiterung

Die EG übt auf eine Reihe von ehemaligen RGW-Ländern eine starke Anziehungskraft aus. Polen, Ungarn, die beiden Nachfolgestaaten der CSFR, Slowenien, aber auch die baltischen Staaten, Rumänien und Bulgarien möchten über die Neubegründung der früheren engen handelspolitischen Beziehungen zu Westeuropa hinaus schon bald die Vollmitgliedschaft erwerben.
Die in den einschlägigen integrationspolitischen Abhandlungen reflektierten Motive regionaler Zusammenschlüsse scheinen mit der Aufgabe, Rechtsstaatlichkeit, Demokratie, Marktwirtschaft und offene Handelsgrenzen in den fraglichen Ländern zu begründen, eine besondere Dringlichkeit zu erhalten:

1. Erschließung eines großen bisher ungenutzten Austauschpotentials mit entsprechenden Gewinnen aus der **Handelsschaffung.** Um dies zu erreichen, müssen sich die Handelsströme auf den intra-industriellen Austausch konzentrieren, bei dem sich steigende Einkommen und wachsende Nachfrage »hochschaukeln« können (*Siebert*, 1992, S. 63). Hierzu müssen sich erstens die etablierten Marktwirtschaften besonders aus dem Bereich einfacher und arbeitsintensiver Fertigerzeugnisse zurückziehen. Zweitens müssen die bisherigen sowjetzentrierten Handelsströme mit dem Ziel umgelenkt werden, die wirtschaftlichen Triebkräfte des Transformations- und Aufholprozesses zu stärken und gleichgewichtige Zahlungsbilanzbeziehungen herzustellen.

2. **Ordnungspolitische** Unterstützung des Systemwandels als Voraussetzung für einen breiten Zustrom von Direktinvestitionen und von anderen Formen des Auslandskapitals.
3. Gewinn an **Formalität** und **Irreversibilität** des eingeschlagenen Transformationsweges durch Einbindung in den EWG-Vertrag als eine Form der internationalen Integration über Gesetzgebung und Rechtsprechung. Davon wird eine Senkung der Transaktionskosten der binnenwirtschaftlichen Transformation und der Außenintegration erwartet.
4. Dieses ordnungspolitische Interesse an einer EG-Mitgliedschaft kann von **Subventionserwartungen** begleitet sein. Verlockend mag etwa die Aussicht erscheinen, am supranationalen Kartell der Mindestpreissicherung im Agrarbereich und der Investitionslenkung der Europäischen Gemeinschaft für Kohle und Stahl (EGKS) teilzunehmen sowie an anderen Umstrukturierungs- und Umverteilungseinrichtungen (Kohäsionsfonds, Sozialfonds, Regionalfonds, Europäische Investitionsbank, Osteuropabank) beteiligt zu werden und im Rahmen der handelspolitischen »Festung Europa« Binnenmarktpräferenzen für bestimmte industrielle Güter und Dienstleistungen zu erhalten.
5. Sicherung des **politischen Friedens** und der **Unabhängigkeit**. Dieses Integrationsmotiv hat ursprünglich bereits den westeuropäischen Zusammenschluß stark beflügelt. Mit der über die EG-Mitgliedschaft angestrebten Aufnahme in eine politische »Festung Europa« wollen die Ostländer über die im Maastrichter Vertrag postulierte verstärkte politische Zusammenarbeit ihre Unabhängigkeit von Rußland sichern und sich gegen imperiale Anwandlungen wappnen. Das Zusammenspiel von Altkommunisten und Nationalisten in Rußland ist in der Tat beängstigend. Von dieser erstaunlich stabilen Liaison geht – wie *Walter Laqueur* (1993, S. 3) feststellt – ein überwältigender Haß auf Demokratie und Rechtsstaat, auf Juden und Freimaurer, Liberale und Unternehmer aus, ein Haß, den *Laqueur* als eigene Unfähigkeit bezeichnet, mit dem Westen Schritt zu halten und das Wagnis der Freiheit mit all seinen Konsequenzen einzugehen.

Der mit dem Vertrag von Maastricht eingeschlagene Weg hat Zweifel aufkommen lassen, ob der damit erhobene Anspruch einer vertieften Politikintegration einzulösen sein wird. Zweifelhaft ist, ob das beabsichtigte Ausmaß der Lastenverteilung schon in der Zwölfergemeinschaft, vor allem im Hinblick auf die Erwartungen der südlichen Mitglieder, zu verkraften sein wird. Die Bereitschaft, Lasten in einem Wirtschaftsraum zu verteilen, wird erfahrungsgemäß erheblich durch das Ausmaß begrenzt, das von der Reichweite gemeinsamer Wertsetzungen und des Zusammengehörigkeitsgefühls bestimmt ist. Es leuchtet ein, »daß eine solche Übereinstimmung beschränkt (ist) im umgekehrten Verhältnis zur Homogenität und Ähnlichkeit der Ansichten und Traditionen eines Gebietes« (*von Hayek*, 1976, S. 335).

Von dieser Feststellung ausgehend, werden folgende Fragen behandelt: Wie steht es mit der Integrationsfähigkeit der Ostländer? (Kapitel II.). Welchen Einfluß auf die Integrationsfähigkeit haben die Integrationsmethoden? Welche Beitrittshindernisse folgen aus der von der EG bevorzugten Integrationsmethode? (Kapitel III.). Ist die EG für die Erweiterung richtig konditioniert? (Kapitel IV.).

II. Zur Integrationsfähigkeit der Ostländer

In Transformationsländern verursacht die Binnenintegration, d.h. die Herstellung einer nationalen »Tausch-, Preis- und Zahlungsgemeinschaft« (*Wilhelm Röpke*), regelmäßig vergleichsweise hohe Transaktionskosten. Bereits vorhandene Marktinstitutionen sind in ihrem Bestand und ihrer Effektivität immer wieder gefährdet – vor allem in einem Klima der inflationsbedingten Umverteilung und Entwertung der bisherigen Einkommens- und Vermögensansprüche. Hohe Transaktionskosten der Binnenintegration begünstigen eine starke Expansion des informellen Sektors mit der Folge einer zusätzlichen Spreizung der Einkommensstruktur. Das läßt in Gesellschaften, in denen jahrzehntelang soziale Gerechtigkeit als Einkommensgleichheit verstanden wurde, den Neidern keine Ruhe. Die mit dem Systemwechsel unvermeidlich verbundenen Verteilungskonflikte werden hierdurch zusätzlich verschärft. Dies wiederum stärkt Neigungen zu einer staatlich organisierten Umverteilung und Protektion im Bereich der Außenwirtschaft.
Der Außenprotektionismus kann sich deshalb leicht Bahn brechen, weil die Regierungen – je nach dem Stand der Transformationsbemühungen – über ein mehr oder weniger weitreichendes handelsbeschränkendes Rüstzeug (vor allem auch der versteckten Art) verfügen. Der wechselseitige Binnen- und Außenprotektionismus droht sich vor allem dort hochzuschaukeln, wo es nicht gelingt, die großen Staatsbetriebe über eine konsequente Privatisierung und unter internationalem Markteinfluß wettbewerbsfähig zu machen. Um diesen Gefahren einer Transformationspolitik »im eigenen Saft« zuvorzukommen, liegt es nahe, die Außenintegration bewußt in den Dienst der Binnenintegration zu stellen – ganz im Sinne der eingangs genannten Ziele.
Die außenwirtschaftliche Öffnung ist geeignet, jene überkommene zentralverwaltungswirtschaftliche Lenkungsorganisation zu entmachten, die im politischen Prozeß Ansatzpunkte bietet, um sich mit der Organisationsmacht, die staatlichen Bewirtschaftungsstellen und Monopolbetrieben eigen ist, erfolgreich gegen innere und äußere Konkurrenz zur Wehr zu setzen. Indem sich Druck und Sog von Angebot und Nachfrage international unmittelbar für die Staatsbetriebe bemerkbar

machen, wird den bisher geschlossenen Volkswirtschaften mit hohem Vermachtungsgrad insgesamt eine unausweichliche Demonopolisierung aufgezwungen.
Offenheit nach außen heißt, sich in Fragen der Eigentums-, Unternehmens- und Arbeitsmarktverfassung, der Außenwirtschaftsordnung und der ordnungspolitischen Position der Verbände einer kritischen internationalen Beurteilung zu stellen, Direktinvestoren und ausländischen Eigentumserwerbern Gelegenheit zu bieten, aus dem Transformations- und Integrationsprozeß Vorteile zu ziehen. Umstände, die ausländische Investoren abschrecken, benachteiligen auch einheimische Investoren, behindern also privatwirtschaftliche Aktivitäten schlechthin.
Profitable Außenwirtschaftsbeziehungen mit einem entsprechenden Kapitalzustrom, durch den die Binnenintegration erheblich beschleunigt wird, setzen einen realistischen Wechselkurs voraus. Im besonderen Bedingungsrahmen der Transformation, der durch eine ungewöhnliche Unsicherheit über die Eckdaten der Volkswirtschaft und durch vielfältige Asymmetrien gekennzeichnet ist (*Schüller/Wentzel*, 1992, S. 399 ff.), erscheinen vorzeitig fixierte Wechselkurse hinderlich. Das Argument, feste Wechselkurse kämen einem Vertrauensimport gleich, zieht nur, wenn diese von den Marktkräften getragen werden. Sonst begünstigen sie Fehlallokationen, Inflationsneigungen, innere und äußere Kapitalflucht. Sie erschweren die Privatisierungsaufgabe und vergrößern insgesamt die ohnehin im Transformationsprozeß entstehenden Unsicherheiten:

- Ein fester **überbewerteter** Wechselkurs übt einen künstlichen Importsog aus und wirkt exporthemmend. Zudem behindert er den Kapitalimport. Die Überbewertung mindert die Wettbewerbsfähigkeit der heimischen Betriebe. Da die Überbewertung zugleich Importe künstlich verbilligt, nimmt der Anreiz für Ausländer ab, sich an Betrieben der Transformationsländer zu beteiligen. Feste überbewertete Wechselkurse stehen also im Konflikt mit der Privatisierungsaufgabe.
- Gegen eine **Unterbewertung** spricht der umgekehrte Wirkungszusammenhang. Sie prämiert den Export und belastet gleichzeitig den Import. Künstlicher Exportdruck und gleichzeitige Importverteuerung senken das Güterangebot auf dem Binnenmarkt. Der Bevölkerung verbleibt eine geringere Absorption. Die gesellschaftliche Akzeptanz der Transformationspolitik wird unnötig erschwert. Besonders problematisch ist eine Unterbewertung auch im Hinblick auf die Aufgabe, den Geldwert zu stabilisieren; denn die Verteidigung des überhöhten Wechselkursniveaus kann eine zusätzliche Geldschöpfung mit der Gefahr von inflatorischen Folgewirkungen nahelegen. Wird jedoch der Geldwert nicht konsequent stabilisiert, so gestaltet sich auch die Privatisierungspolitik schwieriger. Hier wird also eine Teufelskreiskonstellation erkennbar, die aus der angestrebten Transformationsbeschleunigung eine Behinderung werden läßt. Die Wahl zwischen unter- und überbewerteter Währung steht damit vor einem Entscheidungsdilemma:

Eine durch Wechselkursunterbewertung induzierte Förderung der Privatisierung erschwert die Stabilisierung des Preisniveaus. Umgekehrt wird bei überbewertetem Wechselkurs zwar die Stabilisierung positiv beeinflußt, jedoch wird die Privatisierung behindert. Ein freier Wechselkurs kann diesen Konflikt verhindern, zur Härtung der Währung beitragen und binnenwirtschaftliche Preisschwankungen mindern helfen. Die Transformationspolitik wird damit zugleich entlastet und gefördert.

Die rasche Außenintegration wird vielfach als Überforderung betrachtet. Dabei wird allerdings übersehen, daß bewegliche Kurse »wie ein stufenloses Getriebe die Preise in inländischer Währung von den Preisen in ausländischer Währung loskoppeln« (*Willgerodt*, 1964, S. 41) und damit wie ein preispolitischer Puffer gegen die Entstehung von Schockzuständen wirken.

Ein wichtiges Argument für eine sofortige außenwirtschaftliche Öffnung liegt in dem damit verbundenen Import von Know how. Der wissenschaftliche und wirtschaftliche Gedankenaustausch mit entwickelten Marktwirtschaften bietet vielfältige Hilfestellungen und Lösungsanregungen für die anstehenden Probleme. Nicht zuletzt wird hierdurch den Bürgern in den Transformationsländern die Möglichkeit geboten, nach Jahrzehnten der Abschottung nun frei in andere Länder reisen und dort mit eigenen Augen sehen zu können, wie in einer offenen Gesellschaft durch Eigeninitiative Wohlstand ermöglicht wird. Dies dürfte die Akzeptanz der Übergangsschwierigkeiten im Transformationsprozeß erhöhen und die Binnenintegration erleichtern.

Die Transformationsländer kommen – wie immer sie auch versuchen, Binnen- und Außenintegration zu verknüpfen (siehe hierzu die **Übersicht** »Transformationsprobleme, Integrationswege und Integrationsformen«) – nicht daran vorbei, sich der internationalen Wettbewerbskontrolle zu stellen. Um diese zu mildern, könnte es naheliegen, alle Möglichkeiten der Integration untereinander (gemäß den Feldern A, D, G der **Übersicht**) zu nutzen, also mit vergleichsweise bescheidenen Zielen und Methoden der Außenintegration zu beginnen. So bietet sich vor allem für die geographisch benachbarten Staaten an, eine verstärkte regionale Verflechtung über eine Freihandelszone als Mittel der schnellen handelspolitischen Öffnung anzustreben und hierdurch indirekt die EG zu größerer handelspolitischer Freizügigkeit zu veranlassen.

Von dieser Zielsetzung mag auch der Freihandelsvertrag zwischen Ungarn, Polen und der slowakischen sowie tschechischen Republik (den sog. Visegrad-Staaten) bestimmt sein. Im Rahmen der »Central European Free Trade Area« (CEFTA) ist ein zügiger Abbau von Handelsbeschränkungen geplant. Ob dies gelingt und der davon erwartete Vertrauensgewinn für die Mitgliedsländer zustande kommt, wird letztlich von ihrer Handhabung des handelspolitischen Instrumentariums in dieser

Freihandelszone abhängen. Hierauf wird das Ausmaß der Angleichung der inneren Ordnungspolitik der Mitgliedsländer (also Erfolge auf dem Feld A der **Übersicht**) wesentlichen Einfluß haben. Denn Zölle und Kontingente müssen unter den Übergangsbedingungen gar nicht das wichtigste Hindernis gegen eine Verbesserung der Arbeitsteilung sein. Protektionistischer können staatliche Subventionen und behördliche Preisregulierungen (einschließlich Devisenbewirtschaftung) sowie der staatliche Schutz vor Konkurs wirken. Diese und andere Formen des versteckten Protektionismus erzeugen Mißtrauen und eine starke Neigung zu handelsbeschränkenden Diskriminierungs- und Vergeltungspraktiken.

Wirtschaftsgemeinschaften von Transformationsländern stehen in der Gefahr, von den Mitgliedsländern, die im Prozeß des Übergangs zur Marktwirtschaft nachhängen, für einen Solidarschutz gegenüber den Drittländern und für eine handelspolitisch geschlossene Form der Integration mißbraucht zu werden, dadurch monopolistische Verhaltensweisen zu stärken und überkommene marktwidrige Angebotsstrukturen zu konservieren. Je stärker aber die Präferenzvorteile einer solchen Gemeinschaft sind, die sich die Mitglieder gewähren, und je länger es dauert, bis die Diskriminierung der Drittländer abgebaut ist, desto schwieriger wird der Prozeß des Anschlusses an den globalen internationalen Wettbewerb verlaufen. Diese und andere Gründe haben z. B. die Regierung der tschechischen Republik schon vor dem Inkrafttreten des Freihandelsvertrages mit Polen, Ungarn und der slowakischen Republik veranlaßt, den Versuch des Alleingangs in die westeuropäische Integration anzukündigen.

Positiv ausgedrückt hängt der Erfolg von Integrationsbestrebungen – selbst in den relativ einfachen Formen einer Freihandelszone oder einer Zoll- und Verrechnungsunion (siehe die Felder D und G der **Übersicht**) – von bestimmten ordnungspolitischen Voraussetzungen ab:

1. Vollzug der entscheidenden Schritte zur Marktwirtschaft (Geltung der Menschenrechte im Rahmen einer rechtsstaatlich-demokratischen Verfassung, wettbewerbskonforme Eigentums- und Vertragsgestaltung, Dominanz freier Preise).
2. Eine starke Konvergenz in der monetären Stabilisierungspolitik.
3. Die Aufrechterhaltung der Währungskonvertibilität, d. h. Verzicht auf Devisenbewirtschaftung als Voraussetzung für ein marktwirtschaftliches System des Zahlungsbilanzausgleichs.
4. Verzicht auf autonome Handelspolitik mit versteckten Formen des Protektionismus.
5. Eine breite Zustimmung der Bevölkerung zur Integrationspolitik, vor allem auch seitens der politisch einflußreichen Verbände.

Diese ordnungspolitischen Mindestanforderungen zeigen, daß die Integrationsfähigkeit primär eine Angelegenheit der Integrations**willigkeit** ist. Auf sie ist eine

Wirtschaftsgemeinschaft um so mehr angewiesen, je anspruchsvollere Formen der Politikintegration involviert sind.

III. Alternative Integrationsmethoden und die Frage der Osterweiterung

Die Frage nach der geeigneten Methode der Osterweiterung der EG ist als Teil der bisher ungeklärten Gesamtentscheidung zu verstehen: Wie soll das Verhältnis der beiden grundsätzlichen Integrationsmethoden – die wettbewerblich-marktwirtschaftliche und die politisch-bürokratische Methode – in der EG gestaltet werden? Eine Klärung dieser zentralen Ordnungsfrage der europäischen Integration hat offiziell weder aus Anlaß der Süderweiterung stattgefunden, noch scheint sie im Zusammenhang mit der Frage um die Osterweiterung aufgegriffen zu werden. Nach *Delors* (1993, S. 1) »war es in der Geschichte der Gemeinschaft noch nie so wichtig, den Integrationsprozeß fortzusetzen und den Herausforderungen einer sich rasch verändernden Welt gemeinsam zu begegnen«. Soll damit der Weg der Maastrichter Beschlüsse gemeint sein, so werden darin nicht die Belange der europäischen Volkswirtschaften, die auf dem Weg zur Marktwirtschaft sind, berücksichtigt (siehe Kapitel III, 2., a. bis f.).

1. Die wettbewerblich-marktwirtschaftliche Integrationsmethode

Die wettbewerblich-marktwirtschaftliche Methode betont den »Wettbewerb als Entdeckungsverfahren« (*F. A. von Hayek*) in einem dominierend von Marktpreisen gesteuerten Integrationsprozeß. Es wird unterstellt, daß das Ausmaß der integrationsbedingten Einkommensdifferenzierungen und -angleichungen (Harmonisierungen) von den marktwirtschaftlichen Rahmenbedingungen und bestimmten Mindeststandards (zur Vermeidung von ansteckenden Krankheiten, zur Sicherung der Arbeitskraft und des Lebens sowie zum Schutz der Umwelt) abgesehen – nicht bekannt, vielmehr in einem wettbewerblichen Suchverfahren herauszufinden ist.
Hierbei wird angenommen, daß die Angleichung der Preise, Wechselkurse, Beschäftigungsbedingungen und Einkommen von volkswirtschaftlichen Bestimmungsgründen abhängen, die nicht beliebig manipuliert werden können (*Meyer/Willgerodt*, 1956, S. 14 ff.): Von den Faktorqualitäten, der Nachfrage auf den Produktmärkten, vom technischen Wissen, von der Preisflexibilität, der Wettbewerbsintensität, der Geldwertstabilität und der Konvergenz in anderen wirtschaftspolitischen Grundorientierungen. An diese Bestimmungsgründe sind auch die über Macht

verfügenden Arbeitsmarktparteien und Politiker gebunden, wenn sie keine Arbeitslosigkeit, Inflation und Migration, also Erscheinungen der Desintegration, in Kauf nehmen wollen.

Die Integrationspolitik vermag allerdings die Faktor- und Güterwanderung beweglicher zu gestalten. Je mobiler das Kapital ist, desto weniger werden zur Verhinderung von Arbeitslosigkeit Wanderungsströme der Arbeitnehmer notwendig, um Lohndifferenzen auszugleichen. Dies setzt allerdings in den Niedriglohn-Ländern eine Wirtschaftsordnung voraus, die eine vergleichsweise günstige Anlagensicherheit und Verzinsung ermöglicht. Je geringer die Bereitschaft ist, diesen Bedingungen Rechnung zu tragen, desto mehr ist im Angleichungsprozeß die Pufferfunktion des Wechselkurses gefordert.

Die wettbewerblich-marktwirtschaftliche Integrationsmethode auf der Grundlage der vier Grundfreiheiten (freier Verkehr von Waren, Personen, Dienstleistungen und Kapital) eröffnet nicht nur der Vertiefung, sondern auch der Erweiterung der EG prinzipiell günstige Bedingungen:

a. Die **Vertiefung** kann vor allem dadurch entstehen, daß aus der **Wirtschaftsverfassung des Wettbewerbs** für private Güter und Leistungen eine **Verfassung des Wettbewerbs** für das privatwirtschaftlich **und** das staatlich erstellte Güter- und Leistungsangebot entsteht. Wird in diesem Wettbewerb der Systeme bei konsequenter Anwendung des Ursprungslandprinzips auch die Konkurrenz der nationalen Außenhandelspolitik im freien Binnenmarkt zugelassen, ist durch Verlagerung von Kaufkraft in die Länder mit den niedrigsten Protektionsraten eine Art von europäischem Gleichschritt in Richtung Liberalisierung der Märkte zu erwarten. Ob und inwieweit sich im Wettbewerb der Systeme die Politikbereiche international angleichen und deren Instrumentarien gemeinsamen Regeln folgen werden, wird sich dann zeigen.
b. Die **Erweiterung** entsteht faktisch vor allem dadurch, daß die Verflechtung des europäischen Binnenmarktes mit Drittländern im Wettbewerb der marktwirtschaftlichen Systeme automatisch erleichtert wird. Diese Art von **Handelsschaffung** kommt einer Vergrößerung der Mitgliederzahl gleich. Eine wirtschaftliche Integration, die in – Übereinstimmung mit Art. 3a des EG-Vertrages – dem »Grundsatz einer offenen Marktwirtschaft« verpflichtet ist, hätte für die Osterweiterung prinzipiell beachtliche Vorteile:
   (1) Die Wettbewerbsordnung und andere wichtige Grundelemente einer marktwirtschaftlichen Ordnung könnten über den Beitritt zum EG-Vertrag unmittelbar Bestandteil der Rechtssysteme der Transformationsländer werden. Der Gewinn an ordnungspolitischer Glaubwürdigkeit könnte einerseits die Entschluß- und Durchsetzungskraft der betreffenden Regierungen stärken. Sie könnten in einer Atmosphäre des Vertrauens den marktwirtschaftlichen

Weg konsequenter beschreiten. Andererseits wird damit den Instabilitäten aus einer Transformationspolitik vorgebeugt, die sich in abwegigen institutionellen Experimenten verliert. Die Gefahr hierfür ist deshalb groß, weil die Ordnungsprinzipien einer **Wirtschaftsverfassung des Wettbewerbs** den Charakter eines öffentlichen Gutes haben. Der verfassungsmäßige Schutz dieser Prinzipien dürfte in der Übergangszeit aus eigener Kraft nur unzureichend organisierbar sein – schon wegen des Fehlens einer verläßlichen, jahrzehntelang eingeübten Verfassungsgerichtsbarkeit. Die Bevölkerung erhielt durch die internationale Bindung ihres Staates mit Verfassungsrang einen festen »Handlauf« entlang eines sonst in vieler Hinsicht prekären Transformationspfades. Die Transaktionskosten der binnenwirtschaftlichen Transformation und der Außenintegration könnten beträchtlich gesenkt werden.

(2) Der Transformationsprozeß könnte dadurch auch außenwirtschaftliche Durchschlagskraft und Glaubwürdigkeit erhalten. Wenn sich nämlich die Transformationsländer mit dem Schutz des Wechselkurspuffers sofort weit öffnen und freien Zugang zum EG-Binnenmarkt erhalten, können die anfangs noch fehlenden oder unzureichenden Voraussetzungen für die Entstehung einer preisgesteuerten Binnenintegration importiert werden.

Gegenüber dieser Form der Integration wird im Westen häufig die These von der »strukturellen« Unterlegenheit der Transformationsländer im internationalen Wettbewerb ins Feld geführt. Sie seien vom Stand ihrer Entwicklung her für eine Integration einfach noch nicht reif. Dieses Argument läßt sich »mit dem Hinweis auf die seit 200 Jahren unwiderlegte Theorie der komparativen Kosten und die Vorteile der Arbeitsteilung« (*Willgerodt*, 1992, S. 104ff.) leicht zurückweisen. Die Auffassung, potentielle Mitglieder der EG müßten erst wettbewerbsfähig werden, d.h. über eine attraktive, diversifizierte Güterangebotspalette verfügen, »günstige« Möglichkeiten zur Kapitalanlage bieten, »genügend« Kaufkraft besitzen, um ihrerseits Güter und Dienstleistungen aus den übrigen EG-Staaten importieren zu können, verwechselt die Ergebnisse der Integration mit dem, was im marktwirtschaftlich-wettbewerblichen Suchverfahren und unter dem Zwang des Zahlungsbilanzausgleichs herauszufinden ist. Im übrigen steht das Argument der »strukturellen« Unterlegenheit der Transformationsländer im Widerspruch zu der Beobachtung, daß nach dem Zusammenbruch des RGW die Länder mit einer entschiedenen Wendung zur Marktwirtschaft ihren Westhandel in kurzer Zeit ausdehnen konnten und in den Bereichen, in denen sie über beachtliche Produktionskapazitäten und Wettbewerbsvorteile verfügen, nur durch hartnäckige westliche Einfuhrhindernisse an größeren Exporterfolgen gehindert werden können.

Die behauptete »strukturelle« Unterlegenheit der Transformationsländer im internationalen Wettbewerb erweist sich in Wirklichkeit als Ausdruck westlicher Konkurrenzangst. Befürchtet wird, daß technologisch einfache, leicht imitierbare Produkte (mit hohem Lohnkostenanteil) verstärkt in der EG angeboten werden. Der Osten könnte bei zurückhaltender Lohnpolitik und niedriger Kapitalintensität das für Westeuropa werden, was die asiatischen Niedriglohnländer für Japan, Lateinamerika und für die USA bedeuten.

2. Die politisch-bürokratische Integrationsmethode

Sie billigt dem Wettbewerb im Angleichungsprozeß eine begrenztere Rolle zu. Es wird versucht, die Angleichung nach dem Bedarf normativer Vorgaben von oben zu organisieren:

(1) Durch eine Vorab-Entscheidung über die rechtlich-institutionellen Bedingungen des Wirtschaftens einschließlich der Steuer- und Sozialsysteme, über die Rahmenbedingungen einer **Wirtschaftsverfassung des Wettbewerbs** und über die Mindeststandards der genannten Art hinausgehend. Hierbei wird von der Notwendigkeit ausgegangen, immer mehr Politikbereiche aufeinander abzustimmen und deren Instrumentarien gemeinsamen Regeln zu unterwerfen (siehe etwa *Delors*, 1993, S. 1).

(2) Durch Ex-ante-Harmonisierung von Preisen, Mengen, Einkommen in ausgewählten Wirtschaftsbereichen, denen eine integrationspolitische Vorreiterrolle zugeschrieben wird. Dem dienen Regulierungen, Quotierungen und Subventionen. Typisch hierfür ist die Vorstellung von »Einheitsmärkten« (statt »gemeinsamer« Märkte).

(3) Durch umfangreiche Maßnahmen zum Ausgleich regionaler Unterschiede. Dies ist das Anliegen der Struktur-, Kohäsions- und Regionalpolitik.

(4) Durch Punktualisierung der Wettbewerbspolitik im Dienste der jeweils angestrebten Integrationsergebnisse. Typisch hierfür ist der Ansatz der Industriepolitik.

(5) Durch Beseitigung der innergemeinschaftlichen Konkurrenz in zentralen Bereichen der Wirtschaftspolitik. Typisch hierfür ist der Plan für eine Währungsunion.

Die politisch-bürokratische Integrationsmethode behindert den Wettbewerb der Systeme, insbesondere die Konkurrenz zwischen den etablierten Marktwirtschaften im Westen und den entstehenden Marktwirtschaften im Osten Europas:

a. Hindernis I: Europäische Währungsunion

Schon für die Zwölfergemeinschaft stellt der Plan für die Herstellung der Währungseinheit nach dem Verständnis der politisch-bürokratischen Methode, welches dem Maastrichter Vertrag zugrunde liegt, angesichts beträchtlicher entwicklungs- und ordnungsbedingter Disparitäten ein ökonomisch und politisch abenteuerliches Vorhaben dar. Die Pufferwirkung des Wechselkurses muß im Falle einer Währungsunion – sei es bei unverbrüchlich festen Wechselkursen oder mittels einer gemeinsamen Währung – von Anpassungsformen übernommen werden, die heute gewöhnlich als ökonomisch (zu) anspruchsvoll und häufig auch sozial unzumutbar eingeschätzt werden: Hohe Faktormobilität und hohe Lohn- und Preisflexibilität.
Eine gemeinsame europäische Währung macht die unterschiedlichen Lohnstrukturen und Sozialstandards transparenter und erhöht den ohnehin von der Konkurrenzangst der Hochlohnländer verbandspolitisch beflügelten Angleichungdruck. Wie kann eine stabilitätspolitische Selbstkontrolle, mag sie formal noch so streng gefaßt erscheinen, supranational funktionieren, wenn es auf der Ebene der Mitglieder hierfür keine oder – wie in Deutschland – nur eine begrenzt wirksame Tradition gibt? »Wer wollte und könnte verhindern, daß im Interesse der Angleichung der Lebensverhältnisse in Europa Mitgliedstaaten gleichsam im Wege der Selbstbedienung – gegebenenfalls auch als Ersatz für zu gering erachtete Finanztransfers innerhalb der Gemeinschaft – erhöhte Haushaltsdefizite in Kauf nehmen oder auch bewußt planen?« (*Jansen*, 1992, S. 575).
Einkommensangleichungen, die der Produktivitäts- und Nachfrageentwicklung vorauseilen, verursachen in den rückständigen Gebieten Beschäftigungsrückgang; die Neigung zur Abwanderung kann dadurch verstärkt werden. Die regionalen Wohlstandsunterschiede nehmen zu. Wird dies dann im politischen Prozeß – was ziemlich wahrscheinlich ist – als Versagen der marktwirtschaftlich-wettbewerblichen Integrationsmethode gedeutet, dürfte die politisch-bürokratische Methode um so größeren Anklang finden. Diese Methode begünstigt aber die Bildung von Verteilungskoalitionen und die Entstehung von Verteilungskonflikten, die mit einer zunehmenden Politisierung der Integrationsvorhaben, also auch der Willensbildung und des Entscheidungsprozesses einer Europäischen Zentralbank verbunden sein werden. So haben die Spanier – allen »armen« EG-Partnern voran – die Kunst entwickelt, »ihre Mitgliedschaft in der Gemeinschaft zu versilbern«. Wann immer im Brüsseler Ministerrat ihre Zustimmung gebraucht wird, verlangen sie Geld. Der Vertrag von Maastricht wäre nicht zustande gekommen, wenn ihnen nicht neben allen schon bestehenden Fonds auch noch ein neuer Kohäsionsfonds zugebilligt worden wäre (siehe *Münster*, 1993).
Mögen auch die Aufnahmebedingungen in die Währungsunion zunächst das vor allem von deutscher Seite gewünschte Stabilitätsverhalten der übrigen Mitgliedslän-

der erzwingen, so droht die Stabilitätsdisziplin »bei einheitlicher europäischer Währung unter dann ganz neuen wirtschaftspolitischen Rahmenbedingungen sehr schnell wieder verspielt zu werden bzw. verlorenzugehen« (*Jansen*, 1991, S. 575); denn bei zentralisierter währungspolitischer Verantwortung und dezentralisierter wirtschaftspolitischer Gestaltung werden »die Folgen einer stabilitätswidrigen Politik über eine gemeinschaftsweite Diffusion für den Verursacher deutlich an Fühlbarkeit und Zurechenbarkeit verlieren, sozusagen also sozialisiert oder ›europäisiert‹ werden« (*Jansen*, 1992, S. 575).

Daraus folgt: Eine endgültige Wechselkursfixierung als Vorstufe der angestrebten Gemeinschaftswährung und als Bedingung der Mitgliedschaft würde die Osterweiterung auf der Grundlage der marktwirtschaftlichen Methode für Jahrzehnte ausschließen. Die EG sähe sich – ähnlich wie heute die alten Bundesländer im Verhältnis zu den neuen Bundesländern – bei Wegfall der Pufferwirkung des Wechselkurses und angesichts erheblicher Altlasten und transformationsbedingter Sonderverteilungsinteressen auf der einen Seite und eines beträchtlichen Produktivitäts- und Realeinkommensrückstands der fraglichen Länder andererseits unerträglichen finanziellen Belastungen ausgesetzt. Gerade weil es mit zunehmender Zahl der Staaten, die der Währungsunion angehören, schwieriger wird, den Wettbewerb auf den Arbeitsmärkten zu beschränken, wird die Osterweiterung im politischen Prozeß nur eine schwache Lobby haben. Die südeuropäischen Mitgliedsländer der EG werden ohnehin das Petitum der Erweiterung zum Anlaß nehmen, eine erhebliche Aufstockung der Mittel für die Regional-, Struktur- und Sozialfonds sowie die Einführung bzw. Erhöhung von Mindestlöhnen in den Beitrittsländern zu verlangen, um sie ihrer komparativen Kostenvorteile in einem erheblichen Maße zu berauben.

b. Hindernis II: Gemeinsame Arbeits- und Sozialpolitik

Die EG-Kommission möchte sich vorbehalten, auf dem Gebiet der Arbeitsmarkt- und Sozialpolitik immer dann aktiv zu werden, wenn einschlägige Normen oder Regelungen grenzüberschreitende Auswirkungen haben oder die Wettbewerbsfähigkeit der Unternehmen berühren. Da solche Wirkungen leicht behauptet werden können, bieten auch diese Politikbereiche vielfältige Ansatzpunkte, um den Wettbewerb zwischen den Mitgliedsländern zu beschränken. Demgemäß wird der Vertrag von Maastricht vielfach auch wie folgt gedeutet: »Sozialpolitik darf nicht dem Wettbewerb überlassen werden«, oder: »Maastricht verhindert, daß es wegen der erheblichen Lohn- und Sozialunterschiede zu einem Lohn- und Sozialdumping kommt«.

Gewiß ist dies nicht die einzige Deutungsmöglichkeit; dafür sind die einschlägigen Absichtserklärungen zu vage (*Görgens*, 1993, S. 198). Gleichwohl sind starke Bestrebungen zur Europäisierung der Arbeitsmarktverhältnisse, mehr noch der Sozialpolitik unverkennbar. Tatsächlich ist aber die unterschiedliche Arbeitsmarkt- und Sozialpolitik schon zwischen den zwölf EG-Ländern ein Spiegelbild ihrer unterschiedlichen historischen Entwicklung, ihrer ordnungspolitischen Gestaltung und ihrer ökonomischen Leistungsfähigkeit. Erst recht gilt dies für potentielle Mitgliedsländer aus dem Osten. Würde die Arbeitsmarkt- und Sozialpolitik in der Gemeinschaft ohne hinreichende Beachtung der Produktivitäts- und Wettbewerbslage der Betriebe im Hinblick auf die Standards der »führenden« Länder harmonisiert, dann hätte dies fatale Folgen:

Erstens würden die Lohnkostenunterschiede als ein Motiv für Direktinvestitionen im Binnenmarkt hinfällig. In den wirtschaftlichen und sozialen Randgebieten der EG, also den Süd- und Ostländern, würde damit die Chance des Aufholens und der Angleichung mit privater Hilfe des Auslands und durch eigene Leistung unter Ausnutzung der wettbewerblich-marktwirtschaftlichen Integrationsmethode erheblich erschwert.

Zweitens wäre wegen der zu erwartenden Einbuße an Beschäftigungsmöglichkeiten mit starken Belastungen der öffentlichen Haushalte und einem Verlust an internationaler Wettbewerbsfähigkeit aller Mitgliedsländer der EG zu rechnen.

Drittens würde die Arbeitslosigkeit unter dem Druck der Verbände verstärkte Neigungen zum Außenhandelsprotektionismus auslösen. Deshalb ist der in der politischen Praxis gegenüber aufholenden Ländern erhobene Vorwurf des »Sozialdumping« eine Aufforderung zum »Regionalismus durch Blockbildung«, der nicht nur die Osterweiterung der EG behindert, sondern die ehemaligen RGW-Länder auch handelspolitisch diskriminiert.

c. Hindernis III: Gemeinsame Struktur- und Kohäsionspolitik

Die ärmeren Länder und Regionen der Gemeinschaft sollen mit Mitteln des Struktur- und Kohäsionsfonds in die Lage versetzt werden, den Anschluß an die reicheren Mitgliedsländer zu finden. Die Mittel des Strukturfonds sollen die als zu schwach eingeschätzte Wettbewerbsfähigkeit der Empfängerländer umfassend stärken. Der Kohäsionsfonds soll die Verkehrswege und den Umweltschutz in den ärmeren Ländern verbessern helfen.

Es überrascht, daß trotz eines leistungsfähigen internationalen Kapitalmarktes, auf dem die Staaten, Länder, Gemeinden und Unternehmungen der EG-Länder ihren Kapitalbedarf decken könnten, beispielsweise Portugal rund 70% der Mittel, die für die Finanzierung eines fünfjährigen Entwicklungsplans veranschlagt worden sind, von der EG erhalten wird (NZZ, 1993, S. 9).

Offensichtlich wird das politisch-bürokratische Verfahren der Kapitallenkung für effektiver gehalten als die wettbewerblich-marktwirtschaftliche Lösung. Dabei liegen die Nachteile auf der Hand:

- Die Feststellung sogenannter regionaler Rückstände oder interregionaler Disparitäten ist mangels einer überzeugenden theoretischen Grundlage auf vieldeutige Kriterien angewiesen. Hierdurch entsteht ein großer Spielraum für diskretionäre politische und administrative Entscheidungen.
- Es wird ein Anreiz geschaffen, die staatliche Zuständigkeit für die Förderung der regionalen oder staatlichen Wettbewerbsfähigkeit zur Begründung möglichst hoher Bedarfsanmeldungen auszudehnen und in den Eigenanstrengungen zu erlahmen.
- Das Verfahren verleitet nicht nur zu einer verschwenderischen staatlichen und suprastaatlichen Aufgaben- und Ausgabenexpansion, sondern auch zur Politisierung und Bürokratisierung des Integrationsprozesses mit dem Ergebnis, daß die Aufteilung der Fonds zwischen den berechtigten Mitgliedsländern mehr über die Verhandlungsqualität der zuständigen Minister aussagt als über die Bedarfsgerechtigkeit.
- Das Verfahren ermuntert zu einer systematischen Entwicklungsplanung, wobei sich nicht verhindern läßt, daß die Politisierung des Teils, der von der EG finanziert wird, auch die übrigen Projekte erfaßt.
- Das Verfahren ist so angelegt, daß die »ärmeren« EG-Mitgliedsländer gleichsam einen Anspruch erhalten, gestützt auf die fatale These, daß »Ungleichheit Unrecht bedeutet« (*Peter Bauer*). Damit wird der Entstehung von Mißgunst mit steigenden Verteilungserwartungen Vorschub geleistet. Jeder Regierungsvertreter, der typischerweise weniger erhält, als er verlangt hat, wird zu Hause sagen: »Ich wäre ein schlechter Minister, würde ich zufrieden sein«. Die EG-Kommission trägt bei dieser organisierten Mißgunstprämierung kräftig zur Gewissensberuhigung der Fordernden bei, indem sie in verführerischer Manier günstige Ergebnisse ihrer Förderungspolitik behauptet. So erwartete sie, daß allein für den Zeitraum 1989 bis 1993 in den vorrangig geförderten Regionen insgesamt 500.000 Arbeitsplätze hätten geschaffen werden können. Obwohl solche Erfolgsmengen auf erhebliche Zweifel stoßen, zeigt die EG-Kommisstion wenig Bereitschaft zur Selbstkritik bei der Bewertung ihrer Regionalpolitik (*Ridinger*, 1992, S. 652). Deshalb hat die Kommission auch keine Skrupel, den Bereich von förderungswürdigen Maßnahmen auf neue Gebiete auszudehnen und weitere Regionen als förderungswürdig zu erklären.

Mit dem beschleunigten Übergang zum »Internationalen Wohlfahrtsstaat« (*Röpke*, 1961, S. 262ff.) wird die Aufgabe, Anreize und Beiträge zwischen den Mitgliedsländern der EG im Gleichgewicht zu halten, unlösbar. Die innergemeinschaftlichen Verteilungskämpfe lassen sich in dem Maße, in dem das Anreiz-Beitrags-Verhältnis in eine Schieflage gerät, immer weniger entschärfen. Es müssen schmerzmindernde Auswege gefunden werden. So liegt es nahe zu versuchen, die organisierte Mißgunstprämierung dadurch zu begrenzen, daß nur noch potentielle Nettozahler als Mitgliedsländer aufgenommen werden. Naheliegend ist auch der Versuch, zumindest einen Teil der Kosten der inneren Konfliktbewältigung nach außen zu verschieben, indem der stets vorhandenen Nachfrage nach handelspolitischer Protektion nachgegeben und damit versucht wird, die von der Konkurrenz der Drittländer ausgehenden Unsicherheiten zu vermindern. In Verbindung damit verdient die gemeinsame Handelspolitik der EG besondere Beachtung (siehe Hindernis VI). Sie ist schon heute ein klägliches Beispiel für die Methode, Strukturpolitik auf Kosten Dritter zu betreiben. Beide »Auswege« verschlechtern die Bedingungen für eine Osterweiterung.

d. Hindernis IV: Gemeinsame Industriepolitik

Die industriepolitische Konzeption der EG ist doppelgesichtig (siehe *Feldmann*, 1993, S. 139 ff.). Auf der einen Seite wird ein Bündel von Maßnahmen anvisiert, die zum Teil geeignet erscheinen, die wettbewerblich-marktwirtschaftliche Integrationsmethode zu stärken. Die andere Seite betont mit dem Grundsatz »In der Technologiepolitik sind wir nur gemeinsam stark« die politisch-bürokratische Methode. Gemeint ist damit ein »Dialog zwischen Wirtschaft, Staat und der Europäischen Gemeinschaft, um Engpässe, Problembereiche oder Chancen früher zu erkennen (und) gezielte Anstrengungen in der Grundlagenforschung im Bereich von Basis- und Schlüsseltechnologien« zu unternehmen (*Delors*, 1993, S. 1). Diese Seite der Industriepolitik ist so angelegt, daß der interventionistischen Montan- und Agrar-Union eine nicht minder konkurrenzscheue europäische Industrie-Union mit sektorspezifischen Sonderaufgaben und -behörden beigesellt wird. Die hierfür entwickelten Verfahren gemeinsamer Entscheidungsfindung und Absprachen über sektorale und regionale technologische Schwerpunkte und entsprechende Kapitaltransfers innerhalb der EG, ausgehandelt in Dauerkommissionen oder Ad-hoc-Gremien, begünstigen einen integrationspolitischen Punktualismus mit zweifelhaften Schwerpunktsetzungen, einseitiger Bevorzugung von Großunternehmen, einer Institutionalisierung von Mitnahmeeffekten, unzureichenden Verwendungs- und Erfolgskontrollen und insgesamt mit einer Politisierung der Ressourcenverteilung. Beihilfen, die national verboten sein sollen, werden so auf Gemeinschaftsebene zu einem bevorzugten Lenkungsinstrument gemacht. Wenn künftig der Computer-Konzern IBM wegen günstiger Arbeitsbedingungen im Raum Stuttgart eine Fabrik bauen und die baden-württembergische Landesregierung hierbei behilflich sein möchte, so wäre dies verboten. »In Andalusien bekäme IBM die gesamte Investition dagegen von der EG einschließlich eines Anerkennungsbeitrags aus Madrid bezahlt. Aber da will das Unternehmen im Zweifel nicht hin« (*Münster*, 1993).
Die bestehenden Ansätze und Pläne für einen rasch fortschreitenden Punktualismus,

EG-Industriestrategie genannt, beruhen im Kern auf einer Europäisierung des Konzepts des wirtschaftspolitischen Nationalismus: Da die Nationalstaaten nicht mehr in der Lage seien, die Voraussetzung für eine ausreichende Beschäftigung zu schaffen, müsse die Kommission in Brüssel die wirtschaftlichen, wissenschaftlichen und politischen Ressourcen bündeln. Dabei scheint wenig zu stören, daß die praktischen Erfahrungen mit der bisherigen EG-Industriepolitik, etwa mit der Förderung des zivilen Großflugzeugbaues, mit der handelspolitischen Begünstigung der Automobilindustrie und der Förderung der Mikroelektronik, alle die Nachteile bestätigen, die eine solche Politik regelmäßig mit sich bringt: »Sie verzerrt den Wettbewerb, führt zu einer Verschwendung knapper Ressourcen und zu Mitnahmeeffekten seitens der begünstigten Unternehmen, wirkt protektionistisch und konserviert im Ergebnis meist bestehende Wirtschaftsstrukturen« (*Feldmann*, 1993, S. 162).

Für eine punktualistische Industriepolitik bieten die Assoziierungsabkommen, auch Europa-Abkommen genannt, die zwischen einigen beitrittswilligen ehemaligen RGW-Staaten und der EG abgeschlossen worden sind, beachtliche Ansatzpunkte. Offensichtlich will sich die Kommission nicht darauf beschränken, den industriepolitischen Auftrag, den ihr die Maastrichter Beschlüsse beschert haben, nur im eigenen Einflußbereich, sondern auch gegenüber den assoziierten Mitgliedern aus dem ehemaligen RGW-Raum zu nutzen – frei nach *Breitensteins* Kartoffel-Theorem: »Nun haben wir den neuen Art. 130 (EG-Vertrag), nun wird er auch genutzt«. Art. 72 der Europa-Abkommen läßt diese Absicht jedenfalls erkennen. Mit der Zusammenarbeit sollen unter anderem die Umstrukturierung einzelner Wirtschaftszweige und die Gründung neuer Unternehmen in »potentiellen Wachstumsbereichen« gefördert werden. Die EG-Kommission glaubt, diese strategischen Bereiche zu kennen und zu wissen, wie die Unternehmen die hierfür erforderliche Wettbewerbsfähigkeit erlangen können. Die Mißerfolge werden gewiß nicht ausbleiben und dann, wenn nicht konsequent auf die andere (ordnungspolitische) Seite der Industriepolitik umgeschaltet wird, dazu verleiten, die interventionistische Industriepolitik für die Beitrittsländer umfassender, also mit mehr Mitteln und (vermeintlich) verbesserten Koordinationsmethoden auszubauen. Die Beitrittsländer könnten sich hierzu auf die in den Europa-Abkommen erklärte Bereitschaft der EG berufen, »umfangreiche Unterstützung bei der Durchführung der Reform zu leisten und ... zu helfen, die wirtschaftlichen und sozialen Folgen der Strukturanpassung zu bewältigen«. Gerade die industrie- und verteilungspolitischen »Vorteile«, die potentielle Beitrittsländer von einer Anbindung an die EG erwarten mögen, sind tatsächlich aber geeignet, das Niveau der gemeinschaftsinternen Verteilungskonflikte in einem Maße anzuheben, daß die Osterweiterung in Richtung Vollmitgliedschaft bei unveränderter Verfassung der EG kaum durchsetzbar sein dürfte.

Auch aus diesem Grunde verdient die Erkenntnis Beachtung, daß die bestmögliche Unterstützung für die Transformationsländer nicht bekannt, sondern im Wettbewerb der Mitgliedsländer der Gemeinschaft und der Wirtschaftseinheiten zu entdecken ist. Nachweise dafür, daß Beamte von EG-Behörden oder suprastaatlich gelenkten Banken bessere Informationen über aussichtsreiche Investitionsgelegenheiten und die Hilfs- und Kreditwürdigkeit der in Frage stehenden Länder haben als diejenigen Stellen, die die Mittel letztlich aufbringen müssen, konnten bisher nicht erbracht werden. Auch deshalb sollte für die EG ein umfassendes Subventionsverbot gelten.

e. Hindernis V: Gemeinschaftsrecht der EG

Die Europa-Abkommen zwischen der EG und den Republiken Polen, Ungarn und der CSFR sehen »die Angleichung« der bestehenden und künftigen Rechtsvorschriften an das Gemeinschaftsrecht vor. Hierbei geht es um alle wichtigen Bereiche der Rechtsharmonisierung (Zollrecht, Gesellschaftsrecht, Bankenrecht, Rechnungslegung der Unternehmen, Steuern, geistiges Eigentum, Schutz der Arbeitnehmer am Arbeitsplatz, Finanzdienstleistungen, Wettbewerbsregeln, Schutz der Gesundheit und des Lebens von Menschen, Tieren und Pflanzen, Verbraucherschutz, indirekte Steuern, technische Vorschriften und Normen, Verkehr und Umwelt). Auch sehen die Europa-Abkommen in Art. 63 vor, daß die Wettbewerbsregeln des EWG-Vertrages unmittelbar Bestandteil der Rechtssysteme der Transformationsländer werden. Der Schutz dieser Regeln – etwa im Hinblick auf die Verpflichtung zur Demonopolisierung, Liberalisierung und Deregulierung sowie zum Abbau von Beihilfen (Subventionen) – dürfte aus eigener Kraft zunächst nur unzulänglich organisierbar sein. Dafür fehlt (noch) eine verläßliche, jahrzehntelang eingeübte Aufsichtspraxis und Gerichtsbarkeit. Die Übernahme der EG-Gesetzgebung und -Rechtsprechung könnte deshalb Erwartungen stabilisieren und einer Verschleppung wichtiger Transformationsaufgaben und einem ordnungspolitischen Rückschlag im Transformationsprozeß vorbeugen helfen. Hierin mag ein beträchtliches Potential an positiven externen Effekten gesehen werden.
Das Problem dieses integrationspolitischen Ansatzes liegt im **Angleichungsregime** selbst, in der **Realisierung** und **Kontrolle**:

- Zum **Angleichungsregime**: Die Wettbewerbspolitik der Zwölfergemeinschaft kennt – wenn auch in geringerem Maße als das deutsche GWB – Ausnahmebereiche und kann seit 1989 im Zusammenhang mit der Fusionskontrolle für industriepolitische Zwecke instrumentalisiert werden. Insgesamt bieten die Ausnahmebereiche und das Fehlen eines effektiven supranationalen Schutzes individueller Eigentumsrechte beachtliche Spielräume für staatlichen Interventionismus. Daraus resultieren typische Integrationshindernisse. Deren Übernahme kann die Transformationsländer dazu verleiten, im Hinblick auf die EG-Kompatibilität dieser Punkte den marktwirtschaftlichen Kurs der Transformationspolitik von vornherein schmalspurig anzulegen. Auch enthält der EWG-Vertrag etwa in Artikel 90 keine Verpflichtung zur Privatisierung, und Dienstleistungsmonopole des Staates sind faktisch in einem beträchtlichen Maße absicherbar. Es bleibt den Mitgliedsländern vorbehalten, das Ausmaß der öffentlichen Unternehmenstätigkeit zu bestimmen. Dies mag für westliche Industrieländer, in denen der Staat im Durchschnitt nicht mehr als 10% der gesamten Produktion erstellt, angehen, nicht aber für Mitgliedsländer, in denen die Wertschöpfung zu fast 100% von staatlichen Betrieben erwirtschaftet wurde. Je weitgehender die öffentliche Unternehmenstätigkeit beibehalten wird, desto wahrscheinlicher ist, daß der Wettbewerb in der Gemeinschaft verzerrt wird. Es fragt sich also, ob die EG in diesen und anderen Punkten, in denen sie ordnungspolitische Mängel aufweist, nicht zu »weichen« Lösungen verführt.

- Zur **Realisierung** und **Kontrolle**: Ein hoher Angleichungsanspruch dürfte für lange Zeit die weniger entwickelten Mitgliedsländer aus dem RGW-Raum überfordern, faktisch aber nicht daran hindern, dem Unionsvertrag rasch beizutreten, wohlwissend, daß Brüssel »weit weg« ist und erheblicher Spielraum für nationale Sonderregelungen bleibt. Auch ist bei unvermeidlichem Vollzug der Angleichungsvorschriften durch nationale Instanzen die Effizienz der externen Durchführungskontrolle zweifelhaft. Wird sich das nationale Interesse an extensiven Sonderregelungen unterdrücken lassen? Werden sich die Regierungen angesichts des gesamten Konfliktpotentials, das im Transformationsprozeß zu bewältigen ist, nicht auf die Angleichungsaufgaben konzentrieren, die besonderen politischen Gewinn versprechen? Wie kann überhaupt den neuen Demokratien im Osten Europas zugemutet werden, den gesamten Rechtsapparat der EG mit einer kaum zu überbietenden Regelungsdichte zu übernehmen, wenn Großbritannien und Dänemark legale, Italien oder Griechenland faktische Ausnahmen machen können? Es dürfte also bei einer Mitgliedschaft der Ostländer für längere Zeit in einem beträchtlichen Ausmaß zu **Scheinangleichungen** kommen.

Die Bedenken gegen eine schematische Rechtsangleichung werfen eine grundsätzliche transformationsstrategische Frage auf: Das Vorhaben, den wirtschaftlichen Vorsprung des Westens rasch aufzuholen, kann als Aufgabe gedeutet werden, dem Wettbewerb als »Entdeckungsverfahren« in den Transformationsländern einen größeren Spielraum zu lassen, als dies etwa in der EG mit ihrer Neigung zum institutionellen Zentralismus und Uniformismus geschieht. Das könnte prinzipiell für den integrationspolitischen Alleingang entsprechend den Feldern C, F und I der **Übersicht** sprechen, gäbe es die restriktive gemeinsame Handelspolitik der EG nicht.

f. Hindernis VI: Gemeinsame Handelspolitik

Die EG-Praxis der Vergemeinschaftung des umfangreichen nationalen Einfuhrschutzes (einschließlich einer wettbewerbsfeindlichen Anti-Dumping-Politik) steht angesichts erhöhter Beschäftigungsprobleme, Umverteilungserwartungen und der Anpassungszwänge, unter denen die potentiellen Beitrittsländer des ehemaligen RGW stehen, in einer besonderen Gefahr des Mißbrauchs für eine Stärkung der protektionistischen Mehrheit in der EG (mit Griechenland, Portugal, Italien, Frankreich). Dabei erweisen sich am ehesten solche Maßnahmen als konsensfähig, die es erlauben, auf die Mitglieder mit den weitestgehenden Interessen an Einfuhrbeschränkungen Rücksicht zu nehmen. Diese Methode des europäischen Gleichschritts in den Protektionismus, wie sie zugunsten der Agrarwirtschaft, der Montanindustrie, aber auch anderer (ja selbst expandierender) Wirtschaftszweige wie der Automobilindustrie mit dem Anspruch praktiziert wird, der Gemeinschaftssolidarität und der wirtschaftlichen Kohäsion zu dienen, ist mit einem höchst komplizierten gemeinschaftlichen Interventionsrecht verbunden – man denke nur an den für die Ostländer wichtigen Agrar-, Montan- und Textilsektor. Verhandlungen über eine Erweiterung der EG werden allein im Hinblick auf die etablierten Schutzbereiche erschwert und zeitaufwendig. Gelingt es nicht, den Mißbrauch der gemeinsamen Handelspolitik als Ventil zur Entschärfung innerer Konflikte auszuschließen, wird es kaum möglich sein, die Ostländer über eine Assoziierung in den Gemeinsamen Markt so einzubeziehen, daß aus dieser Form der Außenintegration starke Impulse für die Binnenintegration hervorgehen. In der Tat ist die »Handelspolitik... das Senkblei der EG-Ostpolitik und signalisiert mehr politischen Unwillen zur Hilfe als verträglich« (*Hasse*, 1992, S. 189). Dabei besteht kein Zweifel, daß der Anschluß an den Wohlstand der Welt am schnellsten über den Handelsverkehr möglich ist. Kernpunkt hierbei ist der freie Austausch von Gedanken jener Art, die notwendig sind, um den Menschen im Osten zu zeigen, wie man mit Gewinnaussichten das macht, was im Westen gekauft wird.

IV. Bedingungen für die Osterweiterung

Was können unsere östlichen Nachbarn von der EG erwarten? Die Antwort auf diese Frage hängt von der Einschätzung des weiteren Integrationsverlaufs in der Zwölfergemeinschaft ab. Dieser ist wiederum von der verfolgten Integrationsmethode abhängig:

1. Die aktuelle Vertiefungskonzeption ist in wichtigen Aspekten vom Streben nach »Einheitlichkeit« (einheitliche Währung, einheitliche Märkte für Agrarerzeugnisse,

Kohle, Stahl usw., einheitliche Steuersysteme und Sozialordnungen, einheitliche Industrie- und Handelspolitik, »Europa mit einer Geschwindigkeit«, einheitlicher Wirtschaftsraum) gekennzeichnet. Dieses Streben verleiht der politisch-bürokratischen Integrationsmethode mit ihren wettbewerbs- und neuerungsfeindlichen Begleiterscheinungen eine Eigendynamik, die dem Prinzip des offenen Regionalismus als Grundbedingung für die Osterweiterung zuwiderläuft.

Darüber hinaus ist der Verdacht nicht unberechtigt, daß diese Vertiefungskonzeption bereits in der Zwölfergemeinschaft geeignet ist, die föderative Struktur dort, wo sie – wie in Deutschland – besteht, auszuhöhlen, Ansätze zur Regionalisierung einzuengen und – wegen des punktualistischen Charakters – der Desintegration der europäischen Wirtschaft Vorschub zu leisten. Dadurch könnte auch die Idee einer europäischen Friedensordnung Schaden nehmen.

Der Grund hierfür liegt in den Tendenzen zur Politisierung des Integrationsprozesses. Diese resultieren aus der Entwicklung der EG zu einer Umverteilungsinstanz. Dabei dürfte vorwiegend nach politischen Tauschkalkülen entschieden werden. Wer angesichts der monetären Konsequenzen für eine europäische Stabilitätsgemeinschaft eintritt, wird einen schweren Stand haben. Denn die Praxis einer gespaltenen Politikintegration (Zentralisierung der währungspolitischen Verantwortung einerseits, Festhalten an nationaler Zuständigkeit für die Wirtschafts- und Finanzpolitik andererseits) ist geeignet, die Folgen einer stabilitätswidrigen Politik auf der nationalen Ebene zu »europäisieren« (*Jansen*, 1992, S. 575.). Eine rasch zunehmende Europaverdrossenheit dürfte die Folge sein.

2. Die Einheitliche Europäische Akte und der Vertrag von Maastricht haben der EG-Kommission das Mandat für die Einrichtung einer rasch wachsenden Umverteilungsbürokratie mit supranationalen Regulierungskompetenzen gegeben. Dabei mahnen die Erkenntnisse der Public Choice-Schule zur Skepsis, was die Problemlösungsfähigkeit und -willigkeit staatlicher und suprastaatlicher Bürokratien anbelangt. Zweifel an der Steuerungskompetenz der Kommission resultieren schon aus dem gewählten Ansatzpunkt »Mangel an Integrationsfähigkeit« und dem Glauben, diesem mit Hilfe der politisch-bürokratischen Methode und ihrer Verfahren der Umverteilung und vorauseilenden Harmonisierung wirksam begegnen zu können. Was sicher dabei herauskommen wird, ist erstens die Festigung von wirtschaftlichen Machtgruppen und die Erweiterung ihrer Funktionen auf EG-Ebene und zweitens eine zunehmende Lenkung der Wirtschaftsprozesse, wobei das interessengeleitete Expertenwissen einfließen wird. Beide Konsequenzen leisten einer Fesselung der EG-Integrationspolitik durch die Wirtschaft Vorschub.

Mit der Osterweiterung nach der politisch-bürokratischen Methode würde die EG-Kommission die Möglichkeit erhalten, ihre Neigungen zum »Internationalen Wohlfahrtsstaat« zu verstärken. Bei der wirtschaftlichen Rückständigkeit und schwierigen Aufgabenstellung der Transformationsländer läßt sich die Präferenz für zentral-

Übersicht: Transformationsprobleme, Integrationswege und Integrationsformen

Integrationsweg	**Problembereich der Transformationspolitik**		
	Das ordnungspolitische Problem (Herstellung einer Preisgemeinschaft)	Das handelspolitische Problem (Herstellung einer Tauschgemeinschaft)	Das währungspolitische Problem (Herstellung einer Zahlungsgemeinschaft)
	A	**D**	**G**
Wirtschaftsgemeinschaft der Transformationsländer	Konstitutionalisierung der Ordnungspolitik: – Konsultationen in Ordnungsfragen – Partielle Koordination der Ordnungspolitik – Umfassende Koordination: Bildung einer »Vorunion« zur Vereinheitlichung der Wirtschafts- und Sozialpolitik	– Freihandelsvertrag (Bsp.: Visegrad-Staaten – CEFTA) – Zollunion – Gemeinsamer Markt – Wirtschafts- und Währungsunion	– Verrechnungsverkehr (Osteuropäische Zahlungsunion) – Osteuropäischer Wechselkursverbund (Osteuropäisches Währungssystem – OEWS) – Currency Board-System – Osteuropäische Währungsunion (Bsp.: Plan der tschechisch-slowakischen Währungsunion)

	B	E	H
Beitritt der Transformationsländer zu etablierten (westlichen) Wirtschaftsgemeinschaften	– Ordnungspolitische Beobachtung und Beratung durch die EFTA mittels einer »gemeinsamen Erklärung« – Assoziierungsabkommen mit Rechtsharmonisierung (Bsp.: Europa-Abkommen der EG) – Regionale Konstitutionalisierung der Transformationspolitik durch Beitritt zur EG oder zum Europäischen Wirtschaftsraum (EWR)	– Freihandelszone (EFTA) – Zollunion/Gemeinsamer Markt – EG: a) mit gemeinsamer Handelspolitik b) mit handelspolitischem Ursprungslandprinzip – EWR mit handelspolitischem Ursprungsprinzip	– Mitgliedschaft im EWS – Mitgliedschaft in einer Europäischen Währungsunion
	C	**F**	**I**
Integrationspolitischer Alleingang	Eigener Weg zur Marktwirtschaft im Wettbewerb der Transformationswege bei prinzipieller Orientierung an klassischen Verfassungsdemokratien (GATT-Prinzipien der Integration mit der konzeptionellen Erweiterung der Uruguay-Runde)	Direkte Annäherung an die Freihandelsprinzipien des GATT durch eine export-orientierte Transformationspolitik	– Einseitige Wechselkursanbindung an eine Währung oder einen Währungskorb (DM, $, ECU) – Flexibler Wechselkurs

Quelle: *Schüller/Weber*, 1993, S. 451.

gesteuerte Maßnahmen der Umverteilung und Lenkung besonders bequem begründen und im politischen Prozeß einfordern, zumal die Kommission – wie die Assoziierungsabkommen zeigen – einen mächtigen Drang hat, ihren Interventionismus dorthin zu verlagern, wo man dabei ist, davon Abstand zu gewinnen.

3. Die wettbewerblich-marktwirtschaftliche Integrationsmethode vertraut primär dem Wettbewerb der Systeme. In diesem Wettbewerb wird ein Verfahren gesehen, daß es den beitrittswilligen Staaten durch überwiegend marktmäßige Auslandshilfe und eigene Leistung ermöglicht, die eingangs genannten ökonomischen und politischen Ziele zu verfolgen. Wenn dies richtig ist, dann wäre es sowohl unter dem Gesichtspunkt der Vertiefung der EG als auch im Hinblick auf die Frage der Erweiterung, die sich angesichts der fundamental veränderten ordnungspolitischen Wirklichkeit in Europa unausweichlich stellt, an der Zeit, anstelle einer Vertiefung durch Beschränkungen des Wettbewerbs der Systeme eine Vertiefung durch größere »institutionelle Offenheit« (*Siebert*, 1992, S. 72 ff.) anzustreben. Dies setzt den Verzicht des »kleineuropäischen Dirigismus« voraus, der ohnehin in der Defensive ist (*Willgerodt*, 1991, S. 59 ff.). Demgegenüber hätte sich die Integrationspolitik unter Einschluß der Demokratien und Marktwirtschaften aus dem früheren RGW-Raum auf die Schaffung einer »gesamteuropäischen Wirtschaftsunion« (*Watrin*, 1993, S. 187 ff.) zu konzentrieren. Diese Aufgabe wird unter Berücksichtigung des Binnenmarktkonzepts, von Grundzügen des EWR-Vertrags und der GATT-Bestimmungen schwierig genug sein. Die integrationspolitische Selbstbeschränkung offenbart, was ohnehin nicht länger verschwiegen werden sollte: Es wird für die Zwölfergemeinschaft auf absehbare Zeit nicht möglich sein, für die in Maastricht anvisierte Politische Union, soll es sich um eine echte föderative Union handeln, eine konsensfähige Verfassung zu vereinbaren. Man müßte hierbei mit einer so »starken Differenzierung der Zugehörigkeit der Länder« beginnen (*Wildenmann*, 1992, S. 88), daß nicht erkennbar ist, worin der Vorteil eines solchen Bundesstaates liegen könnte. Wenn sich eine echte föderative Union dadurch auszeichnet, daß ihre Verfassung Tendenzen einer Entwicklung zu einem politisch-bürokratischen Zentralismus und institutionellen Uniformismus wirksam zu unterbinden vermag, dann ist der mit den Maastrichter Beschlüssen eingeschlagene Weg in vieler Hinsicht zielwidrig. Für eine mit der Mitgliedschaft in der EG angestrebte Sicherung des politischen Friedens und der Unabhängigkeit erscheinen ohnehin andere Schutzeinrichtungen effektiver zu sein – wie etwa die NATO bei amerikanischer Präsenz in Europa (*Möschel*, 1993, S. 23). Wer die gesamteuropäische Wirtschaftsunion zu einer politischen Union weiterentwickeln möchte, wird zu zeigen haben, wie die künftige Verfassung Europas aussehen soll. Einen bemerkenswerten Vorschlag für eine Verfassung mit einer dauerhaft begrenzten Zentralgewalt hat 1993 die »European Constitutional Group« vorgelegt.

Literaturverzeichnis

Delors, Jacques, »Herausforderungen gemeinsam begegnen«, Verlagsbeilage *Deutsche Wirtschaft zur Frankfurter Allgemeinen Zeitung*, Nr. 129 vom 7.6.1993, S. 1.

European Constitutional Group (Hrsg.), »A European Constitutional Settlement«, *Draft Report*, London 1993.

Feldmann, Horst, »Konzeption und Praxis der EG-Industriepolitik: Eine Bestandsaufnahme aus ordnungspolitischer Sicht«, *ORDO*, Bd. 44 (1993), S. 139–168.

Görgens, Egon, »Der Arbeitsmarkt im Europäischen Integrationsprozeß«, in: Helmut Gröner und Alfred Schüller (Hrsg.), *Die Europäische Integration als Ordnungsproblem*, Stuttgart, Jena und New York 1993, S. 197–236.

Hasse, Rolf H., »Die ordnungspolitische Herausforderung Osteuropas«, *Hamburger Jahrbuch für Wirtschafts- und Gesellschaftspolitik*, 37. Jahr, 1992, S. 173–190.

Hayek, Friedrich A. von, »Die wirtschaftlichen Voraussetzungen föderativer Zusammenschlüsse«, in: ders., *Individualismus und wirtschaftliche Ordnung*, 2., erw. Auflage, Salzburg 1978, S. 324–344.

Jansen, Paul, »Europäische Währungsunion – Gefahren und Risiken«, *Wirtschaftsdienst*, 72. Jg., Heft 11, 1992, S. 574–580.

Laqueur, Walter, *Der Schoß ist fruchtbar noch: Der militante Nationalismus der russischen Rechten*, München 1993.

Meyer, Fritz W. und Hans Willgerodt, »Der wirtschaftspolitische Aussagewert internationaler Lohnvergleiche«, in: Bundesministerium für wirtschaftliche Zusammenarbeit (Hrsg.), *Internationale Lohngefälle*, Bonn 1956, S. 7–78.

Möschel, Wernhard, »Eine Verfassungskonzeption für die Europäische Union«, in: Gröner, Helmut und Alfred Schüller (Hrsg.), *Die europäische Integration als ordnungspolitische Aufgabe*, Stuttgart, Jena und New York 1993, S. 21–39.

Münster, Winfried, »Maastricht ist nicht mehr der Kompaß«, *Süddeutsche Zeitung* vom 15./16.5.1993.

o.V., »Eine ›Magna Charta‹ für das 21. Jahrhundert. Die EG-Strukturfonds am Beispiel Portugals«, *Neue Zürcher Zeitung*, Fernausgabe Nr. 194 vom 24.8.1993, S. 9.

Ridinger, Rudolf, »Aktuelle Diskussionen zur Finanzausstattung und Reform der EG-Regionalförderung«, *Wirtschaftsdienst*, 72. Jg. (1992), Heft 12, S. 649–654.

Röpke, Wilhelm, *Jenseits von Angebot und Nachfrage*, 3. (veränderte) Auflage, Erlenbach-Zürich und Stuttgart 1961.

Schüller, Alfred und Dirk Wentzel, »From Socialism to a Market Economy: What is Decelerating, and What is Accelerating?«, *Acta Oeconomica*, Vol. 44, No. 3–4, 1992, S. 339–347.

Schüller, Alfred und Ralf L. Weber, »Von der Transformation zur Integration: Eine ordnungs-, handels- und währungspolitische Aufgabenstellung«, in: Helmut Gröner und Alfred Schüller (Hrsg.), *Die Europäische Integration als Ordnungsproblem*, Stuttgart, Jena und New York 1993, S. 445–491.

Siebert, Horst, »Die Integration Osteuropas in die Weltwirtschaft«, in: Erhard Kantzenbach (Hrsg.), »Die wirtschaftliche Neuordnung Europas – Erfahrungen und Perspektiven –«, *Beiheft 1 zur Zeitschrift für Wirtschafts- und Sozialwissenschaften*, Berlin 1992, S. 55–77.

Watrin, Christian, »Europas ungeklärte Ordnungsfragen«, in: Glatzel, Norbert und Eugen Kleindienst (Hrsg.), *Die personale Struktur des gesellschaftlichen Lebens. Festschrift für Anton Rauscher*, Berlin 1993, S. 169–190.

Wildenmann, Rudolf, »Probleme der sozio-politischen Steuerungskapazität«, in: Erhard Kantzenbach (Hrsg.), »Die wirtschaftliche Neuordnung Europas – Erfahrungen und Perspektiven –«, *Beiheft 1 zur Zeitschrift für Wirtschafts- und Sozialwissenschaften*, Berlin 1992, S. 81–92.

Willgerodt, Hans, »Wirtschaftsraum und Währungsraum«, *Wirtschaftspolitische Chronik*, Heft 3, 1964, S. 21–51.

Willgerodt, Hans, »Wirtschaftspolitische Grundbedingungen der Europäischen Gemeinschaft«, *Bitburger Gespräche, Jahrbuch 1991/1*, München 1991, S. 49–65.

Willgerodt, Hans, »Armut als Integrationshindernis? Konflikt zwischen Vertiefung und Erweiterung der Europäischen Gemeinschaft«, *Zeitschrift für Wirtschaftspolitik*, Jg. 41 (1992), S. 95–123.

Ansätze der EG-Kommission zu mehr Wettbewerb in der Elektrizitätsversorgung

Helmut Gröner und Gerhard Sauer

I. Die Stromversorgung – ein hochkartellierter Wirtschaftssektor

Die Stromversorgung ist seit ihren Anfängen vor rund hundert Jahren durch eine Vielzahl von Wettbewerbsbeschränkungen bis hin zu Wettbewerbsausschlüssen geprägt.[1] Im Zuge der Entwicklung nahm nach der Gründungsphase der Anteil öffentlicher Unternehmen an der Stromversorgung stark zu, wobei das Monopol, das die Städte und Gemeinden in Form ihres Straßen- und Wegeeigentums besitzen, von Anfang an als Instrument kommunaler Einflußnahmen auf die Elektrizitätswirtschaft genutzt wurde.

Eine wettbewerbliche Ausrichtung der Elektrizitätsmärkte wird deutlich erschwert durch die Notwendigkeit, für die Übertragung elektrischen Stroms festinstallierte Leitungen zu benutzen, die durchweg ein natürliches Monopol darstellen. Das heißt, in der Regel sinken die Durchschnittskosten der Übertragung stetig bis zum Erreichen der Kapazitätsgrenze. Abgesehen von der mangelnden Verfügbarkeit über geeigneten Trassenraum würde das Wettbewerbsprinzip hier zu suboptimalen Ergebnissen führen.

Ungeachtet dieses Sachverhaltes, der im Bereich der Stromübertragung konkurrierende Leistungsangebote ohnehin nur im Ausnahmefall erwarten ließe, stellte der deutsche Gesetzgeber ausdrücklich Vereinbarungen zum Wettbewerbsausschluß in der Stromversorgung von dem in einer Marktwirtschaft unverzichtbaren Verbot von Kartellabsprachen frei, als in Deutschland endlich eine ernsthafte Wettbewerbspolitik betrieben wurde. Er rechtfertigte diese Freistellung sogar mit der Unwirtschaftlichkeit von Doppelleitungen. Dabei ließ er allem Anschein nach unbeachtet, daß ordnungspolitisch der umgekehrte Weg, nämlich Maßnahmen zur

1 Zur historischen Entwicklung der deutschen Elektrizitätswirtschaft siehe *Gröner* (1975). *Hans Willgerodt* war es, der Anfang der sechziger Jahre bei einem der Verfasser das Interesse an der ordnungspolitischen Problematik der Elektrizitätsversorgung geweckt hat.

Überwindung der durch das natürliche Monopol gesetzten Fakten, geboten gewesen wäre. Seit 1957 gewährt jedenfalls § 103 des Gesetzes gegen Wettbewerbsbeschränkungen (GWB) eine umfassende Freistellung vom grundsätzlichen Kartellverbot des GWB für die gesamten Bereiche der leitungsgebundenen Energie. Damit wurde der bis zum Erlaß dieses Gesetzes im Jahre 1957 bestehende Zustand auch formal legalisiert.
Bei den Freistellungen handelt es sich im wesentlichen um die

- Abgrenzung der Gebiete zwischen Versorgungsunternehmen, in denen jeweils die Versorgung übernommen wird (Demarkationsverträge), sowie um
- Vereinbarungen zwischen einer Gebietskörperschaft und einem Elektrizitätsversorgungsunternehmen (EltVU) über die ausschließliche Sondernutzung der öffentlichen Wege zur Leitungsverlegung (Konzessionsverträge).

Weitere Restriktionen ergeben sich aus den §§ 4 und 5 des Energiewirtschaftsgesetzes von 1935, die sich durchaus dirigistisch mißbrauchen lassen. Die Präambel dieses Gesetzes setzt nämlich bemerkenswerterweise das Ziel, »volkswirtschaftlich schädliche Auswirkungen des Wettbewerbs zu verhindern.«
Diese legalisierten Kartelle lassen als rudimentäre Wettbewerbsgröße lediglich Stromeigenerzeugung vor allem der Industrie übrig. Da für dort erzeugten Überschußstrom mangels Übertragungsmöglichkeiten nur das örtlich »zuständige« EltVU als Abnehmer in Frage kommt, bleiben auch hier nur begrenzte Optimierungsmöglichkeiten. Für sie wurden 1979 Regeln zwischen dem Bundesverband der Deutschen Industrie (BDI) und dem Verband der Industriellen Energie- und Kraftwirtschaft (VIK) einerseits und der Vereinigung Deutscher Elektrizitätswerke (VDEW) andererseits vereinbart, die sich im Rahmen des elektrizitätswirtschaftlichen Monopolsystems immerhin als tragfähig erwiesen haben.
Daß sich in einem solchermaßen vor Konkurrenz geschützten wirtschaftlichen Umfeld kein ›Wettbewerbsgesetz‹ entwickeln konnte, verwundert nicht. Entsprechend gab es auch immer wieder energische Widerstände aus der gesamten öffentlichen Stromversorgungswirtschaft, wenn Vorschläge zu einer wettbewerblich orientierten Auflockerung vorgetragen wurden.

II. Frühere Bestrebungen zur wettbewerblichen Auflockerung der Stromversorgung in Deutschland

Bei den Bemühungen um Auflockerung der verkrusteten Strukturen in der Elektrizitätsversorgungswirtschaft stehen sich zwei prinzipielle Ansätze gegenüber: Zum einen der Transparenzansatz (*Schneider*, 1966; neuerdings auch *EG-Kommission*,

1990; *EP, Ausschuß für Energie, Forschung und Technologie* (*AEFT*), 1993), zum anderen der Ansatz, die Elektrizitätsmärkte wettbewerblich zu orientieren und zu diesem Zweck den monopolistischen Gebietsschutz aufzulockern oder sogar ganz aufzuheben (*Hamm*, 1961, 1962a, 1962b, 1963, 1964; *Gröner*, 1965; *VIK*, 1970).
Eine Realisierung des Transparenzansatzes, bei dem neben der Preistransparenz auch eine Transparenz der Kosten angestrebt werden muß, kann helfen, Diskriminierungen bestimmter Abnehmer aufzudecken. Er akzeptiert aber die Kosten als solche dem Grunde nach und übt keinen Druck auf sie aus, der dem Wettbewerbsdruck entspräche. Monopolistische Überhöhungen des Preisniveaus werden nicht verschwinden, aufgrund der Kostenlage durchaus berechtigte Sonderkonditionen werden unterbleiben, um dem Vorwurf der diskriminierenden Behandlung zu entgehen.
Ein Wegfall des Gebietsschutzes und die Überwindung des kommunalen Wegemonopols wären als Vorbedingung für wettbewerbliche Verhaltensweisen in der Stromwirtschaft unverzichtbar. Doch hinge die Ausbreitung von Wettbewerbsprozessen in großem Umfang vom Bau neuer Leitungen durch konkurrierende Anbieter ab, die in die bis dahin geschützten Versorgungsgebiete gebaut werden könnten, aber auch gebaut werden müßten. Ein solcher Prozeß dürfte erhebliche Zeiträume beanspruchen, sofern er bei wettbewerbsträgem Verhalten der EltVU und angesichts des genannten natürlichen Monopols überhaupt zustande käme, wenn es sich um große, zusammenhängende Gebiete handelt.
Hier zeigt sich, daß die Verschmelzung der ›Teildienstleistungen‹ der Stromversorgung, nämlich der Erzeugung, der Übertragung und der Verteilung unter dem einheitlichen Dach eines einzelnen EltVU das gewichtigste wirtschaftliche Hindernis gegen den Aufbau eines wettbewerblichen Stromversorgungssystems darstellt (*Budde*, 1980, S. 156–157), selbst wenn der monopolistische Gebietsschutz und die ausschließliche Nutzung des kommunalen Wegemonopols überwunden werden könnten. Alle Reformansätze haben dieses Faktum zu berücksichtigen, wenn ihnen eine Erfolgschance eingeräumt werden soll. Diese Aspekte waren in der wissenschaftlichen Diskussion bereits klar herausgearbeitet, als die Bundesregierung 1987 einer unabhängigen Expertenkommission aus Wissenschaftlern und Wirtschaftspraktikern den Auftrag erteilte, Vorschläge zum Abbau marktwidriger Regulierungen in der deutschen Wirtschaft zu erarbeiten. Dieser Expertenkreis, Deregulierungskommission (1991, S. 84–87) genannt, untersuchte neben sechs weiteren hochregulierten Bereichen auch die Stromwirtschaft und legte mit ihrem Bericht vom März 1991 eine eingehende Analyse der Markt- und Wettbewerbssituation im Stromsektor sowie sechs gezielte Vorschläge zu seiner Deregulierung vor. Sie betreffen:

- das Verbot wettbewerbsbeschränkender Vereinbarungen zwischen EltVU (Demarkations- und Verbundverträge) sowie der Ausschließlichkeitsklausel in Konzessionsverträgen durch Änderung der 103, 103a GWB;

- die Einführung einer allgemeinen Pflicht für die EltVU zur Durchleitung von Strom als eigenständige Dienstleistung;
- die Ausschreibung der Versorgung von Tarifkunden für einen befristeten Zeitraum;
- die Einführung eingliedriger lastabhängiger Stromtarife für Tarifkunden;
- die schrittweise Abschaffung der Konzessionsabgaben bei künftig dann bestehender Verpflichtung, für die Kosten der Wegenutzung aufzukommen;
- die Überprüfung des kommunalen Querverbundes hinsichtlich der Versorgung mit Strom, Gas, Wasser, des öffentlichen Personennahverkehrs, der Abfallbeseitigung und weiterer kommunaler Aufgaben.

Diese Vorschläge werden von der deutschen industriellen Energie- und Kraftwirtschaft nachdrücklich unterstützt, von der Elektrizitätswirtschaft und insbesondere ihrem kommunalen Teil entschieden abgelehnt. Der politische Willensbildungsprozeß ist noch nicht abgeschlossen, doch läßt sich inbesondere im Bundesministerium für Wirtschaft und bei den Koalitionsparteien CDU/CSU und FDP eine betont aufgeschlossene Haltung feststellen, die gute Voraussetzungen für eine politische Umsetzung der meisten dieser Deregulierungsvorschläge abgibt.

III. Vorstöße der EG-Kommission

Das Weißbuch der EG-Kommission »Vollendung des Binnenmarktes« (1985) und vor allem die im Dezember 1985 verabschiedete und zum 1. Juli 1987 in Kraft getretene Einheitliche Europäische Akte schufen die rechtlichen Voraussetzungen für die Vollendung des EG-Binnenmarktes zum 31. Dezember 1992, und zwar auf der seit Gründung der EG maßgeblichen Integrationsgrundlage eines Systems unverfälschten Wettbewerbs. Dieser ist gemäß dem mit dieser Akte neu in den EWG-Vertrag eingeführten Artikel 8a definiert als »ein Raum, in dem der freie Verkehr von Waren, Personen, Dienstleistungen und Kapital gewährleistet ist.« Der Elektrizitätssektor ist darin eingeschlossen.

Unter Berufung auf diese Regelung monierte der französische Monopol-Stromversorger, die Electricité de France (EdF) in der Folgezeit wiederholt öffentlich die ihm fehlenden Möglichkeiten zum eigenverantwortlichen Stromexport in die anderen EG-Länder aufgrund der dort bestehenden Marktzugangsbeschränkungen. Gleichzeitig wurde auch politischer Druck auf die EG-Kommission ausgeübt, für Abhilfe zu sorgen. Dabei dürfte die EdF stillschweigend davon ausgegangen sein, daß die von ihr begehrte dortige Marktöffnung für EdF-Strom die in Frankreich durchweg weitaus höheren Handelsschranken für ausländische Stromanbieter unangetastet ließe. Nur so ist zu verstehen, daß die EdF später den Vorschlägen der EG-Kommission zur Liberalisierung der EG-Strommärkte ausgesprochen ablehnend gegenüberstand. Insgesamt mag man es immerhin als Treppenwitz der EG-Geschichte ansehen, daß der mächtigste Monopolist in der EG-Stromwirtschaft politisch einen entscheidenden Anstoß dazu gab, in der Europäischen Gemeinschaft die Monopolstruktur bei Strom wettbewerblich aufzulockern oder sie gar zu überwinden.

1. Das Arbeitsdokument der EG-Kommission »Der Binnenmarkt für Energie«

Im Mai 1988 veröffentlichte die Kommission der Europäischen Gemeinschaften (1988) ein Arbeitspapier unter dem Titel »Der Binnenmarkt für Energie«. Darin wurde eine Bestandsaufnahme über die Hemmnisse vorgelegt, die einem gemeinsamen EG-Energiemarkt noch im Wege standen, und aus Sicht der Kommission die wichtigsten Probleme dargelegt, die vor einer Vollendung des EG-Binnenmarktes noch einer Lösung bedurften. In vorsichtiger Form äußert das Arbeitspapier Kritik an den damaligen und noch heute bestehenden Ausschließlichkeitsrechten bei Transport und Verteilung in der EG-Stromversorgung, welche den innergemeinschaftlichen Austausch verhinderten oder erschwerten (TZ 61). Als Ausweg wird ein System des »Common Carriage« erwogen, für das nach Aussage des Kommissionspapiers insbesondere die großen Stromverbraucher und die großen Stromeigenerzeuger einträten. Dort zwar nicht konkret definiert, wird die Wirkungsweise des »Common Carriage« als die Möglichkeit für »Verbraucher oder Versorgungsunternehmen« beschrieben, zu »einer Versorgung aus jeder beliebigen kostengünstigen Produktionsquelle« zu kommen. Nicht zuletzt im Hinblick auf die Bedenken der »Elektrizitätserzeuger« wegen der technischen Probleme des Betriebes und der Versorgungssicherheit kündigt die EG-Kommission jedoch zugleich an, daß »dieses Thema weiter diskutiert werden« solle (TZ 13).
Die Frage einer wettbewerbsinduzierten Senkung der Strombezugskosten in der EG wird in dem Papier nur in einer mehr oberflächlichen Form angesprochen als das Streben industrieller Großverbraucher nach möglichst günstigen Strompreisen (TZ 16). Außerdem wird als Mangel in der EG undifferenziert der geringe grenzüberschreitende Stromaustausch herausgehoben, der weniger als fünf Prozent des gesamten EG-Verbrauchs an Elektrizität betrage (TZ 17). Der »Wettbewerb als Entdeckungsverfahren« (*von Hayek*) ist in dem Papier als Zielsetzung der Gemeinschaft allenfalls zu erahnen. Einen eigenen Stellenwert besitzt er in den Ausführungen nicht.
In die gleiche Richtung zielt auch die Tatsache, daß der Wettbewerb um Stromkunden als solcher nicht genannt wird, sondern umschrieben wird als das Bemühen der (Groß-) Kunden um möglichst günstige Einkaufsquellen, wie auch das wettbewerbliche »Common-Carriage«-Prinzip den gleichen Argumentationsrang besitzt wie

Maßnahmen der Monopolkontrolle in Form von Verbesserungen der Preis- und Kostentransparenz, wenn es darum geht, konstruktive Beiträge zu einem offeneren EG-Strommarkt zu finden. Insgesamt stellt das Arbeitspapier aber eine tiefergreifende Analyse mit der entschlossenen Suche nach Wegen dar, die Effizienz in der EG auch beim elektrischen Strom zu steigern. Dieses ernsthafte Bemühen versöhnt etwas mit dem sich teilweise einstellenden Unbehagen, das im Blick auf die mangelnde ordnungspolitische Fundierung der Untersuchung nicht zu vermeiden ist.

2. Die Beratenden Ausschüsse über den Zugang Dritter zu Elektrizitätsnetzen

Im September 1989 beschloß die EG-Kommission (1989) die Einsetzung zweier Beratender Ausschüsse zur Untersuchung der Möglichkeit, Dritten Zugang zu den Stromleitungsnetzen in den EG-Staaten zu eröffnen. Diese Ausschüsse wurden durch die Generaldirektion XVII (Energie) der EG-Kommission betreut. In dem ersten Ausschuß, Professional Consultative Committee on Electricity (PCCE) genannt, traten Vertreter der Verbände der Stromversorgungswirtschaft sowie der Industrieabnehmer und der Kleinverbraucher zusammen. Der andere Ausschuß mit der Bezeichnung Comité Consultatif Etats Membres Electricité (CCEME) setzte sich aus Vertretern der zwölf EG-Mitgliedstaaten zusammen. Die EG-Kommission (1991a) legte im Mai 1991 über die Arbeit der beiden Ausschüsse einen Bericht mit getrennten Darlegungen vor.

a. Ergebnisse des PCCE

In der PCCE prallten die unterschiedlichen Auffassungen der beiden Marktseiten des Stromgeschäfts erneut aufeinander, wie sich besonders auch aus den als Anhang zum Beschlußbericht des PCCE beigefügten Abschlußstellungnahmen der beteiligten Verbände ergibt (EG-Kommission, 1991b, Anhänge 1–5). Die Befürworter eines Wandels der EG-Stromversorgung hin zu einem System, das Nicht-EltVU die Durchleitung von Elektrizität durch fremde Netze ermöglicht, das also gleichzeitig Voraussetzungen schafft für Wettbewerbsprozesse beim Strom, betonten die Vorteile einer derartigen Ordnung der Stromversorgung mit Blick auf die Kosten- und auf die Effizienzsteigerung des gesamten Systems. Damit könne es gelingen, auch beim Strom den EG-Binnenmarkt zu vollenden und gegebene Standortvorteile zum Vorteil aller Stromkunden in der EG zu nutzen. Von ihnen wurde ferner das Wettbewerbsprinzip als der entscheidende Antrieb für Leistungsverbesserungen herausgestellt. Darauf könne bei sich verschärfenden Wettbewerbsprozessen auf den Weltmärkten für industrielle Produkte nicht verzichtet werden.
Demgegenüber warnten die Gegner eines Durchleitungssystems, jetzt mit dem

geänderten Begriff Third-Party-Access (TPA) bezeichnet (ebenda, S. 47), damit würden Unsicherheiten für die Stromversorgungswirtschaft geschaffen, den naturgemäß langfristig orientierten Investitionsplanungen die Entscheidungsgrundlagen entzogen, die Preisstabilität gefährdet, viele zusätzliche Regulierungen notwendig und schließlich auch Quersubventionen zu Lasten der kleinen Stromverbraucher provoziert. Schließlich seien wegen der noch nicht harmonisierten Rahmenbedingungen hinsichtlich Besteuerung, Finanzierung, Umweltschutz und Brennstoffnutzung Wettbewerbsverzerrungen die zwangsläufige Folge. Das vertrage sich nicht mit dem Konzept des EG-Binnenmarktes (ebenda, S. 7 sowie Anhänge).

Der Bericht definiert »Common Carriage« als ein System, das »Elektrizitäts- und Verteilungsgesellschaften ... generell verpflichtet, jederzeit Elektrizitätstransportdienstleistungen anzubieten, ohne unterschiedliche Behandlung alter und neuer Kunden; die Kapazität wird [dort] anteilig unter allen Interessenten aufgeteilt« (S. 47). Restriktiver umreißt der Begriff des TPA, der von der Kommission neuerdings verwendet wird, das Recht zum Netzzutritt auf Grund der zeitlichen Reihenfolge des Zutrittsbegehrens der einzelnen Antragsteller. Der Bericht definiert den TPA als »ein System, in dem Betreibern von Elektrizitätsbeförderungsnetzen und -verteilungsnetzen qualifizierte Auflagen gemacht werden, Dritten unter bestimmten Bedingungen die Nutzung ihrer Anlagen zu gewähren« (S. 47).

Die Elektrizitätswirtschaft wendet hiergegen ein, der TPA mache die Absatzchancen der bestehenden und der noch zu errichtenden Stromerzeugungskapazitäten unsicher. Dadurch entstünde ein erhebliches Investitionshemmnis, so daß im Zeitablauf die von den Kunden verlangte Versorgungssicherheit nicht zu gewährleisten sei. Die Bereitschaft der Kunden, langfristige Abnahmeverträge zu schließen, könne hier keine Abhilfe schaffen: Derartige Verträge liefen zeitlich nicht synchron mit der erwarteten Nutzungsdauer der zu erstellenden Anlagen, so daß das Beschäftigungsrisiko für die Anlagen bestehen bliebe.

In einer Wettbewerbswirtschaft handelt es sich freilich unstreitig um eine unternehmerische Aufgabe, sich Märkte für das einzelne Produkt immer wieder neu zu sichern, und selbst bei geschützten Absatzgebieten gibt es keine Garantie, daß sich im Abnahmeverhalten der Kunden nichts ändert. Außerdem gibt es kaum einen Produktmarkt, der eine sicherere Zukunftsperspektive als Strom aufweist. Überhaupt klingt in den Argumenten der Versorgungswirtschaft immer wieder durch, daß man die behagliche Monopolsituation zu schätzen weiß und daß man Marktrisiken, denen jedes im Wettbewerb stehende Unternehmen selbstverständlich ausgesetzt ist, als unzumutbar erachtet. Die Bereitschaft zu einem Test der eigenen Leistungsfähigkeit durch Wettbewerbsprozesse scheint völlig verkümmert. Entsprechende Forderungen durch die Marktgegenseite und auch durch die EG-Kommission wurden als unerträgliche und unrealisierbare Zumutung zurückgewiesen. Dabei ist als bemerkenswert festzuhalten, daß die britische Stromversorgungswirtschaft, die soeben deutliche Schritte in Richtung auf ein Wettbewerbssystem zurückgelegt hatte, dieses ablehnende Votum von Wettbewerb in der Elektrizitätswirtschaft nicht mittrug. Verwunderlich scheint auch, daß die Stromdurchleitung für Dritte durch die Netze der Stromversorgungswirtschaft an herausgehobener Stelle abgelehnt wird mit der ordnungspolitisch unhaltbaren Begründung, die Pflicht der EltVU zu einer »Versorgung im gemeinnützigen wirtschaftlichen Interesse«, verhindere dies (ebenda, S. 24; kritisch dazu *Gröner*, 1975, S. 112–143).

b. Ergebnisse des CCEME

Die Beratungen des CCEME waren bewußt darauf gerichtet, in der Frage der Einführung von Wettbewerbselementen in die Elektrizitätswirtschaft erste politische Vorklärungen vorzunehmen, ohne allerdings dadurch bereits die Standpunkte der EG-Mitgliedsländer vorwegzunehmen. Der Bericht über die Ausschußarbeit wurde darum ausdrücklich anonymisiert; er gibt lediglich die vorgetragenen Auffassungen und Argumente wieder, ohne auch nur durchblicken zu lassen, welcher Teilnehmer sie vorgetragen hat (EG-Kommission, 1991c, S. 17). Wie die EG-Kommission in ihrem Bericht festhält, überwog in den Verhandlungen die Zahl der Skeptiker »deutlich« diejenige der Befürworter einer wettbewerbsorientierten Öffnung der Elektrizitätsmärkte durch Schaffung von Durchleitungsregelungen (S. 17).
Zwar bestand noch ein breites Einvernehmen darüber, daß »mehr Wettbewerb und eine Ausweitung des Strommarktes« nützlich seien. Auch die im Oktober 1990 vom EG-Ministerrat (1990a, 1990b) verabschiedete Richtlinie über den Transit von Elektrizitätslieferungen über große Netze, welche die EG-weite Stromdurchleitung auf der Verbundstufe regelt, und die Richtlinie vom Juni 1990 zur Einführung eines gemeinschaftlichen Verfahrens zur Gewährleistung von Transparenz der von industriellen Endverbrauchern zu zahlenden Strom- und Gaspreise wurden einmütig begrüßt. Dagegen waren hinsichtlich des zentralen Reformaspekts, der Öffnung der Netze für Nicht-EltVU oder für nicht gebietsansässige EltVU, erhebliche Meinungsverschiedenheiten festzustellen. Sie gipfelten in einer Reihe von Befürchtungen. So gab es auch hier Bedenken, künftige Investitionen im Elektrizitätsbereich würden bei einer wettbewerblichen Öffnung des Versorgungssystems nach Art und Umfang nicht mehr bedarfsgerecht vorgenommen. Weiter wurde argumentiert, kleine Verbraucher, die nicht selbst an den Wettbewerbsprozessen teilnehmen können, müßten zusätzliche Quersubventionen tragen. Diese kämen dann großen Abnehmern zugute, die potentiell die Möglichkeit besäßen, sich ihre Stromlieferanten selbst auszusuchen. Schließlich wurde die Vermutung geäußert, die Öffnung der Netze für Dritte bewirke übermäßige Komplizierungen des Systems. Zudem würde »das derzeit gute Klima der Zusammenarbeit zwischen den großen Netzen zerstört« (EG-Kommission, 1991c, S. 15). Überhaupt bringe ein Wettbewerbssystem dieser Art

einen Zuwachs an bürokratischen Regulierungen und eine Erhöhung der Kosten insgesamt.
An diesen Ausführungen fällt auf, daß man sich in den politischen Kreisen vieler EG-Mitgliedsländer ein neuartiges Wettbewerbssystem in der Stromversorgung kaum als Ergebnis eines umfassenden Deregulierungsprozesses vorstellte und wohl bis heute vorstellt. Vielmehr herrscht die Auffassung vor, man sei beim Auftauchen neuer Probleme, die das Monopolsystem der Stromversorgung nicht kennt, verpflichtet, die Antwort in neuen Regulierungs- und Kontrollmechanismen zu suchen. Daß ein wesentliches marktwirtschaftliches Grundprinzip darin besteht, eine staatliche Regelung des ordnungspolitischen Datenkranzes auf das sachgebotene Minimum zu begrenzen, scheint in der heutigen Zeit ausufernder Interventionen nicht nur in der Politik und der Energieversorgungswirtschaft vielfach in Vergessenheit geraten. Im übrigen treffen die immer wieder gleichsam gebetsmühlenartig geäußerten Befürchtungen gegenüber mehr Wettbewerb auch in der Elektrizitätsversorgung nicht zu (vgl. etwa *Gröner*, 1983).
So läßt sich als Grundübel der gesamten EG-Reformdiskussion bei den leitungsgebundenen Energien Strom und Gas feststellen, daß sie nur unvollkommen Prinzipien der Ordnungspolitik in die Überlegungen einbezieht, die in diesem Fall eine weitgehende Rückverlagerung von Entscheidungsbefugnissen auf die Wirtschaftsakteure erlaubt und damit gleichzeitig Regulierungsnotwendigkeiten merklich verringert. Die Monopolkontrolle ließe sich im Falle einer funktionierenden Durchleitung auf den Netzbereich konzentrieren, der sich als natürliches Monopol auch künftig nur in Ausnahmefällen wettbewerblich organisieren ließe. Weiterhin einer staatlichen Kontrolle bedürfte der Versorgungsbereich der kleineren Stromkunden, denen eine Teilnahme an einem Durchleitungssystem überkompensierend hohe Kosten verursachte, so daß sie auch weiterhin im Monopolbereich verbleiben werden. Die Herausbildung von Wettbewerbspreisen aufgrund eines funktionierenden Durchleitungssystems brächte in Zukunft aber brauchbare Maßstäbe, an denen Versorgungskonditionen und Preisstellung für diesen Kundenkreis sachlich mehr begründet und überzeugender zu beurteilen wären, als das in Deutschland bis jetzt gelungen ist. Im übrigen könnten die lokalen Verteiler-EltVU die über die Durchleitung erreichte Marktöffnung nutzen, um auch den Tarifabnehmern möglichst günstige Versorgungsbedingungen zu bieten.

3. Der Richtlinienentwurf der EG-Kommission vom Februar 1992 zur Vollendung des EG-Binnenmarktes für Elektrizität

Nachdem die PCCE und die CCEME im Frühjahr 1991 ihre Beratungen abgeschlossen hatten, wertete die EG-Kommission die Arbeitsergebnisse aus und bereitete konkrete Vorschläge für eine Reform der EG-Stromversorgung vor. Zentraler Bestandteil war dabei die Schaffung von Durchleitungsrechten für geeignete Interessenten. Sie könnten aus dem Kreis der Stromkunden oder der EltVU kommen, die im jeweiligen Versorgungsgebiet bisher keine Netzrechte besitzen.

Zunächst gab es innerhalb der EG-Kommission offensichtlich zwei grundsätzliche Ansätze für das weitere Vorgehen (EG-Kommission, 1991d, 1991e); beide unveröffentlicht): Die Generaldirektion IV (Wettbewerb) erwog im Sommer 1991, auf der Rechtsgrundlage des Artikel 90 Abs. 3 EWGV eine Einschränkung der Monopolrechte der EltVU vorzunehmen und eigenständig die Pflicht für EltVU zur Durchleitung von elektrischen Strom durch ihre Netze zu erzwingen oder den Interessenten zumindest die Möglichkeit hierzu zu eröffnen. Da der EWG-Vertrag keine Ausnahmebereiche wie das GWB kennt, wäre ein derartiges Vorgehen durchaus vertragskonform. Dagegen schlug die Generaldirektion XVII (Energie) vor, den Weg über Artikel 100a EWGV einzuschlagen. Dieser Artikel war 1986 durch die Einheitliche Europäische Akte in das Vertragswerk eingefügt worden mit dem Ziel, die Vollendung des EG-Binnenmarktes rechtlich zu erleichtern.

Während der Vorschlag der Generaldirektion IV darauf hinauslief, die volle Kompetenz für die Reform der Elektrizitätsversorgung bei der EG-Kommission anzusiedeln, machte der Vorschlag der Generaldirektion XVII die Zustimmung von zumindest sieben, beziehungsweise bei der Nichtzustimmung von Deutschland, Frankreich, Italien oder dem Vereinigten Königreich die Zustimmung von mindestens acht EG-Mitgliedstaaten für eine entsprechende Beschlußfassung erforderlich. Im Sommer entschied sich die EG-Kommission für den Vorschlag der Generaldirektion XVII, wobei sie nach außen keineswegs bekundete, damit auf ihre Rechte nach Art. 90 Abs. 3 EWGV endgültig verzichten zu wollen.

Für diese Entscheidung dürfte die Einsicht entscheidend gewesen sein, daß weder die Kommission als Kollegialgremium noch ihre einzelnen Mitglieder einen Konflikt in dieser Frage mit den Regierungen der Mitgliedstaaten, von denen sie einvernehmlich für ihr Kommissionsamt ernannt worden sind, politisch durchstehen könnten. Entsprechend wäre die Kommission auch kaum in der Lage gewesen, intern überhaupt einen Beschluß in dieser Angelegenheit zu fassen, sofern die Regierungen der Mitgliedstaaten signalisiert hätten, daß sie auf eine Beteiligung an diesen Entscheidungen Wert legten. Darüber hinaus wäre es unter dem Aspekt der demokratischen Legitimation – wie viele meinen – problematisch gewesen, wenn eine Entscheidung mit solch weitreichenden Folgen wie hier nur durch einen Verwaltungsakt ergangen wäre. Jedenfalls legte die EG-Kommission nach mehreren nicht veröffentlichten Arbeitspapieren im Februar 1992 einen Richtlinienentwurf zur Vollendung des Binnenmarktes bei Strom vor, der dem Ansatz der Generaldirektion XVII vom Sommer 1991 folgte (EG-Kommission, 1992). Der Entwurf steht bis heute (Sommer 1993) im Zentrum einer außerordentlich kontroversen Diskussion.

a. Ziele und Maßnahmenvorschläge des Richtlinienentwurfs Strom

In knappen Worten wird in der allgemeinen Begründung zu dem Richtlinienentwurf umrissen, welche Ziele mit den vorgeschlagenen Maßnahmen angestrebt werden (EG-Kommission, 1992). Dabei handelt es sich im einzelnen um

- den freien Verkehr von Elektrizität,
- die Erhöhung der Versorgungssicherheit,
- eine wettbewerbsinduzierte Steigerung der technologischen Effizienz der Wirtschaft sowie
- die daraus erhoffte Erhöhung der Wettbewerbsfähigkeit von EG-Anbietern auf Binnen- und Außenmärkten.

Diese Ziele entsprechen der Vorgabe des EG-Rates von 1986 für den EG-Binnenmarkt und lassen sich auch als Konkretisierung der ursprünglichen Absichten des EWG-Vertrages interpretieren. In der politischen Diskussion sind sie unumstritten, auch wenn die dort verwendeten Argumente nicht in jedem Fall erkennen lassen, daß sie letztlich auch den zentralen Maßstab für die Beurteilung des Richtlinienentwurfs abgeben.

Die Kommission will die Liberalisierung der Strommärkte schrittweise in drei Stufen vollenden. Von ihnen sei die erste durch Erlaß der Transitrichtlinie für Strom und der Preistransparenzrichtlinie bereits abgeschlossen. Die Transitrichtlinie regelt die Durchleitung von elektrischem Strom durch die Hochspannungsnetze der EG-Verbundunternehmen. Sie verbessert rechtlich deren Marktbedingungen und kommt faktisch insbesondere den EG-Ländern in einer geographischen Randlage zugute. Die Preistransparenzrichtlinie soll durch einen regional differenzierten Ausweis standardisierter Preise für Groß-Stromverbraucher bessere Möglichkeiten zum Preisvergleich schaffen. Daß Preistransparenz ein Instrument der Monopolkontrolle ist, welches einen Preiswettbewerb der EltVU durchaus zu stören vermag, scheint der EG-Kommission indes nicht bewußt zu sein. Dabei wäre im bisherigen System der Stromversorgung eine Kostentransparenz der Versorgungswirtschaft eher als die Preistransparenz geeignet gewesen, einen gewissen Druck auf die Strompreise auszuüben. Wettbewerb läßt sich aber keinesfalls durch Transparenzbemühungen ersetzen.

Unter der zweiten Stufe des Liberalisierungsprozesses bei Strom versteht die Kommission die Umsetzung des hier behandelten Richtlinienentwurfs zur Vollendung des Strombinnenmarktes. Wohl mehr aus symbolischen Gründen legt Artikel 28 des Entwurfs fest, daß dies bis zum 31. Dezember 1992 geschehen sollte. Der Termin ist verstrichen, ohne daß auch nur die Beschlußfassung über den Richtlinienentwurf in Sicht ist. Wie die dritte Stufe ausgestaltet wird, war nach der ursprünglichen Vorstellung der Kommission aufgrund der Erfahrungen der zweiten Stufe noch im einzelnen festzulegen. Sie sollte nach Vorstellungen der Kommission am 1. Januar 1996 wirksam werden (EG-Kommission, 1992, S. 11). Dieser Termin wird sich nun ebenfalls nicht einhalten lassen.

Um die angestrebten Wettbewerbsprozesse bei Elektrizität zu ermöglichen, zu sichern und zu flankieren, schlägt die Kommission in Ausfüllung der zweiten Stufe in der Strom-Richtlinie vor allem folgende Maßnahmebündel vor:

- das Verbot einer staatlichen Festlegung, Genehmigung oder Beeinflussung der Strompreise für Kunden, die am Wettbewerb teilnehmen,
- die Beseitigung der Ausschließlichkeitsrechte bei der Errichtung von Produktions- und Übertragungsanlagen für Strom,
- die Trennung der vertikal integrierten Versorgungsunternehmen in die Sparten Stromerzeugung, -beförderung und -verteilung (Unbundling), wobei sicherzustellen ist, daß es zu keinen Quersubventionen kommt,
- die Schaffung von Rechten für Groß-Stromverbraucher und große Verteiler-EltVU, Elektrizität, die sie bei EG-Stromerzeugern außerhalb ihres Versorgungsgebietes beziehen, durch Nutzung der Netze zu ihren Standorten zu übertragen. Dabei wäre während der zweiten Stufe dieses Recht auf Verbraucher mit einem Bedarf von mehr als 100 Millionen kwh pro Jahr und auf Verteilerunternehmen, die einzeln oder gemeinsam mehr als drei Prozent des Stromverbrauchs ihres Landes decken, begrenzt. Die EG-Mitgliedstaaten hätten das Recht, niedrigere Grenzwerte festzulegen. Die Kommission wählte für die Durchleitung den Begriff des TPA, der insofern unscharf ist, als der Zugang zum Netz technisch bereits heute eine selbstverständliche Notwendigkeit für Strombezieher ist. Entscheidend ist vielmehr der fortan vorgesehene Marktzutritt anstelle der bisherigen Monopolversorgung.

Als ordnungspolitisch überzeugend muß die Forderung der EG-Kommission gelten, daß die Umsetzung der Richtlinie in nationale Einzelregelungen insgesamt »objektiv und nicht diskriminierend« zu geschehen habe. Einschränkungen des Rechts auf Bau von Erzeugungs- und Übertragungsanlagen dürfen nur die Anlagensicherheit, den Umweltschutz, die Bodennutzung, die Nutzung öffentlichen Grund und Bodens, die technische und finanzielle Kapazität des antragstellenden Unternehmens betreffen.

b. Kritik

Der Richtlinienentwurf fand – wie nicht anders zu erwarten – eine kontroverse Aufnahme. In Deutschland lehnen die Stromversorgungswirtschaft und ihre Verbände den Vorschlag am heftigsten ab (VDEW, 1991, 1992), wogegen die industrielle Energie- und Kraftwirtschaft und ihr Verband VIK (1991) ihn (1992a) positiv beurteilen. Der BDI als Vertreter der gesamten deutschen Industrie nimmt eine mittlere Position ein: Er bejaht die Einführung von Wettbewerb durch Beseitigung von Ausschließlichkeitsrechten, steht aber TPA kritisch gegenüber. Die vor allem von der Stromversorgungswirtschaft geäußerte Kritik gründet sich vor allem auf folgende Behauptungen:

- Die Umsetzung des Richtlinienentwurfs gefährde die Versorgungssicherheit und die Stabilität des vermaschten Netzes.
- TPA sei technisch nicht zu verwirklichen.
- Wettbewerb bei Strom führe zu einer Bevorzugung der Großkunden zu Lasten der kleinen Abnehmer durch dann zu erwartende Quersubventionen.
- Wettbewerb bei Strom erschwere Fortschritte im EG-Umweltschutz.
- Die Beseitigung kommunaler Ausschließlichkeitsrechte gefährde den Einsatz der energiesparenden und umweltschonenden Kraft-Wärme-Kopplung in der kommunalen Versorgungswirtschaft.
- Durch Wettbewerb bewirkte niedrige Strompreise führten zu Energieverschwendung.
- Unbundling stelle einen verfassungswidrigen Eingriff in die Eigentumsrechte dar.
- Die Umsetzung des Richtlinienvorschlages bewirke ein Ausufern der Regulierungen im Stromsektor.

Dem muß man freilich entgegenhalten (vgl. auch VIK, 1991a, 1991b, 1992b), daß bereits die bisherige Praxis des Verbundbetriebes auf nationaler und internationaler Ebene die Praktikabilität eines Durchleitungssystems sowie die dabei notwendige Gewährleistung der Versorgungssicherheit und der Netzstabilität belegt. Gleichwohl ist nicht zu leugnen, daß eine wettbewerbliche Neuordnung der Stromversorgung durchaus auch technische Konsequenzen haben kann, die sich aber bewältigen lassen. Für bisher nicht gestellte spezielle Anforderungen kann es naturgemäß noch keine Lösungen geben. Sie lassen sich aber entwickeln. Des weiteren zeigt die Vermutung einer wahrscheinlich zu erwartenden Quersubventionierung zugunsten der Preise der Großabnehmer, daß die Stromversorgungswirtschaft nach wie vor einem Monopol verhaftet ist: In einem Wettbewerbssystem ist es nämlich grundsätzlich nicht möglich, die Kostentragung zwischen einzelnen Marktsegmenten hin und her zu schieben.

Ferner gehört der Umweltschutz zu den Regelungsbedürfnissen, die dem ordnungspolitischen Datenkranz zuzurechnen sind. Durch Wettbewerbsprozesse werden Defizite im Umweltschutz einzelner EG-Länder aufgedeckt und die Notwendigkeit einer Harmonisierung nachdrücklich unterstrichen. Der dadurch ausgelöste Druck trägt wirksamer zu entsprechend erforderlichen Regelungen in der gesamten EG bei als die unverbindliche Diskussion über Harmonisierungsnotwendigkeiten. Wenn man im übrigen die These ernst nähme, Wettbewerb gefährde den Umweltschutz und eine Monopolsituation begünstige ihn, so liegt die ökologisch geprägte Empfehlung nahe, die gesamte Wirtschaft zu kartellieren oder sie sogar monopolistisch zu organisieren. Wie man leicht einsehen kann, muß eine solche Schlußfolgerung indessen als absurd gelten. Die These von der Umweltschädlichkeit von Wettbewerbsprozessen läuft auf die Forderung hinaus, vor Einführung von Wettbewerb zunächst Umweltharmonisierungen vorzunehmen. Abgesehen davon, daß in diesem Fall nie ein Ende des Harmonisierungsbedarfs erreicht werden dürfte und daß sich bald auch die Frage nach einer Nivellierung natürlicher Standortvorteile stellen würde, sollte nicht unbeachtet bleiben, daß sich die Väter der Römischen Verträge ganz bewußt dafür entschieden, die EG-Integration auf der Grundlage von Wettbewerbsprozessen nicht von einer vorherigen umfassenden Harmonisierung künstlich verursachter unterschiedlicher Gegebenheiten in den EG-Ländern abhängig zu machen. Die Entwicklung der Gemeinschaft hat sie bestätigt. Diese Tatsache darf freilich nicht davon entbinden, die durch Wettbewerbsprozesse offenbarten künstlichen Unterschiede in den Standortbedingungen der einzelnen EG-Länder durch geeignete Anpassungsmaßnahmen zu beseitigen.

Wenn weiter eine Gefährdung der kommunalen Kraft-Wärme-Kopplung durch Wettbewerb beklagt wird, so darf darüber nicht vergessen werden, daß unter Monopolschutz auch KWK-Anlagen errichtet worden sind, deren Unwirtschaftlichkeit durch Wettbewerbsprozesse offenbart wird. In diesem Fall handelte es sich bereits vor Einführung des Wettbewerbs um eine Vergeudung knapper Ressourcen, denn es genügt nicht, den Brennstoffbedarf zum einzigen Kriterium für die Zweckmäßigkeit einer Investition zu erheben. Eine optimal geplante KWK-Anlage mit einer hohen Benutzungsstundenzahl im Jahr besitzt bereits aufgrund ihrer hohen Energieeffizienz grundsätzliche Kostenvorteile. Sofern diese im Wettbewerb nicht zum Tragen kommen, sondern insgesamt eine Konkurrenzunfähigkeit festzustellen ist, muß man nach den hierfür maßgeblichen Gründen fragen. In nicht wenigen Fällen wird deutlich werden, daß bei der Investition die Kostenaspekte mißachtet wurden und daß dies aufgrund des Monopolschutzes sanktionslos geschehen konnte. Daß der Wettbewerb solchen Verhaltensweisen den Boden entzieht, darf nicht kritisiert werden, sondern ist im Gegenteil zu begrüßen.

Weiter muß man in diesem Zusammenhang fragen, ob wettbewerbsinduzierte niedrige Strompreise zu Verschwendungen führen. Bei steigenden Strompreisen mag im Bereich privater Haushalte festzustellen sein, daß diese durchweg recht preisunelastisch handeln. Sofern die Annahme eines solchen preisunelastischen Verhaltens aber richtig ist, bedeutet das freilich zugleich, daß auch sinkende Preise keinen Mehrverbrauch hervorrufen. Anders liegt die Sachlage im Bereich industrieller Produktionen. Technisch mögliche mengenmäßige Verbrauchsreduktionen werden – durchaus in gewissen Grenzen – bei der Konstruktion neuer Anlagen berücksichtigt. Sobald jedoch die Investition verwirklicht wurde, gibt es nur noch geringe

Möglichkeiten, den Strombedarf zu verändern. Daraus folgt, daß der Strombedarf fast nur noch durch den Betrieb der Anlage als solchen bestimmt wird. Mutwillige und unnötige Mehrverbräuche sind gleichbedeutend mit vermeidbaren Kostenerhöhungen. Sie unterbleiben in einem gut geführten Unternehmen. Allerdings können die Stromkosten für die Wirtschaftlichkeiten einer Produktion insgesamt die beschränkende Komponente darstellen. Sinkende Strompreise erhöhen, steigende Preise vermindern die Marktchancen der erzeugten Güter. Damit schlagen sinkende wie steigende Strompreise auf die Auslastung der Produktionskapazitäten und damit auch auf den Stromverbrauch durch. Hier in der EG für Verbesserungen zu sorgen, ist eine der entscheidenden Motivationen für die Ausarbeitung des Richtlinienvorschlags Strom. Sinkende Stromverbräuche können aber nicht kurzerhand positiv bewertet werden, ohne die jeweilige Höhe der Wirtschaftstätigkeit mit zu bedenken.

Der Vorwurf der Vorsorgungswirtschaft, Unbundling stelle einen verfassungswidrigen Eingriff in die Eigentumsrechte der EltVU dar, läßt unberücksichtigt, daß zumindest das deutsche Recht Monopolisten besondere Verpflichtungen auferlegt. Auch sieht § 103 Abs. 5 Satz 2 Nr. 4 GWB bereits heute die Inanspruchnahme fremder Stromnetze für Durchleitungszwecke vor (vgl. etwa VIK, 1991b). Daß für die Durchleitung ein angemessenes Entgelt zu entrichten ist, wird nicht bestritten (siehe hierzu *Pick*, 1991). Der Unbundlingvorschlag der EG-Kommission stellt sogar im Vergleich mit der alternativ erforderlichen völligen gesellschaftsrechtlichen Entflechtung, die ordnungspolitisch zur Vermeidung von Interessenkonflikten innerhalb eines Unternehmensverbundes vorzuziehen wäre, den milderen Eingriff dar. Er entzieht der Netzsparte des EltVU auch keineswegs die Verfügungsgewalt über sein Eigentum, wenn man davon absieht, daß die Ausführung eines Übertragungsauftrages teilweise eine alternative Nutzung des Netzes ausschließt. Mit einem ebensolchen Problem hat aber jedes Unternehmen zu tun, das seine Kapazitäten zur Erfüllung von Kundenaufträgen auslastet. Der Unterschied besteht lediglich darin, daß ein im Wettbewerb stehendes Unternehmen sich um solche Aufträge zur Gewinnerzielung und Bestandssicherung bemüht, während die an eine Monopolsituation gewöhnten EltVU darin eine Zumutung erblicken.

Schließlich richtet sich gegen den Kommissionsentwurf der Vorwurf ausufernder Regulierungen. Richtig ist daran, daß der Entwurf noch eine Reihe technischer und administrativer Vorgaben enthält, auf die man ohne Gefährdung seiner Ziele verzichten könnte. So gibt es Einzelregelungen, die nicht staatliche Stellen treffen müssen, sondern im Rahmen der Vertragsfreiheit den Beteiligten überlassen werden könnten. Fristen für einen Wechsel des Stromlieferanten oder die Rückkehr zu der Gebietsversorgung etwa ergeben sich aus geschlossenen Verträgen, die zudem im Einvernehmen zu ändern sind. Hier bedarf es keiner rechtlichen Vorgabe. Nach Informationen aus der Generaldirektion XVII (Energie) stand die EG-Kommission bei der Formulierung ihres Entwurfs aber vor der Aufgabe, die höchst unterschiedlichen rechtlichen Sachverhalte, Strukturen und Gegebenheiten der zwölf EG-Mitgliedsländer zu berücksichtigen. Sie fand die Lösung in dem Prinzip der Subsidarität, das Modifikationen der Regelungen im Richtlinienentwurf gemäß den nationalen Sonderheiten erlaubt. Es ermöglicht durchaus noch erhebliche Deregulierungen, sofern diese wirklich gewünscht werden. Betrachtet man den Richtlinienentwurf unter diesen Gesichtspunkt, so geht der Vorwurf der Überregulierung ins Leere. Es käme also noch darauf an, ihn ordnungspolititsch sauber auszugestalten, verzichtbares Beiwerk herauszulösen und bei der Nutzung der einzelstaatlichen Gestaltungsfreiheit darauf zu achten, daß die noch unterschiedlichen nationalen Teilsysteme möglichst friktionsarm zusammenpassen. Nicht ausschließen kann man dabei indessen, daß die Dynamik des Wettbewerbsprozesses völlig neue Strukturen in der EG hervorbringt. Eine solche wettbewerbliche Aufbrechung bestehender Stromversorgungsmonopole in einigen Staaten wäre keineswegs EG-widrig. Sie zu ermöglichen, liegt schließlich in der Logik der Römischen Verträge.

IV. Zur politischen Diskussion über den Ansatz der EG-Kommission

Die EG-Kommission hatte ihre Richtlinienentwürfe zur Vollendung des Strombinnenmarktes im Januar 1992 verabschiedet, dem Vernehmen nach ohne Gegenstimmen und mit zwei Enthaltungen, und im Februar 1992 veröffentlicht. An der anschließenden politischen Diskussion darüber fällt die weitgehende Zustimmung, teils sogar Begrüßung, der Absicht auf, zu einer wettbewerblichen Ordnung dieses Energiesektors zu kommen. Doch gleichzeitig war und ist kein Einvernehmen über die vorgeschlagenen Einzelregelungen auszumachen. Einzig Großbritannien und Nordirland stellen sich bis jetzt vorbehaltlos hinter die Kommissionsvorlage.

1. Die politische Diskussion in den EG-Ländern

Die politische Meinungsbildung in den EG-Ländern zum Richtlinienentwurf Strom läßt noch keine klaren Positionen erkennen. Das machen die noch unverbindlichen Stellungnahmen im Energieministerrat der EG deutlich. In Deutschland zeichnen sich zudem Unterschiede in den Auffassungen von Bundeswirtschaftsministerium und Bundesrat ab. Dabei scheint es, als ob die Bundesregierung zwar gegenüber einer Abschaffung von Exklusivrechten (Demarkationen, Ausschließlichkeit der Konzessionen, ausschließliche Vergabe von Wegerechten) in der Stromversorgung aufgeschlossen ist, doch die Kommissionsempfehlungen zum Unbundling und zu

einer Öffnung der Übertragungs- und Verteilungsnetze als zu weitgehend einschätzt.
Die hinter dieser Position stehende Erwartung läuft darauf hinaus, daß nach einer Beseitigung der Ausschließlichkeitsrechte Wettbewerbsprozesse in Gang kommen, etwa durch den dann rechtlich nicht mehr zu verhindernden Bau von Stichleitungen zu den Netzen konkurrierender Stromanbieter. Ob diese Erwartungen berechtigt sind, kann man aber mit Fug und Recht bezweifeln: Zum einen bleibt die Position eines natürlichen Monopols, die den Bau von parallelen Leitungen nur auf kurze Entfernungen rentabel zu gestalten erlaubt. Zum anderen – das aber scheint zumindest kurz- bis mittelfristig die entscheidende Unsicherheit bei den gesamten Reformvorhaben zu sein – gibt es nur begrenzte rechtliche Möglichkeiten, die wettbewerbsentwöhnten Stromerzeuger der öffentlichen Versorgung zu marktaktivem Verhalten zu verpflichten. Hier zeigt sich eine negative Konsequenz aus der theoretischen Unmöglichkeit, Wettbewerb positiv zu definieren. Allerdings würde längerfristig das zögerliche, wenn nicht sogar ablehnende Verhalten, überhaupt Konkurrenzangebote abzugeben, wie es derzeit die EdF konsequent praktiziert, das Aufkommen unabhängiger Produzenten stark begünstigen. Dadurch wäre ein langsamer Anstieg zu mehr Wettbewerb beim Strom möglich und wahrscheinlich. Diese Chancen können aber nur dann voll genutzt werden, wenn es Durchleitungsmöglichkeiten durch bestehende Netze gibt. Andernfalls ließen sich solche Vorhaben nur in Gebieten mit einem konzentrierten Strombedarf realisieren, wo der Bedarf an zusätzlichen Leitungen gering ausfiele.
Anders als das Bundeswirtschaftsministerium und wohl auch die Bundesregierung insgesamt schätzt der Bundesrat die Frage einer Aufhebung von Exklusivrechten ein. Er betont sehr stark die Notwendigkeiten zum Schutz der kommunalen Stromversorgung (Bundesratsdrs. 160/92). Damit gibt er freilich zugleich deutlich zu erkennen, daß er die wirtschaftliche Leistungsfähigkeit der kommunalen EltVU als gering einschätzt. Andernfalls dürfte er sich nicht dagegen wenden, daß sie sich künftig im Wettbewerb behaupten sollen. Der Hinweis, die kommunale Stromversorgungswirtschaft erbringe eine Dienstleistung im öffentlichen Interesse, vermag nicht zu überzeugen: Zum einen stärken die durchweg üppig sprudelnden Gewinne der kommunalen EltVU nicht gerade die These, hier handele es sich um eine gemeinwirtschaftlich orientierte Tätigkeit. Zum anderen ist zu fragen, mit welcher Begründung kommunale und sonstige EltVU unterschiedlich behandelt werden sollen.
Zudem zielt das Bestreben, die kommunale Stromversorgung besonders zu privilegieren, darauf ab, die Finanzierung von als notwendig erachteten gemeindlichen Aufgaben unabhängig vom Steueraufkommen zu sichern. Das aber kann nicht von der Tatsache ablenken, daß damit dem Produktionsfaktor Strom sowie auch den Konsumenten von Elektrizität steuerähnliche Sonderlasten aufgebürdet werden. Sie

sind weder durch ein begründetes gesellschaftspolitisches Unwerturteil über den Verbrauch von elektrischem Strom noch durch eine fiskalpolitische Zweckmäßigkeit und ebensowenig durch wirtschaftspolitische Effizienzkriterien zu rechtfertigen. Im Gegenteil, dieser Schutz vor Wettbewerb verursacht volkswirtschaftliche Verluste wegen der monopolbedingt zu geringen Wirtschaftlichkeit aufgrund fehlenden Rationalisierungsdrucks. Die Auffassung des Bundesrates weist überdies eine bemerkenswerte Nähe zu dem vom Verband der kommunalen Unternehmen (VKU) vertretenen Auffassungen auf. Wenn der VKU die Tätigkeit seiner Mitglieder aber als Ausprägung des Gegenmachtprinzips durch die Verbraucher versteht, verkennt er deren Verhaltensweisen in der Praxis wie auch das wahrscheinliche Ergebnis von Konkurrenzprozessen: Wettbewerb im Stromsektor, verbunden mit einem dann wirksamer gestaltbaren Schutz für diejenigen Abnehmer, die nicht selbst daran teilnehmen können, brächte nach allen Erfahrungen der Wirtschaftspraxis jedenfalls einen wirksameren und nachhaltigeren Verbraucherschutz als das derzeit praktizierte kommunale Versorgungssystem mit seinen Abschöpfungen von Monopolgewinnen.

2. Die Willensbildung im Europäischen Parlament

Das Gewicht des Europäischen Parlaments im Willensbildungsprozeß der EG ist (noch) recht schwach. Immerhin erlaubt ihm das Vorgehen über Artikel 100a EWGV aber, für den Richtlinienentwurf Strom Änderungsvorschläge zu machen, die freilich nur dann politisches Gewicht erhalten, wenn sie von der EG-Kommission übernommen werden. Bis zum Sommer 1993 hat sich der Energieausschuß des Parlaments (AEFT) mit dem Kommissionsentwurf befaßt, aber noch keine Entscheidung getroffen. Nach zwei Vorläuferpapieren legte der Vorsitzende des AEFT, der belgische Sozialist Professor *Desama*, im Mai 1993 als Berichterstatter des Ausschusses zu den Richtlinienentwürfen Strom und Gas den Entwurf für einen AEFT-Bericht vor (EP, Ausschuß für Energie, Forschung und Technologie, 1993). Darin werden umfangreiche Änderungen empfohlen.

Für die Stromrichtlinie umfassen diese Empfehlungen nicht weniger als 85 Einzelpunkte, durch die sich deren Charakter wesentlich ändern würde. Sie berücksichtigen freilich nicht die Anregung, die Richtlinie auf ordnungspolitisch unverzichtbare Minimalanforderungen zurückzuführen und die Festlegung der Einzelheiten für ein Durchleitungssystem der beteiligten Wirtschaft zu übertragen. Dabei bestünde der entscheidende Punkt in der Definition eindeutiger rechtlicher Rahmenbedingungen, auf deren Grundlage das Wettbewerbssystem bei Strom funktionsfähig arbeiten könnte. Konkret wäre zusätzlich eine wie auch immer im einzelnen ausgestaltete Institution erforderlich, die bei diskriminierender Verweigerung von Durchleitungen oder bei der Forderung unbillig hoher Durchleitungsentgelte gemäß Geist und Wortlaut der Stromrichtlinie zu entscheiden hätte.

Abel Matutes, das für Energie zuständige Mitglied der EG-Kommission, hatte diese Anregung im Frühjahr 1993 aufgegriffen. Er brachte sie unter dem Stichwort »negotiated TPA« bei einem öffentlichen Hearing des AEFT im April 1993 in die parlamentarischen Beratungen ein. »Negotiated TPA« richtet sich auf Dezentralisierung und Deregulierung. *Desama* beschreitet den umgekehrten Weg. Er rät im Ergebnis zu vielfältigen zusätzlichen Regulierungen in einem Konglomerat widersprüchlicher Ordnungselemente und vergißt über seinem zentralen Anliegen, vor allem Harmonisierungen voranzutreiben, daß sich in einem vollendeten EG-Binnenmarkt für Elektrizität alle Teilmärkte zu einem sinnvollen Ganzen zusammenfügen müssen. Er unternimmt weiter den durchsichtigen Versuch, allen Interessenten gerecht zu werden, und handelt sich darüber ihre Gegnerschaft und Ablehnung ein. Im Ergebnis droht mit einer Umsetzung seiner Vorstellungen die Gefahr, daß ein leistungsschwaches Versorgungssystem entstünde, das wegen seiner überbürokratisierten Einzelregulierungen selbst gegenüber dem jetzigen Zustand Effizienzeinbußen hervorbringen kann. Seine vage bleibende Vermischung von ökonomischen und sozialpolitischen Zielen erlaubte keine klare unternehmerische Zielvorgabe für die EltVU. Konflikte mit Marktergebnissen des von *Desama* – wenn auch nur inkonsequent – vorgesehenen Wettbewerbs wären vorprogrammiert. Zumindest bleibt unklar, was er beispielsweise meint, wenn er Quersubventionen, die – wie er es ausdrückt – im Gemeininteresse liegen, ausdrücklich sanktionieren möchte oder wenn er einen »Kostenausgleich zugunsten kleinerer und mittlerer Verbraucher« fordert. Als Einfallstor für ausufernde Interventionen wäre ein solcher Ansatz allemal geeignet.

Der AEFT wird sich im September 1993 mit dem Richtlinienentwurf sowie mit dem Berichtsentwurf *Desamas* dazu beschäftigen. Im Plenum des Europäischen Parlaments wird das dabei beschlossene AEFT-Papier voraussichtlich im Oktober 1993 beraten. Es bleibt zu hoffen, daß die dabei zu erwartenden Änderungen an dem *Desama*-Bericht eindeutig auf eine dringend erforderliche Deregulierung hinauslaufen. Die Aussichten dafür scheinen aber eher gering.

3. Entscheidungsvorbereitungen des EG-Ministerrates

Der Ministerrat als eigentliches Entscheidungsorgan hat sich aber bisher mit Stellungnahmen zu den Reformentwürfen der Kommission für die leitungsgebundenen Energien zurückgehalten. Über den Konsens hinaus, daß in der EG mehr Wettbewerb wünschenswert sei, sind im einzelnen noch erhebliche Meinungsverschiedenheiten festzustellen. Entsprechend zog sich der Rat bisher auf die Position zurück, die noch ausstehende Stellungnahme sowie die dabei zu erwartenden Änderungsanträge des Parlaments müßten zunächst abgewartet werden. Der EG-Wirtschafts- und Sozialausschuß (1993) hat sich bereits auf die sattsam bekannten Argumente gestützt und, ohne neue Gesichtspunkte vorzubringen, eher ablehnend geäußert.

Auch wenn sich bisher noch keine qualifizierte Mehrheit im Rat für die Richtlinienentwürfe in der einen oder anderen Form abzeichnet, so darf doch als sicher gelten, daß man einen Kompromiß anstrebt, der wesentliche Teile des Kommissionsvorschlags aufgreift. Gegen eine ersatzlose Ablehnung spricht nämlich einmal die Tatsache, daß der Rat bereits in allgemeiner Form die Notwendigkeit zu einer mehr wettbewerblichen Ausrichtung der EG-Stromversorgung anerkannt hat. Einen anderen Aspekt wiederholt zu Recht *Linkohr* (1993, S. 450), Mitglied des Europäischen Parlaments und dort auch Mitglied des AEFT: Der derzeitige Gebietsschutz beim Strom sei nicht durch den EWG-Vertrag gedeckt, da er keine Ausnahmebereiche etwa im Sinne des GWB kennt. Die bisher gleichwohl praktizierten Marktabschottungen beim Strom standen also im Widerspruch zu den Römischen Verträgen. Sie seien im vollendeten EG-Binnenmarkt nicht akzeptabel (vgl. auch *Gröner*, 1989).

Damit wäre bei einem endgültigen Scheitern des Kommissionsentwurfs im EG-Ministerrat ein Beschreiten des Rechtsweges bis hin zum Europäischen Gerichtshof vorgezeichnet, und zwar sowohl durch die EG-Kommission als auch durch einzelne Unternehmen. Entsprechende Entscheidungen des EuGH vorausgesetzt, so kann angenommen werden, dürften eine große Flut von Durchleitungsbegehren insbesondere durch industrielle Stromverbraucher zur Folge haben. Nicht im Interesse einer weiteren Vertiefung der EG-Zusammenarbeit im Gefolge von Maastricht kann es aber liegen, wenn die politische Meinungsführung vom Ministerrat, von der Kommission und auch vom Europäischen Parlament auf die Rechtsprechung des EuGH übergeht. Die Regierungen der EG-Staaten als Träger der maßgeblichen legislativen Gewalt in der EG sind also zumindest verpflichtet, für Rechtsklarheit zu sorgen. Dabei ist die vom EWG-Vertrag vorgegebene prinzipielle Wettbewerbsorientierung der Wirtschaftsprozesse in der Gemeinschaft die Grenzmarke, hinter die sich nicht zurückweichen läßt. Zu befürchten bleibt allerdings eine Verwässerung des Kommissionsvorschlags. Das Ergebnis wäre ein funktionsschwaches Mischsystem, das wenig dazu beitrüge, bei Elektrizität einen leistungsstarken Elektrizitätsbinnenmarkt in der Gemeinschaft zu vollenden. Es bleibt zu hoffen, daß sich der Ministerrat dieses Risikos bewußt wird und sich dazu bereit findet, den Umfang der durch das Netzmonopol bedingten Neuregulierungen sachadäquat klein zu halten. Ein Dschungel leistungsmindernder neuer Regulierungen und staatlicher Eingriffsmöglichkeiten in die Stromwirtschaft würde die Erfolgsaussichten der anstehenden Reformmaßnahmen in unerträglicher Weise gefährden.

Literaturverzeichnis

BDI, *Die Ordnung des europäischen Elektrizitätsmarktes: Für Wettbewerb – gegen Regulierung*, Köln 1991.

Budde, Hans-Jürgen, »Elektrizitätsversorgungsunternehmen«, in: Hans Rühle und Meinhard Miegel (Hrsg.), *Energiepolitik in der Marktwirtschaft*, Stuttgart 1980, S. 154–167.

Deregulierungskommission, Unabhängige Expertenkommission zum Abbau marktwidriger Regulierungen, *Marktöffnung und Wettbewerb: Berichte 1990 und 1991*, Stuttgart 1991.

EG-Kommission, *Vollendung des Binnenmarktes: Weißbuch*, KOM(85) 310 endg, Brüssel 1985.

EG-Kommission, *Der Binnenmarkt für Energie*, KOM(88) 238 endg., Brüssel 1988.

EG-Kommission, *Mitteilung an den Rat über die Bildung von zwei Beratenden Ausschüssen zur Untersuchung der Möglichkeit, Dritten Zugang zu den Stromleitungsnetzen der zwölf Mitgliedstaaten der EG zu gewähren*, KOM(89) 636 endg., Brüssel 1989.

EG-Kommission, Generaldirektion Energie (1991a), *Berichte der Beratenden Ausschüsse über den Zugang Dritter zu Elektrizitätsnetzen*, Brüssel 1991.

EG-Kommission, Professional Consultative Committee on Electricity (PCCE) (1991b), »Schlußbericht: Beratender Ausschuß für Elektrizität (PCCE)«, in: EG-Kommission 1991a.

EG-Kommission, Comité Consultatif Etats Membres Electricité (CCEME) (1991c), »Bericht über die Arbeit des Beratenden Ausschusses der Mitgliedstaaten – Elektrizität«, in: EG-Kommission, 1991a.

EG-Kommission, Generalsekretariat (1991d), *Projet de directives de la Commission relative à la concurrence dans les marchés de l'électricité et du gaz naturel*, C (91)1571, 17. Juli 1991.

EG-Kommission, Generalsekretariat (1991e), *Achèvement du marché intérieur du gaz et de l'électricité: Projets de propositions de directives concernant des règles communes pour le marché intérieur de l'électricité et pour le marché intérieur du gaz*, KOM(91) 298, 18. Juli 1991.

EG-Kommission, *Vorschlag für eine Richtlinie des Rates betreffend gemeinsame Vorschriften für den Elektrizitätsbinnenmarkt*, KOM(91) 548 endg. SYN 384, Brüssel 1992.

EG-Ministerrat (1990a), *Richtlinie über den Transit von Elektrizitätslieferungen über große Netze*, EG-ABl., Nr. L 313 vom 13.11.1990, S. 30–33.

EG-Ministerrat (1990b), *Richtlinie zur Einführung eines gemeinschaftlichen Verfahrens zur Gewährleistung der Transparenz der von industriellen Endverbraucher zu zahlenden Gas- und Strompreise*, EG-ABl., Nr. L 185 vom 17.07.1990, S. 16.

EG-Wirtschafts- und Sozialausschuß, *Stellungnahme zu dem »Vorschlag für eine Richtlinie des Rates betreffend gemeinsame Vorschriften für den Elektrizitätsbinnenmarkt« und zu dem »Vorschlag für eine Richtlinie des Rates betreffend gemeinsame Vorschriften für den Erdgasbinnenmarkt«*, CES 77/93(F) (F) M/JK/R/GD/el., Brüssel 1993.

EP, Ausschuß für Energie, Forschung und Technologie (AEFT), *Entwurf über den Vorschlag für eine Richtlinie des Rates betreffend gemeinsame Vorschriften für den Elektrizitätsbinnenmarkt und über den Vorschlag für eine Richtlinie des Rates betreffend gemeinsame Vorschriften für den Erdgasbinnenmarkt*, DOC-DE/PR/221372; PE 203.946, Luxemburg 1993.

Gröner, Helmut, »Ordnungspolitik in der Elektrizitätswirtschaft«, *ORDO*, Bd. 15/16 (1965), S. 333–412.

Gröner, Helmut, *Die Ordnung der deutschen Elektrizitätswirtschaft*, Baden-Baden 1975.

Gröner, Helmut, »Strukturprobleme der Elektrizitätsversorgung«, in: Karl-Heinz Höcker, H. Unger und Alfred Voß (Hrsg.), *Energieversorgung in der Bundesrepublik Deutschland*, Köln 1983, S. 145–156.

Gröner, Helmut, »Fortbestand geschlossener Versorgungsgebiete im EG-Energiemarkt?«, in: Wolfgang Harms (Hrsg.), *Konturen eines EG-Energiemarkts*, Köln, Berlin, Bonn und München 1989, S. 65–75.

Hamm, Walter, »Wettbewerb für die Elektrizitätsmonpole. Eine Reform ist notwendig«, *Frankfurter Allgemeine Zeitung (FAZ)*, Nr. 257 vom 4.11.1961, S. 5.

Hamm, Walter (1962a), »Der Strom könnte billiger werden«, *FAZ*, Nr. 143 vom 23.6.1962, S. 5.

Hamm, Walter (1962b), »Strompreise und Kartellverbot«, *FAZ*, Nr. 201 vom 30.08.1962, S. 9.

Hamm, Walter, »Gebietsschutz-Kartelle«, *FAZ*, Nr. 5 vom 07.01.1963, S. 11.

Hamm, Walter, »Mehr Wettbewerb für Strom«, *FAZ*, Nr. 118 vom 23.05.1964, S. 5.

Linkohr, Rolf, »Die Liberalisierung des EG-Binnenmarktes für Energie. Zwischen Markt und öffentlichem Dienst«, *Energiewirtschaftliche Tagesfragen*, Bd. 43 (1993), S. 444–451.

Pick, Hartmut, »Durchleitung im Binnenmarkt für Elektrizität: Wettbewerb der Erzeuger«, *ZfE*, Bd. 15 (1991), S. 177–189.

Schneider, Hans K., »Gedanken zur Weiterentwicklung einer dezentralisierten Energie- und Wasserversorgung«, in: VIK (Hrsg.), *Beiträge zur kommunalen Versorgungswirtschaft*, H. 36, Köln 1966, S. 16–19.

VDEW, *Stellungnahme zu den Vorschlägen der EG-Kommission über die »Vollendung des Binnenmarktes für Elektrizität« vom Oktober 1991*, Frankfurt/Main 1991.

VDEW, *Bewertung des Entwurfs einer EG-Richtlinie »Elektrizität«*, Frankfurt/Main 1992.

VIK, Tätigkeitsbericht 1969/70, Essen 1970.

VIK (1991a), »Stellungnahme: Kann Third-Party-Access (TPA) allgemein preissenkend wirken oder ergeben sich Vorteile nur für bestimmte Großabnehmer?«, *VIK-Mitteilungen*, H. 6 (1991), S. 151–154.

VIK (1991b), »Stellungnahme: Läßt die deutsche Rechtsordnung ein Nutzungsrecht an fremdem Eigentum zum Zwecke der Durchleitung/Third-Party-Access von Strom und Gas zu?«, *VIK-Mitteilungen*, H. 6 (1991), S. 154–156.

VIK (1992a), »Stellungnahme zum Vorschlag der Kommission vom 21.02.1992«, *VIK-Mitteilungen*, H. 3 (1992), S. 70–71.

VIK (1992b), »Stellungnahme: Mehr Umweltschutz durch Wettbewerb auf den europäischen Elektrizitätsmärkten«, *VIK-Mitteilungen*, H. 4 (1992), S. 85–88.

Zum Transformationsprozeß in Polen – Eindrücke und Anmerkungen eines Ökonomen

Joachim Starbatty

> »Eines der strategischen Probleme bei der Transformation dieser Wirtschaftssysteme in eine Marktwirtschaft ist die Kapitalbildung und Kapitalverteilung. Sowohl das Privatisierungsproblem als auch das Geldwertproblem müssen unter diesem Gesichtspunkt betrachtet werden. Wenn man die Erfolgsgeschichte der Transformation in Deutschland nach der *Erhardschen* Reform, die sehr wohl zum Vergleich mit herangezogen werden kann, betrachtet, dann ist das Kapitalbildungsproblem eine strategische Größe gewesen ... In der CSFR hat man bisher das Rezept befolgt, das auch *Erhard* angewandt hat, nämlich die Kombination von stabiler Währung (d. h. Vermeiden von Inflationsprozessen) mit Unterbindung von Haushaltsdefiziten und dem Versuch – wenn auch unvollkommen – die Kapitalvergeudung so gering wie möglich zu halten. Demgegenüber scheint in Polen die Situation nach der ersten glücklicheren Phase in ein gefährlicheres Fahrwasser geraten zu sein.«
> *Hans Willgerodt (1993, S. 115)*

I. Eine Momentaufnahme aus Polen

Willgerodts Bemerkungen skizzieren die neuralgischen Punkte jedes Transformationsprozesses. Sie werden uns auch bei der Analyse der polnischen Entwicklung leiten. Dabei verlassen wir uns weniger auf ein gründliches Literaturstudium als auf den Augenschein und die persönliche Erfahrung – eine für Ökonomen eher untypische Betrachtungsform, die der Abwechslung halber aber hingenommen werden mag. Hierzu kommt der Austausch mit polnischen Wirtschaftswissenschaftlern zu verschiedenen Zeitpunkten.

Kapitalbildung und -verteilung ist das strategische Problem jedes Wirtschaftssystems. Kapitalvergeudung, in welcher privaten oder öffentlichen Form auch immer,

verursacht oder verstetigt Arbeitslosigkeit. Dies läßt sich eine Zeitlang überdecken, wenn Regierungen vom Fleiß früherer Jahre zehren; brennend wird das Problem, wenn zuvor systematisch Vergeudung und Fehllenkung wegen eines perversen Anreizsystems vorherrschten. Genau dies zeichnete die sozialistischen Systeme aus, auch wenn die offizielle Ideologie die Welt etwas anderes glauben machen wollte. Wie kann der Prozeß des systematischen Kapitalverzehrs umgekehrt werden? Welche ökonomischen und politischen Schritte müssen in welche Richtung gemacht werden? Was lehrt uns dabei die *Erhardsche* Erfolgsgeschichte? Was ist in Polen falsch gemacht worden, daß es nach einer ersten glücklicheren Phase in ein gefährlicheres Fahrwasser zu gleiten scheint? Die Wahlen zum polnischen *Sejm* im Herbst 1993, die den Postkommunisten und der Landwirtschaftspartei die Mehrheit der Sitze im Parlament verschafften und dabei die Regierungsparteien nahezu atomisierten, unterstreichen *Willgerodts* Feststellung vom Herbst 1992.
Doch angesichts der Sorgen und Befürchtungen, die man zunächst von einigen professionellen Analytikern zur Lage in Polen zu hören bekam – »They are heading for desaster«, »Wenn man einen Eisbären aus seinem Eis in die Wüste verfrachtet, kann man nicht mit dessen Wohlergehen rechnen« –, muß die wirtschaftliche Wirklichkeit (Oktober 1993) in Polen den Beobachter angenehm enttäuschen. Es gibt alles zu kaufen – in annehmbaren Qualitäten –, es gibt keine Schlangen, die Restaurants gepflegt, das Essen schmackhaft, die Menschen allgemein nicht schlecht gekleidet – viele Frauen mit einem sichtlichen Talent für Eleganz (auch die Studentinnen), Männer scheinen dagegen hierauf keinen Wert zu legen –, der Autoverkehr in den Stoßzeiten dicht und ungeduldig – kurz die großen Städte Polens gleichen eher »kapitalistischen« Großstädten als sich selbst vor etwa 4, 5 Jahren. Insofern scheint der Transformationsprozeß geglückt. Natürlich gilt das nicht überall, vor allem nicht für die Dörfer – doch über Arbitrageprozesse wird der marktwirtschaftliche Aufbruch in den Großstädten auch auf andere Teile des Landes übertragen. Umso überraschender dann die niedrige Wahlbeteiligung und der Sieg der Protestparteien im Herbst 1993.

II. Die beispielhafte Erhardsche Reform

Was hat den Erfolg der *Erhardschen* Reform ausgemacht und was kann man hieraus lernen? Bis zur Währungsreform, die unter der Ägide der Siegermächte vorbereitet und umgesetzt wurde, sah man in den großen Städten immer ein ganz ähnliches Bild: Trümmerfrauen vor ausgebombten Straßenzeilen[1], Menschen mit

1 Für die jüngeren Leser: Unmittelbar nach dem Zweiten Weltkrieg, als viele Männer noch in

ausgemergelten Gesichtern, leere Regale, Lebensmittelkarten, Schlangen, wertloses Geld, schwarze Märkte, während der Wintermonate erfrorene Rüben als Hauptmahlzeit. Dann im Juni 1948 die Währungsreform: Die Regale füllten sich, die Schlangen verschwanden, ein unvergleichlicher wirtschaftlicher Aufstieg begann. *Erhards* Tat war die gleichzeitige Abschaffung der Warenbewirtschaftung – bis auf wenige Ausnahmen z.B. im Energiebereich, was prompt wegen der verzerrten Preisrelation politische Reparaturmaßnahmen nötig machte (Investitionshilfegesetz).[2] In einer Situation existentieller Not die Preise freizugeben, entsprach nicht der allgemeinen Stimmung – auch nicht der der meisten Wirtschaftswissenschaftler –, *Erhard* tat es, aus einem Urvertrauen in die Kraft des marktwirtschaftlichen Anreizsystems. *Theodor Eschenburg* sprach von *Erhards* wissenschaftlich gestärktem Wagemut. Im internationalen Kapitalverkehr hat sich *Erhard* sogleich nachhaltig für die Einführung der Währungskonvertibilität eingesetzt und schließlich auch durchgesetzt.

Der entscheidende Schritt von einer sozialistischen Planwirtschaft zu einer dezentral gesteuerten Marktwirtschaft sind Preisfreigabe und Etablierung sowie Pflege eines verläßlichen Geldes. Die Entscheidungen über die Produktionsausrichtung gehen von politischen Instanzen auf die Marktteilnehmer über und die Produzenten müssen sich um die Konsumenten bemühen. Überall dort, wo Menschenansammlungen anzutreffen sind, entstehen kleine Märkte; an großen zentralen Orten kommen Produzenten aus den verschiedensten Sparten zusammen, weil sie so Kaufkraft anziehen können. Von solchen Märkten gehen Produktionsimpulse aus, die vor- und nachgelagerte Produktionsstufen entstehen lassen, die ihrerseits Nachfrage entfalten und Arbeitsplätze anbieten.

Voraussetzung dafür ist ein verläßliches Geld; damit ist nicht wertstabiles Geld gemeint – so wünschenswert dies auch wäre –, sondern eines, das die Geldfunktionen (Zahlungsmittel, Recheneinheit, Wertspeicher) wahrzunehmen imstande ist. Dieses Geld muß in den internationalen Geld- und Warenkreislauf integriert werden, damit In- und Ausländer Vertrauen in dieses Geld fassen können, damit die

---

Kriegsgefangenschaft waren oder sich auf dem Heimweg befanden, haben Frauen – mit Hammer und Meißel – Schneisen durch die zerbombten Straßenzüge geschlagen, indem sie die Mauersteine vom Mörtel befreiten und sie dann für die Wiederverwendung stapelten.

2 Da neuerdings ausgerechnet *Ludwig Erhard* von industriepolitischen Interventionisten als Kronzeuge herangezogen und dabei ausdrücklich auf das Investitionshilfegesetz verwiesen wird, ist eine kurze erläuternde Anmerkung angebracht: Das Gesetz über die Investitionshilfe der gewerblichen Wirtschaft vom 7.1.1952 nötigte die verarbeitende Industrie zu einer Zwangsanleihe, weil sie zuvor mittels künstlich niedriggehaltener Preise für Güter der Schwerindustrie subventioniert worden war. Deswegen sah sich die Schwerindustrie nicht in der Lage, aus eigenen Mitteln ihre Produktionsstruktur zu modernisieren. Wir können diese Zwangsanleihe mithin als eine Art Wiedergutmachung betrachten oder – in der Sprache der Ökonomen – als eine Art Interventionsspirale.

international gültigen relativen Preise über entsprechende Arbitragebewegungen auch für die Reformländer gelten und damit sie auch in die weltweite Güterversorgung einbezogen werden. Erst verläßliches Geld und internationaler Güter- und Preiszusammenhang legen den Grund für Bewertung und Privatisierung des nationalen Anlagevermögens. So läßt sich über Preisvergleiche ausländisches Kapital ins Land holen – unverzichtbar für die nationale Kapitalbildung und den Anschluß an den internationalen technologischen Standard; zugleich werden die Kosten des Aus- und Durchhaltens staatlicher Betriebe offengelegt und der Druck in Richtung Privatisierung erhöht, um die Verlustquellen zu stoppen.

Damit haben wir auch grundlegende Erkenntnisse für die Frage nach dem Tempo des Systemwandels gewonnen: Schocktherapie bzw. »Big Bang« versus gradualistische Strategie. Der entscheidende Wendepunkt vom Sozialismus zur Marktwirtschaft ist die Änderung der Ausrichtung der Produktionsstruktur: im Sozialismus nach den Wünschen einer politischen Klasse, die auch zuteilt; in der Marktwirtschaft nach den Kaufwünschen der Bevölkerung, die sich die hierzu notwendigen Zahlungsmittel beschafft; die sich auf Märkten bildenden Preise signalisieren Gewinnchancen, die über entsprechende Produktionssteuerung wahrgenommen werden können. Staatsbetriebe, die mittels staatlicher Subventionen noch am Leben bleiben, wirken dann wie Bremsklötze im »Fluß« in Richtung Marktwirtschaft, die immerhin aber als Bremsklötze identifiziert werden können. Sie können freilich den »Fluß« umlenken, wenn die Subventionierung dieser Betriebe mittels Notenbankgeld so massiv wird, daß die Verläßlichkeit des Geldes aufgehoben wird.

Alles mag entsprechend der historischen Ausgangslage schneller oder langsamer vonstatten gehen, die Lernprozesse mühselig und mitunter zermürbend sein, das Rechtswesen unterentwickelt, die Privatisierung zügig oder schleppend – alles das mag fördern oder hemmen, entscheidend ist die Weichenstellung in Richtung Marktwirtschaft, die über Preisfreigabe und Schaffung verläßlichen Geldes ausgelöst wird. Eine solche Weichenstellung muß politisch gewollt sein. Ist sie gewollt, muß sie so rasch als möglich erfolgen, und sie muß unumkehrbar sein. Sollte das nicht der Fall sein, werden sich die Bürger nicht auf Markt-, sondern weiterhin auf zuteilende Staatswirtschaft einstellen. Wenn dem entgegengehalten wird, eine Preisfreigabe komme aus sozialen Gründen in den Reformländern – existentielle Not weiter Bevölkerungskreise – nicht in Frage, so ist an *Ludwig Erhards* beispielhaftes Urvertrauen in die Marktwirtschaft und die dadurch ausgelöste bessere Güterversorgung zu erinnern. Aus systematischer Sicht gilt, daß gerade ärmere Länder sich allokationsverzerrende und damit wohlfahrtsmindernde Anreizsysteme am wenigsten leisten können. Wenn geholfen werden soll, dann nicht über personell willkürlich streuende Produktsubventionierung, sondern über zielgenaue Subjektsubventionierung. Hierüber dürfte es – zumindest unter Wissenschaftlern – keinen Streit mehr geben.

Dies alles ist in Polen weitgehend realisiert worden (*Balcerowicz*-Programm). Sogar *Willgerodts* Forderung nach Unterbindung von Haushaltsdefiziten war in Polen zunächst erfüllt. *Erhards* Plädoyer für Konvertibilität haben die polnischen Reformer zumindest teilweise durch Einführung der Inländerkonvertibilität entsprochen. Im Unterschied zur Situation in Deutschland gab es in Polen keine Währungsreform, die den Geldüberhang in Form von Umstellungsquoten ausbalancierte, sondern eine galoppierende Anpassungsinflation, die mittlerweile in eine trabende Abfederungsinflation übergegangen ist. Wenn Ökonomen eher für eine Währungsreform plädieren, weil über den neuen Start ein höheres Maß an Vertrauen für das neue Geld gewonnen werden kann, dann ist doch zu bedenken, daß demokratischen Kontrollen unterliegende Regierungen an der Frage der Zumutbarkeit der Quoten und damit an der politischen Zumessung der Vermögensentwertung zerbrechen können, während die Anpassungsinflation wie eine exogene Welle über ehemals Vermögende und Vermögenslose hinwegschwappt und sie damit für einen Moment nahezu gleich stellt. Reformer sind dann nicht mit dem Odium der bewußten politischen Vermögensentwertung belastet. Später kann die Währung durch Wegstreichen einer Anzahl von Nullen »schwerer« gemacht werden.

III. Was ist in Polen anders?

> «Es ist einfach nicht wahr zu behaupten, daß *Erhard* vor geringeren Problemen gestanden habe; er hat vor wesentlich größeren Problemen gestanden, und wir müssen uns fragen, warum es damals gelungen ist, vom ersten Tag der Reform an die Produktion sowie die Beschäftigung zu erhöhen und die Arbeitslosigkeit dann stufenweise aufzusaugen, so daß wir 1958 die Vollbeschäftigung erreicht hatten. Warum ist das damals gelungen, warum will es heute nicht gelingen?«
> *Hans Willgerodt* (1993, S. 184)

Die Problemlage in Deutschland vor der Währungsreform ist bereits flüchtig skizziert worden. In keinem der jetzigen Reformländer hat es auch nur annähernd so schlimm ausgesehen. Insoweit hat *Willgerodt* recht. Wo aber sind in den Reformländern Schwierigkeiten für einen erfolgreichen Reformkurs zu vermuten, mit denen *Ludwig Erhard* nicht zu kämpfen hatte? Diese können einmal im politisch-organisatorischen Bereich liegen, zum anderen im über Jahrzehnte sozialistisch verzerrten Produktionsaufbau.

1. Politischer Wille und organisatorische Fähigkeiten

Die Weichenstellung vom Sozialismus in Richtung Marktwirtschaft erfolgt nicht selbsttätig, sondern ist vor allem eine ordnungspolitische Aufgabe, die falsch oder richtig angepackt werden kann. Daraus können wir folgern, daß der Erfolg der Systemtransformation maßgeblich vom politischen Reformwillen abhängt. Der polnische Wirtschaftswissenschaftler *Jan Winiecki* (1993 a) hat im Anschluß an *B. Levy* (1993) die Aussichten von Reformbemühungen anhand eines Rasters zu bestimmen versucht, das den Willen zur Reform und die organisatorische Fähigkeit zur Durchführung der Reform erfaßt. Danach ergeben sich zwei Fälle, wo Prognosen über die Erfolgsaussichten eindeutig sind, und zwei, wo die Erfolgsaussichten fraglich sind.

Erfolgsaussichten der Systemtransformation

	Politischer Reformwille	
Organisatorische Fähigkeit zur Reformumsetzung	hoch	niedrig
hoch	hohe Erfolgsaussichten	?
niedrig	?	niedrige Erfolgsaussichten

Man wird *Winiecki* in dieser Beurteilung der Erfolgsaussichten unschwer folgen können; das muß nicht eigens begründet werden. Fraglich ist, welchem Feld Deutschland und Polen jeweils zuzuordnen sind. Was die Politiker *Ludwig Erhard* und *Leszek Balcerowicz* angeht, so ist deren ausgeprägter Reformwille evident gewesen; ob dieser wirken konnte, weil er auf breitem politischen Konsens gründete oder weil entschlossenem politischen Handeln kein Widerstand entgegengebracht werden konnte, ist in diesem Zusammenhang zunächst zweitrangig.

Wie steht es dagegen um die organisatorischen Fähigkeiten zur Reformumsetzung? Hierunter können wir die Fähigkeit verstehen, politische Entscheidungen oder Vorgaben in administrative Maßnahmen umzusetzen, wobei dies von einem einfachen Vollzug bis zu den hoch komplexen Aufgaben der Etablierung eines neuen Steuersystems oder der instrumentellen Konzipierung einer stabilitätsorientierten Geldpolitik gehen kann. Die administrativen Eliten unter sozialistischen Regimen waren gewohnt, als verlängerter Arm der politischen Zentrale Produktionsbefehle weiterzugeben und über deren Einhaltung zu wachen; ungewohnt ist ihnen dagegen der Aufbau einer organisatorischen Infrastruktur für eine auf dezentraler Entscheidung und Privateigentum aufbauenden Gesellschaft. Aus diesem Grunde müssen für alle sozialistischen Länder erhebliche organisatorische Defizite diagnostiziert werden. Dies kann für die damals junge Bundesrepublik nicht gelten; dies ließe sich im einzelnen empirisch belegen; augenfälliger ist noch die Tatsache, daß entsprechende Defizite in der Nachkriegszeit weder beobachtet noch beklagt wurden. Ganz anders die Situation in den neuen Bundesländern, wo die personellen Defizite in Verwaltung und Betrieben entsprechende »Exportleistungen« der alten Bundesländer notwendig machen. Daher könnte man die von *Erhard* eingeleitete Entwicklung eher als Rekonstruktion einer marktwirtschaftlichen Ordnung denn als Systemtransformation ansehen. Demgegenüber müssen in den jetzigen Reformländern nicht bloß die Weichen in Richtung Marktwirtschaft gestellt, sondern auch die dazu notwendige organisatorische Infrastruktur geschaffen werden.

In unserem Raster müßte die Bundesrepublik dem Feld zugeteilt werden, wo hohe Erfolgsaussichten bestehen, Polen dagegen dem Feld (politischer Reformwille: hoch, organisatorische Fähigkeiten zur Reformumsetzung: niedrig), dessen Erfolgsaussichten *Winiecki* offengelassen hat. Folgen wir freilich unseren Überlegungen, daß es entscheidend und zuförderst darauf ankommt, über Preisfreigabe und verläßliches Geld die Entwicklung zu einer marktwirtschaftlichen Ordnung eingeleitet zu haben, dann können organisatorische Defizite in der Reformumsetzung die Entwicklung in Richtung Marktwirtschaft bremsen, aber nicht umkehren. Auch bewirkt erst die politische Weichenstellung, daß sich die administrativen Eliten auf die neuen organisatorischen Herausforderungen einstellen.

Erfolgsaussichten für Deutschland und Polen

Organisatorische Fähigkeit zur Reformumsetzung	**Politischer Reformwille** hoch	niedrig
hoch	hohe Erfolgsaussichten: Deutschland	?
niedrig	Verzögerung der Erfolgsaussichten: Polen	niedrige Erfolgsaussichten

2. Bereinigung der Produktionsstruktur

Die sozialistischen Statistiken wiesen immer Vollbeschäftigung aus. Die sozialistischen Planer konnten sich sogar bestätigt fühlen, weil die Frauenerwerbstätigkeit deutlich höher als in marktwirtschaftlichen Industrieländern lag und die frühere DDR sogar Gastarbeiter z.B. aus Vietnam beschäftigte; die einzelnen Betriebe hatten einen so großen Arbeitskräftebedarf, weil sie unproduktiv arbeiteten und die Lohnkosten nicht am Markt verdienen, sondern in Arbeitskräftebilanzen gegenüber den kontrollierenden Behörden begründen mußten. War eine bestimmte Anzahl an Arbeitskräften zugestanden worden, so wurden die hierfür notwendigen Mittel in den einzelnen Lohnfonds bewilligt, unabhängig davon, ob diese Arbeitskräfte sämtlich zur Erstellung des Produktionsergebnisses tatsächlich erforderlich waren. Schätzungen über personelle Überbesetzungen erreichen immerhin eine Größenordnung von 30% und mehr. Dies ist aber kein signifikanter Unterschied zur Arbeitsmarktsituation im Nachkriegsdeutschland gewesen, da auch damals die Betriebe, die der Krieg nicht gänzlich zerstört hatte, personell überbesetzt waren; denn die Geldlöhne wurden ja erst durch die familienbezogene Zuteilung von Lebensmittelkarten zu Kaufkraft. Insofern konnten die betrieblichen Lohnkosten als massiv subventioniert gelten. Preisfreigabe und Währungsreform legten diese Verzerrung offen.

Der entscheidende Unterschied zwischen Deutschland nach dem Zweiten Weltkrieg und den heutigen Reformländern wird deutlich, wenn wir auf *v. Hayeks* Konjunkturtheorie als Referenzmodell zurückgreifen. Bei *v. Hayek* entsteht konjunkturelle Arbeitslosigkeit als Folge einer nicht abgestimmten gesamtwirtschaftlichen Produktionsstruktur. Dies ist die Konsequenz einer perversen Angebotselastizität des Kreditsektors: Die Geschäftsbanken bedienen bei einer beginnenden Boomphase die zusätzliche Kreditnachfrage zu den alten Konditionen. Dadurch übersteigt die Investitionstätigkeit die Spartätigkeit; daher werden Produktionsumwege eingeschlagen, die bei marktgerechten Zinsverpflichtungen nicht gewählt worden wären. Wegen der inflationären Folgen des Booms fordern Arbeitskräfte und Sparer den ihnen zustehenden und bisher vorenthaltenen Anteil, so daß Sparkapital knapper und teurer wird. Damit müssen alle die Produktionsumwege abgebrochen werden, die sich bei marktgerechtem Zins nicht rentieren. So entstehen Anpassungskosten in Form von Investitionsruinen und Arbeitslosigkeit. Dabei ist – um Mißverständnisse zu vermeiden – die Ursache der Anpassungskrise in der Verzerrung der relativen Preise während der Anfangsphase des Booms zu sehen und nicht in der unausweichlichen Marktkorrektur, die die Strukturverzerrung offenlegt.

Auch die Produktionsstruktur in sozialistischen Volkswirtschaften kann in diesem Sinne als systematisch verzerrt gelten, weil Preise als Knappheitssignale des aktuellen Bedarfs der Bevölkerung und Zinsen als Präferenzraten für Gegenwarts- und

Zukunftskonsum ausgeschaltet und durch politische Produktionsvorgaben ersetzt wurden, die sich nicht an den Bedürfnissen der Bevölkerung, sondern an politischen Prioritäten orientierten. Wir können die Notwendigkeit der Systemtransformation in Analogie zu *v. Hayeks* Konjunkturtheorie als eine Anpassung der Produktionsstruktur an geänderte relative Preise interpretieren. Jetzt entscheiden nicht mehr politische Vorgaben über den Produktionsaufbau, sondern die Präferenzen der Konsumenten ausgedrückt in marktgerechten Preisen und Zinsen.

Sicherlich waren auch in Deutschland die Preise im Zuge der Nachkriegsbewirtschaftung verzerrt; diese Verzerrungen betrafen aber vornehmlich die zum Leben bzw. Überleben existentiellen Güter wie Wohnungen und Lebensmittel, doch war das Maß an Verzerrung vergleichsweise gering gegenüber der systembedingten, in der Regel an politischer Weltmachtattitüde orientierten Praxis in der Sowjetunion. Die sozialistischen Bruderländer waren über das Instrument des Rats für gegenseitige Wirtschaftshilfe in diese Struktur eingepaßt worden. Daher zunächst der zwangsläufige und sich kumulativ ausbreitende Abfall von Produktion und Beschäftigung im Zuge der unausweichlichen Produktionsbereinigung. Konnte dieser kumulative Prozeß schon bei *v. Hayek* beträchtlich sein, wobei bloß ein zentraler relativer Preis, der Zins, falsch adjustiert war, um wieviel stärker muß die Produktionsbereinigung ausfallen, wenn alle zentralen relativen Preise falsch adjustiert waren. Glücklich können sich dann die sozialistischen Länder schätzen, die vornehmlich agrarisch orientiert sind wie die Volksrepubliken China und Vietnam, wo die Freigabe der Märkte sofort landwirtschaftliche Produktionserhöhungen auslöste und damit das Wohlstands- und Beschäftigungsniveau anhob, weil die Folgen der industriellen Produktionsbereinigung kaum ins Gewicht fielen.

Die derzeit immer noch hohen Inflationsraten in den meisten sozialistischen Staaten sind darauf zurückzuführen, daß die Politiker die unausweichliche Produktionsbereinigung noch aufschieben wollen, um die verdeckte Arbeitslosigkeit nicht zur offenen werden zu lassen, und sich daher zur Aushaltung der Staatsbetriebe gezwungen sehen. Wissen die Unternehmensleitungen um die Erpreßbarkeit der jeweiligen Regierung, so werden sie ihre Anstrengungen nicht auf die betriebliche Umstrukturierung in Richtung marktgängiger Produkte richten, sondern auf die Erlangung zusätzlicher Subventionen, die nicht über steuerliche Umverteilung, sondern über Notenbankgeld finanziert werden. Erst bei dieser Perspektive wird der Streit zwischen den beiden Exponenten einer marktwirtschaftlichen Reform in Polen, *Leszek Balcerowics* und *Jan Winiecki*, verständlich. *Balcerowics* hatte in seinem Plan Lohnkontrollen vorgesehen, *Winiecki* hatte dagegen opponiert, weil dies ein Überbleibsel aus sozialistischer Vergangenheit sei. Weiß man um die politische Erpreßbarkeit, so kann man sich leicht vorstellen, daß sich Unternehmensleitungen in Staatsbetrieben und Gewerkschaftsführungen auf hohe Lohnsteigerungen verständigen, die sie dann von Dritten bezahlen lassen. Daher der Versuch, über entsprechende Vorgaben Belastungen Dritter möglichst zu vermeiden.

IV. Warum wurden Protestparteien gewählt?

Es sei wiederholt: Wer durch Polens Großstädte wandert, sieht es – die Weichenstellung in Richtung Marktwirtschaft ist geglückt. Alles das, was früher in weiter Ferne lag, ist heute alltägliche Wirklichkeit. Das Warenangebot ist von kapitalistischen Großstädten nicht zu unterscheiden – natürlich in den angepaßten Qualitätsstufen. Was früher nur gegen Dollar oder D-Mark zu kaufen war, ist jetzt gegen Zloty zu haben. Es wird gebaut, gewerkelt, gehandelt, produziert – inzwischen weist auch die Veränderungsrate des Sozialprodukts ein positives Vorzeichen auf. Und trotzdem machten die Wähler die Postkommunisten zur stärksten politischen Kraft. Persönliche, politische und wirtschaftliche Freiheit, eines der höchsten Güter, als die Menschen in Unfreiheit lebten, galt offensichtlich nicht mehr viel.
Doch kann die Niederlage der Regierungsparteien nicht damit begründet werden, daß ein entschlossener Privatisierungsprozeß das ganze Ausmaß sozialistischer Strukturverzerrung offengelegt hätte und die dadurch beschäftigungslos gewordenen Arbeitskräfte dies nicht den sozialistischen Urhebern, sondern den marktwirtschaftlichen Reformern angelastet hätten. War nämlich die polnische Regierung konsequent und entschlossen, als es um die entscheidende makroökonomische Weichenstellung ging, so war sie bei der Privatisierung der Staatsbetriebe eher zögerlich. Hierbei spielten natürlich Unsicherheiten über die Rolle des Eigentums in einer marktwirtschaftlichen Ordnung eine Rolle; einige Politiker hofften auch, über Staatsbetriebe Industriepolitik betreiben zu können; Ausverkauf an den kapitalistischen Westen wurde befürchtet; vermögenspolitische Konzepte wurden diskutiert – noch in der Annahme, eine umfassende Produktionsbereinigung sei nicht erforderlich; auch fehlte der zur Privatisierung erforderliche organisatorische und fachliche Unterbau. Maßgebend war aber wohl die Sorge, daß die schnelle Privatisierung zu Entlassungswellen führen müßte. Bisweilen haben sich auch Belegschaften und Betriebsleitungen miteinander verbündet, um die Privatisierung in Form des Verkaufs an ausländische Interessenten zu hintertreiben.
Obwohl also die makroökonomische »Schocktherapie« die erwarteten Erfolge gebracht und obwohl in der Privatisierung einer gradualistischen Strategie gefolgt wurde, wurden Protestparteien gewählt. Eine erste Analyse dieses Phänomens aus ökonomischer Sicht hat wiederum *Jan Winiecki* (1993 b) vorgelegt. Er schätzt die Wahlen als Symptom für Reformmüdigkeit ein. Die tieferen Ursachen hierfür

vermutet er in der Abneigung der Bevölkerung gegenüber einem leistungsorientierten Wirtschaftssystem und in der antikapitalistischen Haltung der katholischen Kirche.

Winieckis Diagnose der Entwöhnung des sozialistischen Menschen von Leistung und Risiko ist wohl ein allgemeines Phänomen. Ein Landsmann von *Jan Winiecki*, *Janusz Tycner* (1993, S. 3), hat es besonders deutlich in den neuen Bundesländern ausgemacht:

»Der Kommunismus hatte zwar nicht viel zu verteilen, konnte aber meistens die elementaren Bedürfnisse des einzelnen befriedigen. Es war ein Leben wie im Gefängnis, aber jeder wußte wenigstens, wo er schlafen wird und daß er zu essen bekommt. Die Euphorie eines Häftlings, der nach jahrzehntelanger Verwahrung hinter hohen Mauern über Nacht vor die Anstaltstür gestoßen wird, schwindet schnell. Die Selbständigkeit überfordert ihn, er fühlt sich im Stich gelassen, sehnt sich nach jemandem, der ihm klar sagt, was er eigentlich tun soll. Und irgendwann kommt die Frage: Hatte das Gefängnis nicht doch seine guten Seiten?«

Winiecki macht demgegenüber noch auf einen Sachverhalt aufmerksam, der mit dem Langzeitgefangenen-Syndrom nicht erklärt werden kann: Auch Eigentümer von Werkstätten oder hoch bezahlte Spezialisten in Privatfirmen – also Menschen, die mit der wirtschaftlichen Freiheit etwas anzufangen wissen –, hätten rechte oder linke Protestparteien gewählt. Als einzige Erklärung hierfür zieht *Winiecki* heran, daß ihnen die Anstrengung für die Erzielung eines hohen Gehaltes oder die Selbständigkeit ein zu hoher Preis sei. Dies mag eine zutreffende Vermutung sein; denkbar ist aber auch, daß ihnen die sich nun abzeichnende überaus starke Differenzierung der Einkommensentwicklung ungerecht erscheint und sie deswegen, um sich gewissermaßen davon zu distanzieren, die Protestparteien wählten, die in mehr oder weniger differenzierter Form Umverteilung fordern. Sie verdienen weiterhin gut und haben doch ihr Gewissen durch die Wahl von Umverteilungsparteien beruhigt.

Man kann also nicht unbedingt aus der Wahl solcher Parteien darauf schließen, daß die bisherigen Reformen als solche abgelehnt würden. Eher ist anzunehmen, daß viele Polen mit der Umwertung beruflicher Qualifikationen und daraus resultierender relativer Einkommenseinbußen nicht einverstanden waren und sich über die Abwahl der Regierungsparteien individuelle Abhilfe versprachen. Was nun die nach *Winieckis* Auffassung zwiespältige Haltung der katholischen Kirche gegenüber dem Kapitalismus und der dadurch womöglich ausgelösten Rechtstendenz angeht, so kommen wir hierauf in den Schlußbemerkungen zurück.

Winieckis Wahlanalyse leuchtet ein, doch klärt sie nicht alles: Warum war die Wahlbeteiligung in Polen so gering? Wenn die Protestparteien 50% der abgegebenen Stimmen bekommen haben und damit die Regierung stellen können, so ist dies doch nicht mehr als ein Viertel der Wahlbevölkerung. Wenn wir davon ausgehen, daß diejenigen, die sich durch die Wahl von Protestparteien Besserung ihrer individuellen Einkommensposition versprachen, wahrscheinlich zur Wahlurne gegangen sind, warum sind dann die anderen zu Hause geblieben? Wahrscheinlich kommt man einer Antwort nahe, wenn man den Blick auf die Tschechische Republik und den Wahlsieg des Reformers *Vaclav Klaus* richtet.

Klaus hat vom Wähler ein überzeugendes Mandat für die Fortsetzung seiner Reformen bekommen. Da nicht anzunehmen ist, daß die Wähler dort vom Langzeitgefangenen-Syndrom verschont geblieben sind, muß angenommen werden, daß *Klaus* seine Reformpolitik anders präsentiert hat. Zwei Punkte verdienen herausgehoben zu werden:

- *Klaus* hat die Risiken des Transformationsprozesses, die Länge der zu überwindenden Durststrecke, die individuellen Sorgen und Nöte immer unmißverständlich angesprochen; er hat sogar das Schwarze noch schwärzer, das Licht schattiger gemalt. Vor diesem Hintergrund werden dann kleine Fortschritte wie Lichtflecke empfunden, während bei Weckung hoher Erwartungen auch Besserungen als negativ empfunden werden, wenn sie den hochgespannten Erwartungen nicht völlig entsprachen.
- Als die beiden Reformer *Klaus* und *Balcerowicz* gefragt wurden, wieviel ihrer Arbeitszeit sie dafür verwendeten, den Bürgern die Grundzüge ihrer Politik zu erläutern und dafür zu werben, antwortete *Klaus*: zwei Tage pro Woche, während *Balcerowicz* antwortete, die Fülle der zu lösenden Sachaufgaben lasse ihm hierfür keine Zeit.[3]

Dies macht auf ein weiteres Verdienst *Ludwig Erhards* aufmerksam. Er war sich nie zu schade dazu, überall für seine Politik öffentlich einzutreten und dafür zu werben. Auftritte vor großen Foren – auch in Wahlkämpfen – hat er geradezu genossen. Dies ist heute nicht mehr so bekannt: *Erhard* war ein fesselnder und überzeugender Redner, mit einem etwas altmodisch wirkenden Pathos. Wenn er sich zu Wirtschaftsfragen äußerte, spürte jeder, dieser Mann hat recht. Dies macht auch der Umstand deutlich, daß ein bloßes Konzept und dessen Realisierung nicht ausreichen; die Menschen wollen auch gewonnen, überzeugt, sogar mitgerissen werden.[4] Vielleicht zweifeln deshalb so viele Menschen in den Reformländern am Erfolg der

---

3 Diese Wiedergabe beruht auf einer persönlichen Mitteilung von *Jan Winiecki.*

4 Die Schilderung folgender Begebenheit (*Starbatty*, 1993, S. 171) beruht auf einer Mitteilung *Willgerodts*: »Marktwirtschaft nach dem Zweiten Weltkrieg war bei uns weiß Gott nicht populär. Als *Erhard* die Hochschulen besuchte, saßen die Studenten noch in ihren alten Soldatenröcken in den Hörsälen, und das Wort Marktwirtschaft war nicht beliebt; eher hatten alle das Gefühl, es müßte das Wenige gerecht zugeteilt werden. Als *Erhard* in die Hörsäle ging, ist ihm erst ›Buh‹ entgegengeworfen worden und nicht ›Hosianna‹. Aber nachdem er eine Doppelstunde geredet hatte, ist er mit nicht endenwollendem Beifall und Klopfen verabschiedet worden.«

Transformation, weil Leute wie *Erhard* oder *Klaus* nur ganz selten anzutreffen sind. *Milton Friedman* hat *Ludwig Erhard* einen einmaligen Glücksfall für Deutschland und die Welt genannt.

V. Was bleibt noch zu tun? Was läßt hoffen?

Postkommunisten und Bauernpartei sind Umverteilungsparteien. Mit diesem Anspruch sind sie angetreten; deswegen wurden sie gewählt. Sie werden schnell merken, daß sie beide an verschiedenen Enden desselben Strickes ziehen: Wenn die Bauernpartei hohe Einkommen für ihre Klientel herausholen will – über höhere Preise oder Einkommensbeihilfen –, dann wird das überwiegend von denjenigen bezahlt, die sich von den Postkommunisten Zuwendungen versprechen. Beide Parteien könnten dann versucht sein, Druck auf die Notenbank auszuüben, um durch vermehrte Geldschöpfung wenigstens dem Anschein nach die eigene Klientel zufriedenzustellen. Dadurch wird aber neu gebildetes Vertrauenskapital zerstört; dies schreckt den Zufluß von Auslandskapital ab und unterminiert die inländische Geldvermögensbildung als Voraussetzung für Sachkapitalbildung. Flucht der Inländer in ausländische Valuta würde einer solchen Politik rasch das Mißtrauen aussprechen. Da unter den früheren Kommunisten viele intelligente Opportunisten zu vermuten sind, werden ihnen solche Zusammenhänge leicht zu vermitteln sein. Gefährlicher ist, daß solche Leute oft glauben, sie könnten durch das Drehen an Politikschrauben die ökonomische Wirklichkeit in ihrem Sinne beeinflussen – z. B. über Industriepolitik, selektive Außenhandels- und Kapitalverkehrskontrollen.
Man muß auch skeptisch sein, was weitere marktwirtschaftliche Reformschritte angeht. Hierzu gehören die Einführung der Ausländerkonvertibilität; Politiker glauben, bei fehlender Ausländerkonvertibilität Kapitalabwanderung vermeiden zu können. Das Gegenteil ist der Fall: Ehe Kontrolleure Fluchtlöcher entdeckt und verstopft haben, sind bereits neue gefunden. Vor allem: Anlagebereites Auslandskapital läßt sich nur schwer davon überzeugen, sich in Ländern mit Mausefallenwährungen zu engagieren. Das Argument, daß dadurch die polnische Geldpolitik unter das Diktat eines ausländischen Großanlegers geraten könnte, beruht auf einem Denkfehler. Sind die politische Geldpolitik verläßlich und die Anlagemöglichkeiten in Polen attraktiv, so würde sich der Großanleger selber schädigen, wenn er aus spekulativen Gründen gegen das Land »spielte«. Ist die Politik dagegen schlecht, so wird die Abwanderung am ehesten für eine politische Besserung sorgen.
Zwei weitere Schritte sind noch zu machen: Die Reduzierung der Inflationsrate und die bessere Handhabbarkeit des Geldes – bei Größenordnungen von Millionen und Milliarden im täglichen Geschäft vertut man sich leicht mit den vielen »Nullen«. Die

Regierung untergräbt die Vertrauensbasis ihrer eigenen Politik, wenn sie die Notenbank zwingt, 50-Zloty-Scheine auszugeben, die sich von Design und Größe her anspruchsvoll geben, aber nur 0,005 DM entsprechen. Die Inflationsrate muß gedrückt werden, und die Geldscheine sind um die unübersichtlichen Nullen zu kürzen. Hand in Hand damit müßte der Privatisierungsprozeß vorangetrieben werden; das Gegenteil wird aber geschehen, weil die alten abgelegten Konzepte noch einmal aktiviert und diskutiert werden und weil die fachlich eingearbeitete Bürokratie durch »Laienspieler« ersetzt wird, die um politischer oder persönlicher Verdienste oder Beziehungen wegen belohnt oder abgefunden werden müssen. Was also bewirken die Protestparteien? Sie werden die Reformen nicht rückgängig machen, sondern bloß Sand ins Reformgetriebe werfen.
Was läßt hoffen? *Winiecki* hatte als eine Ursache für das Wahldebakel der Regierungsparteien auch die ablehnende Haltung oder das Unverständnis der Kirche gegenüber einer marktwirtschaftlichen Ordnung ausgemacht. Das müßte im einzelnen noch geprüft und belegt werden, doch ist es nicht ausgeschlossen. Wenn eine freie Gesellschaft auf Dauer aber nur bestehen kann, wenn deren Mitglieder bereit sind, bestimmte ethische Mindeststandards einzuhalten, dann dürften die Voraussetzungen hierfür in Polen günstig sein. In diesem Land ist das kirchliche Leben so dominierend wie sonst nirgends in Europa. In den großen Kirchen Warschaus werden jeden Abend Messen gehalten und sie sind gut besucht – natürlich weitgehend von Frauen; aber diese wirken – in aller Regel – ja auch auf ihre Männer ein. Wenn der Einfluß der katholischen Kirche auf kurze Sicht vielleicht den Reformprozeß gehemmt haben mag, auf lange Sicht wird er der Gesellschaft Halt verleihen und Richtung geben.
Augenfällig ist auch das Geschichtsbewußtsein der Polen. Wurde in der DDR Gebäudesubstanz aus vergangener Zeit abgerissen oder durch monotone Wohnblöcke ausgegrenzt, um dem Blick in die Vergangenheit zu wehren, so hegen und pflegen die Polen ihre Vergangenheit und machen sie in schönen historisch orientierten Museen gegenwärtig. Schulklassen über Schulklassen wandern durch diese Museen. So entsteht ein natürliches Verhältnis zur eigenen Geschichte und damit auch zur Gegenwart und zum eigenen Land. Mit Polen wird man rechnen müssen – wirtschaftlich und politisch.

Literaturverzeichnis

Levy, Bernhard, »An Institutional Analysis of the Design and Sequence of Trade and Investment Policy Reform«, *The World Bank Economic Review*, Vol. 7 (1993), S. 247–262.
Starbatty, Joachim, »Diskussionsbeitrag«, in: Besters, Hans (Hrsg.), *Marktwirtschaft in*

Osteuropa – eine Zwischenbilanz (*Gespräche der List Gesellschaft e. V., N.F. Band 15*), Baden-Baden 1993, S. 171 f.
Tycner, Janusz, »Warum jammern die Ossis so viel?«, *Die Zeit*, Nr. 48 vom 26. November 1993.
Willgerodt, Hans, »Diskussionsbeiträge«, in: Besters, Hans (Hrsg.), *Marktwirtschaft in Osteuropa – eine Zwischenbilanz* (*Gespräche der List Gesellschaft e. V., N.F. Band 15*), Baden-Baden 1993, S. 115. und 184 f.
Winiecki, Jan (1993 a), *Political Economy of ›Big Bang‹: Free Market vs. new Keynesian Perspective*, London 1993 (noch unveröffentlichtes Manuskript).
Winiecki, Jan (1993 b), »Was ist denn in Polen passiert? Ursachen des Wahldebakels marktorientierter Reformer«, *Neue Zürcher Zeitung*, Fernausgabe Nr. 253 vom 31. Oktober/1. November 1993.

IV. Gestaltung und Erhaltung der Weltwirtschaft

Die Übertragbarkeit der Sozialen Marktwirtschaft auf Lateinamerika

Ernst Dürr

I.

Der Zusammenbruch des Sozialismus hat den Glauben an die sozialistische Zentralverwaltungswirtschaft als Entwicklungsstrategie erschüttert. Auch die neueste Enzyklika von Papst Johannes Paul II. »*Centesimus Annus*« spricht sich gegen den Sozialismus und für den Kapitalismus als wirtschaftliches Modell für die Entwicklungsländer aus, sofern mit »Kapitalismus« ein Wirtschaftssystem bezeichnet wird, »das die grundlegende und positive Rolle des Unternehmens, des Marktes, des Privateigentums und der daraus folgenden Verantwortung für die Produktionsmittel ... anerkennt ... Wird aber unter ›Kapitalismus‹ ein System verstanden, in dem die wirtschaftliche Freiheit nicht in eine feste Rechtsordnung eingebunden ist, die sie in den Dienst der vollen menschlichen Freiheit stellt und sie als eine besondere Dimension dieser Freiheit mit ihrem ethischen und religiösen Mittelpunkt ansieht, dann ist die Antwort (auf die Frage, ob nach dem Scheitern des Kommunismus der Kapitalismus das siegreiche Gesellschaftssystem und das Modell sei, das der Dritten Welt vorgeschlagen werden soll) ebenso entschieden negativ« (*Centesimus Annus*, 1991, Ziff. 42). Ebenso lehnt der Papst den Wohlfahrtsstaat ab. »Der Wohlfahrtsstaat, der direkt eingreift und die Gesellschaft ihrer Verantwortung beraubt, löst den Verlust an menschlicher Energie und das Aufblähen der Staatsapparate aus, die mehr von bürokratischer Logik als von dem Bemühen beherrscht werden, den Empfängern zu dienen; Hand in Hand damit geht eine ungeheure Ausgabensteigerung ... Funktionsstörungen und Mängel im Wohlfahrtsstaat rühren von einem unzutreffenden Verständnis der Aufgaben des Staates her. Auch auf diesem Gebiet muß das Subsidiaritätsprinzip gelten« (*Centesimus Annus*, 1991, Ziff. 48).

Als Aufgabe des Staates im Bereich der Wirtschaft bezeichnet der Papst die Gewährleistung der »Sicherheit der individuellen Freiheit und des Eigentums, sowie eine stabile Währung und leistungsfähige öffentliche Dienste ... Der Staat hat des weiteren das Recht einzugreifen, wenn Monopolstellungen die Entwicklung verzögern oder behindern« (*Centesimus Annus*, 1991, Ziff. 48). Damit spricht sich der Papst für eine Rechtsordnung aus, die das Privateigentum sichert, für eine Währungsordnung, die die Geldwertstabilität aufrechterhält und für eine Wettbewerbsordnung, die den Wettbewerb gewährleistet. Ferner befürwortet der Papst den freien Außenhandel. »Noch vor wenigen Jahren wurde behauptet, die Entwicklung würde von der Isolierung der ärmsten Länder vom Weltmarkt und davon abhängen, daß sie nur auf ihre eigenen Kräfte vertrauen. Die jüngste Erfahrung aber hat bewiesen, daß die Länder, die sich ausgeschlossen haben, Stagnation und Rückgang erlitten haben; eine Entwicklung hingegen haben jene Länder durchgemacht, denen es gelungen ist, in das allgemeine Gefüge der internationalen Wirtschaftsbeziehungen einzutreten. Das größte Problem scheint also darin zu bestehen, einen gerechten Zugang zum internationalen Markt zu erhalten, der nicht auf dem einseitigen Prinzip der Ausbeutung der natürlichen Ressourcen, sondern auf der Erschließung menschlicher Ressourcen beruht« (*Centesimus Annus*, 1991, Ziff. 33). Damit wendet sich der Papst gegen die besonders in Lateinamerika in der Vergangenheit praktizierte Importsubstitutionspolitik und gegen den Protektionismus der Industrieländer. Indirekt spricht sich der Papst auch gegen die interventionistische Grundbedürfnisstrategie aus. »Sowohl auf nationaler Ebene der einzelnen Nationen wie auch auf jener der internationalen Beziehungen scheint der freie Markt das wirksamste Instrument für die Anlage der Ressourcen und für die beste Befriedigung der Bedürfnisse zu sein« (*Centesimus Annus*, 1991, Ziff. 34). Es ist jedoch »strenge Pflicht der Gerechtigkeit und der Wahrheit zu verhindern, daß die fundamentalen menschlichen Bedürfnisse unbefriedigt bleiben und die davon betroffenen Menschen zugrunde gehen. Diesen Menschen muß geholfen werden, sich das nötige Wissen zu erwerben, in den Kreis der internationalen Beziehungen einzutreten, ihre Anlagen zu entwickeln, um Fähigkeiten und Ressourcen besser einbringen zu können« (*Centesimus Annus*, 1991, Ziff. 34).

Ferner befürwortet der Papst Sozialversicherungen für Alter und Arbeitslosigkeit sowie einen angemessenen Schutz der Arbeitsbedingungen. Auch an anderer Stelle betont der Papst die Notwendigkeit der Sozialpolitik im Rahmen der Marktwirtschaft (*Centesimus Annus*, 1991, Ziff. 49). Damit macht sich der Papst die Forderung *Müller-Armacks* (1976, S. 243) zu eigen, »das Prinzip der Freiheit auf dem Markt mit dem des sozialen Ausgleichs zu verbinden.«

Zwar schreibt der Papst, die Kirche habe kein eigenes Modell vorzulegen, doch geht aus den angeführten Zitaten hervor, daß er als Wirtschaftsordnung für die Entwicklungsländer die Soziale Marktwirtschaft empfiehlt. Das ist besonders wichtig für die Durchsetzbarkeit marktwirtschaftlicher Reformen in Lateinamerika, da dort die katholische Kirche noch einen großen Einfluß hat und der einheimische Klerus und erst recht die Anhänger der Theologie der Befreiung große Vorbehalte gegenüber der Marktwirtschaft haben oder sie sogar ablehnen. So hat sich die IV. Lateinamerikanische Bischofskonferenz im Oktober 1992 gegen die »neoliberale« Wirtschaftspolitik gewandt, die in Lateinamerika »noch vorherrscht« (*Ortiz Pinchetti*, 1992, S. 40 ff.). Wie wir noch sehen werden, ist die Ausrichtung der Wirtschaftspolitik an sozialen Zielsetzungen allerdings in den meisten dieser Länder noch unterentwikkelt, wenn es auch Chile am ehesten gelungen ist, die Effizienz der Marktwirtschaft mit sozialem Ausgleich zu verbinden. Ohne die produktivitätssteigernde Wirkung marktwirtschaftlicher Reformen fehlen jedoch die Ressourcen für die Sozialpolitik. Wie stark Interventionismus, Protektionismus und Inflationismus die wirtschaftliche Entwicklung der lateinamerikanischen Länder beeinträchtigt haben, geht aus dem Abstieg dieser Länder in der Rangfolge des Pro-Kopf-Sozialprodukts seit dem Zweiten Weltkrieg hervor. Dagegen sind während derselben Zeit die marktwirtschaftlich orientierten Länder, insbesondere in Ost- und Südostasien, in der Rangfolge aufgestiegen (*Escher*, 1990, S. 12). Der Abstieg lateinamerikanischer Länder kann nicht durch Rohstoffmangel erklärt werden, denn die ost- und südostasiatischen Aufsteiger verfügen über wesentlich weniger Bodenschätze und bebaubare Böden als die lateinamerikanischen Absteiger.

II.

Die Übertragbarkeit der Sozialen Marktwirtschaft hängt davon ab, ob folgende Bedingungen vorhanden sind oder geschaffen werden können:

1. Privateigentum an den Produktionsmitteln, da nur bei Privateigentum die wirtschaftliche Macht dezentralisiert werden kann, der Wettbewerb funktioniert und sich unternehmerische Initiative entfalten kann.
2. Unternehmer, die durch ihre freien Entscheidungen die wirtschaftliche Entwicklung vorwärtstreiben. Staatliche Unternehmen sind als Motor der wirtschaftlichen Entwicklung ungeeignet.
3. Freiheit des Marktzugangs, damit sich unternehmerische Initiative entfalten kann. Freiheit des Marktzugangs bedeutet nicht nur freien Zugang zu Beschaffungs- und Absatzmärkten, sondern auch freien Zugang zu den Produktionsfaktoren und Devisen.
   Freie Preise, welche in der Marktwirtschaft Angebot und Nachfrage koordinieren. Wettbewerb, der einen ständigen Druck auf Preise und Kosten ausübt, Innovationen fördert, Marktmacht verhindert und für eine leistungsgerechte Einkommensverteilung sorgt.
4. Geldwertstabilität, da Inflation die Preissignale und die unternehmerische Kalkulation verfälscht, den Wettbewerb beeinträchtigt und eine Einkommens- und Vermögensumverteilung bewirkt, die die kleinen Sparer, die Rentner und im allgemeinen auch die Lohnempfänger benachteiligt.

5. Die Bereitschaft zum sozialen Ausgleich, und zwar nicht nur aus ethischen Gründen, sondern auch zur Sicherung der sozialen und politischen Stabilität der kapitalistischen Marktwirtschaft.
6. Eine starke Regierung, die sich den Interessengruppen widersetzen kann, welche von der Ausschaltung des Wettbewerbs, der staatlichen Fixierung von Preisen, Zinsen und Löhnen, von der Inflation und ungleicher Einkommens- und Vermögensverteilung profitieren.

Im folgenden Kapitel soll untersucht werden, inwieweit diese Bedingungen in lateinamerikanischen Ländern gegeben sind und auf welche Weise sie geschaffen werden können.

III.

1. Privateigentum an den Produktionsmitteln

In Lateinamerika ist nur noch Kuba ein sozialistisches Land. In vielen lateinamerikanischen Ländern existieren jedoch zahlreiche Staatsbetriebe, die privatisiert werden müssen, damit marktwirtschaftliche Reformen die wirtschaftliche Entwicklung beschleunigen können und der Staatshaushalt von den Verlusten dieser Betriebe entlastet wird. Ein Beispiel für die wachstumshemmende Wirkung eines umfangreichen staatlichen Unternehmenssektors ist Bolivien, wo die rasche Beseitigung der Hyperinflation und die Liberalisierung der Wirtschaft in der zweiten Hälfte der achtziger Jahre zwar die vorher negativen Wachstumsraten des realen Bruttoinlandsprodukts in ein positives Wirtschaftswachstum umkehren konnten; jedoch ist dieses kaum höher als die Wachstumsrate der Bevölkerung. Ein wesentlicher Grund für den mäßigen Erfolg der marktwirtschaftlichen Reformen in Bolivien ist neben dem illegalen Kokainexport (der zur Überbewertung der bolivianischen Währung für die legale Wirtschaft führt) der hohe Anteil der Staatsbetriebe, die 70% des BIP erwirtschaften (Vgl. *Jungfer*, 1990, S. 32ff.). Die Privatisierung stieß bisher auf politische Schwierigkeiten, insbesondere auf den Widerstand der Gewerkschaften, die einen Abbau der Beschäftigung befürchten.
Andere lateinamerikanische Länder, die marktwirtschaftliche Reformen durchführten, haben diese mit einer zügigen Privatisierung verbunden. Als erstes Land Lateinamerikas hat Chile in den siebziger Jahren die unter Allende verstaatlichten Betriebe privatisiert. Da nach dem Regierungswechsel von 1973 nur wenige Chilenen in der Lage waren, die zum Kauf angebotenen staatlichen Industrieunternehmen und Banken zu kaufen, entstanden eine Reihe großer Unternehmensgruppen (grupos), in denen Industrieunternehmen und Banken eng verflochten waren. Diese

wiederum hatten die finanziellen Mittel, um weitere Staatsbetriebe aufzukaufen. Hierdurch entstand eine hohe Unternehmens- und Vermögenskonzentration (*Ibañez*, 1983, S. 29; *Schneider*, 1984, S. 215 f.; *Ffrench-Davis*, 1982, S. 11 und 33 f.). In den achtziger Jahren kam es zu einer zweiten Privatisierungswelle in Chile. »Von 1985–1988 wurden 27 Betriebe, die der Staat in der Wirtschaftskrise Anfang der achtziger Jahre übernommen hatte, privatisiert. Um eine Vermögenskonzentration, wie sie bei der Privatisierungspolitik in den siebziger Jahren zustandekam, zu vermeiden, wurden die Aktien breit gestreut und Arbeitern der privatisierten Betriebe angeboten. Der Kauf wurde durch günstige Kredite erleichtert. Für diese Ausweitung des Privateigentums an Produktionsmitteln wurde der Begriff ›Volkskapitalismus‹ geprägt« (*Escher*, 1990, S. 176 f.).
In Mexiko verminderte die Privatisierung und Schließung staatlicher Unternehmen die Zahl der Staatsbetriebe von über 1.100 im Jahre 1982 auf weniger als 200 im Jahre 1992 (*IMF*, Survey May 25, 1992, S. 173). Der Privatisierungserlös in Höhe von über 13 Mrd. US $ wurde zur Tilgung der inländischen Staatsschuld verwandt (*Aspe, Bianchi* und *Cavallo*, 1992, S. 6). Auch Argentinien verband die marktwirtschaftlichen Reformen unter Präsident *Menem* Anfang der neunziger Jahre mit einer umfangreichen Privatisierung. Eine Reihe bedeutender Erdölareale wurde teilprivatisiert. »Gleichzeitig wurden die Bemühungen um volle und teilweise Privatisierung zahlreicher Staatsunternehmen (u.a. der ELMA-Werft, des SOMISA-Stahlwerks, der Postgesellschaft, von Hüttenbetrieben und 30 Militärfabriken) bzw. um Konzessionsvergabe öffentlicher Dienstleistungen (Strom-, Gas- und Wasserversorgung, eines Teils des Eisen- und U-Bahnnetzes) beschleunigt vorangetrieben. Bei allen Privatisierungsvorhaben war außerdem reges Auslandsinvestitionsinteresse zu verzeichnen.« (*Deutsch-Argentinische Industrie- und Handelskammer*, 1992, S. 2 f.). Die Privatisierungserlöse von bisher über 7 Mrd. US $ wurden zum Ausgleich des Staatshaushalts verwandt.

2. Unternehmer

Nach der Theorie *Max Webers*, der den »Geist des Kapitalismus« auf die protestantische Ethik zurückführte, könnte man vermuten, daß es im überwiegend katholischen Lateinamerika wenig unternehmerische Menschen gibt. *McClelland*, der die Theorie *Max Webers* in eine Theorie höherer Ordnung einfügte, wonach die Leistungsmotivation für die unternehmerische Tätigkeit und die wirtschaftliche Entwicklung entscheidend ist, bezeichnete aufgrund seiner empirischen Untersuchungen als lateinamerikanische Länder mit geringer Leistungsmotivation Mexiko und Chile, während Argentinien als ein Land mit hoher Leistungsmotivation ausgewiesen wurde (*McClelland*, 1961, 100). Die Analyse der wirtschaftlichen Entwicklung dieser Länder zeigt jedoch, daß sie unabhängig von der Leistungsmotivation bei Interventionismus, Protektionismus und Inflationismus ein niedriges Wirtschaftswachstum hatten, während es marktwirtschaftlichen Reformen gelang, das Wirtschaftswachstum beträchtlich zu erhöhen, insbesondere in Chile seit den achtziger Jahren und in Argentinien seit Beginn der neunziger Jahre. Das deutet darauf hin, daß unternehmerische Personen in ausreichendem Maße vorhanden sind und daß es darauf ankommt, daß der Staat sie zum Zuge kommen läßt und günstige Rahmenbedingungen für unternehmerische Tätigkeit schafft.

3. Freiheit des Marktzugangs, freie Preise und Wettbewerb

Der Abstieg Argentiniens von der Spitzengruppe der reichsten Länder der Welt begann mit dem Militärputsch von 1929, dem in rascher Folge zivile und militärische Regierungen folgten. Zum Schutz vor Auslandskonkurrenz wurden hohe Zollschranken errichtet; für zahlreiche Wirtschaftszweige wurden staatliche Regulierungsbehörden (government regulatory boards) gegründet, die ein dichtes Netz von Regulierungen ausbreiteten. Interventionen in einem Sektor dienten als Rechtfertigung für die Einführung von Interventionen in anderen Sektoren (*Aspe, Bianchi* und *Cavallo*, 1992, S. 22). Die in den dreißiger Jahren begonnene Importsubstitutionspolitik wurde unter der ersten Regierung *Perons* (1943–1955) intensiviert. »Der Preismechanismus als Lenkungsinstrument für möglichst effizientes Wirtschaften wurde außer Kraft gesetzt; an seine Stelle trat der Staat mit diskretionärem Interventionismus« (*Donges*, 1978, S. 342).
Nach dem Zweiten Weltkrieg wurde die Politik der Importsubstitution unter dem Einfluß der CEPAL von den meisten Staaten Lateinamerikas betrieben. Unter dem Schutz vor Auslandskonkurrenz wurden Industrien aufgebaut, die bisher importierte Güter im eigenen Lande herstellen sollten. Da bei den hohen Kosten und Preisen dieser Produkte der einheimische Markt bald gesättigt war und ein Export wegen der mangelnden Wettbewerbsfähigkeit nicht möglich war, folgte auf eine kurze Periode industriellen Aufschwungs die Stagnation. Da zur Beschleunigung der Industrialisierung Ressourcen aus der Landwirtschaft abgezogen wurden, kam es zur Landflucht in die Städte. Dort schuf die Industrialisierungspolitik jedoch wenig Arbeitsplätze, da die Produktionsverfahren wegen künstlich niedrig gehaltener Zinsen und der verbilligten Investitionsgüterimporte (auch die Devisenpreise wurden durch die Devisenbewirtschaftung niedrig gehalten) sehr kapitalintensiv waren.[1]

---

1 Vgl. *Escher*, 1990, S. 104 ff.; *Bär*, 1981, S. 128; *Donges*, 1978, S. 344; *Reynolds*, 1985, S. 90; *Diaz-Alejandro*, 1970, S. 113 und 117.

Die als Folge der interventionistischen Politik, die mit steigenden Inflationsraten verbunden war, auftretenden wirtschaftlichen und politischen Krisen führten vielfach zur Machtübernahme durch das Militär, welches in einigen Fällen marktwirtschaftliche Reformen durchführte, insbesondere in Brasilien 1964, Chile und Uruguay 1973 und Argentinien 1976. Die Phase marktwirtschaftlicher Politik dauerte jedoch in Brasilien nur 10 Jahre, in Uruguay 8 Jahre und in Argentinien etwa 4 Jahre, wobei in den beiden letztgenannten Ländern die Reformen nur sehr unvollständig durchgeführt wurden. Lediglich in Chile wurde die marktwirtschaftliche Ordnung bis heute beibehalten.

In Brasilien ging die Militärregierung von der Importsubstitutionspolitik zu einer weltmarktorientierten Außenhandelsstrategie über. Während die Exporterlöse in der Zeit der Importsubstitutionspolitik 1955–65 nur um jahresdurchschnittlich wenig über 1% gestiegen waren, erhöhten sie sich in der Zeit der weltmarktorientierten Politik 1966–75 um jahresdurchschnittlich über 25% (*Krueger*, 1983, S. 7). Mitte der siebziger Jahre setzte in Brasilien wieder eine neue Welle der Importsubstitutionspolitik und staatlicher Investitionslenkung ein, die ab 1984 auch von den demokratischen Regierungen fortgesetzt wurden.

Von den Militärregierungen, die in den siebziger Jahren im südlichen Südamerika an die Macht kamen, hat die chilenische Regierung unter General *Pinochet* die marktwirtschaftlichen Reformen am konsequentesten durchgeführt: Die Preise wurden rasch freigegeben; die Zinsbindung wurde gelockert und schließlich aufgehoben, wodurch die vorher negativen Realzinsen positiv wurden; die Überbewertung der Währung wurde durch Abwertung korrigiert, woraufhin der Export stark anstieg, nachdem er vorher zurückgegangen war. Der realistische Wechselkurs machte die Liberalisierung der Einfuhr möglich; die Zölle wurden von durchschnittlich 94% im Jahre 1973 auf einheitlich 10% (mit Ausnahme der Zölle auf Automobile) im Jahre 1979 gesenkt. Bereits Ende 1973 wurde ein Gesetz gegen Wettbewerbsbeschränkungen erlassen, welches allerdings nur Kartelle und monopolistische Praktiken verbot, nicht jedoch die Unternehmenskonzentration verhinderte (*Dürr*, 1985, S. 168 ff.)

Während jedoch Uruguay und Argentinien in der Wirtschaftskrise Anfang der achtziger Jahre ihre marktwirtschaftlichen Reformen abbrachen und wieder zu Interventionismus, Protektionismus und Inflationismus zurückkehrten, setzte Chile nach Überwindung der Krise und vorübergehender Erhöhung der Zölle die marktwirtschaftliche Politik fort, die nach der Demokratisierung 1990 auch von der Koalition aus Christdemokraten und Sozialisten beibehalten wurde.

Auch demokratische Regierungen haben im Rahmen von Stabilisierungsprogrammen marktwirtschaftliche Reformen durchgeführt. Bolivien hat 1985 die Preise und Wechselkurse freigegeben und die Einfuhr liberalisiert (*Escher*, 1990, S. 171). In Mexiko hatte die Importsubstitutionspolitik sowie die Ausweitung des Staatssektors die Unternehmenskonzentration stark erhöht: 1980 betrug in 17 der 183 Industriebranchen der Anteil der vier größten Unternehmen an der Produktion mehr als 90%, in 52 Branchen mehr als 70% (*Cartas*, 1990, S. 63). Zur Intensivierung des Wettbewerbs wurde in der zweiten Hälfte der achtziger Jahre der Außenhandel liberalisiert. Während 1983 alle Importe genehmigungspflichtig waren, sind es gegenwärtig nur noch 13% der Importe (*Aspe, Bianchi* und *Cavallo*, 1992, S. 7). Der höchste Zollsatz wurde 1986 von 100% auf 50% und 1987 auf 20% gesenkt (*Nash*, 1991, S. 500). Die Intensität der Auslandskonkurrenz wurde noch dadurch verschärft, daß ab 1987 die Abwertung unter der Inflationsrate gehalten, die Währung also real aufgewertet wurde (*Cartas*, 1990, S. 96 f).

Um den durch jahrzehntelangen Interventionismus und Protektionismus erlahmten Wettbewerb zu intensivieren, wurden in Argentinien 1991 die Einfuhrbeschränkungen aufgehoben und die Zölle gesenkt, und zwar für Rohstoffe auf 0%, für Halbfabrikate auf einheitlich 11% und für Fertigwaren auf einheitlich 22%. Durch ein Dekret vom Oktober 1991 wurden die staatlichen Regulierungsbehörden und damit die staatlichen Preiseingriffe abgeschafft (*Aspe, Bianchi* und *Cavallo*, 1992, S. 24). Ferner intensivierte die Fixierung des Wechselkurses gegenüber dem US Dollar bei freier Konvertibilität den Wettbewerb bei den international handelbaren Gütern.

4. Geldwertstabilität

Während in den sechziger Jahren innerhalb Lateinamerikas nur Argentinien, Chile, Brasilien und Uruguay Inflationsraten von jahresdurchschnittlich über 20% hatten, wiesen in den siebziger Jahren Bolivien, Peru, Brasilien und Uruguay Inflationsraten von über 20% und Argentinien und Chile sogar über 100% auf (*Weltbank*, 1983, S. 174 f.). In den achtziger Jahren stiegen die Inflationsraten noch stärker an, so daß Lateinamerika als der Kontinent mit den höchsten Inflationsraten bezeichnet werden kann (vgl. Tabelle 1).

Entgegen der strukturalistischen Inflationstheorie kann die hohe Inflation auch in lateinamerikanischen Ländern auf die überhöhte Expansion der Geldmenge zurückgeführt werden. Für die Beziehung zwischen »Geldüberhang« (definiert als Differenz zwischen der Wachstumsrate der Geldmenge und der Wachstumsrate des realen Sozialprodukts) und Inflationsrate ergibt sich in den lateinamerikanischen Ländern für die Periode 1965–80 eine Korrelation von r = 0,9812 und für die Periode 1980–85 eine Korrelation von r = 0,9973 (*Escher*, 1990, S. 49). Hauptursache der inflatorischen Erhöhung der Geldmenge war die Finanzierung von Haushaltsdefiziten durch die Notenbank (*Escher*, 1990, S. 43 f.).

Je höher die Inflationsrate ist, um so negativer ist ihre Wirkung auf das reale

Tabelle 1: Inflationsraten in Entwicklungsländern in v.H.

Regionen	1980–85 Durchschnitt	1986	1987	1988	1989	1990	1991	1992
Afrika und	11,5	11,5	16,5	19,0	17,5	14,5	18,5	40,0
Naher Osten								12,5
Asien	7,5	12,4	12,5	18,5	13,5	9,0	9,5	7,5
Lateinamerika	128,5	91,5	130,0	292,0	910,5	1568	193,0	355,0
Argentinien	322,5	90,0	131,5	343,0	3080	2314	172,0	25,0
Brasilien	149,0	150,0	219,0	583,0	1325	3118	428,0	982,0
Mexiko	60,5	86,2	131,8	114,2	20,0	26,7	22,7	15,5
Peru	102,0	77,9	85,8	667,0	3399	7482	410,0	73,5

Berechnet unter Verwendung der BIP-Gewichte und Wechselkurse von 1984–86.

Quelle: *Bank für Internationalen Zahlungsausgleich*, 62. Jahresbericht 1992, Basel 1992, S. 45 und 63. Jahresbericht 1993, Basel 1993, S. 61.

Wirtschaftswachstum. Selbst wenn in einigen Fällen aufgrund des über die Inflation erzwungenen Sparens der privaten Haushalte die Investitionsquote bei einer Erhöhung der Inflationsrate stieg, wurde der Wachstumseffekt der gestiegenen Investitionsquote durch die inflationsbedingte Erhöhung des marginalen Kapitalkoeffizienten überkompensiert (*Escher*, 1990, S. 53 ff.). Insofern kann man mit großer Sicherheit sagen, daß die Inflationspolitik lateinamerikanischer Länder zu ihrem wirtschaftlichen Abstieg wesentlich beigetragen hat.

In Brasilien gelang es der Militärregierung in der Phase der weltmarktorientierten Politik, durch die Reduzierung des Haushaltsdefizits (von 4,1% des BIP im Jahre 1963 auf 1,1% im Jahre 1966) (*Taylor*, 1976, S. 33) und die hierdurch ermöglichte Verminderung der Wachstumsrate der Geldmenge die Inflationsrate von 91% im Jahre 1964 auf 24% im Durchschnitt der Jahre 1965–75 zu senken. Die Wachstumsrate des realen BIP stieg von 4,2% im Durchschnitt der Jahre 1960–65 auf 9,1% im Durchschnitt der Jahre 1965–75. Beim anschließenden Rückfall in die Politik der Importsubstitution und des Interventionismus stieg die Inflationsrate wieder an und erreichte im letzten Jahr der Militärregierung (1984) fast 200%. Auch die folgenden demokratischen Regierungen kehrten nicht zur Marktwirtschaft und Geldwertstabilität zurück. Vielmehr erhöhte sich die Inflationsrate trotz mehrerer »Währungsreformen«, die allerdings nur aus Währungsumstellungen, nicht jedoch aus einer Beseitigung der Inflationsursachen bestanden, schließlich auf über 1.000% im Durchschnitt der Jahre 1987–92, während das Wirtschaftswachstum zurückging und 1992 sogar negativ wurde (–1,4%).[2]

Die Militärregierungen, die in den siebziger Jahren im südlichen Lateinamerika marktwirtschaftliche Reformen durchführten, vernachlässigten die Inflationsbekämpfung, die so wesentlich für die Funktionsfähigkeit der Marktwirtschaft ist. Obwohl in Chile das Haushaltsdefizit rasch beseitigt wurde, verminderte die Notenbank die Wachstumsrate der Geldmenge nur allmählich. Entsprechend langsam sanken die Inflationsraten, und zwar von über 600% im Jahre 1973 auf 343% in 1975 und 84% in 1977 (*Ibañez*, 1983, S. 49). Schließlich wurde 1979 bei einer Inflationsrate von fast 40% der Wechselkurs gegenüber dem Dollar fixiert, um auf diese Weise Stabilität zu importieren. Infolge der Fortdauer der Geldmengenexpansion stiegen jedoch die Preise international nicht handelbarer Güter (insbesondere Dienstleistungen und Leistungen der Bauwirtschaft) weiter an; die Reallöhne erhöhten sich stark, da die Nominallöhne durch die Indexierung an die vorhergehende höhere Inflationsrate gekoppelt waren. Auf diese Weise kamen die Erzeuger international handelbarer Güter in die Zange zwischen steigenden Kosten und ausländischem Konkurrenzdruck, während die Erzeuger international nicht handelbarer

2 Vgl. *Weltbank*, 1983 b, S. 22 f.; *Weltbank*, 1988, S. 52 f. und *Deutsch-Südamerikanische Bank*, 1993, S. 140 f.

Güter die steigenden Kosten mangels Auslandswettbewerb auf die Preise abwälzen und zu negativen Realzinsen im Ausland Kredit aufnehmen konnten. Die Wachstumsraten der Produktion international handelbarer Güter gingen schon ab 1980 zurück und wurden 1982 negativ. In diese Krise wurden dann auch die Erzeuger der international nicht handelbaren Güter hineingerissen. 1982 sank das BIP um 14% (*Banco Central de Chile*, 1984, S. 42 und 48).

Auch in Uruguay und Argentinien führten die Militärregierungen eine unzureichende Inflationsbekämpfung durch und versuchten schließlich, wie Chile, durch die reale Aufwertung ihrer Währung Stabilität zu importieren, mit den gleichen negativen Folgen für die wirtschaftliche Entwicklung wie in Chile. Am Anfang der achtziger Jahre mußten alle drei Länder eine reale Abwertung ihrer Währung durchführen.

Während jedoch Uruguay und Argentinien in der Wirtschaftskrise Anfang der achtziger Jahre ihre marktwirtschaftlichen Reformen abbrachen und wieder zu Interventionismus, Protektionismus und Inflationismus zurückkehrten, setzte Chile nach Überwindung der Krise die marktwirtschaftliche Politik fort. 1989 wurde die chilenische Zentralbank nach dem Muster der Deutschen Bundesbank unabhängig (*Escher*, 1990, S. 177ff.). Die Inflationsrate betrug im Durchschnitt der Jahre 1986–92 19%; das BIP stieg in dieser Zeit um jahresdurchschnittlich 6,7% (*Deutsch-Südamerikanische Bank*, 1993, S. 140 f.).

In Bolivien erreichte die Inflation Mitte 1985 mit einer Jahresrate von 60.000% ihren Höhepunkt. Das anschließende Stabilisierungsprogramm war im Gegensatz zur langsamen Inflationsbekämpfung in Chile in den siebziger Jahren eine echte Schocktherapie. Die Hauptursache der inflatorischen Geldmengenexpansion, nämlich das hohe Haushaltsdefizit des Staates, wurde durch die Einfrierung der Löhne im Staatssektor, die Reduzierung der öffentlichen Investitionsausgaben sowie die Einführung neuer Steuern rasch reduziert. Am 1.1.1986 wurde eine Währungsumstellung im Verhältnis 1 Mio : 1 durchgeführt (*Escher*, 1990, S. 169ff.). Die Inflationsrate sank schon 1987 auf 11% und betrug im Durchschnitt der Jahre 1988–92 16%. Diese marktwirtschaftliche Schocktherapie führte nicht zu der von Anhängern des Gradualismus befürchteten Depression, sondern zur Erhöhung des Sozialprodukts. Während das reale BIP 1980–86 um jahresdurchschnittlich 2,1% gesunken war, erhöhte es sich in den Jahren 1987–92 um jahresdurchschnittlich 3,1% (*Deutsch-Südamerikanische Bank*, 1993, S. 140 f.).

Wie Bolivien hat auch Mexiko seine hohe Inflation, die 1987 fast 160% erreichte, durch eine Schocktherapie rasch auf 20% im Durchschnitt der Jahre 1989–92 gesenkt, und zwar insbesondere durch die Reduzierung des Haushaltsdefizits von 13,1% des BIP im Jahre 1986 auf 3,5% im Jahre 1992 (*Aspe, Bianchi* und *Cavallo*, 1992, S. 32). Die Staatseinnahmen wurden hauptsächlich durch die Bekämpfung der Steuerhinterziehung, die Beseitigung von Steuervergünstigungen für bestimmte

Interessengruppen und die Ausweitung der Steuerbasis erhöht. Hierdurch war es möglich, die Steuersätze zu senken und die Investitionen steuerlich zu begünstigen (*Aspe, Bianchi* und *Cavallo*, 1992, S. 5). Das reale Wirtschaftswachstum, das 1986 mit – 3,8% negativ war, erreichte im Durchschnitt der Jahre 1989–92 +3,5% (*Deutsch-Südamerikanische Bank*, 1993, S. 140 f.).
Nachdem in Argentinien 1990 die Inflationsrate 1.344% erreicht hatte (*Deutsch-Südamerikanische Bank*, 1993, S. 140 f.), entschloß sich Präsident *Menem* zu einer Schocktherapie durch die Änderung der Notenbankverfassung. Seit dem 1.4.1991 muß das Zentralbankgeld zu 100% durch Gold und konvertible Devisen gedeckt sein. Das bedeutet, daß der Staat seine Ausgaben nicht mehr durch die Notenbank finanzieren kann und daß auch argentinische Banken keine Inlandswechsel mehr rediskontieren können (*La Reforma Monetaria*, 1991, S. 5). Der Dollarkurs wurde nach einer Währungsumstellung im Verhältnis 10.000:1 bei freier Konvertibilität im Verhältnis 1 Peso = 1 US $ fixiert.
Zwar kann, wie in Chile 1979, die Fixierung des Wechselkurses in Verbindung mit der Konvertibilität der argentinischen Währung und den Zollsenkungen nur die Produzenten international handelbarer Güter zur Anpassung an die Preise des Auslands zwingen, doch verpflichten die Deckungsvorschriften die Notenbank zu einer stabilitätsorientierten Politik. Außerdem wurde die argentinische Notenbank, die ja vorübergehend durch die Senkung der Mindestreservesätze die Geldmenge M3 erhöhen könnte, 1992 unabhängig. Die am Lebenshaltungskostenindex gemessene Inflationsrate sank 1992 auf 18%, während sich der Großhandelspreisindex (der im wesentlichen international handelbare Güter enthält) nur um 3% erhöhte (*Deutsch-Argentinische Industrie- und Handelskammer*, 1992, S. 11). Der durch die Stabilisierung und die übrigen marktwirtschaftlichen Reformen induzierte Kapitalimport bzw. Rückfluß von Fluchtkapital führte zur Erhöhung der Devisenreserven und damit der Zentralbankgeldmenge. Der dadurch bedingten Erhöhung der gesamtwirtschaftlichen Nachfrage steht bei international handelbaren Gütern (die Hauptbestandteil des Großhandelspreisindex sind) ein elastisches Auslandsangebot gegenüber, während die Anbieter international nicht handelbarer Güter auf die steigende Nachfrage eher mit Preiserhöhungen als mit der Ausweitung ihrer Produktionskapazität reagieren. Das kann sowohl auf die noch nicht beseitigte Inflationsmentalität als auch auf unzureichende Flexibilität und Konkurrenz in diesem Sektor sowie auf unsichere Zukunftserwartungen zurückgeführt werden. Insofern ist die Deckung des Zentralbankgeldes durch Devisen bei festem Wechselkurs gegenüber einer Auslandswährung zwar nicht das ideale Instrument zur Stabilisierung des Geldwerts, doch trug sie nach Jahrzehnten des Inflationismus zur Wiedergewinnung des Vertrauens in die argentinische Währung bei. Die hohe Wachstumsrate des realen BIP von fast 8% im Durchschnitt der Jahre 1991/92, nach einer jahresdurchschnittlichen Schrumpfung des BIP um 0,4% in den vorhergehenden

vier Jahren, zeigt den Erfolg der Reformpolitik der argentinischen Regierung (*Deutsch-Südamerikanische Bank*, 1993, S. 140 f.).

5. Die Bereitschaft zum Sozialen Ausgleich

Interventionismus, Protektionismus und Inflationismus haben in Lateinamerika zu einer besonders ungleichmäßigen Einkommensverteilung geführt (vgl. Tabelle 2). Da es zu lange dauern würde, bis diese Einkommensunterschiede durch marktwirtschaftliche Reformen verringert würden, ist es in den lateinamerikanischen Ländern besonders wichtig, eine Politik der sozialen Sicherheit und der Einkommensumverteilung zu betreiben sowie längerfristig durch den Ausbau des Bildungswesens die Startchancen zu vereinheitlichen. Hierzu ist es erforderlich, den sehr niedrigen Anteil der direkten Steuern am Steueraufkommen und die staatlichen Sozialausgaben zu erhöhen. Abgesehen von den erdölproduzierenden Ländern, in denen die Besteuerung der Ölindustrie eine besondere Rolle spielt, war der Anteil der direkten Steuern an den Gesamteinnahmen des Staates im Jahre 1990 besonders niedrig in Argentinien (4,3%, obwohl auch hier die Erdölförderung von Bedeutung ist), Uruguay (6,7%), Paraguay (9,3%) und Peru (10%), während der Anteil der Einnahmen des Staates aus direkten Steuern in Chile 23,3% ausmachte. Für Brasilien fehlen entsprechende Angaben (*Weltbank*, 1992, S. 272 f.).
Der Anteil der Sozialausgaben der Zentralregierung (für Erziehung, Gesundheit, Wohnung, Gemeinschaftseinrichtungen, Sozialversicherung und Wohlfahrt) am BSP betrug 1989 in Uruguay 16,3%, Chile 16,2%, Brasilien 9,6%, Argentinien 8,1%, Bolivien 7,0%, Mexiko 5,2%, Ecuador 5,0% und Paraguay 3,7% (*Weltbank*, 1991, S. 266 f.).
Tabelle 3 zeigt die Entwicklung der sozialen Indikatoren in Lateinamerika.
Aus allen vorhandenen Informationen ergibt sich, daß Chile aufgrund seiner Wirtschafts- und Sozialpolitik auf dem Wege zur Sozialen Marktwirtschaft am weitesten fortgeschritten ist, obwohl es, gemessen am BSP pro Kopf der Bevölkerung (noch) hinter Argentinien, Mexiko, Venezuela, Uruguay und Brasilien liegt. Das zeigt, daß die Soziale Marktwirtschaft auch auf lateinamerikanische Länder übertragbar ist, sofern der politische Wille hierzu vorhanden ist.

6. Eine starke und stabile Regierung

In Lateinamerika überwiegt das präsidiale Regierungssystem, was dazu führt, daß der Staatspräsident direkt vom Volk gewählt wird und die Regierungen vom Staatspräsidenten eingesetzt werden. Der vom Volk gewählte Staatspräsident kann sich

Tabelle 2: Einkommensverteilung in ausgewählten Entwicklungsländern

Einkommensverteilung in %	Ecuador	Brasilien		Peru		Bolivien	Kolumbien		Venezuela		Uruguay	Taiwan		B.R. Deutschland	
	1965	1965	1985	1965	1985	1965	1965	1985	1965	1985	1985	1965	1985	1965	1985
Anteil der oberen 20% der Einkommensbezieher am Volkseinkommen	72	62	63	61	52	59	59	53	54	51	46	41	38	45	39
Anteil der unteren 40% der Einkommensbezieher am Volkseinkommen	5	9	8	7	13	13	11	13	10	14	16	20	22	18	20

Quelle: *Weltbank*, Social Indicators of Development 1990, Baltimore/London 1991. Republik of China, Taiwan Statistical Data Book 1987.

Tabelle 3: **Entwicklung sozialer Indikatoren**

	Chile			Argentinien		Mexiko		Kolumbien		Paraguay		Brasilien		Ecuador		Bolivien	
	1965	1975	1989	1975	1989	1975	1989	1975	1989	1975	1989	1975	1989	1975	1989	1975	1989
Lebenserwartung bei der Geburt in Jahren	60	66	72	69	71	63	69	61	69	64	67	61	66	59	66	48	54
Säuglingssterblichkeit pro 1000 Lebendgeborenen	107	58	19	49	31	64	46	63	39	51	41	89	62	93	62	145	108
Zugang zu Trinkwasser in % der Bevölkerung	–	70	87	66	–	62	70	64	–	13	22	–	84	36	57	34	53
Sekundarschuleinschreibungsrate in % der jeweiligen Altersgruppe	34	48	74	55	78	35	53	39	56	20	30	27	39	33	57	31	37

Die Erhebungsjahre sind für die einzelnen Länder nicht völlig identisch

Quelle: *Weltbank*, World Tables, The Third Edition, Vol. II, Social Data, Baltimore/London 1983. *Weltbank*, Social Indicators of Development 1990, Baltimore/London 1991

vielfach nur auf eine Minderheit im Parlament stützen (*Collor de Mello* seinerzeit in Brasilien auf lediglich 10% der Abgeordneten), wodurch die Regierungspolitik erschwert wird und auf Dekrete zurückgreifen muß. Die Parteien haben keine klare Richtung, sondern sind »ideologisch kaum definierte Massenbewegungen, welche von den mächtigen Interessengruppen dazu benutzt werden, um mit Propaganda-, Werbe- und Schmiergeldaufwand ihren Wunschkandidaten in die Schlüsselstellung zu bringen« (*Kreyenbühl*, 1991, S. 12).
Am leichtesten können marktwirtschaftliche Reformen von autoritären Regierungen (in Lateinamerika im allgemeinen Militärregierungen) durchgesetzt werden. Das beste Beispiel ist Chile, wo General *Pinochet* den Technokraten freie Hand ließ bei der Realisierung ihrer ordnungspolitischen Vorstellungen. Die Wirtschaftspolitik der chilenischen Militärregierung war durchaus nicht einseitig unternehmerfreundlich, sondern richtete sich auch gegen die Interessen der Unternehmer, indem sie den Wettbewerb durch Importliberalisierung und Zollsenkung sowie (von 1979–82) durch die Fixierung des Wechselkurses intensivierte. Die Fortsetzung der marktwirtschaftlichen Politik nach der Korrektur des falschen Wechselkurses hatte so große wirtschaftliche und auch soziale Erfolge (immerhin ging die Arbeitslosenquote von fast 20% im Jahre 1982 auf weniger als 5% im Jahre 1992 zurück; die Reallöhne stiegen von 1988–92 um 16%) (*Banco Central de Chile*, 1993, S. 28), daß nach den freien Wahlen vom Dezember 1989 die Koalition aus Christdemokraten und Sozialisten an der marktwirtschaftlichen Politik festhielt und lediglich soziale Ziele stärker berücksichtigte. Das neue Gesetz über die chilenische Zentralbank, welches ihre völlige Unabhängigkeit verankerte, wurde 1989 noch von der Militärregierung verabschiedet und wäre von einer demokratischen Regierung wohl nie so konsequent durchgesetzt worden, da sich die Christdemokraten vehement gegen die Unabhängigkeit der chilenischen Notenbank aussprachen. Sie argumentierten, es könne nicht im Interesse der Wirtschaft sein, wenn sie von zwei Machtzentren gelenkt würde und dabei Konflikte auftreten könnten. Wenn die Wirtschaft an Stabilität interessiert sei, sollte diese durch eine adäquate Koordinierung herbeigeführt werden. »Wir akzeptieren eine **relative** Autonomie der Zentralbank ... Wir fordern, daß man anerkennt, daß sich das Volk mit Mehrheit für eine bestimmte politische Option ausgesprochen hat, die nicht die der Regierung ist. Das muß sich im Gesetz über die Zentralbank niederschlagen.« (*Foxley* y el programa económico de la Concertación, 1989, S. 29 f.).
Die chilenische Erfahrung bedeutet allerdings nicht, daß Militärregierungen stets die Absicht haben, die Soziale Marktwirtschaft einzuführen, wie die Erfahrungen aus Brasilien, Uruguay und Argentinien zeigen. Andererseits haben auch demokratische Regierungen die Kraft gehabt, marktwirtschaftliche Reformen zu realisieren, wie in Bolivien und Mexiko in der zweiten Hälfte der achtziger Jahre und in Argentinien am Beginn der neunziger Jahre.

Die lateinamerikanischen Erfahrungen bestätigen die Ansicht von Schwarz, daß »Marktwirtschaft und Demokratie nicht zwingend zueinander gehören, sondern bestenfalls zueinander passen« (*Schwarz*, 1992, S. 70).[3]

Literaturverzeichnis

Aspe, P., Bianchi, A. und Cavallo, D., *Sea Changes in Latin America*. Published by Group of Thirty, Washington, D.C. 1992.

Bähr, J., *Chile*, Stuttgart 1981.

Banco Central de Chile, *Cuentas nacionales de Chile 1960–1983*, Santiago 1984.

Banco Central de Chile, *Economic and Financial Report*, February 1993.

Cartas, J.M., *Orden político y orden económico en México: dilemas y alternativas*. Centro Interdisciplinario de Estudios sobre el Desarrollo Latinoamericano, Buenos Aires 1990.

Enzyklika *Centesimus Annus*. Seiner Heiligkeit Papst Johannes Paul II, an die verehrten Mitbrüder im Bischofsamt, den Klerus, die Ordensleute, die Gläubigen der katholischen Kirche und alle Menschen guten Willens zum hundertsten Jahrestag von RERUM NOVARUM vom 1. Mai 1991. Hrsg. vom Sekretariat der deutschen Bischofskonferenz, Bonn.

Deutsch-argentinische Industrie- und Handelskammer (1992a), *Wirtschaftsbericht Argentinien*, Nr. 1–2/92.

Deutsch-argentinische Industrie- und Handelskammer (1992b), *Wirtschaftsbericht Argentinien*, Nr. 12/92.

Deutsch-Südamerikanische Bank, Kurzberichte über Lateinamerika, Nr. 1/93.

Diaz-Alejandro, C.F., *Essays on the Economic History of the Argentine Republic*, New Haven–London 1970.

Donges, J.B., »Entwicklung, Struktur und internationale Verflechtung der argentinischen Wirtschaft«, in: J.A.F. Zapata (Hrsg.), *Argentinien: Natur, Gesellschaft, Geschichte, Kultur, Wirtschaft*, Tübingen–Basel 1978.

Dürr, E., »Chiles Wirtschaftskrisen: Gibt es einen dritten Weg zwischen Interventionismus und Monetarismus?« *Zeitschrift für Wirtschaftspolitik*, 34. Jg., Heft 2 (1985).

Escher, M., *Die wirtschaftlichen und sozialen Probleme Lateinamerikas. Eine Untersuchung unter ordnungspolitischen Gesichtspunkten*, Bern–Stuttgart 1990.

Ffrench-Davis, R., »El experimento monetarista en Chile: una síntesis crítica«, *Estudios cieplan*, No. 9, Diciembre 1982.

Foxley y el programa económico de la Concertación, »La Epoca« vom 2.7.1989. (Hervorhebung und Übersetzung von M. Escher). In: E. Dürr und M. Escher, »Militärregierungen und Marktwirtschaft in Lateinamerika«, *Zeitschrift für Wirtschaftspolitik*, Jg. 38 (1989), Heft 3, S. 37.

Ibañez, P., *Hacia una Moderna Economía de Mercado. Diez Años de Política Económica 1973–1983*, Valparaíso 1983.

IMF-Survey, May 25, 1992.

Jungfer, J., »Wirtschaftspolitische Einführung«, in: R. Ruppert, *Das Koka- und Kokaingeschäft in Bolivien*, Nürnberg 1990.

---

3 Vgl. auch *Streissler*, 1990, S. 25 und *Weltbank*, 1991, S. 161.

Kreyenbühl, T., »Die Entwicklungsfeindlichkeit der Eliten. Politische Gründe für Lateinamerikas Wirtschaftsschwäche«. *Neue Zürcher Zeitung*, Fernausgabe vom 10./11. März 1991.

Krueger, A. O., »Die Auswirkungen von Handelsstrategien auf das Wachstum«, *Finanzierung und Entwicklung*, Juni 1983.

La reforma monetaria., »CLARIN«, Buenos Aires, vom 21.3.1991.

McClelland, D. C., *The Achieving Society*, Princeton–Toronto–London–New York 1961.

Müller-Armack, A., »Soziale Marktwirtschaft«, in: derselbe, *Wirtschaftsordnung und Wirtschaftspolitik*. 2. Aufl., Bern–Stuttgart 1976.

Nash, J., »Mexico: Adjustment and Stabilization«, in: Vinod Thomas u.a. (Hrsg.), *Restructuring Economies in Distress. Policy Reform and the World Bank*, Oxford 1991.

Ortiz-Pinchetti, F., »La opción por los pobres y la crítica al neoliberalismo, en el texto final de CELAM«, *Proceso*, Mexico, vom 26.10.1992.

Ramos, J., *Neoconservative Economics in the Southern Cone of Latin America, 1973–1983*, Baltimore–London 1986.

Reynolds, R. G., *Economic Growth in the Third World*, 1850–1980, New Haven–London 1985.

Schneider, A., »Supply-Side Economics in a Small Economy: The Chilean Case«, in: E. NELL (Hrsg.), *Free Market Conservatism. A Critique of Theory and Practice*, London 1985.

Schwarz, G., »Marktwirtschaftliche Reformen und Demokratie – eine Haßliebe?« *ORDO-Jahrbuch*, Bd. 43, Stuttgart, Jena, New York 1992.

Streissler, E., »Soziale Marktwirtschaft und parlamentarische Demokratie – die ökonomischen Aspekte«, in: *Soziale Marktwirtschaft und parlamentarische Demokratie. Ein Symposium der Ludwig-Erhard-Stiftung und des Bundeswirtschaftsministeriums am 14. September 1989*, Stuttgart und New York 1990.

Taylor, W. G., *Manufactures Export Expansion and Industrialization in Brazil*, Tübingen 1976.

Weltbank (1983a), *Weltentwicklungsbericht* 1983.

Weltbank (1983b), *World Tables*, The Third Edition, Vol. I., Washington 1983.

Weltbank, *Social Indicators of Development*, Baltimore–London 1988.

Weltbank, *Weltentwicklungsbericht*, Washington D.C. 1991.

Weltbank, *Weltentwicklungsbericht*, Washington D.C. 1992.

Weltwirtschaft ohne Marktwirtschaft?

Selbstbeschränkungsabkommen: die teuerste Art, Japans Exportwirtschaft zu stärken

Rolf H. Hasse

I. Die Entliberalisierung als Problem

In einer Festschrift darf man es wagen, einen Titel zu nehmen, den der Jubilar für eine Broschüre über den Zustand der Weltwirtschaft gewählt hat (*Willgerodt*, 1987). Wie in zahlreichen anderen Fällen gelang es dem Autor, kurz und prägnant eine Aussage und Botschaft in den Titel zu formulieren. Warum also eine andere Überschrift suchen, wenn einmal möglicherweise nur eine zweitbeste Lösung herauskommt und ferner der Zustand und die Perspektiven der Weltwirtschaft sich nicht grundlegend verbessert haben.

Der Untertitel gibt die Richtung an, in der die Abhandlung eigene Wege geht.

Zwar ist es der internationalen Handelsdiplomatie gelungen, den drohenden offenen Handelskonflikt zu vermeiden, indem mit einer Verzögerung von drei Jahren die Uruguay-Runde abgeschlossen worden ist. Bei allen depressiven Anwandlungen, die einen liberalen Ökonomen befallen, wenn er die Entwicklung der Weltwirtschaft seit Beginn dieser GATT-Runde im Jahre 1986 beurteilt, dürfen die positiven Ergebnisse der Uruguay-Runde nicht unterschätzt werden: Immerhin gelang es, den Dienstleistungshandel teilweise in das GATT-Rechtssystem (GATS) einzugliedern; das Welttextilabkommen wird wieder schrittweise in den Zusammenhang der Gütermärkte eingeordnet; der Ausnahmebereich der Agrarwirtschaft ist aufgebrochen worden; die nicht-tarifären Handelshemmnisse sind als Problematik politisch anerkannt und endlich in die Verhandlungsmaterie aufgenommen worden.

Die Ursachen des »liberalen Pessimismus« entwickelten sich parallel zur Uruguay-Runde. Entgegen den Beschwörungen auf Gipfelkonferenzen und den Beteuerungen in bilateralen Kommuniqués, die Weltwirtschaft aus der Verkrampfung des Protektionismus zu lösen, schritt in den Niederungen der täglichen Praxis die Erosion der GATT-Ordnung weiter. In vielen kleinen Schritten wurden einzelne Gütermärkte entliberalisiert, um nationale Sonderinteressen zu befriedigen, um unfaire Handelspraktiken anderer Länder bzw. ausländischer Unternehmen auszugleichen oder um durch Einfuhrsperren die Märkte des Auslandes zu öffnen (neue Reziprozität).

Zwar erheben die Entwicklungsländer nicht mehr die Forderung, das GATT durch eine globale, dirigistische Welthandelsordnung zu ersetzen, aber die faktische Entwicklung und die neuen Instrumente der Handelspolitik (strategische Handelspolitik, Kopieren japanischer Entwicklungs- und Markterschließungsstrategien) führen zu ähnlichen Ergebnissen – allerdings auf leiseren Sohlen und mit Argumenten, die Wachstum und Realeinkommenssteigerungen versprechen. Die Welthandelsordnung wird zu einem Spielfeld erklärt, auf dem nun die Industriestaaten handelspolitische Strategien erproben, deren primäres Ziel die Maximierung der nationalen Handelsgewinne ist, und deren Mittel die Schaffung und Nutzung von Wettbewerbsbeschränkungen ist (*Monopolkommission*, 1992).
Trotz oder wegen der enormen Erfolge des GATT und seiner Liberalisierungsrunden ist der Wille schwächer geworden, die ursprüngliche ordnungspolitische Leitlinie aufrechtzuerhalten. Der Konsens über die Sicherungsfunktion offener Märkte und damit des Wettbewerbs ging schrittweise verloren (*Hasse*, 1982). Besonders problematisch ist es, daß es nicht gelungen ist, den Trend zu mehr Protektionismus zu brechen. Die kurzfristigen Ziele der Uruguay-Runde, ein »stand-by« und ein »roll-back« bei den nicht-tarifären Handelshemmnissen (NTB) durchzusetzen, sind gescheitert. Die Verpflichtungen in der Deklaration von Punta del Este 1986 und auch die der Gipfelkonferenzen der G 7 (u.a. London 1991) blieben ohne Durchschlagskraft. Gerade nach 1986 stieg die Zahl der Exportselbstbeschränkungsabkommen drastisch an, so daß man angesichts der beginnenden GATT-Runde von einer Art »**Bevorratung mit Protektionismus**« sprechen kann (vgl. Tabelle 1).
Der Umfang der von NTB betroffenen Importe der Industrieländer hat bis und auch noch nach 1986 zugenommen. Erst ab 1988 sank die Belastung der Importe; dieser Rückgang ist jedoch bescheiden gewesen. Vieles spricht dafür, daß es sich hier bei den Industrieländern um einen Intra-NTB-Substitutionsprozeß – von harten zu sanfteren NTB – handelt, bei dem parallel die Maßnahmen ausgeweitet worden sind (vgl. *Hasse, Hepperle, Wolf*, 1993, Kapitel I; Tabelle 2).
Interessant ist, daß das Wachstum der NTB sich auf die USA und die EG als Akteure und auf die asiatischen Schwellenländer und Japan als die betroffenen Exportländer sowie verstärkt auf Schutzmaßnahmen zugunsten von High-Tech-Gütern konzentrierte (vgl. Tabelle 1). Diese Entwicklung bedeutete eine Abkehr von den Instrumenten des GATT. Die Streitschlichtungsverfahren nahmen ab, ebenso sanken mit dem vermehrten Rückgriff auf »freiwillige« Selbstbeschränkungsabkommen (SBA) die Zahl der Anti-Dumping-Verfahren und der Einsatz von Ausgleichszöllen (vgl. Tabelle 3), die immer eine rechtlich normierte Prüfung der unfairen Bedingungen und der wirtschaftlichen Schädigung verlangen. Die ordnungspolitische Problematik dieses Substitutionsprozesses liegt in der doppelten Aushöhlung der Grundprinzipien des GATT:

- Einmal werden SBA gewählt, um normierte Rechtsverfahren zu umgehen. Damit wird das GATT rechtlich ins Abseits gestellt, und die handelnde nationale Exekutive vergrößert ihren Ermessensspielraum.
- Ferner bewirkt ein SBA eine Kooperation zwischen Importland und Exportland, Importunternehmen und Exekutive des Importlandes, Exportunternehmen und Exekutive des Exportlandes sowie zwischen Importunternehmen und Exportunternehmen. Darüber hinaus vollzieht sich dieser kollusive Prozeß bilateral. Der Handel und der internationale Wettbewerb werden parallel beschränkt.

Dieser ordnungspolitische Wandel bekommt sein besonderes Gewicht, weil SBA in vermehrtem Maße zwischen den USA und Japan und der EG und Japan eingesetzt werden.

II. Formen und Rückwirkungen von Selbstbeschränkungsabkommen

Die häufigste Reaktion auf anschwellende japanische Exporte und auf Ausfuhrstrategien anderer Staaten, die das merkantilistische Muster der japanischen Wachstumsstrategie kopierten, sind »freiwillige« Selbstbeschränkungsabkommen (SBA). Wenn man die Entstehungsgeschichte dieses handelspolitischen Instruments betrachtet und feststellt, daß Japan weiterhin der Hauptadressat dieser Art Importbeschränkung ist (vgl. Tabelle 4), kann man durchaus die Schlußfolgerung ziehen, daß es sich um *das* »Japan-Instrument« handelt. Es begann zwischen den USA und Japan, und die Anwendungsintensität ist auf dieser Ebene groß geblieben. Andere Importländer bzw. -regionen haben diese Maßnahme übernommen – auch Japan, dort ist aber die ordnungspolitische Inkompatibilität weniger bedeutsam. Selbstbeschränkungsabkommen sind die kostenintensivste und nachhaltigste Art, den liberalen Handel abzuschaffen (*Hasse, Koch*, 1987)
Die Entstehung des ersten Selbstbeschränkungsabkommen im Jahre 1938 belegt eindrucksvoll die Problematik dieser Ausfuhrregulierung (*Quambusch*, 1976; *Jones*, 1986, S. 125 ff.). Die private Absprache über die japanischen Exporte von Textilwaren nach Amerika zwischen dem japanischen Textilverband und auf amerikanischer Seite der Chamber of Commerce wurde auf der Grundlage des Sherman-Act verboten, weil sie als eine private Wettbewerbsbeschränkung gewertet wurde. Daraufhin gelang es der amerikanischen Textilindustrie, ihre Regierung zu bewegen, dasselbe Abkommen nun mit der japanischen Regierung abzuschließen. Der Wechsel vom Privatrecht zum öffentlichen Recht entzog diese Maßnahme der wettbewerblichen Rechtskontrolle und damit einer privatwirtschaftlichen ökonomischen Kosten-Nutzen-Analyse. Der öffentlich-rechtliche Charakter verändert

sogar die Wirksamkeit dieser Export-Importregulierung, weil sie vom Staat durchgesetzt wird, der über einen besseren Verwaltungsunterbau und andere Sanktionsmittel verfügt. Der Handel wird staatlich und politisch. Das fehlende Moment des »self-executing« des internationalen Handelsrechts verändert die Interessenkonstellation und erhöht die Ermessensspielräume der Regierungen und damit die Transaktionskosten für die am SBA nicht beteiligten Wirtschaftssubjekte. Die organisatorische Abwicklung erfolgt darüber hinaus nahezu ausschließlich in einer Form, die die nationale und internationale Wettbewerbsintensität dauerhaft vermindert. Die ohnehin prekären ökonomischen Wirkungen des Kontingents werden durch die staatlich initiierte Wettbewerbsbeschränkung verschärft. Statt Wettbewerb auf der Exportseite wird Kollusion empfohlen, um die Kontingentsrente zu nutzen. Dieses Instrument stärkt in den Ländern den Ordnungsrahmen, die ohnehin die Form der Kooperation bevorzugen – wie in Japan. Das SBA ist konform mit der japanischen Wirtschaftsauffassung, und es festigt deren GATT-Inkonformität. Insofern wirkt es kontraproduktiv gegenüber allen Bemühungen, Japans Märkte zu öffnen, umgekehrt reduziert das SBA in den Importländern die marktwirtschaftlich-wettbewerblichen Elemente in den Wirtschaftsordnungen.
Diese Wirkungen sind am deutlichsten zu erkennen, wenn man die Rückwirkungen auf das Verhältnis

- der Unternehmen untereinander im In- und Ausland und
- zwischen Unternehmen und Regierungen

analysiert und dann die Veränderungen der Marktstrukturen und der Marktverhaltensweisen der Anbieter beurteilt.[1]
Im folgenden werden weniger die wohlfahrtstheoretischen Wirkungen (*Lang*, 1990, S. 118 ff.) untersucht, sondern die Veränderungen der Markt- und Wirtschaftsordnung als Folge von SBA.
Die SBA sind in ihrer Form nicht einheitlich. Sie lassen sich unterscheiden nach den unmittelbaren Zielsetzungen und den gewählten Maßnahmen. Kostecki hat auf der Grundlage intensiver empirischer Untersuchungen für SBA eine allgemein anerkannte Definition und Klassifikation formuliert. Danach sind SBA Abkommen zwischen einer Regierung, einem Branchenverband oder einem großen Produzenten im Importland mit einer Regierung, einem Branchenverband oder einem führenden Unternehmen im Exportland mit dem Ziel, die Exportmenge zu begrenzen bzw. die Preise und/oder Distributionsbedingungen bei einem bestimmten Gut zu regeln. Bei der Untersuchung von insgesamt 289 SBA verteilen sie sich auf folgende fünf Typen (über 100% aufgrund von Kombinationen):

1 Vgl. im wesentlichen *Kostecki*, 1991, S. 87 ff.; 1987, S. 425; *Boonekamp*, 1987, S. 2ff.

Tabelle 5: **Formen von SBA und ihre Häufigkeit**

Typus	%
1. Vorgabe von Mengen/Werten der Exporte in einen bestimmten Markt	53
2. Festlegen von einem Marktanteil für ein Produkt	25
3. Festlegen der Zuwachsraten des Exportangebots	10
4. Bestimmen eines Mindestpreises auf einem bestimmten Markt	20
5. Bedingungen und Zeitraster der Distribution	30

Quelle: *Kostecki* (1991), S. 88

Die Formen weisen darauf hin, daß Marktstrategien auf Seiten der Unternehmen und Regierungen im Im- und Exportland sehr variabel und unterschiedlich sein können. Im Vergleich zu MFN-Zollsätzen sind SBA auch viel selektiver gestaltbar und veränderbar. Mit 73% werden SBA, mit denen über Mengen- bzw. Wertvorgaben mittelbar oder direkt ein Marktanteil reserviert werden soll, am häufigsten gewählt. Je nach der Marktstrategie wird das Risiko zwischen exportierenden und importierenden Unternehmen anders verteilt. Die Prognose der Marktentwicklung erhält ein unterschiedliches Gewicht. Wenn das Importland ein Mindestniveau der erwarteten oder tatsächlichen Binnennachfrage vorgibt und damit seine Präferenz zugunsten der inländischen Importsubstitutionskonkurrenz quantitativ formuliert, verlagert die Regierung des Importlandes das Absatzrisiko allein auf das Ausland. Dies gilt, obwohl für ausländische Exporteure die Preis- und Vertriebspolitik wesentliche und freie Aktionsparameter bleiben und auch der Marktanteil nicht definitiv fixiert ist. Die dazu konträre Strategie wäre, wenn das maximale Niveau der Importe festgelegt würde. In diesem Falle wäre der Marktanteil für die inländischen Produzenten eine Restgröße, die sowohl das größere Risiko als auch die größeren Chancen (bei Nachfragewachstum) bei Marktschwankungen hätten. Die Vereinigten Staaten richteten ihr SBA gegen japanische PKWs ab 1981 hiernach aus. Die dritte Variante, die bei PKWs aus Japan in Großbritannien und in Frankreich gewählt worden ist, besteht darin, dem Importland keine Mengenvorgabe, sondern einen Höchst-Marktanteil zuzubilligen. Bei diesen Verhandlungen benötigt man keine Marktprognosen, da die Absatzrisiken für in- und ausländische Produzenten im Rahmen der Restriktionen gleich verteilt werden.
30 Prozent der SBA behandeln verschiedene Aspekte der Distributionsstrategien. Im Mittelpunkt stehen hierbei Maßnahmen der statistischen Überwachung von Handelsströmen («monitoring«), Informationen über Zeitplanungen, über den Umfang zukünftiger Lieferungen und über den Aufbau besonderer Konsultationsformen,

die Verpflichtungen beschließen und überarbeiten sollen, wenn die Marktbedingungen sich ändern. Von besonderem Interesse hierbei ist, daß bei diesen SBA die Kooperation zwischen Exporteuren und inländischen Unternehmen von Regierungsseite angeregt wird.

Wettbewerbspolitisch noch prekärer sind SBA, die gekoppelt sind mit Minimumpreiselementen. Derartige Preisstrategien können als »Auslöse-Preise« (trigger-prices) installiert werden. Sie können aber auch als Ersatz für die Androhung von Anti-Dumping-Prüfungen zu freiwilligen Preiserhöhungen der Exportpreise (f.o.b.) im Exportland führen. Sogar die Aufhebung der Bilateralität der Absprachen ist möglich: Beim Halbleiter-Abkommen zwischen Japan und den USA 1986 wurde wettbewerbspolitisch zusätzlich ein Preisüberwachungssystem für Drittlandsmärkte verabredet. Die neben dem bilateralen Abkommen wohl bedenklichste Form eines SBA wurde von der EG-Kommission 1990 gewählt. Sie befand, daß die japanischen Hersteller von DRAMs (Dynamic Random-access Memory Chips) mit ihren Angebotspreisen die Bedingungen des Dumping erfüllten. Die betroffenen Firmen – NEC Corp., Toshiba Corp., Hitachi Ltd., Mitsubishi Electric Corp., Fujitsu Ltd. und ein Teil von Texas Instruments Inc. – verhandelten mit der EG-Kommission, um eine Vereinbarung zu erzielen, die den Einsatz von Anti-Dumping-Zöllen vermeiden sollte. Unterstützt wurden ihre Bemühungen von Firmen, die von dem Dumpingvorwurf nicht betroffen waren, u.a. Matsushita Electric Industrial Co., Sharp Corp., Sanyo Electric Co. Diese Initiative war erfolgreich. Es wurde 1990 ein Fünf-Jahres-Pakt vereinbart. Danach mußte der Angebotspreis der in Japan gefertigten DRAMs mindestens 9,5% über den Produktionskosten der Hersteller liegen.

Derartige preisliche Vorgaben sind gemäß Art. 7 des Anti-Dumping Kodex als Substitut für Anti-Dumping-Zölle möglich. Dennoch ist damit nur der formale Bereich geklärt. Materiell wird über die Art der Marktregulierung verhandelt. Die wettbewerblichen Konsequenzen des Anti-Dumping-Zolls und einer Mindestpreisvereinbarung sprechen eindeutig zugunsten des Anti-Dumping-Zolls. Die Mindestpreisvereinbarung schafft nur scheinbar Transparenz. In Wirklichkeit ist die einzig klare Größe der Zuschlagsfaktor (hier 9,5%), die Herstellungskosten dagegen bleiben undurchsichtig und manipulierbar. Die generelle Präferenz der Anbieterseite für eine Mindestpreisvorgabe signalisierte, daß sie nach einer längeren Phase der Preissenkungen und des Dumping eine konzertierte Preisstabilisierung anstrebten und die Fortsetzung des Preiswettbewerbs im Gefolge eines Anti-Dumping-Zolls vermeiden wollten. Diese Strategie wurde ihnen regierungsamtlich koordiniert. Gerade auf Märkten, die gekennzeichnet sind von »economies of scale«, ist eine Mindestpreisvereinbarung ein Mittel, die Kollusion der Oligopolisten zu ermöglichen bzw. zu stabilisieren.

Die Typen der SBA deuten bereits an, wie verschieden und wie intensiv in die Marktstruktur sowie in die Positionen von Unternehmen als Wettbewerber und der

Regierungen als Wettbewerbsschützer eingegriffen wird. Die Analyse der 1988 existierenden 289 SBA ergab, daß 20% auf der Ebene Industrie-Regierung bzw. primär zwischen den betroffenen Branchen im Export- und Importland ausgehandelt worden sind, während 80% durch bilaterale Verhandlungen zwischen den Regierungen zu einem Abkommen führten (*Kostecki*, 1988, S. 88).

Die ordnungspolitischen Veränderungen wurden unter folgenden Aspekten zusammengefaßt: Das SBA wird im Rahmen eines Vergleichs mit einer Änderung des MFN-Zollsatzes beurteilt, inwieweit die Marktstruktur, der Marktprozeß und das Marktergebnis verändert werden (vgl. Übersicht 1). Ferner wird untersucht, inwieweit diese Alternativen auf die Entscheidungsfindung und damit auf die Ordnungskompetenz der Regierungen rückwirken (vgl. Übersicht 2).

In Tabelle 7 sind die Berechnungen zusammengestellt, die Aufschluß geben sollen, wie groß das Zolläquivalent von SBA gegen Japan in bestimmten Jahren gewesen ist. Ferner ist aus der Theorie der Protektion bekannt, daß Quoten eine perverse Wirkung ausüben: Im Gegensatz zum Zoll, der die Preise beeinflußt, aber den Unternehmern und Konsumenten alle Reaktionen über Preise, Kosten, Präferenzen beläßt, hebt die Quote bzw. das Kontingent diesen Marktmechanismus auf. Kostensenkungen, Preissenkungen, Abwertungen, d.h. alle typischen, wettbewerblichen Reaktionen, um den Absatz zu vergrößern bzw. eine Importbelastung »einzuholen«, führen zu einer Verringerung statt Steigerung der Erlöse des belasteten Exporteurs. Umgekehrt werden die Exporteure belohnt, wenn sie vom wettbewerblichen Verhalten zur Kollusion wechseln.

Dieses Ergebnis wiegt umso schwerer, wenn man bei der Analyse der SBA – besonders gegenüber Japan – auf drei Strukturmerkmale stößt. Erstens, die Organisation der SBA, mit denen ein Marktanteil im Importland oder eine bestimmte Importmenge fixiert werden, erfolgt durch das Exportland. Zweitens, bei der Verteilung der Exportmengen werden ausschließlich administrative Verfahren (Referenzperiode, Verhandlungsergebnisse) gewählt; die wettbewerbliche Alternative der Versteigerung ist nicht festzustellen. Drittens, die SBA werden nahezu ohne Ausnahme auf Märkten mit oligopolistischen Marktstrukturen im Import- und Exportland eingeführt. Diese Marktform ist nicht nur anfällig für Kollusion, sondern organisatorisch auch »geeignet« für Kooperationen, wie die SBA sie erfordern. Umgekehrt ist die ordnungspolitische Verwerfung auch umso gravierender, wenn auf diesen Märkten die SBA als Ersatz für die Einführung eines Ausnahmebereichs des Wettbewerbsrechts dienen, der sonst nur per Gesetz oder über die Prüfverfahren der Kartellbildung (Krisenkartelle) geschaffen werden könnte. SBA heben Regeln auf, erhöhen den Spielraum für staatliche bzw. privatwirtschaftlich-staatliche Interventionen und verändern dadurch den Ordnungsrahmen nachhaltig.

III. Die Stärkung der japanischen Wirtschaftsordnung durch SBA

Der japanische Export konzentriert sich auf wenige Gütergruppen, und die Hersteller stehen in oligopolistischem Wettbewerb. Ferner ist das typische Kennzeichen der japanischen Wirtschaft das Prinzip Kooperation zwischen Staat und Wirtschaft und innerhalb der Wirtschaft. Dieses Prinzip wird gestärkt durch SBA, während Zölle als Importbeschränkungen eher den Wettbewerb und die GATT-Konformität Japans fördern würden (*van Marion*, 1993; *Hasse, Hepperle, Wolf*, 1993, II. Kapitel). Häufig wurden Japan SBA abgerungen, die auch ökonomisch im Interesse Japans lagen. Dies trifft zu für das Textil-SBA vom 15. Oktober 1971 zwischen den USA und Japan. Die japanische Textilindustrie verlor bereits Marktanteile gegenüber anderen asiatischen Anbietern. Das SBA bot der japanischen Textilwirtschaft einen gesicherten Marktanteil in den USA (*Destler, Fukui, Sato*, 1979, S. 316). Ebenso willkommen war der »trigger price mechanism« auf dem Stahlmarkt, den die USA 1977 einführten. Dadurch, daß für den Auslösemechanismus die japanischen C.i.f.-Preise gewählt wurden, erhielten die japanischen Stahlproduzenten ihrerseits einen Wettbewerbsschutz. Denn die Schwellenländer wurden dadurch gebremst, ihre Kostenvorteile am Markt einzusetzen (*Maswood*, 1990, S. 43).
Abweichend dazu opponierten die japanischen PKW-Produzenten anfangs gegen die amerikanischen Beschränkungen 1981, so daß MITI das Abkommen und dessen Organisation durchsetzen mußte (*Maswood*, 1990, S. 49 ff.). Die Anpassungsstrategien der japanischen Hersteller zeigen, daß sie die quantitative Vorgabe vortrefflich zu ihrem Vorteil nutzten. Zusätzlich zu den Preissteigerungen wurden Exporte durch Produktion in den USA substituiert sowie Kooperationen mit amerikanischen Produzenten vereinbart. Die einseitige und freiwillige Fortsetzung der Mengenbegrenzung seitens der japanischen Hersteller 1991 signalisierte, daß die Marktdemarkation abgeschlossen war und der Status quo als Stabilisierungsziel die japanische Expansion beendet hatte. Das amerikanische SBA und der kooperative Burgfrieden zwischen den japanischen und amerikanischen Automobilproduzenten hat die oligopolistische Struktur auch gegenüber anderen ausländischen Herstellern gefestigt. Sie unternahmen keine Versuche, ihre Marktanteile zu vergrößern, sondern konzentrierten ihre unternehmerischen Aktionen auf Preissteigerungen (*Dianopoulos, Kreinin*, 1988, S. 484 ff.). Die japanischen PKW-Produzenten waren ihrerseits in der Lage, trotz der verringerten Stückzahlen ihre Gewinne zu halten. Sie erhöhten die Preise und veränderten die Struktur der gelieferten PKWs (»up-grading«) (*Turay, El-Jafari*, 1988, S. 195 ff.).
Die SBA sind für japanische Unternehmen ein Mittel, ihre Marktstrategien mit Hilfe der eigenen Regierung und durch die Anpassung des Auslandes an die japanische Wirtschaftsordnung abzusichern. Die Verabredung von Exportbeschränkungen

sichert im eigenen Land, daß keine neuen Wettbewerber auftreten und die betroffenen japanischen Unternehmen im Exportgeschäft keine Außenseiterposition einnehmen. Auch bietet diese Strategie gute Argumente, den eigenen Markt gegen potentielle Wettbewerber aus Drittstaaten zu schützen. Die Zusammenarbeit zwischen Regierung und Unternehmen erschwert es ferner der Regierung, in anderen Fällen die Wettbewerbsgesetze eindeutig anzuwenden.

Die Mitsprache bei den Einzelheiten der SBA bietet inländischen Unternehmen Ansätze, auch im Rahmen einer antagonistischen Kooperation mit ausländischen Unternehmen gemeinsame Teilziele zu verabreden. Im Importland bedeuten SBA, daß die Marktstruktur und das Marktverhalten japanisiert werden. Die Kooperation verdrängt das Wettbewerbsrecht.

In dem Maße, in dem SBA eingeführt werden, wird die japanische Position gestärkt. Sie stützt die Strukturen in Japan, die beklagt werden und deren Abschaffung man parallel dazu fordert. Zweitens entlastet sie ökonomisch kaum: die Preispolitik der japanischen Unternehmen belastet die Realeinkommen der Konsumenten und die Handelsbilanz.[2] Drittens wird die sektorale Wirtschaftsordnung im Importland schrittweise der japanischen angenähert. Schließlich entstehen strategische Allianzen zwischen japanischen Unternehmen und Firmen aus den Importländern, die sowohl die Marktstruktur im Importland festigen als auch die relative Geschlossenheit des japanischen Marktes erhalten, indem der Zugang über japanische Hersteller kanalisiert wird, als auch den internationalen Wettbewerb gegenüber anderen Konkurrenten verringert: Vor allem bei Hochtechnologiegütern scheint es, als ob SBA als ein integraler Bestandteil eines Netzwerkes von geschäftlichen Kooperationsvereinbarungen genutzt werden. Die staatliche Beteiligung begünstigt oligopolistische Marktstrategien. Der Staat als Verhandlungspartner und Anbieter seiner Verwaltung und Rechtsmittel erfüllt bei marketing-orientierten SBA zwei Zwecke: Die staatliche Organisationsform verhindert innerhalb der einbezogenen Unternehmen, daß die Teilnehmer vom kollusiven Ziel abweichen, insofern stärkt der Staat den Zusammenhalt des Quasi-Kartells. Ferner kann ein SBA wie eine Markteintrittsbarriere wirken – gegenüber neuen Wettbewerbern im Exportland und in Drittstaaten. Die für SBA günstigen Markt- und Verhaltensstrukturen dominieren in Japan. Sie werden durch SBA nicht abgeschafft, sondern in Japan verfestigt, und in den Importländern wird der Aufbau japanischer Strukturen durch staatliche Initiativen angeregt, weil SBA das Wettbewerbsrecht verdrängen.

---

2 Empirische Untersuchungen belegen, daß Exporteure nach der Einführung eines SBA deutlich ihre Preise anheben. So beobachtete man Mitte der 80er Jahre einen SBA-bedingten Preisanstieg auf dem EG-Stahlmarkt zwischen 14–16%. Die Preise für japanische PKWs in den USA stiegen 1984 bis zu 20%. Für Videorecorder wurden in der EG Mitte der 80er Jahre SBA-bedingte Preissteigerungen von bis zu 50% berechnet (vgl. dazu *Kostecki*, 1987; *Kostecki*, 1991, S.93.

IV. Für mehr Transparenz und Wettbewerb: Kontrolle von SBA

Die Ausdehnung der SBA in der Handelspolitik international und vor allem der verstärkte bilaterale Einsatz gegenüber Japan sind ordnungspolitische Alarmzeichen. SBA wirken bei der Lösung des »Japan-Problems« kontraproduktiv. Sie sind nicht geeignet, die ökonomischen Ergebnisse im Importland zu verbessern. Sie verfestigen die Marktverhaltensweisen und Marktstrukturen in Japan. Der prinzipielle Bilateralismus von SBA verstärkt diese Wirkungen, da er auf der Anbieterseite eine Art internationales Demarkationskartell schafft, denn sowohl Mengen- als auch Preisvorgaben behindern den Arbitrageprozeß. Eine wirksamere Wettbewerbspolitik in Japan zu fordern und parallel neue SBA zu verhandeln, bedeutet, daß die instrumentellen Widersprüche innerhalb der Lösungsstrategien gegenüber Japan nicht erkannt oder nicht beachtet werden.

SBA bewirken ferner eine schleichende »Japanisierung« der Marktstrukturen und Marktverhalten in den Importländern (vgl. *Hasse, Hepperle, Wolf*, Kapitel II). Die Regierungen verlieren im Rahmen liberaler Wirtschaftsordnungen an Ordnungskompetenz. Umgekehrt ist die Fortsetzung in Richtung Kooperation und Industriepolitik ein ordnungspolitisch logischer Schritt, wenn man statt der Durchsetzung der Ordnungskonzeption des GATT die Entwicklungsstrategie Japans kopieren möchte und die strategische Handelspolitik als außenwirtschaftliche Handlungsmaxime akzeptiert. SBA blockieren effektive Öffnungen der japanischen Märkte. Gleichzeitig entwickeln sie eine ordnungspolitisch »produktive« Kraft. Ihr verstärkter Einsatz trägt dazu bei, daß die Rückwirkungen sichtbarer werden und zu einer Entscheidung über die internationale Handelsordnung zwingen.

Diese gravierenden Veränderungen des Ordnungsrahmens begründen die Notwendigkeit, den Rahmen des Rechts des internationalen Handels umzugestalten. **Ein Mehr an Rechtsstaatlichkeit tut not in der Handelspolitik – besonders bei Selbstbeschränkungsabkommen.**

Die politische Ökonomie des SBA zeigt, daß der Hauptnutznießer eines SBAs im Vergleich zum Zoll die Regierung des Importlandes ist. Eine so manifeste Interessenvertretung ist nicht als deckungsgleich mit **dem öffentlichen Interesse** zu interpretieren, wenn man die Rückwirkungen auf die staatliche Ordnungskompetenz und auf den Wettbewerb am Markt in die Analyse einbezieht. Die Transparenz der Handelspolitik nimmt ab, die Ebene der Entscheidungsfindung wird niedriger und verwischt sich zwischen Staat und Unternehmen, das Retorsionsrisiko wird zwar verringert, der potentielle Wettbewerb aber gleichzeitig beschränkt und die legalen Einspruchsrechte des GATT quasi aufgehoben. Bedeutsam ist, daß das Verhalten zwischen Regierung und Unternehmen und unter den Unternehmen desselben Marktes verändert wird.

Die Nachfrage nach Protektion ist aus der Sicht der Unternehmen der Versuch, nicht leistungsbezogene Einkommen, ökonomisch gesprochen, Renten zu erzielen (»rent-seeking«).[3] Die Nachfrage richtet sich auf den Träger der Handelspolitik – die Exekutive. Diese Interaktion ist normal, sie erhält in SBA jedoch eine andere Qualität. Je differenzierter SBA ausgestaltet werden, desto umfassender wird die Interessengruppe der Produzenten am Entscheidungsprozeß beteiligt. Kollusion unter den Unternehmen und Kooperation mit dem Staat und Nichtzuständigkeit des Kartellsrechts bedeuten, daß SBA aus der Sicht der betroffenen Unternehmen im Importland noch andere Vorteile haben können als nur die Beschränkung der Importe. Die Konstellation im Exportland ist ähnlich. Um die Hauptform der SBA – Mengenbeschränkungen – zu organisieren, müssen Regierung und Unternehmen kooperieren. Die Regierung muß umso mehr Druck ausüben, je weniger kollusiv die Unternehmen untereinander sind. Das Ziel, die Kontingentsrente ausschöpfen zu wollen und oligopolistische Marktstrukturen auf den betroffenen Märkten erleichtern aber die Bildung dieser Zweckgemeinschaften. Auch auf einer dritten Ebene kann man Kooperation bzw. Kollusion feststellen – zwischen den Konkurrenten im Import- und im Exportland, die vielfach in Joint-ventures einmünden (PKW-Markt USA-Japan, EG-Japan; Elektronikmarkt USA-Japan, EG-Japan). Je subtiler die SBA-Konstruktion, desto mehr Details werden von Unternehmen ausgehandelt und überwacht. Interessenabgrenzungen auf Marktsegmenten und Kooperationen sowie strategische Allianzen sind bei diesem geschaffenen Rahmen der Wettbewerbsausgrenzung eine pragmatische Folgewirkung. Denn ein SBA ermöglicht Preissteigerungen und Gewinnerhöhungen, ferner werden der potentielle Wettbewerb und die Außenseiterkonkurrenz eingedämmt, das Wettbewerbsrecht verliert an Sanktionskraft, und die Kooperation zur Marktkontrolle ersetzt die Konkurrenz als Ordnungsmerkmal und Machtkontrolle.
Um die ordnungspolitischen und wohlfahrtstheoretischen Rückwirkungen von SBA zu beschränken, wird die Schaffung einer **Außenwirtschaftskommission** vorgeschlagen. Die Grundidee ist, das Verfahren zur Einführung eines SBA transparenter zu machen und dadurch marktwidrige Kooperationen zu erschweren. Es ist ein Weg, die Regierung als Kompetenzträger der Handelspolitik zwar nicht direkt, aber indirekt wettbewerblichen Regeln zu unterwerfen. Da in der EG die handelspolitische Kompetenz bei der EG-Kommission und damit auf der Gemeinschaftsebene liegt, müßte die Außenwirtschaftskommission ebenfalls auf dieser Ebene geschaffen werden. Ihr sollte das Recht oder die Pflicht zur Stellungnahme vor der Einführung von SBA eingeräumt werden. Damit wird eine öffentliche Kosten-Nutzen-Abwä-

3 Diese allgemeine Feststellung gilt nicht für die Abwehr unfairer Handelspraktiken. Dafür ist aber eine klare Definition und Handhabung erforderlich. Die SBA vermeiden gerade diese Rechtsebene, deshalb sind sie besonders beliebt und riskant.

gung erzwungen. Der Status der Außenwirtschaftskommission kann aus der Analogie zur Monopolkommission im deutschen Recht der Fusionskontrolle abgeleitet werden. Dies kann einschließen, daß die Pflicht zur Stellungnahme auf gravierende Fälle beschränkt werden könnte. Kriterien hierfür wären u.a.: Dauer der Maßnahme inklusive später beabsichtigter Verlängerungen, betroffener direkter Handel bzw. Drittlandhandel; eine Vermutung, daß SBA zwischen der EG, USA und Japan per se zu Stellungnahmen führen wegen ihrer externen Effekte auf die Welthandelsordnung.

Dieses Verfahren würde beitragen, den Ermessensspielraum der Exekutive – zum Beispiel der EG-Kommission zu beschränken, wodurch bereits mögliche Fehlentwicklungen gebremst werden. Ferner würde die Stellungnahme der Außenwirtschaftskommission für Transparenz des Sachverhalts und der Interessen sorgen. Die Außenwirtschaftskommission erhält dadurch indirekt die Funktion, diejenige Gruppen zu vertreten, die im Verhandlungsprozeß von SBA typischerweise ausgeklammert werden: die Nachfrager auf der Konsumtions- und auf der Produktionsebene. Sie werden deshalb nicht ohne Grund als »the forgotten man« der Verfahren des Protektionismus bezeichnet. Ordnungspolitische Hygiene durch Transparenz ist gerade bei SBA notwendig, da sie die rechtlich normierten Importbeschränkungsverfahren der Ausgleichszölle und Anti-Dumping-Verfahren zugunsten rechtlicher Grauzonenbereiche verdrängen.

Tabelle 1: **Exportbeschränkungs-Abkommen[1], Entwicklung der Zahl der Abkommen seit 1984**

	1984	Sept. 1986	Sept. 1987	Mai 1988	März 1989	Dez. 1990[2]
Gesamtzahl der Abkommen	89	99	135	261	289	284
Sektorale Verteilung						
Stahl	36	39	38	52	50	39
Agrarprodukte/ Nahrungsmittel	15	17	20	55	51	59
Automobile und Transportausrüstung	9	13	14	17	20	23
Textil und Bekleidung	8	11	18	72	66	51
Elektronische Produkte	6	7	11	19	28	37
Schuhe	6	5	8	14	18	2
Maschinenwerkzeuge	6	3	7	7	14	15
Andere Güter	3	4	9	25	42	39
Geschützte Märkte						
EG[3]	53 (11)	55	69 (20)	128 (51)	173 (96)	
USA	20	32	48	62	69	
Japan	2		6	13	13	
Andere Industrieländer	14 }	12	12	48	34	
Beschränkte Exporteure						
Japan		24	25	28	70	
Osteuropa		16	20	45	41	
Südkorea		14	24	25	38	
Andere Industrieländer		20	23	59	57	
Andere Entwicklungsländer		21	42	48	83 (12)[4]	

[1] Sie umfassen: Freiwillige Exportselbstbeschränkungen, Orderly Marketing Arrangements, Exportvorgaben, Referenzpreissysteme, Branchenabsprachen, diskrimierende Importsysteme. Ausschließlich der Beschränkungen der Multi-Faser-Abkommens.

[2] Geschätzt

[3] Zahlen in Klammern: Die in der Gesamtzahl enthaltenen einzelstaatlichen Abkommen und Beschränkungen, i. d. R. gemäß Art. 115 EWG-V.

[4] Taiwan

Quellen: *Kostecki*, Marketing Strategies and Voluntary Export Restraints, in: Journal of World Trade, Vol. 25 (August 1991), S. 100; GATT, Review of Developments in the Trading System, L/6289 und C/W/548 (Genf, 1987, 1988, 1989) und C/RM/02/2.

Tabelle 2: Entwicklung der betroffenen Importe[1] bestimmter Industrieländer[2] durch ausgewählte NTBs[3], 1981–1990 (1981 = 100)

Land	1981	1982	1983	1984	1985	1986	1987	1988	1989	1990
Gesamt	**100,0**	**101,6**	**101,7**	**104,1**	**103,8**	**103,3**	**104,7**	**105,3**	**104,6**	**103,1**
EG-12	100,0	106,2	114,2	111,7	110,0	108,9	108,4	108,6	108,5	109,0
Japan	100,0	100,0	100,1	100,1	100,1	97,2	97,2	96,8	96,7	96,7
Norwegen	100,0	101,0	100,3	99,1	98,9	98,6	98,6	98,4	98,4	90,9
Schweiz	100,0	100,1	100,3	100,8	100,8	100,8	100,8	100,8	100,8	100,8
USA	100,0	96,3	88,5	97,7	100,0	101,1	106,5	100,7	110,4	106,0

[1] Vgl. Angaben zu Tabelle 1.6 Fußnote 1
[2] EG-12, Finnland, Kanada, Japan, Neuseeland, Norwegen, Österreich, Schweiz, USA
[3] Nur »Kern-NTBs«, vgl. Tabelle 1.6 Fußnote 2 minus Fußnote 3

Quelle: Entnommen: *IMF*, 1992, S. 116; Quellenangaben dort.

Tabelle 3: **Entwicklung der Anti-Dumping-Maßnahmen und der Ausgleichszollmaßnahmen der USA und der EG, 1985–1990**[1]

		Untersuchung eingeleitet		Vorläufige Maßnahmen		Endgültige Zölle		Preiskorrekturen[2]		Ausstehende Anti-Dumping-Maßnahmen
		Gesamt	gegen Industrield.	Gesamt	gegen Industrield.	Gesamt	gegen Industrield.	Gesamt	gegen Industrield.	
A. Anti-Dumping-Maßnahmen										
USA	1985	61	21	37	18	28	18	0	0	112
	1986	63	23	43	11	25	8	0	0	122
	1987	41	21	55	24	38	11	2	2	151
	1988	31	23	13	12	22	16	0	0	167
	1989	25	11	36	21	29	19	0	0	198
	1900	24	12	67	37	64	33	0	0	192
EG	1985	34	14	11	7	7	4	15	4	146
	1986	23	8	6	4	7	5	11	6	123
	1987	17	4	12	2	7	3	11	4	n.v.
	1988	30	15	10	2	4	2	5	1	n.v.
	1989	29	5	9	3	3	4	6	2	170[3]
	1990	16	4	9	3	12	3	16	6	152[4]

Tabelle 3: Fortsetzung

	Untersuchung eingeleitet		Vorläufige Maßnahmen		Endgültige Zölle		Preiskorrekturen[2]		Ausstehende Zollausgleichsaktionen
	Gesamt	gegen Industrield.	Gesamt	gegen Industrield.	Gesamt	gegen Industrield.	Gesamt	gegen Industrield.	
B. Ausgleichszölle									
USA 1985	60	12	39	9	21	3	6	0	86
1986	41	15	24	6	17	8	1	1	76
1987	11	4	16	5	16	4	2	0	89
988	13	3	9	3	10	2	1	0	88
1989	8	2	11	0	8	0	0	0	91
1990	6	3	26	7	25	7	0	0	73
EG 1985	0	0	0	0	0	0	0	0	4
seit 1985 keine weiteren Aktionen mehr									

[1] Das Jahr läuft von Juli bis Juni.
[2] Preiskorrekturen durch die Regierung des exportierenden Landes.
[3] Inklusive der Maßnahmen gegen Staaten, die den Anti-Dumping-Kodex nicht unterschrieben haben.

Quelle: *GATT*, Basic Instruments and Selected Documents, versch. Jgg.

Tabelle 4: **Beschränkungen japanischer Exporte aus Sicht der japanischen Administration, Stand 1990**

Markt	Produkte	Maßnahmen/Administration	Dauer
Groß-britannien	PKWs	Informelle Verständigung von Branche zu Branche (Importobergrenze bei 11% der geschätzten jährlich in GBR verkauften PKWs)	1977–
	Kleintransporter bis 3,5 t	*Intra-Branchen Arrangement* (Importobergrenze bei 11 % der geschätzten jährlichen Verkäufe in GBR)	1975–
	Schwerlastkraftwagen über 3,5 t	*Intra-Branchen Verständigung*, keine japanischen LKWs anzubieten	1975–
	Töpferware und Porzellan	Exportbeschränkung (Menge) im Rahmen des *Export & Import Transaction Law*	1964–
	Baumwollgarn und bestimmte Gewebe	Exportgenehmigung gemäß *Export Trade Control Order*	
Kanada	Kugellager	Exportgenehmigung gemäß *Export Trade Control Order*	
	Töpferware und Porzellan	Exportbeschränkung (Menge) im Rahmen des *Export & Import Transaction Law*	1986–88
	Gestrickte oder gehäkelte Gewebe u.a.	Exportgenehmigung gemäß *Export Trade Control Order*	
	PKWs	*Überwachung* durch MITI	
Australien	**Kugellager**	**Exportgenehmigung gemäß** *Export Trade Control Order*	
EG	Stahl-Produkte	*Kartell* der Hersteller (Exportmenge) im Rahmen des *Export & Import Transaction Law*	1975–
	PKWs	*Überwachung* durch MITI (administrative Führung für die einseitige Exportgestaltung) 1990: 1,21 Mill. PKWs	1986–
	Gabelstapler	*Mindestpreise* und Exportbeschränkungen (Menge) im Rahmen des *Export & Import* Transaction Law	1987–
	Maschinen-Werkzeuge (numerisch gesteuerte Drehbänke und Maschinenzentren)	*Kartell* der Exporteure, Preisabstimmung im Rahmen des *Export & Import Transaction Law*	1981–
	Videogeräte und Farbfernseher	*Überwachung* durch MITI (administrative Führung der Exportgestaltung)	1986–89

Tabelle 4 (Fortsetzung)

Markt	Produkte	Maßnahmen/Administration	Dauer
Australien	**Kugellager**	**Exportgenehmigung gemäß** ***Export Trade Control Order***	
	Halbleiter	*Preisabsprachen* der 11 japanischen Firmen	1989–
	Kugellager	Exportgenehmigung gemäß *Export Trade Control Order*	
	Baumwollgewebe u.a.	Exportgenehmigung gemäß *Export Trade Control Order*	
USA	Textil und Bekleidung	Übereinkunft im Rahmen des *Multi-Faser-Abkommens*	1974–
	PKWs	Selbst-Beschränkung der Exporte, administriert von MITI durch *Export Control Order*	1981–März 1991
	Stahl und Stahlprodukte inkl. Spezialstahl	Freiwillige Exportbeschränkung, administriert durch MITI im Rahmen des *Export & Import Transaction Law*	1985–92
	Maschinen-Werkzeuge	Freiwillige Exportbeschränkung, administriert durch MITI durch *Export Control Order*	1987–März 1991
	Halbleiter	*Regierungs-Abkommen* inklusive Preisüberwachung	1986–Juli 1991
	Kugellager	Exportgenehmigung gemäß *Export Trade Control Order*	
	Töpferware und Porzellan	Beschränkung der Exportmenge im Rahmen des *Export & Import Transaction Law*	1964–
Welt	Metall-Flachware	Beschränkung der Exportmenge im Rahmen des *Export & Import Transaction Law*	1961
	Baumwollgewebe, Bekleidung usw.	Exportgenehmigung gemäß *Export Trade Control Order*	

Quelle: *GATT*, Trade Policy Review, Japan, Genf 1990, S. 201/201.

Tabelle 6: Die wirtschaftlichen Wirkungen der Selbstbeschränkungsabkommen gegen japanische PKWs in den USA, Kanada, Frankreich und Großbritannien

	USA	Kanada	Frankreich	Großbritannien
Art der Maßnahme	SBA mit Mengenbegrenzung	SBA mit Mengenbegrenzung	SBA mit Marktanteilsbegrenzung: 3%	SBA mit Marktanteilsbegrenzung: 11%
Gesamtkosten für die Konsumenten	\$ 3,25–5 Mrd. p.a.	can. \$ 199–913 Mill.	F 625–1.800 Mill.	n.v.
Anstieg der Marktpreise	\$ 1.300 für japan. PKWs; \$ 660 für amerikanische PKWs	can. \$ 900–1.500 für japan. PKWs; bis zu can. \$ 750 für amerikanische PKWs	6% für japan. PKWs	10% für japan. PKWs
Wirkung auf den Absatz japanischer PKWs	Rückgang um 1 Mill. PKWs 1985	Rückgang von 44.000–55.000 PKWs	Rückgang von 70.000–85.000 1983 und entsprechend 1985[1]	Rückgang von 123.000 p.a.
Zusätzliche Verkäufe inländischer Produzenten	300–700.000 im Jahre 1985	Höchstens 39.000	10.000 PKWs	23–25.000 PKWs[2]
Zusätzliche Gewinne für inländische Produzenten	\$ 550–1.290 Mill.	can. \$ 44 Mill.	F 35 Mill.	n.v.
Zahl der geretteten Arbeitsplätze der Automobilindustrie	20–30.000	Höchstens 880	500–3.600	2.000–4.000
Kosten der Konsumenten für jeden geretteten Arbeitsplatz	\$ 93.000–250.000	can. \$ 200.000	F 0,5–1,25 Mill.	n.v.

[1] Insgesamt wurden nur ca. 30.000 PKWs dem französischen Markt entzogen, weil andere europäische Hersteller ihre Exporte erhöhten.
[2] Ohne die 36.000 und 50.000 Verkäufe, die wohl von anderen europäischen Anbietern stammten.

Quelle: *OECD*: The Costs of Restricting Imports: The Automobile Industry, Paris 1987; entnommen: *Kelly, Margaret, N. Kirmani, M. Xafa, C. Boonekamp und P. Winglee* (1988): Issues and Developments in International Trade Policy, IMF, Occasional Paper 63, Washington, D.C., Tabelle A 67.

Tabelle 7: **Berechnungen des Zolläquivalents von Selbstbeschränkungs-Abkommen gegenüber Japan**

	Importland/ Exportland	**Maßnahme**	*Zolltarif-Äquivalent* **Jahr**	**Schätzung (%)**
Automobile	USA/Japan	SBA	1984	12
				10
				13–20
			1983	8
				6
			1982	4
			1981	2,5
	Frankreich (EG)/Japan	SBA	1984	15
	Italien (EG)/Japan	SBA	1984	10
	GBR (EG)/Japan	SBA	1984	22
Videogeräte	EG/Japan			
	Belgien	EV[1]/SBA	1984	12
	BR Deutschland	EV/SBA	1984	7
	Dänemark	EV/SBA	1984	41
	Frankreich	EV/SBA	1984	15
	Griechenland	EV/SBA	1984	35
	Großbritannien	EV/SBA	1984	3
	Italien	EV/SBA	1984	50
	Luxemburg	EV/SBA	1984	25
	Spanien/Japan	EV/SBA	1984	49

[1] Exportvorausschätzung

Quelle: Kostecki (1987), S. 431 f.; alle Quellen dortselbst.

Übersicht 1: Vergleich der Wirkungen, Kosten, Nutzen und Veränderungen der Marktstrukturen von »freiwilligen« Selbstbeschränkungen (SBA) und Änderungen von MFN[1]-Importzöllen[2]

Wirtschaftspolitisches Problem	*Vergleich von* SBA	*Vergleich von* Importzoll (MFN[1])	*SBA Präferenz gegenüber MFN–Importzöllen* Hauptnutznießer	*SBA Präferenz gegenüber MFN–Importzöllen* Hauptverlierer
Windfall-Gewinne	An Exporteure	Fiskus des Importlandes	Bestehende Exportunternehnen	Konsumenten und Fiskus im Importland
Wettbewerb zwischen Exportunternehmen	Wird begrenzt, Preisabsprache bei Preiserhöhungen	Geringe Wirkung, eher Anreize, die Preise zu senken	Exportunternehmen mit hohen Stückkosten	Konsumenten im Importland; neue Exporteure mit niedrigeren Stückkosten
Internationale oligopolistische Koordinierung	**Neue:** wird eingeleitet **Bestehende:** wird verstärkt und abgesichert	Eher unwahrscheinlich, daß sie zunimmt; Abnahme durch Preiswettbewerb denkbar	Große, bestehende Exportunternehmen	Konsumenten im Importland; Newcomer im Exportsektor des Exportlandes
Produktzyklus	Verzögert	Kaum Einfluß	Technologisch rückständige Produzenten im Importland	Konsumenten im Importland
Veränderung der Güterstruktur (up-grading)	Immer bei mengenmäßigen Vorgaben zu beobachten (Bsp.: USA-Stahl, japanische PKWs)	Wenig Anreize	Bestehende Exportunternehmen	Hersteller und Arbeitnehmer im Importland
Marktzugang für Nichtteilnehmer des SBAs	Ausweitung der SBAs möglich (Interventionskette)	Exportierende Länder, die durch das SBA nicht erfaßt werden	Exporteure des Landes, für das das SBA besteht	

[1] MFN = Most Favoured Nation = Meistbegünstigung

[2] Annahme von Zollerhöhungen, die nicht exzessiv oder gar prohibitiv sind.

Quelle: Abgewandelte, erweiterte Systematik von Kostecki (1987), S. 435.

Übersicht 2: Veränderungen der handelspolitischen Entscheidungsprozesse und Verantwortlichkeit: »freiwillige« Selbstbeschränkungs-Abkommen und MFN[1]-Importzölle[2] im Vergleich

Wirtschaftspolitisches	*Vergleich von*		*SBA Präferenz gegenüber MFN-Importzöllen*	
Problem	**SBA**	**Importzoll (MFN[1])**	**Hauptnutznießer**	**Hauptverlierer**
Verantwortung der Importländer für die Protektionspolitik	Wird verringert	Eindeutig und groß	Regierung des Importlandes	Konsumenten des Importlandes
Transparenz	Wird gesenkt	Groß	Regierung des Importlandes	Konsumenten des Importlandes
Ebene der Entscheidungen	Wird abgesenkt und auf die Interessenten direkt ausgeweitet (korporative Elemente)	Hoch	Regierung des Importlandes	Konsumenten des Importlandes
Einfluß des Exportlandes (Regierung, Unternehmen) auf das Importland	Nimmt zu, da sie an der Entscheidung direkt beteiligt werden	Gering	Exporteure	Schwer zu bestimmen
Risiko von Vergeltungen	Minimiert durch Kooperation	Groß, da Teil des GATT-Mechanismus	Regierung im Importland	Exporteure und Konsumenten im Importland
Kontrolle der Regierung über die Exportindustrie	Steigt	Unverändert	Regierung des Exportlandes	Exporteure
Möglichkeit, rechtliche Schritte auf nationaler/internationaler Ebene zu ergreifen	Verringert bis aufgehoben	Bedeutend	Regierung des Importlandes	Konsumenten des Importlandes
Veränderungen der Erlöse/Gewinne der Exporteure	Verbesserung regelmäßig zu beobachten	In der Regel eine Verschlechterung	Exporteure und Regierung des Importlandes	Fiskus und Konsumenten im Importland

[1] MFN = Most Favoured Nation = Meistbegünstigung

[2] Annahme von Zollerhöhungen, die nicht exzessiv oder gar prohibitiv sind.

Quelle: Abgewandelte, erweiterte Systematik von Kostecki (1987), S. 439.

Literaturverzeichnis

Boonekamp, Clemens F.J., »Freiwillige Exportbeschränkungen«, *Finanzierung und Entwicklung*, Jg. 24, Heft 4, 1987.

Destler, J.M., H. Fukui und H. Sato, *The Textile Wrangle: Conflict in Japanese American Relations, 1969–1971*, Ithaka, N.Y. 1979.

Dinopoulos, Elias und Mordechai Kreinin, »Effects of the U.S.-Japan Auto VER on European Prices and on U.S. Welfare«, *The Review of Economics and Statistics*, Vol. LXX, No. 3, 1988.

Hasse, Rolf, »Die Sicherungsfunktion des Wettbewerbs«, *ORDO*, Band 33 (1982), S. 149–164.

Hasse, Rolf und Thomas Koch, »Freiwillige Selbstbeschränkungsabkommen – Kostenintensiver Abbau des Freihandels, *WiSU*, Heft 7 (1988), S. 390 ff.

Hasse, Rolf, Bastian Hepperle, Susanna Wolf, *Weiterentwicklung des handelspolitischen Instrumentariums*, Hamburg, Juni 1993 (vervielfältigt, erscheint 1994), 432 S.

Jones, Kent, »Voluntary Export Restraints Political Economy, History and the Role of the GATT«, *Journal of World Trade*, Vol. 23, Juni 1989.

Kostecki, Michael M., »Export Restraint Arrangements and Trade Liberalization«, *The World Economy*, Vol. 10, No. 4, 1987.

Kostecki, Michael M., »Marketing Strategies and Voluntary Export Restraints«, *Journal of World Trade*, Vol. 25, 1991.

Lang, Franz-Peter, »Freiwillige Exportbeschränkungen, Protektionismus oder stategische Handelspolitik, *WiSt*, H. 3, 1990.

Maswood, Syed Javed, *Japan and Protection*, London 1990.

Monopolkommission, 9. Hauptgutachten, 1992.

Quambusch, Liesel, »Nicht-tarifäre Handelshemmnisse – Ein Beitrag zu ihrer Systematisierung, Anwendung und Beseitigung«, *Untersuchungen des Instituts für Wirtschaftspolitik an der Universität zu Köln*, Band 35, Köln 1976.

Quick, Reinhard, *Exportselbstbeschränkungsabkommen und Artikel XIX GATT*, Köln 1983.

Turay, A.M. and M.K. El-Jafari, »Trade, Japanese Voluntary Restraint Arrangements and Import Elasticity for Cars in the U.S.«, *Revista Internationale di Scienze Economiche e Commerciati*, Band 35, Nr. 2, 1988.

van Marion, Marcel F., *Liberal Trade and Japan. The Incompatibility Issue*, Heidelberg–New York 1993.

Willgerodt, Hans, »Weltwirtschaft ohne Marktwirtschaft?, *Schweizerischer Handels- und Industrie-Verein, Schriftenreihe des Vororts*, Nr. 49, Zürich, Dezember 1987.

Ordnungspolitik als Standortfaktor im Zeitalter der Geo-Ökonomie*

Bernhard Meyer

I. The Party is Over!

Das Jahr 1993 wird als Jahr des bösen Erwachens in die bundesdeutsche Nachkriegsgeschichte eingehen.

So wie nach einer rauschhaften Party morgens unappetitliche Nahrungsreste weggeräumt werden müssen, so muß in Deutschland die Schlacke eines fast 10 Jahre dauernden hochkonjunkturellen Taumels aufgeräumt werden, der zu einer ernsthaften Bedrohung der wirtschaftlichen Kraft Deutschlands geführt hat.

Leider ist das landauf, landab und im Ausland mit Schadenfreude zu lesende Schlagwort »Deutschland in der Krise« zu einer wehleidigen Phrase geworden, die in Gefahr ist, sich abzunutzen. Während naive Stimmen aus Politik, Wirtschaft und Gewerkschaft wieder nur eine (klassische) vorübergehende Konjunktureintrübung sehen, die mit einer Kombination von Geld- und Fiskalpolitik behoben werden kann, so kann jedoch diesmal das bundesdeutsche Wirtschaftswunder nicht bloß durch einen Boxenstopp mit Reifenwechsel wieder renntauglich gemacht werden, sondern kann erst nach einer kompletten Überholung der Antriebsaggregate und einer Neuabstimmung des Fahrwerks zurück auf die Piste des Welthandels geschickt werden.

Denn seit der Wiedervereinigung, die zweifelsohne politisch und historisch notwendig war und der bundesdeutschen Wirtschaft einen bis dato nicht gekannten konjunkturellen Nachfragesog aus Ost und West beschert hat, ist die Leistungsfähigkeit des wirtschaftlichen Produktionsapparates der Bundesrepublik durch eine politisch motivierte, aber teure Währungsunion und die Übertragung des starren bundesrepublikanischen Tarifsystems aus ideologischen Gründen heute gefährdet: ausgeuferte soziale Kosten, Arbeitslosigkeit, Inflation, Zweifel an der Kompetenz des Managements, verlorengegangene Exportmärkte, Rückgang der Direktinvestitionen – und last but not least – eine in diesem Ausmaß und in dieser Dauerhaftigkeit

* Der Autor arbeitet bei einer Investment-Bank in London und gibt seine eigene Meinung wieder!

nicht gekannte defizitäre Leistungsbilanz. Das neue Deutschland wird wegen der politischen Fehler und vielfach vorherrschenden Selbstzufriedenheit in der Wirtschaft in den nächsten Jahren Realeinkommenseinbußen hinnehmen müssen, um über dann gesunkene Faktorkosten wieder den Anschluß am Weltmarkt zu finden.

II. Unsere letzten Jahre

Die Ursachen der derzeitigen Misere sind vielfältig, lassen sich jedoch alle auf die ordnungspolitische Verwirrung bei Politikern und Wirtschaft über Entstehen und Verteilung des Bruttosozialproduktes zurückführen: Der politische Konsens über das richtige Maß an »sozial« in der typisch deutschen Erfindung der »sozialen Marktwirtschaft« scheint insbesondere seit der Wiedervereinigung verloren gegangen zu sein. In einer Periode des konjunkturellen Rausches hat die Komponente »sozial« die Komponente »Marktwirtschaft« vollständig überwuchert und erstickt. Da die Bundesrepublik aber in ein offenes wirtschaftliches Geflecht, in die EG und den Weltmarkt, eingebunden ist, hat das marktwirtschaftliche Warnsystem der Preissignale Alarm geschlagen: über eine Abwertung der DM gegenüber dem $ und dem Yen und über den Zusammenbruch des EWS, das von den Politikern eigentlich als Vehikel der politischen Integration Europas in der Zeit der Hochkonjunktur erdacht worden war, jedoch durch steigende Arbeitslosigkeit und ausgeuferte öffentliche Konsumausgaben zum Bumerang für alle wurde.
Nachdem als letzter der großen »ismen« der letzten 200 Jahre schließlich auch der Kommunismus den Bankrott erklären mußte, ist der Glaube an materialistische Ersatzreligionen aller Couleur, die eine durch Menschenhand geformte Ordnung auf ewig in dieser Welt der Unordnung schaffen können, stark erschüttert worden. Politisch hat sich dies auf eine Reduzierung der politischen Großmächte USA, UdSSR und letztlich auch England auf ihre wirkliche, eher schwache wirtschaftliche Leistungsfähigkeit ausgewirkt. Entstanden ist ein politisches Vakuum mit entsetzlichen Folgen für ehemalige kontrollierte Gebiete wie z. B. Jugoslawien, Somalia und Südafrika. Das entstandene politische Vakuum enthält allerdings auch die Chance, daß Europa und Asien eine ihrer wirtschaftlichen Leistungsfähigkeit angemessenere Rolle im Weltverbund der Staaten einnehmen können. Dies wird erst recht für das wiedervereinte und wirtschaftlich erstarkte Deutschland gelten.
Glücklicherweise sind nach dem Verlust der politischen Dominanten der Nachkriegsgeschichte neue Strukturen der Zusammenarbeit entstanden – zwar erst in Ansätzen erkennbar, aber doch ordnungspolitisch vielversprechend: in Nordamerika der NAFTA Vertrag und, für Deutschland wichtiger, der in Europa am 1. Januar 1993 in Kraft getretene EG Binnenmarkt mit seinem freien Verkehr für Kapital,

Waren und Menschen oder die, wenn auch eher mehrschichtigen und noch unüberschaubaren Zukunftsperspektiven des Vertragswerkes von Maastricht. Dazu kommt, wenn die Europäer sich über die Agrarsubventionen doch eines Tages einigen können, vielleicht noch als Krönung das GATT Abkommen. Der höhere Wettbewerbsdruck wird die notwendigen Anpassungen nicht nur in Deutschland beschleunigen und erzwingen.

Deutschland und Europa – mit oder ohne feste Wechselkurse ist dabei ohne Bedeutung – haben seit etwa 10 Jahren weltweit neue Konkurrenten bekommen: nur Naive oder Ignoranten unterschätzen noch diese wirtschaftliche Kraft der neuen Konkurrenten in Asien, Lateinamerika und Osteuropa.[1] Auch wenn dort politische, soziale, fiskalische oder währungspolitische Elemente fehlen mögen, die für Europäer selbstverständlich sind, so ist doch die Leistungsfähigkeit der dort entstandenen Marktwirtschaften atemberaubend. Die Angst einer erst in dieser Generation zu Wohlstand gekommenen breiten Mittelschicht, in Armut oder Hunger zurückzufallen, verbunden mit dem Ehrgeiz, den wirtschaftlichen Standard der ehemaligen Kolonialmächte mindestens ebenfalls zu erreichen, spornt Millionen von Groß- und Kleinfamilien an, im wirtschaftlichen Wettkampf untereinander und vor allem auf den Exportmärkten Boden zu gewinnen und ihn zu halten. Nach einer weitgehenden Emanzipation von den ehemaligen Kolonialmächten über eine eigenständige und weltweit führende Technologie sind vormals wirtschaftlich rückständige Teile des Globus erwacht und schaffen wirtschaftliches Wachstum, das bald gut 3/4 des Globus erfaßt haben wird! Allein China wird mehr als 1 Mrd. Menschen produktive Beschäftigung geben müssen und können!

Europa mit seinen geschichtlichen Bürden und entsprechend hochgezüchteten demokratischen Konsensmechanismen weist diesen neuen Wettbewerbern gegenüber Wettbewerbsnachteile auf. Deshalb ist es umso wichtiger, daß Europa sich am Ende des »modernen« Zeitalters bewußt wird, daß z.B. der Rekurs auf die Inflation als politisches Instrument und klassisches Begleitinstrument des eher sozialistisch als sozial zu bezeichnenden Kompromisses zwischen Staat, Wirtschaft und Arbeitnehmern endgültig vorüber ist. Im nun angebrochenen neuen »postmodernen« Zeitalter des Weltwettbewerbs bestimmen mehr als je **die realen Preise der Faktoren Arbeit und Kapital** den Produktionsstandort und damit **das Einkommen der Nation.** Die klassische und vornehmliche Tugend des Unternehmers, Kosten zu reduzieren, um im Wettbewerb zu bestehen, ist zur Aufgabe der Stunde geworden und nicht mehr nur die vermeindlich humanistische »Sicherung des sozialen Friedens«. Während des Wegräumens der Reste der durchgezechten Nacht muß sich die

1 Die verbesserte Bonität ehemals bankrotter Staaten schlägt sich in ständig steigenden Preisen unter Banken für die Alt-Schulden Lateinamerikas und Südostasiens und einer wieder anwachsenden Netto-Neuverschuldung dieser Länder nieder (dazu *BZ*, 1. September 1993).

Erkenntnis bei Bund, Ländern, Wirtschaft und Bevölkerung durchsetzen, daß jenseits allem hochgezüchteten Anspruchsdenken, fein gepflegtem Gerechtigkeitssinn, verherrlichtem Demokratieverständnis und bürokratischer Konsensmechanismen die neue Bundesrepublik am Beginn des 21. Jahrhunderts auf der Bühne einer **globalen, freien Marktwirtschaft** mit dem Namen »Geo-Ökonomie« zum Wettkampf der Volkswirtschaften gebeten wird. Dieser Wettkampf ist gnadenlos und richtet sich nicht nach Spielregeln, die in Deutschland oder in Europa als wünschenswert im Sinne einer romantisch-humanistischen Fairness gelten.

III. Die neue Wirtschaftsordnung: Die Geo-Ökonomie

1. Revolution nicht Evolution

Ordnungspolitisch steht die Welt erst am Beginn dieses neuen »postmodernen«[2] Zeitalters, dessen Entwicklung stürmisch, d. h. nicht mehr im klassisch politischen Sinn evolutionär, sondern revolutionär verlaufen wird. Dieses neue Zeitalter wird wirtschaftlich vom **freien marktwirtschaftlichen Wettbewerb** der Volkswirtschaften untereinander geprägt sein und nicht mehr so sehr von nationalen und/oder politischen Idealen und Kompromißformeln. Die **Ordnungspolitik** einer Regierung, welche **die Entfaltung der Marktwirtschaft sichert und nicht beeinträchtigt**, wird zum **entscheidenden Standortfaktor** im internationalen Welthandel und wird mehr denn je in Zukunft das Volkseinkommen und die dann **politische Macht eines Volkes** bestimmen.

Viele Unternehmer, Politiker und Wirtschaftstheoretiker müssen vielleicht Neues dazulernen: die Wirtschaftstheorie, die an das Gedankengut des 19. Jahrhunderts anknüpft, nach der Politik und Wirtschaft evolutionär, d. h. quantitativ überschaubar und mathematisch abbildbar ist, kann wenig Hilfestellungen geben, um jene neuen, revolutionären Wirtschaftsprozesse zu erklären.[3] Dazu sind die Prämissen

2 Auf die Kontroverse über die vieldiskutierte These »The End of History«, vertreten durch den japanischen Historiker *Francis Fukuyama*, soll hier nicht eingegangen werden.

3 Wahrscheinlich wird sich ein neuer Ansatz der Wirtschaftstheorie herausbilden, der in der Lage sein wird, Erklärungen über den Einfluß von nicht vorhersehbaren äußeren Schocks auf ein statisches, in sich geschlossenes System zu liefern: die Verbindung von klassischer Wirtschaftstheorie und der mathematischen Chaos-Theorie. An dieser Stelle sei darauf hingewiesen, daß in der realen Welt die Wirtschaftssubjekte längst den Schritt zu revolutionären, wirtschaftlichen Realität vollzogen haben: das explosionsartige (!) Anwachsen der sog. derivativen Instrumente (Futures and Options) an den Kapitalmärkten zur Absicherung einkommensrelevanter Entscheidungen belegt dies. Risiken von Investitionsentscheidungen können damit zwar nicht umgangen werden, aber durch die Derivate in wirtschaftlich bewertbaren Grenzen gehalten werden (dazu stellvertretend *Matzke*, 22. Mai 1993).

der mathematischen Wirtschaftstheorie zu begrenzt. Wichtiger denn je ist eine **Neu-Entdeckung der Theorie der Marktwirtschaft und ihrer Grundlagen.**

2. The New Age: Die marktwirtschaftliche Weltordnung

Die Rückbesinnung auf die marktwirtschaftlichen Elemente als Leitmotiv der Ordnungspolitik zur Sicherung des Volkseinkommens muß ab sofort folgende aktuellen Kräfte der wirtschaftlichen Veränderung der Welt berücksichtigen:

a. Die **unaufhaltsame weltweite Ausbreitung des marktwirtschaftlichen Systems als gedankliches Ordnungselement** des wirtschaftlichen Verkehrs der Völker untereinander.
b. Die **irreversible Globalisierung der Güter- und Faktorenmärkte** (mehr oder weniger gefördert durch die GATT Vereinbarungen).
c. **Anhaltender und sogar weiter steigender Wettbewerbsdruck** auf die reifen Volkswirtschaften der OECD durch die neuen hochdynamischen Marktwirtschaften in Asien und Lateinamerika, die Massengüter und low-tech Produkte kostensparender, weil produktiver produzieren.
d. Weiterhin **exponentielle Wachstumsraten in der mobilen Kommunikation**, die alle marktwirtschaftlichen Anpassungsprozesse der Güter- und Faktorenmärkte extrem verkürzt.

Damit erfährt die sogenannte **klassische National-Ökonomie** eine Ausweitung zur **internationalen Standorttheorie: Die quantitative Makroökonomie** wird zur **Lehre der nationalen Betriebswirtschaft,** und die **Betriebswirtschaftslehre** wird (wieder) zur **Lehre der Management- und Industrietechniken.**
Mit dem zunehmenden Einfluß des globalen Marktes nimmt die Macht, d. h. das Durchsetzen von politischen Zielen oder Idealen durch eine einzelne nationale Regierung tendenziell ab. Auch die Unternehmen lösen sich zunehmend von ihren national/kulturellen Wurzeln und gestalten ihre wirtschaftlichen Tätigkeiten auf globaler Ebene **streng nach dem Gesetz von Kosten und Ertrag,** um im Wettbewerb um den Kunden zu überleben, dauerhaft Arbeitsplätze anzubieten und ihre Kapitalgeber entlohnen zu können:

- Unternehmen werden dort produzieren müssen, wo dies mit dem relativ niedrigsten Stückkosten flexibel und (rund um die Uhr) geschehen kann;
- Unternehmen werden mit Absicht Steuern an diejenigen Regierungen zahlen, die sie am geringsten belasten bzw. ihnen für die Steuern den höchsten Gegenwert an öffentlichen Gütern zur Förderung der Produktion bieten;
- Unternehmen werden ihre Produkte in verschiedenen Absatzmärkten zu unter-

schiedlichen Preisen verkaufen, um unter Ausnutzung von interregionalen Konsumentenpräferenzen die jeweils relativ größte Wertschöpfung zu erzielen;
- Unternehmen werden den Sitz von Haupt- und Regionalverwaltung dorthin legen, wo die Lebensqualität für die Angestellten relativ am höchsten ist;
- Unternehmen werden dort forschen und entwickeln lassen, wo das Reservoir an talentierten Forschern am ergiebigsten ist und/oder die meisten öffentlichen Mittel und die geringsten Restriktionen bereitstehen;
- Unternehmen werden diejenigen Individuen in die internationalen Führungsebenen aufnehmen, die sich durch erprobte sachliche Qualifikationen und weniger durch ihre Nationalität auszeichnen;
- Unternehmen werden sich ihr Eigen- und Fremdkapital von denjenigen Segmenten der Kapitalmärkte besorgen, wo sie unter Ausnutzung der Anlegerpräferenzen die Kapitalgeber unterschiedlich hoch entlohnen können.

Dazu einige verblüffende Zahlen: Etwa die Hälfte der auf 2 Billionen U.S.-Dollar geschätzten ausländischen Direktinvestitionen gehört nur 1% der weltweit transnational tätigen 37 000 Unternehmen; der Gesamtumsatz dieser Unternehmen von ca. 5,5 Billionen U.S.-Dollar war 1992 wesentlich **höher als die gesamten Weltausfuhren an Waren und Nichtfaktordienstleistungen** (**4 Billionen U.S.-Dollar**) (vgl. *UNCTAD*, 1993).

Diese konsequente **Nutzung regionaler Marktunterschiede und -unvollkommenheiten auf globaler Ebene als oberstes Managementprinzip** läßt eine neuartige unternehmerische Mentalität und Unternehmensstruktur entstehen: Nicht mehr die streng hierarchische, befehlsbetonte und starre Organisation, sondern das mobile, offene, d. h. das je nach Aufgabe flexibel zusammengestellte Team kompetenter Fachleute verschiedener Nationalitäten, die eine klar definierte Aufgabe gemeinsam lösen, wird sich zunehmend als Organisation der Arbeitsprozesse durchsetzen. Damit ist auch vorgezeichnet, daß der traditionelle Ansatz des Unternehmens, »seinen« Angestellten »Lebensarbeitsplätze« mit Pensionsanspruch zu bieten (mit entsprechender staatlicher Absicherung durch ein »soziales« Auffangnetz für »Arbeitslosigkeit«), sich überlebt hat. Vielmehr wird der Jobhopper, der während seines Lebens mehrere verschiedene, aber durchaus anspruchsvollere Arbeitsverhältnisse eingehen muß und für seine Alterssicherung selbst aufkommt, nicht nur in den Führungsetagen zunehmend die Realität werden.

Parallel dazu wird das Unternehmen als organisatorische Großeinheit an Bedeutung verlieren und sich zunehmend aus mobilen, flexiblen und kleineren Betriebseinheiten organisieren. Diese stehen **auch untereinander** über regionale Grenzen hinweg im Wettbewerb um den Kunden oder die kostengünstigste Produktion eines Gutes. Damit ist auch der Ort des Entstehens der betrieblichen Wertschöpfung (buchhalterisch) besser erfaßt, und die Entlohnung des tatsächlich verantwortlichen kreativ-

unternehmenden Angestellten kann entsprechend attraktiver gestaltet werden (Leistungslohn). Der Anteil der starren und damit zu teuren Tariflöhnen an der Gesamtlohnsumme eines Betriebes wird in Zukunft weiter abnehmen.
Die erhöhte Mobilität von Kapital, Gütern und Dienstleistungen in der Geo-Ökonomie verschärft mehr denn je den Wettbewerb zwischen den Standorten auf globaler Ebene und zwingt alle Regierungen, die Rahmenbedingungen ihrer jeweiligen Wirtschaftspolitiken **relativ zu anderen Mitbewerbern** und *anderen Standorten* zu gestalten. Anderenfalls sind Einkommenseinbußen, Arbeitslosigkeit und tendenziell politische Bedeutungslosigkeit die Folgen.

IV. Deutschland in der Geo-Ökonomie: Der Groschen ist noch nicht gefallen!

Die Ursache des derzeitigen bundesdeutschen Konjunktureinbruchs ist kein nur vorübergehender Nachfragerückgang seitens der öffentlichen Hände oder der Privaten im In- und Ausland. Die Ursache liegt tiefer und ist vielmehr eine Strukturkrise des Produktionsapparates: Deutsche Produkte verkaufen sich nicht mehr, weil sie nicht wie bisher welthandelsfähig sind – sie sind zu teuren Ladenhütern geworden, weil sie »over-priced« und »over-engineered« geworden sind. Eine solche Strukturkrise ist mit anderen Mitteln zu beseitigen als ein nur »vorübergehender« konjunktureller Nachfragerückgang. **Aufgabe der Stunde für Politiker und Unternehmer ist die Steigerung der Produktivität zur Sicherung des Standortes Bundesrepublik geworden.**
Bis vor kurzem blieben deutsche Exportgüter allein schon wegen der höheren Inflationsraten der Mitkonkurrenten inner- und außerhalb der EG regelmäßig wettbewerbsfähig, und zusammen mit einer ständig aufwertenden DM wurden auch Importgüter regelmäßig billiger. Heute allerdings bestimmen immer häufiger die Gestehungskosten produktiverer Mitkonkurrenten den maximal erzielbaren Preis für ein deutsches Exportgut am Weltmarkt. Und zu allem Überfluß liegt die deutsche Geldentwertung in dieser Periode des Umbruchs zusätzlich über den Inflationsraten fast aller EG Konkurrenten!
Die Probleme des Standorts Deutschland mit seiner Glorifizierung der »sozialen« Wirtschaftsstruktur wurden in den letzten Jahren aus populistischer Sorge von der Politik schlicht politisch geleugnet. Auch das politisch opportune »Standortsicherungsgesetz« sichert keine Investitionen im Inland – im Gegenteil: da die Unternehmen steuerlich nicht wirklich entlastet sind, bleiben Inlandsinvestitionen weiter zusätzlich belastet und Geld- und Auslandsvermögen entlastet! Zusammen mit der höheren Zinsbesteuerung auf das inländische Geldvermögen bewirkt diese Politik,

daß Geld für Finanz- und Sachanlagen massiv in das Ausland fließt und nach rentablen Anlagen sucht. Nur wer diese evidenten Zusammenhänge bewußt übersieht, darf sich über eine steigende Auslandsverschuldung wundern. Sie ist bereits jetzt ein Alarmsignal für die Wettbewerbsfähigkeit des Standorts Bundesrepublik.

Statt systematisch die marktwirtschaftlichen Elemente aufzuspüren, die den Weg in die Zukunft sichern, versucht die Finanzpolitik weiterhin das Unvermeidliche zu verhindern: Einschnitte in das »soziale« Netz und Realeinkommensrückgänge im privaten und vor allem öffentlichem Sektor. Die »exzessive Wohlstandsfestung« (*Guth*, 1993) Deutschland kann auch nicht mit dem sogenannten »Solidarpakt« zwischen Bund und Ländern vor der Renovierung geschützt werden. Statt den Schwerpunkt wieder einmal und nur auf Abgabenerhöhungen zu setzen, sind die Einnahmen der öffentlichen Hand über Privatisierungen (zu diesem Themenkomplex vgl. z.B. *BZ*, 25. August 1993), Subventionsabbau und über generelle öffentliche Konsumeinschränkungen zu sichern.

Nur eine wirklich marktkonforme, statt marktwidrige Ordnungspolitik wird den Wohlstand in den alten und neuen Bundesländern sichern können durch:

a. **Eine umfassende Steuerreform** der direkten und indirekten, der ertrags- und ertragsunabhängigen Steuern wäre notwendig, die nicht nur die Verfassungswidrigkeit vieler Steuern aufheben, sondern auch das allgemeine Steuerniveau senken würde.[4] Diese Steuersenkung ist kein Geschenk an Besserverdienende, sondern **reine Beschäftigungspolitik,** um das in der alten und neuen Bundesrepublik immerhin reichlich vorhandene Potential an arbeitswilligen und nach anspruchsvoller Tätigkeit suchenden Menschen auszunutzen!

b. **Ein wahrhaftiges Bekenntnis von Wirtschaft und Politik zur Marktwirtschaft,** auch um den good-will auf dem Kapitalmarkt zu erzeugen, der die Voraussetzung für ausländische Direktinvestitionen und zinsgünstigen Kapitalimport sowie ein Verhindern des Kapitalexportes ist. Zur Zeit lastet diese Pflege des deutschen good-will ausschließlich auf den Schultern der Bundesbank. Würde die öffentliche Finanzpolitik ebenfalls ihren Beitrag zur Stabilisierung der öffentlichen Finanzen liefern, hätten die deutschen Zinsen in den letzten Monaten sicher schneller fallen können (und hätten vielleicht der spezifisch deutsche Beitrag zur Rettung des EWS sein können).

c. **Die Überführung von Bereichen der teuren und ineffizienten öffentlichen Verwaltungen und öffentlichen Monopolen in die Marktwirtschaft,** um vorhandene Leistungsreserven voll aufzuspüren. Dies gilt besonders auch für die Ver-

4 Vielleicht wäre ein Blick über die südlichen Grenzen hilfreich: die jüngste Steuerreform und steuerliche Entlastung der Unternehmen bringt Österreich nach allgemeiner Schätzung zusätzlich 0,5 bis 0,9% Wachstum p. a. (*BZ*, 22. Juni 1993).

waltungen der Privatwirtschaft, die nach 10 Jahren Aufschwung zu erfolgsverwöhnt geworden sind.

d. **Die konsequente Privatisierung von Staatsbesitz über die Börse im In- und Ausland.**

Erstaunlicherweise bleibt gerade der letzte Punkt unter deutschen Politikern weiterhin ideologisch stark umstritten. Einst war die Bundesrepublik Deutschland Wegbereiter für die Marktwirtschaft in Europa. Nun gerät sie international immer stärker in die Position des Bremsers. Ordnungspolitische Stagnation und sogar Rückschritte kennzeichnen die deutsche Wirtschaftspolitik. Wie jeder Marktwirtschaftler weiß, ist gerade die Aktie das ideale Instrument, um die nun offen zu Tage getretene Schwäche der deutschen Volkswirtschaft – die notwendige Modernisierung des betrieblichen Kapitalstocks – zu beheben. Denn die Aktie ist zugleich **Instrument der Kapitalbeschaffung, Instrument der Schuldentilgung und Instrument der Vermögens- und Alterssicherung.**[5]

Will die Politik tatsächlich weiter das Unvermeidliche z. B. in den neuen Bundesländern meiden und die hohen Personalkosten nach unten nicht flexibler gestalten, so kann dies nur gelingen, wenn der Lohnkostenanteil an den Stückkosten weiter reduziert würde, d. h. Deutschland müßte noch kapitalintensiver als bisher produzieren. Dafür wären die Voraussetzungen günstig, denn die deutsche Sparquote ist einer der höchsten der Welt. Aber das Sparkapital wird durch die weiterhin ideologisch überfrachtete Fiskal- und Wirtschaftspolitik ins Ausland vertrieben bzw. in den grauen Kapitalmarkt gedrängt! Auch wenn traditionell die Mehrheit der deutschen Sparer im Umgang mit der Börse im Vergleich zum angelsächsischen Sparer eine höhere Schwelle überwinden müssen, so ist doch nicht zu verkennen, daß die jüngere, große Vermögen erbende sowie die wirtschaftlich erfolgreiche neue Generation der Aktie als Instrument der Geldanlage wesentlich aufgeschlossener gegenübersteht. Gerade deshalb wäre es um so **logischer**, wenn sich die Politiker von zu starren Ideologiekorsetten («Gläubigerschutz«) befreien würden und die Ersparnisse und Risikobereitschaft eines Teils der Bevölkerung zur Sicherung und Schaffung von Arbeitsplätzen für die Allgemeinheit nutzen würden. Das wäre der Sicherung des sozialen Friedens dienlicher als ein weiteres Drehen an der Steuerschraube für die sog. »Besserverdienenden«.

Diese überholte zu strenge »Schutzpolitik« übersieht auch, daß in der Vergangenheit viele deutsche Groß- und Klein-Anleger ihr Geld in vielversprechenden ausländischen Privatisierungen angelegt haben! Risikobereitschaft ist genügend vorhan-

---

5 Selbst das sozialistische bzw. nun neo-gaullistische Frankreich hat inzwischen die Vorzüge einer intensiven Entstaatlichungspolitik unter Beteiligung nicht-französischer, d. h. ausländischer Beteiligung erkannt, wie die lange Liste der Aktienplazierungen französischer Unternehmen im Ausland beweist.

den, und deutsche Anleger werden diese auch in Zukunft – sollten attraktive deutsche Börsenneulinge fehlen – weiterhin bei ihren Geldanlagen im Ausland zeigen.

V. Der Motor der Geo-Ökonomie: Das Kapital

1. Der Herrscher im New Age: Das globale Sparkapital

Ohne übermäßig optimistisch zu sein, ist abzusehen, daß in den nächsten Jahrzehnten von den 5 Mrd. Bewohnern der Erde 3–4 Mrd. ihren eigenen Lebensunterhalt direkt (über die Landwirtschaft) oder indirekt (über einen Arbeitsplatz in Industrie oder Dienstleistung) bestreiten werden können. Wegen der Fortschritte im Gesundheitswesen, im Ausbildungssystem, der Nahrungsmittelherstellung und -verteilung und der Technologie steigt damit die Zahl der neu auf den Arbeitsmarkt drängenden Menschen unaufhaltsam. Es ist die Aufgabe einer Generation, neue einkommensschaffende Arbeitsplätze in der nationalen/internationalen Arbeitsteilung für diese arbeitswilligen Menschen beiderlei Geschlechts zu schaffen. **Ohne Kapitaleinsatz wird dies nicht möglich sein.** Gleichzeitig können die Regierungen der OECD aufgrund leerer Kassen, hoher Verschuldung und weiter steigender Ausgaben der öffentlichen Renten- und Krankenkassen, keine öffentlich finanzierten und subventionierten unproduktiven Arbeitsplätze mehr anbieten. Das Zeitalter der staatlichen Arbeitsbeschaffung ist ein für alle mal vorüber. **Die produktiven, d. h. Wohlstand schaffenden Arbeitsplätze müssen daher marktkonform vom privaten Sektor geschaffen werden.** Dies gilt erst recht auch wegen der Sicherung der Altersrente einer immer größer werdenden Anzahl von Rentnern in den OECD Ländern!

Damit schließt sich der neue wirtschaftliche Kreis in der Geo-Ökonomie: Damit die Privatwirtschaft Beschäftigung schaffen kann, müssen die Standortfaktoren stimmen. Je marktkonformer diese ausgestaltet sind, desto mehr können produktive Arbeitsplätze geschaffen werden. Dies ist das Merkmal des neuen postmodernen Zeitalters: **Nicht mehr der Faktor »Arbeit« wird deshalb hofiert werden, weil er das »höherwertige« Human-Kapital ist, sondern der Faktor »Geld-Kapital« nimmt an Bedeutung zu, weil es relativ knapper ist, aber die Voraussetzung für die Entstehung des Wohlstandes einer Nation darstellt.**

Parallel dazu wachsen die regionalen Kapitalmärkte, d. h. der Ort des Austausches der nationalen Ersparnisse zu **einem Pool an Sparkapital und internationaler Liquidität** zusammen, das durch eine hochtechnisierte Finanzindustrie als Eigen- und Kreditkapital rapide an alle Standorte der Erde überführt wird und damit als Kapital für Investitionen und damit Arbeitsplätze zur Verfügung steht.

a. Amerikanische und englische Investoren (Versicherungen, Pensionskassen und Fonds) mit ihren ca. 750 Mrd. $ verfügbarer Liquidität sind und bleiben der dominante Faktor an diesem Markt. Auch wenn man ihre Art und Weise, über das rein marktwirtschaftliche Leistungsprinzip schonungslos Kosten und Erträge zu messen, ideologisch oder kulturell nicht nachvollziehen will, bleibt festzuhalten, daß deren marktwirtschaftliches Ordnungsdenken sich zunehmend durchsetzt. Auch die Handlungsalternativen von Politik und Wirtschaft in Europa werden dadurch maßgeblich mitbestimmt.
b. Da das Aktien- ebenso wie das Fremdkapital – auch innerhalb der EG – entsprechend der Risikoprämie je nach Anlageform und Anlageort entlohnt werden will, legen die spezifischen politischen und wirtschaftlichen Determinanten eines jeden Standortes die Höhe der Dividende und des Zinses fest und regeln damit die Menge des Kapitals, das an den Standort fließt. Unternehmen und Regierung in Deutschland sind gleichermaßen aufgefordert, daß ihre beizutragen, um das internationale Kapital entsprechend zu entlohnen und genügend für die notwendigen Investitionen zur Restrukturierung des deutschen Produktionsapparates anzulocken.
   Das bedeutet, daß Börsenzulassungen, -organisation und -aufsicht, Verbot der Nutzung von Insiderinformationen, aktionärfreundliches Verhalten, Bilanzierungs- und Publizitätspflichten, Steuerrecht- und Steuerbelastung sowie Wettbewerbsbeschränkungen im deutschen Bankwesen zu den Determinanten werden, die **relativ zu anderen Finanzmärkten der Welt** gestaltet werden müssen. Leider ist aber gerade der deutsche Aktienmarkt gemessen an freier Liquidität und Marktkapitalisierung im internationalen Vergleich weiterhin ein Krüppel.
   Darüber hinaus erfüllt die deutsche Börse die volkswirtschaftliche Allokation von Eigenkapital zum Teil nur unzureichend. Im Gegensatz zum Kreditmarkt, wo die Kreditwürdigkeitsprüfungen und entsprechende Einflußnahmen auf den Gläubiger durch die Banken erfolgt, funktioniert am deutschen Aktienmarkt die Kontrolle des Vorstands durch die Aktionäre wegen der engen Verflechtung zwischen den Banken (als Stimmrechtsverwalter und Kreditgeber) und der Industrie nur unzulänglich. Aktionäre in Deutschland haben praktisch kaum eine Chance, ihre Interessen gegenüber dem (manchmal selbstherrlichen) Management, **vor den Banken** und **vor den Arbeitnehmern** durchzusetzen. Auch wenn deutsche Wirtschaftsführer die angelsächsische Art und Weise der Kontrolle des Managements durch sogenannte Raider ablehnen oder Aktionäre als bloße »Short-termisten« sehen, die angeblich zu Lasten der Substanz eines Unternehmens nur schnelle Profite machen wollen (dazu z.B. *Titzrath*, 1993), so wird sich der Trend zur schärferen Kontrolle der Spielräume des Managements als letztlicher Interessenvertreter der Aktionäre (»shareholders' ultimate caretaker«)

durch in- und ausländische Aktionäre auch deutsche AGs erfassen.[6] (Gerade deutsche AGs mit ihren bilanziell verborgenen Schätzen an Vermögen und goodwill wären ein Festessen für Raider!). Alleine die latente Drohung einer Übernahme und die Einsetzung eines kompetenteren Vorstandes könnte das Management durchaus zu einer aktionärsfreundlicheren Politik disziplinieren, die Aktien der AG verteuern und eine Kapitalerhöhung im In- und Ausland für neue Investitionen erleichtern!

c. Global operierende Banken, die Kapitalgeber (= institutionelle Anleger) und Kapitalangebot (= investorsuchende Unternehmen) gegen Entgelt zusammenbringen, tragen maßgeblich zur Transparenz und Effizienz am globalen Kapitalmarkt bei. Die englische Sprache, die weiten Vertragsfreiheiten des angelsächsischen Rechtswesens und die lange Tradition im internationalen Finanzwesen sichern den angelsächsischen Häusern und Börsen auch weiterhin den Vorsprung auf dem Markt der globalen Finanzierungen.[7] Das internationale Kapital, solange es zum größten Teil von angelsächsischen Häusern dominiert wird, wird nach deren Spielregeln bewegt werden, d.h. deren Risikokriterien und Handelsusancen bestimmen maßgeblich den Kapitalfluß an einen Standort – einschließlich an den Standort Deutschland.[8]
Wieder werden Determinanten wie u. a. überholte Vorschriften über die Art und Weise der Ausführung von Kundenorders, die überkommene »Feststellung« eines »amtlichen« Börsenpreises eines während des gesamten Tages (bzw. sogar 24 Stunden) gehandelten Papiers, die Aufteilung von Präsenz- und Computerhandel und die Erleichterung der Geschäftspolitiken von Investmentgesellschaften (Nutzung von Derivaten und der Wertpapieranleihe für Short-Verkäufe) zu nachteiligen Standortfaktoren der deutschen Börse im internationalen Kapitalfluß (vgl. *BZ*, 13. Juli 1993).

---

6 Die Kontroverse über die unterschiedlichen Ergebnisse der Bilanzierung nach deutschem Aktienrecht und US GAAP anläßlich der Börseneinführung der Daimler Benz Aktie an der New Yorker Stock Exchange im Oktober 1993 hat deutlich die Unterschiede zwischen angelsächsischen aktionärsfreundlichen und insiderfreundlichen deutschen Bilanzpraktiken offen werden lassen (dazu *Riley*, 1993).

7 Eher werden asiatische Häuser, mit ihrem Zugang zu den wachsenden asiatischen Ersparnissen, an Bedeutung zunehmen. Möglicherweise werden europäische Häuser bei der Erschließung der mittel- und osteuropäischen Räume eine führende Rolle spielen.

8 Dazu stellvertretend: »Dax verliert 1,8% – Ausland kauft nicht mehr« (*BZ*, 24. August 1993): »... Hauptursache für den Kursrückgang sei das Ausbleiben der Nachfrage aus dem Ausland, das die jüngste Hausse (vom Juli 1993, A.d.V.) verursacht habe ...«. Das gleiche gilt übrigens für den deutschen Rentenmarkt, der ebenfalls größtenteils von Auslandorders bewegt wird.

2. Die kapitalistische Revolution im New Age: »Vive le Privé« – Privatisierung des öffentlichen Vermögens

Die europäische politische Integration wird nur gelingen (und der Maastricht-Vertrag dazu das Drehbuch liefern), wenn Deutschland und Europa als globale Standorte wieder wettbewerbsfähig geworden sind. Ansonsten droht die Gefahr, daß das niedriger werdende wirtschaftliche Wachstum in der EG die regionalen und/oder nationalen Zwistigkeiten und die Betonung nationaler Interessen verstärken wird, was dem Geist und dem Willen zur europäischen Einigung entgegenstehen würde. Zur Wiedererlangung der wirtschaftspolitischen Handlungsalternativen müssen daher alle europäischen Regierungen vor allem die relative und absolute Staatsverschuldungen in den kommenden Jahren drastisch reduzieren (nur Luxemburg erfüllt zur Zeit alle Konvergenzkriterien des Vertragswerks).

Neben der Kürzung in den öffentlichen Konsumausgaben ist die Privatisierung staatlichen Vermögens der ordnungspolitisch sauberste Weg, schnell und ergiebig Geld für die gähnend leeren öffentlichen Kassen einzusammeln. Der **neue weltweite Trend in Ost und West** zur Überführung von Staatsvermögen in Privateigentum ist nicht mehr aufzuhalten (siehe dazu die Liste der zur Zeit europaweit anstehenden ausgewählten Privatisierungen im Ausland, vgl. *Morgan Stanley*, 1993), auch wenn in Deutschland vor der Entstaatlichung noch viel ideologischer Ballast der fast 50-jährigen staatlichen Bevormundung des Bürgers durch die öffentlichen Monopole abgeworfen werden muß. Erste Schätzungen über die möglichen Beträge der anstehenden Privatisierungen belaufen sich auf 150 Mrd. $ oder 2,5% des Bruttosozialprodukts der EG bis 1998 (vgl. *Morgan Stanley*, 1993).

Wieder waren es die angelsächsischen Länder – allen voran Großbritannien unter *Margaret Thatcher* – die aus marktwirtschaftlichen **und** aus fiskalischen Motiven mit Privatisierungen großen Stils begonnen haben. Ihre breit angelegte Aktiensparpolitik hat bei der englischen Mittelschicht den Sinn für wirtschaftliche Zusammenhänge geschärft und hat mit zu ihren Wahlsiegen über die Labourparty beigetragen. Gekoppelt mit dem im EG-Binnenmarkt nun zwingend vorgeschriebenen Abbau öffentlicher Subventionen an die verstaatlichten Industrien und dem immer schärfer werdenden Wettbewerb zwischen den staatlichen und privaten Unternehmen im Binnenmarkt nehmen die leeren öffentlichen Kassen den Regierungen ohnehin die Möglichkeit, über eine »sozial« gefärbte staatliche Unternehmenspolitik Einkommensumverteilungen für ausgesuchte Minderheiten zu Lasten der Mehrheit der Bürger durchzuführen. Teure Fehlentwicklungen in den öffentlichen Unternehmen von Post, Telekommunikation, Transport, Verkehr (einschließlich Luftfahrt), Energieerzeuger und -verteiler, Kohle und Stahl sowie Banken und Versicherungen haben den Steuerzahler und Bürger vielfach die Geduld mit seinen öffentlich bestellten Managern und deren nicht am Markt erprobten minderwertigen Produkten verlieren lassen. Diese kapitalistische Revolution der forcierten Privatisierung wird deshalb auch in Deutschland nicht mehr lange aufzuhalten sein. Im Gegenteil: Deutschlands EG-Partner England, Italien und Frankreich sind in ihren Vorbereitungen großangelegter Privatisierungen Deutschland ideologisch und politisch nun voraus und werden sich dadurch Standortvorteile (Kapitalimport!) sichern können, die dort zu direkten Wohlstandseffekten führen!

VI. Ausblick

Härtere Zeiten führen dazu, daß die Menschen sich wieder auf die wesentlichen Dinge des Lebens konzentrieren – dies gilt auch für einzelne Volkswirtschaften. Der Verlust der Wettbewerbsfähigkeit, von Arbeitsplätzen und der wirtschaftlichen Perspektive dürfte auch in Deutschland Gegenkräfte freisetzen, die mittelfristig eine heilsame Wirkung auf die Restrukturierung des Standortes Deutschland ausüben werden. Sind die Schwächen erstmal erkannt, können sie, wenn gewollt, überwunden werden. Neben einer der bestverwaltetsten Währung der Welt verfügt Deutschland über eine im weltweiten Vergleich überdurchschnittlich gut ausgebildete, arbeitswillige und motivierbare Bevölkerung. Zusammen mit dem öffentlichen und privaten Aufbau des modernsten Kapitalstocks in den neuen Bundesländern verfügt Deutschland in der Mitte Europas damit über Standortfaktoren, die, wenn sie richtig eingesetzt und genutzt werden, sich als durchschlagende Vorteile in der Geo-Ökonomie erweisen werden, wie die wirtschaftlichen Erfolge der Bundesrepublik in ihren Aufbaujahren schon einmal gezeigt haben.

Eine Bewußtseinsänderung wird jedoch in Deutschland bleiben: deutsche Unternehmen – öffentliche wie private – werden sich in Zukunft nicht mehr automatisch auf ihren Status der erstklassigen, **weil deutschen**, Bonität verlassen können, sondern müssen ihn immer wieder im Wettbewerb **neu verdienen**. Dies ist wohl der wichtigste und langfristig anhaltendste Effekt des New Age auf die deutsche Bewußtseinslage: Jahr um Jahr muß das Volkseinkommen und damit der »Wohlstand für Alle« mit anderen nun auch erstklassig gewordenen Volkswirtschaften im Wettbewerb um Kunden, neuen Aktionären und qualifizierten Angestellten neu verdient werden, bevor politisch/soziale Umverteilungsoperationen und öffentlicher Konsum beginnen können.

Literaturverzeichnis

Guth, W., *Vortrag bei den 23. Internationalen Managementgesprächen in St. Gallen*, 25. Mai 1993.

Matzke, Achim, »Wachstumspotential der Derivate ungebrochen«, *Börsenzeitung*, Nr. 96, 22. Mai 1993.

Morgan Stanley, »European Privatisations«, *Reihe Global Strategy and Economics*, 21. Mai 1993 (zitiert nach *The Economist*, 21. August 1993, S. 18).

Riley, Barry, »Feeling of Betrayal in Corporate Germany«, *Financial Times*, 22. September 1993.

Titzrath, A., »Stakeholder – statt Shareholder Value: Markt bewertet Langfristinvestitionen unvollständig«, *Börsenzeitung*, 14. Mai 1993.

Börsenzeitung, 22. Juni 1993.

»Revolution im Börsenwesen« (über das 2. Finanzmarktförderungsgesetz), *Börsenzeitung*, 13. Juli 1993.

»World Investment Report 1993 – Transnational Corporations and Integrated Production«, UNCTAD (Hrsg.), New York 1993 (zitiert nach: »Unternehmen als Weltbürger«, *Börsenzeitung*, 5. August 1993)

»Die Telekom hat keine Zeit mehr«, *Börsenzeitung*, 25. August 1993.

»Profitable Osteuropaschulden«, *Börsenzeitung*, 1. September 1993.

Wettbewerbsfreiheit und Außenwirtschaftsfreiheit

Josef Molsberger

I. Die Interdependenz von Wettbewerbsfreiheit und Außenwirtschaftsfreiheit

Der Zusammenhang zwischen Wettbewerbsfreiheit und Außenwirtschaftsfreiheit wurde zuerst von den klassischen Nationalökonomen betont. Dieser Zusammenhang ist grundlegend für ihr wirtschaftspolitisches Programm. *Adam Smith* (1776) entwickelte dieses Programm in Auseinandersetzung mit dem Merkantilismus. Aus den Fehlern der merkantilistischen Theorie und Praxis folgerte er, daß der Staat binnenwirtschaftliche Regulierungen und außenwirtschaftlichen Protektionismus unterlassen solle, um freien Wettbewerb zu ermöglichen. Ins Positive gewendet besagte dieses wirtschaftspolitische Programm: Der Staat soll *Gewerbefreiheit und Freihandel* garantieren. Das bedeutet freien Marktzugang – oder »offene Märkte« (*Eucken*, 1952, 264) – im Innern eines Landes und an seinen Grenzen.

Indem *Adam Smith* diese Forderung aufstellte, setzte er offensichtlich auf den »Außenseiterwettbewerb« als Motor des freien Wettbewerbs: Neue Wettbewerber aus dem Inland und dem Ausland sollten ungehindert in erfolgversprechende Märkte eindringen können. Sofern der Staat nicht durch Regulierungen und Protektionismus den Markteintritt der »Newcomers« verhinderte, würde das Gewinnstreben immer wieder einen Zustrom neuer Wettbewerber auslösen.

Adam Smith übersah nicht die Gefahr privater Wettbewerbsbeschränkungen der Marktteilnehmer, wie seine Ausführungen zum Kartellproblem und zum Monopolstreben zeigen (*Smith*, 1776, 128, 438). Aber er sah offensichtlich die staatlichen Marktzutrittsbeschränkungen als die größere Gefahr für den Wettbewerb an. Ohne staatlichen Flankenschutz von Marktordnungen und Einfuhrbehinderungen würden private Wettbewerbsbeschränkungen durch den freien Außenseiterwettbewerb in Schach gehalten. Unter den damaligen Produktionsbedingungen kann man diese Annahme keineswegs als unrealistischen Harmonieoptimismus abtun. Denn geringe Mindestkapitalerfordernisse für eine Unternehmensgründung und weitgehende Homogenität der Güter machten den Markteintritt tatsächlich leicht.

Adam Smiths Forderung nach Freihandel schloß auch den freien Import *und* Export von Edelmetallen und Münzen ein. Unter den damals gegebenen Bedingungen von Metallwährungen war dies gleichbedeutend mit unbeschränkter Konvertibilität der Inlandswährung. Der Freihandel findet damit seine notwendige Ergänzung durch freien internationalen Zahlungs- und Kapitalverkehr. Die Außenhandelsfreiheit weitet sich zur Außenwirtschaftsfreiheit.

Mit der programmatischen Verbindung von Gewerbefreiheit und Freihandel hat *Adam Smith* auf einen für eine marktwirtschaftliche Ordnung grundlegenden Zusammenhang hingewiesen, der seither immer wieder von Wirtschaftsteilnehmern und Wirtschaftspolitikern verdrängt zu werden droht: Wettbewerbsfreiheit auf den Inlandsmärkten ist unvollständig und gefährdet, wenn sie nicht durch Außenwirtschaftsfreiheit ergänzt wird, die auch ausländischen Wettbewerbern den Zugang zu den Inlandsmärkten ermöglicht; und die Vorteile der Außenwirtschaftsfreiheit können von den Unternehmungen nur unvollständig genutzt werden, wenn sie nicht durch Wettbewerbsfreiheit auch auf den Inlandsmärkten zu den Effizienzsteigerungen gezwungen werden, ohne die der Wettbewerb auf Auslandsmärkten nicht zu bestehen ist. Wettbewerbsfreiheit und Außenwirtschaftsfreiheit sind interdependent (Monopolkommission, 1992, 376).

Grundsätzlich stellt das Argument für freien internationalen Handel nur eine spezielle Ausprägung des Arguments für Wettbewerbsfreiheit dar. Es gibt keinen logischen Grund, die auf Erfahrung gestützte »pattern prediction«, daß der Wettbewerb positive ökonomische und außerökonomische Wirkungen hat, auf das Gebiet eines Landes zu begrenzen. Im Gegenteil: Freihandel vergrößert den Markt und intensiviert dadurch den Wettbewerb. Die Nachfrager finden größere Auswahlmöglichkeiten und als Folge intensiveren Wettbewerbs niedrigere Preise. Grundsätzlich erscheint daher Freihandel aus denselben Gründen volkswirtschaftlich vorteilhaft, aus denen auch innerhalb eines Landes Wettbewerbsfreiheit vorteilhaft ist: In beiden Fällen werden Arbeitsteilung, Spezialisierung der Produktion, Innovationen und wettbewerbliche Auslese der leistungsfähigsten Produzenten und Standorte angeregt. Freier internationaler Handel hat sich sogar als besonders intensiver Wettbewerbsmotor erwiesen. Denn Wettbewerb erfordert das Zusammenspiel von Wettbewerbsvorstößen der Innovatoren mit dem Nachziehen der Imitatoren, das die Diffusion, »die gesellschaftliche Aneignung privater Leistungserfolge« (*Willgerodt*, 1975) ermöglicht. Die Erfahrung hat gezeigt, daß Wettbewerbsvorstöße sehr häufig von ausländischen Anbietern ausgehen. Dies ist nicht nur damit zu erklären, daß in einem durch Freihandel geschaffenen größeren Markt mit einer größeren Zahl von Marktteilnehmern die Wahrscheinlichkeit von Innovationen größer ist als in einem kleinen nationalen Markt. Eine soziologische Erklärung ist hinzuzufügen: Ausländische Anbieter können für Innovationen die Chancen eines anderen gesellschaftlichen und kulturellen Umfeldes nutzen, und sie sind als echte Außenseiter nicht in die gleichen formellen und informellen gesellschaftlichen Strukturen eingebunden, die in einem nationalen Markt Wettbewerbsvorstöße dämpfen können.

Die volkswirtschaftlich positive Einschätzung der Wettbewerbsfreiheit und der Außenwirtschaftsfreiheit beruht auf bestimmten Werturteilen: (1) Als volkswirtschaftliche Ziele werden (a) Steigerung des Sozialprodukts und (b) Ausrichtung der Produktion nach den Wünschen der Nachfrager angenommen. (2) Als Mittel zur Erreichung dieser Ziele werden wettbewerbliche Anpassungsprozesse mit ständiger Reallokation der Produktionsfaktoren akzeptiert. Dies sind die Werturteile, die der Entscheidung für ein marktwirtschaftliches Lenkungssystem prinzipiell zugrunde liegen. Der volkswirtschaftliche Nutzen des Wettbewerbs wie des Freihandels liegt eben in dem Zwang zur Lenkung der Faktoren in produktivere Verwendungen, zur besseren Kombination der Faktoren und zur Verbesserung des Güterangebots. Freier internationaler Handel ist besonders für kleinere Länder als Motor des Wettbewerbs wichtig, da die nationalen Märkte hier häufig zu klein sind, um zureichende Arbeitsteilung, Spezialisierung, Kostendegression und Wettbewerbsvorstöße auszulösen.

Damit ausländische Anbieter in einen nationalen Markt eintreten können, genügt es nicht, Freihandel im Sinne der Nichtanwendung von tarifären und nichttarifären Handelshemmnissen zu gewährleisten. Ein freier Außenhandel ist nur zu verwirklichen, wenn auch die Devisen zur Bezahlung der Handelsgeschäfte frei erworben werden können. Daher ist ein freier internationaler Zahlungsverkehr bei Konvertibilität der Währung (d. h. bei Abwesenheit von Devisenbewirtschaftung) notwendige währungspolitische Voraussetzung einer Politik des Freihandels. Außenwirtschaftsfreiheit schließt darüber hinaus auch freie internationale Faktorbewegungen ein. Dabei ist die Freiheit des internationalen Kapitalverkehrs besonders wichtig. Sie ermöglicht unter anderem, daß ausländische Anbieter nicht nur durch Exporte, sondern auch mit Direktinvestitionen am inländischen Wettbewerb teilnehmen können. Ein internationaler Austausch von Dienstleistungen ist häufig gar nicht ohne internationale Faktorbewegungen möglich (*Fetzer*, 1992, 19 ff.).

Außenwirtschaftsfreiheit in diesem umfassenden Sinne war im 19. Jahrhundert in einer Reihe von Ländern für eine Zeitlang verwirklicht. *Wilhelm Röpke* (1954, 109 ff.) hat eindrucksvoll beschrieben, welche Leistung diese »internationale ›offene Gesellschaft‹ des 19. Jahrhunderts« mit Freihandel, dem internationalen Währungssystem der Goldwährung, Kapitalverkehrsfreiheit und weitgehender Freiheit der Faktorbewegungen darstellte. Dieser Zeitraum der liberalen Weltwirtschaft des 19. Jahrhunderts war auch eine Periode ungewöhnlichen Wirtschaftswachstums.

II. Handelsbeschränkungen und Wettbewerbsbeschränkungen

Auch wenn in einer Marktwirtschaft grundsätzlich die gesellschaftliche Entscheidung für Wettbewerbs- und Außenhandelsfreiheit getroffen worden ist, bedeutet das nicht, daß diese Entscheidung von allen Wirtschaftsteilnehmern als einzelwirtschaftlich vorteilhaft angesehen wird. Aktive, innovative Unternehmer, die ihr Interesse im vorstoßenden Wettbewerb, im Eindringen in neue Märkte sehen, werden freien internationalen Handel wie Wettbewerbsfreiheit allgemein als Chance zur Expansion und zum Wachstum betrachten. Konservative oder nur unter starkem Wettbewerbsdruck reagierende Unternehmer werden weniger die Chancen als vielmehr die Probleme des Wettbewerbs sehen. Wettbewerbsfreiheit und Außenwirtschaftsfreiheit bedeuten für die mit Importen konkurrierenden oder unter anderweitigem starken Wettbewerbsdruck stehenden Anbieter, daß sie sich ständig anpassen und um Kostensenkung und Produktverbesserung bemühen müssen. Für die betroffenen Produzenten einschließlich ihrer Arbeitnehmer bringt intensiver Wettbewerb durchaus Unannehmlichkeiten, eventuell auch Verluste bis hin zum Ausscheiden von Firmen aus dem Markt mit sich. Obwohl es grundsätzlich keinen Unterschied machen dürfte, ob der Konkurrenzdruck von anderen inländischen Unternehmen oder aus dem Ausland herrührt, wird der Wettbewerb durch ausländische Anbieter meist als härter und gefährlicher empfunden – und häufig ist er es auch, aus den bereits genannten Gründen. Auf jeden Fall aber ist es für die im Wettbewerb unterlegenen inländischen Produzenten leichter, von der Wirtschaftspolitik Schutz gegen ausländische Wettbewerber zu erhalten, als sich dem inländischen Wettbewerb zu entziehen.

Wie die Interdependenz von Wettbewerbsfreiheit und Außenwirtschaftsfreiheit im Positiven gilt, so gilt sie auch im Negativen: Eine protektionistische Außenhandelspolitik beschränkt nicht nur die Außenwirtschaftsfreiheit; sie beschränkt auch den Wettbewerb am Binnenmarkt (*Glismann* u. a., 1992, 31 ff; OECD, 1984, 87 ff.). Dabei sind zwei Aspekte zu unterscheiden: Die direkte Wettbewerbswirkung einer Handelsbeschränkung besteht in einer Wettbewerbsverzerrung zu Lasten der ausländischen Anbieter. Der Außenseiterwettbewerb wird beschränkt, im Extremfall ausgeschaltet. Diese direkte Wirkung zieht eine indirekte nach sich: Der Wettbewerb unter den inländischen Unternehmen, die durch die Handelsschranken gegen die Importkonkurrenz geschützt sind, erlahmt (*Eucken*, 1952, 266). Informelle Verhaltensabstimmungen unter den inländischen »Insiders« werden leichter möglich, formelle Verhaltensabstimmungen wie z. B. Kartellverträge – sofern sie legal geschlossen werden können – werden gefestigt, die Rationalisierungs- und Innovationsanstrengungen lassen nach.

Die deutsche Wirtschaftsgeschichte bietet ein klassisches Beispiel für diesen Zusammenhang zwischen Handelsbeschränkung und Wettbewerbsbeschränkung: Erst nach dem Übergang des Deutschen Reiches zur Politik des Solidarschutzzolls im Jahre 1879 nahm die Zahl der Kartelle in Deutschland stark zu. Zählte man in den siebziger Jahren des 19. Jahrhunderts noch weniger als 10 Industriekartelle, so waren es 1887 schon 70 und 1889 schon 106 Kartelle, 250 im Jahre 1896, 300 im Jahre 1900 und 550 im Jahre 1911 (*Barnikel*, 1972, 13). Mehr noch: Die Dauer der Kartellverträge und die Macht der Kartelle nahmen zu. Ähnliche Beispiele gibt es für andere europäische Länder (*Barnikel*, 1972, 15 ff.).

In den USA war dieser Zusammenhang nicht so deutlich zu beobachten. Trotz hoher Zölle kam es hier nicht zu einer so starken Ausschaltung des Wettbewerbs wie in kleineren europäischen Ländern. Der größere Binnenmarkt, außerdem die ständige Einwanderung und der starke Kapitalimport (d.h. also offene Faktormärkte) hielten den Wettbewerb in den USA stärker aufrecht (*Willgerodt*, 1985, 452; *Willgerodt*, 1988, 26). Gleichwohl machten auch die Amerikaner die Erfahrung: »The tariff is the mother of trusts.« Daß »moderne« nichttarifäre Handelshemmnisse, wie sie seit der Weltwirtschaftskrise in Übung kamen, die Außenwirtschaftsfreiheit und damit den Wettbewerb im Inland weit stärker beschränken als Zölle ist inzwischen allgemein geläufig.

Der Zusammenhang zwischen Handelsbeschränkungen und Wettbewerbsbeschränkungen gilt aber auch umgekehrt: Private oder staatliche Wettbewerbsbeschränkungen innerhalb eines Landes können den internationalen Austausch von Gütern oder Dienstleistungen behindern oder verhindern. Nur wenige Beispiele mögen dies verdeutlichen. (Ausführlicher: OECD, 1984; OECD, 1993.)

Unter den *privaten Wettbewerbsbeschränkungen* fallen zunächst die Exportkartelle ins Auge. Sie werden zwischen Exportfirmen eines Landes zu dem erklärten Zweck geschlossen, den Wettbewerb auf Auslandsmärkten zu beschränken. Mit ökonomisch dubiosen Begründungen erlaubt das Wettbewerbsrecht fast aller Länder solche Exportkartelle. Die Wahrscheinlichkeit, daß sie nicht nur auf Auslandsmärkten, sondern auch im Exportland selbst den Wettbewerb beschränken, ist hoch (*Molsberger*, 1975, 165). Im Falle sogenannter freiwilliger Exportselbstbeschränkungen provoziert das Importland Exportkartelle solcher ausländischer Wettbewerber, die als besonders gefährlich angesehen werden. Hier ist der Zusammenhang zwischen Handelsbeschränkung und Wettbewerbsbeschränkung handgreiflich.

In Ländern, in denen Kartelle legal geschlossen werden dürfen, haben sich ihre Kampfmaßnahmen gegen Außenseiter immer auch – und manchmal besonders – gegen ausländische Nichtmitglieder des Kartells gerichtet. Dabei wurde entweder versucht, die ausländischen Anbieter, z.B. durch Kampfpreisunterbietung, vom Markt zu verdrängen oder sie mit einer »Umarmungstaktik« in die Wettbewerbsbeschränkung des Kartells hineinzuziehen (Ergebnisse ..., 1972, 239 ff.; *Molsberger*, 1975, 155 ff.).

Schließlich können vertikale Bindungen, insbesondere Ausschließlichkeitsbindungen, den Marktzugang ausländischer Wettbewerber behindern. Sind etwa alle Abnehmer bestimmter Produkte in einem nationalen Markt durch Ausschließlichkeitsbindungen auf inländische Anbieter konzentriert, ist der Wettbewerb ausländischer Anbieter und damit die Außenwirtschaftsfreiheit sehr wirksam beschränkt.
Staatliche Wettbewerbsbeschränkungen am Inlandsmarkt haben meist die Form der Regulierung einzelner Wirtschaftszweige. Sie sind meistens nicht mit der Absicht eingeführt worden, speziell den Marktzugang ausländischer Wettbewerber zu verhindern, also die Außenwirtschaftsfreiheit einzuschränken. Sie beschränken den Marktzugang für jedermann, auch für Inländer, und sie beschränken außerdem den Wettbewerb unter den Unternehmen, die zu einem Markt zugelassen worden sind. Auch wenn hier häufig nicht eine beabsichtigte Handelsbeschränkung vorliegt, so ist der internationale Austausch gleichwohl faktisch beschränkt (*Fetzer*, 1992, 60ff.).
Regulierungen dieser Art betreffen meistens Branchen des Dienstleistungssektors, etwa den Straßengüterfernverkehr, den Luftverkehr, Banken und Versicherungen, Freie Berufe. Aber auch die Regulierung der Handwerksberufe wirkt ähnlich. In allen diesen Fällen schränkt die staatliche Wirtschaftspolitik nicht nur die Wettbewerbsfreiheit am Inlandsmarkt ein, sondern auch die Außenwirtschaftsfreiheit.

III. Wettbewerbsfreiheit und Außenwirtschaftsfreiheit in der EG

Die Interdependenz von Wettbewerbsfreiheit und Außenwirtschaftsfreiheit stellt sich in der EG differenziert dar. Aus Sicht eines einzelnen Mitgliedslandes der EG betrifft der Außenwirtschaftsverkehr zum einen die Beziehungen zu anderen Mitgliedstaaten, zum anderen die Beziehungen zu Drittländern. Außenwirtschaftsfreiheit hat somit in der EG einen binnenmarktpolitischen Aspekt, der den Handel zwischen Mitgliedstaaten betrifft, und einen außenhandelspolitischen Aspekt, der den Drittländerhandel betrifft. Im folgenden sollen diese beiden Aspekte aus systematischen Gründen getrennt betrachtet werden, obwohl sie in der Praxis nicht vollständig voneinander isoliert sind (*Molsberger und Kotios*, 1991).

1. Das Ziel des unverfälschten Wettbewerbs im Binnenmarkt

Grundlage der Europäischen Gemeinschaft ist nach Artikel 9 des EWG-Vertrags eine Zollunion. Sie umfaßt die Abschaffung aller Zölle zwischen den Mitgliedstaaten und aller Maßnahmen gleicher Wirkung. Ergänzend ist eine Beseitigung aller mengenmäßigen Einfuhrbeschränkungen sowie aller Maßnahmen gleicher Wirkung vorgeschrieben. Seit dem Ende der Übergangszeit ist die Außenhandelsfreiheit zwischen den Mitgliedstaaten insoweit hergestellt. Der EWG-Vertrag sieht aber über die Zollunion hinaus die Errichtung eines Gemeinsamen Marktes vor. Er umfaßt außer dem freien Warenhandel auch die unbehinderte Bewegung der Produktionsfaktoren. Zwischen den Mitgliedstaaten sollen die »Vier Freiheiten« gewährleistet sein: Freiheit des Waren-, Personen-, Dienstleistungs- und Kapitalverkehrs. Mit dem Programm zur Vollendung des Binnenmarkts sucht die EG seit 1985 die letzten Beeinträchtigungen der »Vier Freiheiten« zu beseitigen. Wenn dieses Programm des Abbaus der »materiellen, technischen und steuerlichen Schranken« verwirklicht ist und dann auch alle nichttarifären Hemmnisse des innergemeinschaftlichen Wirtschaftsverkehrs beseitigt sind, wird die vollständige Außenwirtschaftsfreiheit zwischen den Mitgliedstaaten gegeben sein. In dem dann hergestellten »Raum ohne Binnengrenzen« wird die Außenwirtschaftsfreiheit zur Binnenmarktfreiheit.

Aber auch bisher schon geht die Außenwirtschaftsfreiheit zwischen den Mitgliedstaaten sehr weit. Durch die Freihandelsabkommen von 1973 und das Abkommen über den Europäischen Wirtschaftsraum von 1992 sind wichtige Bereiche der Außenwirtschaftsfreiheit auch auf die Wirtschaftsbeziehungen der EG mit den EFTA-Ländern ausgedehnt worden. Wesentliche Defizite der Außenwirtschaftsfreiheit betreffen den internationalen Kapitalverkehr, der bis 1990 noch sehr weitgehenden Beschränkungen unterlag, von denen einige noch weiter bestehen; auch ist die Möglichkeit der Wiedereinführung von Kapitalverkehrsbeschränkungen nicht ausgeschlossen.

Ergänzend zur Außenwirtschaftsfreiheit zwischen den Mitgliedstaaten verlangt der EWG-Vertrag die Errichtung eines Systems unverfälschten Wettbewerbs im Gemeinsamen Markt (Artikel 3 EWG-Vertrag). Schon der sogenannte *Spaak*-Bericht von 1956, der die Grundlage für die Ausarbeitung des EWG-Vertrages bildete, hatte die Interdependenz von Außenwirtschaftsfreiheit und Wettbewerbsfreiheit gesehen. Dort wird gesagt, es müsse verhindert werden, daß an die Stelle der bisherigen Abschließung der nationalen Märkte durch staatliche Maßnahmen nun ihre Aufteilung durch private Wirtschaftssubjekte trete (*Mestmäcker*, 1974, 48). Mit den Wettbewerbsvorschriften der Artikel 85 und 86 des EWG-Vertrags soll dies verhindert und die Wettbewerbsfreiheit im Binnenmarkt der EG gesichert werden. Private Wettbewerbsbeschränkungen sind verboten, soweit sie geeignet sind, den Handel zwischen den Mitgliedstaaten zu beeinträchtigen. Zusätzlich verbietet Artikel 92 des EWG-Vertrags die Verfälschung des Wettbewerbs im Binnenmarkt durch einzelstaatliche Subventionen an Unternehmen.

Die Regelungen des EWG-Vertrags stellen ein konsistentes ordnungspolitisches System dar, durch das die Außenwirtschaftsfreiheit zwischen den Mitgliedstaaten und die Wettbewerbsfreiheit im Binnenmarkt geschaffen werden und erhalten werden können. Im allgemeinen hat die EG-Kommission diese Regelungen auch in dem marktwirtschaftlichen Sinne der Väter des Vertrags angewandt, sieht man von einigen problematischen Freistellungsentscheidungen nach Artikel 85 Abs. 3 des EWG-Vertrags ab. Vor allem hat der Europäische Gerichtshof in vielen Entscheidungen diese doppelte Zielsetzung des Vertrags nicht aus dem Auge verloren. Das konsistente, an der Interdependenz von Außenwirtschaftsfreiheit und Wettbewerbsfreiheit orientierte ordnungspolitische System ist erst durch einige Regelungen der Europäischen Fusionskontrolle von 1989 beeinträchtigt worden, mit denen interventionistische industriepolitische Gesichtspunkte in die EG-Wettbewerbspolitik eingeführt wurden.

2. EG-Außenhandelspolitik und Wettbewerb

Inwieweit gewährt die EG auch gegenüber Drittländern Außenwirtschaftsfreiheit, und wie stellt sich der Zusammenhang zwischen der wirtschaftspolitischen Regelung des Drittländerhandels und der Wettbewerbsfreiheit am Binnenmarkt dar? Grundsätzlich gilt für die EG als Ganzes das Gleiche wie für ein einzelnes Land: Es gibt keinen logischen Grund, die Wettbewerbsfreiheit an den Grenzen enden zu lassen. Wenn aus politischen Gründen völlige Außenwirtschaftsfreiheit nicht weltweit zu erreichen ist, sondern nur in einer regionalen Gemeinschaft, dann sollten nach der marktwirtschaftlichen Logik die Märkte der EG so weit wie möglich in den internationalen Wettbewerb einbezogen sein – und das heißt auch: so weit wie möglich für den Wettbewerb von außen, aus Drittländern, offen sein.

Der EWG-Vertrag zeigt auch in diesem Punkt eine klare marktwirtschaftliche Linie: Der Grundsatz des unverfälschten Wettbewerbs soll auch in den Außenbeziehungen der Gemeinschaft weitgehend gelten. Die EG soll ein nach außen offener Handelsraum sein. In der Präambel und in Artikel 110 des EWG-Vertrags wird die Absicht erklärt, durch die Gemeinsame Handelspolitik gegenüber den Drittländern »zur fortschreitenden Beseitigung der Beschränkungen im zwischenstaatlichen Wirtschaftsverkehr beizutragen«. Die EWG-Kommission präzisierte diese Absicht im Ersten Gesamtbericht über die Tätigkeit der Gemeinschaft wie folgt: »Auf ihrem eigentlichen Gebiet – der Wirtschaft – wird die Gemeinschaft anderen Staaten offenstehen und mit allen ihr zur Verfügung stehenden Mitteln zu einer Intensivierung des Güteraustausches in der Welt beitragen.« Die Kommission begründete diese programmatische Aussage wie folgt: Es »gelten dieselben Gründe, welche die Sechs veranlaßt haben, eine Intensivierung des Handelsverkehrs untereinander anzustreben, auch in bezug auf dritte Länder: Der Wettbewerb der eigenen mit der ausländischen Produktion ist Voraussetzung für den wirtschaftlichen Fortschritt« (EWG-Kommission, 1958, 117, 119).

Das ist eine geradezu klassische marktwirtschaftliche Argumentation, die die Außenwirtschaftsfreiheit als notwendige Ergänzung der Wettbewerbsfreiheit am Binnenmarkt darstellt. Entspricht die Realität der EG-Außenhandelspolitik diesem Programm?

Für einen Bereich der EG-Handelspolitik, in dem man bei der Gründung der EWG die stärksten Beeinträchtigungen der Außenwirtschaftsfreiheit befürchtete, kann diese Frage bejaht werden: Der Gemeinsame Außenzoll der EG beträgt heute im Durchschnitt nur noch rund 6% und stellt damit kein wesentliches Handelshemmnis mehr dar (*Hine*, 1985, 222 ff.). In drei Verhandlungsrunden des GATT (Dillon-Runde 1960/61, Kennedy-Runde 1963–67, Tokio-Runde 1973–79) hat die EG beträchtliche multilaterale Zollsenkungen für Industrieprodukte zugestanden. Es bleiben allerdings noch einige Zollsätze, die höher sind als der Durchschnittszoll, und es bleibt das Problem, daß die EG aufgrund von Präferenzabkommen die Importe aus verschiedenen Gruppen von Drittländern mit unterschiedlichen Zöllen belegt, also zwischen verschiedenen Drittländern diskriminiert.

Trotz dieser Einschränkungen ist festzustellen: Würden die Importe in die EG nur durch Zölle behindert, wäre mindestens die Außenhandelsfreiheit nahezu erreicht. Soweit tatsächlich Importgüter nur auf Zölle als Handelshemmnisse treffen – und das gilt immer noch für die meisten Industrieprodukte – beschränkt die EG den Wettbewerb durch Drittländeranbieter nur noch wenig.

Auf vielen Märkten wird aber der Import in die EG nicht – oder allenfalls zusätzlich – durch Zölle, sondern durch nichttarifäre Handelshemmnisse beschränkt. In diesen Bereichen zeigt sich die EG zum Teil stark protektionistisch.

Dies gilt in erster Linie für die Agrarmärkte. Sie sind aus dem normalen marktwirtschaftlichen Steuerungssystem völlig herausgelöst. Durch Mindestpreise, variable Abschöpfungen beim Import und variable Exportsubventionen sind die Wettbewerbsfreiheit am Binnenmarkt und die Außenwirtschaftsfreiheit nahezu vollständig abgeschafft worden. Selbst der Handel zwischen Mitgliedstaaten – der interne Aspekt der Außenwirtschaftsfreiheit – wird verzerrt und behindert (*Willgerodt*, 1974). Über die Exportsubventionen wird die Wettbewerbsverzerrung auch auf Märkte in Drittländern übertragen. Diese Agrarmarktordnung widerspricht der ökonomischen Logik ebenso wie dem marktwirtschaftlichen Geist des EWG-Vertrags.

Auch auf einer Reihe von Industriegütermärkten der EG ist inzwischen die Außenwirtschaftsfreiheit stark beeinträchtigt. Vor allem Exportselbstbeschränkungsvereinbarungen sind von der EG-Kommission und einzelnen Mitgliedstaaten angeregt worden. Sie beschränken nicht nur den Wettbewerb der so gebundenen Produzenten aus Drittländern, sondern in vielen Fällen auch noch die Außenwirtschaftsfreiheit zwischen den Mitgliedstaaten (*Kotios* und *Molsberger*, 1992, 284f.). Meist werden diese Handelsbeschränkungen damit begründet, daß EG-Anbieter Zeit zur Anpassung und Rationalisierung gewinnen sollten. Ob aber gerade die Beschränkung des Auslandswettbewerbs die inländischen Produzenten zu Maßnahmen anregt, die sie wieder wettbewerbsfähig werden lassen, erscheint fraglich. Bisher gibt es dafür kaum empirische Belege.

Nichttarifäre Handelshemmnisse wurden in der EG, wie auch in anderen Industrieländern, zunächst im wesentlichen zum Schutz sogenannter »alter«, häufig besonders arbeitsintensiver Industrien eingesetzt. Seit einiger Zeit konzentriert sich die Diskussion auch in der EG dagegen auf »Schlüsselindustrien« oder »Zukunftsindustrien«, etwa Automobilindustrie, Flugzeugbau und Mikroelektronik. Die Beschränkung der Außenwirtschaftsfreiheit, die für solche Wirtschaftszweige gefordert wird, wird vor allem mit der Theorie der strategischen Handelspolitik begründet (Monopolkommission, 1992, 376 ff., 386 ff.). Die Voraussetzungen, unter denen die Ergebnisse dieser Theorien abgeleitet wurden, sind allerdings so restriktiv (Monopolkommission, 1992, 379 ff.), daß ihre Umsetzung in praktische wirtschaftspolitische Maßnahmen als Abenteuer mit ungewissem Ausgang erscheint. Andererseits wird angenommen, daß die vorgeschlagene Kombination von Wettbewerbsverfälschungen am Binnenmarkt (mittels »strategisch« orientierter Subventionen) und Protektionismus (durch Importbeschränkungen) in den »Schlüsselindustrien« nicht die effizienzmindernden Wirkungen hat, die sich sonst immer gezeigt haben, wenn ein Wirtschaftszweig dem internen Wettbewerb und dem Druck der Auslandskonkurrenz entzogen wurde. Auch für diese Annahme gibt es keinen Nachweis. Dagegen steht immer noch die inzwischen zweihundert Jahre alte Erfahrung, daß die Verbindung von Wettbewerbsfreiheit und Außenwirtschaftsfreiheit die wirtschaftliche Dynamik fördert. Auch die Entwicklung der EG hat bisher diese Erfahrung bestätigt.

Literaturverzeichnis

Barnikel, Hans-Heinrich (1972), »Kartelle in Deutschland: Entwicklung, theoretische Ansätze und rechtliche Regelungen«, in: Hans-Heinrich Barnikel (Hrsg.), *Theorie und Praxis der Kartelle*, Darmstadt 1972, S. 1–64.

«Ergebnisse eidgenössischer Untersuchungen« (1972), in: Hans-Heinrich Barnikel (Hrsg.), *Theorie und Praxis der Kartelle*, Darmstadt 1972, S. 180–244.

Eucken, Walter (1952), *Grundsätze der Wirtschaftspolitik*, 1. Aufl. 1952, 3. Aufl. Tübingen und Zürich 1960.

Europäische Wirtschaftsgemeinschaft, Kommission (1958), *Erster Gesamtbericht über die Tätigkeit der Gemeinschaft (1. Januar 1958 – 17. September 1958)*, Brüssel 1958.

Fetzer, Martin-Ulrich (1992), *Ordnungspolitische Probleme einer Liberalisierung des internationalen Dienstleistungsverkehrs: Das Beispiel der Banken und Versicherungen in der EG*, München 1992.

Glismann, Hans Hinrich, Ernst-Jürgen Horn, Sighart Nehring, Roland Vaubel (1992), *Weltwirtschaftslehre: Eine problemorientierte Einführung, I. Außenhandels- und Währungspolitik*, 4. Aufl., Göttingen 1992.

Hine, R. C. (1985), *The Political Economy of European Trade: An Introduction to the Trade Policies of the EEC*, Brighton, Sussex 1985.

Kotios, Angelos und Josef Molsberger (1992), »Progress and Problems in the Process of European Integration, 1987–9: a German Perspective«, in: Georg Winckler (Hrsg.), *Tax Harmonization and Financial Liberalization in Europe: Proceedings of conferences held by the Confederation of European Economic Associations in 1989*, Houndsmills, Basingstoke, Hampshire and London 1992, S. 278–293.

Mestmäcker, Ernst-Joachim (1974), *Europäisches Wettbewerbsrecht*, München 1974.

Molsberger, Josef (1975), »Die europäische Wettbewerbspolitik und die Tendenzen zur privaten Aufteilung der Märkte in der EWG«, *Ordo*, Bd. 26 (1975), S. 142–170.

Molsberger, Josef und Angelos Kotios (1991), »The Single European Market of 1992 within the GATT of the Nineties«, in: Thomas Oppermann und Josef Molsberger (Hrsg.), *A New GATT for the Nineties and Europe '92*, Baden-Baden 1991, S. 359–371.

Monopolkommission (1992), *Wettbewerbspolitik oder Industriepolitik: Hauptgutachten 1990/1991*, Baden-Baden 1992.

OECD (1984), *Competition and Trade Policies: Their Interaction*, Paris 1984.

OECD (1993), *Obstacles to Trade and Competition*, Paris 1993.

Röpke, Wilhelm (1954), *Internationale Ordnung – heute*, 2. Aufl., Erlenbach-Zürich und Stuttgart 1954.

Smith, Adam (1776), *An Inquiry into the Nature and Causes of the Wealth of Nations*, 1. Aufl. 1776, Neuaufl. hrsg. von Edwin Cannan, New York 1937.

Willgerodt, Hans (1974), *Der »Gemeinsame Agrarmarkt der EWG«: Kritische Betrachtungen zu einer wirtschaftspolitischen Fehlkonstruktion*, Tübingen 1974.

Willgerodt, Hans (1975), »Die gesellschaftliche Aneignung privater Leistungserfolge als Grundelement der wettbewerblichen Marktwirtschaft«, in: Heinz Sauermann und Ernst-Joachim Mestmäcker (Hrsg.), *Wirtschaftsordnung und Staatsverfassung: Festschrift für Franz Böhm zum 80. Geburtstag*, Tübingen 1975, S. 687–705.

Willgerodt, Hans (1985), »Außenwirtschaftspolitik«, in: *Staatslexikon*, 7. Aufl., Freiburg, Basel, Wien 1985, Sp. 448–457.

Willgerodt, Hans (1988), »Interdependenzen nationaler Handels- und Wirtschaftspolitiken: Anforderungen an das GATT«, in: *Die Neuordnung des GATT: Regeln für den weltwirtschaftlichen Strukturwandel und Technologietransfer*, (Beihefte der Konjunkturpolitik, Heft 34), Berlin 1988, S. 11–32.

Schriftenverzeichnis

Professor Dr. Hans Willgerodt

I. Bücher und Broschüren

a. Alleinverfasser

1. Gleitlöhne (Soziale Sicherheit, stabiler Reallohn und Vollbeschäftigung), Maschinenschrift, Bonn 1954 (Dissertation).
2. Handelsschranken im Dienste der Währungspolitik, Düsseldorf, München 1962 (Habilitationsschrift).
3. Die importierte Inflation und das Beispiel der Schweiz, Köln 1964.
4. Der »Gemeinsame Agrarmarkt der EWG«. Kritische Betrachtungen zu einer wirtschaftspolitischen Fehlkonstruktion, Tübingen 1974.
5. Die Wirtschafts- und Sozialpolitik im Spannungsfeld von Reservenverzehr und Kapitalbedarf, Bielefeld 1980.
6. Die Krisenempfindlichkeit des internationalen Währungssystems, Berlin 1981.
7. Weltwirtschaft ohne Marktwirtschaft, Zürich 1987.
8. Vorteile der wirtschaftlichen Einheit Deutschlands, (unter Mitwirkung von B. Dluhosch und M. Krüger), Köln 1990.

b. Mitverfasser

1. mit Fritz W. Meyer und J. Heinz Müller: Internationale Lohngefälle. Wirtschaftspolitische Folgerungen und statistische Problematik, hrsg. vom Bundesministerium für wirtschaftliche Zusammenarbeit, Bonn 1956.
2. Mitbestimmungskommission: Mitbestimmung im Unternehmen. Bericht der Sachverständigenkommission zur Auswertung der bisherigen Erfahrungen bei der Mitbestimmung, Stuttgart, Berlin, Köln, Mainz 1970.
3. mit Karl Bartel und Ulrich Schillert: Vermögen für alle. Probleme der Bildung, Verteilung und Werterhaltung des Vermögens in der Marktwirtschaft, Düsseldorf 1971.
4. mit Alexander Domsch, Rolf Hasse und Volker Merx: Wege und Irrwege zur europäischen Währungsunion, Freiburg 1972.
5. mit Ernst Dürr, Herbert Giersch, Otmar Issing, Joachim Starbatty, Ludwig Erhard, Ernst Helmstädter, Alfred Müller-Armack und Christian Watrin: Konzept zur Rückgewinnung der Stabilität, Köln 1974.

6. mit Rolf Hasse und Horst Werner: Außenwirtschaftliche Absicherung zwischen Markt und Interventionismus. Erfahrungen mit Kapitalverkehrskontrollen, Frankfurt a.M. 1975.
7. mit Paul Pütz: Gleiches Recht für Beteiligungskapital. Vorschläge zur Reform von Unternehmensrecht und Kapitalmarkt, Baden-Baden 1985.
8. Kommission »Zweiter Börsenmarkt«: Börsenzugang für kleinere und mittlere Unternehmen, Stuttgart 1987.

c. **Schriften des Kronberger Kreises (Frankfurter Institut)**

1. mit Wolfram Engels, Gerhard Fels, Armin Gutowski, Wolfgang Stützel und Carl Christian von Weizsäcker: Mehr Mut zum Markt – Bd. 1 (1983).
2. mit Wolfram Engels, Gerhard Fels, Armin Gutowski, Wolfgang Stützel und Carl Christian von Weizsäcker: Vorschläge zu einer »Kleinen Steuerreform« – Bd. 2 (1983).
3. mit Wolfram Engels, Armin Gutowski, Wolfgang Stützel und Carl Christian von Weizsäcker: Mehr Beteiligungskapital – Bd. 3 (1983).
4. hrsg. mit Wolfram Engels, Armin Gutowski, Wolfgang Stützel und Carl Christian von Weizsäcker: Mehr Markt im Verkehr – Bd. 4 (1984).
5. hrsg. mit Wolfram Engels, Armin Gutowski, Wolfgang Stützel und Carl Christian von Weizsäcker: Arbeitslosigkeit – Woher sie kommt und wie man sie beheben kann – Bd. 5 (1984).
6. mit Wolfram Engels, Armin Gutowski, Wolfgang Stützel und Carl Christian von Weizsäcker: Die Wende – Eine Bestandsaufnahme der deutschen Wirtschaftspolitik – Bd. 6 (1984).
7. mit Wolfram Engels, Armin Gutowski, Walter Hamm, Wernhard Möschel, Wolfgang Stützel und Carl Christian von Weizsäcker: Mehr Markt in der Wohnungswirtschaft – Bd. 7 (1984).
8. hrsg. mit Wolfram Engels, Armin Gutowski, Walter Hamm, Wernhard Möschel, Wolfgang Stützel und Carl Christian von Weizsäcker: Für eine Neue Agrarordnung – Kurskorrektur für Europas Agrarpolitik – Bd. 8 (1984).
9. mit Wolfram Engels, Armin Gutowski, Walter Hamm, Wernhard Möschel, Wolfgang Stützel und Carl Christian von Weizsäcker: Verordnete Verschwendung? Für eine Neue Agrarordnung in Europa, Stuttgart 1985.
10. hrsg. mit Wolfram Engels, Armin Gutowski, Walter Hamm, Wernhard Möschel, Wolfgang Stützel und Carl Christian von Weizsäcker: Mehr Markt für den Mittelstand – Bd. 9 (1985).
11. mit Wolfram Engels, Armin Gutowski, Walter Hamm, Wernhard Möschel, Wolfgang Stützel und Carl Christian von Weizsäcker: Mehr Markt im Arbeitsrecht – Bd. 10 (1986).
12. mit Wolfram Engels, Armin Gutowski, Walter Hamm, Wernhard Möschel, Wolfgang Stützel und Carl Christian von Weizsäcker: Bürgersteuer – Entwurf einer Neuordnung von direkten Steuern und Sozialleistungen – Bd. 11 (1986).
13. mit Wolfram Engels, Armin Gutowski, Walter Hamm, Wernhard Möschel, Wolfgang Stützel und Carl Christian von Weizsäcker: Mehr Mut zum Markt – Konkrete Problemlösungen – Bd. 12 (1986) (auch in Englisch: More Confidence in the Market – Concrete Solutions – 1987).
14. mit Wolfram Engels, Armin Gutowski, Walter Hamm, Wernhard Möschel, Wolfgang

Stützel und Carl Christian von Weizsäcker: Mehr Markt im Gesundheitswesen – Bd. 13 (1987).
15. mit Wolfram Engels, Armin Gutowski, Walter Hamm, Wernhard Möschel, Wolfgang Stützel und Carl Christian von Weizsäcker: Reform der Alterssicherung – Bd. 14 (1987).
16. mit Wolfram Engels, Armin Gutowski, Walter Hamm, Otmar Issing, Wernhard Möschel und Carl Christian von Weizsäcker: Mehr Markt in der Telekommunikation – Bd. 15 (1987).
17. mit Wolfram Engels, Armin Gutowski, Walter Hamm, Otmar Issing, Wernhard Möschel, Olaf Sievert und Carl Christian von Weizsäcker: Das soziale Netz reißt – Vorschläge zur Rettung des Systems der sozialen Sicherheit – Bd. 16 (1988).
18. mit Wolfram Engels, Armin Gutowski, Walter Hamm, Otmar Issing, Wernhard Möschel und Olaf Sievert: Mehr Markt in der Energiewirtschaft – Bd. 17 (1988).
19. mit Wolfram Engels, Armin Gutowski, Walter Hamm, Wernhard Möschel, Wolfgang Stützel und Carl Christian von Weizsäcker: Mehr Mut zum Markt – Handlungsaufforderungen. Zusammenfassung der Schriften des Kronberger Kreises Band 1, Stuttgart 1984.
20. mit Wolfram Engels, Armin Gutowski, Walter Hamm, Wernhard Möschel, Wolfgang Stützel und Carl Christian von Weizsäcker: Mehr Markt schafft Wohlstand – Konkrete Problemlösungen. Zusammenfassung der Schriften des Kronberger Kreises Band 2, Stuttgart 1987.

II. Aufsätze

1. Die Krisis der sozialen Sicherheit und das Lohnproblem, in: ORDO Bd. 7 (1955), S. 145–1987, wieder abgedruckt in: Grundtexte zur Sozialen Marktwirtschaft Bd. 2. Das Soziale in der Sozialen Marktwirtschaft, hrsg. von Karl Hohmann, Dietrich Schönwitz, Hans-Jürgen Weber, Horst Friedrich Wünsche, Stuttgart u. a. 1988, S. 271–301.
2. Der Familienlastenausgleich im Rahmen der Sozialreform, in: ORDO Bd. 8 (1956), S. 123–171.
3. Das Sparen auf der Anklagebank der Sozialreformer, Bemerkungen zu Wilhelm Hankel und Gerhard Zweig, »Die Alterssicherung in der sozialen Marktwirtschaft«, in: ORDO Bd. 9 (1957), S. 175–198.
4. Devisenbilanz, Kapitalimport und Wechselkurspolitik, in: Zeitschrift für das gesamte Kreditwesen Jg. 10 (1957), S. 643.
5. Nochmal: Der sparende Unternehmer, in: Zeitschrift für das gesamte Kreditwesen Jg. 10 (1957), S. 916.
6. Fluch und Segen des Fremdkapitals, in: Zeitschrift für das gesamte Kreditwesen Jg. 11 (1958), S. 57.
7. Umsatzsteuern und Handelsoptimum im Gemeinsamen Markt, in: ORDO Bd. 10 (1958), S. 63–114.
8. Vom Besten zum Zweitbesten, zugleich Antwort auf die Replik von Herbert Giersch: »Zur Theorie des Bestmöglichen«, in: ORDO Bd. 11 (1959), S. 279–294.
9. Soziale Harmonisierung – ein Schlagwort, in: Frankfurter Allgemeine Zeitung vom 13. August 1959.
10. Hur konkurrensen främjas i Västtyskland, in: Balans Heft 4 (1960), S. 15–21.
11. Hur socialprogrammet finansieras i Västtyskland, in: Balans Heft 5 (1960), S. 22–30.

12. Zum Problem der unbestrittenen Wahrheiten in der Nationalökonomie, in: ORDO Bd. 12 (1960/61), S. 59–76.
13. Regionaler Freihandel und zollpolitische Autonomie, in: ORDO Bd. 12 (1960/61), S. 413–421; auch in: Wirtschaftspolitische Chronik Heft 2 (1961), S. 55–62.
14. Marktspaltungen, in: Kyklos Vol. 14 (1961), S. 173–198.
15. Kapitalbilanz und Devisenströme, in: Wirtschaft, Gesellschaft und Kultur, Festgabe für Alfred Müller-Armack, hrsg. von Franz Greiß und Fritz W. Meyer, Berlin 1961, S. 459–470.
16. Die mißverstande Freiheit – Gut und Böse in der Marktwirtschaft, in: Frankfurter Allgemeine Zeitung vom 2. September 1961.
17. Regeln und Ausnahmen in der Nationalökonomie, in: Systeme und Methoden in den Wirtschafts- und Sozialwissenschaften, Festgabe für Erwin von Beckerath zum 75. Geburtstag, hrsg. von Norbert Kloten, Wilhelm Krelle, Heinz Müller, Fritz Neumark, Tübingen 1964, S. 697–725.
18. Stabiles Geld durch Zwangswirtschaft? Betrachtungen zur schweizerischen und deutschen Währungspolitik, in: Die Aussprache 14. Jg. (Mai/Juni 1964), S. 1–5.
19. Wirtschaftsraum und Währungsraum, in: Weltwirtschaftliche Probleme der Gegenwart, Schriften des Vereins für Socialpolitik N. F. Bd. 35, Berlin 1965, S. 340–371; auch in: Wirtschaftspolitische Chronik Heft 3 (1964), S. 21–54.
20. Nur flexible Kurse sichern Preisstabilität, in: Industriekurier vom 18. Februar 1965.
21. Inflation ist kein Wachstumsrezept, in: Zeitschrift für das gesamte Kreditwesen 19. Jg. (1966), S. 1142–1144.
22. Warum Staatsplanung in der Marktwirtschaft?, in: ORDO Bd. 17 (1966), S. 153–228.
23. Flucht vor der Verantwortung und Elitenverschleiß als mögliche Gefahren für die Soziale Marktwirtschaft, in: Beiträge zur Ordnung von Wirtschaft und Gesellschaft, Festgabe für Alfred Müller-Armack, Wirtschaftspolitische Chronik 1966, S. 135–158.
24. Dokumentation (Auseinandersetzung mit Egon E. Nawroth: Zur Sinnerfüllung der Marktwirtschaft), in: ORDO Bd. 17 (1966), S. 355–367.
25. Vermögen und Arbeitsangebot, in: Beiträge zur Wirtschafts- und Sozialpolitik, Festgabe für Fritz W. Meyer, Wirtschaftspolitische Chronik Heft 2/3 (1967), S. 267–297.
26. Nochmals: Die Zukunft des Dollar, in: Zeitschrift für das gesamte Kreditwesen 21. Jg. (1968), S. 218.
27. Betrachtungen zur deutschen Unruhe, in: Die Aussprache 18. Jg. Heft 5/6 (1968); in erweiterter Form auch in: Wirtschaftspolitische Chronik Heft 1/2 (1968), S. 27–43.
28. Grenzmoral und Wirtschaftsordnung, in: Soziale Verantwortung, Festschrift für Götz Briefs zum 80. Geburtstag, hrsg. von J. Broermann und Philipp Herder-Dorneich, Berlin 1968, S. 141–171.
29. Am Scheideweg, in: der Arbeitgeber 21. Jg. (1969), S. 457–460.
30. Kritik der Weltwährungsreform, in: Der Volkswirt vom 19. September 1969.
31. Die europäische Wirtschaftsintegration – Konzeptionen und ihre Bewährung, in: Die Zukunft der europäischen Integration, Köln 1970, S. 17–34; in kürzerer Fassung: Neue Zürcher Zeitung vom 20. Juni 1970 und vom 23. Juni 1970.
32. Demokratisierung der Wirtschaft und die Freiheit des einzelnen, in: Wirtschaftspolitische Chronik Heft 1 (1970), S. 17–32; auch in: Mitbestimmung – Ordnungselement oder politischer Kompromiß, hrsg. von Franz Böhm und Goetz Briefs, Stuttgart 1971, S. 9–29.
33. 14 Thesen zur europäischen Währungsintegration, in: Zeitschrift für das gesamte Kre-

ditwesen 23. Jg. (1970), S. 827–831; auch in: Integration durch Währungsunion?, hrsg. v. Herbert Giersch, Tübingen 1971, S. 141–148.

34. Die Größe des Bumerang-Effektes im System der künstlichen Kapitalexporte, ORDO Bd. 21 (1970), S. 135–143.
35. Der liberale Standpunkt und die Mitbestimmungsfrage, in: ORDO Bd. 21 (1970), S. 217–242.
36. Was bedeutet die neue amerikanische Währungspolitik für das Konzept einer europäischen Währungsunion, in: Wirtschaftswoche/Der Volkswirt vom 27. August 1971.
37. Flexible Wechselkurse, Europa und die Weltwährungskrise, in: Zeitschrift für das gesamte Kreditwesen 25. Jg. (1972), S. 13–16.
38. Voraussetzung einer europäischen Währungsunion, in: ORDO Bd. 23 (1972), S. 51–79.
39. Vermögenspolitik zwischen Freiheit und Kollektivismus, in: ORDO Bd. 23 (1972), S. 183–233.
40. 20 Jahre Vermögenspolitik in der Bundesrepublik Deutschland, in: Wirtschaftsdienst 52. Jg. (1972), S. 646–650.
41. Strategie gegen die Marktwirtschaft, in: Frankfurter Allgemeine Zeitung vom 18. November 1972.
42. Die soziale und politische Funktion der Vermögensverteilung, in: Rechtsstaat – Sozialstaat, hrsg. v. Willi Meyer, Stuttgart, Berlin, Köln, Mainz 1972, S. 159–179.
43. Vom Zahlenstreit zum Wesentlichen, in: Wirtschaftswoche/Der Volkswirt vom 13. Oktober 1972.
44. Vermögensstreuung wichtig für den Wettbewerb, in: Frankfurter Allgemeine Zeitung vom 30. November 1972.
45. Universität Köln: Streit um die neue Verfassung, in: Der Arbeitgeber 24. Jg. (1972), S. 257–259.
46. Zusammen mit Karl Bartel und Ulrich Schillert: Ideologische Vermögensanalyse? Antwort an Wilfried Höhnen: Ideologie und Vermögensanalyse. Bemerkungen zu dem Buch: »Vermögen für alle« von Willgerodt/Bartel/Schillert, WSI-Mitteilungen 25. Jg. (1972), S. 246–253.
47. Vermögensstreuung und Mitbestimmung der Eigentümer, in: Wirtschaftspolitische Chronik Heft 2 (1972), S. 15–30.
48. Der Kapitalmarkt als Prüfstein europäischer Währungspläne, in: Wirtschaftspolitische Chronik Heft 3 (1972); auch in: Internationale Währungsordnung, Europäische Währungspläne und Kapitalmarkt, Frankfurt a. M. 1973, S. 7–29.
49. Das Leistungsprinzip – Kriterium der Gerechtigkeit und Bedingung des Fortschritts?, in: Kapitalismus im Widerstreit, hrsg. von Anton Rauscher, Köln 1973, S. 89–115.
50. Landwirtschaftliche Vermögen im Spannungsfeld von Technik, Wirtschaft und Gesellschaft, in: Archiv der Deutschen Landwirtschafts-Gesellschaft Bd. 52, Frankfurt a. M. 1973, S. 21–36.
51. Währungssystem und Außenwirtschaft im Widerstreit von Ordnungsgrundsätzen und Pragmatismus, in: 25 Jahre voraus, hrsg. von der Aktionsgemeinschaft Soziale Marktwirtschaft, Tagungsprotokoll Nr. 37 (1973), S. 100–115.
52. Marxisten und ihre verkappten Freunde von Rechts, in: ORDO Bd. 24 (1973), S. 103–120.
53. Ausgangstatsachen und Ziele der Vermögenspolitik in der Bundesrepublik Deutschland, in: Soziale Marktwirtschaft im Wandel, hrsg. von Egon Tuchtfeldt, Freiburg im Breisgau 1973, S. 119–138.

54. Vermögensbildung und Vermögenspolitik in Stichworten, in: Wirtschaftspolitische Chronik Heft 3 (1973), S. 35–47.
55. Europa und das Währungsproblem. Von der Pseudointegration führt kein Weg zur Währungseinheit, in: Wirtschaftspolitische Chronik Heft 3 (1973), S. 35–47.
56. Diskretion als wirtschaftspolitisches Problem, in: Hamburger Jahrbuch für Wirtschafts- und Gesellschaftspolitik 20. Jg. (1975), S. 129–142.
57. Fehlurteile über vielzahligen Wettbewerb, in: ORDO Bd. 26 (1975), S. 97–130.
58. Die gesellschaftliche Aneignung privater Leistungserfolge als Grundelement der wettbewerblichen Marktwirtschaft, in: Wirtschaftsordnung und Staatsverfassung, Festschrift für Franz Böhm zum 80. Geburtstag, hrsg. von Heinz Sauermann und Ernst Joachim Mestmäcker, Tübingen 1975, S. 687–705.
59. Die Krankheit unserer Wirtschaft, in: Frankfurter Allgemeine Zeitung vom 9. August 1975.
60. Stabilitätsförderung durch marktwirtschaftliche Ordnungspolitik – Notwendigkeit und Grenzen, in: Stabilisierungspolitik in der Marktwirtschaft, hrsg. von Hans K. Schneider, Waldemar Wittmann, Hans Würgler, Verein für Socialpolitik N.F. Bd. 85, Berlin 1975, S. 1443–1468.
61. Zur Lage der Landwirtschaft. Von der Altersschwäche des konservierenden Agrarschutzes, in: DLG-Mitteilungen Heft 1 (1976), S. 9–10.
62. Planning in West-Germany: The Social Market Economy, in: The Politics of Planning. A Review and Critique of Centralized Economic Planning, Institute for Contemporary Studies, San Francisco 1976, S. 61–82.
63. Von der Macht des Kapitals – Mythen und Wirklichkeit, in: Christian Watrin und Hans Willgerodt, Widersprüche der Kapitalismuskritik, Festschrift zum 75. Geburtstag von Alfred Müller-Armack, Wirtschaftspolitische Chronik Heft 2/3 (1976), S. 11–59; auch in: Sozialökonomische Forschungen, Bd. 8, Bern, Stuttgart 1976, S. 8.
64. Sectoral Integration: Agriculture, Transport, Energy and Selected Industries, in: Economic Integration Worldwide, Regional, Sectoral, Proceedings of the Fourth Congress of the International Economic Association held in Budapest, hrsg. von Fritz Machlup, London and Basingstoke 1976, S. 117–128; auch veröffentlicht als: Integrazione Per Settori: Agricoltura, Trasporti, Energia, Attivita Particolari, in: Economia Internazionale Vol. 30 (1977), S. 70–86.
65. Eigentumsordnung und Umverteilung, in: Internationale Katholische Zeitschrift 6. Jg. (1977), S. 160–179.
66. Tatsachen für die Nachfolger (Hans Willgerodt über Ludwig Erhard), in: Wirtschaftswoche vom 4. Februar 1977.
67. Wissenschaft und Freiheit, Fritz W. Meyer zum 70. Geburtstag, in Frankfurter Allgemeine Zeitung vom 7. November 1977.
68. Bemerkungen zum Freihandelsproblem, in: ORDO Bd. 29 (1978), S. 343–359.
69. Die Grundprobleme der Weltwirtschaftsordnung, in: Internationale Wirtschaftsordnung, Festschrift für Fritz Walter Meyer, hrsg. von Helmut Gröner und Alfred Schüller, Stuttgart 1978, S. 241–254; auch veröffentlicht als: The Basic Problems of the International Economic Order, in: The Journal of Development Studies Vol. 2/1979, S. 1–18.
70. Die motivierte Zahlungsbilanztheorie – vom »schicksalhaften Zahlungsbilanzdefizit« und der Unsterblichkeit falscher Inflationslehren, in: Internationale Wirtschaftsordnung, hrsg. von Helmut Gröner und Alfred Schüller, Stuttgart 1978, S. 215–238.
71. Der Verbraucher im Spannungsfeld von Handelsfreiheit und Protektionismus, in: Außenhandelspolitik & Einzelhandel, Frankfurt a. M. 1978, S. 68–90.

72. Europäische Währungsunion – Schein und Wirklichkeit, in: Wirtschaftspolitische Chronik 27. Jg. (1978), S. 81–92; in einer kürzeren Fassung in: Frankfurter Allgemeine Zeitung vom 19. August 1978.
73. Volkswirtschaftliche Überlegungen zum Problem des Arbeitskampfes, in: Wirtschaftspolitische Chronik 27. Jg. (1978), S. 195–215; in einer kürzeren Fassung in: Frankfurter Allgemeine Zeitung vom 19. August 1978.
74. Wirtschaftsordnung und Staatsverwaltung, in: ORDO Bd. 30 (1979) (Festschrift für Friedrich August von Hayek), S. 199–217. Auch in: Grundtexte zur Sozialen Marktwirtschaft. Zeugnisse aus zweihundert Jahren ordnungspolitischer Diskussion, hrsg. von Wolfgang Stützel, Christian Watrin, Hans Willgerodt, Karl Hohmann, Stuttgart u. a. 1981, S. 191–208; auch unter dem Titel »Economic Order and Public Administration«, in: Standard Texts on the Social Market Economy. Two Centuries of Discussion, Stuttgart u. a. 1982, S. 159–172.
75. Organisierter Reservenverzehr im modernen Verteilungsstaat. Ohne diesen Titel veröffentlicht in: Ludwig-Erhard-Stiftung, Symposium III, Sicherung und Fortentwicklung der Sozialen Marktwirtschaft. Ordnungspolitische Aufgaben, Stuttgart/New York 1979, S. 199–211.
76. Die Wechselwirkung zwischen Liberalität und Prosperität im Welthandel, in: European Retail Trade on the World Market, Foreign Trade Association, Congress 1979, Brüssel/Köln 1979, S. 49–57.
77. Der Streit um den freien Welthandel, in: Wirtschaftspolitische Chronik 29. Jg. (1980), S. 107–123.
78. Bilanz der EG-Politik, in: List-Forum Bd. 10 (1979/80), S. 362–375.
79. Wer diskriminiert Heimkinder – Gesellschaftskritik an die falsche Adresse, in: ORDO Bd. 31 (1980), S. 209–227.
80. Grenzen der wirtschaftlichen Souveränität. Zur Mechanik von Protektion und Freihandel, in: Politik und Markt, hrsg. von Dieter Duwendag und Horst Siebert, Stuttgart/New York 1980, S. 281–296.
81. Kapital- und Vermögensbildung – ordnungspolitische Konsequenzen, in: Vermögensbildung, Kapitalbildung, Krisenvorbeugung, hrsg. von Walter Kannengiesser, Köln 1980, S. 37–60. Auch in: Grundtexte zur Sozialen Marktwirtschaft. Zeugnisse aus zweihundert Jahren ordnungspolitischer Diskussion, hrsg. von Wolfgang Stützel, Christian Watrin, Hans Willgerodt, Karl Hohmann, Stuttgart u. a. 1981, S. 405–416; unter dem Titel »The Formation of Capital and Wealth and its Consequences for a Free Economic Order« auch in: Standard Texts on the Social Market Economy. Two Centuries of Discussion, Stuttgart u. a. 1982, S. 335–345.
82. Diskussionsbeiträge, in: Informationstechnik und Liberalität, hrsg. von der Ludwig-Erhard-Stiftung, Stuttgart/New York 1980, S. 41–44, 129–131, 138–139.
83. Diskussionsbeiträge, in: Wilhelm Röpke, Beiträge zu seinem Leben und Werk, hrsg. von der Ludwig-Erhard-Stiftung, Stuttgart/New York 1980, S. 60, S. 100.
84. Ein wahrer Liberaler. Zum Tode von Fritz Walter Meyer, in: Wirtschaftspolitische Chronik 29. Jg. (1980), S. 7–9; auch in: Frankfurter Allgemeine Zeitung vom 14. März 1980.
85. Perspektiven einer freiheitlichen Ordnung des internationalen Handels und des Ausgleichs zwischen Nord und Süd, in: Zwischenbilanz der Diskussion über eine neue Weltwirtschaftsordnung, hrsg. von der Ludwig-Erhard-Stiftung, Stuttgart/New York 1981, S. 95–112.

86. Fritz Walter Meyer 8. November 1907–4. März 1980, (Gedenkrede) in: ORDO Bd. 32 (1981), S. 199–217.
87. Unsere passive Leistungsbilanz, in: Zeitschrift für Wirtschaftspolitik 30. Jg. (1981), S. 189–205.
88. Rang und Grenzen der Wirtschaftsfreiheit im Streit der Fakultäten, in: Ordo et Libertas, Festschrift für Gerhard Winterberger, Bern 1982, S. 111–145.
89. Eigentum und Wirtschaftsordnung, in: Zeitschrift für Wirtschaftspolitik 31. Jg. (1982), S. 45–63.
90. Vor neuen Weichenstellungen in der Rentenpolitik. Perspektiven der Alterssicherung in der Bundesrepublik Deutschland, hrsg. von Meinhard Miegel, Bonn 1982, S. 33–36, 67–70.
91. Wirtschaftsfreiheit als moralisches Problem, in: Zeitschrift für Wirtschaftspolitik 32. Jg. (1983), S. 97–113.
92. Die Stunde der wirtschaftspolitischen Wahrheit, in: Frankfurter Allgemeine Zeitung vom 2. Oktober 1982.
93. Free World Trade under Attack, in: Homenaje a Lucas Beltran, Madrid 1982, S. 847–863.
94. Dirigismus schafft keine Arbeit, in: Soziale Ordnung, Zeitschrift der christlich-demokratischen Arbeitnehmerschaft Nr. 1/1983, 36. Jg., 31. Dezember 1982.
95. Ziele einer Europäischen Währungsunion – Die Irrwege des EWS, in: Das Europäische Währungssystem, hrsg. von Hans Eckart Scharrer, Wolfgang Wessels, Bonn 1983, S. 51–97.
96. Raubbau an den Reserven, in: Rheinischer Merkur/Christ und Welt vom 21. Januar 1983.
97. Die Agrarpolitik der Europäischen Gemeinschaft in der Krise, in: ORDO Bd. 34 (1983), S. 97–139.
98. Der Mangel an Eigenkapital, in: Zeitschrift für Wirtschaftspolitik 32. Jg. (1983), S. 259–262.
99. Eigenkapital (–) Investitionen (–) sterbende Wirtschaft, in: Trend Nr. 16, September 1983, S. 45–47.
100. Diskussionsbeiträge zur Podiumsdiskussion »Innovationspolitik und Wettbewerbsordnung«, in: Wirtschaft und Wettbewerb 34. Jg. (1984), S. 949–951, 952 f.
101. Staatliche Hilfen in einer Marktwirtschaft, in: Verbesserung der Rahmenbedingungen für die Energiewirtschaft. Tagungsberichte des Energiewirtschaftlichen Instituts an der Universität zu Köln, München 1984, S. 149–181; Diskussionsbeiträge: S. 207–209, 232–236; auch in Zeitschrift für Wirtschaftspolitik 33. Jg. (1984), S. 59–75.
102. Der Kampf gegen den Fleiß – Das wirtschaftspolitische Denksystem wieder auf die Füße stellen, in: Frankfurter Allgemeine Zeitung vom 15. September 1984.
103. Wirtschaftlicher Bürgerkrieg. Der jüngste Arbeitskampf symbolisiert das Scheitern der Tarifautonomie, in: Rheinischer Merkur/Christ und Welt vom 20. Juli 1984.
104. Thesen zum »demokratischen Sozialismus«, in: Selbstinteresse und Gemeinwohl – Beiträge zur Ordnung der Wirtschaftsgesellschaft, hrsg. von Anton Rauscher, Berlin 1985, S. 229–277.
105. Die Sachlogik der Wirtschaft im Spiegel des Rechts, in: Recht und Gesittung in einer freien Gesellschaft, Zur Erinnerung an Franz Böhm, 1986, S. 13–34.
106. Arbeitslosigkeit – Gründe und Scheingründe, in: Zeitschrift für Wirtschaftspolitik 35. Jg. (1986), S. 25–42.

107. Ansichten über Wertewandel: Falsche Ökonomie und falsche Moral, in: Zeitschrift für Wirtschaftspolitik 34. Jg. (1985), S. 107–119.
108. Die Mächtigen in die Schranken weisen, in: Frankfurter Allgemeine Zeitung vom 4. Januar 1986.
109. Dollarschwäche: Lehren und Irrlehren, in: Frankfurter Allgemeine Zeitung vom 16. Januar 1988, unter dem Titel »Die Krise der Weltwirtschaftspolitik« auch in: Zeitschrift für Wirtschaftspolitik 37. Jg. (1988), S. 5–12.
110. Interdependenzen nationaler Handels- und Wirtschaftspolitiken: Anforderungen an das GATT, in: Beihefte der Konjunkturpolitik Heft 34 (1988), S. 11–32.
111. Der Bürger zwischen Selbstverantwortung und sozialer Entmündigung, in: Der Preis der Freiheit. Grundlagen, aktuelle Gefährdungen und Chancen der offenen Gesellschaft, hrsg. von Michael Zöller, Köln 1988, S. 76–92.
112. Die Universität als Ordnungsproblem, in: Zeitschrift für Wirtschaftspolitik 37. Jg. (1988), S. 299–313.
113. Wertvorstellungen und theoretische Grundlagen des Konzepts der Sozialen Marktwirtschaft, in: Währungsreform und Soziale Marktwirtschaft. Erfahrungen und Perspektiven nach 40 Jahren, hrsg. von Wolfram Fischer, Schriften des Vereins für Socialpolitik, N. F. Bd. 190, Berlin 1989, S. 31–60.
114. German Neo-Liberals and the Social Market Economy, hrsg. von Alan Peacock und Hans Willgerodt/Daniel Johnson, Houndmills, Basingstoke, Hampshire, London 1989, 242 S., darin Preface (mit Alan Peacock), S. XVII–XVIII und Overall View of the German Liberal Movement, S. 1–15; dsgl. St. Martin's Press New York.
115. Germany's Social Market Economy: Origins and Evolution, hrsg. von Alan Peacock und Hans Willgerodt, London 1989, 292 S., darin Preface (S. XXI–XXII) und German Liberalism and Economic Revival, S. 1–14; dsgl. St. Martin's Press New York.
116. Gekürzte Fassung von »Wertvorstellungen und theoretische Grundlagen des Konzepts der Sozialen Marktwirtschaft« in Forum, Vortragsreihe des Instituts der deutschen Wirtschaft Jg. 19, Nr. 20 (1989).
117. Freiheit und Planung, in: Handwörterbuch der Planung, hrsg. von Norbert Szyperski, Stuttgart 1989, S. 528–535.
118. Die Universität als Ordnungsproblem, in: 600 Jahre Kölner Universität 1388/1988. Reden und Berichte zur Geschichte, Gegenwart und Zukunft der Universität, hrsg. von K. H. Hansmeyer und Friedrich-Wilhelm Henning unter Mitarbeit von Robert Huintges, Köln 1989, S. 145–164.
119. Staatliche Souveränität und die Ordnung der Weltwirtschaft, in: ORDO Bd. 40 (1989), S. 401–427.
120. Kapitalverwendungsprotektionismus, in: Neue Zürcher Zeitung 30.09./01.10.1989, Nr. 227, S. 97.
121. dsgl. in: Zeitschrift für Writschaftspolitik, Institut für Wirtschaftspolitik an der Universität zu Köln 38. Jg., Heft 2 (1989), S. 83–91.
122. Gegen einen Weichwährungsstandard, in: Handelsblatt Nr. 230 (1989).
123. Mehr Markt in Hörfunk und Fernsehen, Frankfurter Institut für wirtschaftspolitische Forschung, Bad Homburg 1989, zusammen mit W. Engels, W. Hamm, O. Issing, W. Möschel und O. Sievert (Kronberger Kreis), 48 S.
124. Comment on Jacques Pelkmans, »Regulation and the Single Market: An Economic Perspective«, in: The Completion of the Internal Market, Symposium 1989, hrsg. von Horst Siebert, Institut für Weltwirtschaft an der Universität Kiel, Tübingen 1990, S. 118–125.

125. Comments on Niels Thygesen, »The Benefits and Costs of Currency Unification«, in: The Completion of the Internal Market, Symposium 1989, hrsg. von Horst Siebert, Institut für Weltwirtschaft an der Universität Kiel, Tübingen 1990, S. 381–385.
126. Kurzbeitrag zu: Sentenzen am Wege. Kurt Biedenkopf zum Sechzigsten, hrsg. v. Meinhard Miegel, Bonn 1990, S. 244.
127. Problémy némecké hospodárské a ménové unie (1), in: Finance a Uvér, 10 (1990), Federálni Ministerstvo Financi ve spolupráci se Státni bankou ceskoslovenskou, Prag S. 703–711 (aus dem Deutschen in das Tschechische übersetzt von Dr. Zlámal).
128. Probleme der deutsch-deutschen Wirtschafts- und Währungsunion, in: Zeitschrift für Wirtschaftspolitik 39. Jg. (1990), S. 311–323.
129. Wirtschaftsordnung für ein anderes Deutschland – Wege aus der Krise der DDR, in: Zeitschrift für Wirtschaftspolitik 39. Jg. (1990), S. 103–169.
130. Das Problem des politischen Geldes, in: Hamburger Jahrbuch für Wirtschafts- und Gesellschaftspolitik 35. Jg. (1990), S. 129–147.
131. Die Stunde der Ökonomen, in: Frankfurter Allgemeine Zeitung vom 6. Januar 1990.
132. Die D-Mark wird's schon richten? Interview mit der Ost-Berliner Wochenpost 37. Jg., Nr. 25 vom 22. Juni 1990.
133. Was Ludwig Erhard getan hat. Widerstand gegen inflationistische Vollbeschäftigungspolitik, in: Frankfurter Allgemeine Zeitung vom 15. Juni 1990, S. 17.
134. Mehr frische Luft. Staatsvertrag: Plädoyer für schnelle Privatisierung, in: Wirtschaftswoche Nr. 28 vom 5. Juli 1990, S. 18–21.
135. Kein Platz für Pessimisten. Die Zukunft der DDR: Viele haben Angst vor der Freiheit und übersehen dabei die großen Chancen des Marktes, in: Rheinischer Merkur 45. Jg., Nr. 7 vom 16. Februar 1990, S. 1.
136. Die deutsche Wirtschaftsintegration in einer europäischen Perspektive, in: Außenpolitik IV (1990), S. 326–336.
137. German Economic Integration in a European Perspective, in: Außenpolitik, German Foreign Affairs Review Vol. 41 (1990), S. 328–338.
138. Westdeutschland auf dem Wege zu »richtigen« Preisen nach der Reform von 1948, in: Anpassung durch Wandel, hrsg. von Hans-Jürgen Wagener, Berlin 1991, S. 175–208.
139. German Economic Integration in a European Perspective, in: ORDO Bd. 42 (1991), S. 171–187.
140. German Economic Integration in a European Perspective, in: Towards a Market Economy in Central and Eastern Europe, hrsg. von Herbert Giersch, Berlin usw. 1991, S. 155–168.
141. Demokratischer Sozialismus zwischen Freiheit und Kollektivismus, in: Umbruch im Osten, Ludolf von Wartenberg u.a., Stuttgart u. a. (1991), S. 89–113.
142. Wirtschaftspolitische Grundbedingungen der Europäischen Gemeinschaft, in: Gesellschaft für Rechtspolitik Trier, Bitburger Gespräche Jahrbuch 1991/1, München 1991, S. 49–65.
143. Gegen eine Dolchstoßlegende, in: Frankfurter Allgemeine Zeitung, 14. April 1991.
144. Diskussionsbeitrag in: Für eine neue Kultur der Selbständigkeit. Ein Symposium zu Ehren von Reinhard Mohn, Gütersloh 3./4. Juni 1991, S. 19 f.
145. Die deutsche Wirtschaft zwischen Kapitalbildung und Kapitalvergeudung, in: FLF, Finanzierung, Leasing, Factoring 38. Jg., Nr. 5 (1991), S. 186–190.
146. Einigkeit und Recht und Freiheit, in: Zeitschrift für Wirtschaftspolitik 40. Jg. (1991), S. 181–204.

147. Die Elixiere des Teufels, in: Frankfurter Allgemeine Zeitung vom 3. August 1991, S. 11.
148. Auch Volkswirte können irren (Buchbesprechung von Klaus Dohrn, Meine Zeit. Erinnerungen eines Bankiers), in: Rheinischer Merkur Nr. 45 (1991), S. 12.
149. Inflation ist (noch immer) kein Wachstumsrezept, in: Zeitschrift für das gesamte Kreditwesen 44. Jg., Nr. 24 (1991), S. 1138–1142.
150. dsgl. in: Deutsche Bundesbank, Auszüge aus Presseartikeln Nr. 101 (1991), S. 6 –9.
151. Einigkeit und Recht und Freiheit – Zu den Ordnungsgrundlagen von Staat und Wirtschaft, in: Wirtschaftsordnung und Geldverfassung, Symposium zum 65. Geburtstag von Norbert Kloten, hrsg. von Hermann Albeck, Göttingen 1992, S. 20 – 45.
152. Beiträge zur Podiumsdiskussion, in: Ordnung in Freiheit, Symposium aus Anlaß des 100. Jahrestages des Geburtstages von Walter Eucken am 17. Januar 1991, Walter Eucken Institut, Tübingen 1992, S. 107 und passim.
153. Armut als Integrationshindernis? Zum Konflikt zwischen Vertiefung und Erweiterung der Europäischen Gemeinschaft, in: Zeitschrift für Wirtschaftspolitik 41. Jg. (1992), S. 95–123.
154. Soziale Marktwirtschaft: Gute Rahmenbedingungen für den Mittelstand. Vortrag auf dem deutsch-polnischen Mittelstandsseminar des Bundesverbandes der Deutschen Industrie am 19. Dezember 1991. Gekürzte Fassung in: Forum, Vortragsreihe des Instituts der deutschen Wirtschaft Jg. 42, Nr. 12 (1992).
155. Falsche Lohnerwartungen in den neuen Bundesländern, DFV-Unternehmerbrief Nr. 1/92, Mainz 1992.
156. Der Wettbewerb – ein Rechenfehler?, in: ORDO Bd. 43 (1992), S. 107–138.
157. Soziale Politik: Gutgemeint und unsozial, in: Orientierungen zur Wirtschafts- und Gesellschaftspolitik, Ludwig-Erhard-Stiftung, Oktober 1992, S. 63 – 68.
158. Die Opfer werden noch einmal geschröpft, in: Frankfurter Allgemeine Zeitung vom 15. März 1993.
159. Enteignung als ordnungspolitisches Problem, in: Zeitschrift für Wirtschaftspolitik Jg. 42, Heft 1 (1993), S. 13–46.
160. Ökonomische und soziale Folgen der Beschränkung privater Eigentumsrechte, hrsg. von Werner Dichmann und Gerhard Fels, Gesellschaftliche und ökonomische Funktionen des Privateigentums, div-Sachbuch 56, Köln 1993, S. 139–184.

III. Lexikon-Artikel

1. Wirtschaftsunionen, in: Herders Staatslexikon, 6. Aufl., Freiburg 1958, Sp. 847–851.
2. Zölle, in: Herders Staatslexikon, 6. Aufl., Freiburg 1958, Sp. 989–994.
3. Zusammen mit Josef Molsberger: Mittelstandspolitik, in: Evangelisches Staatslexikon, 1. Aufl., Stuttgart-Berlin 1966, Sp. 1324–1587.
4. Vermögensbildung, in: Handwörterbuch des Personalwesens, Stuttgart 1975, Sp. 1989–2002.
5. Zusammen mit Fritz W. Meyer: Devisenbewirtschaftung, in: Handwörterbuch der Wirtschaftswissenschaften Bd. 2 (1978), S. 159–168.
6. Eigentumsordnung (einschl. Bodenordnung), in: Handwörterbuch der Wirtschaftswissenschaften Bd. 2 (1978), S. 175–189.

7. Verteilungstheorie – Verteilungspolitik, in: Evangelisches Soziallexikon, 7. Aufl., Berlin 1980, Sp. 1383–1386.
8. Wilhelm Röpke, in: Evangelisches Soziallexikon, 7. Aufl., Berlin 1980, Sp. 1086–1087.
9. Außenwirtschaftspolitik, in: Staatslexikon, 7. Aufl., Freiburg, Basel, Wien 1985, Sp. 448–457.
10. Arbeitslosigkeit, in: Politisch-Pädagogisches Handwörterbuch, 2. Aufl., München 1985, S. 25–31.
11. Freiheit und Planung, erscheint in: Handwörterbuch der Planung.

IV. Besprechungsaufsätze

1. Geld, Außenhandel und Beschäftigung (zu George N. Halm, Geld, Außenhandel und Beschäftigung), in: ORDO Bd. 5 (1953), S. 311–316.
2. Zum Problem der Wirtschaftsverbände (zu Emil Küng, Parteien und Verbände), in: ORDO Bd. 7 (1955), S. 257–260.
3. Europäische Integration, in: ORDO Bd. 13 (1962), S. 393–399.
4. Zu Michel Moret, L'Echange international, suivi d'Observations de Jean Weiller et d'une Bibliographie analytique et critique, Préface de Charles P. Kindleberger, Paris 1957, in: Finanzarchiv N. F. Bd. 21 (1962), S. 579–582.
5. Wirtschaftskonzentration unter der Lupe (zu Hans Otto Lenel, Ursachen der Konzentration), in: ORDO Bd. 14 (1963), S. 335–341.
6. Sozialpolitik und Ökonomie (zu Elisabeth Liefmann-Keil, Ökonomische Theorie der Sozialpolitik), in: ORDO Bd. 4 (1963), S. 375–382.
7. Sozialpolitische Perspektiven und ein Anwendungsfall (zu Konrad Elsholz, Sozialpolitische Perspektiven, und Marie-Therese Starke, Die Finanzierung der Krankenhausleistungen als sozialordnungspolitisches Problem), in: ORDO Bd. 14 (1963), S. 375–382, 383–387.
8. Zu Reinhard Behlke, Der Neoliberalismus und die Gestaltung der Wirtschaftsverfassung in der BRD, in: Finanzarchiv N. F. Bd. 23 (1964), S. 360–361.
9. Zu Otto Grandenberger, Was ist ein Unternehmen? Volkswirtschaftliche Überlegungen zum Gesetz gegen Wettbewerbsbeschränkungen, in: Finanzarchiv N. F. Bd. 24 (1965), S. 557–558.
10. Monopolaufsicht für Gewerkschaften (zu Patrick M. Boarman, Union Monopolies and Antitrust Restraints), in: ORDO Bd. 17 (1966), S. 451–456.
11. Zu Gernot Gutmann, Hans-Joachim Hochstrate, Rolf Schlüter, Die Wirtschaftsverfassung der Bundesrepublik Deutschland, in: Finanzarchiv N. F. Bd. 25 (1966), S. 501–502.
12. Bewegliche Preise für Transportleistungen (zu Walter Hamm, Preise als verkehrspolitisches Ordnungsinstrument), in: ORDO Bd. 18 (1967), S. 495–498.
13. Zu Klaus Rose, Theorie der Außenwirtschaft, in: Zeitschrift für Nationalökonomie Bd. 27 (1967), S. 205–208.
14. Ein Kommentar zum Gesetz gegen Wettbewerbsbeschränkungen (zu Müller-Henneberg/Schwarz, Gemeinschaftskommentar, 2. Aufl. und Novelle 1965), in: ORDO Bd. 19 (1968), S. 505–508.
15. Grundzüge der Agrarpolitik (zu Constantin von Dietze, Grundzüge der Agrarpolitik), in: ORDO Bd. 19 (1968), S. 475–480.

16. Ein Lehrbuch der Finanzwissenschaft (zu Heinz Kolms, Finanzwissenschaft I–IV), in: ORDO Bd. 19 (1968), S. 433–438.
17. Zu Erich Kaufer, Die Bestimmung von Marktmacht, in: Zeitschrift für Nationalökonomie 29 Bd. (1969), S. 193–194.
18. Laissez-faire-Pluralismus und das Problem der Staatsautorität. Erwägungen im Anschluß an das Buch Laissez-faire-Pluralismus. Demokratie und Wirtschaft des gegenwärtigen Zeitalters, hrsg. von Goetz Briefs, unter Mitarbeit von Bernd Bender, Cyril Zebot, Hans-Joachim Rüstow, Berlin 1966, in: ORDO Bd. 20 1969), S. 363–368.
19. Zu Günter Schmölders, Personalistischer Sozialismus, – Die Wirtschaftsordnungskonzeption des Kreisauer Kreises der deutschen Widerstandsbewegung – in: Demokratische Existenz heute, hrsg. von Ferdinand A. Hermens, Bd. 17, Köln, Opladen 1969, in: Finanzarchiv Bd. 29 (1970), S. 350–352.
20. Liberalismus zwischen Spontanität und Gestaltung (zu von Hayeks Gesammelten Aufsätzen), in: Zeitschrift für Wirtschafts- und Sozialwissenschaften 92. Jg. (1972), S. 461–465.
21. Zu Gottfried Haberler, Economic Growth and Stability. An Analysis of Economic Chance and Policies, in: Zeitschrift für Nationalökonomie 35. Bd (1975), S. 211–213.
22. Wachstumspolitik auf dem Prüfstand, zu Ernst Dürr, Wachstumspolitik, in: ORDO, Bd. 31 (1980), S. 237–241.
23. Zu Ronald Clapham, Hans Kammler (Hrsg.), World Economic Order: Liberal Views, Kehl-Straßburg-Arlington 1983, in: Zeitschrift für Wirtschafts- und Sozialwissenschaften 107. Jg. (1987), S. 139–143.
24. Buchbesprechung: Hans Pohl (Hrsg.), Entstehung und Entwicklung der Sozialen Marktwirtschaft. Franz Steiner, Stuttgart 1986, in: Zeitschrift für Unternehmensgeschichte 34. Jg., Heft 1 (1989), S. 61–64.

Autorenverzeichnis

Anderegg, Ralph G., Universitäts-Professor Dr., Wirtschaftspolitisches Seminar, Universität zu Köln, Albertus-Magnus-Platz, 50923 Köln.

Clapham, Ronald, Universitäts-Professor Dr., Fachbereich 5 (Wirtschaftswissenschaften), Universität-GH Siegen, Hölderlinstraße 3, 57076 Siegen.

Donges, Juergen B., Universitäts-Professor Dr., Wirtschaftspolitisches Seminar, Universität zu Köln, Robert-Koch-Straße 41, 50931 Köln.

Dürr, Ernst, Universitäts-Professor em. Dr., Buchenstraße 13, 90537 Feucht.

Gröner, Helmut, Universitäts-Professor Dr., Lehrstuhl für Volkswirtschaftslehre I (Wirtschaftspolitik), Universität Bayreuth, Universitätsstraße 30, 95447 Bayreuth.

Gutmann, Gernot, Universitäts-Professor Dr., Staatswissenschaftliches Seminar, Universität zu Köln, Albertus-Magnus-Platz, 50923 Köln.

Hasse, Rolf H., Universitäts-Professor Dr., Institut für Wirtschaftspolitik, Universität der Bundeswehr Hamburg, Holstenhofweg 85, 22039 Hamburg.

Höfer, Heinrich, Dr. rer. pol., Waldstraße 73, 50389 Wesseling.

Hoppmann, Erich, Universitäts-Professor em. Dr. Dr. h.c., Hebelstraße 26, 79364 Malterdingen.

Kloten, Manfred, Universitäts-Professor, Dr. Dr. h.c. Dr. h.c., Landeszentralbankpräsident i.R., Im Hopfengarten 24, 72076 Tübingen.

Lenel, Hans Otto, Universitäts-Professor em. Dr., Elisenhöhe 35, 55411 Bingen.

Mestmäcker, Ernst-Joachim, Universitäts-Professor Dr. Dr. h.c., Max-Planck-Institut für ausländisches und internationales Privatrecht, Mittelweg 187, 20148 Hamburg.

Meyer, Bernhard, Dr. rer. pol., 36 Pembridge Villas, London W11 3EL, England.

Molsberger, Josef, Universitäts-Professor Dr., Wirtschaftswissenschaftliche Fakultät, Abteilung Volkwirtschaftslehre, insbesondere Wirtschaftspolitik II, Universität Tübingen, Nauklerstraße 47, 72074 Tübingen.

Ragnitz, Joachim, Dr. rer. pol., Forsterstraße 21, 55118 Mainz.

Sauer, Gerhard, Dr. rer. pol., Am Vogelherd 7, 45239 Essen.

Schmidt, Kurt, Universitäts-Professor em. Dr., Kahlweg 45, 55124 Mainz.

Schneider, Hans K., Universitäts-Professor em. Dr. Dr. h.c., Landgrafenstraße 121, 50931 Köln.

Schüller, Alfred, Universitäts-Professor Dr., Forschungsstelle zum Vergleich von Wirtschaftssystemen, Universität Marburg, Barfüßertor 2, 35037 Marburg.

Starbatty, Joachim, Universitäts-Professor Dr., Wirtschaftswissenschaftliche Fakultät, Abteilung Volkswirtschaftslehre, insbesondere Wirtschaftspolitik I, Universität Tübingen, Nauklerstraße 47, 72074 Tübingen.

Tuchtfeldt, Egon, Universitäts-Professor em. Dr. Dr. h.c., Kranichweg 32, CH-3074 Muri b. Bern.

Watrin, Christian, Universitäts-Professor Dr., Wirtschaftspolitisches Seminar, Universität zu Köln, Albertus-Magnus-Platz, 50923 Köln.

Weitz, Robert, Dr. rer.pol., Eifelstraße 48, 50169 Kerpen.

Werner, Horst, Dr. rer.pol., Carl-von-Linne-Straße 12, 50226 Frechen.

Willeke, Rainer, Universitäts-Professor em. Dr., Wüllnerstraße 140, 50935 Köln.

Winterberger, Gerhard †, Dr., ehem. Geschäftsführendes Präsidialmitglied des Vororts (Dachverband) des Schweizerischen Handels- und Industrie-Vereins.

Witte, Manfred, Dr. rer.pol., Brahmsstraße 26, 53340 Meckenheim.